EL HOGAR ÁRTICO EN LOS VEDAS

Una nueva clave para la interpretación
de textos y leyendas védicos

L. B. G. TILAK

Estudio introductorio de Jean Haudry

Colección Estudios Indoeuropeos

Título: *El hogar Ártico en los Vedas*
Subtítulo: *Una nueva clave para la interpretación de textos y leyendas védicos*
Autor: Lokmanya Kesav Bal Gangadhar Tilak
Prólogo: Santiago de Andrés
Estudio introductorio: Jean Haudry
Maquetación: Manuel Quesada
Correcciones: Editorial C&M
Diseño: SNS Designs

1ª Edición, Mayo 2020 (Alicante)

Editorial Eas
www.editorialeas.com
editorialeas@gmail.com

I.S.B.N.: 978-84-120626-6-3

Impreso en Europa por los talleres gráficos de Publicep

ÍNDICE

Prefacio, por Santiago de Andrés		11
Estudio introductorio, por el Prof. Dr. Jean Haudry		31
Prólogo		81
Capítulo I	– La época prehistórica	89
Capítulo II	– El período glacial	103
Capítulo III	– Las regiones árticas	119
Capítulo IV	– La noche de los dioses	137
Capítulos V	– Las auroras védicas	151
	- Anexo al capítulo V	175
	- Observaciones	181
Capítulo VI	– El largo día y la larga noche	183
Capítulo VII	– Meses y estaciones	201
Capítulo VIII	– La marcha de las vacas	229
Capítulo IX	– Mitos védicos: Las aguas cautivas	261
Capítulo X	– Mitos védicos: Las deidades matutinas	307
	- La rueda de Sûrya	323
	- Las tres zancadas de Vishnu	328
	- Trita Aptya	333
	- Apaḥ	336
	- Siete partes, nueve partes y diez partes	337
	- Los diez reyes y Ṛâvaṇa	341
Capítulo XI	– Evidencias avésticas	347
Capítulo XII	– Mitología comparada	377
Capítulo XIII	– Consecuencias de la teoría sobre la historia de la cultura y de la religión de los primero arios	395

EL HOGAR ÁRTICO EN LOS VEDAS

Una nueva clave para la interpretación
de textos y leyendas védicos

L. B. G. TILAK

Estudio introductorio de Jean Haudry

En agradecimiento al profesor Dr. Jean Haudry, quien de forma absolutamente desinteresada ha tenido la amabilidad de redactar un soberbio texto a modo de estudio introductorio a la presente edición de esta obra de Lokamanya B. G. Tilak.

PREFACIO

Existen libros, ya sean textos sagrados, poemarios, ensayos, grimorios o novelas, que por una razón u otra con el paso del tiempo se ven recubiertos por un halo de leyenda y, sin duda alguna, este libro de Lokamanya Bâl Gangadhâr Tilak pertenece a esa categoría. En principio, lo especializado de su temática y su presumible aridez, pues se trata de un trabajo de exégesis de textos de las tradiciones védica y avéstica enfocado a determinar la ubicación de la morada ancestral de un determinado pueblo prehistórico, no parecía augurar a la obra mayor eco que el que pudiera obtener entre la reducida sociedad que formaban los especialistas en la problemática indoeuropea a inicios del siglo xx. Sin embargo, la tesis que exponía el erudito indio en el grueso volumen que vio la luz en Puna el año de 1903 implicaba verdades imposibles de asumir por la comunidad científica, verdades que se sostenían, a pesar de todo, por datos difícilmente refutables por esa misma comunidad. Pero, además, esa tesis estaba preñada de connotaciones «religiosas», por así llamarlas, que influirían decisivamente en el futuro del libro, procurándole una recepción entusiasta por un sector del público al que no estaba expresamente dirigida en principio.

Una tesis con un «problema»

Durante el siglo XIX habían sido muchas las propuestas de ubicación del «hábitat originario indoeuropeo». Desde Escandinavia a Siberia o la India, casi toda la geografía euroasiática había encontrado su paladín. Paleontología Lingüística, Arqueología y Antropología eran los campos de batalla donde se libraban combates no siempre exquisitamente científicos. Así, en un contexto de múltiples opiniones, de registros incompletos o de falta de datos decisivos –el tocario no se descubrirá hasta 1908 y no se comprobará el carácter indoeuropeo de las lenguas del grupo anatolio hasta 1915– Tilak se decide, tras muchas dudas, a publicar una investigación que desafiaba con rigor científico todo aquello sobre lo que a finales del siglo XIX e inicios del XX la ciencia creía haber establecido sobre la *Urheimat*, la patria primordial de la comunidad humana que la Lingüística había individualizado y a la que había bautizado con el nombre de «indoeuropea». Las dudas del autor estaban justificadas, pues no se trataba solo de proponer una nueva hipótesis que conjugase de una forma innovadora los datos conocidos y manejados hasta ese momento y que pudiese ser rebatida o aceptada por su mayor o menor acierto. Lo verdaderamente desconcertante es que lo que el erudito brahmán demostraba era un imposible. Y lo más irritante para muchos era -y lo continúa siendo todavía hoy- lo difícil que resultaba rebatir sus argumentos. La perplejidad se imponía y el silencio fue el resultado. René Guénon llegó a achacar el poco eco logrado por el libro en Occidente durante los primeros decenios del siglo XX al origen oriental de su autor[1]. Y es posible que ese hecho haya pesado en el ánimo de más de uno. Sin embargo, probablemente la razón principal haya sido que la estupefacción impedía emitir juicio alguno ante una tesis que, a pesar de no ser completamente original, baste recordar los nombres de Bailly, Warren, Rhys o, sobre todo, Krause, se presentaba desde una luz completamente nueva.

Pero ¿dónde radicaba el problema de esta obra? ¿Cuál es la causa de un malestar que la condenó a un ostracismo tan inmerecido? La respuesta es sencilla. La exégesis de los textos sagrados del hinduismo, especialmente del *Ṛgveda*, junto al estudio de los testimonios avésticos habían llevado a Tilak a sostener que la cuna común de los pueblos indoeuropeos se situaba en el interior del Círculo Polar Ártico, incluso en las cercanías del Polo Norte, y que esa morada ártica debía datarse con anterioridad al desencadenamiento de la última glaciación, fenómeno que habría sido el verdadero causante de la partida de este pueblo de su patria ancestral, de su disgregación en grupos independientes y de la dialectalización de la lengua común. Es evidente que no resultaba fácil asumir la existencia de vida humana en las únicas latitudes desde donde resulta posible hacer las numerosas observaciones astronómicas que están en la base de muchas leyendas védicas y avésticas y en las únicas donde tiene sentido tejer todo un ciclo anual ritual basado en un calendario formado con varios meses de oscuridad continua.

A principios del siglo XX la Geología no estaba en condiciones de hacer demasiadas afirmaciones concluyentes sobre el fenómeno de la glaciación y sobre los presuntos períodos interglaciares, que incluso eran negados en aquel entonces por muchos geólogos. La conclusión de la mayoría de los especialistas de cualquiera de las disciplinas implicadas era que en un mundo dominado por el hielo desde muchos milenios atrás era imposible la existencia de una cultura humana. Pero también era imposible contemplar lo que allí se produce, sin estar allí. Un *cul de sac*.

---

[1] «Quienes quieran tener referencias precisas a este respecto podrán encontrarlas en la notable obra de B. G. Tilak, *The Artic Home in the Veda*, que, por desgracia, parece haber pasado totalmente desapercibida en Europa, sin duda, porque su autor era un hindú no occidentalizado» (René Guénon, *Formas tradicionales y ciclos cósmicos*, Barcelona 1984, nota 3, p. 31).

Es cierto que hubo algunos especialistas, muy pocos en verdad, que se entusiasmaron con los descubrimientos de Tilak, piénsese, por ejemplo, en Georg Biedenkapp[2]. Pero para la práctica totalidad de la comunidad científica solo cabía mirar hacia otro lado o, en un acto de honestidad, buscar explicaciones plausibles a lo inexplicable.

Dar cuenta de lo inconcebible

Estas dos actitudes se han prolongado en el tiempo. Es bastante difícil citar a quien omite toda referencia, pero sí se puede a quien intenta dar razón del problema. Dos ejemplos entre muchos provenientes de dos investigadores de enorme talla:

Por un lado, J. P. Mallory, uno de los más tenaces defensores de la «solución kurgán» escribía: «La "teoría polar" de Tilak sobre los orígenes arios no es una extraña ocurrencia de un individuo aislado, sino la culminación de una tradición extremadamente prolongada de análisis de los mitos indoarios, por ejemplo, poemas que indican un hogar en el norte donde día y noche duran seis meses cada uno, la estrella Polar se eleva hasta el cenit, etc. Una revisión moderna de este "ciclo septentrional" de mitos puede verse en Bongard-Levin (1980) quien argumenta que las tradiciones indoaria, irania y escita (y, por contacto cultural, también la griega) comparten una mitología común de una tierra montañosa septentrional que, argumenta, solo puede haberse adquirido en su anterior hogar común de las estepas póntico-caspianas»[3]. Sin embargo, Tilak alude constantemente, tal y como el lector tendrá ocasión de comprobar, a la originalidad de su tesis ártica en el contexto de la tradición exegética védica, pero lo fundamental es que resulta difícil entender cómo las gentes de las llanuras ucranianas y de la Rusia meridional llegaron a conocer allí un día y una noche de seis meses de duración respectiva, entre otros fenómenos exclusivos de las latitudes circumpolares.

Por otro, Carl-Heinz Boettcher, sostenía algunos años después en su reformulación de la «hipótesis nórdica»: «No obstante, el caudal de cuentos y sagas clasificadas en esa categoría y los textos correspondientes de las escrituras sagradas de indios e iranios, los *Vedas* y el *Avesta*, se explican de modo sencillo sin necesidad de recurrir a los postulados de Tilak. Como sabemos, la Cultura de los Vasos de Embudo llegó por el norte hasta Drontheim, por tanto, casi hasta el círculo polar. Quizás se descubran algún día asentamientos situados más al norte todavía. Más cerca todavía

[2] *Der Nordpol als Volkerheimat*, Jena 1906.

[3] James Patrick Mallory, *In Search of the Indo-Europeans*, Londres 1999 (1.ª reimpresión), pp. 143, 269 y especialmente 277, nota 38.

del círculo polar llegaron, al menos con productos para comerciar y en expediciones de caza, hombres pertenecientes a la Cultura del Hacha de Combate de Suecia y Noruega, cultura que tiene su origen en la Cultura de los Vasos de Embudo y que formó parte de la Cultura de la Cerámica de Cuerdas. Un encuentro con grupos de población del complejo de Komsa-Fosna, asentados en las áreas circumpolares, o con sus descendientes es más que verosímil y posible un traspaso de mitos. Probablemente, existió una mediación también por parte de los portadores de la cultura subneolítica de la Cerámica Puntillada, perteneciente al círculo de la Cultura de la Cerámica a Peine, y que antiguamente recibía el nombre de *Wohnplatzkultur*, que se asentó sobre todo en las costas suecas del Báltico y que en tales circunstancias son igualmente responsables de las huellas ugriofinesas en el antiguo protoindoeuropeo. Al igual que el pueblo de Ertebölle, debieron haberse dedicado junto a la pesca de alta mar también al comercio de larga distancia. Un ejemplo de contactos culturales en esta región y del traspaso de mitos y de estructuras mitológicas, lo encontramos posteriormente en las relaciones entre lapones y germanos septentrionales»[4].

En efecto, la Cultura de los Vasos de Embudo no supera los 63º N, quedando bastante al sur del círculo polar, mientras que la Cultura del Hacha de Combate –que como subraya Boettcher no es si no la variedad regional escandinava de la llamada Cultura de la Cerámica de Cuerdas (2800-2300 BC)– sí que se extendió en el III milenio BC por las costas septentrionales de la península Escandinava, muy al norte, por tanto, del Círculo Polar Ártico[5]. Sin embargo, es altamente probable que esta cultura, indudablemente indoeuropea, haya nacido con mucha posterioridad a la disgregación de la comunidad indoeuropea, por lo que sería imposible que las eventuales observaciones celestes de algunos de sus grupos septentrionales pudieran haber pasado a formar parte del patrimonio común indoeuropeo, es decir, a pueblos que se habían desgajado del tronco común muchos siglos, quizás milenios, atrás.

Pero algunos años antes, Jean Haudry, refutando las explicaciones basadas en contactos o préstamos culturales, y tras recapitular el conjunto de datos tradicionales sobre los que se levanta la tesis de Tilak, puntualizaba: «Resulta así que los indoeuropeos tuvieron conocimiento de las realidades climáticas circumpolares. Se podría pensar que su conocimiento sería de oídas si se tratase de menciones aisladas. Pero un pueblo no

[4] Carl-Heinz Boettcher, *Der Ursprung Europas*, St. Ingbert, 2000², p. 228.

[5] Einar Østmo, «*The Indo-European Question in a Norwegian Perspective: A view from de Wrong End of the Stick?*», en Marlene Jones- Bley y Martin E. Huld (eds.), *The Indo-Europeanization of Northern Europe*, Monografía 17 del *Journal of Indo-European Studies*, Washington D. C., 1996, pp. 23-41, p. 29.

construye una visión global y coherente del mundo sobre narraciones de viajeros. Es necesario estar impregnado por experiencia de las realidades correspondientes»[6]. Y así lo demuestra la centralidad de todos los mitos y practicas culturales indoiranios (e indoeuropeos en general, como el propio Tilak apuntó en uno de sus capítulos y como la investigación posterior ha corroborado) construidos sobre el calendario, la astronomía y la climatología árticas.

Ya se ha dicho, el propio Tilak era consciente del problema, pero también sabía que las realidades geológicas asumidas hasta ese momento no eran, ni mucho menos, verdades absolutas, sino más bien todo lo contrario. A inicios del siglo XX nuevas investigaciones e hipótesis comenzaban a dibujar un cuadro más matizado y complejo de la glaciación y se empezaba a confirmar la existencia de, al menos, un período interglacial, durante el cual las condiciones climáticas árticas pudieron ser mucho más benignas. Una puerta se entreabría en aquel callejón aparentemente sin salida. Tilak dedicará un capítulo de su libro a exponer esta posibilidad y lo que implica para su tesis. Pero, con el tiempo, el conocimiento de la Edad de Hielo se ha ido profundizando y el bastidor temporal muestra actualmente una complejidad mucho mayor de lo que cabía suponer hace un siglo. Hoy, la imagen que nos presentan los geólogos habría hecho mover la cabeza en un gesto afirmativo al brahmán. Y el registro arqueológico ha comenzado a proporcionar las pruebas de un asentamiento ártico prehistórico, cada vez a una mayor profundidad temporal.

«Urheimat originario» y «último hábitat común»

No es este lugar para detallar la historia de unas ya seculares investigaciones y polémicas sobre el origen de los indoeuropeos, agrias con frecuencia y que siempre han trascendido lo estrictamente científico[7], pero sí es preciso hacer una precisión puntual, pero que creemos esencial y sobre la que con frecuencia no se hace el necesario hincapié. En el contexto de la problemática de la «patria primordial» no hay que identificar el «hábitat originario» con el «último hábitat común»[8]. La búsqueda de la última *Urheimat*, es decir, el último territorio donde habitó el pueblo indoeuropeo inmediatamente antes de su dispersión y donde habló la lengua reconstruida, se ha basado esencialmente en las investigaciones de

[6] Jean Haudry, *La religion cosmique des Indo-Européens*, Milán 1987, p. 297.

[7] Véase para una visión de conjunto actualizada de esta cuestión, Alain de Benoist, *Indoeuropeos. En busca del hogar de origen*, 2020.

[8] Jean Haudry, «*Lingüística y tradición indoeuropea*», en *Hespérides* vol. II, n.º 9, primavera 1996, pp. 437-459.

Paleontología Lingüística, cuyos resultados demuestran que las concordancias lexicales entre los diversos dialectos indoeuropeos reflejan un ambiente cultural característico del Cuprolítico y un medio ambiente físico que podría calificarse de «septentrional». La existencia de un término común para «metal», indoeuropeo **áyes*, nos proporciona un límite cronológico para la disgregación de la comunidad indoeuropea[9]. Tanto si se quiere ver el último hábitat común en la Cultura de los Vasos de Embudo nordeuropea[10], como si se quisiera identificar este con cualquiera de los períodos o áreas culturales del complejo *kurgán* de las estepas ruso-ucranianas[11], esta dispersión no puede ser anterior al quinto/cuarto milenio antes de nuestra era[12], dato que coincide con los resultados de las diversas aproximaciones glotocronológicas al problema. Y es en esta cuestión del «último hábitat común» en la que se han de enmarcar los debates suscitados por los recientes estudios paleogenéticos centrados en poblaciones neolíticas y del Bronce, que están ofreciendo datos de enorme interés pero que dibujan escenarios diferentes que apuntan hacia soluciones distintas[13], pero que en cualquier caso no afectan a la cuestión del «hábitat originario» paleolítico, sino a la del «último hábitat común» cuprolítico.

---

[9] Francisco Villar, *Los indoeuropeos y los orígenes de Europa*, Madrid 1996, 142; Jean Haudry, *Los indoeuropeos*, Santander 2017, pp. 9 y 148.

[10] Carl-Heinz Boettcher, *op. cit.* 2000; Adriano Romualdi, *Los indoeuropeos. Orígenes y migraciones*, Barcelona 2002; L. L. Zalizniak, «*Mesolithic Origins of the First Indo-European Cultures in Europe According to the Archaeological Data*», Ukrainian Archaeology 2016, pp. 26-42; Leo, S. Klejn, «*The Steppe Hypotesis of Indo-European Origins Remains to Be Proven*», *Acta Archaeologica*, 2017, pp. 193-204; Jürgen Udolph, «*Heimat und Ausbreitung Indogermanischer Stämme im Lichte der Namen forschung*», *Acta Linguística Lithuanica* LXXVI, pp. 173-249.

[11] J. P. Mallory, *op. cit.* 1999; David W. Anthony, *The Horse, the Wheel and Language. How Bronze-Age Riders from the Eurasian Steppes shaped the Modern World*, Princeton University Press, 2007; David W. Anthony y Don Ringe, «*The lndo-European Homeland from Linguistic and Archaeological Perspectives*», en *Annual Review of Linguistics*, 2015, pp. 199-219.

[12] Una tercera hipótesis, ligada a los nombres de C. Renfrew, Th. V. Gamkrelidze, V. V. Ivanov, M. Zvelebil o A. Bomhard entre otros, y muy difícil –por no decir imposible– de encajar con los datos de la reconstrucción lingüística (cf. J. Haudry *op. cit.* 2017, pp. 155-56), propone que la lengua indoeuropea que se originó en Anatolia o el norte de Mesopotamia y se expandió y disgregó siguiendo el avance de los primeros grupos agricultores hacia el norte y el este.

[13] Estos debates se iniciaron con los estudios de M. E. Allentoft et alia, «*Population genomics of Bronze Age Eurasia*», en *Nature*, vol. 522, 11 junio 2015, 167-172 y W. Haak *et alia*, «*Massive migration from the steppe is a source for Indo-European languages in Europe*» en *Nature*, vol. 522, 11 junio 2015, pp. 207-11 que parecían sostener una solución kurgán tardía, sin embargo el estudio de O. P. Balanovsky et alia «*Genetic differentiation between upland and lowland populations shapes the Y-chromosomal landscape of West Asia*», *Human Genetics* abril 136 (4) 2107 pone en tela de juicio la importancia entre las poblaciones de Europa central y occidental del aporte démico de origen estepario propuesto por los anteriores. Cf. también Leo S. Klejn, Wolfgang Haak, et alii, y Kristian Kristiansen et alli, «*Discussion: Are the Origins of Indo-European Languages Explained by the Migration of the Yamnaya Culture to the West?*» en *European Journal of Archaeology* 2017, pp. 1-15.

Pero independientemente de esa datación del inicio de la dislocación, el indoeuropeo es una realidad lingüística que se hunde profundamente en la Prehistoria. Por ejemplo, para el lingüista ruso N. D. Andreyew, en función de su propuesta tipológica «boreal», que recoge la tesis de Bjorn Collinder, la ausencia entre la lista de raíces biconsonánticas en el primer indoeuropeo, el *Early Indo-European Protolanguage* (*EIEP*), como lo denomina, de lexemas que apunten hacia el uso de metales, a la práctica de la ganadería estabulada, al mero cercado de animales o al cultivo de la tierra está señalando inequívocamente a que el indoeuropeo nació en un ambiente paleolítico: «La presencia (en la lista de raíces del EIEP) de una considerable cantidad de lexemas que forman parte de la esfera semántica de la caza/pesca/recolección señala hacia la situación en la que esos tres modos de actuación fueron los principales medios de subsistencia en la época de formación de la EIEP, en la que solo apenas se inicia la protección y el uso de ganado. Esta situación permite retrotraer el EIEP hasta la línea de separación entre el Paleolítico y el Mesolítico»[14]. El testimonio de esas 203 raíces básicas indoeuropeas habla así de un paisaje socioeconómico que traducido a fechas absolutas no puede datarse después del 7500 BC, pero que se remonta muy atrás en el tiempo.

Esta profundidad temporal del indoeuropeo apoyaría la afirmación del profesor Haudry de que «sin embargo, otros datos podrían revelar fases más antiguas de la vida de la comunidad, fases que podrían ser completamente diferentes de las establecidas sobre la base de la Paleontología Lingüística. Por ejemplo, diferentes hechos indican que una parte de la tradición indoeuropea debe ser originaria, de una manera u otra de latitudes circumpolares»[15]. Y aquí juegan un papel esencial los descubrimientos de Tilak. Jean Haudry ha sacado a la luz la existencia de componentes en la tradición indoeuropea que ha llegado a nosotros que pertenecen a estratos cronológicamente muy diferentes. Así, toda la teología cósmica en la que se enmarcan la mayoría de los mitos y prácticas culturales interpretados por Tilak correspondería al período paleolítico de la comunidad indoeuropea, mientras que sería posible adjudicar un origen neolítico a la reflexión trifuncional. En otras palabras, el *artic home* que testimonian los textos védicos no tiene por qué coincidir con el último hábitat común en el que los hablantes de la lengua indoeuropea ya conocían el metal. Según la propuesta cronológica de Tilak, será durante el período en el que el equinoccio de primavera se encuentra en Orión, entre el 5000 y el 3000 antes de nuestra era, cuando se compongan buena parte de los himnos védicos en los que parece claro que los bardos todavía no han olvidado el

---

[14] N. D. Andreyew, «*Early Indo-European Tipology*», en *Indogermanischen Forschungen*, vol. XCIC, 1994, pp. 1-20, la cita corresponde a las páginas 19-20.

[15] Jean Haudry, *op. cit.* 2017, p 9.

sentido de las «tradiciones del país ártico». Pero ya no estaban en el Ártico. Tomaría cuerpo de esta manera la idea de la necesidad de una reformulación de la antigua «tesis paleolítica».

La migración aria al subcontinente indio

Pero además de la existencia de un pueblo indoeuropeo, la tesis de Bâl Gangadhâr Tilak implica también la de la llegada de los arios védicos al subcontinente indio desde territorios septentrionales. Es conocido que ambas realidades han sido negadas por algunos especialistas en función de diversas razones, pero que estas posiciones son, a día de hoy, insostenibles. Sin embargo, el siglo xx ha sido testigo de una intensa polémica político-religiosa en la India acerca de la realidad de una migración aria hacia el subcontinente. Argumentos de naturaleza religiosa y motivaciones políticas de carácter nacionalista se conjugaron para negar la llegada de ningún pueblo ario al valle del Ganges y sostener la «autoctonía» de la cultura védica. Los arios siempre habrían estado allí[16]. En esa contienda, las posiciones anti-migracionistas se han ido diversificando, haciéndose incluso intentos, ciertamente poco afortunados, de conjugar migración y autoctonismo «vedizando» la Cultura del Indo[17]. Así, la tesis de Tilak volvía a ser anatematizada, pero ahora en casa y paradójicamente desde posiciones ideológicas extremadamente cercanas a las que habían sido las suyas. No obstante, estas propuestas, construidas al margen de toda lógica lingüística han tenido una nula repercusión a nivel científico. En realidad, la migración de las tribus védicas desde las llanuras póntico-caspianas es un hecho: Elena Kuzmina[18] recapitula algunos de los datos que demuestran la realidad de la migración: la presencia de un buen número de préstamos en sánscrito conectados con la agricultura y flora y fauna local, de origen no indoiranio, la incompatibilidad del elevado nivel de la civilización agrícola de Harappa con la economía ganadera descrita en la literatura védica, las conexiones lingüísticas exclusivamente arias –es de-

---

[16] Una exposición de los argumentos anti-migracionistas puede verse en N. D. Kazanas, «*Indigenous Indo-Aryans and the Rigveda*», en *Journal of Indo-European Studies* 30, 3/4, 2002, pp. 275-334 e íd., «*Final Reply*», en *Journal of Indo-European Studies* 31, 1/2, pp. 187-240 2003, en el contexto del debate llevado a delante en las páginas de los volúmenes 30 ¾ (2002) y 31 1 / 2 (2003) del *JIES*. Véanse entre todas las contribuciones «migracionistas» especialmente las de Martin Huld, Elena E. Kuzmina y Asko Parpola en el primero de estos volúmenes y, sobre todo, la de Michael Witzel, «*Ein Fremdling in Ṛgveda*», en el segundo.

[17] Por ejemplo, S. B. Roy, *Early Aryans of India*, Nueva Delhi 1989.

[18] Elena E. Kuzmina, «*The First Migration Wave of Indo-Iranians to the South*», en *Journal of Indo-European Studies* 29 1/2, 2001, pp. 1-40, pp. 4-5. Para una vision exahustiva de esta cuestión cf. Elena E. Kuzmina, *The Origin of the Indo-Aryans*, Leiden – Boston 2007.

cir, no compartidas con el iranio– con el ugrio-finés exige la existencia de una *Urheimat* indoaria en las estepas, la producción de cerámica sin torno en los textos védicos excluye el área de la India o del Próximo Oriente, las prácticas culturales ligadas al caballo y el uso védico del carro de guerra tirado por caballos. Desde una óptica científica, y a pesar de la tinta gastada en su defensa, la autoctonía ario-védica del subcontinente es completamente insostenible. A esto hay que añadir los datos que en los últimos decenios ha ido proporcionando la ciencia genética que demuestran más allá de toda duda que el genoma de las poblaciones indias actuales contiene un componente en un importante porcentaje vinculado a las poblaciones europeas, especialmente entre las castas superiores[19]. Y también fueron reales los hábitats originales indoiranio e indoario, a pesar de que su identificación con culturas arqueológicas concretas sea, cómo no, todavía objeto de debate. Para aquellos que parten de la idea de que la patria original indoeuropea debe ser identificada en las estepas del sur de Rusia el candidato más adecuado para ver en él el reflejo de la unidad indoirania sería la cultura del Bronce de Andronovo[20], mientras que en algunas áreas de esta cultura o en culturas derivadas de ella (Tazabagyab, Gandhara, Bactriana-Margiana –BMAC–) se querría identificar a los arios védicos, ya desgajados de la comunidad originaria. En este marco, la intensificación de la investigación de la BMAC y un nuevo enfoque en el estudio de los textos védicos ha permitido a Asko Parpola plantear la hipótesis de una doble migración indoaria[21], propuesta que es, a día de hoy, objeto de polémica. Sin embargo, como el propio Mallory reconoce, «no resulta sencillo alegar simplemente la cultura de Andronovo para resolver todos los problemas de los orígenes indoiranios», especialmente los relativos a los iranios occidentales, mitanios e indoarios. Pero para quienes están libres del «hechizo kurgán» es en la Cultura de las Tumbas con Ocre (que recibe en ruso la denominación, ya popularizada, de *yamnaya*), que se extiende por las llanuras septentrionales del Mar Negro –y de la que derivará la de Andronovo–, y en aquellas en las que hunde sus raíces en el mismo escenario geográfico, Srednij Stog y Dnieper-Donetz, en las que aparecen unos primeros testimonios de gentes procedentes del Báltico, donde habría que buscar la *Urheimat* indoirania, lo que, a mi jui-

[19] Michael Bamshad et alia, «*Genetic Evidence on the Origins of Indian Caste Populations*» en *Genome Research* 11, 2001, pp. 994-1004, p. 994; V. M. Narasimham et alia, «*The formation of human population in South and Central Asia*», *Science* 365, 999, 6, septiembre 2019»

[20] J. P. Mallory, *op. cit.* 1999, pp. 227-231; Elena E. Kuzmina, *op. cit.* 2001. Aunque la matriarca –el patriarca habría sido Otto Schraeder– de la hipótesis kurgán, Marija Gimbutas, llegó a considerar esta cultura como exclusivamente irania.

[21] Asko Parpola, *The Roots of Hinduism. The Early Aryans and the Indus Civilization*, Nueva York 2015.

cio, resulta mucho más verosímil[22]. Sin embargo, como afirma Elena E. Kuzmina: «En consecuencia, ninguna de las hipótesis levantadas sobre cada una de las soluciones lingüísticas y arqueológicas en conflicto relativas a la localización del hábitat originario indoiranio ha sido probada a día de hoy»[23]. Un debate que continúa completamente abierto.

Un marco geo-climático plausible...

Es indudable que las exposiciones geológicas, arqueológicas y antropológicas de los capítulos I y II, en las que Tilak enmarca su investigación astronómico-textual, han envejecido mucho, pero también es cierto que sus páginas demuestran un profundo conocimiento de las investigaciones y conclusiones relativas al problema indoeuropeo en aquel período. No obstante, la realidad es que la parte de la obra que conserva todo su vigor, toda su actualidad, es aquella en la que el autor despliega su erudición y su capacidad de análisis al interpretar los textos sagrados indios. Pero, aunque pueda resultar paradójico, el envejecimiento del marco geo-arqueo-antropológico no ha sido para mal. Ya avanzamos más arriba que la imagen actual de la glaciación se ha transformado radicalmente y la Arqueología Boreal está procurando unos descubrimientos que a comienzos del siglo xx resultaban impensables. Es cierto que ni la Geología ni la Arqueología han solucionado todavía el enigma del presunto hábitat polar, pero a día de hoy ya no es posible rechazar por absurda la tesis del brahmán, pues se han constatado episodios cálidos con fuertes retiradas de hielo durante el Peniglaciar y se han descubierto en Eurasia asentamientos humanos, centenares de kilómetros al norte del círculo polar que se fechan en la horquilla temporal de algunos de dichos episodios. Es más, actualmente se ha podido establecer, en la precisa ubicación cronológica que exige la propuesta de Tilak, un súbito último enfriamiento. Posiblemente, de haber conocido los datos que, a día de hoy, manejan geología glacial y arqueología prehistórica, Tilak se habría ahorrado sus dudas sobre la publicación de su obra. En definitiva: un envejecimiento saludable.

El Peniglaciar, es decir, el período entre los 33000 y los 8000 años BC aproximadamente, se corresponde con la segunda mitad del último gla-

---

[22] Lothar Kilian, *Zum Ursprung der Indogermanen*, Bonn 1988², p. 26; C. - B. Boettcher *op. cit.* 2000, 224 y ss.; L. S. Klejn, *op. cit.* 2017, p. 198; L. S. Klejn, W. Haak, K. Kristiansen, *op. cit.* p. 10. Sobre la cuestión de la separación del iranio y el védico y las perspectivas que abren los testimonios minorasiáticos y próximo-orientales véase Francisco Villar, *op. cit.* 1996, pp. 238 y ss.

[23] Elena E. Kuzmina, *op. cit.* 2007, p. XV.

ciar (95000-8000 BC), el Würm según la nomenclatura europea o Wisconsin según la norteamericana. Pero el Peniglaciar, por lo demás como todo período glacial, ha conocido períodos de máximo frío, denominados estadiales, separados por oscilaciones cálidas, llamadas interestadiales. Da comienzo con el estadial Würm III (33000-18000 BC), un período de duro enfriamiento que va a provocar en sus máximos una regresión marina que situará el nivel de los océanos entre 100 y 150 metros por debajo del actual, con la consiguiente emersión de enormes franjas de las plataformas continentales. Es la era del Auriñaciense. Entre el 18000 y el 16000 BC se desarrolla el interstadial cálido de Laugerie. Un brusco aumento del frío da inicio al estadial Würm IV o Tardiglaciar (16000- 6000 BC), en el que precisamente su milenio de inicio, el 16000 BC, constituye su *maximum* y, al mismo tiempo, el comienzo del deshielo. Pero durante el Tardiglaciar se documentan tres fases frías, cuyo fósil guía lo constituye la planta denominada Dryas. Estos «últimos coletazos de la glaciación» se alternan con dos fases de clima más templado, las llamadas Bölling (11500-10500 BC) y Alleröd (10000-9000), a la que sigue el último período de enfriamiento, el *Dryas Reciente* (9000-8000 BC). A partir de este momento el deshielo se acelera durante los períodos Preboreal, Boreal y Atlántico[24]. Esta secuencia de fases frías y cálidas ha roto con la rígida imagen de un mundo perennemente helado e inhabitable contra la que Tilak redactó, aduciendo los primeros indicios de «un período interglaciar», su capítulo II. Pero, con todo, la imagen geo-climática del Paleolítico Superior que se va perfilando merced a las recientes investigaciones está poniendo en cuestión la inhabitabilidad de buena parte de la masa continental euroasiática incluso durante las fases más duras de la glaciación: «el crecimiento de la población durante el Tardiglaciar fue incluso más rápida durante el interestadial Greenland 1, y alrededor del 1300 BP, hubo casi 41.000 personas en Europa. Incluso en las peores condiciones de la LGM [último máximo glacial] serán compatibles con un sustancial poblamiento que jamás resultó fragmentado en refugios aislados»[25].

Pero alguno de estos episodios reviste para nosotros un interés particular en función de la cronología propuesta por Tilak. Especialmente el rápido enfriamiento del *Dryas Reciente*, que coincide con la destrucción del hogar ártico postulada por el brahmán. Hace años, Wallace Broecker y

---

[24] Este resumen está basado en la exposición de Alfonso Moure Romanillo y Manuel R. González Morales, *La expansión de los cazadores. Paleolítico Superior y Mesolítico en el Viejo Mundo*, Madrid 1995, pp. 58-64.

[25] M. Taallavaara et alia, «*Human population dinamics in Europe over the Last Glacial Maximum*» en *Proceedings of the National Academy of Sciences of USA*, 7 de julio de 2015, pp. 8232-8237, p. 8232. El interestadial Greenland 1 se data entre el 12720 BC y el 10760 BC

George Denton[26] presentaron una tesis que daría cuenta de la velocidad de ese repentino enfriamiento, en un artículo que, dicho sea de paso, finalizaba con un velado aviso sobre la posibilidad de su repetición en la actualidad. Para ambos autores, la generación de agua caliente en el Atlántico Norte y su circulación en forma de corrientes profundas oceánicas estaría en el origen de las transformaciones del clima del planeta, de manera que la pequeña Edad de Hielo que se produjo en el norte de Europa y el nordeste de América sobre el 9000 BC tuvo su origen en el desbordamiento del vasto lago prehistórico canadiense de Agassiz, que provocó la paralización de la corriente de agua caliente y la congelación de todo el área mencionado. Es el inesperado inicio del período del *Dryas Reciente*. Hacia el 8000 BC la progresión de una lengua glaciar bloqueó de nuevo el lago y el sistema volvió a funcionar, con lo que en apenas unos veinte años finalizó bruscamente esta pequeña glaciación. 9000 años BC: la fecha en la que Platón data el hundimiento de la Atlántida, como recuerda Joscelyn Godwin, al recapitular las ideas de Broecker y Denton[27].

... y un registro arqueológico sorprendente

Si pareciera existir un marco geo-climático teórico válido en el que encajar las propuestas de Tilak, ¿cabría decir lo mismo desde el punto de vista arqueológico? Si miramos hacia el norte, lo cierto es que el hecho de que las regiones árticas se hayan podido habitar en los interestadiales no implica que lo hayan sido. De hecho, no parece que ni siquiera en las oscilaciones cálidas los hielos se hayan retirado significativamente de Escandinavia. Pero sí que la retirada ha sido más profunda según se avanza hacia el este desde el Báltico. En el apartado anterior se ha mencionado la hipótesis de que el último hábitat común indoeuropeo haya sido la Cultura de los Vasos de Embudo del norte de Europa, que hunde sus raíces en las precedentes de Ertebölle-Ellerbeck y de Maglemose. Se trata de la opción de «último hábitat común» más septentrional. Por tanto, la necesidad de encajar las distintas piezas del rompecabezas llevaría a hipotetizar un marco teórico básico que permitiese, en la línea apenas apuntada por Haudry en base a los comentarios de F. Bourdier[28], conjugar los testi-

[26] Wallace Broecker y George H. Denton, «*What Drives Glacial Cycles?*», en *Scientific American* 262/I, 1990, pp. 49-56 Este trabajo puede consultarse en la red: http://www3.amherst.edu/~jwhagadorn/courses/09/readings/YoungerDryas.pdf

[27] Joscelyn Godwin, *El mito polar. El arquetipo de los polos en la ciencia, el simbolismo y el ocultismo*, Gerona 2009, p. 46.

[28] Jean Haudry, *op. cit.* 2017, pp. 161-162. Boudier apunta la posibilidad de que en los períodos de calentamiento del Tardiglaciar algunos grupos humanos hayan seguido a los renos hasta las

monios árticos presentes en los textos tradicionales, las fases de la glaciación y el registro arqueológico. Sin embargo, continúan siendo pocas las teselas del mosaico y, además, no acaban de encajar entre sí y todas las especulaciones al respecto en las que se implica a las culturas del Paleolítico reciente del norte (Cultura de Hamburgo, Cultura de Ahrensburg o la Swiderense) con los interestadiales cálidos y el brusco enfriamiento del *Dryas Reciente* constituyen intentos de explicación que no difieren apenas del citado más arriba propuesto por Boettcher: unos grupos de cazadores estacionales que pisen durante algunas temporadas las regiones circumpolares no son suficientes para dar razón de la centralidad de la «ideología ártica» en la *Weltanschauung* indoeuropea, que habla claramente que tuvo que ser todo un «pueblo», por usar este concepto, probablemente anacrónico para aquellas edades, el que morase en aquellos espacios y temiese la llegada de la Gran Noche. Por otro lado, a día de hoy, no existe ningún registro arqueológico ártico vinculable con las culturas arqueológicas mencionadas, cuyo mapa de distribución no alcanza, ni de lejos, el Círculo Polar Ártico. Y, en términos generales durante el Tardiglaciar y el Holoceno los límites meridionales del *permafrost* durante la oscilación de Allerød se sitúa en los 60º N en la Europa oriental y el los 55º N en Siberia occidental. En el *Dryas Reciente* descenderán hasta los 50º-52º N.

Así las cosas, parecería que continuamos en un callejón sin salida. Sin embargo, algunos yacimientos arqueológicos han venido a arrojar una luz nueva sobre el problema. Desde los años setenta se conoce el yacimiento siberiano de Berelekh, situado a 71º 'N y 145º 'E, cerca de la desembocadura del río Indigirka, en las costas del Ártico, por tanto, muy al norte del Círculo Polar Ártico, que presenta relaciones con la fase final de la cultura epipaleolítica de Dyuktai y que ha sido datado alrededor del 11500 BC. La importancia de este yacimiento para nuestro objeto radica, ante todo, en que supone una prueba de que el Gran Norte estuvo habitado en el período en el que Tilak sitúa en aquellas latitudes a la arcaica comunidad indoeuropea y que, al parecer, el *permafrost* se había retirado más al norte de lo que se ha pensado. Sin embargo, no se trata en absoluto de identificar a los cazadores de mamuts de Berelekh con los indoeuropeos, pues hoy por hoy solo es una estación aislada arqueológica y cronológicamente en el nordeste de Siberia. Sencillamente es la primera prueba de asentamiento humano en el Ártico durante un interestadial. La primera, pero no la única.

Pero a Berelekh se ha venido a sumar hace unos años el descubrimiento de otro yacimiento paleolítico, pero esta vez mucho más antiguo. Se trata del yacimiento de Yana RHS, situado a 70º 43'N y 135º 25'E, no lejos

llanuras circumpolares, pero sin especificar un marco geográfico específico. Haudry plantea que los descendientes de estas gentes podrían verse en la Cultura de la Maglemose.

de la desembocadura del río Yana en el mar ártico de Laptev y que ha sido datado alrededor del 25000 BC, anterior en consecuencia al *Maximum Glacial de Würm*, coincidiendo, en concreto, con el final de la fase cálida de Kuranakh-Sala (que corresponde a Plum Point en Norteamérica y Bryansk en la Rusia occidental 26000-23000 BC)[29]. Cronológicamente cabría adscribirlo al complejo auriñaciense, pero para sus excavadores su aislamiento «sugiere que Yana RHS es un yacimiento con un solo elemento cultural, representando una única industria lítica del Paleolítico Superior», en un medio ambiente que cobija una fauna de lobos, caballos, mamuts, liebres, rinocerontes lanudos, bisontes, leones osos y aves, entre otros animales. Yana RHS demuestra, más allá de cualquier duda, la presencia de seres humanos en territorios y épocas consideradas hasta ahora ajenas a toda ocupación humana. Como escriben los excavadores: «Durante más de cien años, los arqueólogos han especulado acerca de habitantes humanos en el Ártico durante el Pleistoceno, pero faltaba la prueba que lo confirmase. El Yana RHS ha proporcionado esa prueba. El repertorio de los yacimientos árticos es fragmentario: Yana RHS en el 27000 14C BP, Berelekh en el 13000 14C BP y Zhokhov en el 8000 14C BP. Es necesario rellenar esos huecos temporales para una comprensión más completa»[30]. Pero muy recientemente, otro equipo dirigido también por V. V. Pitulko[31] ha encontrado en dos yacimientos cercanos a Yana RHS, los denominados Bunge-Toll/1885 y Sopochnaya Karga, pruebas incontestables de actividad venatoria humana. En una entrevista posterior[32] Pitulko resume así las conclusiones a las que le llevan los hallazgos: «En mi opinión, esos hallazgos indican claramente que los humanos han colonizado esta área ártica hace aproximadamente 45.000 años. Es probable que hayan llegado incluso antes porque en esa época ya se habían asentado de forma extensiva alrededor de la desembocadura del Yenisei (72º latitud norte) y en el Yana (69º) e incluso más hacia el este y el norte, en las actuales islas de Nueva Siberia, las cuales entonces formaban parte del continente después de que grandes partes de la banquisa se secasen debido a la continua regresión de la cuenca polar».

En la primera redacción de esta introducción en 2012 escribía: «Pero Yana RHS nos habla de una ocupación muy antigua, durante interestadiales entre fases "duras" de la glaciación, de implicaciones sugestivas, pues la única razón que cabría aducir como explicación suficiente de la presen-

---

[29] V. V. Pitulko, y colaboradores, «*The Yana RHS Site: Humans in the Artic Before the Last Glacial Maximum*», en *Sciencie* vol. 303, 2 de enero 2004, pp. 52-56.

[30] V. V. Pitulko y col., op. cit., pp. 55.

[31] Pitulko V.V. y col., «*Early human presence in the Arctic: evidence from 45,000-year-old mammoth remains*» en *Science*, vol. 351, 2016, pp. 260-263.

[32] https://arctic.ru/analitic/20160704/386534.html

cia de humanos tan al norte en una breve fase cálida del período de mayor enfriamiento del Peniglaciar, la persecución de manadas, plantea incertidumbres por el brutal aislamiento de ambos yacimientos. Quizás el lecho del Ártico guarde secretos arqueológicos de grupos humanos asentados en los vastos espacios abiertos en la plataforma continental por la regresión marina, de los que los dos yacimientos mencionados solo sean la punta de lanza meridional, como sugiriera el mapa de distribución de yacimientos paleolíticos siberianos. Pero es necesario reconocer que esto solo es especular. En verdad, el registro arqueológico de Berelekh y Yana nada nos dice sobre la lengua de sus creadores. Pero sí nos narra que aquellos hombres vieron extenderse sobre sus cabezas un cielo ártico, conocieron la Larga Noche y contemplaron una aurora inacabable. Y que, como ellos, otros hombres, quizás en otras latitudes más altas o en otras longitudes más occidentales, también pudieron hacerlo». Tras solo seis años Bunge-Toll/1885 y Sopochnaya Karga parecen ser el inicio de una espectacular confirmación de que el ártico puede estar escondiendo extraordinarios secretos. Pero el hecho objetivo es que hoy nadie puede alegar que la climatología impediría que las tesis de Tilak pudiesen ser verdad. El «problema» ha desaparecido.

The Artic Home in the Vedas y los estudios tradicionales

Si el eco que ha encontrado *The Artic Home in the Vedas* entre los especialistas en indoeuropeística ha estado por debajo de las expectativas de su autor, su recepción por muchos de los representantes de lo que con frecuencia se ha denominado *philosophia perennis*, a empezar por René Guénon, ha sido entusiasta. Y lo paradójico del asunto es que la razón de esta fascinación ha estado en el carácter «no específicamente tradicional», por así decirlo, de la obra del brahmán. Que una obra estrictamente científica, según los parámetros de la ciencia moderna, pusiera a la comunidad científica entre la espada y la pared, demostrando unas «verdades imposibles» que dotaban de un marco tangible a las afirmaciones tradicionales acerca del Norte y el Origen, era algo que no podía dejar de entusiasmarlos. Todas las tradiciones ven el Norte físico el punto de origen del ciclo de la humanidad actual y en un Norte metafísico, el Polo, la simbolización del principio axial, causa última de este mundo y, al mismo tiempo, del sí mismo a desvelar por el ser humano. Escribe René Guénon: «Por nuestra parte, adviértase bien, no es "pese a nuestro hinduismo" (...) sino, al contrario, a causa de este, por lo que consideramos el origen de las tradiciones como nórdico, e incluso más exactamente como polar, pues eso está expresamente afirmado en el Veda, así como en otros libros sagrados. La tierra en la que el sol daba la vuelta al horizonte sin ponerse había de estar situada, en efecto, bien cerca del polo, si no en el propio polo; se dice también que, más tarde, los representantes de la tradición se trasladaron a una región en la que el día más largo era el doble del día más corto, pero esto se refiere ya a una fase posterior, que geográficamente, ya no tiene nada que ver, evidentemente, con la Hiperbórea»[33].

Es en medio de este paisaje mental donde se produce el nacimiento de la «leyenda» de una obra y su «canonización». En efecto, la obra comienza a ser citada con frecuencia como una fuente de autoridad, pero no es empleada como instrumento de trabajo. Lo que ha interesado del libro es el efecto de su tesis en su conjunto, más que la profundización en las investigaciones de los mitologemas analizados por Tilak o en seguir los caminos por él desbrozados. Sus páginas y argumentos se transcriben una y otra vez, y es cierto que su contundencia invita a ello, pero, por lo que me alcanza, no se han empleado los descubrimientos de Tilak para ir más allá desde un enfoque tradicional. De hecho, no conozco ninguna obra publicada en Occidente dedicada a estudiar este libro desde dicha perspectiva y a poner de manifiesto el simbolismo tradicional que esconden los mitos árticos o, por ejemplo, que coteje la cronología astronómico-védica con las cronologías sagradas, porque la materia geo-climática con la que se teje el lenguaje simbólico no debe llevar a pensar, como el mismo Haudry subraya[34], que todo mito se limite a tener una lectura naturalista, a la manera de las interpretaciones decimonónicas, pues los mimbres no son los que conceden la forma y el sentido a la cesta. Pero sí que la mirada al «mimbre», a la materia sobre la que trabaja la *imaginatio*, permite inferir las condiciones del medio natural en el que se formaron mitos, leyendas y prácticas culturales.

Pero la poca atención a los descubrimientos de Tilak ha producido ejemplos que incluso producen cierta desazón. Son conocidos los dos ensayos sobre el «mito hiperbóreo» redactados desde el enfoque tradicional por Christophe Levalois[35]. Y a ellos remito para una panorámica general de los diferentes testimonios antiguos sobre el origen septentrional y sobre su simbolismo[36], además de, por supuesto, toda la segunda parte de

[33] René Guénon, *op. cit.* 1984, pp. 30-31.

[34] Jean Haudry, *La religion cosmique des Indo-Européens*, Milán 1987, p. 182.

[35] Christophe Levalois, *Hiperbórea. Regreso a los orígenes*, Barcelona 1987 e íd., *La Tierra de Luz. Simbolismo del Norte y del Origen*, Barcelona 1989.

[36] Puede consultarse en castellano también el libro de Joscelyn Godwin, *op. cit.* 2009, (edición original de 1996), obra que, a pesar de presentar aspectos discutibles, ofrece algunos datos de interés sobre la temática polar.

Rebelión contra el mundo moderno de Julius Evola[37]. Sin embargo, en la página 18 de *La Tierra de Luz*, Levalois, tras aducir una idea de Tilak como argumento de autoridad sobre el concepto de *manvantara*, no tiene reparos en datar el *Ṛgveda* en el 1500 BC pocas líneas después, una fecha que está muy alejada de aquella que estableció el brahmán, para quien un buen número de himnos se habrían compuesto con anterioridad al 4000 BC en función de los testimonios astronómicos del propio texto. A Tilak se lo cita, se lo reverencia, se lo utiliza como arma arrojadiza, pero se lo estudia poco. Al menos en Occidente[38]. Quizás la publicación en Europa de sus comentarios al *Gitâ* y su visión acerca del *karma yoga* ayudaría en esa dirección[39].

También el autor era consciente de que la teoría polar podía constituir una fuente de perplejidad para muchos de los lectores practicantes de la religión india[40]. A modo de venda antes de la herida en el último capítulo dedicará varias páginas a repasar las ideas sobre la eternidad o no de los *Vedas*, de las diferentes escuelas y los diversos teólogos indios. Sus conclusiones son claras: «Estas son, en resumen, las opiniones de teólogos, eruditos y filósofos indios, relativas a los que concierne al origen, el carácter y la autoridad de los *Vedas*. Su comparación con los resultados de nuestras investigaciones nos permite comprobar que las opiniones de Patanjali y de Vyâsa sobre la eternidad de los *Vedas* pueden ser confirmadas por la teoría ártica que hemos intentado demostrar a lo largo de las páginas precedentes, a partir de datos científicos e históricos. Hemos visto que la religión y la cultura védicas son de origen interglacial y que, a pesar de que no nos sea posible remontarnos hasta este origen, el carácter ártico de las divinidades védicas prueba que las fuerzas de la naturaleza que representan habían sido revestidas con atributos divinos por los primeros arios en su tierra de origen, en las proximidades del Polo Norte, el Monte Meru de los *Purâṇas*. En el momento de la destrucción de su país de origen por la glaciación, los supervivientes del pueblo ario llevaron consigo todo lo posible de la religión y del ritual dadas las circunstancias, constituyendo los vestigios así salvados, la base de la religión aria de la

[37] Julius Evola, *Rebelión contra el mundo moderno*, Buenos Aires 1994. Muchos años después, Evola continuará calificando la obra de Tilak de «importantísimo trabajo» («*L'ipotesi iperborea*», en *Arkthos* vol. VI, 27-28, 1983-84, pp. 4-11).

[38] No así en India donde la propuesta de datación de los textos védicos de Tilak ha sido objeto de crítica o de aceptación en la India desde planteamientos laicos y religiosos en el contexto de las polémicas migracionistas a las que hicimos mención más arriba.

[39] Bal Gangadhar Tilak, *Srimad Bhagavadgītā-Rahasya or Karma-Yoga-Sastra*, Puna 2012 (1.ª ed. en marahti 1915).

[40] La sensación que la obra de Tilak suscitó entre sus compatriotas llevó a que algunos de ellos viajasen a Escandinavia en búsqueda de la tierra de sus antepasados, como recuerda Hans F. K. Günther (*Die Nordische Rasse bei den Indogermanen Asiens*, Munich, 1934, p. 14).

era postglacial». En verdad, la clave ártica permite ubicar la *Urheimat* indoeuropea, pero también constituye un instrumento para sumergirse en la verdad esencial de unos textos eternos.

El autor

Pero ¿quién fue Bâl Gangadhâr Tilak? Para los ocupantes británicos no cabía duda: «El padre de la agitación india». Pero para sus compatriotas tampoco, pues no dudaron en concederle el sobrenombre de *Lokamanya*: «loado (como caudillo) por todos», por ser, en palabras de Jean Remy «el alma del movimiento indio de liberación nacional desde 1895 hasta 1920»[41]. Padre y héroe del nacionalismo indio, filósofo, historiador de las religiones, Gangadhâr Tilak ha sido una figura colosal de la historia india, apenas conocido en Occidente, oscurecido por la figura de Gandhi, quien lo reconoció como su gurú, y por el extraño destino de su obra sobre el origen ártico de la tradición védica.

Keshav Gangadhâr Tilak nació en Ratnagiri en 1856 en el seno de una familia de la casta brahmánica, hijo de un reputado profesor de escuela y especialista en la literatura védica y sánscrita que falleció cuando Keshav contaba con dieciséis años. Estudiante brillante, se licenció en leyes, fue profesor de matemáticas y ejerció de periodista en dos periódicos de ideología nacionalista, *Kesari* y *Mahratta*, en cuya fundación participará él mismo. En 1890 ingresa en el Partido del Congreso, en cuyo seno representará el ala más radical. El deterioro del panorama social indio a mediados de la década de los noventa le empuja a endurecer sus posiciones y a lanzar una campaña de resistencia desde las páginas de los periódicos. El asesinato en 1897 de dos oficiales británicos por un grupo de nacionalistas le supone una acusación de incitación al asesinato, lo que le acarreará dieciocho meses de prisión. Lejos de arredrarle, la experiencia de la cárcel le hace profundizar en sus convicciones. El movimiento de *Boicot* y el de *Swadeshi* serán los siguientes instrumentos de lucha. Son, como él mismo los califica, las dos caras de la misma moneda: boicot a los productos extranjeros y el consumo de bienes producidos en la India. Toda esta labor es realizada dentro del marco del Partido del Congreso, en el que lidera la facción radical o *Jahal matavadi*. En 1908, la situación política en India es explosiva. Un nuevo atentado contra un magistrado británico y una nueva defensa pública de los autores por parte de Tilak le valen ahora la acusación de sedición que le supone seis años (1908-1914) en la pri-

[41] Jean Remy, «*Los indoeuropeos vinieron del Polo Norte. Tilak y el origen polar de la tradición védica*», en *Hespérides* vol. II n.º 11, 1996, pp. 807-811, p. 807.

sión birmana de Mandalay, donde coincidirá con Subhash Chandra Bose quien escribirá: «Con frecuencia me he preguntado cómo nadie podía mantener una actividad intelectual prolongada en semejantes condiciones y durante más de cinco años. Solo un hombre que tuviera un dominio completo de sí mismo, y que fuera indiferente tanto al placer como al dolor, podía resistir en un entorno tan lúgubre»[42]. Ese dominio de sí mismo al que hace referencia Chandra Bose, *swaraj*, es la contrapartida (y raíz al mismo tiempo) del *swaraj* político (autogobierno) que constituye el principio político sobre el que gira la acción del brahmán. Un autodominio que le permitirá escribir en prisión el *Gitâ Rahasya* (*El esoterismo del Gitâ*), un comentario (que incluía una traducción) del *Bhagavad Gitâ*, centrado en el estudio de los aspectos éticos de la tradición india.

Con todo, tras su salida de prisión en 1914, aquejado de diabetes, no verá con malos ojos las medidas británicas dirigidas a mejorar la situación de la población india con vistas a evitar problemas en el contexto de la guerra con los Imperios Centrales, lo que no fue óbice para que inmediatamente reiniciara su actividad política por la independencia, especialmente a través de la *All India Home Rule League* –de la que formará parte también la conocida teósofo Annie Besant–, uno de cuyos presupuestos fue la creación de una India independiente en la que rigiese un sistema federal en el que todo grupo étnico gozase de los mismos derechos. Tilak fallecerá, sin poder ver la ansiada independencia de su patria, en agosto de 1920.

Pero la vida de este héroe de la nación india no se focalizó exclusivamente en la lucha por la libertad política de su pueblo, sino que, orgulloso de la grandiosidad de la historia y la cultura india, consideró un deber ahondar en su conocimiento y su puesta en valor, lo que le llevó a luchar por la creación de un sistema educativo estrictamente indio. Entre sus investigaciones cabría destacar, por la trascendencia alcanzada su propuesta de cronología védica, basada en cálculos astronómicos realizados a partir de la información extraída de los propios *Vedas*, a la que dedicó dos obras publicadas en Puna en 1893 y 1925[43]. Sus cálculos le llevaron a datar la composición de los himnos del *Ṛgveda* entre el V y el III milenio BC, coincidiendo con los cálculos a los que había llegado de manera completamente independiente el orientalista alemán Hermann G. Jacobi. Esta propuesta de datación será conocida posteriormente como la cronología Tilak-Jacobi, la más alta planteada desde posiciones científicas. Todas las demás (Wilson, Winternitz, Martin, Haug, Keith o Müller) son sensible-

---

[42] Citado en Jean Remy, *op. cit.* 1996, p. 808.

[43] Bâl Gangadhâr Tilak, *Orion. A search into de Ancientness of Aryan-Vedic Culture*, Puna 1983 (Nueva Delhi 2005) y *Vedic Chronology and Vedanga Jyotisha. Containing also Chaldean and indian Vedas and other miscellaneous essays*, Puna 1925.

mente más bajas[44]. Los elementos de juicio: lingüísticos, astronómicos, religiosos, etc., son diversos y a menudo muy difíciles de hacer encajar, pero, en cualquier caso, sigue siendo, ésta también, una polémica inconclusa.

La presente edición

Esta traducción es obra de muchas manos, un trabajo colectivo sin otra recompensa que los frutos que pueda proporcionar a otros la lectura de estas páginas. Realizado sin la debida coordinación, los criterios de traducción y de trascripción seguidos por cada uno de los traductores fueron diferentes, por lo que ha sido necesario un trabajo de corrección y homogenización de las diferentes partes, labor que ha recaído en quien firma esta introducción y, por tanto, toda errata, error o incoherencia que se haya deslizado en este libro es exclusiva responsabilidad de quien ha realizado dicha labor de corrección y ha redactado esta nota introductoria. En lo referente a la trascripción de los términos védicos y sánscritos hemos conservado la forma empleada por el autor en su publicación original.

Pero que esta traducción al castellano de la obra de Tilak haya visto la luz se debe ante todo a la voluntad del escritor chileno Miguel Serrano. Fueron muchas las veces en las que Serrano insistió en que «*con la obra de Tilak era suficiente. Ahí está todo*». Y es indudable que en ese descubrir verdades imposibles con los fríos instrumentos de la lógica, Serrano veía una rasgadura en el velo que oculta nuestro pasado. Desgraciadamente, no podrá ver esta publicación, pues, aunque la palabra dada hace años se ha visto finalmente cumplida, lo ha sido tarde. Sea, pues, dedicada esta traducción a su memoria.

Santiago de Andrés

[44] Véase un resumen de las diferentes propuestas cronológicas en S. B. Roy, *op. cit.* 1989, pp. 64-65.

ESTUDIO INTRODUCTORIO

por

Jean Haudry

El objeto de este prefacio no es presentar a Tilak y su obra, lo que ha hecho excelentemente Santiago de Andrés, sino mostrar de qué modo las nociones propias de la tradición indoeuropea y de su cronología se vinculan con sus aportaciones. Descubrí a Tilak en 1979 cuando mis amigos Jean y Claire Remy me ofrecieron su traducción francesa del *Origen Polar de la tradición védica,* publicado en Milán por las ediciones Archè. Este libro supuso para mí una revelación. Ciertamente no se correspondía en absoluto con mis preocupaciones de aquel entonces: tras haber sostenido en 1975 una tesis sobre el empleo de los casos en védico, me había consagrado por completo a la sintaxis comparada de las lenguas indoeuropeas y a sus prolongamientos morfológicos, que expuse en mi libro aparecido en 1982. Pero ese mismo año publiqué un artículo titulado «*Los tres cielos*», que será el origen de mi *Religion cosmique des Indo-Européens*, editado en 1987. Este primer estudio no fue un resultado directo de la lectura del libro de Tilak, sino que se basaba en la idea, avanzada por el filósofo Ernst Cassirer en 1926, pero que había pasado desapercibida para los indoeuropeístas, de que el indoeuropeo **dyew-*, que está en el origen de nombres del cielo, védico *dyaúḥ*, y de nombres de día, latín *diēs*, no designaba el «cielo luminoso», como todavía hoy se lo interpreta, sino el «cielo diurno», lo que implica la existencia de un cielo nocturno. Ahora bien, el *Urano* homérico, cuyo nombre significa «cielo» pero que Homero califica de «estrella», representa necesariamente un antiguo cielo nocturno. Por mi parte, propuse además interpretar el tercer personaje del mito griego, Crono, como un antiguo nombre del «corte» y de ver ahí la imagen del cielo rojo de los dos crepúsculos. La siguiente etapa fue la interpretación del nombre de la esposa de Zeus, Hera, a partir de **yērā-* «bella estación»*: el matrimonio del Cielo diurno y de la Bella estación solo podía ser la

* «Bella estación»: con esta expresión se ha traducido en todo el texto la fórmula francesa «*Belle saison*», empleada recurrentemente por el autor, que hace referencia a la época primavera-verano, en su calidad de aportar «buen tiempo» frente al precedente invierno. [Nota del traductor].

traducción mitológica de la salida definitiva de la noche del invierno representada por Urano, Cielo nocturno, tras el período auroral representado por Crono. La forma emparentada **yōrā-* está en la base del nombre de las Horas, las tres «bellas estaciones» distintas del invierno, de donde la paradoja del año de tres estaciones. Igualmente me resultó manifiesto que el compuesto *Hēra-clēs*, «aquel que posee la gloria de la bella estación» permite dar cuenta del personaje como el modelo de héroe como «conquistador de la bella estación del año», a partir de una fórmula védica que había resultado enigmática hasta entonces. A continuación, esta interpretación resultó confirmada por el paralelo del nombre propio ruso Jaroslav que posee el mismo sentido y la misma motivación. Pero, sobre todo, las realidades correspondientes fueron puestas de manifiesto por Philip Jouët en su tesis leída en la *Ecole Pratique des Hautes Etudes, L'Aurore celtique. Fonctions du héros dans la Religion cosmique*, 1993, seguida de una nueva edición ampliada aparecida en 2007 y de *Aux sources de la mythologie et de la religión celtiques* publicado el mismo año. Vino a continuación, en 2012, el *Dictionnaire de la mythologie et de la religión celtiques*, que se basa, al igual que las obras precedentes, en los conocimientos de la religión cósmica. Una nueva etapa se había franqueado: la teoría del origen polar de la tradición, puesta en evidencia por Tilak a partir de los datos indios e iranios, encontraba su confirmación en los terrenos griego y céltico. Por mi parte, algunos años antes me había ocupado de la temática germánica antigua con dos estudios sobre el Beowulf en el contexto de la tradición indoeuropea (Haudry 1984; 1986) cuyo interés para nuestro tema reside en su título: por primera vez aparecía el término «tradición indoeuropea» que se buscará en vano en los estudios anteriores sobre la cuestión indoeuropea. De hecho, los indoeuropeístas tienen como objeto de estudio los hablantes del indoeuropeo reconstruido, lo que los limita a una presentación sincrónica de la lengua y el pueblo considerados ambos al final de su período común, previo a la dialectalización de la lengua y a la dislocación del pueblo. Se comprende por ello por qué los recuerdos del hábitat circumpolar quedan descartados del estudio: por razón de su anterioridad no forma parte del período objeto de su estudio. Por el contrario, cuando se opera con la noción de «tradición indoeuropea», que implica una cronología, estos recuerdos encuentran su lugar. La tradición es siempre anterior al pueblo que la ha heredado y que la transmite a sus descendientes. Esta es la razón por la que se explican situaciones paradójicas con la de Georges Dumézil, quien en su estudio sobre los *Quinquatrus Minusculae* romanos (véase más adelante) se encuentra con un testimonio evidente e irrefutable -desconocido por Tilak- del recuerdo de una serie de Auroras típicas de las regiones circumpolares, que descarta aduciendo que esas regiones ¡son demasiado lejanas! De hecho, es evidente que no se puede suponer que el punto de partida del ritual haya sido la observación directa del fenómeno por parte de los romanos, pero la correspondencia cae por su peso si se trata de una tradición. Todavía es necesario dejar de tener miedo a operar con esta noción.

Mis estudios sobre el mundo germánico antiguo me condujeron posteriormente a interesarme por los trabajos de Ernst Krause, un curioso personaje, farmacéutico y biólogo alemán quien, tras haberse consagrado a la difusión de las ideas de Darwin en Alemania dirigió su interés hacia la mitología comparada y el folclore europeo, donde descubrió que un buen número de leyendas antiguas y modernas solo podían ser interpretadas a partir de un antiguo hábitat circumpolar de los indoeuropeos. Su obra principal, *Tuisko-Land, der arischen Stämme un Götter Urheimat* [Tuisko-Land, hábitat original de las tribus arias y de sus dioses], aparecido en 1891, apela a Jakob Grimm (p. 1) y privilegia la comparación entre el mundo germánico antiguo y el mundo griego. Comienza por un estudio antropológico de la población indoeuropea y concluye (p. 12): «Vemos que las condiciones físicas y biológicas también nos obligan a ver en la raza rubia un producto de tierras próximas al polo». A este libro siguieron otros dos más limitados, *Die Trojaburgen Nordeuropas* [Los laberintos de la Europa del norte] y *Die nordische Herkunft der Trojasage* [El origen nórdico de la leyenda troyana], publicados en 1893. Se hablará brevemente de ello más adelante.

No obstante, mis investigaciones no se limitaron al período más antiguo de la tradición. En 1978 había publicado un estudio titulado «*La religión de la verité*» en el que observaba que la correspondencia a través de dos formas verbales emparentadas entre el sentido de «sacrificar a» en indoiranio y el de «no ofender» en griego suponía la existencia de una categoría de dioses, como Juramento, Contrato de amistad, Justo reparto y similares, a los que se rendía culto evitando ofenderlos. Las conclusiones de este estudio debían encontrar su pleno significado mucho más tarde en el contexto de la cronología de la tradición. En efecto, me resultó evidente que si en el último período de su período común, el período «heroico», los indoeuropeos se interesaron particularmente por la «verdad», es decir, esencialmente por la fidelidad, es que el estado de su sociedad así lo exigía: efectivamente, dicha sociedad había desarrollado solidaridades electivas como los *commpagnonnages** cuyos miembros no poseían ningún

* Al igual que en la traducción de la obra del profesor Jean Haudry *Los indoeuropeos*, Santander 2017, hemos conservado aquí este término francés. Reproducimos la nota que justificaba allí esta decisión: Institución en la que el *compagnon* [compañero] entra al servicio de un jefe al que promete fidelidad a cambio de una remuneración. Hemos preferido mantener el término francés y no emplear el que probablemente sea su equivalente castellano, «séquito», dado que este último, traduciendo la palabra alemana *Gefolgschaft*, suele denotar habitualmente una institución

parentesco entre sí; la fidelidad mutua no era algo dado de por sí, como había sido el caso anteriormente de la sociedad de linaje en la que los círculos solo reunían a parientes. Vi también que, entre este período reciente, protohistórico, y el primer período, se situaba una sociedad completamente diferente tanto de la una como de la otra y que descansaba a un mismo tiempo sobre los cuatro círculos de pertenencia de Emile Benveniste (1968) y las tres funciones de Georges Dumézil (por último: 1995). Consagré mis estudios a este período sobre el que estos dos autores me parecía que habían dicho lo esencial. Pero, por mi parte, insistía en las diferencias profundas que lo separaban del precedente, que ignora las instituciones mencionadas y la ideas a ellas vinculadas porque se trataba de una sociedad sin clases, limitada a la horda primitiva, y también del posterior, en el que las solidaridades electivas concurrían con las naturales, tal y como lo ilustra el enfrentamiento legendario entre padre e hijos que combaten en campos opuestos. Una primera síntesis apareció en 1977 bajo el título de «*Chronologie de la tradition indo-européene*». Me resultó claro, a continuación, que esta cronología ternaria resultaba atravesada por evoluciones internas. Por ejemplo, en el terreno religioso, el primer período dio comienzo indudablemente por el animismo, del que quedan huellas en los tiempos históricos; pero la aparición de las divinidades cósmicas, Cielo diurno y otras, representó un cambio esencial. Por tanto, a despecho de sus insuficiencias, esta cronología ternaria es útil para la comprensión del conjunto de datos ofrecidos por la reconstrucción. Existe un cierto número de casos de matrimonio «por libre elección» de idea que figura en los textos jurídicos indios bajo el nombre de *svayaṃvara*. Ahora bien, una práctica como esta, está en flagrante contradicción con el carácter patriarcal de la sociedad de linaje de los cuatro círculos y las tres funciones. La solución es cronológica; la práctica del matrimonio por libre elección existía con anterioridad a esta sociedad y fue retomada por la sociedad heroica que, en ciertos puntos, ha puesto en tela de juicio los principios de la sociedad precedente.

Las páginas que siguen ofrecen una presentación del primer período de la tradición indoeuropea, el de la «religión cósmica» y el hábitat circumpolar. Pero está prevista una exposición completa en el volumen en preparación titulado *La tradition indo-européene*, al que deberá seguir un *Lexique de la tradition indo-européene*, destinado a reunir un cierto número de nociones que ilustran la necesidad de una aproximación cronológica.

---

militar posterior, que conocerá un especial desarrollo durante el período de las invasiones germánicas. [Nota del traductor].

Cronología de la tradición indoeuropea

Tratándose de la lengua, las reconstrucciones no se sitúan sobre un mismo plano cronológico: las regularidades producto de refacciones analógicas son recientes, mientras que las irregularidades son antiguas, en particular, las que conciernen a la tipología de la lengua. Lo mismo vale para la tradición: las singularidades reposan a menudo sobre arcaísmos. Pero la cronología de la tradición es más compleja que la de la lengua. En primer lugar, es necesario distinguir entre la edad de lo atestiguado y la de su contenido. El texto del *Mahābhārata*, redactado en sánscrito, es posterior al conjunto de la literatura védica, pero una parte de su contenido es anterior al del *Ṛgveda* antiguo. Las *Metamorfosis* de Ovidio es, como el resto de las obras del poeta, un texto pleno de modernidad, pero que se basa sobre una idea típica del animismo del período más arcaico. Resulta preciso, por tanto, establecer una cronología del contenido de los textos. Por otra parte, un mismo dato puede ser considerado como una innovación o como un arcaísmo en función del punto de comparación elegido: el edicto de Tirídates que subordina Ahura Mazdā a la diosa Anāhitā innova en relación con el mazdeísmo. Pero en el *Yašt* 5, estrofas 17-19, Ahura Mazdā sacrifica a la diosa y le dirige una plegaria que ella recibe favorablemente. Cuando se está en condiciones de manejarla bien, la cronología de las reconstrucciones permite conciliar sus aparentes contradicciones entre sí y con los datos de la Paleontología Lingüística y de la Arqueología Prehistórica. La imagen tradicional de la barca solar y del carromato de la Aurora o de las Auroras pueden ser antiguos, pero el del carro* del Sol será necesariamente reciente si, como se ha creído durante mucho tiempo, el carro no hace su aparición antes del fin del tercer milenio; pero su atestiguación durante el cuarto milenio concuerda con la atestación indirecta de su presencia en el formulario reconstruido del período común: a juzgar por los datos posteriores, la frecuente mención del caballo se relaciona con el caballo uncido, no con el caballo montado. La representación de la fortuna bajo la forma del fuego o de la luz solar, la del *hvarnah* avéstico, paralela a la del rey como «esposo de una luz que simboliza la realeza» tiene más posibilidades de ser anterior a la imagen vinculada a la ganadería de la «vaca de la abundancia», la *Kāmadhuk* india, de donde proviene su denominación griega, *túkhē*.

La necesidad de una cronología de la tradición resulta clara a partir de ejemplos simples como son los de las relaciones entre dos figuras mitológicas vecinas, la Aurora y la Hija del Sol, expresamente representadas en

* El «carromato» de la Aurora es tirado por bovinos mientras que el «carro» lo es por caballos. Los carromatos tirados por bovinos se han documentado en la Europa del Neolítico Antiguo, milenios antes que hiciera su aparición el carro tirado por caballos. [Nota del traductor].

el *Veda* y en el folclore balto. Tanto el vocabulario como los textos nos impelerían a separarlas. Pero, si bien la Aurora corresponde a un fenómeno identificado, no ocurre lo mismo con la Hija del Sol, situación paradójica para una figura mitológica de la esfera naturalista. No parece que se trate de un fenómeno diferente al de la aurora, como el alba, y no puede ser tampoco el sol naciente allí donde se encuentra acompañada por el sol, sobre todo cuando la designación de este es de género masculino. Pero la solución aparece allí donde, como en germánico y báltico, donde es femenino: la Hija del Sol ha podido representar al principio a la joven sol que ocupa el lugar de su madre desaparecida. Pero esta hipótesis implica una cronología de las ideas correspondientes. En el período más antiguo, el sol había sido una entidad femenina que moría al finalizar su ciclo anual. Esta idea se ha conservado en el mundo escandinavo, pero limitada al ciclo cósmico: tras la catástrofe universal del «Crepúsculo de los dioses» la diosa solar Sol, devorada por el lobo Fenrir, será reemplazada por su hija. En los estadios posteriores en los que no se reputa que el Sol muera cada año, la Hija del Sol se convierte en una entidad puramente mitológica, pudiendo por consiguiente coexistir con su madre o con su padre cuando el nombre del sol es de género masculino.

La tradición posee un carácter acumulativo: las concepciones antiguas sobreviven y se mezclan con las ideas posteriores, siendo objeto con frecuencia de una reinterpretación. Esas concepciones antiguas pueden porque la situación se presta a ello: entonces, una concepción latente toma una vida nueva. Solo son formuladas después de haber sido expresadas y vividas y la formulación definitiva llega, en caso de que así suceda, al término del proceso de cristalización. Algunas de ellas tienden a institucionalizarse; el ejemplo más llamativo es el de las tres funciones que desembocan en las tres castas funcionales de los indoiranios y en Francia en los tres órdenes del *Ancien Régime*. Las clases funcionales de los celtas representan el estadio intermedio, porque los celtas no se estancaron: el hijo de un guerrero noble puede convertirse en druida, el hijo de un druida puede convertirse en guerrero y existen los druidas guerreros. La India védica conserva huellas de esta movilidad original en el «poeta de origen real», el *rājanyarṣi*.

Se podría, en un primer momento, intentar reagrupar los datos constitutivos de la tradición indoeuropea en tres períodos sucesivos definidos por un rasgo característico y que se pueda poner en relación con un nivel de civilización y para el primero con una localización: el de la religión cósmica, vinculada a una civilización paleolítica o epipaleolítica, a una sociedad sin clases y a un hábitat circumpolar, la de las tres funciones, que señalan o reflejan la existencia de clases sociales y de los cuatro círculos de pertenencia social, vinculada a una sociedad neolítica y a un clima templado, y la sociedad «heroica» del período de las migraciones a la de la Edad del Bronce.

La datación de las fórmulas reconstruidas resulta imposible cuando se trata de realidades permanentes o intemporales, algo que es frecuente; pero es posible que sean datables, como la concordancia entre la pareja latina de verbos *fingō pingō* «yo modelo» «yo pinto» y su correspondiente tocaria *tseke peke*: esta concordancia implica la existencia de una cerámica pintada o incisa, según el sentido que se conceda a la raíz **peyk̂-/-g-*. Lo mismo cabe decir de aquellas fórmulas que son típicas de la sociedad heroica. Las concordancias formularias greco-arias o greco-indias son más recientes que las que implican al resto de lenguas, pudiéndose situarlas cronológicamente en el tercer período, el de las últimas migraciones.

Estos tres períodos no son homogéneos en absoluto: el primero solo nos resulta accesible por su rasgo definitorio, el conocimiento de las realidades climáticas circumpolares. El tercero, el de la «sociedad heroica», se sitúa en el seno de una sociedad de linaje a la que se ha enfrentado, pero que no ha llegado a abolir. Por otra parte, esta solo pertenece parcialmente al período común. Sus rasgos definitorios pueden ser, en parte, el resultado de evoluciones paralelas independientes. Los períodos nos son unitarios en absoluto; muchos indicadores implican la necesidad de una periodización interna de cada uno de ellos. Por último, deben tomarse en consideración dos estratos anteriores al primer período. Uno de ellos es bien conocido: es el que corresponde a los temas de los cuentos, comunes a muchas tradiciones, que proceden de culturas paleolíticas anteriores. Por otro lado, el indoeuropeo reconstruido ha surgido necesariamente de la dialectalización de una lengua común anterior, según el esquema universal de la evolución lingüística. Esta lengua común fue necesariamente también la lengua de un pueblo, que debía poseer no solo un territorio, sino también una tradición cuyos vestigios deben estar presentes en la tradición indoeuropea. Nosotros no somos los primeros en operar con la noción de una cronología de la tradición; los antiguos ya lo hacían, pero su cronología era por lo general inventada, mientras que el pasado era imaginado a partir del presente. Es el caso por ejemplo del *sanātano dharmaḥ* «ley inmemorial» de la India clásica, desde el momento en que sabemos que el sistema de castas se constituyó en la propia India, puesto que es atestiguado por primera vez en el *Ṛgveda* reciente. Es también el caso de las consideraciones de Lucrecio y de Estacio sobre la prehistoria (véase más adelante).

El primer período de la tradición; la religión cósmica y el hábitat circumpolar

La noción de «religión cósmica» es una simple banalidad si se considera la historia de las religiones en su conjunto. Sería suficiente para convencerse de ello recordar los títulos de los primeros capítulos del *Traité d'histoire des religions* de Mircea Eliade (Eliade 1975): «*Le Ciel: dieux ouraniens, rites et symboles célestes*», «*le soleil et les cultes solaires*», «*la lune et la mistique lunaire*», «*les Eaux et le symbolisme aquetique*», «*les pierres sacrées*», «*épiphanies, signes et formes*», «*la Terre, la Femme et la Fécondité*». Pero no existe una sola entre las religiones atestiguadas en fecha histórica en el mundo indoeuropeo en la que estas nociones estén ausentes del panteón o que estén representadas en él por divinidades menores como *Caelus*, *Sol* y *Luna* en Roma. Por el contrario, la religión cósmica es típica del período más antiguo en el que encuentra su justificación en el drama cósmico anual de la alternancia entre el largo día y la larga noche separados por períodos aurorales.

La hipótesis de un hábitat circumpolar iniciada por Sylvain Bailly a partir de la «astronomía antediluviana» y retomada, para la más antigua tradición indoeuropea, de forma independiente y sobre bases diferentes por Ernst Krause (1891) y Lokamanya Bâl Gangâdhar Tilak (1893) ha sido rechazada durante mucho tiempo sin un estudio en profundidad como increíble. Pero ha dejado de serlo después de que se haya encontrado la prueba de la antigüedad del poblamiento de las regiones circumpolares, como resulta del artículo de Pitulko y otros (2016), que hace remontar dicho poblamiento al 45000 antes de nuestra era (véase *The Independent* 15 de enero 2016, *Ancient Origins* enero 2016). Ciertamente cabría preguntarse qué es lo que ha empujado a los hombres a instalarse en esas inhóspitas regiones. Una hipótesis antigua era que los cazadores de renos habían seguido sus presas que se habrían desplazado hacia el norte después de un recalentamiento del clima que, efectivamente, se ha atestiguado (véase más adelante). Posteriormente, han aparecido otras razones que Harari (2015, 92) ha resumido: «Las tierras árticas eran un hervidero de animales sabrosos como los renos y los mamuts. Cada mamut era fuente de una enorme cantidad de comida (con el frío incluso se podía congelar para poder consumirlo más tarde), de sabrosa grasa, de pieles cálidas y de precioso marfil». Ya Renou (1947, 380) reconocía en la India védica «elementos de tipo pastoral y ecuestre originarios del Asia interior, con restos de una "cultura ártica"». Este término puede entenderse en sentido amplio: la leyenda del rey de Masuria que amenaza a sus vecinos del oeste con impedir que el sol llegue a ellos, así como la del sol cautivo durante muchos meses en una torre que los signos del zodíaco liberan rompiéndola por medio de un mazo gigantesco, muestran que las realidades correspondientes son conocidas y tomadas en consideración en una latitud más meridional.

La experiencia de la vida en esas regiones ha dejado vestigios en Grecia con los Hiperbóreos, en India con los Kurus nórdicos y los Hombres Blancos del *Mahābharata* y en Irlanda con las islas del norte del mundo como origen de la tradición. Griegos e indios idealizan esos países. Por el contrario, los escandinavos, mejor situados para conocerlos, se guardaron mucho de hacerlo. La contradicción entre el sueño y la realidad vuelve a aparecer en la evocación del Espacio Ario en el inicio del primer capítulo del *Vidēvāt* avéstico, que lo califica el «mejor de los países», pero donde se dan «diez meses de invierno y dos de verano», lo que no es demasiado bueno. El testimonio directo se ha conservado en la tercera estrofa del himno avéstico al Sol, *Yašt* 6: «Si el sol no se eleva, entonces los devas (demonios) destruyen todo lo que existe sobre los siete *karšvars*; los *yazatas* (dioses) espirituales no encuentran ningún refugio ni abrigo en el mundo material». Hesíodo parece conservar el recuerdo de la noche invernal, *Trabajos* 526 y ss.: «el sol... gira por encima del pueblo y de la ciudad de los hombres negros y tarda en alumbrar a los helenos. Entonces los habitantes de los bosques, cornudos y sin cuernos, rechinando lúgubremente sus dientes, huyen por los frondosos bosques. Y todos solo tienen una zozobra en el corazón: ¿dónde encontrar el abrigo que buscan, el lugar protegido, la gruta profunda? Y los mortales, parecidos al ser de tres pies [el anciano, según el enigma de la Esfinge] cuya espalda está quebrada y su frente mira al suelo, vagan, encorvados, para escapar de la blanca nieve». Igualmente, Lucrecio, *Sobre la naturaleza*, 5,972-981, escribe a propósito de los primeros hombres: «Y cuando las tinieblas de la noche los sorprendían, sus desnudos miembros en la tierra tendían a manera de jabalí cerdoso y se envolvían entre hojarasca y broza. No buscaban en medio de las sombras de la noche, sobrecogidos de temor, con gritos la luz del Sol, errantes por los campos; antes bien esperaban silenciosos y en sueños sepultados que el Sol al horizonte iluminase con su rosada luz de nuevo el cielo; porque desde la infancia, acostumbrados a ver siempre alternando noche y día, no se maravillaban ya sus ojos: no llegaron jamás a recelarse que a la Tierra cubriese eterna noche, la luz del Sol robada para siempre». El traductor reenvía a un pasaje de Estacio, *La Tebaida*, 4275-284, relativo a los hombres prehistóricos a quienes denomina «los antiguos arcadios anteriores a los astros y la luna (...) Estos hombres, por lo que se cuenta, veían con estupor el paso de la luz a las tinieblas de la noche y, persiguiendo a Titán que se acostaba a lo lejos, desesperaban de volver a ver el día». Contrariamente a Lucrecio, que señala lo absurdo de esta leyenda en nuestros climas, Estacio parece asumirla. En los tres casos, se puede tratar de un lejano recuerdo de la noche anual de las regiones circumpolares conservado en forma de anécdotas por la tradición popular.

Esta creencia está igualmente en la base del nombre de las Antesterias, que por mi parte he interpretado como «travesía de las tinieblas». Ha sido reinterpretado porque este fenómeno no se corresponde con nada en Grecia. Pero la ausencia total de flores (griego *ánthos*) en los textos relativos a esta fiesta impide ver en ella las Floralias y el resto de los sentidos atestiguados para *ánthos* («brote», «florescencia», «color brillante», «lo mejor de») no resultan esclarecedores a la hora de la interpretación de su nombre.

Tres cielos, tres colores

Al principio, el cielo diurno, **dyew-*, femenino, idéntico al sol hitita ^{d}*siu(n)-*, «divinidad Sol», de género común, pero de sexo masculino, es blanco brillante, el cielo intermedio (auroral y crepuscular), rojo, mientras que el cielo nocturno, negro. A continuación, el cielo indiferenciado que en una parte del dominio continúa denominándose **dyew-*, masculino, es azul en el día y negro en la noche, estado el blanco ligado al alba, como en el pasaje del cuento ruso de Vassilissa la Bella, en el que la heroína ve pasar a tres caballeros: uno blanco al alba, uno rojo al levantarse el sol y uno negro al caer la noche. En Hesíodo, Zeus es el dios que «trae el día»; en la *Odisea*, 18,137, los hombres tienen en el alma «lo que cada mañana el Padre de los humanos y de los dioses quiere poner allí»; Arquíloco, frag. 115-116: «El corazón de los hombres mortales, Glaucos, hijos de Leptina, tiene el color de los días que Zeus ocasiona»; Herodoto, 8, 77, 2: «Zeus trajo el día de la libertad de Grecia». Por el contrario, Urano trae la noche, Hesíodo, *Teogonía* 176: «Vino el poderoso Urano conduciendo la noche»; en *Himnos Órficos*, 4,7 se dice de Urano que «tiene la piel azul-negra», pero este autor no saca la conclusión que se impone por su naturaleza de cielo diurno y cielo nocturno. Para emascular a Urano, Crono utiliza una hoz, *hárpē*, que puede representar el creciente lunar, lo que concuerda con el carácter nocturno de Urano. Zeus y Urano debían ser considerados como dioses complementarios sin más precisiones y Mitra y Varuṇa han formado una pareja similar: según el *Taittirīriya Saṃhitā* 6,8,4,3 «Mitra ha producido el día, Varuṇa la noche» y según el *Atharvaveda* 9,3,18 el poeta, dirigiéndose a la cabaña cósmica, le dice: «cerrada (la tarde) por Varuṇa, seas abierta (la mañana siguiente) por Mitra».

En los tiempos históricos subsisten todavía diversos vestigios de esta antigua concepción de los cielos alternantes, como en el *Ṛgveda* 6,9,1 ab: «El día blanco y el día negro giran, los dos espacios de los que uno es la sombra, según sus saberes», Hesíodo, *Teogonía* 748-750: «Es allí donde la Noche y la Luz del día se encuentran y se saludan, franqueando el vasto umbral de bronce» y en el *Vafþrúđnismál* éddico, 11: el caballo «que tira del día y todas las gentes lo trae» se llama *Skínfaxi* [crin brillante]; 13: el corcel «que del este la noche a los santos dioses les trae *Hrimfaxi* [crin de escarcha] se llama»; aquí la imagen es la de la cortina que se corre.

La tríada de colores, el blanco brillante, el rojo y el negro, ha tenido tres aplicaciones: cósmica, social y psicológica, la tríada de los *guṇā́ḥ* del *Sāṃkhya* indio y sus correspondencias. Esta tercera aplicación es con seguridad reciente, pero ¿qué hay de las otras dos?

El cielo blanco brillante del día y el Sol

He denominado «religión cósmica» (Haudry 1987; 2012) un conjunto de concepciones cosmológicas y religiosas centradas en la noción de «cielo de día», **dyḗws*: en indoeuropeo, en el que no existe un nombre antiguo del «cielo» –inicialmente femenino, después masculino– designa, ya sea el día (latín *diēs* masc./fem.) ya sea el sol (luvita *tiwat*, palaita *tiyat*, hitita *siu(n)-*, de género común «sol» y «dios»), ya sea, a la vez, el cielo y el día (védico *dyáuḥ* masc./fem.), por tanto, inicialmente el «cielo diurno» que, en el cómputo del tiempo se identifica al sol como el mes a la luna, que es otra divinidad importante de este período; está además el caso de la expresión jurídica antiguo islandesa *fyrir ina þriðju sól* «en los tres días». Una inscripción antigua de Amorgos menciona una *Zeûs Hḗlios* «Zeus Sol». En la *Ilíada*, 3,103-104, encontramos un reflejo indirecto: «[Menelao a los troyanos] traed dos corderos, uno blanco y otro negro, para la Tierra y el Sol. Para Zeus nosotros traeremos otro»: el hecho de que el color del tercero no se especifique, sugiere que inicialmente solo había dos, el cordero blanco proporcionado para este antiguo *Zeûs Hḗlios* haciendo pareja con la Tierra como Dyauḥ y Pr̥thivī en la India védica. El recuerdo de la noción de cielo diurno se ha conservado en la India al menos hasta el final del período brahmánico, puesto que se encuentra un ejemplo en el relato de la creación de los dioses por Prajāpati, *Śatapatha brāhmaṇa* 11,1,6,7: «habiéndolos creados, esto fue para él, podría decirse, el día»; el doble sentido de *div-*, «cielo» y «día» y el parentesco entre *devá-* y *div-* han jugado probablemente un papel en esta preservación, o más bien esta resurgencia. La noción ha sido divinizada (*Zeus, Dyaúḥ, Sius, Jūpiter* y *Diēspiter*, forma conservada paralelamente a la precedente en la fórmula ritual de los feciales, Tito Livio 1,24,27) y los dioses son nombrados **deywṓs*, «los del cielo de día»: latín *deī*, védico *devā́ḥ*, hitita *siunes*. Esta idea está en el centro de una religión que, centrada en el Cielo diurno-Sol, la Aurora y la Luna, puede ser calificada de «cósmica». El hecho no tiene nada de excepcional ni, por sí mismo, de arcaico: la Antigüedad tardía ha conocido un culto al *Sol invictus* que así lo ha calificado. La equivalencia entre Cielo diurno y Sol se ha conservado, o ha resurgido, en el himno órfico al Sol (Abel) 8,13, que lo identifica al «Zeus inmortal».

En Grecia, su representante Zeus desposa a *Hḗrā*, cuyo nombre, emparentado con el de las Horas, significa «bella estación» (Haudry 1987, capítulo 6). Además, Hera, «bella estación», rinde cuenta del nombre del *héroe* y del primer término del compuesto Heracles (Haudry 1987, capítulo 7). Estas hipótesis constituyen, junto a la de Zeus como antiguo Cielo diurno, la base de lo que he denominado la «religión cósmica».

Haciendo referencia a esta idea, Mallory y Adams (2006, 428) la califican de «extremadamente limitada», y esto es verdad en el contexto de lo poco que sabemos de la época en la que se sitúa: solo es válida para el primer período de la tradición, aunque se encuentren vestigios esparcidos por los períodos subsiguientes. Además, este primer período no es un comienzo *ex nihilo* porque los primeros indoeuropeos habían tenido ancestros, al igual que su lengua surgió por dialectalización de una lengua anterior.

Igualmente Dumézil (1995, 41) tenía toda la razón al decir que en la reconstrucción de un **Dyḗws* indoeuropeo a partir de un *Dyaúḥ* védico, del *Zeús* griego y el *Jūpiter* latino «la aproximación no enseña casi nada»; este es, en efecto, el caso de aquellos que, con Mallory y Adams (2006, 408), se quedan en **dyew-*, «cielo, día», como si estos dos significados no estuviesen originalmente ligados entre sí o como si su vínculo se diera por sentado. Esta aproximación solo es significativa en la perspectiva cronológica de un Cielo diurno original que ha evolucionado diversamente de un pueblo a otro: en India se ha convertido en una divinidad menor, el Cielo indiferenciado, esposo de la Tierra; en Grecia y en Roma, se ha convertido en el dios supremo, pero ha dejado de ser el cielo, que ha pasado a ser designado por otro término: en Grecia, por el nombre del cielo nocturno *ouranós*, mientras que en Roma por *caelum* que, por el contrario, designaba inicialmente el cielo diurno, si es que está vinculado al grupo del alemán *heiter*, en particular al antiguo islandés *heið*, neutro, «resplandor del cielo», *heiðr himin* «cielo claro».

Los dioses, **deywṓs*, son «los del Cielo diurno»; **Dyḗws*, femenino fue inicialmente su madre. El género femenino *dyaúḥ* está atestiguado en el *Ṛgveda* junto a las formas masculinas en *dyo-*. Es improbable que se trate de una innovación porque la presencia del sintagma *dyaúḥ pitā́*, «Cielo (diurno) padre», que se remonta al segundo período, la habría descartado seguramente si hubiese sido más antigua. El género femenino no es debido a la influencia que hubiera podido ejercer *gaúḥ*, «bovino», sobre *dyaúḥ*. Exigiría, en el marco de esta hipótesis, encontrar una razón similar al doble género del latín *diēs*. La concepción antigua se mantiene en la prosa védica, como en el relato del incesto cósmico *Śatapatha brāhmaṇa* 1,7,4,1-4 y en el *Aitareya brāhmaṇa* 3,33 donde la Aurora, *uṣā́ḥ*, se menciona como alternativa al Cielo, pero los diversos paralelos mencionan únicamente la Aurora. La concepción antigua está atestiguada indirectamente por el mito del nacimiento de Atenea que nace de la cabeza de Zeus y por la idea de «Fuego del muslo» que está en la base de los mitos del nacimiento de Kutsa y Dioniso. El primer verso de la estrofa armenia que celebra el nacimiento de Vahagan, *erknēr erkin ev erkir*, «Cielo y Tierra paren», pone sobre el mismo plano el cielo y la tierra, y emplea un verbo que se aplica a los dolores del parto.

Cuando la forma se ha convertido en masculina, **Dyḗws PH_2tḗ*, es la Aurora la que se ha convertido en su madre, *Ṛgveda* 1,113,19 a *mātā́ devā́nam*. Pero esta indicación está aislada: en Roma, Mater Matuta es la Aurora, pero jamás se ha dicho de ella que sea «la madre de los dioses» y la madre de los dioses hitita, Kubaba, es una divinidad siria.

Muchas expresiones recuerdan que el mundo se identifica inicialmente con el cielo diurno, como el antiguo eslavo *světŭ*, el galés *elfydd* y el tocario A *ārkiśoci-*, que significan «el mundo blanco, luminoso». Estas formas indican que el mundo era aniquilado por la noche, lo que es verdad para aquellos que no salen de su morada tras la puesta de sol. La prescripción de la *Ley de las Doce Tablas* 1,9, *sol ocassus suprema tempestas esto*, «la puesta de sol debe marcar el fin (de la sesión)» es muestra de que la costumbre se perpetuó.

Este Cielo diurno se ha concebido inicialmente como femenino: quedan vestigios directos en Grecia y en los textos hititas y palaítas (Haudry 1987: 27-28), al igual que vestigios indirectos. El Sol con el que se identifica muestra la misma fluctuación. Pero el Cielo (diurno) Padre, **dyew-pH_2ter-*, que se impuso con posterioridad ha eclipsado esta antigua concepción.

Naturalmente, un cielo diurno identificado con el sol puede identificarse con el día, como la luna con el mes, pero no al cielo indiferenciado: aquel implica originalmente la existencia de un cielo nocturno.

El cielo negro de la noche y la «tierra negra»

La existencia de un cielo diurno, femenino en origen e idéntico al sol, implica una cosmología particularmente arcaica que comporta igualmente un «cielo nocturno», dominio de los demonios y de las almas de los muertos. Su principal divinidad es el dios Luna, enemigo de los demonios y rey de los muertos, en tanto que «primer muerto». Este estatuto paradójico, que descansa sobre su desaparición mensual durante las tres noches de la «luna negra» ha hecho pasar por mortales algunos de sus representantes como el **Yamás* indoario, cuyo nombre significa «gemelo» y cuya gemela no puede ser otra que el Sol femenino. Las estrellas están fijadas en él como lo están en la vestidura que porta Ahura Mazdā, *Yašt* 13,1, *vaŋhanəm stərhpaēsaŋhəm*, «una vestidura ornada de estrellas»: visibles durante la noche, desaparecen durante el día. *Ṛgveda* 1,23,10 pregunta dónde se han ido, porque la cosmología nueva de un cielo fijo no aporta ninguna respuesta a estas preguntas.

El griego *ouranós* designa el cielo concebido como una bóveda de metal (bronce o hierro) y como la residencia de los dioses, pero su calificativo homérico *asteróeis* «estrellado» indica un antiguo cielo nocturno. De hecho, el teónimo Urano no puede corresponder en origen a un cielo indiferenciado, puesto que precede a Zeus, el antiguo Cielo diurno, como la noche precede al día. Pero para reconstruir una designación indoeuropea del cielo nocturno sería necesario encontrarle al menos un correspondiente. El paralelo entre la fórmula homérica *eurúopa Zên* (*Zeús*), *váruṇam... urucakṣasam, Ṛgveda* 1,25,5 c y 16 c; 8,101,2 a: «Mitra y Varuṇa de amplia mirada»; *váruṇaḥ... sahásracakṣaḥ*, 7,34,10 b: «Varuṇa de los mil ojos» y su correspondiente avéstico Ahura Mazdā invocado por el vocativo *vourucašānē*, «de larga mirada», *Yasna* 33,13, supone implícitamente que Varuṇa es un antiguo Cielo nocturno cuyos ojos son las estrellas. Pero en favor de esta comparación antigua, no cabría invocar una derogación de la regularidad de los cambios fonéticos en favor de los teónimos, puesto que en védico la mayor parte de se conforman a ellos. Y cuando se hubiese logrado aproximar la forma védica a las formas griegas, quedaría por mostrar cómo, en India, un Cielo nocturno se ha transformado en un dios de las aguas, antes de convertirse en el dios del juramento por las aguas asociado a *Mitráḥ* «Contrato de amistad», cuyo nombre procede de la raíz **mey-*, «intercambiar», sea de la raíz **Hmey-*, «fijar». Es necesario, por tanto, seguir un camino completamente diferente añadiendo el **Velinas* báltico y el **Wōdanaz* germánico, que excluyen toda posibilidad de concordancia fonética, ni siquiera aproximada: solo puede tratarse de una serie de refecciones, y exactamente de «remotivaciones», porque estas formas son derivados, la primera del báltico **veli-*, «espíritu de un muerto», y la segunda del germánico **wōda-*, «furioso». En materia de reconstrucción, se suele dudar, por lo general, en seguir este camino, familiar a los dialectólogos de las lenguas modernas, en razón con el riesgo de arbitrariedad que comporta. Pero el fenómeno de remotivación está bien atestiguado en las lenguas antiguas: se sabe por ejemplo que el *Sīfrit* alemán corresponde al *Sigurd* escandinavo y es muy probable que el *Heremod* de *Beowulf* corresponda al *Lotherus* de Saxo Grammaticus, que solo tienen en común el representante del germánico **harja-*, «campamento, ejército», en razón con los estrechos vínculos que presentan los personajes y sus leyendas. Ahora bien, este es el caso de **Velinas* y **Wōdanaz*, que tienen frente a ellos los representantes del Cielo diurno, **Deivas* entre los baltos y **Teiwaz* ente los germanos, lo que confirma que ambos representaban inicialmente el cielo nocturno al igual que Urano. De hecho, *Wōdanaz* va cubierto con un manto azul oscuro y si es tuerto es porque el cielo nocturno solo tiene un ojo, la luna, mientras que el cielo diurno cuenta con dos y este cojo único desaparece todos los meses durante el fenómeno de la «luna negra». Es como Cielo nocturno que patrocina el *Männerbund* y se le ha atribuido todo aquello que dentro del comportamiento humano está marcado por el furor guerrero irracional, furor del trance y la inspiración, mientras que la parte racional corresponde a **Teiwaz*, quien es, a un mismo tiempo, guerrero y «jurista». Igualmente *Velinas, antiguo Cielo nocturno, se ha convertido en el «señor de los espíritus de los muertos», **velēs*, que lo habitan, y después el del mundo subterráneo cuando los espíritus de los muertos se han localizado en este en las cosmologías recientes. Su color es el negro, como recuerda el dicho letón *melns kā velns*, «negro como Velns». Y mientras **Deivas* ha sido identificado con el Dios cristiano, **Velinas* lo ha sido con el diablo, aunque los cantos mitológicos apenas han conservado algunas huellas de sus conflictos. Por consiguiente, sería posible reconsiderar el caso de Varuṇa y de su correspondiente avéstico Ahura Mazdā. Totalmente integrados en la religión de la verdad por la pareja que forman con *Mitra desde el período común de los indoiranios, su origen lejano ha sido completamente olvidado. Entre las «afinidades cósmicas» de estos dos dioses, Dumézil (1977, 72) cita el comentario de Sāyaṇa a *Ṛgveda* 1,141,9: «Varuṇa es el dios que preside la noche, Mitra el día». En el caso de Mitra «Contrato de amistad», no se trata de una homología, incluso si pareciera prefigurar el Mitra solar de tiempos posteriores. Pero detrás de Varuṇa «que preside la noche» y que ve a través de sus miles de ojos que son las estrellas, *Ṛgveda* 7,34,10 b, se entrevé un antiguo Cielo nocturno. Recíprocamente, en un pasaje de la *Ilíada*, 15,36, Urano, junto con Gea y el agua de la Estigia es invocado por Hera para garantizar el juramento que ha hecho a Zeus. A partir de una forma similar de juramento, Varuṇa se ha convertido en dios de las aguas. En Roma, el Cielo nocturno está representado directamente por Summanus, dios de los rayos nocturnos, que Júpiter no podía lanzar mientras era todavía el Cielo diurno. En la cosmogonía Varuṇa y Vṛtra eran uno solo, es posible que haya que añadirles la caverna primordial Vala. Son tres figuras del Cielo nocturno primordial que solo se distinguen por su reacción ante el ataque de Indra: Vṛtra y Vala resisten y son eliminados, Varuṇa cede y se alía con Indra.

La tierra negra

La «Tierra negra» de la fórmula hitita *dankuis daganzipas*, de la fórmula griega *gaía mélaina*, de la fórmula irlandesa *domun donn*, de la fórmula servo-croata *crna zemlja*, así como la Tierra «sin resplandor», védico *Áditi-*, no es la *tchernoziom* ruso, sino el espacio subterráneo. Por esta razón, ha sido asociada al Cielo nocturno. Como en Homero y Hesíodo, Gea, nacida de Caos, es la esposa de Urano estrellado que ella ha dado a luz solo, sin compañero masculino, la *Jord* «Tierra», escandinava es la esposa de Odín, antiguo Cielo nocturno. La Madre de la Tierra letona, que es un doble de la madre de los espíritus, divinidad funeraria, ha debido como ella ser asociada anteriormente con **Velinas*, «señor de los espíritus», antiguo Cielo nocturno, antes de que este fuese identificado con el demonio por los cristianos. Tierra y Cielo nocturno han sido considerados (conjunta o alternativamente) como la morada de los muertos que ha sido a continuación localizada bajo la tierra, de donde procede la asociación de Tellus a los Manes en el ritual descrito por Tito Livio, 8, 9, 6, pero más antiguamente en el cielo nocturno o en la luna. La pareja védica *dyā́vāpṛthivī́*, «Cielo (diurno) y Tierra», está aislada: representa una concepción más reciente, la del cielo indiferenciado.

El cielo rojo de la aurora y del crepúsculo

La tríada de colores sugiere que el «cielo blanco brillante» (la luz solar) y el cielo negro de la noche hayan estado separados por un cielo rojo, el cielo de la aurora y del crepúsculo. Pero no es posible reconstruir su nombre. Este cielo intermedio ha sido designado en la India como una «ligadura», *saṃdhí-*, *saṃdhyā́-*, en Grecia como un «corte», de donde procede el nombre de Crono «corte», sacado de **k̂er-*, «cortar» y formado como *klónos* «tumulto», de **kel-* «empujar» y *thrónos* «asiento», de **dher-* «sostener». Este corte ha sido dramatizado bajo la forma de la castración de Urano a imitación del mito anatolio de Kumarbi.

Las principales divinidades de este cielo rojo son la Aurora, «hija del Cielo de día (masculino)» o «Hija del Sol (femenino)», y los gemelos divinos «hijos del Cielo de día (masculino)», según el formulario tradicional. Una parte de su mitología consiste en el retorno de la Aurora fugitiva o raptada y vuelta a traer por sus hermanos. Los gemelos pueden también ser hijos del Cielo de día (masculino) y de su hija la Aurora a consecuencia del incesto cósmico primordial.

Afrodita Urania recibía culto en Atenas en el demos de Atmonia en el que estaba asociada al gigante *Porfirión* «el rey púrpura», que puede ser un reflejo del cielo rojo.

Un pasaje del himno védico a la Noche, *Ṛgveda* 10,127, 3, menciona una Aurora vespertina a la que sucede la Noche. Esta mención acredita la indicación de Laskowski sobre la Aurora lituana «diosa de los rayos del sol tumbándose o subiendo sobre el horizonte» que contradice el empleo del término en lituano y de sus equivalentes en el resto de las lenguas indoeuropeas. Pero la *Eneida*, 6,535-539, mencionando la Aurora, añade: «la noche cae». La Aurora matinal o vespertina corresponde al cielo rojo de la cosmología de los tres cielos, que es el fundamento de la tríada de los colores.

El cielo diurno en la piedra

La alternancia anual del día y la noche y su alternancia en el ciclo cósmico fueron concebidos como el cautiverio en un peñasco o en una caverna de la diosa Cielo de día/Sol (femenino) y su liberación, de donde la noción de «Cielo de día en la piedra» que se expresa en la concordancia formularia entre *Ṛgveda* 7,88,2 c, *súvar yád áśman* «el sol en la piedra», y *Vispered* 7,4, *asmanəm xᵛanvantəm* «el cielo conteniendo el sol», que da cuenta de mejor modo de la glosa de Esiquio *ákmon: ouranós* y del avéstico *asman* «cielo», que la hipótesis de un «cielo de piedra», improbable para los períodos antiguos en los que no se construía con piedra. Por el contrario, Mahlstedt (2004) ha hecho uso del megalitismo para la idea de que las potencias diurnas encuentren refugio en la piedra durante la noche y el invierno. De donde procedería también el *Jupiter lapis* romano. Otro ejemplo que cita Dumézil (1995: 1204) «en la leyendas osetas y caucasianas el héroe Soslan (Sosryko), que presenta tantos elementos solares, se forma en una roca de la que lo extrae la sabia Satana». El sol brilla también en los infiernos según el fragmento 129 (Snell) de Píndaro: «para ellos (los muertos), el ardor del sol ilumina la noche allí abajo, bajo la tierra».

El mundo como «luz»

La identificación del mundo con el «mundo diurno», paralela a la del cielo con el «cielo diurno», **dyew-*, está atestiguada por su denominación india como «vasto claro», por el tocario A *ārki-çoṣi*, «mundo blanco», el galo *albio-*, el ruso *svet*, a un mismo tiempo «luz» y «mundo», se rencuentra en el antiguo sajón *lioht*, *Heliand* 647, *an thesum liohte* «en este mundo», y en muchas designaciones del otro mundo como «la otra luz». Paralelamente, en védico el mundo nocturno se designa como un «no ser», *ábhvam*. El mundo comienza con el despertar del día, ya sea este en el ciclo cotidiano, el anual o el cósmico.

Un paralelo amerindio

Una concepción análoga, pero binaria, se ha observado entre los indios cora de Méjico, quienes reparten el cielo en un «cielo diurno» y en un «cielo nocturno», que le precede y condiciona su existencia. Precediendo largamente a los indoeuropeístas, Cassirer (1946 [1926], 13) mostró la relación con la idea indoeuropea expuesta más arriba: «la función atribuída aquí al cielo nocturno parece haber sido imputada al cielo diurno por los indoeuropeos». De hecho, los dioses son «los del cielo diurno»; pero en el cómputo del tiempo, la noche precede al día y el invierno precede al verano. Por este motivo, también Urano precede a Zeus.

La religión del ciclo anual

La mitología de estas divinidades expresa principalmente el deseo del retorno de la bella estación, llamada Aurora del año. Los dos nombres antiguos de la primavera, *H_2wés-r/n-* y *H_2wḗr*, están vinculados al de la aurora, **H_2wés-*: la primavera es la «aurora del año» que sigue a la noche del invierno. Su nombre también está vinculado al del oro, **H_2éws-o-*. Este vínculo entre la Aurora y el oro está representado en los himnos a *Uṣāḥ* del *Ṛgveda* donde se la adjetiva de *hiraṇyavarṇa*, «color de oro», 3,61,2.

Aurora(s) del año

Los textos védicos utilizan frecuentemente el plural del nombre de la aurora: puede tratarse de las auroras de una sucesión de días. La misma incertitud que presentan las «Hijas de Saule» de las canciones mitológicas letonas. Pero algunos ejemplos como *Ṛgveda* 4,51,9: «Las auroras van, luminosas, escondiendo con sus cuerpos la oscura monstruosidad» parecen indicar un fenómeno anual. La expresión védica *uṣásaḥ śarádaś ca*, «auroras (= primaveras) y otoños», *Ṛgveda* 4,19,8 a, constituye una constatación directa. Así mismo, el nombre germánico de la fiesta de Pascuas, **austrōn*, alemán *Ostern*, antiguo inglés *Ēastron* solo puede interpretarse a partir de las Auroras del año. No existe ninguna razón para poner en duda el testimonio de Beda, *De temporum ratione* 15: «El mes de *Eostur* que se llama hoy el mes de Pascuas lo fue antiguamente a causa de una diosa de nombre *Eostre* en honor de la cual se celebraban fiestas. El tiempo pascual se llama hoy por su nombre, dando nombre a las alegrías del nuevo rito mediante un término usado para el rito antiguo».

Contra esta hipótesis se ha objetado la ausencia de templos y cultos dedicados a la diosa germánica. Pero este es el caso igualmente de la Aurora védica, como lo recuerda Renou (1955-1969 3, 1): «La liturgia clásica no informa acerca de ofrendas dirigidas a Uṣas». *Eos* se queja de ello a Zeus, como lo atestigua un pasaje de las Metamorfosis de Ovidio (13,588-589): «Yo estoy por debajo de todas las diosas que habitan en el dorado éter (porque tengo muy pocos templos en todo el universo)». Y este es también el caso de la *Aurōra* latina, calco de la precedente, y el de su doble *Fortuna* que originariamente era una diosa sin fiesta pública, sin flamen y rechazada fuera del *pomerium*. El culto se reservaba a aquellas diosas que poseían un nombre diferente del fenómeno cotidiano y anual: Venus en Roma y Afrodita, Atenea, Helena y otras en Grecia. Por ingeniosos que sean, los intentos de interpretar el antiguo inglés *Ēastron* a partir de realidades cristianas son, en consecuencia, inútiles: no se comprende por qué Beda se habría inventado una diosa pagana para explicar el nombre de una fiesta cristiana. La forma se vuelve a encontrar en la onomástica: el segundo abad de Wearmouth en Northumbria se llamó *Easterwine* y se conocen las formas *Eastorhild, Aestorhild* en las listas de nombres de reinas y abadesas. Se puede citar también el nombre de los *Austrogoti*, el nombre del enano del este de la *Edda* de Snorri, cap. 8, *Austri*, y, sobre todo, el de las *Matronae Austriahenae* de Morken-Harff, cuyo nombre figura en más de ciento cincuenta piedras votivas datadas alrededor del 200 de nuestra era.

La «malvada Aurora» védica

La aurora es considerada benéfica por todas partes, en especial cuando se trata de la Aurora del año que tan especial es que nos aporta un año más, *Ṛgveda* 1,92,10-11; 124,2, allí donde el año comienza con la primavera. Sin embargo, el texto menciona muchas veces una Aurora maléfica que combate a Indra, como ya lo había notado Bergaigne (1878-1883 II, 192): «En lo que concierne a la acción de Indra sobre los fenómenos solares, no puedo dejar de mencionar un mito que parece a primera vista contradictorio con la naturaleza esencialmente luminosa que yo atribuyo a Indra. Precisamente en uno de los pasajes en los que el "río" celeste que Indra hace fluir aparece al mismo tiempo que la aurora, Indra se nos muestra como su enemigo; rompe su carro con su rayo, 2,15,6. Otros textos mencionan este combate de Indra contra la aurora, 10, 73,6. "Temblando ante el rayo de Indra, la aurora ha abandonado su carro, 10,138,5"». Después de haber descartado la hipótesis de un mito de la tempestad, cuya única razón sería su incorrecta traducción de *vájra-*, «maza», por «rayo», expone su interpretación: «El combate de Indra contra la aurora pertenece al mismo orden de mitos que el combate de Indra "contra los dioses", al que se aproxima en el himno 4,30 (...) En los versos 3-6 del himno 4,30 se ve a Indra "robar" el sol para hacerlo aparecer ante la mirada de los hombres. El combate contra la aurora cuya descripción sigue casi inmediatamente en los versos 8-11 debe ser igualmente, por más raro que parezca a primera vista, un combate por la luz: "8. Y Tú has realizado esta hazaña, ¡oh, Indra! Esta acción heroica, de golpear a la malvada mujer, la hija del cielo. – 9. A la hija del cielo, la aurora henchida de orgullo, Tú, realmente grande, ¡oh, Indra! Tú la has quebrado. – 10. La aurora, espantada, se ha arrojado fuera de su carro destruido, cuando el macho la ha golpeado. – 11. Su carro ha quedado completamente destruido sobre el Vipâç [un río celeste]; ella se ha arrojado desde lo alto del cielo"». Se comprueba que la aurora posee aquí, como los dioses contra los que Indra presenta batalla, un carácter casi demoníaco. Ocurre que el fenómeno, que ante todo anuncia la llegada del día, parece a veces que hace que se retrase a causa de su larga duración, que puede llegar hasta dos meses cerca del polo. Esta idea está explícitamente expresada en el verso 5,79,9: «Brilla, hija del cielo, no permitas que tu labor se retrase en duración, por miedo a que, al igual que un pérfido ladrón, el sol te abrase con su resplandor». Pero lo que se reprocha a la malvada Aurora no es necesariamente que sea tan lenta como lo es la de las regiones circumpolares: puede ser también que la Aurora rehúse a llegar. Esto es lo que confirma un pasaje de la *Taittirīya saṃhitā*, 1,5,7,5: «Tú, de múltiples resplandores, pueda yo esperar tu fin con seguridad»; la de «múltiples resplandores» es la noche. Antiguamente los brahmanes creían que la aurora no regresaría.

Una «malvada Aurora» balta: la Hija de Saule

Aun cuando la «Hija de Saule» letona, que representa la Hija del Sol y la Aurora inicialmente confundidas, es un personaje a la vez amable y benéfico, que salvan los Hijos de dios cuando está en peligro, algunos pasajes la presentan como un personaje maléfico, como la estrofa 337 de Jonval (1929) con sus variantes: «Golpea, Pērkons, de principio a fin para que se ahogue la Hija de Saule cuando lave los cántaros de oro». En la variante 3, está sustituida por la «Hija de Jodis», es decir, del diablo.

Helena

Hermana de los Dioscuros, que la vuelven a traer (**nes-*) cuando, durante su infancia, fue raptada por Teseo, Helena es no solo una antigua Aurora, sino también una antigua Hija del Sol en un tiempo en el que estas dos divinidades, que posteriormente serían dos distintas, hijas del Cielo diurno que se identificaba con el Sol, no eran más que una. Una imagen del *Epitalamio de Helena* de Teócrito, 26-28, muestra que su naturaleza original no se había olvidado en el período alejandrino: «Al levantarse la Aurora, oh, venerable noche, la luminosa primavera cuando el invierno ha terminado, muestran su buen rostro resplandeciente; tal, Helena toda de oro resplandecía entre nosotros». Helena representa claramente el miembro femenino del «trío dioscúrico» heredado: los Gemelos divinos y la Aurora o Hija del Sol. La ausencia de los Dioscuros en la *Ilíada*, en la que se dije que están muertos, 3,236-244, se justifica por el hecho de que Agamenón y Menelao ocupan su lugar: ellos son los que «rescatan» a la Helena raptada.

Algunas de sus representaciones presentan un *w* inicial, por lo que se ha relacionado con la raíz **wel-*, «girar», que produce el nombre inglés del sauce, *willow*, lo que evoca el árbol de Helena, el cual se puede relacionar con el nombre de Saule de las canciones mitológicas letonas. Pero otras no la llevan. Lo que sugiere un doble origen (una «remotivación»). La forma que presenta **w* puede haber surgido de **s(H*$_2$*)wel-*, «la brillante», lo que la vincularía con el nombre del sol y al de la tea de cañas, *helánē*, *helénē*, la otra puede haber derivado de **sel-*, «la rápida», que la relacionaría a la vez a la *Saraṇyū́ḥ* védica, que también tiene un doble, y a la *Sara-*

mā, la Aurora perro, lo que justifica el calificativo injurioso de *kunôpis*, «cara de perra» que se le aplica (*Ilíada*, 3,180).

En las partes de la *Ilíada* en las que se considera la posibilidad de un acuerdo entre griegos y troyanos, el nombre de Helena, causa del conflicto, se acompaña habitualmente de *kai ktḗmata*, «y sus tesoros». Por ejemplo, cuando Héctor exhorta a Paris a enfrentarse a Menelao en un combate singular para poner fin a la guerra y transmite su propuesta a los griegos (3,91-93). La fórmula es empleada de nuevo por el heraldo Ideo (3,255) y después por Agamenón cuando se dirige a los troyanos tras el combate en el que Afrodita ha sustraído a Paris (3,281-285). El troyano Antenor la utiliza 7,350, cuando hace a Paris una proposición que este último acepta parcialmente: acepta entregar los tesoros, pero quiere quedarse con Helena (7,362-364). Transmitida a los griegos (7,385 y ss.) esta propuesta es rechazada (7,400 y ss.). La fórmula vuelve a ser retomada por Menelao cuando mata al troyano Pisandro (13,262) y por Héctor cuando se apresta a enfrentarse a Aquiles (22,114). También en la *Odisea* se hallan algunos ejemplos de esta vinculación, que se aplica tanto al botín (9.41; 14.245) como a las exacciones de los pretendientes (18,144; 24,459). Sin embargo, estos no se refieren a la situación central de la *Ilíada*, la de un «regreso» de la Aurora del año raptada junto con sus tesoros, porque ella es rica y generosa, *Ṛgveda* 7,75,5 b: *citrā́maghā rāyá īśe vásūnām*, «La generosa Aurora dispone de riquezas, de bienes».

De este modo, se interpreta también la fiesta espartiata de la Heleneia que conmemora el retorno de la primavera: en su *Epitalamio de Helena*, verso 2, Teócrito menciona el Jacinto florecido y en los versos 26-28, reproducidos más arriba compara a Helena con la aurora y la primavera.

Esta relación explica igualmente la leyenda de la imagen (*eidōlon*) de Helena que habría sido llevado a Troya, mientras que la verdadera permanecería en Egipto, lo que representa su partida hacia el sur durante la estación invernal. Esta versión, la de la Palinodia de Estesícora, tiene una cierta antigüedad: como señala Herodoto (2,116-117) Homero ha debido conocerla por la mención del paso de Menelao y Helena por Egipto (*Odisea* 3,229-302), de donde Helena habría traído consigo su droga anestesiante (4,228-229). Esta versión de la leyenda parece secundaria porque en ella no se menciona los tesoros. Por el contrario, estos reaparecen en la versión de Herodoto, según la cual el faraón se apoderó de ellos, guardó a Helena y envió a Paris a Troya. La guerra, por tanto, carecía de objeto, pero los griegos persiguieron la victoria, tomaron Troya y a su regreso, Menelao encontró a Helena y sus tesoros en Egipto. La imagen de Helena puede evocar la pregunta que plantea el *Ṛgveda* sobre la unicidad o la pluralidad de la aparición de las Auroras, (4,51,4 ab), a la que da respuestas contradictorias: hay muchas Auroras (1,113,8,10; 124,2; 10,88,18), pero en realidad solo hay una (8,58,2).

El carácter nefasto de Helena se manifiesta no solamente en el hecho de que es según una de las versiones de la leyenda la causa de la guerra de Troya, sino en que, contrariamente a sus hermanos los Dioscuros que socorren a los marinos, provoca naufragios. Su nombre da origen al nombre, que menciona Plinio el Viejo, *Historia natural* 2, 37 del «fuego de San Telmo»*. Es probablemente por esta razón por lo que Helena no es mencionada en el himno homérico a los Dioscuros que los celebra como divinidades protectoras de los marinos. Cabe suponer que los griegos habían conservado el recuerdo de una Aurora maléfica que para ellos ya no correspondería a nada y que han reconstruido su papel a partir del de sus hermanos los Dioscuros: como estos eran benignos para los marinos, Helena debía serles nociva. La aplicación a la guerra de Troya procede, por el contrario, de la conservación del motivo de la «Tierra aliviada» que tenía su propia justificación y que había sido originariamente independiente, puesto que fue aplicado igualmente al *Mahābhārata*.

Helena y Aquiles

Para provocar la guerra de Troya, Zeus no utiliza únicamente a Helena, la hija que ha tenido de Némesis, sino también a Aquiles. Ahora bien, Aquiles, hijo de Tetis y del mortal Peleo, representa al joven Sol, Hijo de la Aurora y de un mortal (Haudry 2015). Su asociación con Helena es, por tanto, original. Y significativa: Aquiles es un sol que «se retira en el interior de su tienda» y rehúsa regresar para desgracia de los suyos; por consiguiente, Helena puede ser paralelamente la Aurora que, según un pasaje del *Taittirīya saṃhitā* citado precedentemente, los brahmanes creían que no regresaría jamás. El «designio de Zeus» refleja una concepción que se remonta al primer período de la tradición.

* «... Este tipo de estrella es peligroso cuando viene sola, que provoca la inundación de los navíos y si se cae en la parte inferior del casco, les prende fuego. Pero si aparecen dos, el presagio es favorable, que anuncian el éxito de la navegación: que ahuyenta a aquella estrella amenazadora mortal que llaman Helena. También atribuyen por esta causa la divinidad a Castor y Polux, y que se invocan como dioses del mar». [Nota del traductor].

Otros ejemplos de Aurora(s) del año

Las dos formas, emparentadas con el nombre de la aurora, *$*H_2$(e)ws-*, del nombre de la mañana y de la primavera, *$*H_2$(wésr/n-*, védico *vasar-*, «en la mañana», *vasantá-*, «primavera», griego *(w)éar*, «primavera», y *$*H_2$wḗr-*, latín *vēr*, antiguo islandés *vár*, «primavera», muestran claramente que la primavera se ha concebido como la mañana del año en razón de la noche invernal que la precede.

Mater Matuta y Fortuna Primigenia

Retomando la temática de trabajos anteriores, Dumézil (1974, 66 y ss.) ha puesto de manifiesto que las rarezas de los *Matralia* del 11 de junio se interpretan a partir de un ritual de la Aurora indoeuropea: si las matronas que celebraban su fiesta introducción en su templo, contrariamente a la costumbre, una esclava que «expulsaban a continuación entre bofetadas y golpes de vara» lo hacen para representar la Aurora que ha expulsado las tinieblas, llamadas «la informidad negra», *Ṛgveda* 1,92,5 y paralelos; si las matronas «no encomiendan a la diosa sus propios hijos, sino los de sus hermanas» es porque la madre del sol es la Noche y su hermana la Aurora, con la que se identifican las matronas, es su tía.

Mater Matuta tiene un doble en el personaje de Fortuna Primigenia (Dumézil 1974, 117; 1995, 1188 y ss.): en Roma, las dos diosas son vecinas, sus templos fueron fundados el mismo día, el 11 de junio, por Servio Tulio. Ciertamente, como lo ha señalado Dumézil (1995, 1196 y ss.), Mater Matuta es una Aurora «maternal y fiel», mientras que Fortuna es una amante «pasional y caprichosa», pero ambas representan la fortuna, como resulta de la gesta de Camilo, protegido de Mater Matuta (Dumézil 1995, 1165 y ss.) Ahora bien, la razón de su vínculo no es, en absoluto, evidente: ¿cualquier relación entre la aurora y la fortuna? Dumézil (1995: 1191) cita el paralelo de la proximidad observada en el *Veda* entre Uṣas y Bhaga «Atribución», en el que Renou (1948, 194) había visto «una suerte de doblete masculino de Uṣas». Este paralelo es importante, pero también plantea un problema: ¿cómo una diosa típicamente cósmica como la Aurora puede tener como «doblete masculino» un dios típicamente social como lo son el resto de los Ādityas? Uṣas, Aurora del ciclo cósmico, ha sido identificada con *Virāj* «aquella donde la luz se difunde», la mitad femenina de Puruṣa y a la vaca *Kāmadughā* «la que da por leche lo que se desea». Por su parte, esta última establece el vínculo etimológico con la *Túkhē* griega. La fortuna representa los bienes que aporta en el mito la Aurora del ciclo cósmico, los que surgen del *Vala* védico y del *Vara* avéstico, los cuales representan la Caverna primordial y en la realidad lo que aporta la aurora del año. El vínculo con la aurora cotidiana representada por el uso de entregar regalos por la mañana («el presente matinal») es, por tanto, simbólico y secundario.

Los Quinquatrus Minusculae

Confirmando y prolongando las conclusiones relativas a la comparación llevada a cabo por Georges Dumézil desde 1956 durante una conferencia entre el ritual de Mater Matuta y algunos pasajes védicos relativos al carro (*ánas-*) de la Aurora destruido por Indra, su interpretación de los *Quinquatrus Minusculae* muestra que Roma conservó vestigios de la mitología de un grupo de Auroras que, paradójicamente, retrasan el retorno del sol y del buen tiempo. Es lo que resume la siguiente tabla (Dumézil 1995, 1258):

India védica	Roma
La Aurora perezosa o maligna, retarda su regreso y el desempeño de su oficio y camina en un carro cuya lentitud prolonga la duración de la noche Indra interviene y destroza el carro. La Aurora es obligada a salir del carro. y es puesta en ridículo	Los *tibicines*, irritados y huelguistas, se niegan a regresar de Tibur a Roma para reanudar su servicio. Un liberto tiburtino (o los tiburtinos) interviene(n), los mete(n) de noche en pesadas carretas cerradas que conduce(n) de noche los abandona(n) en el Foro. Los *tibicines* son obligados a salir de allí, en la aurora, y son puestos en ridículo

La indicación nueva y decisiva es el plural, *tibicines* «los flautistas» disfrazados de mujeres: no se trata esta vez de la aurora cotidiana sino «de las auroras», que no pueden representar sino el período auroral del año circumpolar. Dumézil (1995, 1251), que lo reconoce, duda, sin embargo, en franquear el umbral: «Lo único que me hace dudar es la lentitud que la Aurora, tras haber llegado, mostraría para partir, pues esta imagen no correspondería a nada real, salvo en el clima del Gran Norte, del que India está muy lejos». Cierto, pero India también lo está de Roma y el alejamiento geográfico no impide la comparación funcional. La hipótesis del Gran Norte permite descubrir su significado original y sobre todo su razón de ser: la aparición tardía del sol en invierno en nuestras regiones puede suponer una molestia para quienes debían levantarse temprano, pero no una amenaza para la supervivencia de la comunidad.

Vestigios míticos del año circumpolar

La hipótesis de una noche invernal ha sido asumida por Kuiper (1960, 222) para explicar dos grandes mitos cosmogónicos del *Veda*: «En efecto, si se puede considerar definitivamente probado que el núcleo más antiguo del *Ṛgveda* era un manual para el ritual del nuevo año, esto explicaría el cuadro unilateral del panteón védico y de su mitología que nos presenta el *Ṛgveda*, las referencias repetidas sin cesar al combate de Indra contra Vṛtra y para los himnos a Agni y a Uṣas, si pueden considerarse que celebran la reaparición de la luz solar tras un período de oscuridad invernal». A este período de tinieblas sucede una serie de auroras, *ibid* 228 y ss.: «Ocho veces se dice de Uṣas que es la primera de las que vienen». Este hecho confirma también la interpretación del rito romano del *Quinquatrus Minusculae* a partir de las auroras anuales de las regiones circumpolares. Pero Kuiper no hace referencia a ello y no menciona ni a Krause (1891) ni a Tilak (1893). Naturalmente, la relación con el solsticio de invierno que sostiene Kuiper es necesariamente secundaria.

La homología entre las unidades de tiempo es constante en la tradición popular que reflejan los cuentos. Gubernatis (1874 II, 311) señala el hecho sin sacar de él una conclusión: «Ya he señalado muchas veces que la noche del año corresponde a la del día; el sol que se oculta durante la noche diurna [= cotidiana], y el sol que se vela en la noche del invierno son a menudo representados por las mismas imágenes míticas». El hinduismo teoriza una concepción que está implícita en otro lugar: el mes que cuenta con una «quincena clara», sánscrito *śukla-pakṣa*, durante la que la luna crece, y una «quincena negra», sánscrito *kṛṣṇa-pakṣa*, durante la que decrece, es un día y una noche de los espíritus de los muertos, el año es un día y una noche de los dioses, *Leyes de Manú* 1,66-67: «El medio año durante el cual el sol progresa hacia el norte es el día, el que regresa hacia el sur es la noche». La homología se ha extendido a las cuatro edades del mundo, sánscrito *yuga-*, que constituyen un ciclo cósmico equivalente a un día de Brahmā, seguido de una noche de la misma duración, *ibid.* 72. La terminología de las estaciones coincide en parte con la del día: avéstico *vahar-*, «primavera», y védico *vásar-*, «mañana», lituano *dãgas*, «tiempo de la cosecha», antiguo prusiano *dagis*, «verano» y germánico **dagaz*, «día». Pero la noción capital es la de la «aurora del año», noción confirmada por la expresión védica *uṣásaḥ śarádaś ca*, «auroras (= primavera) y otoños», *Ṛgveda* 4,19,8 ya citado. La correspondencia observada entre las partes del día de veinticuatro horas y las tres estaciones del año (el día y el verano, la noche y el invierno, «las auroras» y la primavera), que ha dado sentido a la unión de *Zeus* Cielo de día y *Héra* Bella estación, inglés *year*, alemán *Jahr*, «año», indica una familiaridad con las realidades circumpolares, igualmente atestiguada por el grupo formulario de nociones *atravesar las aguas de la tiniebla invernal*. El cuento escandinavo del gigante albañil que pide como salario el Sol, la Luna y la diosa Freyja, Aurora del año, que ha sido comparado con la leyenda griega de la primera destrucción de Troya, la de Laomedonte, expresa la creencia de una eterna noche invernal sin sol, sin luna y sin aurora (Krause 1891, 449-459).

La homología entre las unidades de tiempo debía traducirse inicialmente por una concepción de las edades del mundo según la cual alternarían los pases ascendentes y las fases descendentes (Haudry 1990; 2014), pero sus representantes históricos (indio, griego, escandinavo, irlandés) han privilegiado la decadencia y han supuesto que el ciclo comenzaría por una edad de oro que, inicialmente, se situaba en su medio, como el mediodía en el día y el solsticio de verano en el año.

Es probable que se remonte este período la doble homología establecida entre la luz, la verdad y el bien, por una parte, y las tinieblas, la mentira y el mal, por otra, la división del mundo sobrenatural en dos clases antagonistas de dioses diurnos y de demonios nocturnos, así como las narraciones y los rituales concernientes al retorno de la luz o a la lentitud de las Auroras; posteriormente, las potencias nocturnas se integraron en el panteón y en las latitudes meridionales generalmente se cantarán los beneficios de la noche, como lo hace el himno a la Noche, *Ṛgveda* 10,127, tiempo de reposo (estrofa 4), y que «gracias a la luz (de la luna y las estrellas) expulsa las tinieblas» (estrofa 2).

Diversos testimonios atestiguan el recuerdo de un período nocturno del año. El más claro es el pasaje antes citado de la *Taittirīya saṃhitā* 1,5,7,5: «Antiguamente los brahmanes creían que la aurora no regresaría». Pero existen otros. Según el himno al Sol, *Yašt* 6,3 «cuando el sol no se levanta, los demonios destruyen todo lo que existe en los siete continentes». Los doce días durante los cuales los Ṛbhus védicos duermen en la morada de *Ágohyaḥ* «aquel que no debe quedar oculto jamás», es decir, inicialmente el sol, aquellos durante los cuales los dioses homéricos se van de permanente celebración entre los etíopes, es decir, una de las dos extremidades del mundo y no en Etiopía, corresponde a los Doce días del folklore occidental y representan el recuerdo de un período nocturno del año. El mito de la diosa Aurora que tiene de su amante mortal un hijo que muere, pero que su madre resucita e inmortaliza, refleja el paso de una zona circumpolar en la que el sol muere cada año a una zona más meridional en el que está presente durante todo el año. Cuando Perséfone es raptada por Hades, según el *Himno homérico a Deméter*, 47-48 «Desde entonces, durante nueve días la venerable Deó anduvo errante por la tierra, llevando en sus manos antorchas encendidas»: la desaparición de la Aurora Perséfone ha hundido el mundo en una noche que dura nueve días. Durante todo este tiempo no se alimenta y solo cuando encuentre al Sol con Hécate llevará también ella antorchas. La estación sin cosechas en la de las regiones circumpolares en las que la agricultura no puede ser practicada a causa del clima.

Evolución de los dioses principales de la religión cósmica

Subsisten vestigios directos de la religión cósmica durante los tiempos históricos. Así, para escapar a la cólera de Zeus, a quien ha adormecido a petición de Hera, Hipnos, Sueño, se refugia en la noche, *Ilíada* 14,260-261: «y Zeus, a pesar de su ira, se contuvo por respeto, para no hacer nada que desagradara a la veloz noche». La noche se ha convertido en una divinidad menor, pero había sido soberana en su dominio en los tiempos en los que Zeus solo reinaba sobre el cielo diurno.

El cielo diurno y el cielo nocturno mutilados

La mutilación de numerosos representantes del Cielo diurno, como el **Teiwaz* germánico (‹ **deywós*) o el Nuadu *Argatlam*, «de brazo de plata», irlandés, reposan sobre una reinterpretación directamente observable en la mitología del Savitar indio. Sol «incitador» que tiende a disociarse de Sūrya desde los primeros textos, se dice de Savitar que tiene las manos de oro, *ṚV* 1,35,9 a, *híraṇyāpāṇi-*, los brazos de oro, 10 a, *híraṇyahasta-*, al igual que tiene los ojos de oro, *híraṇyākṣá-*. Solo en el mito del sacrificio de Dakṣa perturbado por Rudra (como el banquete de Ægir por Loki o el de los nartos por Syrdon) estos miembros son reinterpretados como prótesis consecutivas a una mutilación. En cuanto a **Teiwaz*, olvidado su brazo de oro original, resta manco. Pero se sabe desde hace mucho tiempo que el Savitar «de largas manos», *pṛthúpāṇi-*, *ṚV* 2,38,2 b tiene un equivalente en el personaje con grandes manos de la iconografía de la Edad de Bronce escandinava.

Frente a los dos ojos con los que cuenta el Cielo diurno, el sol y la luna, el Cielo nocturno solo posee uno, la luna, ausente cada mes durante tres noches. Esta es la razón por la que el **Wōdanaz* germánico es tuerto o ciego, **blinda-*. Aunque derivado del adjetivo que significa «furioso», **wōda-*, su nombre, que significa «el señor de los furiosos», se relaciona inicialmente a un conjunto de refecciones con el báltico **Velinas*, «señor del espíritu de los muertos», y el griego *Ouranós* que prolongan indirectamente un antiguo nombre del Cielo nocturno.

De los dioses cósmicos a los dioses de la verdad

Convertido en dios del juramento, el Varuṇa védico ha hecho pareja con Mitra, «Contrato de Amistad», en el marco de la «religión de la verdad» de la sociedad heroica. Ahora bien, se le atribuye un significado cósmico, por ejemplo, *Pañcaviṃśa brāhmaṇa* 25,10: «Mitra es el día, Varuṇa la noche», *Taittitīriya saṃhitā* 6,4,8,3: «Mitra ha producido el día, Varuṇa la noche». Si la segunda afirmación se comprende fácilmente como una reminiscencia de Varuṇa Cielo nocturno, ¿cómo justificar la precedente? El problema se plantea, tanto más cuando esta identificación de Mitra con el día se proseguirá por su correspondiente iranio Mithra, quien en el Avesta reciente hace pareja con Ahura, que prolonga el ancestro indoiranio del Varuṇa védico, *Yasna* 3,13, *Yaśt* 10,113; 145, y acabará por identificarse con el Sol, con el que no había tenido en origen la menor afinidad.

La mitología del «regreso»

Las leyendas del «regreso», noción expresada por la raíz indoeuropea **nes-*, «volver sano y salvo» («volver en sí», «sanar»), que está en la base del nombre indoiranio de los Gemelos divinos, **nā́satya-*, y del nombre del héroe griego *Néstōr*, que su calificativo formulario *hippóta*, «caballero», vincula con los *Aśvínau* «posesores de caballos», védicos y a los héroes ingleses *Hengest* y *Horsa*, cuyos nombres proceden del nombre del caballo, están en el centro de la mitología del trío dioscúrico que forman los gemelos divinos con la Aurora o hija del sol. Distintas en el panteón védico, Aurora e Hija del Sol se identifican en origen, cuando su madre **Dyḗws* era a la vez el Cielo diurno y el sol femenino. Por otra parte, a causa del incesto que se encuentra una y otra vez en numerosas leyendas emparentadas entre sí, como la de *Vivásvān*, «aquel que expande su luz» y, en la prosa védica, la de *Prajā́patiḥ* «señor de la procreación», la Aurora o

Hija del Sol masculino es a la vez la hermana y la madre de los Gemelos. Este conjunto legendario se remonta, ya sea al segundo período de la tradición, sea a una segunda fase del primer período, en el que **Dyḗws*, inicialmente femenino, ha asumido el sexo masculino.

En otra de sus atestaciones conocidas, el trío dioscúrico aparece bajo una forma velada en la estrofa 3 de los *Dichos de Sigrdrifa* éddicos: «¡Gloria a ti, día! ¡Gloria a tus hijos! ¡Gloria a la Noche y su hermana!». Los hijos del día son los Gemelos divinos, la hermana de la noche es la Aurora. Al despertar, la valkiria saluda a las divinidades matinales, así como a la noche de la que acaba de salir, antes de saludar a los Ases y a sus esposas, estrofa 4.

Finnsburh y el ciclo troyano

El principal esquema narrativo fundado sobre el tema del «retorno» es el de la mujer que ha partido de su casa (casada o raptada) quien, tras un conflicto armado, es devuelta por un representante de los Gemelos divinos junto a un tesoro, suyo o de su marido, que representa los bienes ligados al regreso de la bella estación, la de la Aurora del año. La forma elemental de la leyenda está expuesta en dos textos en antiguo inglés, el episodio de Finnsburh de *Beowulf*, v. 1068-1159 y, accesoriamente, el *Fragmento de Finnsburh*, mientras que la forma extendida en el ciclo troyano, no solo por los poemas homéricos, *Ilíada* y *Odisea*, sino por los «poemas del ciclo» redactados posteriormente. Una relación similar se ha observado entre el breve relato de la batalla de Brávellir y el *Mahābhārata*. En ambos casos, la «versión larga» atribuye al conflicto un motivo independiente, que tiene su propia justificación, la necesidad de descargar la tierra de su sobrepoblación.

En mis conferencias de 1993-1994 en la *École Pratique des Hautes Études, Livret* n.º 9, p. 122, sostuve la hipótesis de una reinterpretación dioscúrica de esta leyenda. De hecho, esta leyenda descansa sobre el ciclo anual, y precisamente sobre la travesía del invierno y el retorno de la bella estación. Al final del otoño, el danés Hnæf y su segundo Hengest atacan en su castillo al rey de los frisones, Finn, que ha desposado a la danesa Hildeburh. Es lo que resalta del primer verso del episodio: «Con los hijos de Finn cuando el ataque se desencadenó sobre ellos»; pero según el fragmento, es lo contrario, y si, como es probable, el fragmento narra de forma detallada el inicio de los sucesos, esta versión es la buena. En ambos textos, Hnæf, el jefe de los daneses es muerto, pero ha infligido tales pérdidas a Finn que este no está en condiciones de expulsarlos. Por otro lado, Hengest no quiere regresar a su hogar por mar, menos por causa de las condiciones climáticas, como lo señala el verso 1130, *þēah þe meahte on mere drīfan*, «aunque pueda partir por el mar», que por vengar a Hnæf. Se concluye un pacto contrario al honor: los hombres de Hengst, que ha reemplazado a Hnæf, entran al servicio de Finn. Pero en primavera reciben refuerzos y reinician la lucha, violando el pacto deshonroso que los liga Finn. Lo matan y devuelven a Hildeburh a Dinamarca tras haber saqueado el castillo y haberse apoderado del tesoro real. El acento puesto sobre las condiciones climáticas en el texto, aunque no sean determinantes, contrariamente a la obligación de la venganza, muestra que estas condiciones fueron lo esencial en un principio. Pero mientras que en el ciclo troyano el tema del regreso peligroso por mar, que está en la base de la *Odisea*, viene después del conflicto, aquí está integrado en él. La noción del «retorno» se expresa en indoeuropeo por la raíz **nes-*, base del nombre de uno de los Gemelos divinos, el de *Néstōr*, calificado de *hippóta*. Esta raíz está en la base de la concepción de los Gemelos divinos como salvadores en el mar, atestiguada directamente en Grecia y representada en la India védica por las leyendas de Bhujyu y de Paura, salvados en el mar por los Aśvins.

El ciclo troyano pone en escena una de las representantes griegas de la Aurora indoeuropea, Helena, su marido Menelao y el hermano de este, Agamenón; estos dos hermanos, aunque no sean gemelos, representan aquí a los Gemelos divinos, hermanos y esposos de la aurora, roles disociados cuando se trata de personajes humanizados. Hnæf y Hengest no son hermanos, pero representan a los Gemelos divinos si Hnæf es un sustituto de Horsa. El secuestro de la griega Helena por el troyano Paris, corresponde al matrimonio de la danesa Hildeburh con el frisón Finn. El hecho de que Hildeburh regrese a Dinamarca tras la derrota y muerte de Finn, sugiere según ciertos autores que ha sido raptada como Helena. Pero lo más probable es que Finn la haya desposado para mantener la paz con sus enemigos daneses, sin tener más éxito que Hrothgar, que ha casado a su hija Freawaru con el hijo de Froda para sellar la reconciliación de los daneses y los hadobardos, *Beowulf* 2020-2069. La expedición de los griegos contra Troya se corresponde con la de los daneses contra Finn. En ambos escenarios los combates son interrumpidos por un pacto. Al que los daneses concluyen que corresponde el acuerdo entre los griegos y los troyanos que deben poner fin a la guerra mediante un duelo entre Menelao y Paris, *Ilíada*, 3,254 y ss.: el vencedor se quedará con Helena y su tesoro. Pero en ambos relatos el acuerdo es violado: en Finnsburh, cuando los daneses reciben refuerzos, en Troya cuando, por iniciativa de Atenea, el troyano Pándaro hiere a Menelao, *Ilíada* 4,93 y ss. Los combates vuelven a empezar y tras la toma de Troya por los griegos, Menelao recupera a Helena y su tesoro. El tema del tesoro es importante: se encuentra no solo en la leyenda de Finnsburh, sino en la de la reina de Suecia que relata Saxo, *Historia danesa* 8,11,2 (traducción francesa de Troadec): «Snio (...) se las arregla para que la reina se esconda en el palacio (...) con el tesoro de su marido»; se trata aquí de un matrimonio forzado. Este tesoro representa los beneficios de la Bella estación, previamente detenidos por el invierno.

	Finnsburh	**Ciclo troyano**
Aurora raptada o desposada	La danesa Hildeburh se casa con el frisón Finn	La griega helena cautivada por el troyano Paris
Gemelos divinos	Hnæf y Hengest	Agamenón y Menelao
Acuerdo concluido	Entre daneses y frisones	Entre griegos y troyanos
Acuerdo roto	Por los daneses	Por un troyano
Victoria de los gemelos divinos	Toma de Finssburh por los daneses	Toma de Troya por los griegos
Retorno de la Aurora con el tesoro	Hildeburh regresa con el tesoro de Finn	Helena regresa a Troya con su tesoro

En Grecia, la leyenda se ha incorporado a la de Troya, a la vez representada por el laberinto y por el mito de su primera destrucción, igualmente vinculado a un mito germánico, el del Gigante constructor. Se ha acercado a la historia: en el siglo XIII, Troya se ha identificado en la ciudad luvita de *Wilusa* «Ilión», enemiga del rey de Arzawa y de sus aliados *ahíyawa* «aqueos», y cuyo rey *Alaksandus* (*Aléxandros*) concluyó un tratado con el rey hitita Mursili II (1290-1272). Se conoce también un nombre propio luvita, Parimuwas, que puede corresponder al de Príamo, y el único dios que se menciona en relación con él es Appaliunas, que corresponde a Apolo.

Mientras que la heroína germánica *Hildeburh*, cuyo nombre «ciudadela de combate», es un simple reflejo de la situación, Helena es una diosa en Esparta, donde parece haber sido denominada *Aṓs* «Aurora», y su esposo Menelao un dios (Isócrates, *Elogio de Helena*, 63). El vínculo establecido con la Aurora confirma la relación con el mito védico de Saraṇyū.

La leyenda del Gigante constructor y el mito de Laomedonte

Finn «lapón», es conocido por todos lados: su nombre figura en las Genealogía reales inglesas entre los ancestros de Woden, de quien es el bisabuelo y donde tiene por padre a Godwulf; solo la *Historia Brittonum*, que deforma su nombre en *Fran*, le da por padre a *Folcpad*, deformación manifiesta de *Folcwald*. Es mencionado como rey de los frisones en *Widsith*, 27, *Fin folcwalding (weold) Fresna cynne* «Finn, hijo de Folcwald, reinaba sobre el pueblo de los frisones». Ahora bien, Finn ha sido identificado con el Gigante constructor de Snorri, con quien Krause (1891) ha puesto en relación la leyenda de la primera destrucción de Troya, el mito griego de Laomedonte (§ 1.2.2) que narra la *Ilíada* (21, versos 441-446). También aquí el acento es puesto sobre el ciclo anual, versos 450-452: «Mas cuando las estaciones cumplieron felizmente el plazo del salario, entonces nos arrebató brutalmente toda la soldada el terrorífico Laomedonte y nos despidió con amenazas». De hecho, los nombres de Finn y de su padre Folcwald no son nada usuales entre las lenguas germánicas del oeste. Finn es el nombre étnico de la población de una gran parte de la Escandinavia anterior a los germanos, los *Fenni* de Tácito, *Germania*, 46. Finn es también el nombre de un enano, *Voluspá* 16, y *folcwalda* corresponde al calificativo de Freyr *folcvaldi goða*, «príncipe de los dioses», *Skírnismál*, 3. Ahora bien, es su hermana Freya quien es el salario del gigante constructor. El hecho de que Hildeburh sea devuelta a su país con el tesoro de Finn, sugiere que nunca ha estado casada de manera regular, que ha sido raptada como Helena o ha sido desposada a la fuerza, como la reina de Suecia mencionada más arriba. La leyenda de Finnsburh tiene un doble origen: una leyenda heroica de combates entre daneses y frisones y un mito nórdico desconocido que asocia al dios Freyr al Gigante constructor Finn. Se comprueba por ello que esta leyenda está ligada a los dos estadios sucesivos de la leyenda troyana.

Se comprende además en esta hipótesis por qué los frisones abandonan Finnsburh tras los primeros combates (1125): aunque Finn sea su rey, ellos son auxiliares, mientras que originalmente los compañeros de Finn son los gigantes, *Eotenas*. Hildeburh lamenta la lealtad de los *Eotenas* a Finn porque son estos, su guardia personal, y no los frisones los que han matado a su hermano Hnæf. Si se dice que los frisones «marcharon de nuevo a tierra frisona» (1126) tras su partida, resulta que Finnsburh no está localizada en Frisia, sino en el país de los gigantes. Es también por esta razón por lo que Finn, que inicialmente es un gigante, es llamado «hijo de gigantes» Eotena bearn (1088). Esta interpretación de *eoten* como «gigante» está avalada por el origen de la leyenda en la que Finn es un personaje mitológico, pero a continuación ha podido ser interpretada como un doblete del nombre de los justos. La acción se desarrolla en el tiempo del mito, como lo indica claramente 1133 b-1134: «hasta que volvió a comenzar el año en su morada como ella lo hace todavía hoy», expresión formularia que se vuelve a encontrar en 1058 b y 2859 b. Pero en esta hipótesis la leyenda del Gigante constructor no debe atribuirse a la población pregermánica de los lapones, *Fenni*. La correspondencia con el mito griego impone un origen indoeuropeo.

	Mito germánico	**Mito griego**
Construcción de una muralla	Muralla de los dioses contra los gigantes	Muralla de Troya
Constructor contratado	Gigante constructor	Poseidón y Apolo
Fijación de un salario	Sol, luna, Freya	Montante sin precisar
Fijación de un plazo	Retorno de la primavera	Retorno de la primavera
Violación del contrato	Por los dioses	Por Laomedonte

Los gemelos humanos y su madre

Otro conjunto de leyendas que reúne gemelos humanos y su madre no conlleva el tema del retorno de la bella estación. El significado se sitúa inicialmente sobre el plano social, el de la costumbre atestiguada entre sociedades primitivas de la expulsión de los gemelos y de su madre que los considera peligrosos. Esta madre de los gemelos humanos ha podido ser identificada secundariamente con el Cielo diurno femenino y después con la Aurora que, debido al incesto cósmico con el cielo diurno masculino, es a la vez madre y hermana de los Gemelos divinos, pero no queda ninguna huella de esta identificación. Como este uso no es conocido ente algunos de los pueblos indoeuropeos prehistóricos y solo está documentado por este conjunto de leyendas, todo hace pensar que se remonta al primer período de la tradición o incluso más atrás. El ejemplo más conocido es el de los Gemelos fundadores de la ciudad de Roma, Rómulo y Remo, hijos de Marte, expulsados de Alba Longa con su madre la vestal Ilia o Rea Silvia. Tras haber vivido en medio de la naturaleza salvaje, a la cabeza de una banda que se ha reunido a su alrededor regresan por la fuerza a su país natal, expulsan al usurpador, reintegran el trono a su legítimo rey y fundan Roma. Esta leyenda tiene numerosos paralelos, en Grecia con Beoto, Eolo y su madre y en el mundo germánico antiguo: los vinilos Ibor y Ayón con su madre la profetisa Gambara. La madre no figura para los vándalos Ambri y Asi, Vinill y Vandill, Raos y Raptos y los anglos Hengest y Horsa. La sociedad heroica tiende a eliminar este rasgo arcaico desprovisto de significado, así como el del «retorno», que esta sociedad sustituye por uno de sus temas típicos, la conquista por una banda de jóvenes migrantes pobres y la fundación de una nueva comunidad por su matrimonio con las hijas de ricos instalados.

La puesta en relación con la constelación de los Gemelos es el punto de partida para que los gemelos humanos se conviertan en los Gemelos divinos.

La luna

La luna fue divinizada muy pronto; está en el origen de muchas divinidades indoeuropeas. Solo ha recibido culto bajo su nombre, **meH₁nes/t-*, masculino entre los baltos con el *Ménuo* lituano y el *Mẽnesis* letón y quizás en la Creta prehistórica con *Mī́nōs* (Haudry en prensa a). Luna masculina, Minos es el esposo de *Pasipháē*, «la que brilla para todos», lo que no puede ser sino un sol femenino. La luna posee en otros lugares nombres femeninos como la *Selḗnē* griega y la *Lūna* latina. También está en el origen de nombres que nada tienen que ver con el astro. En el primer período de la tradición, la luna está representada por un personaje masculino y «guerrero», como sus representantes bálticos: en la noche invernal de las regiones circumpolares, la luna llena posee un resplandor potente y constituye la única fuente natural de luz para la población sumida en las tinieblas de la noche invernal. Probablemente sea por esta razón por lo que los *Vedas* oponen la buena Noche iluminada por luna y la malvada Tiniebla que es la de la noche sin luna. La luna fue considerada inicialmente también con el destino de los espíritus de los muertos antes de que los Infiernos se situasen en la tierra o en sus profundidades. Esta es la razón por la que la luna está en el origen de divinidades muy diferentes. Es el caso, en el mundo indoiranio, el dios **Yamás* «Gemelo», el cual en India se ha convertido en el dios de los muertos cuyo rol ha pasado al dios guerrero **Índras* «Fuerte», sentido conservado por el sustantivo emparentado *indriyá-* nt., «fuerza», que no deriva del teónimo, sino de su étimo. El astro continúa siendo honrado en el *Avesta* reciente bajo su nombre original de *Māh*, al que está dedicado el *Yašt* 7, mientras que en India lo es a un mismo tiempo bajo el nombre del compuesto *candrámāḥ* y, sobre todo, bajo el de *sómaḥ*, que designa inicialmente la planta utilizada en el ritual, en particular en el de Indra.

El viento y el fuego

Si el nombre del fuego inanimado ha surgido de una raíz onomatopéyica **p(h)ew(H)-*, «soplar» (Haudry 2016, 19 y ss.), el fuego y el viento serían dos soplos: cuando se enciende por frotamiento o por percusión el fuego surge del soplo.

A) El viento

El viento parece haber gozado de un lugar importante en el más antiguo panteón indoeuropeo: los vientos son particularmente violentos en las regiones circumpolares, como el viento helado del Canadá. Pero esta posición ha mostrado una tendencia a reducirse antes de volver a retomar una cierta importancia entre los pueblos marítimos con la práctica de la navegación de altura. Entre los arios, muchos indicios muestran que el dios **Vāyúš* ha jugado un rol importante antes de regresar al rango de divinidad menor. Las *Uṣásaḥ* «Auroras» védicas están ligadas a Vāyu, *Ṛgveda* 1,134,3-4, al que se ruega que las haga brillar y para el cual ellas tejen a lo lejos sus brillantes vestiduras: puede tratarse de vientos matinales o de vientos primaverales. Pero, sobre todo, 8,26, 21-22 hace de Vāyu el yerno de Tvaṣṭar, lo que sugiere una variante no atestiguada del mito de Saraṇyu según la cual él sería el padre de los Aśvins: lo que explica su presencia en un himno cuya primera parte les está consagrada. Según Hesíodo, *Teogonía* 378 y ss., los vientos son hijos de *Ēṓs*, Aurora, lo que hace de ellos divinidades muy antiguas. Los textos micénicos han revelado la existencia de una «sacerdotisa de los Vientos». En la India védica Vāyu está algo alejado del viento, *Vā́taḥ*, mencionado en algunos pasajes del *Ṛgveda*, y parece haber sido suplantado por Indra, pero su preminencia original se ha conservado en la invocación conjunta *vā́yav índraśca* y confirmada por el hecho de que se dice que es el primero que bebe el soma, 1,134,1 y 6; 1,135,1; 2,11,14; 7,92,1. En el *Avesta*, Vayu se ha separado del viento, *vāta-*, dios guerrero calificado de *vərəθrājan-* «victorioso», *Yašt* 13,47 y paralelos, para designar el mundo intermedio entre el cielo y la tierra que la India védica denomina *antárikṣam*.

B) El Fuego

Al igual que el agua, el fuego posee dos nombres, uno inanimado para el fuego latente y otro animado para el fuego manifestado, lo que sitúa ambos en un estado de la lengua anterior al del indoeuropeo reconstruido. De hecho, el dominio del fuego era vital para los hombres del Paleolítico, tanto para calentarse y cocer sus alimentos como para protegerse de los predadores, hasta que la sedentarización eliminó ese peligro y permitió el uso de hogares permanentes. A partir de entonces, el culto al Fuego divino se vio ligado al del Hogar. Está repartido según los pueblos en divinidades femeninas del hogar (Haudry 2016, 2019 y ss.) y Fuegos divinos (*ibid* 247 y ss.). Pero al igual que otras divinidades, el Fuego divino se ha separado completamente del elemento para investirse de roles que le están vinculados como los fuegos artesanos (*ibid.* 303 y ss.), los Fuegos del furor, del vino y del crecimiento (*ibid.* 347 y ss.) y muchos otros.

El agua y los cursos de agua

El agua como elemento, **wéd-r-*, **weH₁-* nt., no se ha divinizado entre ningún pueblo indoeuropeo. Pero los cursos de agua, **H₂ép-* con sus variantes, lo han sido en todos lados. Inicialmente eran femeninos. Este rasgo se ha conservado particularmente bien en el dominio céltico, que presentas numerosas concordancias con el mundo indoiranio, como el nombre del Marne, *Matrōna* y las aguas «maternales» del *Veda* y del *Avesta* o la diosa (¿celta?) *Apadeva* que corresponde a los *ā́po devī́ḥ* védicos, *Ṛgveda* 7,49, I d; 10,9,4 ab. Una figura mitológica de estos cursos de agua maternales es nombrada **dānu-*, **danu-*, que está en la base de un gran número de hidrónimos, Don, Dniéper, Danubio, etc. Pero es también en India el nombre de la madre del Vṛtra védico, *Ṛgveda* 1,32,9, y su derivado *dānavá-* que se aplica a una clase de demonios. La forma está en la base del nombre de los griegos, *Dana(w)oí*, y del nombre de la diosa irlandesa **Danu*, madre de los *Tuatha Dé Danann*, «las tribus de la diosa Danu» = los dioses (Jouët 2012, 305) y de su correspondencia británica *Dôn* (Jouët 2012, 344). En Irlanda como en la India su nombre es a veces reinterpretado a partir del nombre del «don», como en la variante *tri dee dána* «los tres dioses del arte» de *tri dé Danann* «los tres hijos de Danu». Este conjunto es típico del primer período de la tradición indoeuropea. Más tarde, la sociedad patrilineal y patriarcal del segundo período favorecerá el paso de los hidrónimos al masculino.

El Fuego de las aguas

Nos dimos cuenta hace mucho que el agua apaga el fuego, y que «el fuego en el agua» es imposible. Sin embargo, en la mentalidad indoeuropea, el agua de lluvia contiene un fuego latente, el cual transmite a las plantas un fuego que les permite crecer y que sale de ellas al quemarlas una vez que están secas. Probablemente, esta es la razón de que la imagen paradójica del «fuego de las aguas» fuera aplicado a los animales, a los vegetales y a los minerales de color rojo que se encuentran en el agua. El salmón, **lóḱs-*, que en el período común de los indoeuropeos fue el pez por excelencia, como lo recuerda su nombre tocario B, *laks*, fue identificado con un fuego de las aguas (Haudry 2016, 71). De ahí proceden las ideas irlandesas del «salmón del conocimiento», del salmón como el animal más antiguo del mundo y el concepto del «salmón de vida» que se identifica con el fuego vital (Jouët 2012, 887). También por esta razón, Loki, antiguo fuego divino, se transformó en salmón para escapar de sus perseguidores (Haudry 2016, 420 y ss.). Cuando fue descubierto, el *corallium rubrum* del Mediterráneo fue un nuevo ejemplo del «fuego de las aguas». Es también el caso del oro, que aparece hacia el 4500 en Europa central. Pero la imagen paradójica del «fuego de las aguas» es seguramente más antigua.

El Retoño de las aguas

En el mundo indoiranio se representa este personaje por el *Apā́ṃ nápāt* védico y el *Apąm napå* avéstico, el *Neptūnus* latino y el *Nechtan* irlandés, a los cuales conviene sumar las focas de Nereo, también conocidos como «*népodes* de la bella Halosúdnē (la Nereida Tetis)» *Odisea* 1,104; estas focas evocan aquellas cuyas formas asumieron Heimdall y Loki (dos antiguos fuegos) para enfrentarse cuando pretendían tomar el collar Brisingamen. Sin ser superponible fonéticamente, la designación islandesa del fuego como *sǽvar niðr*, «retoño del torrente» confirma la antigüedad de la designación del fuego como Retoño de las aguas. Esta designación se justifica a la vez por la noción de fuego latente en las aguas de lluvia y por la imagen del «fuego de las aguas», que se manifiestan también en el fuego de la procreación y el fuego oceánico del fin de ciclo cósmico. Este personaje se remonta ciertamente al primer período de la tradición indoeuropea a juzgar por la diversidad y número de los testimonios que a él se refieren. En cambio, lo que sabemos de su mitología es más reciente. He distinguido dos escenarios, uno «agrícola y (geo)político», en el cual la referencia a la irrigación implica un período reciente, y el otro «(extra)conyugal» que no se puede datar por sí mismo, pero que contiene referencias claras a la verdad y a la mentira, sugiriendo una relación con la «religión de la verdad» de la sociedad heroica.

Recuerdos del hogar circumpolar

A) Recuerdos directos

El pasaje mencionado anteriormente de la *Taittirīya saṃhitā* «antiguamente los brahmanes creían que la aurora no regresaría», puede ser considerado como un recuerdo directo de un hogar circumpolar conservado por los brahmanes, es decir, los portadores de una tradición antigua convertida en tradición secreta. Que esta tradición resultase desmentida por la experiencia cotidiana no la hacía menos venerable: la experiencia y la tradición constituían dos ámbitos estancos. Igualmente, según el himno avéstico al Sol, *Yašt* 6,3, «cuando el sol no se levanta, los demonios destruyen todo lo que existe en los siete continentes».

B) Recuerdos indirectos

Muchas leyendas atestiguan indirectamente de un origen nórdico o incluso circumpolar de la tradición. La leyenda más explícita es la de las islas al Norte del Mundo donde los Tuatha Dé Danann, los dioses irlandeses, aprendieron todo lo que sabían y desde donde trajeron cuatro maravillosos objetos: el caldero de Dagda, la lanza de Lug, la espada de Núada y la piedra de Fál (= de Potencia). A partir de este hecho se explica la división en dos estaciones del año céltico, mientras que las cuatro estaciones definidas por solsticios y equinoccios son antiguas. A esto hay que añadir el Continente Blanco de Nārāyaṇīya Parvan del *Mahābhārata* situado en la vertiente norte del monte Meru, al borde del océano de leche y habitado por los devotos de Viṣṇu, los Hombres Blancos, invisibles para los profanos y que parecen prolongar la humanidad superior de la primera edad del mundo, *Kṛtam*. La leyenda griega de Hiperbórea tiene puntos en común con los dos precedentes y al igual que la leyenda irlandesa conlleva objetos sagrados que proceden de esa región. Como en la leyenda india, el país maravilloso se sitúa «más allá de las montañas» (o «de la montaña»), la población rinde culto a Apolo, que allí mora en invierno. La leyenda del *hiperbóreo* Abasis que recorre la tierra sin alimentarse presenta un rasgo característico de los Hombres Blancos que no toman ningún alimento. En varios pasajes, el *Avesta* conserva el recuerdo de este hábitat circumpolar. Según el himno al Sol, *Yašt* 6,3 ya citado, es un hecho que no puede aplicarse a la noche cotidiana. En el *vara* de Yima, *Vidēvdāt* 2,41, que se identifica con la caverna primordial *Valáḥ* de la cosmogonía védica, un año corresponde a un día, lo que no significa que el tiempo pase más deprisa que en otros lugares, sino que el año cuenta con una sola noche invernal y un solo día estival. En el *Airyanəm vaējō* «cuna de los Arios» de *Vidēvdāt*

1,3 y ss., se dan diez meses de invierno y dos de verano que también son fríos y dicho país es «el corazón del invierno». Mientras que la ubicación de las regiones iranias que se enumeran más adelante en ese texto se ha corroborado, se ha buscado en vano la «cuna de los Arios» en Irán. El texto avéstico reposa a todas luces sobre una contaminación entre la leyenda ilustrada por los ejemplos precedentes y la realidad. Mejor situados para conocerlas, los escandinavos no idealizaron las regiones circumpolares: el primer capítulo de la *Saga de los Ynglingos* señala que la parte septentrional de Suecia es inhabitable a causa del hielo y el frío.

Las nociones heredadas del primer período

La herencia inicial es considerable: podemos atribuirle el conjunto del panteón común que se compone esencialmente de la familia y los allegados del Cielo diurno femenino identificado con el Sol, que más tarde fue masculino y disociado del Sol, así como a varios mitos con sus ritos correspondientes.

Realidades correspondientes

Este conjunto de conceptos se remonta a un período muy lejano de la comunidad lingüística y étnica y a una cultura epipaleolítica (mesolítica) o paleolítica, donde la vida era precaria y dependía estrechamente del ciclo de las estaciones.

A) El invierno y la nieve

En el comienzo, la nieve portaba el nombre de invierno, **ĝhéy-om-/*ĝhy-ém-/*ĝhim-*, forma muy antigua, ampliamente representada; este sentido está representado en el griego *khiōn*, el armenio *jiwn*, y el indio antiguo *himá-*, el adjetivo *himávant-* «nevado», y en el nombre del Himalaya «estancia de la nieve». Posteriormente, la nieve designada mediante la raíz **sneyg^{w}h-* «pegar, adherir», tendrá una denominación típica de las llanuras templadas, mientras que la nieve de las regiones polares ni se pega ni se adhiere.

B) Del alce al caballo

El caballo no estaba aún domesticado: los Gemelos divinos, que posteriormente serán asociados al caballo, probablemente a causa del carro (los *Aśvínau* indios, los Dioscuros jinetes, Hengest y Horsa, *hippóta Néstōr*) lo están al alce, que fue domesticado mucho antes que el caballo en la regiones nórdicas, como lo atestigua el nombre de los Dioscuros germánicos, los gemelos Alci o Alces de la *Germania* de Tácito.

C) Las técnicas

La base nominal *$*H_2e\hat{k}$-* «agudo», da origen a la vez a apelativos para el filo, el yunque y la piedra: un conjunto que evoca las técnicas de la edad de piedra; no obstante, la idea de «un cielo en la piedra», que está vinculada a las culturas megalíticas, es posterior. Los rituales conservan el recuerdo de técnicas y herramientas paleolíticas. Los oficiantes védicos usaban una costilla de caballo para segar la hierba *darbha-* que sirve para el altar del sacrificio y su espada es de madera.

D) La vegetación

El árbol, **de/oru-*, por excelencia es el pino nórdico: el adjetivo procedente de su nombre, **derwo-*, designa la brea (germanico **terwa-*). Más tarde, será el roble.

Instituciones

A) De la banda primitiva a la tribu

La sociedad más arcaica no conocía ningún grupo superior a la «banda»: su designación, **w(e)yk̂-*, idéntica al nombre raíz **weyk̂-* «entrar», es el del hábitat en general. La designación para la familia nuclear, *$*dómH_2$-*, que se vincula con la raíz *$*demH_2$-* «construir», supone la existencia de viviendas permanentes en el Paleolítico Superior. Las de linaje y de la tribu, cuyas designaciones solo se corresponden parcialmente, son más recientes. La concordancia entre el indio antiguo *arí-* y los prefijos aumentativos griegos *ari-* y *eri-*, evolución paralela a las del nombre de la «tribu» en antiguo islandés y en antiguo inglés, sugiere la existencia de un conjunto superior al clan, pero inferior –o anterior– a la tribu, **tewtā-*. *El ari* es, en efecto, el extranjero al clan, pero no es el bárbaro. Este es el motivo por el cual esta forma pudo ser la base de la denominación indoirania para la comunidad *aria* como «nombre ario». La concordancia entre su representante divino *Aryamán-* y el irlandés *Éremón* indican una forma indoeuropea común que debió desaparecer junto a la realidad (¿la institución?) correspondiente en la sociedad de linaje donde se constituyó la tribu. El sustantivo que designara más tarde al rey, **rēĝ-*, a partir de sus derivados y compuestos posesivos se aplica a una potencia femenina luminosa que el jefe posee. Entrevemos así una sociedad poco diferenciada, apolítica y sin otra estratificación que la de sexos y edades y en la cual el sexo femenino tenía un lugar importante como resulta las figuras del arte paleolítico, pero también en la feminidad del Cielo diurno Sol, de los cursos de agua, de la Tierra, etc. Los ritos de paso de la infancia a la edad adulta dejaron huellas en la época histórica, manifiestamente en la *efebeía* ateniense y la *krypteía* lacedemonia. También a esa época arcaica se remontan las leyendas de gemelos (humanos) expulsados en compañía de su madre y que fundan una nueva comunidad o regresan a su comunidad de origen para castigar a sus perseguidores y conquistar el poder. Sus leyendas poseen con frecuencia rasgos similares a los cuentos populares de los que se ha demostrados su origen paleolítico.

B) La filiación matrilineal y el matriarcado

Estas dos nociones deben distinguirse entre sí: la primera es una institución que se observa en un gran número de sociedades, mientras que la segunda se trata de una situación muy raramente atestiguada.

a) La filiación matrilineal

Con este período en el que no se practicaban ni la ganadería ni la agricultura se relaciona la idea de que los niños nacían por reencarnación del alma de un ancestro, sin que el vínculo se establezca con la fecundación. La designación del parentesco a partir del ombligo ilustrado por la concordancia formularia entre el nombre propio védico *nā́bhānésdiṣṭha-* y el adjetivo avéstico reciente *nabānazdišta-* «el pariente más próximo», y por *Ṛgveda* 1,164,33 a, *dyaúr me pitā́ janitā́ nā́bhir átra* «Dyauḥ es mi padre, mi genitor, allí está mi ombligo» solo puede aplicarse inicialmente a la filiación matrilineal por el ombligo del hombre no juega ningún papel en la generación. Se puede citar igualmente *Ṛgveda* 10,10.4; 10,61,18. C; 19 a.

Cabe la posibilidad de que el resto de vestigios de filiación matrilineal, ya sean directos como entre los pictos o lo sean indirectos como el rol privilegiado del tío materno o la transmisión de poder al yerno (la sucesión de los reyes del Latium y sus paralelos griegos y escandinavos), que están en contradicción con el carácter exclusivamente patrilineal de la filiación en el período siguiente y en las épocas históricas, se remonten a este período y concuerden con el género femenino de la divinidad suprema, el Cielo de día, que será reemplazado por el «Cielo padre»,

Jūpiter, *Zeus patēr*, etc. En tal sociedad, la unión de una mujer «por libre elección», ilustrada por la mitología de la Hija del Sol e institucionalmente en el *svayṃvaraḥ* indio, ha debido ser una realidad concurrente con otras modalidades de la unión. Quedan rastros de matrilinealidad entre los monstruos: Vṛtra tiene una madre, *Dā́nu-*, que lleva un nombre de curso de agua largamente representado en la hidronimia indoeuropea, pero no se conoce a su padre; el *Kúṇāru-* que vive con ella, *Ṛgveda* 3,30,8 b, no es otro que su hijo Vṛtra. Lo mismo es válido para el monstruo Grendel en el *Beowulf*.

b) El matriarcado

Se sabe de casos de hembras dominantes en algunas especies animales. Igualmente existen algunos casos de matriarcado en algunas sociedades humanas, pero son muy raras, siendo las sociedades matrilineales generalmente patriarcales. Los pocos ejemplos de matriarcado que se han creído observar en el mundo indoeuropeo requieren otra explicación. El caso más claro es el de la reina irlandesa Medb de la *Táin bó Cualnge* que es superior a su marido de entonces, Ailill. Esposa sucesiva de nueve reyes de Irlanda, Mebd representa la realeza, de naturaleza femenina, de la cual el rey es esposo, pero que solo es rey en función de ello. En esto reside su superioridad sobre él, como lo hace sobre sus sucesivos esposos su correspondencia india Mādhavī del libro quinto del *Mahābhārata* (Dumézil 1995, 1008 y ss.). Su nombre, que significa «Embriagadora», se aplica a la embriaguez del poder. Los demás ejemplos son los de la Aurora y su esposo mortal, pero estos no tienen validez para la sociedad humana.

No existe ninguna razón para relacionar el matriarcado con el amor cortés que se extendió durante el siglo XIII desde el mundo galés a las literaturas francesa y alemana: el matriarcado no se ha atestiguado entre los celtas y los pictos solo conocieron la matrilinealidad. Pero la importancia de la mujer en la sociedad céltica, igualmente atestiguada entre los germanos, solo puede ser un arcaísmo.

El saber femenino

Los numerosos ejemplos de la asociación del saber a la feminidad que se observan en los tiempos históricos no pueden ser innovaciones de la sociedad de linaje ni de la sociedad heroica: los epitafios de las matronas romanas señalan que han amado a sus maridos, les han dado hijos y han tejido la lana. Esos ejemplos solo pueden ser vestigios de un estadio anterior. Esto se observa en el panteón: en el mundo indoiranio con la diosa india Sarasvatī y su correspondencia avéstica Ardvi Sūra Anāhita, que presiden la inspiración poética, en Grecia con Atenea y en Irlanda con Brigit, cuya ciencia se ha extendido a las ciencias mecánicas. Pero se observa también en la sociedad: Irlanda ha conocido las poetisas *bánfile* y las profetisas *bánfhóid* (Jouët 2012, 448); en la India brahmánica, a la brahmana Gārgī *Vācaknavī* «elocuente», que se enfrentó a Yajñavalkya, *Bṛhad āraṇyaka upasinṣad* 3,6,1; 8,1; el compuesto *Gārgī-putra-* «hijo de Gārgī», 6,4,30 (M) y el metrónimo derivado *Gārgya-* 2,1,1 son ejemplos de filiación matrilineal. Este saber femenino se extiende a la poesía, a la medicina y a la magia. En ciertos casos les es exclusivo: la maga de la *saga de Eric el Rojo* «pide que le traigan a las mujeres que conocían los encantamientos necesarios para realizar el *seiðr* y que son llamadas las *Varðlokur*».

Las guerreras

El ejemplo típico de guerreras es el de las amazonas conocidas por los griegos desde la *Ilíada* y atestiguadas todavía en la época de Alejandro. El nombre parece iranio, procedente de **ha-mazan-* «guerrero», etimología confirmada por la glosa de Hesiquio *hamazakáran: polemein* «hacer la guerra», *Pérsai*. Estas formas pueden descansar sobre un doblete **maĝh-* de la raíz *magh-* de *mákhesthai* «hacer la guerra», de la cual existe también una forma *makh-* representada por el védico *makhá-* «combatiente».

Otro ejemplo es el de las mujeres pictas, que participan en el combate en igualdad de condiciones que los hombres antes de que la «Ley de los Inocentes» instituida por el abad Adomnáin en el 697 se lo prohibiese. Existe igualmente en Francia el ejemplo de Jeanne Hachette.

La realeza femenina

En esta sociedad en la que la realeza no es hereditaria, sino electiva, no existe ningún «rey» que los sea por nacimiento o por sí mismo como el *svarā́ṭ* védico, sino un posesor o un esposo de la realeza, entidad femenina como la *ašvínī rā́ṭ* de *Ṛgveda* 5,46,8 b, que es una «luz» femenina como la mitad femenina de *Púruṣaḥ*, *Virā́ṭ*, y cuyo esposo recibe su nombre a partir de un derivado posesivo, védico *rā́j-an-* «rey», y como lo confirman muchos testimonios de época histórica, entre ellos el de Numa, esposo de la ninfa Egeria y el de la Soberanía de Irlanda (Jouët 2012, 861; 922-923) que son igualmente arcaísmos. Otro arcaísmo es la larga cabellera de los Merovingios y la de los Hasdingos, «los que tienen una cabellera de mujer», antiguo islandés *haddr*. Esta dinastía vándala tenía como ancestros a Raos y Raptos, representantes de los Gemelos divinos. Pero la cabellera larga, que no es un rasgo de los Gemelos divinos, se remonta necesariamente a una costumbre anterior.

Don y contra-don

El origen de la oposición entre la voz activa y la voz semi-pasiva ha de buscarse en la situación de don y contra-don: lo activo reposa en el «dar» y lo medio-pasivo en el hecho de «recibir». El ejemplo tipo es el de la raíz *$*deH_3$-* que significa en el activo «dar» y en el medio-pasivo «recibir», el védico *dā-*, activo «dar», medio-pasivo *ā́-dā-* «recibir» y el hitita *da-* «tomar»; el sentido activo se conserva en anatolio en la lengua Lidia para *dãv* «he dado». Una relación similar se observa en el griego *némō* «distribuir», y el germánico **nem-a-* «tomar», entre el germánico **geb-a-* «dar», y el irlandés antiguo *gaibim* «tomo», entre lo tocario B *aitsi* «dar» y el griego *aínumai* «tomar». Es fácil ver la oposición entre el activo y el pasivo en situaciones tales como: «dar golpes» y «recibir golpes».

Cronología interna en el primer período

Un cambio decisivo debió producirse anteriormente cuando las nociones de dioses personales sucedieron a las almas del animismo. Este cambio se manifiesta por el establecimiento de lazos de parentesco entre las principales entidades de la religión cósmica, **dyḗws* Cielo diurno y los **deywṓs*, Cielo nocturno, Cielo intermedio, la Aurora, la Luna y el Fuego. Pero los datos no nos permiten reconstruir la correspondiente evolución.

Del cielo diurno femenino al Cielo diurno padre

En comparación del ampliamente atestado **dyḗws* pH_2*tḗ(r)*, el **dyḗws* femenino constituye manifiestamente un arcaísmo.

A) Atestaciones directas

El fragmento órfico 168 «varón fue Zeus, Zeus inmortal fue joven desposado» solo puede tratarse de una preservación, ya que contradice el calificativo habitual de *Patḗr*, y de todo lo que sabemos por otras fuentes.

La representación hitita de **dyḗws*, *Sius* «Sol», corresponde a la vez a un dios, que fue asimilado a un dios babilonio y a una diosa, la diosa Sol de Arinna, principal diosa del panteón del Estado hitita. El ritual hitita antiguo CTH 414 menciona un «sol madre» al lado del dios atmosférico llamado «mi padre». El *Tiyaz* palaíta es a la vez padre y madre, KUB XXXV 165 Vs 21-22, *nu-ku Pashullasas Tiyaz // tabarni LUGAL-i pāpaz-kuar tī annaz-kuar tī*, «¡Entonces, pues, Sol *Pashullasas*! Para el señor-rey tú (eres) padre, tú (eres) madre».

B) Los datos lingüísticos

La antigüedad de la noción védica de Cielo diurno femenino ha sido rechazada a pesar de que está bien atestiguada en el *Ṛgveda* y a pesar de la correspondencia del doble genero del latín *diēs*. Se conocen una veintena de ejemplos. Para el nominativo singular el ejemplo más significativo es 10,63,3 b, *dyaúr áditiḥ*, en el cual Aditi, madre de los Ādityāḥ ya no se identifica a la Tierra, como en otros numerosos fragmentos, sino a un Cielo femenino. Igualmente, para 1,57,5 c, *dyaúr bṛhatī́* «el alto cielo»,10,59,7 b, *dyaúr devī́* «el cielo divino», sobre el cual Geldner señala en una nota: «El cielo concebido como femenino, como a menudo se da el caso». Para la forma *dyā́m*, aludiremos a 5,63,6 d, *aruṇā́m* «rosa» y 9,96,3 c, *imā́m* «esta», donde la forma es el complemento de *varṣaya-* «hacer llover», función normalmente atribuida al Cielo masculino. El grupo de formas duales es el menos fiable, ya que podemos dudar entre lo dual natural y lo dual elíptico. Lo plural *tisró dyā́vaḥ* (1,35,6 a ; 7,87,5 a ; 7,101,4 b) anuncia la multiplicación de los mundos en tiempos futuros, pero también puede reflejar un lejano recuerdo de la cosmología de los tres cielos y haber significado inicialmente «tres cielos, de los cuales uno es femenino». La hipótesis de una conservación se desechó erróneamente debido a la existencia de *Dyaúḥ pitā́* y de sus correspondencias *Zeùs patḗr*, *Jūpiter*, del ilirio *Dei-patrous* y del palaíta *tiyaz... pāpaz* (Mallory y Adams 2006, 409). Como posible fuente de una transferencia de género, se invocó el paralelismo de *gaúḥ*, que designa el bovino, como el griego *boûs* y el latín *bōs*, pero se trata de un nombre de especie animal que incluye machos y hembras, por tanto, una forma epicena: el caso aquí es diferente. Se habló también de la presencia de *dyaúḥ* femenina en ciertos himnos recientes, pero estos himnos presentan arcaísmos al lado de innovaciones. Se ha recurrido, por último, a la existencia de la pareja *dyā́vāpṛthivī* «cielo y tierra», pero esta pareja no ha provocado la aparición de una tierra masculina. El doble género del latín *diēs*, que no puede haber sufrido la influencia de *bōs* y no forma pareja con el nombre de la tierra, demuestra que el género femenino ha sido heredado. Por otro lado, para la forma védica, el género femenino es seguramente más antiguo que el género masculino, porque la existencia de *Dyaúḥ pitā́* habría excluido tal novedad. Parece ser que Renou (1958, 48) se dio cuenta, ya que, tras haberse hecho eco de la idea habitual, añade: «puede que haya estado presente en el principio una cierta tendencia hacia el género femenino». Pero la prudencia de su formulación muestra que era consciente de que iba en contra de una creencia generalizada.

C) Confirmaciones

No es un hecho aislado: el sol, parcialmente identificado con el día como la luna con el mes, fue concebido como una entidad femenina antes de serlo como una entidad masculina, pero es un cambio reciente, ya que perduran atestaciones del sol femenino en los germanos y los baltos. Pero el paso al sexo masculino del Cielo diurno debió ocurrir en el seno del primer período, un hecho que puede ser el punto de partida para una cronología interna de este período. Los cursos de agua fueron concebidos inicialmente como femeninos, habiendo perdurado muchos como tal, pero algunos pasaron al masculino, particularmente en Grecia y Roma. Todavía está por determinar el motivo de este cambio, ¿el predominio del sexo masculino habría precedido a la institución de la patrilinealidad? Para el sol, el motivo es evidente: el sol del norte se asimila a una mujer débil, el sol del sur a un hombre vigoroso, el *Sol Invictus* que aparece en el año 158 de nuestra era, *CIL* VI 715. Lo que podemos observar en relación con las denominaciones de la luna es el proceso inverso.

Este cambio de sexo del Cielo diurno puede estar al origen de la extraña fórmula de «Fuego de la cadera» (Haudry 2009, 295-296; 2016, 39) construido sobre la concordancia entre Dioniso, nacido de la cadera de Zeus, y el nombre del héroe védico Kutsa, *Aurva* o *Aurava* «Kutsa (nacido) del muslo». Se trata de un Fuego, como lo indican las leyendas posteriores, que *Aurva* hace brotar de su muslo, un fuego insaciable, que ansía devorar el mundo: en origen, un fuego divino nacido de modo natural de un Cielo diurno femenino, pero que el Cielo diurno masculino porta en cadera, o en su cabeza, como es el caso de Atenea, hija de Zeus en el *Himno Homérico a Atenea* I, 4-5 «a quien el prudente Zeus engendró él solo, e hizo nacer de su divina cabeza»: Atenea es originariamente una Aurora hija del Cielo diurno.

Hay que tener presente que los datos de base puestos en evidencia por Krause y Tilak no podrán ser ocultados mucho más tiempo. Los testimonios se multiplican e incluso si nos negáramos en sacar las conclusiones que se imponen, como lo hizo Dumézil a propósito de la multiplicidad de las Auroras de los *Quinquatrus Minusculae*, la acumulación de datos concordantes acabará un día por imponerse.

Restan los datos científicos: La cuestión climática, que ocupa un papel esencial en la argumentación de Tilak, parece estar a día de hoy solventada, a juzgar por el capítulo 15 del libro de Sirocko (2010) titulado: «Cuando el norte se recalienta súbitamente»: «Hace 14700 años un brusco aumento de las temperaturas en Groenlandia y la superficie del Atlántico norte dio lugar en un lapso de unos 50 años el comienzo del complejo interestadial tardiglaciar. Este calentamiento brutal se produjo en un tiempo de creciente intensificación de la radiación solar en el hemisferio norte». Este calentamiento que cesó en el 12700 duró por tanto 2000 años, lo que fue ampliamente suficiente para que se constituyera una tradición: naturalmente, se trata de una posibilidad, no de una certeza.

Los descubrimientos de la genética y su compatibilidad con los de la arqueología prehistórica serán objeto del próximo número de *Nouvelle École*, en el que el artículo de Patrick Bouts, «*Le peuplement de l'Europe, la révolution de la paléogénétique et les Indo-Européens*» atañe directamente a nuestro problema. El autor recuerda los progresos de la genética y su compatibilidad con la arqueología prehistórica. Ofrece como ejemplo el hundimiento del dogma del origen ibérico del campaniforme a causa de la ausencia de genes ibéricos en el área de distribución de dicha cultura. Establece el origen ponto-caspiano de las poblaciones europeas de la Edad del Bronce, lo que confirma la tesis de Marija Gimbutas y de su lejano predecesor Otto Schraeder. Otra conclusión importante y más original es una revaluación de la importancia de los cazadores-recolectores en relación con los agricultores procedentes de Anatolia por una ruta mediterránea y otra balcánica a un mismo tiempo. Algunos de estos cazadores-recolectores habrían conocido la cerámica, llegada desde Siberia. Estas observaciones contradicen los postulados anti-inmigracionistas de la «Nueva Arqueología», que hacen incomprensible la difusión del indoeuropeo: si los pueblos no se desplazan, no se entiende cómo podrían hacerlo las lenguas.

BIBLIOGRAFÍA

- Benveniste, Emile, 1969, *Le vocabulaire des institutions indo-européennes,* París, Editions de minuit.
- Bergaigne, Abel, 1878-1883, *La religion védique d'après les hymnes du Rig-veda,* 3 vol., réimpr. 1963, París, Champion.
- Cassirer, Ernst, 1946 (1926), *Language and Myth,* traducción francesa de Susanne K. Langer, Nueva York-Dover.
- Dumézil, Georges, 1974, *La religion romaine archaïque[2],* París, Payot.
- Dumézil, Georges, 1995, *Mythe et épopée,* París, Gallimard.
- Eliade, Mircea, 1975, *Traité d'histoire des religions,* París, Payot.
- Feydit, Frédéric (trad.), 1964, *David de Sassoun. Épopée en vers,* París, Gallimard.
- Gubernatis, Angelo de, 1987: *Mythologie zoologique,* Milán, Archè.
- Harari, Yuval Noah, 2015: *Sapiens. Une brève histoire de l'humanité,* París, Albin Michel.
- Haudry, Jean, 1982a, *Préhistoire de la flexion nominale indo-européennes,* Lyon, Institut d'études indo-européennes.
- Haudry, Jean, 1982b «*Les trois cieux*», *Etudes indo-européennes,* 1, 23-48.
- Haudry, Jean, 1987, *La religion cosmique des Indo-Européens,* París Milán, Archè.
- Haudry, Jean, 1990, «*Les âges du monde, les trois fonctions et la religion cosmique des Indo-Européens*», *EIE,* 1990, 99-121.
- Haudry, Jean, 1997, «*Chronologie de la tradition indo-européenne*», *Nouvelle École,* 49, 127-31.
- Haudry, Jean, 2009, *Pensée, parole, action dans la tradition indo-européenne,* Milán París, Archè.
- Haudry, Jean, 2012, «*La notion de "ciel" dans la cosmologie indo-européenne*», *Journal asiatique,* 300 2, 609-33.
- Haudry, Jean, 2014, «*Les origines de la conception indienne des âges du monde*», *Comptes-rendus de l'académie des inscriptions et belles-lettres,* 2014, 159-173.
- Haudry, Jean, 2015, «*Une "courtisane inspiratrice" dans le* Ṛgveda*?*» *Journal asiatique,* 303 2, 223-29.
- Haudry, Jean, 2016, *Le Feu dans la tradition indo-européenne,* Milan, Archè.
- Haudry, Jean, en prensa a, *Minos.*
- Haudry, Jean, en prensa b, *Le Rejeton des Eaux.*
- Jouët, Philippe, 1993, *L'Aurore celtique,* París, Le Porte-Glaive.
- Jouët, Philippe, 2007 a, *Aux sources de la mythologie celtique,* Fouesnant, Yoran.
- Jouët, Philippe, 2007 b, *L'Aurore celtique dans la mythologie, l'épopée et les traditions,* Fouesnant, Yoran.

- Jouët, Philippe, 2012: *Dictionnaire de la mythologie et de la religion celtiques,* Fouesnant, Yoran.
- Krause, Ernst, 1891, *Tuisko-Land der arischen Stämme und Götter Urheimat,* Glogau, Carl Fleming.
- Krause, Ernst, 1893 a, *Die Trojaburgen Nordeuropas,* Glogau, Carl Fleming.
- Krause, Ernst, 1893 b, *Die nordische Herkunft der Trojasage,* Glogau, Carl Fleming.
- Kuiper, Franciscus B. J., 1960, «*The Ancient Aryan Verbal Contest*», *Indo-Iranian Journal,* 4, 217-81.
- Mahlstedt, Ina, 2004, *Die religiöse Welt der Jungsteinzeit,* Darmstadt, Wissenschaftliche Buchgesellschaft.
- Mallory, James Patrick y Adams, Douglas Quentin, 1997, *Encyclopedia of Indo-European Culture,* London and Chicago, Fitzroy Dearborn.
- Pitulko, Vladimir V. *et alia*, 2016, «*Early human presence in the Arctic, Evidence from 45,000-year-old mammoth remains*», *Science,* 351, 15 enero 2016, 260-63.
- Renou, Louis, 1958: *Études sur le vocabulaire du Ṛgveda,* Pondichery, Institut français d'indologie.
- Renou, Louis, 1955-1969, *Études védiques et pāṇinéennes,* París, de Boccard.
- Renou, Louis, Filliozat, Jean *et alia*, 1947, *L'Inde classique,* I, París, Payot.
- Sirocko, Frank, (ed.), 2010: *Wetter, Klima, Menscheitsentwicklung von der Eiszeit bis ins 21. Jahrhundert*[2], Darmstadt, Wissenschaftliche Buchgesellschaft.
- Tilak, Lokamanya B.G., 1903, *The Arctic Home in the Vedas,* Puna, The Managar. Traducción francesa por Jean y Claire Rémy, *Origine polaire de la tradition védique,* 1979, Milán, Archè.

PRÓLOGO

Esta obra es la continuación de mi anterior *Orion or Researches into the Antiquity of the Veda*, publicada en 1893. Generalmente los especialistas basan su opinión sobre la antigüedad de los *Vedas* sobre arbitrarias estimaciones de la duración de los diferentes estratos en los que se encuentra dividida la literatura védica, suponiendo que ninguno de ellos sería anterior al 2400 a. C. En mi *Orion*, no obstante, intenté demostrar que tales estimaciones, aparte de ser demasiado prudentes, resultaban vagas y que las referencias a fenómenos astrológicos que encontramos en la literatura védica nos proporcionan datos mucho más reales y útiles para una correcta datación de los diferentes períodos de dicha literatura. Estos datos astronómicos, como se demostró, señalaban que el equinoccio vernal estaba en la constelación de Mriga u Orion (alrededor del 4500 a. C.) durante el período de los himnos védicos y que retrocedió hasta la constelación de Kritikâs o Pléyades (sobre el 2500 a. C.) en la época de los *Brâhmaṇas*. Como era de esperar estas conclusiones fueron recibidas en un primer momento con bastante escepticismo por parte de los especialistas en cuestiones védicas. Pero mis afirmaciones se vieron fortalecidas cuando se constató que el doctor Jacobi de Bonn, había llegado a las mismas conclusiones, y poco después investigadores como Bloomfield, Barth, Bulmer y algunos otros fueron reconociendo la consistencia de mis argumentaciones. Sin embargo, Thibaut y Whitney, junto con un reducido grupo de autores continuaban sosteniendo que mis conclusiones no eran definitivas. No obstante, S. B. Divit descubrió un pasaje del *Shatapatha Brâhmaṇa* en el que se afirmaba explícitamente que durante esa época la constelación de las Kritikâs no se desplazó del este, es decir, del equinoccio vernal. Este fragmento permitió disipar todas las dudas existentes sobre la edad de los *Brâhmaṇas*. Mientras tanto, otro astrónomo indio, V. B. Ketkar, en un número reciente del *Journal of the Bombay Branch of the Royal Asiatic Society* ha investigado matemáticamente la afirmación del *Taittirya Brâhmaṇa* (III, 1, 1, 5) de que Bṛihaspati, es decir, el planeta Júpiter, fue descubierto durante un alineamiento o un eclipse de la estrella Tishya, demostrando que esta observación solamente pudo efectuarse en una fecha calculable alrededor del 4650 a. C., con lo cual confirmaba de forma extraordinaria nuestra datación del período más antiguo de la literatura védica. Tras esto, creo que se ha establecido irrefutablemente la enorme antigüedad del primer período védico.

Pero si hemos podido retrotraer la edad del primer período védico hasta el 4500 a. C., no podríamos dejar de preguntarnos si hemos alcanzado en este límite la *Ultima Tule* de la Antigüedad aria. Así pues, y como afirmó Bloomfield al citar mi *Orion* en su intervención en el decimoctavo aniversario de la *John Hopkins University*: «Ni el lenguaje ni la literatura de los Vedas son tan primitivos como para que debamos situarlos en el origen de la cultura aria, este origen debe remontarse con toda probabilidad y con toda la prudencia necesaria, varios milenios atrás y esto es por lo que es ocioso señalar que finalmente se comprobará que este telón, que parece ocultar el horizonte en el 4500 a. C., no es más que un tenue velo». Yo mismo he sostenido ese mismo punto de vista y durante los últimos diez años he ocupado gran parte de mi tiempo libre en la búsqueda de evidencias que permitieran levantar el velo al misterio y que nos proporcionase un amplio panorama de la Antigüedad aria. A medida que trabajaba en mi precedente *Orion* a la luz de las recientes investigaciones en el campo de la Geología y la Arqueología, fui variando gradualmente mi línea de investigación y finalmente, la gran cantidad de evidencias védicas y avésticas que fui acumulando lentamente me forzó a concluir que los ancestros de los *Ṛishis* védicos vivieron en un hogar en el Ártico en el período interglacial.

Esto es lo que narro de forma detallada en este libro y, por tanto, no es preciso repetirlo aquí. Desearía, no obstante, aprovechar esta oportunidad para reconocer, con todo mi agradecimiento, la generosa simpatía mostrada en momentos críticos por el venerable y erudito profesor Max Müller, cuyo reciente fallecimiento ha sido sentido como una pérdida personal por sus numerosos admiradores en toda la India. No es este tampoco el lugar indicado para debatir acerca de la política seguida por el Gobierno de Bombay en 1897, baste decir que con motivo de aminorar la tensión social provocada por el hambre y las epidemias, el Gobierno de la época juzgó oportuno procesar algunos diarios vernáculos, y entre ellos de forma destacada el *Kesari* por mí editado, debido a la publicación de textos que se consideraron sediciosos, como consecuencia de lo cual fui encarcelado dieciocho meses. Pero los presos políticos en la India no gozan de un mejor trato que los convictos comunes y de no haber sido por el interés mostrado por Max Müller, quien solo me conocía por ser el autor de *Orion*, así como de otros amigos se me habría privado del placer –en esos momentos el único placer– de poder continuar mis estudios durante esos sombríos días. Max Müller fue muy amable al enviarme un texto del *Ṛig Veda* y el Gobierno se vio obligado a permitirme tanto el uso de esa como de otras obras y a procurarme incluso algo de luz para leer unas pocas horas durante la noche. Algunos de los pasajes del *Ṛig Veda* citados en apoyo de la teoría ártica fueron recopilados durante ese período de placer y ocio, tal y como puedo definir esa época. Gracias esencialmente a los esfuerzos del profesor Max Müller, respaldado por el conjunto de la prensa india, fui liberado doce meses después; y en la primera carta que escribí al profesor tras mi excarcelación, le mostré sinceramente mi agradecimiento por su dedicación desinteresada, adjuntándole un breve resumen de mi nueva teoría sobre el origen de los arios según las pruebas aportadas por los textos védicos. No podía esperarse, por supuesto, que un estudioso que ha trabajado toda su vida siguiendo una perspectiva diferente aceptase este nuevo planteamiento sin más, máxime leyendo únicamente un bosquejo de la teoría. No obstante, resultó muy alentador oírle decir que a pesar de que las interpretaciones de pasajes védicos que yo proponía fuesen probables, mi teoría entraba en contradicción con una serie de hechos geológicos establecidos. Así que en mi posterior contestación le manifesté que había examinado la cuestión en ese punto y esperaba exponerle en breve todas las evidencias que sustentaban mis afirmaciones. Pero, desafortunadamente, me he visto privado de ese placer a causa de su profundamente sentido fallecimiento que se produjo poco después.

El primer manuscrito del libro se terminó a fines de 1898 y desde entonces he tenido ocasión de discutir sobre él con numerosos estudiosos en Madrás, Calcuta, Lahore, Benarés y algunos otros lugares durante mis viajes a diferentes regiones de la India. No obstante, mantuve durante mucho tiempo dudas sobre la publicación del libro (aunque la demora también se debió a otros motivos), a causa de que la investigación, por la propia naturaleza de lo tratado, se ramificó hacia diferentes campos, tales como Geología, Arqueología, mitología comparada, etc., y como soy lego en estas materias, sentía ciertos reparos hacia mi comprensión e interpretación de las recientes investigaciones de esas ciencias. Esta dificultad está muy bien descrita por Max Müller en su artículo: «*Prehistoric Antiquites of Indo-Europeans*» publicado en el volumen *Last Essays*: «La creciente división y subdivisión –observa el erudito profesor– de prácticamente todo el conocimiento humano en ramas de estudio especializado hace al especialista, le guste o no, y más dependiente del juicio y la ayuda de sus compañeros. En nuestros días, un geólogo tiene que afrontar cuestiones que concernirían a un minerólogo, a un químico, a un arqueólogo, a un filólogo e incluso a un astrónomo, y al ser la vida de todos ellos demasiado corta, nada le impide apelar a sus colegas en busca de consejo y ayuda. Esta es una de las grandes ventajas de la vida universitaria. Quien tiene algún problema relacionado con alguna cuestión que rebasa su disciplina puede acceder a la mejor información de sus colegas y, así, muchos de los más felices planteamientos y las más brillantes soluciones de problemas complicados se debieron, como bien sabemos, a este intercambio, a este científico dar y recibir en nuestros centros académicos» y prosigue «en tanto que un estudiante no pueda solicitar ayuda a especialistas sobre todas estas materias, solo podrá hacer descubrimientos llamativos que se vendrán abajo al primer examen de un especialista, no pudiendo más que pasar por encima de hechos importantes. El público, en general, no es consciente de los beneficios que se derivan del libre y desinteresado intercambio de ideas que se lleva a cabo particularmente en nuestras universidades, donde todo el mundo puede beneficiarse del asesoramiento y la ayuda de sus colegas, tanto si estos provienen de teorías insostenibles como si llaman la atención sobre libros o artículos donde el tema sobre el que se está interesado ya ha sido exhaustivamente tratado y establecido en sus definitivos términos para siempre». Pero, lamentablemente, nosotros no nos movemos en una atmósfera como la descrita y resulta ciertamente sorprendente encontrar estudiantes indios cuyas inquietudes vayan más allá de aprobar los exámenes. No hay ninguna institución en India, a pesar de la comisión universitaria, de la que quepa esperar que sea lo suficientemente amplia para permitir acceder a información sobre cualquier materia, de una manera tan sencilla como lo es en las instituciones de enseñanza de Occidente. Y en esta situación de precariedad el único camino que le queda a quien esté empeñado en la investigación de una materia es, en palabras del mismo profesor «salir temerariamente de sus dominios particulares y comenzar un estudio personal en los campos de sus vecinos», asumiendo el riesgo de ser calificado de «entrometido, ignorante o de mero diletante», pues «sean los que fueren los problemas a los que tenga que enfrentarse, el objeto de estudio se beneficiará con indudable seguridad».

Trabajando con este tipo de dificultades no se puede menos que sentir una íntima satisfacción cuando hojeando el primer volumen de la décima edición de la *Enciclopedia Británica*, que he recibido recientemente, leí que el profesor Geikie, en su artículo sobre Geología asume el mismo sistema de cálculo que el doctor Croll, tal y como se recoge en el resumen del segundo capítulo de nuestra obra. Tras exponer que la teoría de Croll no tuvo demasiado crédito entre físicos y astrónomos, el eminente geólogo afirma que más recientemente (1895) fue objeto de un examen crítico por parte de E. P. Culverell, quien la consideró «una vaga especulación revéstida de una engañosa fachada de exactitud numérica, pero que no encuentra base en hechos físicos y está construida a base de elementos que no encajan los unos con los otros». Si los cálculos de Croll son expuestos de este modo nada nos impide aceptar las tesis de los geólogos americanos según las cuales el comienzo del período postglacial no puede situarse en fechas anteriores al 8000 a. C.

Ya se ha sostenido más arriba que el inicio de la civilización aria debe retrotraerse varios milenios con relación al período védico más antiguo, de modo que si el comienzo del postglacial debe remontarse al 8000 a. C. nada hay de sorprendente en el hecho de que los datos acerca de la vida aria primitiva se remonten más allá del l 4500 a. C., la fecha, ya citada, del período védico más arcaico. De hecho, este es el principal punto que tratamos de establecer en esta obra. Existen numerosos pasajes del *Ṛig Veda* que, considerados hasta ahora demasiado oscuros e inteligibles, muestran de forma clara, a la luz de las recientes investigaciones científicas, los atributos polares de las deidades védicas o los rastros de un arcaico calendario polar; por su parte, el *Avesta* afirma explícitamente que la tierra de la felicidad, el *Aryana Vâejo*, o paraíso ario, se localizaría en una región donde el sol brillaba una vez al año y que fue destruido por una invasión de hielo y nieve que obligó a realizar una migración hacia el sur. Esto son simple y llanamente relatos, pero cuando se ponen en relación con nuestros conocimientos sobre los períodos glacial y postglacial, conseguidos gracias a las investigaciones geológicas más recientes, es inevitable llegar a la conclusión de que el hogar ario primigenio fue ártico e interglacial. A menudo me he preguntado por qué ha permanecido oculto durante tanto tiempo el verdadero significado de estos textos y puedo asegurar que no me atreví a publicar este volumen hasta el momento en que no estuve completamente convencido de que mis descubrimientos estaban firmemente asentados en los hechos comprobados por las más recientes investigaciones científicas relativas a las razas humanas y al planeta en que estas habitan. Algunos estudiosos del avéstico solo rozaron la verdad simplemente a causa de que hace cuarenta o cincuenta años eran incapaces de entender cómo el hogar «feliz» podría localizarse en las regiones cubiertas de hielo cercanas al Polo Norte. El avance de las ciencias geológicas en la segunda mitad de la pasada centuria nos ha permitido resolver este problema mediante la constatación de que el clima en el Polo durante la época interglacial fue de carácter templado y, por tanto, permitía la vida humana. No hay, pues, nada de extraordinario si podemos descubrir el significado real de esos pasajes de los *Vedas* y el *Avesta*. Es cierto que, si quedase definitivamente probada la teoría del origen ártico e interglacial de los arios, numerosos capítulos de exégesis védicos, mitología comparada e historia aria primitiva deberían ser revisados o reescritos, por lo que en el último capítulo de esta obra se tratan importantes cuestiones que se verán afectadas por esta nueva teoría. No obstante, y como señalo al final del libro, consideraciones de esta especie, útiles pese a todo, deben movernos a precaución en nuestras investigaciones e impedirnos aceptar los resultados de cualquier trabajo que no haya sido realizado siguiendo patrones estrictamente científicos. Reconozco que resulta duro abandonar teorías sobre las que uno ha trabajado toda su vida, pero, tal y como ha afirmado Andrew Lang, hay que tener siempre presente que «nuestros pequeños sistemas tienen sus días e incluso sus horas contados: según avanza el conocimiento pasan a ser parte de la historia de los esfuerzos de los pioneros».

No es la teoría del hogar ártico tan nueva ni original como pudiera parecer en un primer momento. Algunos científicos han sostenido ya que el hogar original del hombre debería hallarse en las regiones árticas. El doctor Warren, rector de la Universidad de Boston, me precedió hasta cierto punto en su documentada y sugestiva obra *Paradise Found or the Cradle of the Human Race at the North Pole*, cuya décima edición fue publicada en Norteamérica en 1893. Igualmente, en base a argumentaciones estrictamente filológicas se ha abandonado la teoría de un hogar originario ario en Asia central en favor de Escandinavia o el norte de Alemania; mientras que el profesor Rhys sugiere en su *Hibbert lectures on celtic heathendom* «... algún lugar en el interior del círculo polar ártico», partiendo de consideraciones puramente mitológicas. Por mi parte, voy un paso más allá al demostrar que esta teoría, en lo que concierne al origen geográfico de los arios, se ve completamente corroborada por las tradiciones védica y avéstica y, lo que es todavía más importante, las últimas investigaciones científicas no solamente confirman la descripción avéstica de la destrucción del paraíso ario, sino que están en condiciones de situar su existencia en tiempos anteriores de la época glacial. Las evidencias con las que cuento las aporto en las siguientes páginas y aunque el tema se presenta por primera vez de este modo ante los especialistas en los *Vedas* y el *Avesta*, confío en que mis críticos no me prejuzguen y construyan sus críticas en base, no en tal o cual pasaje o en una y otra argumentación particular, que consideradas individualmente no pueden resultar concluyentes, sino en su totalidad y en el conjunto de las pruebas que se reúnen y aportan en la obra.

Para terminar, quisiera expresar mi agradecimiento a mi entrañable amigo, y antiguo profesor, S. G. Sinsivâle, quien revisó cuidadosamente el manuscrito a excepción del último capítulo, escrito posteriormente, y verificó todas las referencias, corrigiendo algunas inexactitudes y planteando valiosas sugerencias. Debo igualmente agradecer la ayuda prestada por el doctor Râmakrishna Gopal Bhândârkar y Khan Bahâdur, doctor Dastur Hoshang Jamâspji, sumo sacerdote de los parsis del Deccan cada vez que tuve ocasión de solicitársela. En realidad, me habría resultado imposible una crítica cabal de los pasajes avésticos sin la colaboración del erudito sumo sacerdote y su atento Dastur Kaikobâd. De igual forma, estoy en deuda con el profesor M. Rangâchärya de Madrás, con quien tuve ocasión de discutir la hipótesis, por sus numerosas sugerencias críticas. También agradezco a Shriniva Iyengar, del alto tribunal de Madrás, por la traducción del ensayo de Lignana, a G. R. Gogte por preparar el manuscrito para su impresión y a mi amigo K. G. Oka, quien me ayudó a leer las pruebas.

Gracias también a los directores de *Ânandâsharma* y el Fergusson College por permitirme el acceso sin restricción a sus bibliotecas y al director del *Ârya-Bushana Press* por el esmero en la impresión de este libro. No es necesario añadir que soy el único responsable de las opiniones expuestas en el libro. Cuando publiqué *Orion* no pensé que podría llevar hasta este punto mi investigación sobre la antigüedad de los *Vedas*, pero ha sido voluntad de la Providencia concederme fortaleza ante los problemas y dificultades para realizar esta obra y, en su homenaje, con toda humildad concluyo con las palabras de la fórmula consagratoria:

Om tat sat Brahma parnamastu[*]

[*] «Todo lo que hay aquí está dedicado a Brahma».

CAPÍTULO I

LA ÉPOCA PREHISTÓRICA

El período histórico – Precedido por mitos y tradiciones – La ciencia de la mitología – El impulso de la filología comparada – La unidad de las razas y los lenguajes arios – El sistema de interpretación de mitos y la teoría del origen asiático – Recientes descubrimientos en Arqueología y Geología – Necesidad de revisión de las teorías anteriores – Los Vedas resultan todavía parcialmente ininteligibles – Nuevas claves para su interpretación a partir de descubrimientos recientes – Las Edades del Hierro, Bronce y Piedra – Representan diferentes momentos de civilización durante los tiempos prehistóricos – Las Edades no son necesariamente sincrónicas en los diferentes países – Distinción entre Neolítico y Paleolítico o Nueva y Antigua Edad de Piedra – Las eras y los períodos geológicos – Su correlación con las tres Edades de Hierro, Bronce y Piedra – La época paleolítica probablemente interglacial – El hombre durante las Eras Cuaternaria y Terciaria – Datación de la Era Neolítica – 5000 a. C. desde los asentamientos lacustres – Las turberas de Dinamarca – Las Edades del Haya, Roble, y del Abeto – Datación del Paleolítico o el comienzo de la época postglacial – Diferentes estimaciones de los geólogos europeos y americanos – Depósitos fósiles recientes en Siberia – Las estimaciones americanas – Las razas neolíticas – Dolicocéfalos y braquicéfalos – Las razas europeas actuales – Controversia sobre cuál representa la de los primeros arios en Europa – Diferentes opiniones de autores alemanes y franceses – Condiciones sociales de las razas neolíticas y de los primeros arios – La opinión del Dr. Schraeder – La raza aria neolítica en Europa no puede considerarse autóctona – No desciende del hombre paleolítico – La cuestión del origen geográfico de los arios no está todavía resuelta.

Al remontarnos hacia el pasado de cualquier nación acabamos por llegar a un período de mitos y tradiciones que gradualmente nos sumergen en una oscuridad impenetrable. En algunos casos, como en Grecia, el período histórico puede retrotraerse un milenio a. C., mientras que, en caso de Egipto, los últimos documentos exhumados de tumbas y monumentos alejan su historia hasta los cinco mil años antes de nuestra era. Pero en ambos casos, el período histórico, el límite más antiguo que podríamos alcanzar, 5000 o 6000 a. C., se halla precedido por un período de mitos y tradiciones; de modo que al constituir estos el único material utilizable para el estudio del hombre prehistórico hasta la mitad del siglo xix, se realizaron diferentes tentativas de sistematización de tales mitos, tratando de explicarlos de modo racional con el fin de que arrojasen luz sobre la primigenia historia del hombre, pero como ha sido señalado por el profesor Max Müller: «Todos los especialistas libres de prejuicios sostienen que ninguno de esos sistemas de interpretación resulta completamente satisfactorio». «El principal impulso para un nuevo planteamiento del problema mitológico -observa el mismo erudito profesor- lo aporta la filología comparada». Gracias al descubrimiento de la antigua lengua y de los libros sagrados de la antigua India, un descubrimiento que el profesor Max Müller compara con el descubrimiento del Nuevo Mundo, y gracias al descubrimiento de la íntima relación entre la lengua sánscrita y el zendo, por un lado, y las lenguas de las principales razas de Europa, por el otro, se ha producido una profunda revolución en las concepciones comúnmente aceptadas acerca de la historia antigua del mundo[1]. Se descubrió que las lenguas de las principales naciones europeas (tanto antiguas como modernas) guardaban un fuerte parecido con los lenguajes hablados por los brahmanes y los seguidores de Zoroastro; de esta afinidad de las lenguas indoeuropeas siguió, inevitablemente, la conclusión de que todas esas lenguas debían ser ramas o dialectos de una única lengua primitiva y la asunción de la realidad de una lengua primitiva implicó la existencia de un pueblo ario primordial. El estudio de la literatura védica y del sánscrito clásico por los especialistas occidentales transformó gradualmente sus ideas sobre la historia y la cultura del hombre durante los tiempos arcaicos. El Dr. Schraeder en su obra *Prehistoric Antiquites of the Âryan Peoples* ofrece un resumen exhaustivo de las conclusiones alcanzadas siguiendo los métodos de la filología comparada relativos a la cultura primitiva del pueblo ario, libro de obligada lectura para todos aquellos que deseen profundizar en este tema. Para nuestros fines particulares bastará señalar que los especialistas en mitología y filología comparada fueron los únicos en trabajar en este campo hasta que las investigaciones

[1] Véase, *Lectures on the Science of Language*, vol. II, pp. 445-46.

de la segunda mitad del siglo xix pusieron a nuestra disposición nuevos materiales para el estudio del hombre, no solamente en los tiempos prehistóricos, sino en épocas mucho más remotas.

Los mitólogos centraron sus investigaciones en una época que se suponía postglacial y en la que se pensaba que el medio ambiente físico y geográfico del hombre era esencialmente iguales al actual. Todos los mitos arcaicos fueron interpretados asumiendo el hecho de que habían sido creados y se habían desarrollado en países cuyas condiciones climáticas y de otro tipo variaban muy poco de las conocidas por nosotros. Así, muchos mitos o leyendas védicos se explicaron en función de teorías naturalistas de tormenta o del crepúsculo, aun siendo evidente que en ciertos casos estas interpretaciones no resultaban en absoluto satisfactorias. Indra era simplemente un dios de la tempestad y Vṛitra, el demonio de la sequía o de la oscuridad, sugerido por la diaria puesta de sol. Este sistema interpretativo fue desarrollado en primer lugar por los etimólogos indios, siendo posteriormente perfeccionado por los especialistas occidentales de modo que ha llegado hasta nosotros sin sufrir cambios esenciales. Igualmente, era una opinión generalizada la necesidad de buscar el origen de la raza aria en algún lugar del Asia central y que los himnos védicos, compuestos con posterioridad a la separación de los arios-indios del grupo originario, contenían únicamente las ideas de la rama de la raza aria que vivía en la zona tropical. Las investigaciones científicas de la segunda mitad del siglo xix supusieron, no obstante, un duro golpe para esas teorías. A partir de cientos de utensilios de piedra y bronce hallados en diferentes yacimientos europeos, los arqueólogos han podido establecer la secuencia cronológica de las Edades de Hierro, Bronce y Piedra que preceden a la propiamente histórica. Pero el suceso de mayor relieve acaecido en esa segunda mitad del xix relacionado con nuestro trabajo fue el descubrimiento de evidencias que probaban la existencia de un período glacial al final del Cuaternario, así como la gran antigüedad del hombre, habiendo quedado establecido que vivió no solo durante la Era Cuaternaria, sino también durante la Era Terciaria, cuando las condiciones climáticas del globo fueron bastante diferentes a las de nuestro actual período postglacial. Los restos humanos y animales hallados en los estratos neolíticos y paleolíticos aportan nueva luz sobre las razas que habitaban los países donde esos restos fueron encontrados. Pronto se hizo evidente que el telescopio temporal utilizado por los mitólogos requería un ajuste a una mayor escala y que los resultados a los que se había llegado previamente mediante el estudio de mitos y leyendas debían ser contrastados con los nuevos hechos sacados a la luz por los recientes descubrimientos científicos. Los filólogos se mostraron ahora más cautelosos a la hora de formular sus teorías y algunos pronto asumieron la importancia de la argumentación aportada por esos descubrimientos. Los trabajos de los especialistas alemanes, como Posche y Penka, impugnaron duramente la teoría del origen asiático de la raza aria y actualmente se acepta por lo general que hay que buscar el hogar primordial en algún lugar en el más lejano norte. Canon Taylor en su *Origin of the Âryans* ha resumido el trabajo llevado a cabo en esta dirección durante los últimos años: «fue este un trabajo en su mayor parte de destrucción», y concluye su obra observando que «felizmente la tiranía de los sanscritistas ha pasado y ha quedado demostrado que las precipitadas deducciones filológicas requieren ser verificadas sistemáticamente por las conclusiones de la Arqueología prehistórica, la Craneología, la Antropología, la Geología y el sentido común». Si no se hubiera hecho esta observación, habría dado la impresión de que su libro despreciaba innecesariamente los trabajos de los mitólogos y de los especialistas en filología comparada.

En cualquier campo del conocimiento humano, las viejas conclusiones deben ser continuamente revisadas a la luz de los nuevos descubrimientos. Por esta razón, jamás se debería criticar a aquellos que trabajaron en el mismo campo con materiales escasos e insuficientes.

Pero mientras que las conclusiones de filólogos y mitólogos deben revisarse continuamente, queda por hacer un trabajo igualmente importante. Ya se dijo con anterioridad que el descubrimiento de la literatura védica supuso un fuerte impulso para el estudio de los mitos y las leyendas. Pero los mismos *Veda*, que constituyen los documentos más antiguos de la raza aria, han sido deficientemente comprendidos hasta ahora. Ya en la época de los *Brâhmaṇas*, varios siglos a. C., se consideraron ininteligibles, y si no hubiera sido por el trabajo de gramáticos y etimólogos indios habrían quedado como libros herméticos hasta hoy. Los especialistas occidentales han desarrollado en cierta medida los sistemas de interpretación indios con la ayuda de los datos obtenidos por la mitología y la filología comparada. Pero ningún análisis etimológico o filológico puede permitirnos una comprensión absoluta de un pasaje que contenga ideas o sentimientos extraños a nuestro universo. Esta es una de las principales dificultades de la interpretación védica. Las teorías naturalistas podrían ayudarnos a la interpretación de algunas leyendas de estos antiguos libros. Pero hay pasajes que, a pesar de su aparente simplicidad, resultan prácticamente ininteligibles por medio de ninguna de esas hipótesis. En tales casos, los especialistas indios, como Sâyaṇa, se limitan a transcribir las palabras o recurren a distorsionar palabras y frases de modo que los pasajes tengan un sentido inteligible, mientras que los especialistas occidentales llegan a considerar esos textos corruptos o falsificados. En ambos casos, no obstante, el hecho innegable es que algunos textos védicos son por ahora ininteligibles, y, por tanto, intraducibles. Max Müller ha sido plenamente consciente de estas dificultades «una traducción del *Ṛig Veda* (afirma en su introducción a la traducción de textos védicos, en las *Sacred Books of the East Series*) es una tarea para el próximo siglo»[2]. La única obligación de los especialistas actuales es «*reducir las partes intraducibles al máximo*», como han hecho Yâska y otros especialistas indios. Pero los nuevos enfoques proporcionados por la investigación histórica referentes a la historia y la cultura humanas en los tiempos primitivos nos permiten esperar encontrar nuevas claves de interpretación de los pasajes y mitos védicos, los cuales han preservado las más arcaicas creencias de la raza aria. Si el hombre existió antes del período glacial y presenció los gigantescos cambios producidos por la glaciación, no resultaría descabellado esperar que se encuentren referencias, lejanas y ocultas, en las más arcaicas creencias y recuerdos de la humanidad. El doctor Warren en su interesante y sugerente obra *The Paradise Found or the Cradle of the Human Race at the North Pole*, ha tratado de interpretar antiguos mitos y leyendas a la luz de los recientes descubrimientos científicos, llegando a la conclusión de que el origen geográfico de «toda la humanidad» debe buscarse en regiones cercanas al Polo Norte. Los objetivos de esta obra no son tan amplios. He pretendido centrarme exclusivamente en la literatura védica y demostrar que la lectura de diferentes pasajes de estos textos, que hasta la fecha se habían considerado incomprensibles, a la luz de los nuevos descubrimientos científicos nos obliga a concluir que el origen geográfico de los ancestros del pueblo védico estuvo en algún lugar cercano al Polo Norte con anterioridad a la época glacial. La tarea no es sencilla, considerando el hecho de que los pasajes védicos sobre los que he trabajado han sido hasta ahora ignorados, mal explicados o erróneamente interpretados, tanto por especialistas indios como europeos. Pero tengo la esperanza de demostrar que esas interpretaciones, a pesar de haber sido provisionalmente aceptadas, no son satisfactorias y que los nuevos descubrimientos en el terreno de la Arqueología y de la Geología nos proporcionan la clave correcta para la interpretación de dichos fragmentos. Así, si algunas de las conclusiones de los mitólogos y de los filólogos resultan refutadas por tales descubrimientos, estos nos habrán rendido un mayor servicio al suministrar una herramienta interpretativa mejor para comprender las leyendas arias más antiguas, pudiendo utilizar los resultados obtenidos de este modo para iluminar con mayor intensidad la historia primitiva de la raza aria y, así, modificar las conclusiones alcanzadas por arqueólogos y geólogos.

Antes de proceder a discutir los textos védicos que señalan un origen polar, es necesario exponer brevemente los resultados de la reciente

---

[2] Véase *S.B.E. Series*, vol. XXXII, p. XI.

investigación arqueológica, geológica y paleontológica. Mi resumen necesariamente debe ser muy breve, puesto que mi propósito es solo señalar aquellos hechos que tiendan a apoyar mis tesis, para lo que he utilizado profusamente los trabajos de reconocidos autores como Lyell, Geikie, Evans, Lubbock, Croll, Taylor, etc. He utilizado, igualmente, el excelente resumen de los últimos resultados de estos investigadores realizado por Samuel Laing titulado *Human Origins*, además de otras obras. La creencia de que el origen del hombre es cronológicamente postglacial y que las regiones polares jamás estuvieron en condiciones de albergar vida humana todavía tiene sus partidarios, para los cuales cualquier teoría relativa al origen polar de la raza aria debe resultar *a priori* imposible. Por tanto, es preferible comenzar con una exposición, si bien sumaria, de las últimas conclusiones científicas sobre estos temas.

Las razas humanas de los períodos más arcaicos han dejado numerosas evidencias de su existencia sobre la superficie del globo. Pero a diferencia de los documentos del período histórico, estos restos no consisten en pirámides o tumbas imponentes, en inscripciones o documentos, son, por el contrario, de naturaleza mucho más humilde y consisten en cientos y miles de instrumentos de piedra y de metal, recientemente recuperados de los viejos campamentos, fortificaciones, montículos funerarios (*tumuli*), templos, asentamientos lacustres, etc. En manos de los arqueólogos estos útiles han llegado a producir los mismos resultados que los jeroglíficos en manos de los egiptólogos. Estos utensilios arcaicos de piedra y metal no eran desconocidos, pero no habían llamado la atención de los hombres de ciencia hasta que hace poco, cuando los campesinos de Asia y Europa encontrándolos en sus campos apenas podían hacer mejor uso de ellos que considerarlos como piedras del rayo o dardos del cielo. Pero actualmente, tras un exhaustivo estudio la Arqueología ha podido determinar su pertenencia a las Edades de Piedra (incluyendo asta, madera o hueso), de Bronce o de Hierro que representan tres estadios de civilización en el marco del progreso humano durante los tiempos prehistóricos. Estos útiles confeccionados con piedra, hueso o madera, tales como raederas, buriles, puntas de flecha, hachas, puñales, etc., se utilizaron mientras fue desconocido el metal y fueron paulatinamente sustituidos, primero por los elaborados en bronce y posteriormente por los de hierro, una vez el hombre arcaico descubrió esos metales. Esto no debe hacer pensar que esos tres períodos estaban netamente diferenciados. En realidad, representan una clasificación aproximativa, siendo el paso de un período a otro lento y gradual. Los utensilios de piedra han continuado siendo utilizados durante mucho tiempo después de que se conociera el bronce y lo mismo ocurrió en el proceso de cambio de la Edad de Bronce a la de Hierro. Por otro lado, la Edad de Bronce, material que está formado por una aleación de cobre y estaño en unas determinadas proporciones, implica una Edad del Cobre anterior, pero todavía no se han encontrado suficientes evidencias que nos permitan hablar de edades de cobre, de estaño y, por tanto, se considera probable que el arte de la fabricación del bronce no fuese inventado en Europa, sino que se introdujese desde otros lugares por medio del comercio o fuese traído por la raza indoeuropea desde sus antiguas sedes[3]. Otro hecho que es preciso mencionar en relación con estas Edades es que la Edad de Piedra o del Bronce en un país no tiene por qué corresponderse cronológicamente con la misma Edad en otro país. Así, encontramos un alto grado de civilización en Egipto alrededor del 6000 a. C., mientras los habitantes de Europa estaban en los primeros estadios de la Edad de Piedra. Igualmente, Grecia alcanzó la Edad del Hierro mientras la península italiana se mantenía en la Edad del Bronce y la Europa occidental en la Edad de Piedra. Esto muestra que el progreso de la civilización sigue un ritmo diferente según las zonas, variando según las condiciones locales de cada una. Generalizando, podríamos afirmar que los tres períodos de Piedra, Bronce y Hierro deben considerarse como tres estadios de civilización anteriores al período histórico.

De estos tres estadios, el más antiguo, es decir, el de la Piedra, se subdivide en Paleolítico y Neolítico o antigua y reciente Edad de Piedra. La distinción se basa en el hecho de que los útiles paleolíticos tienen un acabado más rudimentario, no estando jamás pulimentados como los neolíticos. Otra característica paleolítica es su inmensa antigüedad en comparación al Neolítico, no encontrándose prácticamente nunca útiles de ambos períodos en un mismo lugar. La tercera distinción consiste en que los restos del hombre paleolítico se encuentran asociados a restos de grandes mamíferos, tales como el oso de las cavernas, el mamut y los rinocerontes lanudos, que se extinguieron local o totalmente antes de la aparición en escena del hombre neolítico. Resumiendo, se produce una especie de hiato o ruptura entre el hombre neolítico y paleolítico que exige una clasificación y un tratamiento por separado de cada uno. Debería, igualmente, hacerse notar que las condiciones climáticas y la distribución de los continentes durante el Paleolítico difieren de las posteriores durante el Neolítico, mientras que desde los inicios de este hasta la actualidad se han mantenido prácticamente inalteradas.

Para entender la relación de esos tres períodos culturales con los períodos geológicos en los que se divide la historia del planeta es necesario considerar brevemente la clasificación geológica. La Geología toma la historia de la Tierra justo en el punto en el que la Arqueología la abandona y la remonta hasta los tiempos más pretéritos. Su clasificación, se basa

---

[3] Lubbock, *Prehistoric times*, 1890, pp. 4 y 64.

sobre el examen del conjunto completo de materiales estratificados, no solo de meros restos hallados sobre la superficie. Estas rocas estratificadas han sido divididas en cinco clases principales de acuerdo con los fósiles presentes en cada una y representan cinco períodos diferentes de la historia y de nuestro planeta. Al igual que los períodos históricos arriba mencionados, estas eras geológicas no pueden separarse rígidamente unas de otras, pero consideradas en su conjunto pueden distinguirse con facilidad por sus restos fósiles característicos. Cada una de esas eras se encuentra dividida en cierto número de períodos. El orden de Eras y Períodos, comenzando por el más reciente es el siguiente:

Era Precámbrica o Eozoico: Gneiss fundamental.
Era Primaria o Paleozoico:
    Períodos: Cámbrico, Ordoviciano, Silúrico, Devónico, Carbonífero y Pérmico.
Era Secundaria:
    Períodos: Triásico, Jurásico y Cretácico.
Era Terciaria:
    Períodos: Eoceno, Oligoceno, Mioceno y Plioceno.
Era Cuaternaria:
    Períodos: Pleistoceno (Glacial) y Holoceno (Postglacial).

Tal y como muestra el cuadro, las rocas más arcaicas conocidas hasta el presente pertenecen a la Era Precámbrica o Eozoica. Seguidamente, y por orden cronológico, las rocas primarias o paleozoicas, las secundarias o mesozoicas, las terciarias o cenozoicas y, por último, las cuaternarias. La Era Cuaternaria, la única concerniente a este trabajo, se divide en Pleistoceno o período glacial y en Holoceno o período postglacial. El fin del primero y el comienzo del segundo viene señalado por la última glaciación, o Edad de Hielo, durante la cual la mayor parte de Europa del norte y la América septentrional estuvo cubierta por una capa de hielo cuyo grosor superaba los centenares de metros. Las Edades de Hierro, de Bronce y el Neolítico se desarrollaron durante el postglacial u Holoceno, mientras que se considera que el Paleolítico transcurrió durante el Pleistoceno, aunque algunos restos paleolíticos son postglaciales, lo que vendría a demostrar que el hombre paleolítico habría sobrevivido algún tiempo a la glaciación. Las últimas investigaciones y descubrimientos nos permiten retrotraer la aparición del hombre sobre la Tierra hasta el punto de poder afirmar que el hombre existió durante el Terciario. Pero, en cualquier caso, existen pruebas abrumadoras que evidencian de modo incontestable la existencia del hombre a lo largo de la era cuaternaria, incluso antes del último período glacial.

Varias han sido las tentativas de determinar el comienzo cronológico del Neolítico, pero en ningún caso la más antigua se remonta más allá del 3000 a. C., época en la que florecieron Imperios en Egipto y Caldea. Estas estimaciones se basan en los lechos de limo acumulados en algunos de los más pequeños lagos de Suiza que datan de los asentamientos lacustres neolíticos. Las turberas danesas permiten, igualmente, otra evaluación del comienzo del Neolítico en ese país. Dichas turberas se formaron en los valles de formación glacial en los cuales cayeron árboles que se convirtieron gradualmente en turba. En ellas se pueden distinguir tres períodos sucesivos de vegetación: el superior de hayas, el intermedio de robles, y el inferior de abetos. Estos cambios en la vegetación se atribuyen a lentas transformaciones en la climatología y los útiles encontrados en esos lechos muestran que la Edad de Piedra se correspondería principalmente con la época de abetos y parte de roble, mientras que la Edad de Bronce se corresponde en general con el período de roble, la Edad del Hierro lo haría con la del haya. Se ha calculado que se requieren alrededor de 16.000 años para la formación de esas turberas de modo que de acuerdo con esas estimaciones deberíamos situar el comienzo del Neolítico en Dinamarca hace 10.000 años. Pero esas estimaciones no son más que meras aproximaciones, por lo que, hablando de modo general deberíamos considerar la fecha de comienzos del Neolítico alrededor del 5000 a. C.

Pero cuando pasamos del Neolítico al Paleolítico las dificultades que encontramos para averiguar los comienzos de este período son mucho mayores. De hecho, debemos averiguar la fecha del comienzo del período postglacial. El hombre paleolítico debió ocupar partes de la Europa occidental poco antes de la desaparición de la glaciación y en este sentido Geikie considera que hay razones para identificarlo como interglacial. El período glacial se caracterizó por una serie de cambios climáticos y geológicos a gran escala. Estos cambios y las teorías concernientes a la causa o las causas de la glaciación se expondrán brevemente en el capítulo siguiente. Por el momento nos limitaremos a la cuestión del comienzo del período postglacial. Existen dos puntos de vista diferentes. Los geólogos europeos mantienen que el comienzo del período postglacial estuvo caracterizado por grandes movimientos de elevación y de depresión que tuvieron que desarrollarse muy lentamente, de modo que el comienzo del período postglacial no puede considerarse posterior a 50000 o 60000 años. Por otro lado, numerosos geólogos norteamericanos sostienen que el fin del período glacial debió tener lugar mucho más tarde en una fecha más reciente. Llegan a esta conclusión a partir de las diferentes estimaciones del tiempo requerido para la erosión de los valles y la acumulación de depósitos desde la glaciación. Así, siguiendo a Gilbert, la lengua de tierra del Niágara ha debido ser excavada en unos 7000 años[4] si tenemos en cuenta la actual velocidad de erosión. Otros geólogos americanos han llegado a conclusiones similares tras el estudio de diferentes lugares, sosteniendo que no han podido transcurrir más de 8000 años desde el fin de la última glaciación, esta datación concuerda de modo satisfactorio con las fechas aproximadas a las que se ha llegado a partir de los depósitos de limo de los lagos suizos. Pero las diferencias con las estimaciones de los geólogos europeos son manifiestas. En la actualidad resulta difícil decidir qué datación es la correcta atendiendo al estado actual de nuestros conocimientos. Probablemente la glaciación y el período postglacial, no habrían comenzado ni finalizado en el mismo momento en diferentes lugares debido a diversas circunstancias locales, de igual manera que las Edades de Piedra o Bronce no fueron sincrónicas en los diferentes países. Geikie no acepta los cálculos americanos, pues son incompatibles con la antigüedad de la civilización egipcia. Pero si no se han encontrado todavía restos de glaciación en África esta objeción pierde su consistencia, mientras que la argumentación del punto de vista americano se mantiene en todo su valor.

Hay otras razones que confirman este punto de vista. Todas las evidencias referentes a la existencia de la glaciación provienen del norte de Europa y de América, pero no se han encontrado todavía en el norte de Asia ni en Alaska. Por el contrario, cabe suponer que el norte de Asia gozó durante la Antigüedad de un clima agradable. Tal y como Geikie ha observado «por todos los lados de esta vasta región se encuentran depósitos aluviales con restos de mamuts, de rinocerontes lanudos, de bisontes y de caballos» y «los fósiles están, por lo general, tan bien conservados que, en cierta ocasión, una carcasa de mamut fue descubierta en tan buen estado que los perros comieron de su carne»[5]. Estos hechos, junto a otros igualmente indiscutibles, indican claramente la existencia en Siberia de un clima apacible y agradable en aquella época que, a juzgar por la frescura de los restos fósiles, no puede ser más que unos milenios anteriores a nuestra época.

En el norte de África y en Siria encontramos igualmente regiones áridas con numerosos depósitos fluviales que se consideran indicadores de la existencia de estaciones lluviosas contemporáneas de la glaciación en Europa[6]. Si se establece esta contemporaneidad, las dataciones altas del comienzo del período postglacial en Europa deberían abandonarse.

En lo referente a las razas que habitaron Europa en aquella época, los restos humanos ponen de manifiesto que se trata de los ancestros direc-

---

[4] Véase Geikie, *Fragments of Earth Lore*, p. 286 y Bonney, *Story of our Planet*, p. 560.

[5] Geikie, *Great Ice Age*, 1.ª edición, p. 469 y Croll, *Climate and Cosmology*, p. 179.

[6] Geikie, *Fragments of Earth Lore*, p. 252.

tos de las razas que viven actualmente en Europa. La popular clasificación de las razas humanas en arias, semíticas, mongólicas, etc., está basada en principios lingüísticos, por lo que resulta evidente que geólogos y arqueólogos no pueden utilizar este sistema clasificatorio al enfrentarse al problema de las razas arcaicas, considerando que los restos susceptibles de ser estudiados no permiten inferir nada acerca del lenguaje utilizado por aquellas poblaciones. La forma y proporciones del cráneo se consideran, a su vez, como el principal elemento para la clasificación de las diferentes razas de las eras prehistóricas. Así, si la anchura de un cráneo supone las tres cuartas partes, es decir, el 75 %, o menos de su longitud, se considera dolicocéfalo o cráneo alargado; mientras que la anchura es superior al 83 %, el cráneo es braquicéfalo. Los tipos intermedios reciben la denominación de ortocefálicos o subdolicocéfalos o subraquicéfalos, de acuerdo con su aproximación a uno u otro de los tipos principales. Del examen de los diferentes cráneos encontrados en los lechos neolíticos se ha comprobado que había cuatro razas diferentes en Europa en aquella época, razas de las que descienden las europeas actuales. De esas razas, dos eran dolicocéfalas, una alta y otra baja, y dos braquicéfalas, igualmente divididas. Pero las lenguas arias son habladas actualmente en Europa por razas que muestran las características de esos cuatro tipos mencionados, no obstante, resulta evidente que solo una de esas cuatro razas arcaicas puede ser la verdadera raza aria. Alrededor de esta cuestión hay una fuerte controversia que enfrenta a autores alemanes, como Posche o Penka, con especialistas franceses, Chavee y M. de Mortillet. Los primeros afirman que la raza de alta estatura y cráneo dolicocéfalo, ancestros de los actuales alemanes sería la raza aria original, mientras que para los franceses esta sería braquicefálica, siendo los galos el tipo característico ario. Canon Taylor, por su parte, en su *Origin of the Âryans* se suma a la polémica observando que cuando dos razas entran en contacto, lo más probable es que la lengua del pueblo más culto prevalezca, de modo que, según dice «resulta más fácil suponer que los salvajes dolicocéfalos de las costas del mar Báltico adoptaran el lenguaje de sus vecinos braquicéfalos, los lituanos, que suponer con Penka que aquellos arianizaron en una época remota a hindúes, romanos y griegos»[7].

Otro método para determinar la raza de los arios primigenios consiste en comparar el grado de civilización alcanzado por los arios antes de la dispersión a través de la investigación de la paleontología lingüística con los niveles en los que se encontraban las cuatro razas durante el Neolítico, según los restos de que disponemos. Al igual que las del hombre paleolítico, las condiciones sociales del Neolítico europeo se nos muestran muy

[7] Taylor, *Origin of the Âryans*, p. 243

inferiores a las de los arios, de tal modo que el Dr. Schraeder las considera, sin ningún género de dudas, no indoeuropeas o preindoeuropeas. El hombre paleolítico utilizó hachas de piedra y agujas de hueso, y alcanzó cierta habilidad para la escultura y el dibujo como demuestran los numerosos perfiles de animales grabados sobre hueso, pero evidentemente desconocía la cerámica y el uso de los metales. Solamente a partir del Neolítico comenzamos a encontrar las primeras cerámicas en los hábitats lacustres de Suiza. Pero incluso los más antiguos de tales asentamientos parecen desconocer el uso de metales y de la rueda, familiares al conjunto de los arios. No se ha encontrado ningún resto de vestimentas de lana en los asentamientos lacustres, incluso cuando la oveja se generaliza durante la Edad del Bronce. Pero, dejando aparte esas excepciones, Schraeder considera que la cultura de estos asentamientos lacustres posee el mismo carácter que la cultura común de los miembros europeos de la familia indoeuropea, e incluso, se aventura a sugerir, aunque con cautela, que «desde este punto de vista nada nos impide considerar que los primeros habitantes de Suiza pertenecieron a una rama de la raza aria de Europa»[8].

Pero, aunque nuevos descubrimientos han aportado luz sobre el tema de las razas arcaicas de Europa, y aunque pudiéramos asumir en concordancia con ellos que una de las cuatro razas mencionadas representara a los arios en Europa, la cuestión de si los arios eran autóctonos o vinieron de otro lugar arianizando las razas europeas gracias a su cultura y civilzación superiores, no puede esclarecerse en base a estos descubrimientos. La datación del Neolítico representado por los asentamientos lacustres citados no es posterior al 5000 a. C., época en la que los arios asiáticos estuvieron asentados probablemente junto al río Jaxartes y se admite, igualmente, que los arios europeos no pueden descender del hombre paleolítico. De esto se infiere que si los encontramos en el Neolítico han debido venir de algún otro lugar del globo. La otra alternativa es aceptar que cada una de esas cuatro razas neolíticas desarrolló independientemente de sus vecinos una civilización, lo que parece altamente improbable. Por otro lado, debiendo rechazar la teoría de la llegada de sucesivas olas de migración desde el Asia central, queda sin resolver la cuestión del origen primordial de la raza aria, cuestión que tratamos en esta obra. Dónde y cuándo se desarrolló la primitiva lengua aria es otro problema de difícil solución. Canon Taylor tras comparar los lenguajes arios y uraloaltaicos, se conjetura que, a final de la *época del reno*, esto es, la última época paleolítica, apareció en la Europa occidental un pueblo finés cuya lengua estaría representada por el vasco aglutinante y que mucho después, al comienzo de la era del pastoreo, cuando se domesticó el buey, un

[8] Schraeder, *Prehistoric Antiquities of the Âryan Peoples*, traducción de Jevons, vol. IV, capítulo XI, p. 368.

pueblo ugrio-finés de complexión más alta y más poderoso desarrolló en Europa central la lengua aria flexiva[9]. No obstante, es meramente una conjetura y no soluciona el problema que plantea la presencia de los indo-iranios, con su alto grado de civilización en Asia, en una época en la que Europa estaba todavía en el Neolítico. Además, el lenguaje finés muestra cierto número de palabras tomadas de los arios y es muy improbable que el lenguaje de estos últimos haya desarrollado su flexión de la lengua finesa. Una simple semejanza en la estructura flexiva no permite afirmar cuál de los dos lenguajes copia al otro y es sorprendente que esta teoría provenga de especialistas hostiles a la teoría de las migraciones sucesivas de los arios desde un origen geográfico común en Asia, teoría que se basa, junto a otras pruebas en evidencias lingüísticas. Por qué los fineses emigraron por dos veces de sus sedes es otra pregunta sin responder. Por estas razones, creemos más probable que los fineses hubiesen tomado sus préstamos de los arios cuando entraron en contacto con ellos y que los arios no eran autóctonos ni en Europa ni en Asia central, sino que su origen geográfico se encontró en algún lugar cerca del Polo Norte durante el Paleolítico y que emigraron hacia Asia y Europa, no a causa de un «impulso irresistible», sino debido a cambios en las condiciones climáticas de su patria original. El *Avesta* ha conservado tradiciones que confirman plenamente este punto de vista, aunque los especialistas las han considerado de escaso valor, especialistas que han construido sus teorías en una época en la que se consideraba al hombre como postglacial y en las que se mantenía que el *Avesta* no estaba corroborado por los *Vedas*. Pero el telescopio temporal de largo alcance que nos ha proporcionado los recientes descubrimientos científicos nos va a permitir demostrar que las tradiciones avésticas representan hechos históricos ciertos y que están completamente corroborados por los testimonios de los *Vedas*. El Polo Norte está considerado actualmente por numerosos especialistas científicos como la cuna de la flora y fauna del planeta. Y creo que podré demostrar de modo satisfactorio que hay evidencias positivas en los libros más antiguos de la raza aria, los *Vedas* y el *Avesta*, que prueban que la patria más antigua del pueblo ario fue alguna de las regiones situadas alrededor del Polo Norte. Expondremos estas evidencias tras examinar las condiciones climáticas del Pleistoceno, o período glacial y las características astronómicas de la región ártica en los próximos dos capítulos.

---

[9] Taylor, *op. cit.*, p. 296.

CAPÍTULO II

EL PERÍODO GLACIAL

El clima geológico – Su carácter suave y regular en épocas anteriores – Debido a una distribución diferente de los continentes – Cambios climáticos durante el Cuaternario – La época glacial – Las pruebas incontestables de su existencia – Extensión de la glaciación – Al menos dos períodos glaciales – Acompañados de levantamientos y hundimientos de tierras – Clima templado durante el interglaciar incluso en regiones árticas – Diferentes teorías acerca de las causas de la glaciación – Teoría de Lyell sobre los cambios geológicos – Prueba la larga duración del período glaciar – La teoría de Croll – Efecto de la precesión de los equinoccios sobre la duración e intensidad de las estaciones – El ciclo de 21000 años – El efecto se refuerza a causa de la excentricidad de la órbita de la Tierra – Máxima diferencia de treinta y tres días entre la duración del verano y el invierno – Cálculos de sir Robert Ball sobre la media de calor recibido por cada hemisferio durante verano e invierno – Veranos cortos y cálidos e inviernos largos y fríos dan lugar a una época glacial – Las extraordinarias estimaciones del Dr. Croll acerca de la duración de la época glacial – Fundamentadas en los valores máximos de la excentricidad de la órbita de la Tierra – Objeciones de astrónomos y geólogos – La opinión de sir Robert Ball y de Neucombe – Las estimaciones de Croll incompatibles con las evidencias geológicas – Opiniones del profesor Geikie y de Hudleston – Larga duración del período glacial – Resumen de resultados.

El clima de nuestro planeta se caracteriza actualmente por una sucesión de estaciones: primavera, verano, otoño e invierno, debida a la inclinación del eje terrestre con relación al plano de la elíptica. Cuando el Polo Norte de la Tierra está orientado en la dirección opuesta al sol, durante su periplo anual alrededor de este astro, es invierno en el hemisferio septentrional y verano en el meridional y viceversa cuando el Polo Norte está inclinado en dirección al sol. La causa de la sucesión de las estaciones en los diferentes hemisferios es, así, muy simple, y lo constante de esta causa incita a pensar que en épocas geológicas antiguas el clima de nuestro planeta debía caracterizarse por una alternancia análoga de estaciones cálidas y frías. Sin embargo, esta suposición esta explícitamente contradicha por los datos geológicos. La inclinación del eje terrestre con relación al plano de la elíptica no es la única causa de las variaciones climáticas sobre la superficie del globo. Se ha constatado que una altitud elevada y la existencia de corrientes oceánicas y atmosféricas, aportan y difunde el calor de la zona ecuatorial hacia el resto de las partes del planeta, produciendo climas diferentes en regiones que comparten una misma latitud. El *Gulf Stream* es un ejemplo célebre de corriente oceánica y si no existiese el clima del noroeste de Europa sería completamente diferente de cómo es hoy. Igualmente, si la distribución de los continentes difiriera de la actual, no cabe la menor duda de que en la superficie terrestre prevalecerían unas condiciones atmosféricas completamente diferentes de las que conocemos, pues otra distribución diferente modificaría la trayectoria de las corrientes oceánicas y atmosféricas que proceden del ecuador y que se dirigen a los polos. Por esta razón, no debemos sorprendernos si según las pruebas geológicas de fósiles de animales y vegetales durante los primeros períodos geológicos, antes de la formación de los Alpes y los Himalayas, cuando Asia y África no eran más que unos conjuntos de islas, nos encontramos con un clima uniforme y regular sobre toda la superficie de la Tierra como consecuencia de estas condiciones geográficas. Durante el Mesozoico y el Cenozoico parece que este estado de cosas se ve progresivamente modificado. Pero a pesar de que probablemente los climas del Secundario y el Terciario no hayan sido tan uniformes como el del Primario, sí que se ha podido probar con claridad que, hasta el fin del Plioceno, durante el Terciario, el clima no se ha diferenciado todavía en zonas y que no existían extremos de calor y frío como en el presente. El fin del Plioceno y la totalidad del Pleistoceno se vieron señalados por violentas variaciones climáticas conocidas con el nombre de períodos glacial e interglacial. En la actualidad se ha establecido que antes de esta época una frondosa vegetación forestal, que hoy solo podría encontrarse en la zonas tropicales o templadas, florecía en la elevada latitud de Spitzberg, donde el sol no aparece en el período que va de noviembre a marzo, probando así que en aquella época reinaba un clima suave en las regiones árticas.

Fue en el Cuaternario, o Pleistoceno, cuando el clima templado de estas regiones sufrió repentinas transformaciones, causando lo que se denomina el período glacial. Los límites de este período no coinciden matemáticamente con los del Pleistoceno, pero en sentido lato los podemos considerar coincidentes. Resulta imposible en el marco de un breve capítulo ofrecer ni siquiera un resumen de las pruebas de la existencia de uno o más períodos glaciales durante el Pleistoceno. No obstante, podemos indicar brevemente su naturaleza y ver lo que geólogos y físicos tienen que decir sobre las causas que han provocado cambios tan significativos durante el Cuaternario. La existencia del período glacial ya no se pone en duda, aunque los especialistas no se ponen de acuerdo sobre sus causas. Las capas de hielo no han desaparecido totalmente de la superficie de la Tierra y por nuestra parte podemos ser testigos todavía de la acción de los glaciares en los valles de los Alpes o en las regiones próximas al Polo, como en Groenlandia, que se encuentra todavía cubierta por una capa de hielo tan espesa que impide el desarrollo de la flora y la fauna. Al estudiar sus efectos, los geólogos han descubierto abundantes huellas de una acción análoga a la del hielo sobre el conjunto de la Europa y la América septentrionales durante los períodos más antiguos. Piedras redondeadas y erosionadas, el *till** y el aspecto redondeado de rocas y montañas demuestran claramente que en una cierta época de la historia de nuestro globo las zonas septentrionales de Europa y América debieron estar recubiertas durante largo tiempo por una capa de hielo de muchas decenas de metros de espesor. Los glaciares que invadieron el norte de América y de Europa no solo habían partido del Polo. La dirección de las estrías o de las rayas creadas por el hielo sobre las rocas demuestra, más allá de toda duda, que las calotas glaciares se habían extendido en diferentes direcciones a partir de las montañas. Estas capas de hielo de enorme espesor cubrieron la totalidad de Escandinavia, rellenaron el Mar del Norte, invadieron la Gran Bretaña hasta el valle del Támesis, la mayor parte de Alemania y de Rusia hasta Moscú por el sur y los Urales hacia el este. Se ha calculado que al menos cuatro millones de kilómetros cuadrados en Europa y todavía más en América del Norte se hallaban cubiertos por los derrubios de roca arrastrados por estos glaciales y las calotas glaciales, y ha sido precisamente merced a estos derrubios cómo los geólogos han podido establecer la existencia de un período glacial. El examen de este

* El till consiste en un depósito rocoso pobremente clasificado constituido por una gran variedad de tamaños de grano, con fragmentos de dimensión de bloque empastados en una matriz de grano fino, a veces arcillosa. Se trata de una forma de relieve creada por un glaciar ya extinto. [Nota del traductor].

derrubio muestra que existen al menos dos categorías de till lo que indica dos períodos de glaciación. Los derrubios del segundo período han perturbado la primera capa en muchos lugares, pero ha quedado lo suficiente para mostrar que había dos lechos distintos de till. El profesor Geikie menciona cuatro períodos glaciales, a los que corresponden períodos interglaciales, que se habrían sucedido en Europa durante el Pleistoceno. Pero, aunque esta opinión no sea aceptada por otros geólogos, hoy por hoy se acepta la existencia de dos períodos glaciales separados por un período interglacial.

Una alternancia de climas fríos y cálidos ha debido caracterizar estos períodos glaciales e interglaciales que se acompañan también de amplios movimientos de hundimiento y elevación de tierras, produciéndose el hundimiento después de que el suelo se haya visto sobrecargado por una enorme masa de hielo. De este modo, un período de glaciación ha estado marcado por el hundimiento, por un frío extremo y la invasión de calotas glaciares sobre las zonas actualmente templadas, mientras que un período interglacial se ve acompañado por una elevación de tierras y un clima más dulce y templado que hace habitables incluso las regiones árticas. Se han encontrado a menudo vestigios del hombre paleolítico enterrados entre dos estratos arcillosos, correspondientes a dos períodos glaciares, hecho que establece con toda certeza la existencia del hombre durante el período interglacial de la era cuaternaria. Hablando de las variaciones climáticas de los períodos glaciales e interglaciales, el profesor Geikie subraya que «durante el período interglacial el clima estuvo caracterizado por inviernos clementes y veranos frescos, de manera que las plantas y los animales tropicales, como elefantes, rinocerontes e hipopótamos poblaban la totalidad de la región ártica y a pesar de la existencia de muchos carnívoros feroces, la estancia del hombre paleolítico no fue desagradable allí»[10]. Se verá así que, desde el punto de vista climático, el Pleistoceno, o inicio del Cuaternario, ha sido intermediario entre las primeras eras geológicas, en las que reinaba un clima suave y uniforme sobre el conjunto del globo, y el período moderno, en el que se ha diferenciado en zonas. Este fue, por así decir, un período transitorio, marcado por violentos cambios del clima que, de templado durante el período interglacial pasa a ser riguroso durante el glacial. Las condiciones climáticas modernas no se establecieron hasta los inicios del postglacial. No obstante, el profesor Geikie es de la opinión de que incluso el inicio del período glacial se vio marcado, al menos en el noroeste de Europa, por dos sucesiones de climas, uno suave, otro frío y lluvioso, antes de que se estableciesen las condiciones climáticas actuales[11].

---

[10] Geikie, *Fragments of Earth Lore*, p. 266.

[11] Geikie, *Prehistoric Europe*, p. 530.

Aunque la glaciación y la existencia de un clima más suave en las regiones árticas durante la época interglacial sean indudables, la ciencia no ha llegado todavía a establecer de manera satisfactoria las causas de esta gran catástrofe. Una tal masa de hielo cubriendo la totalidad de Europa y de América del norte en este período no podía, como cualquier otra cosa, preceder de la nada. Debía haber un calor suficiente en ciertas partes del globo para crear, por evaporación, el suficiente vapor y, además, era precisa la existencia de corrientes atmosféricas para transferirlo a las regiones más frías del planeta en las que precipitaría en forma de nieve. Toda teoría concerniente a la causa de la glaciación que no tenga en cuenta este hecho no solo es inadecuada, sino que carece de todo valor. Y si se quiere explicar estos cambios, se debe tener en cuenta una sucesión de períodos glaciales, y en todo caso, al menos de dos. Y si verificamos las diferentes teorías que se han avanzado al respecto, comprobaremos que muchas de ellas son insostenibles. Por ejemplo, se ha afirmado que el *Gulf Stream*, que actualmente calienta las regiones del noroeste de Europa, ha podido resultar desviado de su curso por la inmersión del istmo de Panamá, provocando de esta manera la glaciación de esas costas de Europa. Sin embargo, no existe ningún hecho geológico que pruebe que el istmo de Panamá se haya sumergido durante el Pleistoceno, razón por la cual debemos rechazar esta hipótesis. Otra teoría para explicar esta catástrofe ha sido que la Tierra había atravesado alternativamente regiones frías y cálidas del espacio, lo que habría dado lugar respectivamente a períodos glaciales e interglaciares. Pero tampoco existe ninguna prueba de ello. Una tercera sugerencia propone que la cantidad de calor solar recibido por la Tierra habría variado de tal forma que habría producido climas cálidos y fríos; pero solo es una mera conjetura. Una variación de la posición del eje terrestre habría podido, efectivamente, estar en el origen de cambios tan repentinos; pero una variación tal implica un desplazamiento del ecuador y, como la rotación diurna provoca un abombamiento de las regiones ecuatoriales, un cambio del eje habría dado lugar a una segunda protuberancia ecuatorial que no es observable, por lo que no se puede aceptar esta teoría. Un enfriamiento progresivo de la Tierra habría hecho habitables las regiones polares antes que el resto del globo; pero esta teoría no puede explicar la sucesión de épocas glaciales.

Por tanto, solo quedan dos teorías en liza para explicar las vicisitudes del clima durante el Pleistoceno. La primera es la de Lyell, que explica las variaciones suponiendo una distribución diferente de los continentes, combinada con una repentina elevación de vastos territorios y el sumergimiento de otros; la segunda es la de Croll, que vincula la glaciación a la precesión de los equinoccios, combinada con el alto valor de la excentricidad de la órbita terrestre. La teoría de Lyell ha sido estudiada por Wallace, quien ha demostrado que esas variaciones geográficas bastan por sí mismas para producir el calor y el frío necesarios para provocar los períodos glaciales e interglaciales. Hemos visto que durante las primeras eras geológicas reinaba en toda la superficie del planeta un clima agradable y regular, debido esencialmente a una distribución diferente de los continentes, y la teoría propuesta por Lyell para dar cuenta de los períodos glaciales es prácticamente la misma. Las grandes elevaciones y depresiones de tierras solo pueden haberse producido en el transcurso de muchos milenios y los partidarios de la teoría de Lyell creen que la duración de la época glacial ha debido ser de alrededor de 200 000 años para dar cuenta de todas las transformaciones geológicas y geográficas que, según ellos, han sido las principales causas de la glaciación. Pero otros geólogos de la misma escuela sostienen que la glaciación no ha podido durar más de 20 o 25 milenios. La diferencia entre las dos estimaciones es enorme, peor, en el estado actual de la Geología es difícil decantarse por una u otra de estas opiniones. Todo lo que nos podemos aventurar a avanzar es que la duración del Pleistoceno, que comprende al menos dos épocas glaciales y una interglacial, ha tenido que ser mucho más larga que el tiempo transcurrido tras el inicio del Holoceno.

Según *sir* Robert Ball, toda la dificultad de buscar las causas de la glaciación desaparece cuando uno se remite a la Astronomía en vez de a la Geografía para esta investigación. Los cambios que nos parecen tan gigantescos sobre nuestro planeta se producen cotidianamente por las fuerzas cósmicas que nos son familiares en astronomía, y uno de los grandes méritos de la teoría de Croll se supone que reside en el hecho de que explica correctamente la sucesión de épocas glaciales e interglaciales durante el Pleistoceno. En sus obras *Climate and Time* y *Climate and Cosmology*, el Dr. Croll ha intentado explicar y establecer esta teoría mediante elaborados cálculos, demostrando que el cambio de los valores de los elementos variables en el movimiento de la Tierra alrededor del sol puede explicar satisfactoriamente las variaciones climáticas durante el Pleistoceno. En primer lugar, expondremos la teoría del Dr. Croll, antes de dar la opinión de expertos sobre su verosimilitud.

Asumamos que *PQ'AQ* es la órbita de la Tierra alrededor del sol. Esta órbita es una elipse, y el sol, en lugar de ocupar el centro *C*, está en uno de los focos *S* o *s*. Supongamos que el sol está en *S*. En este caso, la distancia entre el sol y la Tierra cuando esta se encuentre en *P* será la menor, mientras que cuando la Tierra esté en *A*, la distancia será la máxima. Estos puntos *P* y *A* se denominan respectivamente perihelio y afelio. Las estaciones se deben, como se ha dicho más arriba, a la inclinación del eje terrestre con relación al plano de su órbita. Así, cuando la Tierra está en *P* y el eje está girado en dirección opuesta al sol será invierno en el hemisferio norte, mientras que cuando la Tierra se encuentre en *A*, su eje, siempre en la misma dirección, estará girado hacia el sol, siendo entonces verano en el hemisferio norte. Si el eje de la Tierra no tuviera movimiento propio, las estaciones tendrían lugar siempre en el mismo punto de la órbita terrestre, por ejemplo, el invierno en el hemisferio norte en el punto *P* y el verano en el punto *A*. Pero este eje describe un pequeño círculo alrededor del polo de la eclíptica, en un ciclo de 25868 años, dando lugar a los que se denomina precesión de los equinoccios, y así, la inclinación del eje terrestre con relación al plano de su órbita no es siempre el mismo en todos los puntos de esta órbita durante este período.

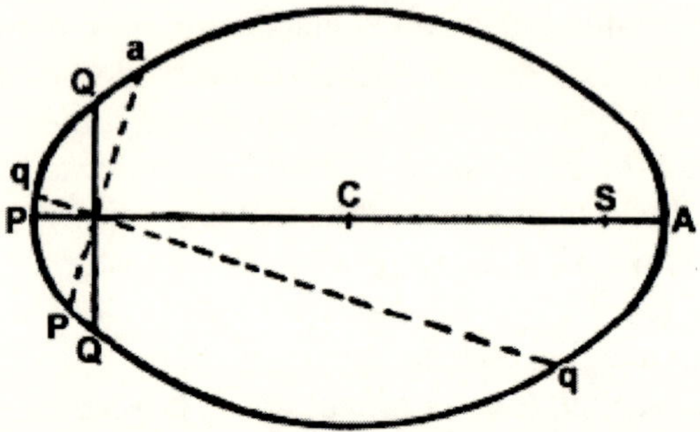

Esto da como resultado que las estaciones se producen en diferentes puntos de la órbita terrestre durante este gran ciclo. Así, en el hemisferio norte, si el invierno tiene lugar una vez cuando la Tierra está en *P*, otra vez lo tendrá cuando esté en *p* y después en los puntos siguientes, hasta que al fin del ciclo lo volverá a producirse en *P*. Y será igual para el verano en el punto *A* y los equinoccios en *Q* y *Q'*. En el diagrama precedente, las líneas de puntos *qq'* y *pa* representan las nuevas posiciones que ocuparán las líneas *QQ'* y *PA* si tiene lugar la rotación de la que se ha hablado más arriba. Es necesario señalar que, aunque el invierno en el hemisferio norte pueda producirse cuando la Tierra esté en *p* en lugar de *P*, a causa del movimiento de su eje, sin embargo, la órbita terrestre y los puntos de perihelio y afelio son relativamente fijos e invariables. Esta es la razón por la que, si el invierno en el hemisferio norte tiene lugar en *p*, la distancia entre la Tierra y el sol en ese punto será mayor que cuando la Tierra se encuentre en *P*. Del mismo modo, en el transcurso del ciclo mencionado anteriormente, el invierno en el hemisferio norte tendrá lugar una vez en *A* y la distancia entre la Tierra y el sol será entonces la máxima. Pero existe, de hecho, una gran diferencia entre un invierno en el que la Tierra esté en *P* y un invierno en el que esta se encuentra en *A*. En el primer caso, estando el punto *P* más próximo al sol, el rigor del invierno se verá muy atenuado por la proximidad al sol. Por el contrario, en el punto *A* el sol alcanza su distancia máxima con respecto a la tierra, y el invierno, cuando la Tierra esté en ese punto, será evidentemente más riguroso; y en el curso del ciclo, el invierno deberá producirse una vez en *A*. La duración del ciclo es de 25868 años, y la mitad de este período debe transcurrir entre el momento en el que el invierno llega al punto *P* hasta el momento en el que se produce en *A*. Pero se ha encontrado que los puntos *P* y *A* poseen un pequeño movimiento propio en la dirección opuesta a la línea de los equinoccios *QQ'*, es decir que el punto *p* se desplaza a lo largo de la órbita. El ciclo de 25868 años se reduce así a 20984 o, en cifras redondas, 21000 años. Así, si el invierno en un hemisferio se produce cuando la Tierra está en *P*, punto de la órbita más próximo al sol, el invierno volverá a tener lugar en el mismo hemisferio en *A* tras un período de 10500 años. Se puede mencionar aquí que, alrededor del año 1250 el invierno en el hemisferio norte tuvo lugar cuando la Tierra estaba en el punto *P* de su órbita, y que alrededor del año 11750 de nuestra era, la Tierra estará de nuevo en *A*, es decir, su distancia máxima del sol en invierno, lo que dará lugar a inviernos rigurosos. Mediante un cálculo retrospectivo, se puede comprobar que el último invierno riguroso en *A* debió tener lugar en el año 9250 antes de nuestra era[13]. Es ocioso precisar que el invierno en un hemisferio se corresponde con el verano en el otro y que lo que se ha dicho a propósito del invierno en el hemisferio norte se aplica, *mutatis mutandis*, a las variaciones estacionales en el hemisferio sur.

Es preciso tener presente otra consideración para apreciar el rigor del invierno o la clemencia del verano en cada uno de los hemisferios. Si el verano se define como el intervalo de tiempo que requiere la Tierra para recorrer su trayectoria desde un punto equinoccial, *Q'*, al otro, *Q*, este intervalo no puede ser siempre constante porque, como hemos visto, los puntos *P* y *A* del invierno y del verano, como los puntos Q y Q' de los equinoccios no permanecen estacionarios, sino que se desplazan a lo largo de la órbita con un período de 21.000 años. Si esta órbita fuese un círculo, las líneas *qq'* y *pa* la dividirían siempre en partes iguales. Pero como la órbita es una elipse, ambas secciones son desiguales. Por ejemplo, supongamos que el invierno tiene lugar cuando la Tierra está en *P*, entonces la duración del verano estará representado por el arco *Q'AQ*; pero cuando el invierno tiene lugar en *A*, el verano estará representado por *QPQ'*, arco de la elipse necesariamente más pequeño que *Q'AQ*. Esta diferencia se debe al hecho de que la órbita es elíptica, y cuanto más alargada sea, más grande será la diferencia entre la duración del verano y del invierno en un hemisferio dado. La elipsicidad de la órbita se mide por la diferencia entre la distancia media y la distancia máxima entre la Tierra y

[13] Herschel, *Outlines of Astronomy*, 1883, art. 368-69.

el sol, lo que en astronomía recibe la denominación de excentricidad de la órbita terrestre. Esta excentricidad no es una constante, sino que va variando lentamente con el paso del tiempo, haciendo la órbita cada vez más elíptica hasta un *maximum*, a partir del cual vuelve a decrecer para recuperar de nuevo su valor inicial. La duración del verano y del invierno en un hemisferio varía así en función de la excentricidad de la órbita terrestre en ese momento; y ha quedado establecido más arriba que la diferencia entre la duración del verano y del invierno es máxima cuando la excentricidad de la Tierra está en su máximo, y, por tanto, cuando el invierno y el verano se producen en los puntos de perihelio o afelio. Se ha hallado que esta diferencia es de 33 días como máximo y que actualmente ronda aproximadamente los siete días y medio. Así, si el invierno en el hemisferio norte tiene lugar cuando la Tierra está en el punto *P* de su órbita y cuando la excentricidad es la máxima, el invierno será 33 días más corto que el verano de ese mismo año. Pero esta posición será alterada después de 10.500 años cuando el invierno, produciéndose en *A*, tendrá, a su vez, una duración superior en 33 días al verano correspondiente.

Dado que la Tierra describe en su órbita áreas iguales en tiempos iguales, Herschel ha supuesto que, a pesar de la diferencia entre las duraciones del verano y del invierno mencionadas anteriormente, la Tierra en su conjunto recibiría una cantidad de calor idéntica al pasar de un equinoccio al otro, «estando exactamente compensada la desigualdad de intensidad de radiación solar en ambos intervalos por la opuesta desigualdad de la duración de los propios intervalos». El Dr. Croll acepta esta proposición, pero *sir* Robert Ball, antiguo Astrónomo Real de Irlanda, en su reciente obra titulada *On the Cause of an Ice Age*, ha demostrado matemáticamente que esta suposición es errónea y que la cantidad total de calor recibida del sol por cada uno de los hemisferios en verano e invierno varía en función de la oblicuidad de la Tierra o la inclinación de su eje con relación a la eclíptica, pero es prácticamente independiente de la excentricidad de la órbita terrestre. Suponiendo que el calor solar total recibido durante un año, pero cada hemisferio sea igual a 365 unidades, siendo la media una unidad por día, y suponiendo que la oblicuidad sea de 23º 27', *sir* Robert Ball ha calculado que cada hemisferio recibiría 229 de estas unidades de calor durante el verano, y solamente 136 durante el invierno, sea la que fuere la excentricidad de la Tierra. Pero, aunque estos valores no se viesen afectado por la excentricidad de la órbita, hemos visto, sin embargo, que las duraciones del verano y del invierno varían como la excentricidad. Por tanto, suponiendo, que tenemos un invierno de duración máxima en el hemisferio norte, debemos repartir 229 unidades de calor entre 166 días de un corto verano, y 136 unidades de calor entre los 199 días del largo invierno del mismo año. En otras palabras, la diferencia entre el calor medio del verano y del invierno será en este caso máxima, lo que causará veranos más cortos, pero más cálidos, e inviernos más largos y fríos, y el hielo y la nieve acumulados durante el largo invierno no tendrán tiempo de fundirse a lo largo de un verano demasiado breve, dando lugar a lo que se denomina un período glacial en el hemisferio norte. De todo lo dicho hasta ahora se constata que el hemisferio sur tendrá durante este período veranos largos y frescos e inviernos cortos y suaves, condiciones exactamente opuestas a las del hemisferio norte. En resumen, los períodos glaciales e interglaciales en ambos hemisferios alternan entre sí todos los 10.500 años, si la excentricidad de la Tierra es lo suficientemente importante para hacer perceptible una gran diferencia entre los inviernos y los veranos de cada hemisferio.

Si el Dr. Croll no hubiese ido más allá, su posición resultaría inatacable, porque la razón citada es suficiente para producir cambios climáticos. En todo caso, aunque esta no sea la única causa de la sucesión de períodos glaciales e interglaciales, sí que habrá sido, sin duda alguna, una razón determinante. Pero tomando el valor de la excentricidad de la órbita terrestre según las tablas de Leverrier, el Dr. Croll ha calculado que durante los tres últimos millones de años se han dado tres períodos de excentricidad máxima, el primero de 170.000 años, el segundo de 260.000 años y el tercero de 160.000 años; y que han transcurrido 80.000 años desde el final del último período. Según el Dr. Croll, los períodos glaciales del pleistoceno han debido dar comienzo hace 240.000 años y haber finalizado hace 80.000 para dar paso al postglacial. Durante este largo período de 160.000 años se ha debido producir una alternancia de climas suaves y rigurosos, en función de que el invierno en un hemisferio de la Tierra se diese en el perihelio o el afelio de su órbita, lo que tendría lugar cada 10.500 años durante el período. Pero como la época fría no podía esperar su máximo, sino en los inicios de cada período, según la teoría del Dr. Croll, la última época de máxima glaciación se ha de situar hace 200.000 años, es decir, alrededor de 40.000 años después del comienzo de la última excentricidad máxima.

Sin embargo, estos cálculos han sido puestos en cuestión, tanto por astrónomos como por geólogos. *Sir* Robert Ball, partidario de Croll en otras cuestiones, se ha abstenido de realizar sus propios concernientes al valor máximo de la excentricidad de la órbita terrestre o a la época en la que tuvo que producirse la última glaciación, o sobre la que se producirá la próxima. «Yo no puedo afirmar –dice– cuándo tuvo lugar la última glaciación, ni cuándo asistiremos a la próxima. Ningún matemático responsable se aventuraría en predicciones de esa naturaleza en el estado actual de nuestros conocimientos»[14]. El profesor Newcomb, de Nueva York, otro reputado astrónomo, subraya en su recensión de la obra del Dr. Croll *Climate and Time*, que en el estado actual de nuestros conocimientos astronómicos, es imposible confiar en los valores de excentricidad calculados para épocas distantes en millones de años, dado que el valor de esta excentricidad depende de una serie de elementos, muchos de los cuales son inciertos, lo que es cierto especialmente cuando se trata de grandes eras geológicas. La única respuesta dada por el Dr. Croll a esta crítica es que los valores han sido deducidos correctamente de los de la excentricidad, según las últimas correcciones llevadas a cabo por M. Stockwell[15]. Pero esta respuesta no resulta satisfactoria en absoluto porque la objeción del profesor Newcomb no se refiere a la exactitud del cálculo matemático, sino a la imposibilidad de obtener datos precisos a partir de los cuales se pueda deducir los valores de la excentricidad.

En tiempos se consideró que la duración de cada uno de los diferentes períodos del Dr. Croll se correspondía admirablemente con las pruebas geológicas y corroboraban plenamente las estimaciones de tiempo que se creían necesarias para las variaciones geográficas que acompañaban a los períodos glaciales e interglaciales. No obstante, en la actualidad, los geólogos mantienen una cierta distancia ante esos valores y cálculos extravagantes. Según las estimaciones del Dr. Croll, se han dado tres períodos de máxima excentricidad durante los tres últimos millones de años, de modo que ha debido haber tres períodos de glaciación que se correspondan con ellos, cada uno de los cuales contaría con numerosos períodos glaciales e interglaciales. Sin embargo, no existe ninguna prueba geológica de tales épocas glaciales en las primeras eras geológicas, salvo, quizás, en el Pérmico y el Carbonífero del Paleozoico, o era primaria. Se ha intentado responder a esta objeción sosteniendo que, si bien la excentricidad ha sido máxima en los primeros tiempos geológicos, la repartición de los continentes difería en aquel entonces profundamente de la de Cuaternario, y el gran valor de la excentricidad de la órbita terrestre no podía producir los mismos cambios climáticos que en el Pleistoceno. Este argumento sobreentiende prácticamente que la gran excentricidad de la órbita terrestre combinada con la llegada del invierno cuando la Tierra está en el afelio no es razón suficiente en sí para provocar un período glacial; por tanto, se puede afirmar, que una glaciación es posible igualmente cuando la excentricidad no está en su máximo. Otro punto de desacuerdo de la teoría del Dr. Croll con la Geología se refiere a la fecha de la última época glacial, según las estimaciones de los geólogos norteamericanos basadas en la erosión de los valles tras el fin de la última glaciación. Ya indiqué en el

[14] Robert Ball, *On the Cause of an Ice Age*, p. 152.

[15] Dr. Croll, *Climate and Cosmology*, p. 39.

capítulo precedente que estas estimaciones no hacen remontar el inicio del período postglacial a más de 10.000 años como máximo, mientras que los cálculos del Dr. Croll harían retroceder esta fecha hasta los 80.000 o 100.000 años. Se trata de una diferencia enorme, y el propio profesor Geikie, que tampoco acepta plenamente el punto de vista norteamericano se ha visto obligado a admitir que aunque la teoría del Dr. Croll sea la única que tome en consideración la sucesión de épocas glaciales, y por tanto la única teoría correcta, la fórmula que emplea para calcular los valores de la excentricidad de la órbita terrestre deben ser incorrectos, y no obstante, debemos tomar nota de la importante discrepancia entre sus deducciones y las conclusiones basadas sobre datos geológicos rigurosos y que difícilmente pueden ser obviados[16]. El juicio emitido recientemente por M. Hudleston es todavía más severo. En su discurso de apertura, como presidente de la sedición geológica de la conferencia de la asociación británica en 1898, ha subrayado lo siguiente: «Probablemente no exista nada más extraordinario en la historia de la investigación moderna que la forma en la que los geólogos se han dejado influenciar por las fascinantes teorías de Croll. La explicación astronómica de este "fuego fatuo", la causa de la gran glaciación está en la actualidad ampliamente desacreditada, y estamos empezando a valorar en sus justos términos estos elaborados cálculos, destinados a dar cuenta de sucesos que, con toda probabilidad, no tuvieron lugar jamás. La extravagancia engendra extravagancia, y las especulaciones poco razonables de personas como Belt o Croll han provocado pesadillas a algunos de nuestros estudiantes»[17]. Esta crítica parece demasiado severa porque, aunque los cálculos del Dr. Croll sean extravagantes, sin embargo, ha tenido el mérito de no solamente haber sugerido, sino demostrado que una causa cósmica puede tener, en ciertas circunstancias, un efecto lo suficientemente poderoso para provocar extensos cambios en el clima de nuestro globo.

No obstante, y a pesar de estas puntualizaciones, es indudable que la duración del período glacial, que comprendió al menos dos épocas glaciales y una interglacial, ha debido ser mucho más larga que el postglacial. Porque, independientemente de la excentricidad de la órbita terrestre, el hecho de que el invierno se produzca en el afelio, ciertamente contribuye a la llegada de una glaciación, si otras causas, como las apuntadas por Lyell, son también favorables y deben transcurrir 21.000 años entre dos inviernos en afelio sucesivos. Por tanto, no podemos atribuir a dos épocas glaciales, interrumpidas por una interglacial, una duración superior a los 21.000 años, incluso si dejamos de lado la cuestión de la excentricidad de la órbita terrestre, puesto que si, con el profesor Geikie, suponemos que

[16] *Fragments of Earth Lore*, p. 287.

[17] *Nature*, del 15 de septiembre de 1898.

ha habido cinco épocas glaciales (cuatro en el Pleistoceno y una a finales del Plioceno) y cuatro épocas interglaciales, la duración ha tenido que rondar los 80.000 años.

No es necesario continuar con estas discusiones científicas y geológicas. Ya he precisado con anterioridad que mi objetivo es deducir a partir de pruebas positivas contenidas en la literatura védica el origen de las tribus védicas y, por tanto, del conjunto de las razas arias, mucho antes de que se asentasen en Europa, junto a las riberas del Oxus, del Araxes o del Indo; y en la medida en la que puedan ayudar a esclarecer esta cuestión, los resultados de las últimas investigaciones científicas expuestos en este capítulo y el precedente pueden resumirse ahora como sigue:

1. A comienzos del Neolítico, Europa está habitada por razas de las que descienden los pueblos actuales de Europa que hablan las lenguas arias.
2. Sin embargo, a pesar de que se ha establecido la existencia de una raza aria en Europa a comienzos del Neolítico y, en consecuencia, la teoría de las migraciones a partir de un hogar original asiático durante la época postglacial sea insostenible, esto no prueba que la raza aria sea autóctona de Europa, de manera que la cuestión de su origen geográfico continúa sin resolverse.
3. Existen buenas razones para suponer que el uso de los metales se introdujo en Europa por pueblos extranjeros.
4. Las diferentes Edades de la Piedra, del Bronce y del Hierro no son contemporáneas en los diferentes países, y el alto nivel de civilización en Egipto no es incompatible con la civilización neolítica de Europa en la misma época.
5. Según las pruebas geológicas más recientes, que difícilmente pueden ser obviadas, el último período glacial debe haber finalizado hace alrededor de unos 10.000 años, punto de vista atestiguado por el carácter reciente de los fósiles siberianos.
6. El hombre no solo es postglacial, como se creía hace unos años, pues datos geológicos determinantes prueban que había alcanzado una amplia expansión durante el Cuaternario, sino incluso durante el Terciario.
7. Se produjeron al menos dos períodos glaciales y uno interglacial, y la distribución de los continentes durante el período interglacial fue completamente diferente de la actual.
8. Durante el Pleistoceno se produjeron importantes transformaciones climáticas, frío y duro durante el período glacial, y suave y templado durante el interglacial, incluso en las regiones polares.

9. Existen pruebas suficientes para demostrar que las regiones árticas de Asia y Europa se caracterizaron durante el período interglacial por veranos frescos e inviernos suaves, lo que Herschel ha denominado «perpetua primavera»; y los lugares como Spitzbergen, donde el sol está bajo el horizonte desde noviembre a marzo, estuvieron entonces cubiertos por una vegetación exuberante, que solo se da en la actualidad en zonas de climas templados o tropicales.
10. Fue la llegada de la glaciación la que destruyó este clima propicio e hizo estas regiones hostiles a esta flora y fauna.
11. Se cuenta con diferentes evaluaciones relativas a la duración del período glacial, pero en el estado actual de nuestros conocimientos es más seguro para nosotros seguir a este respecto a la Geología que a la Astronomía, aunque esta última nos proporcione una explicación más probable de la glaciación.
12. Según el profesor Geikie, contamos con evidencias suficientes para sostener que se produjeron cinco épocas glaciales y cuatro interglaciales, y que el inicio del postglacial se caracterizó por las alternancias de climas fríos y suaves, al menos en el noroeste de Europa.
13. Numerosos científicos eminentes han avanzado ya la teoría de que la cuna de la raza humana debe buscarse en las regiones árticas, y que, igualmente, la vida vegetal y animal dio comienzo en esas mismas regiones.

Veremos así que, si los textos védicos hacen referencia a un origen ártico, donde los ancestros de los *Ṛiṣhis* védicos habían vivido en épocas arcaicas, no existe nada entre los más recientes descubrimientos científicos que pueda invalidar *a priori* estos resultados. Muy al contrario, una gran parte de las investigaciones sugiere una hipótesis tal, y, de hecho, son muchos los hombres de ciencia que se han visto inducidos a pensar que hemos de buscar la cuna de la raza humana en las regiones árticas.

CAPÍTULO III

LAS REGIONES ÁRTICAS

Existencia de un continente circumpolar en las épocas arcaicas - Probabilidad de su existencia en el período interglaciar - Clima templado en esa época - Necesidad de examinar los mitos védicos - Diferencias entre características polares y circumpolares - La precesión de los equinoccios empleada como un cronómetro en la cronología védica - Características del Polo Norte - El movimiento horizontal del hemisferio celeste - La rotación de las estrellas sin levantarse ni ponerse - La salida del sol por el sur - Un día y una noche de seis meses cada uno - Aurora boreal - Claro de luna continuo durante quince días y largas auroras y largos crepúsculos - Aurora de cuarenta y cinco a sesenta días - El año polar - La oscuridad de la noche polar reducida solamente a dos o dos meses y medio - Descripción del doctor Warren de la aurora polar con su esplendor giratorio - Características de las regiones del Polo Norte y del Polo Sur - El movimiento oblicuo de las estrellas por el que algunas se levantan y se ponen como en las zonas templadas o tropicales - Un largo día y una larga noche, pero de duración inferior a seis meses - Complementados por la alternancia de días y noches ordinarios durante una parte del año - Largas auroras, pero de duración más breve que en el Polo - Comparación con las características del año en los trópicos - Resumen de las características polares y circumpolares.

Hemos visto que durante el Pleistoceno se producen procesos de elevación y depresión de la tierra, acompañados por violentos cambios en el clima sobre la total superficie del globo. Naturalmente, el rigor de la glaciación debió ser mucho más intenso en el interior del círculo ártico, lo que nos autorizaría a suponer que los cambios geográficos como la elevación y depresión de la tierra tuvieron lugar a una mayor escala en las regiones próximas al Polo que en ningún otro lugar. Esto nos permitiría inferir que la distribución de los continentes alrededor del Polo durante el período interglacial debió haber sido diferente de la que existe en el presente. El doctor Warren, en su *Paradise Found*, aporta un cierto número de pruebas que avalarían que durante un período geológico relativamente reciente, una vasta extensión de tierra ártica de la que formarían parte tanto Nueva Zembla como Spitzbergen, resultó sumergida. Una de las conclusiones que él extrae de esas evidencias es que en la actualidad las islas del océano Ártico, como las dos mencionadas, son cimas de montañas que todavía sobresalen sobre la superficie del mar que habría anegado el continente al que pertenecían. Todos los geólogos admiten la existencia de un vasto continente circumpolar durante el Mioceno y aunque no podamos certificar su existencia durante el período del Pleistoceno, existen argumentos de peso para afirmar que los continentes que rodearon al Polo Norte presentaron una conformación diferente durante el período interglacial y que, como observó Geikie, el hombre paleolítico, junto a la fauna del Cuaternario, pobló la totalidad de las regiones árticas en aquellos tiempos. Incluso en la actualidad existe una considerable región de tierra al norte del círculo ártico en el viejo mundo, especialmente en Siberia y hay evidencias de que una vez disfrutó de un clima templado. La profundidad del océano Ártico al norte de Siberia es en la actualidad menor de doscientos metros y si durante el Pleistoceno se produjeron importantes variaciones geográficas, no resultará improbable que esta extensión de tierra, hoy sumergida, haya podido estar alguna vez sobre el nivel del mar. En otras palabras, hay suficientes indicios de la existencia de un continente alrededor del Polo Norte antes del último período último glacial.

Como hemos visto durante el período interglacial existieron veranos fríos e inviernos cálidos, incluso en el círculo ártico. *Sir* Robert Ball nos ha proporcionado una buena idea del carácter suave de este clima cifrando la distribución de unidades de calor en verano e invierno. Un verano más largo, con 229 unidades de calor y un invierno más corto de 136 unidades de calor, producirían un clima que, según Herschel, se asemejaría a una primavera perpetua. Por tanto, si el hombre paleolítico vivía en esas regiones durante el período interglacial, debió encontrarlo muy agradable, a pesar de que el sol se pusiese bajo el horizonte durante cierto número de días al año debido a la latitud del lugar. El actual clima inclemente de las regiones árticas data del período postglacial, pero debemos tener presente que nada tuvo que ver con el que existía en épocas más remotas.

Pero, aun suponiendo que existió durante el interglacial un continente ártico, con un clima agradable y regular, y que el hombre del Paleolítico lo habitó, esto no significa que los ancestros de la raza aria vivieran en estas regiones árticas, aunque tal hipótesis sea altamente probable. A este respecto, será preciso esperar a que la presencia de la raza aria en la región ártica en tiempos interglaciales se pruebe mediante nuevos descubrimientos arqueológicos o, en su defecto, examinar las antiguas creencias y tradiciones de esta raza, tal y como se narran en los libros que se consideran los más antiguos de los arios, a saber, los *Vedas* y el *Avesta,* y ver si pueden probar la existencia interglacial del pueblo ario. Se admite que muchas de las actuales explicaciones de estas tradiciones y leyendas resultan insatisfactorias y como nuestros conocimientos acerca de los hombres prehistóricos se incrementan o se precisan merced a nuevos descubrimientos en Arqueología, Geología o Antropología, dichas explicaciones deberán de ser revisadas para corregir cada cierto tiempo todos los errores causados por nuestra imperfecta comprensión de los sentímientos, las costumbres e incluso las condiciones medioambientales del hombre prehistórico. Resulta indudable que las razas humanas han preservado sus antiguas tradiciones, aunque algunas puedan haber resultado distorsionadas en el transcurso del tiempo y nos corresponde a nosotros comprobar si concuerdan con lo que sabemos del hombre prehistórico, gracias a las nuevas investigaciones científicas. En el caso de las tradiciones, mitos y creencias védicos, tenemos la ventaja que fueron recopilados hace milenios y nos han llegado sin modificaciones desde esas remotas edades. No sería extraño, por tanto, que encontrásemos rastros del primitivo origen polar en los libros antiguos si el hombre ario vivió alguna vez en el círculo ártico, especialmente cuando parte del *Ṛig Veda* todavía se considera ininteligible si se emplea cualquiera de los métodos existentes de interpretación, aunque las palabras y expresiones sean llanas y simples en muchos lugares. Warren ha traído a colación, tanto tradiciones védicas como de otros pueblos, para sostener su teoría del origen ártico de la humanidad. Desgraciadamente, esta tentativa ha resultado decepcionante en lo que concierne a los textos védicos en la medida que Warren, ha tenido que depender enteramente de las traducciones existentes, dado que estas leyendas y textos védicos nunca han sido examinados por ningún especialista en los *Vedas* desde el punto de vista que proporcionan las recientes investigaciones científicas. Nosotros propondríamos, por tanto, examinar los *Vedas* desde este enfoque, aunque, sin embargo, antes de hacerlo es necesario establecer las características de las regiones polares y árticas que no se encuentran en ninguna otra zona de la superficie del globo, de modo que, si las encontrásemos en las tradiciones védicas, quedaría demostrado su origen polar. Ya hemos visto que la severidad del clima que ahora caracteriza las regiones polares no fue tal en otras épocas, por lo que deberemos recurrir a la Astronomía para descubrir las características requeridas para nuestro propósito.

Resulta muy común oír que las regiones polares se caracterizan por períodos de luz y la oscuridad de seis meses, puesto que, como es bien sabido, el sol brilla en el Polo Norte continuamente durante seis meses, para posteriormente sumergirse bajo el horizonte, produciendo una noche de seis meses de duración. Sin embargo, un examen más pormenorizado de la cuestión mostrará que esto no es exactamente así y que es necesario precisar algunas cuestiones antes de que se pueda aceptar como un axioma científico. En primer lugar, deberemos distinguir entre Polo y región polar. El Polo es simplemente un punto. Evidentemente, todos los habitantes del país, si este estuvo situado cerca del Polo Norte, no podrían haber vivido sobre dicho punto.

Las regiones polares o árticas, por otra parte, constituyen las extensiones de tierra comprendidas entre el Polo Norte y el círculo ártico. Por tanto, la duración del día y la noche, así como la de las estaciones en diferentes lugares dentro de las regiones árticas no podrían ser y, efectivamente no son, las mismas en el punto llamado Polo Norte. Las características de la región circumpolar deberían derivarse de las estrictamente polares, sin embargo, difieren bastante, por lo que resulta necesario tener presente esta distinción a la hora de buscar pruebas de un origen circumpolar del pueblo ario. Los hombres que vivieron en proximidad al Polo, o hablando de una manera más precisa, en las regiones comprendidas entre el Polo Norte y el círculo ártico cuando esas regiones fueron habitables, conocieron indudablemente un día y una noche de seis meses, no obstante, al habitar un poco más al sur del Polo, su calendario debió haber sido diferente del estrictamente polar. Esta es la razón por la que es necesario examinar las características polares y circumpolares separadamente.

Los Polos terrestres constituyen los extremos del eje de la Tierra, y hemos visto que no hay pruebas que avalen que este eje cambió su posición, ni siquiera en las primeras eras geológicas. Por tanto, los polos terrestres y las regiones circumpolares han sido siempre los mismos, aunque las condiciones climáticas pasadas y presente sean totalmente diferentes. Pero el eje de la Tierra efectúa un pequeño movimiento alrededor de la eclíptica, dando lugar a lo que se conoce como la precesión de los equinoccios, provocando un desplazamiento de los polos celestes, y no de los terrestres. Así, la estrella polar de hace 7.000 años estaba situada de modo diferente a la actualidad, aunque el polo terrestre siempre haya sido el mismo. Este movimiento del eje de la Tierra que produce la precesión de los equinoccios es importante desde un punto de vista arqueológico, en la medida en que es responsable del cambio de las épocas en las que se producen las diferentes estaciones del año. Este fue el principal argumento a partir del que demostramos en nuestro *Orion. Researches in the Antiquity of the Veda* que el equinoccio vernal estaba situado en Orión cuando se formaron algunas de las tradiciones del *Ṛig Veda* y que la literatura védica contenía claras evidencias de los sucesivos cambios de la posición del equinoccio vernal hasta la actualidad. Así, el equinoccio vernal se encontraba en la constelación de las Pléyades (las Kṛittikâs) y el texto, recientemente publicado por S. B. Dixit, que afirma expresamente que «las Kṛittikâs jamás se han movido del este, en contraste con el resto de las constelaciones» (*Shat. Br.* II, 1, 23), disipa las dudas que pudiesen quedar concernientes al resto de pasajes[18]. Este pasaje relativo a la antigua posición de las Kṛittikâs, o Pléyades, es tan importante para el establecimiento de la cronología védica como ha resultado ser la orientación de las pirámides y templos en el caso egipcio, como ha demostrado *sir* Norman Lockyer en su *Dawn of Ancient Astronomy*. No obstante, en nuestro caso vamos a utilizar un argumento de diferente naturaleza. El Polo Norte y las regiones árticas poseen ciertas características astronómicas peculiares, por tanto, si pudiéramos descubrir referencias de estas en los *Vedas* significaría, a la luz de las investigaciones modernas, que los ancestros de los *Ṛishis* védicos debieron haber conocido dichas características mientras vivieron en aquellas regiones, lo cual solamente pudo ser posible en épocas interglaciales. Así que, vamos a examinar estas características en dos grupos, siguiendo el modo expuesto anteriormente.

Si un observador se sitúa en el Polo Norte, lo primero que percibirá es el movimiento de la esfera celeste sobre él. En las zonas templadas y tropicales podemos observar cómo los astros se levantan por el este y se ponen por el oeste, pasando algunos sobre nosotros, mientras que otros atraviesan el cielo oblicuamente. Sin embargo, al observador que se encontrase en el Polo le parecería que la cúpula celeste estuviese girando a su alrededor de izquierda a derecha, un poco como si hiciese girar un paraguas sobre su cabeza. Las estrellas no salen y se ponen, sino que siguen trayectorias circulares sobre planos horizontales, girando como las ruedas de un alfarero, comenzando una segunda vuelta al finalizar la primera, durante la larga noche de seis meses. El sol, mientras permanece sobre el horizonte durante seis meses, parecería también girar de la misma forma. El centro de la cúpula celeste sobre la cabeza del observador será el Polo Norte celeste y lo que el observador otea será el hemisferio

[18] Véase: *The Indian Antiquary*, vol. XXIV (agosto 1895), p. 245.

norte celeste, mientras que las regiones invisibles bajo el horizonte constituirían el hemisferio sur. En cuanto a los puntos este y oeste, la rotación diaria de la Tierra alrededor de su eje los hará girar alrededor del observador de derecha a izquierda, de modo que los astros efectuarán un giro completo de un día, de modo paralelo al horizonte de izquierda a derecha y ni se levantarán al este, ni se pondrán al oeste como en las zonas templadas o tropicales. De hecho, un observador situado al Polo Norte, solo verá el hemisferio celeste norte, girando una y otra vez sobre su cabeza, mientras que el hemisferio sur, con todas sus estrellas, permanecerá invisible, constituyendo el ecuador, su horizonte celeste. Para tal observador, el sol, al entrar en el hemisferio norte en el curso de su periplo anual, le parecerá levantarse por el sur, de modo que expresaría esta idea diciendo «el sol ha salido por el sur», por muy extraña que nos parezca tal expresión. Después de que el sol ha aparecido de este modo, el sol se levantará solo una vez al año, prevalecerá constantemente visible durante seis meses, en los que alcanzará una altura de 23º 30' sobre el horizonte, para posteriormente descender hasta que desaparece por el sur bajo el horizonte. Se producirá, de este modo, un largo y continuo período de sol de seis meses, aunque, cuando la cúpula celeste complete una revolución en veinticuatro horas, el sol también habrá recorrido un circuito horizontal alrededor del observador de veinticuatro horas. Para el observador situado en el Polo Norte la culminación de tal circuito, ya sea del sol o las estrellas, servirá como medida de días ordinarios, un período de veintecuatro horas, durante los largos días y noches de seis meses. Cuando se cumplen unas ciento ochenta de tales rondas (el número dependerá de la diferencia de duración del verano e invierno comentadas en el último capítulo) el sol descenderá de nuevo bajo el horizonte y las estrellas del hemisferio norte, que habían desaparecido debido a la claridad solar, volverán a ser visibles repentinamente y no aparecerán una tras otra como entre nosotros. La luz del sol, por así decirlo, las eclipsó, aunque permanecieron sobre el observador, sin embargo, tan pronto como esta obstrucción desaparece el hemisferio norte estrellado de nuevo parecerá girar alrededor del observador durante el siguiente período de seis meses. El movimiento horizontal del hemisferio celeste, la única larga y continua aurora y un crepúsculo anual y un día y una noche de seis meses cada uno, constituirían, por tanto, las características especiales del calendario polar.

Ya se ha dicho más arriba que para un observador situado en el Polo Norte habría una noche de seis meses y sería lógico inferir que, por tanto, existiría una total oscuridad en el Polo durante la mitad del año. E incluso podríamos contemplar con horror los peligros y dificultades de una larga noche de seis meses, durante la cual no solamente la luz, sino el calor del sol han de ser artificialmente suplidos. En realidad, tal suposición es errónea. En primer lugar, existen las descargas eléctricas, conocidas como aurora boreal, que llenan la noche polar con sus maravillosos destellos. Por otro lado, está la luna, que, en su revolución mensual, permanece sobre el horizonte polar durante una continua. Pero lo que aliviará la oscuridad de la noche polar será la aurora que precede al orto y el crepúsculo que sigue al ocaso del sol. En el trópico o en las zonas templadas, este crepúsculo y esta aurora duran solo una o dos horas, pero en el Polo esta situación es completamente diferente, siendo tanto la aurora como el crepúsculo anual visibles durante numerosos días. La exacta duración de esta aurora o este crepúsculo, sin embargo, es todavía indeterminada. Algunos autores fijan este período en cuarenta y cinco días, mientras otros lo prolongan hasta dos meses completos. En la zona tropical los primeros resplandores de la aurora aparecen cuando el sol está alrededor de los 16º bajo el horizonte. Pero se dice que en latitudes superiores la luz del sol se vislumbra cuando está de 18º a 20º bajo el horizonte. Probablemente este último límite será el correcto para el Polo Norte, por lo que en tal caso la aurora durará allí dos meses. El capitán Pim, citado por Warren, describe así el año polar:

«El 16 de marzo el sol aparece, precedido por una larga aurora de cuarenta y siete días, comenzando el 29 de enero, cuando el primer destello de luz aparece. El 25 de septiembre el sol se pone, y tras un crepúsculo de cuarenta y ocho días, hasta el 13 de noviembre, las regiones entran en la oscuridad continua, en lo que concierne al sol, durante sesenta y seis días. A estos sigue un largo período de luz, durante el que el sol permanece sobre el horizonte ciento noventa y cuatro días. El año, por tanto, se divide así: ciento noventa y cuatro días de sol; setenta y seis de oscuridad, cuarenta y siete días de aurora y cuarenta y ocho de crepúsculo»[19].

Sin embargo, otros autores atribuyen una duración superior a la aurora y al crepúsculo, reduciendo el período de total oscuridad de setenta y seis a sesenta días o solamente a dos meses. Para saber cuáles de estos cálculos son correctos habrá que efectuar observaciones en el Polo Norte. Se ha establecido que esta duración depende de la potencia de reflexión y refracción de la Tierra, que son variables en razón a la temperatura y otras circunstancias locales. El clima polar es en la actualidad extremadamente frío, pero en la época interglacial fue diferente, y esto, por sí solo, alteraría la duración de la aurora polar durante el interglacial. No obstante, sea cual sea la causa a que se deba, no cabe la menor duda de que tanto la aurora como el crepúsculo polar duran numerosos días. Incluso si con-

[19] Dr. Warren, *Paradise Found*, 10ª ed., p. 64.

sideramos un límite inferior a los 16º, el sol tardaría durante su curso a través de la elíptica más de un mes en alcanzar el horizonte a partir de este punto, período durante el cual reinaría una perpetua aurora sobre el Polo. La larga aurora y el largo crepúsculo conformarían, por tanto, el principal factor de reducción de la oscuridad de la noche polar y si deducimos esos días de la duración de la noche, el período de oscuridad se reduciría de seis a dos o, como mucho, dos meses y medio. Es, por tanto, erróneo suponer que el medio año polar nocturno, implica un continuo período de oscuridad que hace de las regiones polares un lugar inhóspito. Al contrario, será un privilegio del hombre polar asistir al espléndido espectáculo de una larga aurora continua, con sus maravillosas luces y sus estrellas girando cada día, siguiendo círculos horizontales hasta el fin de la aurora.

La aurora en el trópico o las zonas templadas es breve y evanescente y se reproduce cada veinticuatro horas. Sin embargo, ha sido objeto de descripciones poéticas en diferentes países. Siendo esto así, resultaría más fácil imaginar que de describir de qué manera maravillaría a un observador polar el espectáculo de la aurora continua y espléndida que sucede a una oscuridad de dos meses, así como la impaciencia con la que esperaría la primera luz sobre el horizonte. Vamos a citar a continuación un pasaje de la obra de Warren *Paradise Found* que describe esta prolongada aurora polar, y quisiera llamar la atención especialmente porque constituye una de las características principales del Polo Norte. Tras haber señalado que el esplendor de la aurora polar es indescriptible, Warren añade:

«Primeramente aparece sobre el horizonte del cielo nocturno un resplandor apenas perceptible. Al principio hace palidecer unas pocas estrellas, pero poco después se le ve aumentar y desplazarse lateralmente a lo largo del horizonte veinticuatro horas más tarde ha completado un circuito alrededor del observador, y ha hecho palidecer algunas estrellas más. Pronto la luz aumentando, luce como una "Perla de Oriente". Continúa su movimiento circular, hasta que su color blanco se transforma en un rojo resplandeciente salpicado de púrpura y oro. Día tras día, este espléndido espectáculo se repite, y mientras las condiciones atmosféricas y las nubes resulten favorables a la reflexión, pasa sucesivamente por fases de mayor intensidad y de debilitamiento, pero tal debilitación solo es el prólogo de una ulterior mayor intensificación, en tanto que el sol se aproxima a su punto de emergencia. Finalmente, cuando tras dos largos meses, este espectáculo profético ha llenado los cielos de un esplendor cada día más ostentoso, el sol comienza a emerger tras una prolongada ausencia y a revelarse una vez más ante los ojos de los hombres. Tras una o dos revoluciones, su franja superior crece hasta que se forma el disco completo, resplandeciente, que brillará sobre el horizonte girando durante seis meses completos, siempre visible, alrededor del gran eje del mundo, sin permitir que caiga la noche sobre el país de su elección, el Polo. Del mismo modo, cuando finalmente desciende hacia el horizonte, cubre su retirada con esplendores, ora intensos, ora más débiles, durante su prolongado ocaso, como si en esos pulsos de luz cada vez más distante recordase al mundo que está abandonando las promesas y las profecías de un pronto regreso»[20].

Un fenómeno como este no puede dejar de impresionar permanentemente la memoria de un observador polar, y se verá más adelante que las más antiguas tradiciones de la raza aria han preservado el recuerdo de una época en la que sus ancestros fueron testigos de estos extraordinarios fenómenos en su país original, una larga y continua aurora de varios días, cuyas luces giraban alrededor del horizonte.

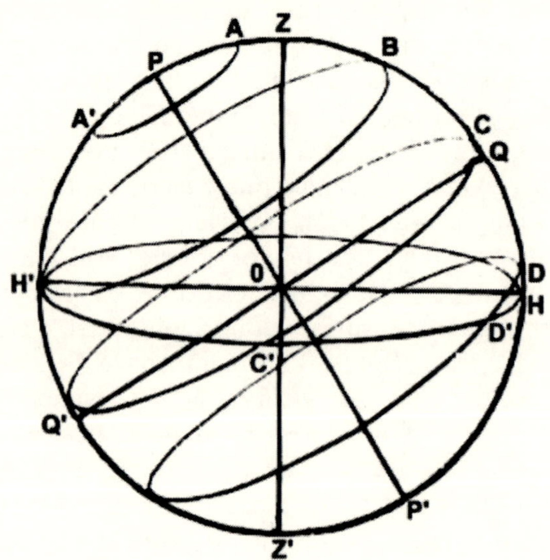

Tales son las características particulares del Polo Norte, es decir, el extremo septentrional del eje de la tierra. Pero como una región polar significa prácticamente una región próxima al Polo Norte y no meramente el punto polar, deberemos ver qué modificaciones son necesarias hacer en las características descritas, si el observador está situado un poco al sur del Polo Norte. Hemos visto que, en el Polo, el hemisferio norte celeste parece girar alrededor del observador y todas las estrellas se mueven con

[20] *Ibid*, p. 69.

él siguiendo planos horizontales sin salir u ocultarse, mientras que el otro hemisferio celeste permanece invisible. Pero cuando el observador se desplace hacia el sur, su cenit no se corresponderá con la estrella polar ni su horizonte con el ecuador celeste. Por ejemplo, en la figura anexa Z es el cenit del observador y P el Polo Norte celeste. Cuando el observador se situaba en el Polo Norte, su cenit coincidía con P y su horizonte con el ecuador celeste, con el resultado de que todas las estrellas en la cúpula Q´PQ girarían alrededor de él en planos horizontales.

Pero cuando el cenit esté situado en Z, este estado de cosas quedará alterado, en tanto que el cielo rotará como antes alrededor de la línea POP´, y no de la línea del cenit ZOZ´. Cuando el observador se situaba en el Polo Norte esas dos líneas coincidían y, por tanto, los círculos de revolución descritos por las estrellas alrededor del Polo celeste se describían igualmente alrededor de la línea cenital. Pero si el cenit Z es diferente de P, como en la figura, el horizonte celeste del observador será H´H, y las estrellas parecerán moverse en círculos inclinados en relación con el horizonte, como se muestra en la figura por las líneas AA´, BH´, CC´. Algunas de estas estrellas, a saber, aquellas que estén situadas en la parte de la cúpula celeste representada por H´PB, serán visibles durante la noche, dado que sus círculos de revolución estarán sobre el horizonte H´C´D´H. Pero todas las estrellas, cuya distancia polar sea más grande que PB o PH´, estarán, en el curso de su revolución diaria en parte sobre el horizonte y en parte bajo él. Por ejemplo, las estrellas en C y D describirán círculos, parte de los cuales estará bajo el horizonte H´H. En otras palabras, la apariencia del hemisferio celeste a un observador, cuyo cenit esté en Z, será diferente de la apariencia del cielo que podrá contemplar un observador situado en el Polo Norte. Las estrellas no girarán en planos horizontales, sino oblicuamente. Un gran número de ellas sería circumpolar y visible durante toda la noche, aunque el resto saldrán y se pondrán como en los trópicos, moviéndose a lo largo de círculos oblicuos. Cuando Z esté muy cerca de P, solo unas pocas estrellas saldrán y se pondrán y la diferencia no será muy marcada, pero si Z se sitúa al sur, el cambio será más evidente.

Modificaciones similares deberán introducirse en la duración del día y la noche cuando la posición del observador se desplace hacia el sur del Polo Norte terrestre. Esto se pone en evidencia mediante la observación de la siguiente figura. Consideremos P el Polo Norte celeste y QQ´el ecuador celeste. Entonces, si el sol se mueve en la eclíptica EE', que se inclina en un ángulo alrededor de 23º 30' (23º 28') en relación con el ecuador, los círculos TE' y E'T corresponderán a los círculos terrestres de latitud denominados «trópicos» y el círculo AC con el círculo ártico en el globo terrestre.

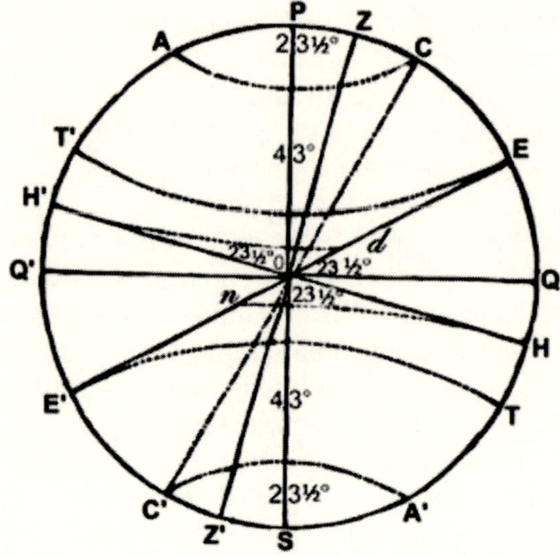

Ahora, como el sol se mueve en la eclíptica EE', en su curso anual, estará dos veces en el cenit de un observador situado en un lugar en la zona terrestre tropical, una vez en su curso desde E´ a E y otra vez a su retorno desde E a E'. El sol aparecerá también durante algún tiempo al norte del cenit del observador, y durante el resto del año al sur. Aunque como la altitud del sol sobre el ecuador nunca es superior a 23º y 30´, EQ, un observador cuyo cenit esté al norte del círculo TE' verá el sol siempre al sur de su cenit y la distancia cenital del sol será superior según el observador avance hacia el Polo Norte. Sin embargo, el sol estará sobre el horizonte todos los días, durante algunas horas al menos, para un observador cuyo cenit se encuentre entre TE´ y AC. Como ejemplo, supongamos que el observador esté situado de manera que su cenit será el C, es decir, el límite septentrional de la zona templada. Por tanto, su horizonte celeste se extenderá 90º a cada lado y se representará por T´CT, y el sol desplazandose a lo largo de la eclíptica E´E estará sobre su horizonte al menos durante una parte del día todo el año. Pero si el observador pasa a la zona ártica, el sol, durante su curso anual se encontrará bajo el horizonte muchos días, llegando al máximo en el Polo Norte, donde el sol está bajo el horizonte a lo largo de seis meses. Por tanto, podemos afirmar que la duración de la noche, que es de seis meses en el Polo, va disminuyendo gradualmente según nos alejamos hacia zonas templadas, donde el sol permanece sobre el horizonte durante algún tiempo de las veinticuatro horas de cada día. En la figura precedente supongamos que Z representa el cenit de un observador situado en las regiones árticas, por tanto, H´H representará su horizonte, y el sol, en su curso anual, estará durante algún tiempo bajo este horizonte. Por ejemplo, supongamos que el sol esté en n. Entonces su trayectoria de rotación estará representada por nH, la totalidad de la cual está bajo el horizonte H´H del observador cuyo cenit es Z. Por tanto, el sol, durante su curso anual a lo largo de la eclíptica de E´ a n, y regreso de n hacia E´, será invisible para el observador cuyo cenit es Z. Correspondiendo a esta total desaparición del sol durante algún tiempo, el astro estará permanentemente sobre el horizonte durante el mismo período en su curso por el hemisferio norte. Por ejemplo, pongamos que el sol esté en n, su trayectoria, dH´, estará completamente sobre el horizonte H´H, y así continuará todo cuando el sol se mueva de d a E, como cuando lo haga de E a d, en su curso anual. Durante este tiempo el sol ni saldrá ni se pondrá, sino que se desplazará a lo largo de trayectorias oblicuas, como las estrellas circumpolares, alrededor del observador, girando como una rueda. Para todas las posiciones situadas entre N y d por un lado y la porción correspondiente de la elíptica por otro, el sol estará ora sobre, ora bajo el horizonte durante su periplo cotidiano, dando lugar a días y noches ordinarios, días que serán más largos que las noches, mientras el sol permanezca en el hemisferio norte y al contrario cuando el astro esté en el hemisferio sur. Por consiguiente, en las regiones árticas que no se corresponden con el Polo Norte, el año, en vez de dividirse en un día y una noche de seis meses cada uno, lo hará en tres: una larga noche, un largo día, y una tercera parte compuesta por una sucesión de días y noches que conforman jornadas de veinticuatro horas. La larga noche tendrá una duración inferior a seis meses y superior a veinticuatro horas, y lo mismo sucederá con el largo día. La larga noche y el largo día marcarán los dos extremos opuestos del año, la mitad del largo día tendrá lugar cuando el sol esté en el solsticio de verano, y la mitad de la larga noche cuando esté en el de invierno. La triple división del año resulta esencial para nuestra hipótesis, y vamos a ilustrarla mediante un ejemplo concreto. Supongamos, por ejemplo, que el observador está situado a una distancia del Polo Norte de modo que en vez de una noche de seis meses observe una noche de dos o, en otras palabras, que el sol se oculta bajo el horizonte solamente durante dos meses. Como el solsticio de invierno tendrá lugar en la mitad de esta larga y continua noche, se puede decir que la noche comenzará un mes antes y finalizará un mes después del 21 de diciembre, el solsticio de invierno. Correspondiéndose con esta larga noche, habrá un continuo día de dos meses, que comenzará un mes antes y finalizará un mes después del 21 de junio, cuando el sol esté en el solsticio de verano. Si esos cuatro meses son deducidos del año, quedarán ocho meses, durante los cuales habrá días y noches semejantes a los de la zona templada. Esta alternancia de días y noches comenzará tras el fin de la larga noche en enero, y al principio, la noche será más larga que el día; no obstante, a medida que el sol pasa del hemisferio sur al hemisferio norte, el día crecerá paulatinamente hasta que tras cuatro meses sucesivos de días y noches dará comienzo un día continuo de dos meses de duración. Cuando finalice este largo día en julio, la alternancia de días y noches normales comenzará de nuevo, el día al inicio será mayor que la noche. Al pasar el sol desde el hemisferio norte al meridional, la noche comenzará a incrementar su duración hasta que después de cuatro meses de sucesión de días y noches, dará comienzo la continua noche de dos meses mencionada anteriormente. La misma descripción se aplica, *mutatis mutandis*, cuando la larga noche se prolongue durante tres, cuatro o cinco meses hasta que se alcancen las condiciones polares de un día y una noche de seis meses, al desaparecer la sucesión de días y noches normales[21].

Ya vimos que una larga aurora de dos meses constituye una característica del Polo Norte. A medida que descendamos hacia el sur el esplendor y la duración de la aurora disminuirán progresivamente. Sin embargo, tras el final de la larga noche de dos, tres o más meses, esta aurora será todavía inusualmente larga, prolongándose durante numerosos días. Como dijimos antes, al principio solo aparecerá un pálido destello de luz, permaneciendo visible en el horizonte, girando una y otra vez alrededor del observador, si este se encuentra lo suficientemente próximo al Polo, durante algunos días, para finalmente dar nacimiento al disco solar y a la sucesión de días y noches anteriormente descrita, que finalizará con un largo día. Por otro lado, el esplendor de la aurora boreal será también menos espectacular que en el Polo Norte.

Pero si las características de las regiones árticas son diferentes de las del Polo Norte, no lo son menos de las del año con el que estamos familiarizados en las zonas templadas o tropicales. Entre nosotros, el sol permanece sobre el horizonte al menos durante algún tiempo todos los días,

---

[21] Cf. Bhâskaracâchârya, *Siddhânta Shiromaṇi Golândhyâya*, cap VII, versículos 6-7: «Más allá de los 66º de latitud norte se produce un fenómeno particular: habrá un día continuo en tan-to que la declinación del sol sea superior al complemento de la latitud. De igual forma, cuando la declinación hacia el sur es superior al complemento de la latitud se producirá la noche continua. En el monte Meru (el Polo Norte) el largo día y la larga noche son iguales». Siendo la latitud de 70º, su complemento será 90-70= 20º. Por consiguiente, en tanto la altitud del sol en relación con el ecuador terrestre (su declinación) sea superior a 20º (no sobrepase jamás los 23º 28′) se producirá un día continuo. La noche continua, en consecuencia, tendrá lugar cuando la declinación hacia el sur esté comprendida entre los 23º 28′ y los 20º. Paul de Chaillu precisa que en Nordkyn, el cabo Norte (que se encuentra en una latitud de 71º 6′50′′) el punto más septentrional del continente europeo, la larga noche comienza el dieciocho de noviembre y finaliza el veinticuatro de enero, es decir, sesenta y siete días de veinticuatro horas.

durante los doce meses del año, pero para los habitantes de las zonas árticas está bajo el horizonte y, por tanto, continuamente invisible, durante un cierto número de días. Si este período de noche continua se excluyese de nuestro cómputo, podríamos decir que en las regiones árticas el año, o el período marcado por el sol, solamente dura de seis a once meses. En cuanto a la aurora de las zonas templadas y tropicales es necesariamente breve, puesto que un día y una noche consecutivos no exceden de veinticuatro horas y la aurora que los separa solo puede durar unas pocas horas. Por el contrario, la aurora anual en el Polo y la aurora con la que finaliza la larga noche en las regiones árticas tendrán cada una varios días de duración. En lo concerniente a las estaciones, se producen veranos e inviernos, pero el invierno de las regiones árticas está caracterizado por una larga noche continua que al aproximarse el verano da paso a un período de sucesión de días y noches, en el que la duración de un conjunto de un día y una noche no sobrepasará las veinticuatro horas, hasta que se produce el largo día durante el cual el sol brilla sin descanso durante numerosos días. El clima de las regiones polares es en la actualidad extremadamente frío y severo, aunque, como se ha subrayado previamente, las condiciones climáticas de las épocas pasadas fueron muy diferentes, por lo que podemos, por tanto, incluir el clima entre los puntos de contraste que estamos analizando.

La exposición precedente ha puesto de manifiesto la existencia de dos grupos diferentes de características o *differentiae*: el primero para el observador situado exactamente en el Polo Norte, el segundo para el observador localizado en las regiones circumpolares o los territorios que se extienden entre el Polo Norte y el círculo ártico. Por brevedad, designaremos estos dos grupos como polares y circumpolares. A continuación, ofreceremos un resumen de estas características:

I) Características polares.

1) El sol sale por el sur.
2) Las estrellas no se levantan y se ponen, sino que *rotan* o giran sobre *planos horizontales* completando una revolución de veinticuatro horas. El hemisferio norte celeste es visible durante la totalidad del año y el hemisferio celeste meridional es siempre invisible.
3) El año consta solamente de *un largo día y una larga noche de seis meses cada uno*.
4) Solo existen *una mañana* y *una tarde*, es decir, el sol sale y se pone una vez al año. Aunque el *crepúsculo* y la *aurora* duran dos meses *continuos* de sesenta períodos de veinticuatro horas cada

uno. La rojiza luz de la mañana o del crepúsculo, no se localiza en una parte concreta del horizonte (este u oeste) como entre nosotros, sino que se *desplaza* como las estrellas, *girando a lo largo del horizonte* como un torno de alfarero, completando una revolución cada veinticuatro horas. Esta rotación de la luz de la mañana se prolonga hasta que el disco solar aparece sobre el horizonte. El sol, por su parte, sigue el mismo curso durante seis meses, esto es, rota sin ponerse, alrededor del observador, completando una revolución cada veinticuatro horas.

II) Características circumpolares

1) El sol *estará siempre al sur del cenit del observador*; sin embargo, esto sucede también en las zonas templadas, por lo que no puede ser considerado como una característica especial.
2) Un gran número de estrellas son *circumpolares*, es decir, permanecen sobre el horizonte durante la totalidad de su revolución y son constantemente visibles. El resto de las estrellas salen y se ponen, como en la zona templada, pero giran en círculo más oblicuos.
3) El año se divide en tres partes: a) *Una larga y continua noche*, que sucede en la época del solsticio de invierno y durante un período mayor de veinticuatro horas y menor de seis meses según la latitud del lugar, b) *Un largo y continuo día*, que tiene lugar en el solsticio de verano, c) *Una sucesión de días y noches normales* durante el resto del año. Un día y una noche consecutivos, nunca excederán las veinticuatro horas. El día, tras la larga y continua noche, es al principio más breve que la noche, pero incrementando su duración hasta que da lugar a un largo y continuo día. Al final del largo día, la noche es más breve que el día, pero progresivamente incrementa su duración, hasta el comienzo de la larga y continua noche, con la cual el año termina.
4) La aurora, al final de la cercanía de la larga y prolongada noche, dura numerosos días, pero su duración y esplendor son proporcionalmente menores que en el Polo Norte según la latitud. En ciertos lugares, a pocos grados del Polo Norte, el fenómeno de la rotación de la luz matinal será observable durante gran parte de la duración de la aurora. Las otras auroras, las que separan días y noches normales, tendrán, como las auroras en zona templada, solamente unas pocas horas. El sol cuando está sobre el horizonte durante el día continuo, rotará, sin ponerse, alrededor del observador, como en el Polo, pero en círculos oblicuos y horizon-

> tales, y durante la larga noche permanecerán bajo el horizonte. Durante el resto del año saldrá y se pondrá, estando sobre el horizonte durante un lapso cada día variable en razón a la posición del sol en la eclíptica.

Tenemos aquí dos grupos distintos de características especiales de las regiones polares y circumpolares, características que no se encuentran en ningún otro lugar de la superficie del globo terrestre. Al permanecer los polos de la tierra en la misma posición que estuvieron hace millones de años, las características astronómicas a lo largo de este capítulo son válidas para cualquier época, aunque el clima polar pueda haber sufrido violentos cambios durante el Pleistoceno. Así, podemos considerar tomar esas diferencias como infalibles guías, a la hora de analizar los textos védicos. Si una descripción o una tradición védica revelase cualquiera de las características mencionadas arriba, podríamos deducir con seguridad que la tradición es de origen polar o circumpolar y que el fenómeno, si no ha sido observado por el poeta mismo, fue conocido por él gracias a una tradición transmitida con total fidelidad de generación en generación. Afortunadamente, existen muchos de tales pasajes en la literatura védica, y, por comodidad, los dividiremos en dos partes: la primera comprenderá los pasajes que directamente describen o se refieren a la gran aurora y la segunda tratará sobre mitos y leyendas que corroborarán y apoyarán de modo indirecto a los primeros. Las pruebas en la primera parte, siendo directas, son, por supuesto, más convincentes por lo que comenzaremos con ellas en el próximo capítulo, reservando el análisis de los mitos y leyendas védico a la última parte del libro.

CAPÍTULO IV

LA NOCHE DE LOS DIOSES

Los sacrificios védicos, regulados por el calendario luni-solar – Un año de seis estaciones y doce meses con un mes intercalar en el Taittirîya Samhitâ – Lo mismo en el Ṛig Veda – Resultados actuales de la mitología védica – Todo presupone un origen geográfico en la zona templada o tropical – Pero es necesario un estudio más profundo – El carácter especial del Ṛig Veda explicado – Indicios polares presentes en el Ṛig Veda – Indra sostiene los cielos por medio de un eje y los mueve como una rueda – Un día y una noche de seis meses bajo la forma de un día y una noche de los dioses – Hallazgos en el Sûrya Sidhânta y los otros Samhitâs astronómicos – El error de Bhâskarâchârya explicado – Día y noche de los dioses mencionados por Manú y por Yâska – La descripción de Meru o el Polo Norte en el Mahâbhârata – En el Taittirîya Araṇyaka – El pasaje en el Taittirîya Brâhmaṇa referido al largo día de los dioses – Imposibilidad de su explicación si no es a partir de la observación de la naturaleza – Un pasaje paralelo en el Vendidad – Su carácter polar claramente establecido por el contexto – El Vara de Yima en el Airyana Vaêjo – El sol sale y se pone allí solo una vez al año – El devayâna y el pitṛiyâna en el Ṛig Veda – Probablemente representan la división del año más arcaico, como el día y la noche de los dioses – El camino de Mazda en las escrituras parsis – La muerte durante el pitṛiyâna considerada de mal augurio – El punto de vista de Bâdarâyana – Probable explicación – La muerte durante el invierno o pitṛiyâna en las escrituras parsis – Probablemente señala un período de total oscuridad – Tradiciones griegas similares – El crepúsculo de los dioses nórdico – La idea de un día y una noche de los dioses de seis meses de duración se muestra así, no solo indoirania, sino indoeuropea – Una indicación indudable del origen polar.

En el mismo origen de la literatura védica nos encontramos con un sistema de sacrificios organizado de forma detallada y regulado de tal forma por el calendario luni-solar que nos está indicando que los bardos védicos poseyeron en aquella época unos considerables conocimientos astronómicos. Los sacrificios fueron de carácter diario, quincenal, mensual, trimestral, medioanual y anual, sirviendo, como ya señalamos[22], como sistema de medición temporal en aquellos tiempos.

El *Taittirîya Samhitâ* y los *Brâhmaṇas* mencionan claramente un mes lunar de treinta días y un año compuesto por doce de esos meses, al cual se le añade, tanto antes como ahora, un mes intercalar para hacer coincidir el año solar y el lunar. La eclíptica, o círculo zodiacal, se dividió en veintisiete o veintiocho partes, denominadas *Nakshatras* (constelaciones), que fueron utilizadas como indicadores del tránsito anual del sol o la revolución mensual de la Luna alrededor de la Tierra. Los dos puntos equinocciales y solsticiales, al igual que el paso del sol por los hemisferios norte y sur, estuvieron claramente definidos y el año se dividió en seis estaciones, fijándose con exactitud las fiestas mensuales o anuales. Se observaron sistemáticamente las estrellas que aparecían y se ponían con el sol, y el este y el oeste fueron determinados con toda la precisión que podían permitir las observaciones astronómicas de aquella época. En mi obra *The Orion or the Antiquity of the Veda* mostré cómo se señalaron los cambios en la posición de los equinoccios en aquellos tiempos y que ello nos puede permitir clasificar los períodos de la Antigüedad védica. De acuerdo con esta clasificación el *Taittirîya Samhitâ* dataría del período Kṛittikâs(o Pléyades del 2500 a. C.), lo que puede llevar a alguien a pensar que los detalles del calendario védico señalados serán solo característicos de la literatura védica tardía. Un mero estudio superficial del *Ṛig Veda* mostrará, sin embargo, que esa no es la realidad. Los poetas del *Ṛig Veda* conocieron un año de 360 días, con un mes intercalar añadido ocasionalmente, o un año de doce meses lunares, más doce días intercalares insertados al final de cada año, y a menudo es mencionado en los himnos[23]. Igualmente encontramos numerosas referencias al paso del sol de un equinoccio a otro, *devayâna* y *pitṛiyâna*, junto con los *sattras* anuales, lo que demuestra claramente que el calendario rig-védico difiere muy poco del utilizado en los tiempos del *Taittirîya Samhitâ* o los *Brâhmaṇas.* Un calendario de doce meses y seis estaciones corresponde exclusivamente a zonas tropicales o templadas y si tuviéramos que juzgar únicamente a partir de los datos anteriores, llegaríamos a la conclusión de que el pueblo que utilizó ese calendario debió vivir en un lugar donde el sol permanecía

[22] Véase, *The Orion or the Antiquity of the Veda*, capítulo II.

[23] Véase *Ṛig* I, 25, 8, y véase también *Ṛig* IV, 33, 7. Véase *Orion* p. 167 y ss. *Ṛig* I, 164, II menciona explícitamente 360 días y 360 noches durante el año.

sobre el horizonte durante todos los días del año. Los conocimientos actuales sobre mitología védica permitirían sostener el mismo aserto. Vṛitra está considerado como un demonio de la sequía o de la oscuridad y numerosos mitos encuentran su explicación en la teoría de la lucha entre las potencias de la luz y las de la oscuridad, del eventual triunfo del verano sobre el invierno o del día sobre la noche o de Indra sobre las nubes que retienen la lluvia. Nârayana Ahangar, de Bangalore, ha tratado de interpretar algunos de esos mitos por medio de una teoría astral, poniendo de relieve que tales mitos hacen referencia a la posición del equinoccio de primavera en Orión, durante el período más arcaico de la civilización védica. No obstante, todos estos sistemas y teorías explicativas dan por hecho que el pueblo védico ha habitado siempre zonas templadas o tropicales y que todos esos mitos y tradiciones se crearon y desarrollaron en dichas zonas.

Tales son los resultados de las últimas investigaciones en los campos de la filología, mitología y calendarios védicos relativos al origen del pueblo védico, así como a la antigüedad de su mitología. Sin embargo, el especialista no puede dejar de plantearse la cuestión de si se ha alcanzado el límite de la investigación. Suponer que todas las tradiciones, mitos e incluso deidades mencionadas en el *Ṛig Veda* fueron elaborados en un mismo período constituye un evidente error. Para utilizar una frase de Geología, el *Ṛig Veda*, podríamos decir que toda la literatura védica no está dispuesta en diferentes estratos siguiendo un orden cronológico, de modo que podamos ir de un estrato a otro y examinarlos separadamente. El *Ṛig Veda* es una obra en la que se entremezclan fragmentos y temas de diferentes períodos, de tal modo que se precisa un trabajo largo y paciente para ordenar y clasificar sus contenidos en sentido cronológico. Ya comentamos anteriormente que, debido a lo incompleto de nuestros conocimientos acerca del hombre antiguo y del mundo que lo rodeaba, esta tarea resulta enormemente difícil y en algunos casos, imposible. Pero, como hizo notar Max Muller, es el deber de cada generación de investigadores reducir tanto como sea posible la cantidad de fragmentos ininteligibles del *Ṛig Veda*, de modo que con el avance del conocimiento científico cada generación sucesiva pueda, en este campo, encontrarse en una posición más ventajosa en relación con las precedentes. Según nuestro conocimiento sobre la mitología de los *Vedas*, el calendario védico no ha proporcionado elementos decisivos a favor del origen ártico. Sin embargo, existirían informaciones subyacentes en estos elementos que se habrían pasado por alto hasta el presente y que a la luz de los recientes descubrimientos científicos podrían llevarnos a importantes conclusiones. La mención del calendario luni-solar en el *Ṛig Veda* no debería, por tanto, impedirnos proseguir nuestras investigaciones, examinando textos y leyendas que no han sido explicadas satisfactoriamente, para verificar hasta qué punto textos y leyendas señalarían la existencia de un origen polar o circumpolar. Las características particulares de esas regiones fueron ya expuestas en el capítulo anterior y nuestra próxima tarea consistirá en comprobar si las leyendas en consideración se avienen satisfactoriamente a ellas.

La rotación de la cúpula celeste sobre el observador es una de las principales características del Polo Norte. Este fenómeno es tan peculiar que resultaría lógico encontrar sus rastros en las tradiciones de un pueblo en el caso de que sus ancestros hubieran vivido alguna en las proximidades del Polo Norte. Y, efectivamente, al confrontar esta característica con los textos védicos, nos encontramos con pasajes en los que se compara el movimiento de los cielos con el de una rueda y en los que se afirma que la bóveda celeste está sostenida por un eje. Así, en el *Ṛig Veda* X, 89, 4. Indra dice: «manteniendo separadas por su poder el cielo y la tierra como lo están las dos ruedas de un carro por medio del eje». Ludwig sostiene que esto hace referencia al eje de la Tierra, explicación que consideramos muy probable. La misma idea se repite en otros lugares. A veces, se afirma que el cielo se sostiene sin soporte, lo que atestigua el gran poder de Indra (III, 15, 2; IV, 53, 3). En X, 59, 2 Indra es identificado con Sûrya, quien es descrito «haciendo girar la inmensa extensión como las ruedas de un carro» (*Ṛig Veda* X, 89, 2). El étimo sánscrito que corresponde a «extensión» es *varâmsi* que para Sâyaṇa significa «luceros» o «estrellas», no obstante, independientemente del término que adoptemos resulta evidente que el verso en cuestión hace referencia a la revolución del cielo, a la que se compara con el movimiento de la rueda de un carro. Ahora bien, el movimiento de los cielos de las regiones templadas o tropicales podría describirse como el de una rueda que sigue la dirección de este a oeste y para regresar de nuevo al este, aunque la segunda mitad del circuito no fuera visible para el observador. Pero, no obstante, no se puede decir del cielo tropical que estuviese sostenido por medio de un poste, por la sencilla razón de que el Polo Norte, que debería ser el punto de apoyo, no estaría lo suficientemente cerca del cenit en las zonas templadas o tropicales. Por tanto, si cotejásemos las dos afirmaciones relativas a que los cielos están sustentados por medio de un poste y a que se mueven como una rueda, cabría inferir que el movimiento del que se habla es el movimiento del hemisferio celestial tal y como sería contemplado por un observador situado en el Polo Norte. En el *Ṛig Veda* 1, 24, 10[24] la constelación de la Osa Mayor (*Rikṣhaḥ*) se describe situada en lo «alto» (*uchhâḥ*),

[24] Debe señalarse que este pasaje relata la aparición (y no el otro) de la Osa Mayor al llegar la noche y su desaparición (no su puesta) durante el día, lo que indica el carácter circumpolar de esta constelación en el lugar donde fue observada.

y como esto solo puede hacer referencia a la altura de la constelación, se desprende que debía estar emplazada sobre la cabeza del observador, lo que solo es posible en las regiones circumpolares. Desafortunadamente, son muy pocos en el resto de los pasajes del *Ṛig Veda* que describen el movimiento del hemisferio celeste o de las estrellas, por lo que deberemos hacer uso de otra característica de las regiones polares, a saber «*el día y la noche de seis meses respectivamente*» y comprobar si la literatura védica contiene referencias relativas a este singular rasgo de las regiones polares.

La idea de que tanto el día como la noche de los dioses tienen una duración de seis meses cada uno está tan extendida por toda la literatura india que no examinaremos aquí más que una pequeña muestra, comenzando con la literatura post-védica, para remontarnos posteriormente a los libros más antiguos. Estas referencias se encuentran no solamente en los *Purâṇas,* sino en las obras de tema astronómico, siendo en los *Siddhântas* más recientes donde se pueden hallar en su forma más precisa. El monte Meru constituye el Polo Norte de nuestros astrónomos y en el *Sûrya Siddhânta* XII, 67 podemos leer «En el Meru los dioses contemplan el sol durante la mitad de su revolución tras su "único orto" en Aries». Según los *Purâṇas*, Meru es el hogar o la residencia de los dioses, por lo que se explicarían sin dificultad todas las referencias a sus días y noches de medio año de duración. Además, por otro lado, todos los astrónomos y teólogos han aceptado la exactitud de esta explicación. El día de los dioses se corresponde con el pasaje del sol desde el equinoccio de primavera al equinoccio de otoño, cuando el sol es visible en el Polo Norte o Meru, y la noche con el tránsito meridional del sol, el regreso del sol del equinoccio otoñal al vernal. Por su parte, Bhâskarâchârya, que no comprendía bien el pasaje en el que se afirma que «*uttarâyaṇa es un día de los dioses*» planteó la cuestión de cómo *uttarâyaṇa*, que en su época significaba el paso del sol del solsticio de invierno al de verano, podía ser el día de los dioses que están en el Polo Norte, puesto que cualquier observador situado en el Polo Norte solo podría ver el sol en su paso del equinoccio vernal al otoñal[25]. Sin embargo, como ya pusimos de relieve con anterioridad, Bhâskarâchârya cayó en el error de atribuir al término *uttarâyaṇa* un sentido que no poseía antiguamente, al menos en los pasajes en cuestión. El significado arcaico de *uttarâyaṇa,* literalmente el viaje septentrional del sol, era el período de tiempo requerido por el sol para trasladarse del equinoccio vernal al otoñal, es decir, la porción de la eclíptica en el hemisferio norte, por tanto, si tomamos dicha palabra en este sentido, la afirmación de que *uttarâyaṇa* es el día de los *Devas* deviene completamente

[25] Véase *Orion*, p. 30.

inteligible. La referencia de Bhâskarâcârya a los antiguos *Samhitâs* astronómicos muestra claramente que la tradición se transmitió desde las épocas más arcaicas. Se ha sugerido que en estos pasajes los dioses pueden ser los ancestros divinizados de la raza humana. Pero no creemos que tal explicación sea necesaria. Si los ancestros de la raza humana vivieron en el Polo Norte debieron poseer sus dioses y como comprobaremos en un próximo capítulo, las divinidades védicas poseen, de hecho, unos atributos que son diáfanamente polares. De cualquier manera, resulta irrelevante para nuestro propósito que las características del país de origen se preservasen tradicionalmente como características de los dioses o de los ancestros divinizados de la raza. A nosotros nos interesa la tradición en sí misma y solo veremos alcanzado nuestro objetivo si su existencia queda establecida sin lugar a duda.

Pasaremos a continuación a comentar los textos de *Manú* I, 67. Al describir las divisiones del tiempo dice «un año (humano) es un día y una noche de los dioses; así son las dos divisiones: el día es el tránsito septentrional del sol y la noche el meridional». El día y noche divinos se utilizan, por tanto, como unidades de medida de los períodos de tiempo más largos, como los *kalpas*, etc., y con toda probabilidad el *Nirukta* XIV, 4 de Yaska contiene la misma referencia. Muir, en el primer volumen de su *Original Sanskrit Texts,* ofrece algunos de estos pasajes en tanto que se refieren al sistema de *yugas* que encontramos en los *Purâṇas.* No obstante, los desarrollos tardíos de la idea del día y la noche divinos de seis meses escapan del marco de nuestra obra. Lo que resulta realmente importante para nosotros es la frecuencia de esta tradición a lo largo de toda la literatura védica y post-védica, que solo puede explicarse a partir de una hipótesis que parta de que esta persistencia solo puede deberse a la observación directa de estos fenómenos. Citaremos, pues, a continuación, el *Mahâbhârata*, que nos ofrece una descripción mucho más precisa del monte Meru, el Señor de las Montañas, que no deja lugar a duda acerca de su identificación con el Polo Norte. En los capítulos 163 y 164 del *Vanaparvan* se describe la visita de Arjuna al Monte con todo detalle y, se dice que: «en el Meru, la Luna y el sol giran de izquierda a derecha (*paradakshinam*) todo el día y lo mismo hacen las estrellas». Más adelante el narrador prosigue «la Montaña, por su esplendor, triunfa sobre la oscuridad de la noche, de modo que noche y día apenas pueden distinguirse». Algunos versos más adelante se lee: «el día y la noche juntos equivalen a un año para los habitantes de aquel lugar»[26]. Estas citas son suficientes para convencer a cualquiera de que en la época en la que fue compuesta la

[26] *Vana-parvem*, cap. 163, vv. 37, 38, cap. 164, vv. II, 3.

gran épica los escritores indios tenían un conocimiento bastante preciso de las características meteorológicas y astronómicas del Polo Norte y que este conocimiento no pudo obtenerse únicamente mediante cálculos matemáticos. La referencia al «esplendor de la montaña» resulta especialmente interesante, por cuanto que es con toda probabilidad la descripción del resplandor de la *aurora boreal* visible en el Polo Norte. Así pues, en lo concerniente a la literatura post-védica vemos, por un lado, constantemente mencionada la tradición del día y de la noche divinos de medio año de duración respectivamente y, por otro, el monte Meru, el Polo Norte, se describe con tal exactitud que nos permitiría afirmar que se trata de una antigua tradición cuyo origen se remonta hasta una época en la que esos fenómenos podían ser observados diariamente. Esto estaría confirmado por el hecho de que la tradición no se reduce exclusivamente a la literatura post-védica.

Si entramos en el estudio de la literatura védica, nos encontraremos con que el monte Meru se describe como la sede de siete *Âdityas* en el *Taitirîya Araṇyaka* I, 7,1 mientras que el octavo *Âdityâ*, llamado Kashyapa, jamás ha abandonado el gran Meru o Mahameru. Kashyapa se describe, además, como la luz derramada sobre los siete *Âdytas* y que ilumina perpetuamente la Gran Montaña. Esto se describe igualmente en el *Taitirîya Brâhmaṇa* (III, 9, 22 1) donde hallamos un pasaje en el que se dice textualmente «lo que aquí es un año, solo es un día para los dioses». La afirmación es tan clara que no pueden albergarse dudas acerca de su significado. Se dice que un año de los mortales constituye un día de los dioses, pero, no obstante, consideramos que sería extremadamente arriesgado fundamentar una teoría incluso sobre afirmaciones tan evidentes[27], en la medida que a nosotros nos lo parecen, pero limitadas a la literatura védica. No hemos podido encontrar nada equivalente en los *Samhitâs*, ni tampoco en el *Ṛig Veda,* por lo estuve tentado de pensar que *uttarâyaṇa* y *dakṣhiṇâyana* fueron descritos, muy probablemente, como «día» y «noche» con un término calificativo para señalar su naturaleza especial. Sin embargo, posteriores investigaciones nos han llevado a la conclusión de que la tradición representada por este pasaje señala la existencia de un origen primordial polar y expondremos a continuación las pruebas que nos han permitido llegar a dicha conclusión. Son numerosas las teorías susceptibles de proporcionar una explicación a la afirmación reproducida más arriba del *Taittirîya Brâhmaṇa.* Podríamos considerarlas producto de la imaginación o una metáfora que expresase en lenguaje figurativo una realidad muy diferente de la que denotan normalmente las palabras utili-

[27] *Taittirîya Brâhmaṇa* III, 9, 22, I. Véase *Orion*, p. 30 nota.

zadas o podría tratarse del resultado de la mera observación particular del autor o de las personas de las que habría obtenido información. Podría considerarse, igualmente, que está fundamentada en cálculos astronómicos efectuados con posterioridad, tratándose, por tanto, originariamente de una inferencia astronómica que se convirtió después en un hecho realmente observado. La última de esas suposiciones podría considerarse probable si esta tradición se hubiera reducido a la literatura post-védica o simplemente a las obras de carácter astronómico, pero resulta muy difícil sostener que durante la época de los *Brâhmaṇas* el conocimiento astronómico estuviese tan avanzado como para permitir semejantes cálculos matemáticos, así como suponer que los poetas védicos fueran capaces de realizar tales operaciones. Incluso en tiempos de Herodoto la afirmación de que «existe un pueblo que duerme durante seis meses» se consideraba «increíble» (IV, 24), por tanto, hay que rechazar la idea de que bastantes siglos antes de Herodoto pudiera establecerse una proposición relativa al día y la noche de los dioses en los términos arriba expuestos. Pero todas las dudas sobre esta cuestión quedan despejadas, merced a la existencia de aseveraciones casi idénticas en los libros sagrados parsis. En el *Vendidad*, (II, 40) (según Spiegel. 133) nos encontramos con la expresión «*Tae cha ayara mainyaente yat yare*» cuyo significado es «ellos consideran como un día lo que es un año». Esto es una paráfrasis de la afirmación del *Taittîrya Brâhmaṇa*, y el contexto de las escrituras parsis no deja lugar a duda acerca del carácter polar de la afirmación. La última parte del segundo *Fargard*, donde se encuentra este pasaje, contiene un diálogo entre Ahura Mazda y Yima[28]. Ahura Mazda previene a Yima, primer rey de la humanidad, de la proximidad de un crudo invierno que va a destruir toda criatura viviente al cubrir la Tierra con una gruesa capa de hielo y le aconseja la construcción de un *vara*, un recinto, para preservar la simiente de todo tipo de animales y plantas. Este encuentro tuvo lugar en Airyana Vaêjo, el paraíso de los iranios. El *vara*, o cercado, aconsejado por Ahura Mazda fue preparado convenientemente y Yima inquirió a Ahura Mazda: «¡Oh, constructor del mundo material!, ¡oh, tú, el sagrado! ¿Qué luces iluminarán el Vara que Yima ha construido?». A lo que Ahura Mazda responde: «Existen luces increadas y luces creadas. Allí, las estrellas, la Luna y el sol aparecen y se ocultan una vez (al año) y el año parece como un solo día». He seguido la versión de Darmesteter, aunque la de Spiegel es substancialmente análoga. Este pasaje reviste gran importancia por varios motivos. En primer lugar, nos dice que el Airyana Vaêjo, el paraíso primordial de los iranios, fue un lugar que se hizo inhabitable a causa de una glaciación; el segundo, que el sol salía y se ponía «una sola

[28] Véase *Sacred Books of the East Series*, vol. IV, pp. 15, 31.

vez al año» y que el año era como un día para los habitantes de aquel lugar. La presencia en el pasaje de una referencia a la glaciación se tratará más adelante. Por el momento es suficiente señalar de qué modo este pasaje corrobora y elucida el texto del *Taittîriya Brâhmaṇa* anteriormente comentado. El orto y el ocaso anuales solo son posibles en el Polo Norte y la mención de estos caracteres no deja resquicio de duda en lo referente a que tanto el *vara* como Airyana Vaêjo se hallaban localizadas en el ártico o en las regiones circumpolares, y que el pasaje del *Taittirîya Brâhmaṇa* se refiere igualmente al año polar. El hecho de que encontremos las mismas afirmaciones en las literaturas iranias e indias hace más improbable, si cabe, la explicación basada en los cálculos matemáticos. Ahora bien, podríamos suponer que ambas ramas de la raza aria llegaron a conocer estos hechos por medio de un esfuerzo de su imaginación o que no son más que mera metáfora. La única alternativa que nos queda es sostener como *sir* Charles Lyell ha señalado, que la tradición estaba «fundamentada en la observación de la naturaleza»[29].

Es cierto que ni esta afirmación, ni cualquier otra de carácter análogo se han podido encontrar en el *Ṛig Veda*, pero como veremos más adelante existen otros numerosos pasajes en el *Ṛig Veda* que van a corroborar estas aseveraciones de forma notable al hacer referencia a otras características polares. No obstante, deberíamos mencionar el hecho de que el año védico más antiguo parece haber estado dividido solo en dos partes, el *devâyana* y el *pitṛiyâna,* que originalmente se corresponden con el *uttarâyaṇa* y el *dakṣhiṇayâna* o el día y la noche de los dioses. La palabra *devayâna* aparece numerosas veces en el *Ṛig Veda Samhitâ* y significa «el camino de los dioses». Así, en el *Ṛig Veda* I, 72, 7 se dice de Agni que es instruido en el camino del *devayâna* y en *Rig* I, 183, 6 y 184, 6, el poeta dice: «Hemos, ¡oh, Asvin!, esperado al fin de la oscuridad, mientras veníais por el camino del *devayâna*». En VII, 76, 2, leemos de nuevo «el camino *devayâna* se ha hecho visible para mí. La bandera del alba ha aparecido en el este». Tales pasajes señalan inequívocamente que el camino del *devayâna* comienza con la aurora o tras el fin de la oscuridad y que constituye el camino que recorren Agni, los Ashvinos, Uṣhas, Sûrya, y otras deidades matutinas durante su curso celeste. Por otro lado, el camino de los *pitṛis* o *pitṛiyâna* se describe en el X, 18, I como el «reverso del *devayâna*, o el camino de la muerte». En el *Ṛig Veda* X, 88, 15, el poeta dice que ha «*oído hablar*» solo de «dos caminos, uno de los *Devas* y otro de los *pitṛis*». Si el *devayâna*, por tanto, comienza con el alba, debemos suponer que el *pitṛiyâna* comienza con la llegada de la oscuridad, por lo que Sâyaṇa

[29] Véase: *Elements of Geology*, 11.ª ed., vol. I, p. 8.

estaría en lo cierto al interpretar V, 77, 2 como sigue: «el atardecer no es para los dioses (*devayâna*)». Ahora bien, si *devayâna* y *pitṛiyâna* fueran meramente sinónimos del día y de la noche normales no podría, obviamente, sostener que ambos fueran los únicos dos caminos conocidos por los antiguos *Ṛiṣhis* y no podrían haber sido descritos poseyendo tres estaciones cada uno, comenzando por la primavera (*Shat. Bra.* II, I, 5, 1, 3)[30]. Es muy probable, por tanto, que *devayâna* y *pitṛiyâna* representaran originalmente las dos mitades de un año dividido en dos partes, una de continua luz y la otra de oscuridad constante, tal y como ocurre en el Polo Norte. Y, a pesar de que este fenómeno no se producía en las regiones que el pueblo védico ocupó posteriormente, se recordó porque constituía un hecho establecido y reconocido en el lenguaje, como los siete soles o los siete caballos de un solo sol. La argumentación sobre la que se apoya esta interpretación se expondrá en los capítulos siguientes. Por el momento será suficiente observar que, si se interpreta la doble división en *devayâna* y *pitṛiyâna* de este modo, queda corroborada completamente la afirmación del *Taittîriya Brâhmaṇa* de que un año no es sino un día para los dioses. Deberíamos también señalar en conexión con esto que la expresión «camino de los dioses» aparece incluso en las escrituras parsis. Efectivamente, en el *Farvadin Yash,* 56, 57 se dice que los *Fravashis*, que corresponden con los *pitṛis* de la literatura védica, han mostrado al sol y la luna «el camino construido por Mazda, el camino construido por los dioses», camino que es seguido por los propios *Fravashis.* Podemos leer también que el sol y la luna han permanecido mucho tiempo en el mismo lugar sin moverse debido a la acción de los Daêvas (los Asuras védicos, demonios de la oscuridad), antes de que los *Fravashis* mostraran el «camino de Mazda» a esos dos astros[31]. Esto indica que el «camino de Mazda» comenzaba, al igual que el *devayâna,* cuando el sol quedaba libre de las garras de los demonios de la oscuridad. En otras palabras, representa el período del año durante el cual el sol se mantiene sobre el horizonte en el lugar donde los ancestros de los indoiranios vivieron en tiempos arcaicos. Hemos visto que el *devayâna*, el camino de los dioses, es el camino seguido por Sûrya, Agni, y los demás dioses matutinos en su periplo, tal y como narra el *Ṛig Veda*. Por su parte, las escrituras parsis complementan esta información al narrar que el sol permaneció inmóvil hasta que los *Fravashis* le mostraron el «camino de Mazda» que, evidentemente, se corresponde con el *devayâna*, de modo que el «camino de Mazda» era la porción del año durante la que el sol permanecía sobre el horizonte hasta quedar atrapado algún tiempo por las potencias de la oscuridad.

---

30 Este problema se trata en profundidad en *Orion*, pp. 25, 31.

31 Véase *Sacred Books of the East Series*, vol. XXIII, pp. 193, 194.

Pero las correspondencias entre las escrituras indias y parsis no se agotan con esto. Existe un fuerte prejuicio hacia el *pitṛiyâna* constatable en la literatura india arcaica y que tiene un paralelo en los escritos parsis. Los hindúes consideran un mal augurio para un hombre su muerte durante el *pitṛiyâna* y el guerrero del *Mahâbhârata*, Bhishma, esperó en su lecho de muerte hasta que el sol atravesó el solsticio de invierno, porque el *dakṣhiṇâyana*, sinónimo de *pitṛiyâna*, se concebía entonces como el tiempo requerido por el sol para trasladarse del solsticio de verano al de invierno[32]. Cierto número de pasajes diseminados por toda la literatura de los *Upaniṣhads* corroboran lo anterior, al describir el viaje del alma humana de forma diferente dependiendo de si la muerte se ha producido en el curso del *devayâna* o del *pitṛiyâna*, siendo preferible el destino de un hombre muerto durante el camino de los dioses o *devayâna*. Todos estos pasajes pueden consultarse en el *Bhâshya* de Shankarâchârya, en los *Brâhma-Sûttras* IV, 2, 18-2, en los que Badarâyana[33] trata de conciliar estos pasajes con la dificultad que entraña el hecho de que la muerte producida durante el transcurso de la noche de los dioses se considerase completamente falta de mérito desde el punto de vista religioso, exponiendo su opinión de que no se deben interpretar estos textos en el sentido de la predicción de una vida futura de carácter desagradable para todos aquellos que mueran durante el *dakṣhiṇâyana*, la noche de los dioses. Como alternativa, Badarâyana propone que esos pasajes deben referirse a los yogis que aspiran a alcanzar un cielo de carácter particular tras la muerte. Independientemente de nuestras opiniones particulares acerca de esta cuestión, deberemos constatar en esta tentativa de Badarayana una clara conciencia de la existencia de una tradición que, si bien no proscribe absolutamente la muerte durante la noche de los dioses, desaprueba que se produzca tal hecho desde un punto de vista religioso. Si el *pitṛiyâna* representaba originalmente, como ya se dijo, un período de oscuridad continua, la tradición podría explicarse sencilla y racionalmente: al tener el *pitṛiyâna* el sentido de una noche prolongada, las ceremonias fúnebres celebradas por aquel que moría durante este período eran aplazadas hasta el comienzo de la aurora al final del *pitṛiyâna*, es decir, al comienzo del *devayâna*. Incluso todavía en la actualidad se sigue considerando un mal auspicio si la muerte sobreviene por la noche, realizándose los funerales tras el alba.

Las escrituras parsis son todavía más explícitas. En el *Vendidad*, *Fargards* V, 10 y VIII, 4, la cuestión consiste en saber cómo debe actuar el fiel de Mazda si la muerte tiene lugar en una casa cuando el verano ha finalizado y el invierno ha llegado. La respuesta de Ahura Mazda es la

---

[32] Para más detalle véase *Orion* p. 38.

[33] Véase también *Orion*, pp. 24-6.

siguiente: «En tales casos, un kata (una fosa) deberá ser construido en todas las casas y en él se depositará el cadáver durante dos noches, o por tres noches, o por todo un mes, hasta que los pájaros comiencen a volar, las plantas a crecer, las aguas a correr, y el viento a secar las aguas de la tierra». Teniendo presente el hecho de que el cuerpo sin vida de un fiel de Mazda requiere ser expuesto al sol antes de ser entregado a las aves, la única razón para guardar el cadáver en la casa durante un mes es que había un mes de oscuridad. La descripción del comienzo del vuelo de los pájaros y del correr de las aguas, etc., recuerda una descripción de la aurora en el *Ṛig Veda*, siendo muy probable que ambas estén hablando del mismo fenómeno. De hecho, hacen referencia a un invierno de total oscuridad durante el cual el cuerpo debe mantenerse en la casa para ser expuesto al sol al romper el alba tras la larga noche[34]. No obstante, será conveniente comentar estos pasajes tras examinar la totalidad de pruebas védicas en favor del origen ártico. Me he referido a ellas en este lugar para mostrar la completa correspondencia entre las escrituras hindúes y las parsis relativas al día y la noche de los dioses y a la inequívoca característica polar que señala la existencia de un origen primordial en el interior del círculo ártico.

Por otro lado, podemos encontrar las mismas tradiciones en la literatura de otras ramas de la raza aria, además de indios y parsis. Por ejemplo, Warren cita tradiciones griegas similares a las comentadas anteriormente. En lo referente a la primitiva revolución celeste, Anaxímenes, nos dice Warren, compara el movimiento del cielo en las épocas arcaicas con «la rotación del sombrero de un hombre sobre su cabeza»[35]. Cita otro autor griego para señalar que «al principio la estrella polar estaba siempre en el cenit». Según Anton Krichenbauer ha quedado establecido que tanto en *La Ilíada* como en *La Odisea* se hace continua referencia a dos clases de días: uno de una duración anual, especialmente cuando se describen la vida y proezas de los dioses, y el otro de veinticuatro horas. La noche de los dioses tiene, a su vez, su paralelo en la mitología nórdica, que menciona el «crepúsculo de los dioses» evocando esta expresión el período de tiempo durante el cual el reino de Odín y los *Aesir*, o dioses, llegará a su fin, pero no para siempre, sino para volver a renacer. Así se nos narra que «del muerto sol nacerá una hija más bella que su padre y la humanidad recomenzará de nuevo a partir del engendrador de vida y de su novia la vida»[36]. Si tales tradiciones y aseveraciones son correctas, demuestran que la idea de un día y una noche de los dioses de medio año de

[34] Véase: infra, cap. IX.

[35] *Paradaise Found*, 10.ª ed., pp. 192, 200.

[36] Cox, *Mithology of the Âryan Nations*, p 41, haciendo referencia a Brown, *Religion and Mithology of the Âryans of the North of Europe*, art. 15-17.

duración respectiva es no solo indoirania, sino indoeuropea, y que, por tanto, debió haberse originado en el hogar primordial de los arios. La mitología comparada, como se verá en un próximo capítulo, sostiene firmemente la idea un origen ártico de las razas arias y, en consecuencia, no hay nada sorprendente en el hecho de encontrar la idea del día y la noche de seis meses no solo en las literaturas védicas e iranias, sino en las griegas y nórdicas. Esta idea parece haber sido heredada de la tradición por todas las ramas de la raza aria, y, siendo una característica específicamente polar, serían suficiente por sí misma para establecer la existencia de un origen ártico. Afortunadamente, nuestro edificio no tiene necesidad de levantarse sobre este único pilar, puesto que existe un amplio abanico de evidencias en la literatura védica que apoyan la teoría ártica, suficientes para corresponder a todas las características polares y circumpolares expuestas en el capítulo precedente. La larga aurora constituye otra característica peculiar de Polo Norte y en el próximo capítulo veremos cómo las referencias del *Ṛig Veda* a la aurora solo son inteligibles si consideramos que se trata de la aurora polar.

CAPÍTULO V

LAS AURORAS VÉDICAS

Los himnos védicos a la aurora son los más bellos del Ṛig Veda – La divinidad del alba, plenamente descrita, no queda oscurecida por su personificación – Primeras alusiones a la larga duración de la aurora – Recitación de miles de versos o de la totalidad del Ṛig Veda mientras dura el amanecer – La división de la aurora en tres o cinco partes – Ambas implican una larga aurora – Lo mismo se deduce de los dos étimos Uṣhas y Vyuṣhṭî – Comentario sobre tres pasajes del Ṛig Veda referentes a auroras prolongadas, mal comprendidos hasta ahora – El largo intervalo de numerosos días entre la primera aparición de luz y el orto solar – Su mención expresa en el Ṛig Veda VII, 76, 3 – La explicación de Sâyaṇa es artificial e insatisfactoria – Existencia de numerosas auroras antes del orto – La razón por la que la aurora es nombrada en plural en el Ṛig Veda – El plural no es honorífico – No se refiere a auroras de días consecutivos – Atestigua un grupo de auroras continuas – Esto último confirmado por el Taittirîya Samhitâ, IV, 3, II – Las auroras son treinta hermanas – El Taittirîya Brâhmaṇa sostiene que son continuas – Examen de la explicación de Sâyaṇa acerca de las treinta auroras – Las treinta auroras descritas como las treinta fases de una aurora única – El movimiento giratorio de la aurora, semejante a una rueda, expresamente mencionado en el Ṛig Veda – La vuelta al mismo punto día tras día – Todo indica un grupo de treinta auroras estrechamente unido – Resumen de resultados – Queda establecido el carácter polar de las auroras védicas – Posible variación en la duración de la aurora védica – Explicación de la leyenda de la destrucción de la aurora por parte de Indra – Pasajes demostrativos de que las auroras así descritas son pervivencias de una época arcaica – Las auroras védicas son de carácter polar.

El *Ṛig Veda*, como ya hemos visto, no contiene referencias claras al día y la noche de seis meses de duración, aunque esta carencia se ve compensada ampliamente por los pasajes paralelos de las escrituras iranias. Sin embargo, en el caso de la aurora, el largo y continuo amanecer giratorio de rojizo esplendor característico del Polo Norte no existen dificultades. Uṣhas, la diosa de la aurora, es una divinidad védica importante y venerada, a la que se dedican alrededor de veinte himnos del *Ṛig Veda* y se menciona más de trescientas veces, tanto en singular como en plural. Estos himnos, en lo que coincidimos con Muir, están entre los más bellos, si no son los más bellos de todos, mientras que para Macdonell la deidad a la que están dedicados constituye la más hermosa creación de la poesía védica, no pudiendo encontrarse una figura más fascinante en toda la lírica descriptiva de tema religioso de cualquier otra literatura[37]. Resumiendo, Uṣhas, la diosa de la aurora, se describe en los himnos del *Ṛig Veda* con una extraordinaria riqueza de estilo y, lo que es más importante para nosotros, el carácter físico de la deidad no se ve nublado por su descripción o su personificación en los himnos. Disponemos, por tanto, de una buena ocasión de probar la validez de nuestra teoría, demostrando, si ello es posible, que la más antigua descripción de la aurora es realmente de carácter polar. *A priori*, parece poco probable que los poetas védicos hayan podido gozar de tal estado de inspiración ante los breves amaneceres de las regiones templadas o tropicales, así como tampoco resultaría lógico que la llegada del alba les provocase tal ansiedad debido simplemente a que no disponían de luz eléctrica o de candiles para iluminarse durante las cortas noches de menos de veinticuatro horas. No obstante, las auroras védicas no se han examinado hasta ahora desde este punto de vista. Parece que se ha asumido tácitamente por todos los comentaristas de los *Vedas,* tanto orientales como occidentales, que la Uṣhas del *Ṛig Veda* no es otra que la aurora normal de las zonas templadas o tropicales. Es natural que tanto Yâska como Sâyaṇa hayan podido pensar así, pero que los especialistas occidentales hayan adoptado este punto de vista se debe, probablemente, a la teoría de que la meseta de Asia central fue el hogar primordial de la raza aria. De este modo, numerosas expresiones de los himnos dedicados al alba que deberían haber sugerido hipótesis relativas al carácter físico o astronómico de la aurora védica han sido prácticamente ignoradas, cuando no simplemente suprimidas por los especialistas que podrían haber arrojado más luz sobre la cuestión de no haber estado bajo la influencia de la citada teoría. Merced a pasajes de este tenor, que estudiaremos de inmediato, estableceremos, al interpretarlos de modo natural, la naturaleza polar de aurora védica.

---

[37] Véase Muir, *Original Sanscrit Texts*, vol. V, p. 181. Macdonell, *Vedic Mithology*, p. 46.

La primera alusión a la larga duración de la aurora védica aparece en el *Aitareya Brâhmaṇa*, IV, 7. Antes de dar comienzo al sacrificio del *Gavâm-Ayanam* se procede a un largo recitado de no menos de un millar de versos a cargo del sacerdote, *hotṛi*. Este *Ashvina-Shâstra*, como se denomina, está dirigido a Agni, Uṣhas, y los Ashvinos, que son las divinidades que reinan sobre el final de la noche y el comienzo del día. Esta es la recitación más prolongada que ejecuta el *hotṛi* y tiene lugar tras la medianoche, cuando «la oscuridad de la noche comienza a disiparse con la llegada del alba»[38]. El mismo período de tiempo aparece en el *Ṛig Veda*, VII, 67, 2 y 3. El *shastra* resulta tan largo que se invita al *hotṛi* que debe recitarlo a que antes de empezar se refresque bebiendo mantequilla fundida, tras realizar tres ofrendas en sacrificio de una pequeña parte (*Ait. Br.* IV, 7; *Ashv. Shr. Sûtra* VI, 5, 3). «Debe comer *ghî*» observa el *Aitareya Brâhmaṇa*. «Antes de que comience a recitar al igual que un carro rueda bien si está bien engrasado (con aceite), la recitación saldrá bien si se engrasa con *ghî* (al ingerirlo)»[39]. Resulta evidente que, si la recitación debe finalizar antes de la salida del sol, una de dos: o bien el *hotṛi* debería comenzar su labor recién cumplida la medianoche, mientras reina la oscuridad, o bien la duración del alba debía haber sido lo suficientemente larga como para permitir al sacerdote acabar la recitación a tiempo, antes de que apareciesen las primeras luces del alba en el horizonte. La primera hipótesis es insostenible, puesto que se dice expresamente que el *Shastra* no debe recitarse hasta que la luz comience a iluminar la oscuridad de la noche. De este modo, entre la primera aparición de la luz y la salida del sol debió haber transcurrido el tiempo suficiente para recitar la prolongada composición laudatoria de un millar de versos. De hecho, en el *Taittirîya Samhitâ* (II, I, 10, 3) leemos que a veces la recitación del *shastra,* a pesar de que comience a tiempo, finaliza mucho antes de la aparición del sol y, en tal caso, el *Samhitâ* observa que deben llevarse a cabo ciertos sacrificios de animales. Por su parte, Ashvalâyana señala que en tal caso se debe continuar con el recitado, entonando otros himnos (*Ashv. S. S.* VI, 5, 8) mientras Apastamba (*S. S.* XIV, 1 y 2), tras mencionar el sacrificio mencionado en el *Taittirîya Samhitâ*, añade que deberán recitarse, si fuese necesario, los diez *maṇḍalas* del *Ṛig Veda*[40]. Estos textos evidencian que la aparición del sol sobre el horizonte en esta época solía retrasarse en relación con las previsiones, afirmándose en diferentes lugares del *Taittirîya Samhitâ* (II,

---

[38] *Nir.*, XII, 1.

[39] Traducción Haug de *Ait. Br.*, p. 270.

[40] Los *sutras* a los que aludimos son los siguientes: *Ashv.* S.S. VI, 5, 8, *Apastamba* XIV, 1 y 2. El primero de ambos sûtras es la repetición de *T.S.* II, 1, 10, 3.

1, 2, 4)[41], que los *Devas* deben realizar un *Prayaschitta* porque el sol no había aparecido tal y como se esperaba.

Otra indicación de la larga duración del alba la encontramos en el *Taittirîya Samhitâ* VII, 2, 20. Se mencionan aquí siete oblaciones: una para cada una de las siguientes divinidades: Uṣhas, Vyuṣhtî, Udeshyat, Udyat, Uditâ, Suvarga y Loka. Cinco de ellas deben entenderse como la aurora en sus cinco formas. El *Taittirîya Brâhmaṇa* (III, 8, 16, 4) explica las dos primeras, a saber, Uṣhas y Vyuṣhṭî, como la aurora y la aparición del sol o incluso a la noche y el día, pues de acuerdo con el *Brâhmaṇa*: «Uṣhas es la noche y Maṇḍalas el día»[42]. No obstante, incluso aunque aceptáramos esto y viéramos en Uṣhas y Vyuṣhṭî la noche y el día, porque la primera señala el fin de la noche y la segunda el comienzo del día, todavía tendríamos que tener en cuenta las otras tres oblaciones: Una a la aurora a punto de aparecer (*Udesyat*), otra cuando está apareciendo (*Udyat*) y una tercera cuando la aurora ya se ha levantado (*Uditâ*), las dos primeras de las cuales, según el *Taittirîya Brâhmaṇa* son ofrecidas antes de que el sol aparezca. Ahora bien, la aurora en las zonas tropicales es tan corta que su división tripartita es imposible. Debemos, por tanto, admitir que una aurora que permita tal división ha de ser por necesidad una aurora muy larga.

La división ternaria de la aurora no parece haber sido desconocida para los poetas del *Ṛig Veda*. Así en VIII, 41, 3 leemos que «los bien amados de Varuṇa han hecho nacer las tres auroras para él» y en la frase *tisrâḥ danuchitrâḥ* en I, 174, 7 se hace referencia a «tres auroras iluminadas de rocío». Existen, de igual modo, otros pasajes en el *Ṛig Veda* (V, 79, 9) en los que se suplica a la aurora que no se demore o que no dure demasiado y que permita que el sol la abrace como a un ladrón en la hoguera; y en II, 15, 6 se dice que los corceles de la aurora son lentos (*ajavasaḥ*), indicando que el pueblo a veces se cansaba de ver demorarse a la aurora sobre el horizonte. No obstante, podemos encontrar una afirmación más rotunda en I, 113, 15 donde el poeta afirma claramente que «la diosa Uṣhas apuntaba continua o perpetuamente (*shasvat*) en los días antiguos (*purâ*)» y el adjetivo *shasvat-tamâ* (la interminable) se aplica a la aurora en I, 118, II. Además, la misma existencia y uso de ambos términos *Uṣhas* y *vyuṣhṭî*, constituye por sí mismo una prueba de la larga duración del alba, pues si esta fuese breve no habría necesidad de hablar del estado completo (*vi* + *uṣhṭi*) de la aurora, tal y como se hace en numerosos pasajes del *Ṛig Veda*. La expresión *ushasaḥ vi-uṣhṭau*, aparece muy a menudo en el *Ṛig Veda* y ha sido traducida como «la llamarada progresiva del alba». Pero, al parecer, nadie ha reparado en la cuestión de por qué se utilizan dos palabras diferentes en este contexto, una de las cuales deriva

[41] *T.S.* II, 1, 2, 4. Véase también *T.S.* II, 1, 4, 1.
[42] *Tait. Br.* III, 8, 16, 4.

de la otra simplemente por la adicción de la preposición *vi*. Las palabras se han creado para denotar ideas y si *Uṣhas* y *vi-uṣhṭî* no quisieran denotar dos fenómenos diferentes, nadie, especialmente en aquellos antiguos tiempos, habría utilizado una frase que a todas luces resultaba superflua. De cualquier modo, todos estos hechos, con todo sugestivos, no pueden considerarse concluyentes, por lo que deberemos ocuparnos de los pasajes más explícitos de los himnos que hacen referencia a la duración de la aurora védica.

La primera estrofa que quisiera citar es: *Ṛig Veda* 1, 113, 10:

«*kiyâti a yat samayâ bhavâti*
yâ vyûṣ huryâscha nûnam vyuchhân
Anu pûrvâḥ kripate vâvashânâ
Pradidhyânâ joṣham anyâbhir eti».

El primer verso resulta bastante difícil. Sâyaṇa, a quien sigue Wilson, entiende que *samayâ* significa «cerca». Max Müller traduce *samayâ* (gr. *omos*, lat. *simul*) como «juntos», «al mismo tiempo». Por su parte, Roth, Grassman y Aufrecht ven en *Samayabhâvati* una única expresión con el significado de «eso que interviene entre los dos»[43]. Por tanto, se han ofrecido tres traducciones diferentes del verso:

Wilson, siguiendo a Sâyaṇa: «¿Después de cuánto tiempo las auroras han aparecido? ¿Durante cuánto tiempo se aparecerán? Todavía deseosa de aportarnos la luz, Uṣhas prosigue la función de quienes la han precedido, y brillando esplendorosamente, prosigue su camino junto a otras (aquellas que han de seguir)».

Griffith, siguiendo a Max Müller: «¿Cuánto tiempo estarán ellas juntas, las auroras que han brillado y las auroras que brillarán en adelante? Ella anhela ardientemente las auroras pasadas y continúa brillando alegremente con las otras».

Muir, siguiendo a Aufrecht: «¿Cómo es el intervalo que separa las auroras que han aparecido de aquellas que han de parecer? Uṣhas anhela ardientemente las auroras pasadas y continúa brillando junto a las otras (aquellas que han de venir)».

No obstante, a pesar de las diferentes interpretaciones, el significado del verso, en la medida en que concierne a nuestro tema, puede deducirse fácilmente. Existen dos conjuntos de auroras, una de ellas que ya ha concluido y otra que ha de venir todavía. Si adoptamos las traducciones del Wilson y Griffith, el sentido del verso señala que esas dos clases de auro-

---

[43] Véase en *Lexicon* de Peterberg y el *Worterbuch* de Grassman para el término *Samayâ*, así como: Muir, *O. S. Texts*, vol. V, p. 189.

ras, consideradas juntamente, ocupan un período de tiempo tal que obligan a preguntarnos: ¿Cuánto duran juntas? En otras palabras, los dos conjuntos de auroras juntos tuvieron una duración tan larga que los hombres llegaron a preguntarse cuándo terminarían. Si, por el contrario, adoptamos la traducción de Aufrecht, parece que hubiese transcurrido un largo período entre las auroras pasadas y las venideras. En otras palabras, se produjo una larga fractura en la secuencia regular de esas auroras. En el primer caso la descripción solo es posible si suponemos que la duración de las auroras fue muy larga, mucho mayor que la que podemos constatar en las zonas de clima templado o tropical, mientras que en el segundo, un largo intervalo entre auroras pasadas y presentes debe estar haciendo referencia a una larga pausa, una noche, que tiene lugar inmediatamente antes de que el segundo tipo de auroras comience su nuevo curso, fenómeno que solo es posible en las regiones árticas. De este modo, sea cual sea la interpretación que adoptemos (una larga aurora o una larga noche entre dos tipos de auroras) la cuestión solo es inteligible si consideramos que hace referencia a las condiciones polares. Los pasajes védicos que comentaremos posteriormente parecen, no obstante, apoyar las tesis de Sâyaṇa o Max Müller. Se habla de cierto número de auroras, algunas pasadas y otras por venir, dicen que ambos grupos duran un largo intervalo temporal. Este parece ser el verdadero significado del verso. Pero más allá de las interpretaciones, nos conformamos con demostrar que, incluso adoptando la traducción de Aufrecht, no podemos escapar de la necesidad de hacer que la descripción se refiera a las condiciones polares. El verso en cuestión es el décimo, y debería señalarse que en el verso decimotercero del mismo himno se nos dice que «en los días antiguos, la diosa Uṣhas brillaba permanentemente (shasvat)», indicando claramente que la aurora, en aquellos días, se prolongaba durante mucho tiempo.

El siguiente verso es todavía más explícito y, por tanto, más determinante. El séptimo *maṇḍala* del *Ṛig Veda* contiene cierto número de himnos dedicados al alba. En uno de ellos (VII, 76) el poeta, tras decir en los dos primeros versos que las auroras habían izado su bandera sobre el horizonte con su habitual esplendor, afirma explícitamente (versículo 3) que desde la primera aparición de la aurora en el horizonte hasta la siguiente aparición del sol transcurre un período de varios días. Debido a la importancia del verso para nuestra argumentación, lo transcribiremos intercalando una traducción literal.

«Tâni it ahâni bahulâni âsan
(Aquellos días fueron en verdad numerosos)
Yâ prachinam ud-itâ Sûryasya
(Los que anteriormente a la salida del sol)
Yataḥ pari jâre-iva â-charanti
(De los cuales como hacia un amante, avanzando)
Ushaḥ dahdṛikṣhe na punâḥ yati-iva»
(¡Oh, Aurora! Tú fuiste vista no como —una mujer— abandonada).

He creído conveniente seguir a Sâyaṇa al separar *jâra-iva* en el texto del *Samhitâ* en *jâre + iva* y no en *jâraḥ + iva* como hace Shâkala en el texto *Pada*; *jâre + iva* permite que la comparación con *Uṣhas* sea más apropiada que en el caso de *jâraḥ*. Literalmente la estrofa significaría: «Verdaderamente muchos fueron aquellos "días" que fueron antes de que tuviera lugar la aparición del sol, y mientras los cuales ¡Oh, aurora!, tú avanzabas como hacia un amante y no como a una (mujer) que se abandona». He interpretado *pari* con *yataḥ*, en el sentido de que la aurora aparece tras los días. *Yataḥ pari*, así formado, significa «tras los cuales» o «alrededor de los cuales». Sâyaṇa relaciona *pari* con *dahdṛikṣhe* y Griffith traduce *yataḥ* por «después». No obstante, estas construcciones no alteran el significado del segundo hemistiquio, aunque la composición de *pari* con *yataḥ* nos permite considerar la segunda línea como una proposición adjetival, lo que clarificaría el sentido. En IV, 52, 1 se dice que la aurora aparece después de su hermana (*svasuḥ pari*), y *pari* en ablativo no denota necesariamente la idea de distancia, sino que puede ser usada con diferentes significados, como, por ejemplo, en II, 5, 10 donde aparece la frase *Bhrigubhyaḥ pari,* siendo que Grassman traduce: «en honor de Bhrigus» mientras Sâyaṇa parafrasea *pari* por *paritah* «alrededor de». Así pues, en el verso que estamos considerando podemos combinar *pari* con *yataḥ* e interpretar la expresión por «después o alrededor de estos (días)». Igualmente debemos tener presente que debe haber una expresión que se corresponda con *jâre* en la comparación, expresión que solo podemos obtener si construimos *yataḥ pari* como ha sido propuesto anteriormente. Si analizamos el verso, veremos que ha sido construido por medio de tres proposiciones, una principal y dos adjetivas. La frase principal afirma que aquellos días fueron numerosos. El demostrativo «aquellos» (*tâni*) se sigue de dos frases relativas: *ya prâchînam...* y *yataḥ pari...* La primera de ambas sostiene que los días a los que se hace referencia en la proposición principal eran «aquellos que precedían a la salida del sol». Por tanto, si los días precedían la salida del sol, cabría deducir que se trataba de días de oscuridad. El poeta añade en la segunda frase relativa que, aunque esos días eran anteriores a la salida del sol, se podría decir que «la aurora se desplazaba después o alrededor de ellos como tras un amante y no como una mujer indiferente». En resumen, la estrofa establece en términos inequívocos que numerosos días (*bahulâni ahâni*) transcurrían entre la aparición de los primeros rayos matutinos y el orto solar, y que dichos días fueron fielmente acompañados por la aurora, en el sentido de que todo el período fue una «continua» aurora que no desapareció en ningún momento. La oración, del modo en que está construida, no permite otra interpretación y podemos ver hasta qué punto nos resulta ahora comprensible.

Esta estrofa constituye un verdadero «enigma» para los comentaristas. Por un lado, Sâyaṇa no se explica cómo el étimo «días» (*ahâni*) puede aplicarse a un período de tiempo anterior al orto, pues, como afirma literalmente: «la palabra día *(ahaḥ)* se utiliza exclusivamente para designar un período de tiempo que incluye el alba». Obviamente, no puede entender que se afirme que transcurra cierto número de días entre los primeros rayos del alba y la salida del sol. Esta cuestión resulta un serio problema para Sâyaṇa y la única forma posible de resolverlo consiste en forzar de modo antinatural el sentido de las palabras y construir algo con un sentido inteligible. Esta tarea no le resulta difícil. La palabra *ahani* que significa «día» constituía el único obstáculo, de modo que en vez de considerarlo en el sentido con que se usa sin excepción en todo el *Ṛig Veda*, se remitió al significado de la raíz, interpretándolo como «luz» o «esplendor». *Ahan* deriva de la raíz *ah* (filológicamente *dah*): «arder» o «brillar» y *ahana*, en el sentido de aurora, deriva de la misma raíz. Etimológicamente *ahani* podría igualmente significar esplendores, pero la cuestión radica en saber si se utiliza con este sentido en algún sitio y si cabría renunciar aquí al significado habitual del término. La respuesta de Sâyaṇa ya se ha ofrecido anteriormente. Esto es así porque la palabra «día» (*ahan*) solo puede aplicarse (según él) a un período comprendido entre el orto y el ocaso. Pero este razonamiento no es correcto porque en el *Ṛig Veda* VI, 9, 1, *ahaḥ* se aplica tanto al período de oscuridad como al de luz, siendo el verso: «hay un día *(ahaḥ)* de oscuridad y un día *(ahaḥ)* de luz». Esto señala claramente que los poetas védicos solían utilizar la voz «*ahaḥ*» (*día*) para indicar un período de tiempo desprovisto de luz solar. Sâyaṇa es consciente de esto y en su comentario sobre I, 185, 4 afirma expresamente que el termino *ahaḥ* podría incluir la noche. Su dificultad real es diferente: la imposibilidad de que pudieran transcurrir cierto número de días entre la primera aparición de la luz y el orto solar, dificultad que parece haberse presentado igualmente a los especialistas occidentales. Así, Ludwig sigue a Sâyaṇa al interpretar el verso en el sentido de que los esplendores de la aurora fueron numerosos y que aparecieron ya sea antes de la aparición del sol, ya sea, si *prâchînam* se interpreta de modo diferente, «al este», a la salida del sol. Roth y Grassman parecen haber interpretado *prâchînam* del mismo modo. Griffith traduce *ahâni* por «mañanas» y *prâchînam* por «precedente». Su traducción del verso es la siguiente: «grande es, en verdad, el número de las mañanas que precedieron al orto solar, puesto que tú ¡Oh, Aurora!, has sido vista como encaminándote al encuentro de tu amor, como alguien que no lo va a abandonar». Pero Griffith no explica qué entiende por la expresión «el número de mañanas que precedieron al orto solar».

El problema pues, queda reducido a lo siguiente: la palabra *ahan*, cuyo plural es *ahâni* (días) puede interpretarse como (I) un período de tiempo comprendido entre la salida y la puesta de sol; (II) la conjunción de un día y una noche, en el sentido que damos a los 365 días que componen el año y (III) una medida de tiempo de venticuatro horas, independiente del hecho de que el sol se encuentre sobre o bajo el horizonte, como en el caso de la noche ártica de treinta días. ¿Debemos olvidar todos estos posibles significados y traducir *ahâni* por «*esplendores*» en el verso en cuestión? La única dificultad estriba en explicar el intervalo de muchos días entre la aparición de los primeros rayos de la aurora y la emergencia del disco solar sobre el horizonte y esta dificultad desaparece si la descripción está haciendo referencia a la aurora en las regiones polares o circumpolares. Esta es la verdadera clave para entender tanto este como el resto de los pasajes similares que han sido citados con anterioridad, y a falta de ella han sido precisos numerosos artificios para hacerlos inteligibles. Sin embargo, ya no resultan necesarios. En lo que concierne a la palabra «días» hemos observado anteriormente que hablamos a menudo de «una noche o de varios días» o de «una noche de varios meses» cuando describimos dichos fenómenos polares. En tales expresiones, las palabras «día» o «mes» denotan sencillamente una medida de tiempo equivalente a veintecuatro horas o a treinta días; no existiendo nada de extraordinario en la expresión del poeta del *Ṛig Veda* «muchos fueron los días transcurridos entre los primeros destellos de la aurora y la aparición del sol». Hemos visto igualmente que en el Polo es posible señalar períodos de veinticuatro horas por medio de la rotación de la esfera celeste o de las estrellas circumpolares y que pudieron, e incluso, debieron ser denominados «días» por los habitantes de aquellas regiones.

En el primer capítulo del Antiguo Testamento se dice que Dios creó el cielo y la tierra, así como la luz «en el primer día», mientras que el sol fue creado en el «cuarto» «para separar el día de la noche y regir el día». En este contexto, la palabra «día» se utiliza para denominar un período de tiempo anterior a la misma creación del sol, y *a fortiori*, no debería resultar impropio utilizarlo para un período anterior al orto solar. No es preciso, pues, un espíritu hipercrítico a la hora de examinar la expresión védica en cuestión. Si Sâyaṇa se ha visto obligado a ello es por el hecho de que no tuvo los conocimientos relativos al Polo de los que disponemos en la actualidad. Nosotros no tenemos esa excusa y deberemos por tanto aceptar el significado que surge de la construcción y lectura natural de la oración.

Resulta, pues, evidente, que la estrofa en cuestión (VII, 76, 3) describe expresamente una aurora continua que se prolonga durante numerosos días, de modo solo posible en las regiones árticas. Hemos comentado el pasaje anterior con detenimiento debido a que la historia de su interpretación muestra claramente cómo ciertos pasajes del *Ṛig Veda*, que nos resultan ininteligibles a pesar de su simplicidad, han sido mal traducidos por los especialistas, que no han sabido qué hacer con ellos. Pero continuando con nuestro tema, hemos visto que la aurora polar puede ser dividida en períodos de veinticuatro horas según su rotación alrededor del horizonte. En este caso podríamos hablar con propiedad de tales divisiones como de numerosas auroras de una duración de veinticuatro horas cada una y afirmar que muchas de ellas han pasado y otras muchas están por llegar, tal y como se hace en el verso (I, 113, 10) comentado más arriba. Podríamos decir igualmente que numerosas auroras de un día de duración han transcurrido y todavía no se ha producido la salida del sol, como en II, 28, 9, un verso dirigido a Varuṇa, donde el poeta solicita el siguiente favor:

«Para ṛiṇâ sâvîr adha mat-kritâni
Mâ ahnam râjam anya-kṛitena bhojam
Avyuṣhṭâ in un bhûyasih uṣhâsa
Â no jîvâm Varuṇatâsu shâdhi».

La traducción literal es: «Borra las deudas (faltas) en las que he incurrido, haz ¡Oh, Rey! Que no me afecten las acciones de los demás. En verdad, numerosas auroras no se han expandido completamente (VI) ¡Oh, Varuṇa! Haz que podamos vivir durante ellas»[44]. La primera parte de la estrofa contiene una oración habitualmente dirigida a los dioses y nada hay que decir al respecto en relación con nuestro tema. La única expresión que resulta necesaria comentar es *bhûyasiḥ uṣhâsaḥ avyuṣhṭâḥ* en el tercer verso de la estrofa. Las dos primeras palabras no presentan dificultad, significan «numerosas auroras», ahora bien, *avyuṣhṭâḥ* es un participio negativo de *vyuṣhṭa*, que a su vez deriva de *uṣhta* con la partícula *vi* como prefijo. Ya nos hemos referido a la distinción entre Uṣhas y *viuṣhṭi*, sugerida por la división del alba en tres o cinco partes. Vyuṣhṭî, de acuer-

[44] *Ṛig*, II, 28, 9.

do al *Taittirîya Brâhmaṇa*, significa «día» o incluso «la expansión del alba a la salida del sol» y la palabra *a + vi + uṣhṭa*, por tanto, significaría «no completamente expandido durante la salida del sol» pero tanto Sâyaṇa como el resto de comentaristas no parecen haberse percatado de la diferencia entre los significados de *Uṣhas* y *viuṣhṭi*; o si lo han hecho, no conocen o no han tenido presente el fenómeno de la larga aurora continua de las regiones árticas, una aurora que se prolongaba durante numerosos períodos de un día de duración antes de la aparición del disco solar sobre el horizonte. La expresión *bhûyasiḥ uṣhâsaḥ avyuṣhṭâh*, que literalmente significa «muchas auroras no han amanecido, o no se han expandido completamente», resultaba, así, un enigma para dichos comentaristas. Toda aurora, sostenían, iba seguida de un orto solar y no podían comprender por tanto cómo «numerosas auroras» podían ser descritas como «no completamente expandidas». Por consiguiente, resultaba necesaria una explicación, y esta se obtuvo convirtiendo el participio pasivo *avyuṣhṭa* en un participio futuro y traduciendo la expresión en cuestión de la siguiente manera: «durante las auroras (o días) que no han amanecido todavía» o, en otras palabras, «días por venir» pero esta explicación resulta «traída por los pelos». Si se hubiese querido hablar de días por venir, se habría utilizado una expresión más sencilla y breve. El poeta habla de forma evidente de sucesos presentes y, tomando *vi-uṣhṭa* en el sentido que posee literalmente, podríamos interpretar la expresión de forma natural y sencilla. En el sentido de que, a pesar de que han transcurrido numerosas auroras, entendiéndose por auroras las porciones de tiempo de un día de duración durante las que se prolonga la aurora continua, todavía no han devenido *vyuṣhṭa*, pues el disco solar no ha emergido todavía sobre el horizonte y Varuṇa deberá proteger a sus fieles en tales circunstancias.

Existe un gran número de expresiones en el *Ṛig Veda* que confirman la misma idea. Por ejemplo, correspondiendo a *bhûyasiḥ* en el pasaje anterior, tenemos el adjetivo *pûrvḥ* (muchos) utilizado en IV, 19, 8 y VI, 28, 1 para indicar cierto número de auroras, lo que demuestra que el autor ha querido hablar de más de una aurora. En el *Ṛig Veda* las auroras se mencionan frecuentemente en plural, siendo este hecho bien conocido por todos los especialistas en literatura védica. Así en I, 92 un himno a la aurora, el bardo comienza su canto con la enfática exclamación característica: «Estas (*etâḥ*) son aquellas (*tyâḥ*) auroras (*Uṣhasaḥ*) que han hecho su aparición en el horizonte», apareciendo la misma expresión de nuevo en VII, 78, 3. Yâska explica el plural *Uṣhasaḥ* considerando que se utiliza de modo honorífico (*Nirukta* XII, 7), mientras Sâyaṇa lo interpreta haciendo referencia al número de divinidades que presiden el amanecer. Los especialistas occidentales no ofrecen nada nuevo, mientras que Max

Müller se contenta simplemente con observar que los bardos védicos, cuando hablan de la aurora, utilizan a veces el plural como... ¡Habrían podido usar el singular! No obstante, una pequeña reflexión pondrá en evidencia que ninguna de esas explicaciones resulta satisfactoria. Si el plural es honorífico, ¿por qué se transformaría en singular pocas líneas después en el mismo himno? Con toda seguridad el poeta se limita a dirigirse respetuosamente a la aurora solo al principio, adoptando posteriormente un tono más familiar. Esta no es, con todo, la única objeción posible a la explicación de Yâska. Los poetas védicos utilizan varios símiles para describir la aparición de las auroras sobre el horizonte y el examen de dichos símiles eliminará cualquier duda referente a que el plural de las auroras sea simplemente honorífico. Así, en la segunda línea de I, 92, 1 las auroras son comparadas al número de «guerreros» (*dṛishṇavâḥ*) y en el tercer verso se las compara a «mujeres (*nârîḥ*) dedicadas a sus ocupaciones». Se dice que aparecen en el horizonte como «olas de agua» (*apâmna urmayha*) en VI, 64, 1 o como «pilares plantados para un sacrificio» (*adhvareshu svarayha*) en IV, 51, 2. Se nos dice también que se mueven como «hombres que desfilan» (*visho na yuktaḥ*) o que avanzan como «rebaños de reses» (*gavam na yuktaḥ*) en VII, 79, 2 y IV, 51, 8 respectivamente. Son descritas como todas «iguales» (*sadṛishiḥ*) y se dice que están animadas por «un solo espíritu» (*sanjânante*) o «actuando armoniosamente» en IV, 51, 6 y VII, 76, 5. En el último verso el poeta nos informa otra vez de que «no luchan las unas contra las otras» (*mithaḥ na yatante*), a pesar de que moran juntas en el «mismo cercado» (*samâne urve*). Finalmente, en X, 89, 18 el poeta plantea la siguiente pregunta: «¿Cuántos fuegos, cuántos soles y cuántas auroras (*uṣhâshaḥ*) existen?». Si se dirigiese en plural a la aurora simplemente por respeto hacia la divinidad, ¿dónde estaría la necesidad de informarnos de que no pelean a pesar de que conviven en el mismo lugar? Las expresiones «olas de aguas» o «hombres en fila» son, del mismo modo, lo suficientemente explícitas como para interpretarlas como honoríficas. Parece que Sâyaṇa ha notado esta dificultad y ha propuesto una explicación ligeramente diferente a la de Yâska pero que, desafortunadamente, no soluciona el problema, quedando pendiente la cuestión de por qué las divinidades que presiden la aurora son más de una. La única explicación que se ha dado, en lo que me alcanza, y a parte de las anteriores, es que el plural hace referencia a las auroras de los sucesivos días del año tal y como las conocemos en las zonas templadas del planeta. Según esta hipótesis debería haber trescientas sesenta auroras durante un año, seguidas cada una de ellas por un orto solar diario. Esta explicación podría parecer plausible a primera vista. Pero un examen más pormenorizado demuestra que las expresiones utilizadas en los himnos resultan inconciliables con ella. Si las trescientas sesenta auroras, todas ellas separadas por intervalos de veinticuatro horas, fueran el sentído del plural utilizado en los versos védicos, ningún poeta podría hablar de ellas con propiedad en los términos que lo hacen en I, 92,1 utilizando el doble pronombre *etâḥ* y *tyâḥ*, como si estuviese describiendo un fenómeno físico que se estuviese desarrollando ante él, ni podemos entender cómo trescientas sesenta auroras repartidas durante todo el año puedan ser descritas como «hombres alineados para la batalla». Y es también absurdo describir las trescientas sesenta y cinco auroras como encerradas «en el mismo cercado» y «no peleando o forcejeando las unas contra las otras». Nos vemos, por tanto, obligados a concluir que el *Ṛig Veda* habla de un grupo de auroras, interrumpido o no separado por la luz solar, de modo que podemos considerarlas como una sola aurora continua. Esta afirmación concordaría perfectamente con la comentada anteriormente según la cual habían transcurrido numerosos días desde la primera aparición de la luz en el horizonte y la salida del sol (VII, 76, 3). En consecuencia, no podemos aceptar las explicaciones que nos ofrecen ni Yâska ni Sâyaṇa. La realidad no es otra que el hecho de que la aurora védica representa un prolongado fenómeno físico que puede ser descrito en plural si suponemos que puede dividirse en pequeñas porciones de un día de duración. Esta es la razón por la que nos encontramos con referencias a Uṣhas tanto en singular como en plural. No existe ninguna otra explicación susceptible de interpretar las diferentes descripciones de la aurora que aparecen en los diferentes himnos.

Para acabar con el tema, el *Taittirîya Samhitâ*, IV, 3, 11 afirma que las auroras eran treinta hermanas o que, en otras palabras, eran treinta y giraban sin parar en cinco grupos, estando reunidas en el mismo lugar, bajo la misma bandera. Puede decirse que el conjunto de este *Anuvâka* es un himno a la aurora de quince versos que son utilizados como mantras durante la colocación de ciertas piedras sagradas, denominadas «piedras de la aurora» en el altar sacrificial. Son dieciséis las piedras que han de colocarse en el altar y el *Anuvâka* en cuestión posee quince mantras, o versos, para ser utilizados, siendo el decimosexto consignado en otro lugar. Estos quince versos, revisten tal importancia que hemos incluido como apéndice al final del capítulo la traducción de los pasajes, comparando la versión del *Taittirîya Samhitâ* con la del *Atharva Veda*, en el caso de aquellos versos que se aparecen en este. El primer verso de la sección, o *Anuvâka*, se utiliza para colocar la primera piedra de la aurora y habla solo de una única aurora aparece sobre el horizonte. En el segundo verso tenemos una pareja de auroras descritas como «viviendo en la misma morada». En el tercer verso se hace referencia a una tercera aurora, seguida de una cuarta y una quinta. Entonces se dice que cada una de las cinco auroras tiene cinco hermanas, exclusivas de cada una de ellas, alcanzandose así el número de treinta. Esas «treinta hermanas» (*trimshat svasâraḥ*) se describen «girando» (*pari yanti*) en grupos de seis, avanzando hacia la misma meta (*niṣhkṛitam*). Dos versos más abajo, el sacrificador solicita que tanto él como sus fieles sean bendecidos con la misma concordia que reina entre esas auroras. Se nos dice entonces que una de esas cinco auroras principales es la hija de *Rita*. La segunda mantiene la inmensidad de las aguas, la tercera se mueve en la región de *Sûrya*, la cuarta en la del fuego de *Gharma* y la quinta está regida por *Savitri*, mostrando de forma evidente que las auroras no son las correspondientes a días sucesivos. El último verso de *Anuvâka* resume esta descripción diciendo que la aurora, aunque brilla de diversas maneras, en realidad no es más que una. A través de todo el *Anuvâka* no se hace referencia a la salida del sol o a la aparición de la luz solar, y el *Brâhmaṇa* lo confirma diciendo: «Hubo un tiempo, en el que no había día ni noche, existiendo un estado indiferenciado. Fue "entonces" cuando los dioses percibieron esas auroras y las depositaron, entonces hubo luz; por esta razón aquel por quien estas (las piedras) se colocan conocerá la luz y el fin de la oscuridad». El objeto de este pasaje es explicar cómo y por qué se llegó a colocar esas «piedras de la aurora» con esos mantras y narra la antigua historia de las treinta auroras percibidas por los dioses, no durante días consecutivos, sino durante el período de tiempo durante el que no existía ni día ni noche. Todo esto, junto a la expresa afirmación del final del *Anuvâka* de que en realidad solo existe una aurora, es suficiente para probar que las treinta auroras mencionadas fueron continuas y no consecutivas. Pero si se requiere una prueba aún más explícita, la hallaremos en el *Taittirîya Brâhmaṇa* II, 5, 6, 5. Se trata de un antiguo mantra y no de un comentario del *Brâhmaṇa*, por tanto, un testimonio tan válido como cualquiera de los versos citados con anterioridad. Está dirigido a las auroras y reza así: «Estas múltiples auroras son las que brillaron en primer lugar, las diosas poseen cinco formas; eternas (*shasvatîḥ*), (ellas) no están separadas (*na avapṛijyanti*), ni tienen fin (*na gamanti antam*)». Las cinco formas a la que se hace referencia aquí corresponden a la división de treinta auroras en cinco grupos de seis cada uno, efectuada en el *Taittirîya Samhitâ*, a la manera del *shal-ahas* sacrificial o grupo de seis días, y ya se ha hecho mención expresa a que las auroras que tienen esas cinco formas son continuas, no separadas e ininterrumpidas. En el *Ṛig Veda* I, 152, 4 la vestimenta del amante de las auroras (literal «las doncellas», *kaninam jâram*) se describe como «de una pieza» y «amplio» (*an-avaprigna* y *vitata*), e interpretando esto a la luz del mantra del *Taittirîya Brâhmaṇa* antes mencionado, nos vemos obligados a concluir que en el mismo *Ṛig Veda* el vestido auroral del sol, o el vestido que tejen las auroras como madres para él, se considera «amplio» y «continuo». Traducido a un lenguaje común significaría que la aurora descrita en el *Ṛig Veda* era un fenómeno de carácter largo y continuo. En el *Atharva Veda* (VII, 22, 2) las auroras son descritas como *sachetasa* y *samîchîḥ*, cuyo sentido es «armoniosas» y «caminan juntas» y no separadamente. La primera expresión se encuentra en el *Ṛig Veda*, pero no la segunda, aunque puede inferirse con facilidad del hecho de que las auroras se describen «reunidas en el mismo cercado». Griffith interpreta *samîchîh* como «un grupo estrechamente unido» y traduce el verso del siguiente modo: «El Esplendoroso ha enviado las auroras, un grupo estrechamente unido, inmaculado, unánime, resplandeciente a sus dominios». En este texto, todos los adjetivos con los que se califica a las auroras denotan claramente un grupo de auroras indiviso y que actúa armoniosamente. Sin embargo, por extraño que parezca, Griffith no comprende el pasaje, a pesar de haberlo traducido correctamente. Por tanto, podemos afirmar que se trata de un «grupo», o, en palabras de Griffith, de un «grupo estrechamente unido» de treinta auroras continuas lo que se describe en los himnos védicos y no la evanescente aurora de las zonas templadas o tropicales, tanto en el sentido de una aurora concreta como en el de una serie consecutiva de ellas.

Resulta interesante, por otro lado, examinar la explicación de Sâyaṇa acerca de la existencia de treinta auroras antes de pasar a otros textos. En su comentario del *Taittirîya Samhitâ* IV, 5, 11 nos dice que la primera aurora de la que se habla en el primer verso del *Anuvâka*, es la aurora al comienzo de la creación, cuando todo era indistinguible según el *Brâhmaṇa*. La segunda aurora, en el segundo verso, sería la aurora normal que podemos ver todos los días. Hasta aquí todo correcto, pero a continuación el número de auroras sobrepasa el de los tipos de auroras conocidos por Sâyaṇa. Los versos tercero, cuarto y quinto del *Anuvâka* describen tres auroras más y Sâyaṇa se ve obligado al final a explicar que, a pesar de que la aurora es en verdad una sola, asume esas diferentes formas gracias a sus poderes yóguicos u ocultos. Pero las cinco auroras se convierten en treinta en el verso siguiente y Sâyaṇa finalmente adopta la solución de que las treinta auroras representan las treinta auroras consecutivas del mes. Pero quedaría sin explicar por qué se seleccionan para ese mantra solo las treinta auroras de un mes y no las trescientas sesenta y cinco de un año. Las explicaciones, aparte de ser inconsistentes, entran en contradicción con el último verso del *Anuvâka*, con el *Brâhmaṇa*, la explicación dada en el mismo *Samhitâ* y con el pasaje citado anteriormente del *Taittirîya Brâhamaṇa*. Pero Sâyaṇa posee el total convencimiento de que la aurora védica es la misma que tanto él como el resto de los comentaristas védicos, como Yâska, pueden observar en las zonas tropicales. En realidad, lo extraordinario es, no que nos haya ofrecido tantas explicaciones contradictorias, sino que haya sido capaz de sugerir tantas explicaciones aparentemente plausibles como requerían las exigencias de los diferentes mantras. A la luz de los avances del conocimiento de la naturaleza de la aurora en el Polo Norte y de la aparición del hombre con anterioridad a la última glaciación no deberíamos tener reparos en aceptar el enfoque más racional e inteligible de interpretación de los diferentes pasajes descriptivos de las auroras en la literatura védica. Estamos convencidos de que el propio Sâyaṇa habría elaborado una teoría más exhaustiva y razonable si todo esto se le hubiera podido sugerir en su época. La astronomía, o *jyotish*, se ha considerado siempre como «el ojo del *Veda*»[45] e igualmente que, gracias al telescopio, hemos podido acceder a un más vasto campo de investigación, cometeríamos un gran error si no utilizásemos los conocimientos adquiridos para esclarecer aquellas partes de los libros sagrados que permanecen todavía incomprensibles.

Pero, prosiguiendo con nuestro objeto de estudio, debemos dejar claro que el último texto que nos proporciona el número de auroras es el *Taittirîya Samhitâ* y que no resultaría en absoluto adecuado mezclar sus afirmaciones con las del *Ṛig Veda* para extraer una conclusión global. El *Taittirîya Samhitâ* trata sobre ritos sacrificiales, pero los mantras relacionados con las «piedras de la aurora» poseían originalmente un carácter independiente. El hecho de que solo algunos de ellos se han hallado en el *Atharva Veda Samhitâ* apoyaría este punto de vista. No obstante, un estudio crítico del *Anuvâka* despejaría todas las dudas. Las «treinta hermanas» no se mencionan una por una, dejando al oyente o al lector la tarea de sumarlas y averiguar por sí mismo el número total de auroras. El sexto versículo del *Anuvâka* menciona expresamente las «treinta hermanas» y es suficiente para probar que en la Antigüedad se consideraba que el número de auroras era de treinta. Pero si fuese necesaria una prueba del *Ṛig Veda* tenemos en el VI, 59, 6 una descripción de la aurora en la que afirma que ha caminado «treinta pasos» (*trimshat padani akramît*). Esta oración resultaba inexplicable hasta ahora. «Una única aurora caminando treinta pasos» es una paráfrasis de que «las auroras eran treinta hermanas buscando el mismo fin en sus rotaciones». Otra estrofa que no ha sido explicada de modo satisfactorio hasta el presente es *Ṛig Veda* I, 123, 8. Dice así: «Las auroras semejantes hoy y semejantes mañana, moran por largo tiempo en el hogar de Varuṇa. Irreprochables, ellas giran alrededor (*pari yanti*) de treinta *yojanas*; siguiendo cada una el curso que le ha sido destinado (*kratum*)». La primera parte de la estrofa no presenta dificultad. En la segunda se nos dice que las auroras giran alrededor de treinta

[45] Cf. *Shikshâ* 41-2.

yojanas, siguiendo cada una su propio «destino» que es el significado de *kratu* de acuerdo con el diccionario de Petersberg. Pero la frase «treinta *yojanas*» no se ha explicado satisfactoriamente todavía. Griffith, siguiendo a M. Bergaine, la traduce por treinta regiones del espacio que representarían la totalidad del universo, pero no aporta ninguna prueba que avale esta traducción. Sâyaṇa, a quien sigue Wilson, nos proporciona una elaborada explicación astronómica. Sostiene que los rayos de sol preceden a su orto y que son visibles mientras el astro permanece bajo el horizonte durante treinta *yojanas*, o, en otras palabras, que la aurora precede al sol en tal distancia. Cuando se dice que las auroras atraviesan treinta *yojanas*, Sâyaṇa vería en ello el fenómeno astronómico de la aurora iluminando un espacio de treinta *yojanas* delante del sol y que cuando la aurora ha desaparecido de un lugar, aparece en otro, ocupando un espacio de treinta *yojanas*. La explicación resulta muy ingeniosa y Sâyaṇa añade que se menciona a las auroras en plural porque aparecen en diferentes lugares de la superficie de la tierra debido al movimiento diurno del sol. Pero, desgraciadamente, esta explicación no resiste un examen científico. Sâyaṇa afirma que el sol recorre 5´059 *yojanas* alrededor del Meru en veinticuatro horas y como el Meru representa en este caso la Tierra, cuya circunferencia posee alrededor de 4.000 km, una *yojana* vendría a medir entre 8 y 9 km. Treinta de tales *yojanas* equivaldrían unos 300 km, pero los primeros rayos del alba aparecen sobre el horizonte cuando el sol se halla bajo el horizonte unos 16 grados. Considerando que un grado equivale a 100 km, 16 grados equivaldrían a 1.600 km, distancia inmensamente superior a los 30 *yojanas* de Sâyaṇa. Otra objeción que cabría plantearse consistiría en que, evidentemente el bardo védico habla de un fenómeno que se desarrolla ante él y que no está siguiendo mentalmente las auroras astronómicas producidas por la rotación diaria de la tierra sobre su eje. Dicha explicación resulta igualmente inaplicable a los «treinta pasos (*padani*)» de la aurora, mencionados expresamente en VI, 59, 6. Por lo tanto, la única alternativa que nos resta es considerar las expresiones «treinta yojanas», «treinta hermanas» y «treinta pasos» como diferentes versiones de un único hecho, esto es, las trayectorias descritas por la aurora a lo largo del horizonte polar. La frase «cada una realiza el camino que le está destinado», resulta así comprensible, puesto que si bien treinta auroras completan treinta círculos, podría describirse a cada una de ellas siguiendo su propio curso definido. Las palabras *pari yanti* del texto se aplican literalmente a un movimiento circular (*pari*) (cf. las palabras *pari ukṣhaṇam, paris taraṇam*, etc.), y el mismo término es utilizado en el *Taittirîya Samhitâ* en referencia a las treinta hermanas. La palabra *yojana* significó en primer lugar «carro» (VIII, 72, 6) para devenir posteriormente en «distancia que debe recorrerse sin desuncir los caballos» o lo que nosotros designamos en lengua vernácula *ṭappâ*. Ahora bien, este *ṭappâ* o trayecto recorrido sin desuncir los caballos puede ser un viaje de un día, y Max Müller ha interpretado en un pasaje *yojana* en este sentido[46]. En *Ṛig* V, 54, 5 se dice de los Maruts que «han extendido su grandeza tan lejos como el sol extiende su curso diario» y la palabra utilizada en el original para «curso diario» es *yojanam*. Aceptando este significado sería posible interpretar la expresión «las auroras giran alrededor (*pari yanti*) de treinta yojanas» en el sentido de que las auroras completan treinta revoluciones diarias como en el Polo Norte. Este movimiento circular lo hallamos confirmado en III, 61, 5 que afirma en términos explícitos: «Dirigiéndose hacia la misma meta (*samânam artham*) ¡Oh, renacida aurora! Giras como una rueda (*chakramiva â vavṛitsva*)». A pesar de que la palabra *navyasi* («renacida») está en caso vocativo, el significado es que la aurora se renueva diariamente, girando como una rueda. Ahora bien, una rueda puede moverse en un plano perpendicular como la rueda de un carro o en un plano horizontal como la de un alfarero. Pero el primero de esos movimientos no puede aplicarse a la aurora desde ningún punto de la superficie de la Tierra. La luz de la mañana está siempre confinada en el horizonte, como se describe en el *Ṛig Veda* VII, 80, 1, que habla de las auroras «desplegando las dos *rajasi* que son contiguas (*samante*), y revelando todas las cosas»[47]. Por tanto, ninguna aurora puede ser contemplada moviéndose de este a oeste sobre la cabeza del observador en un plano perpendicular en ninguna zona de la Tierra, ya sea esta ártica, templada o tropical. El único movimiento rotatorio posible es a lo largo del horizonte y este solo puede observarse desde las regiones cercanas al Polo. En las zonas templadas y tropicales una aurora solo resulta visible durante un corto período de tiempo sobre el horizonte oriental, siendo sustituida por los rayos del sol naciente, únicamente en las regiones polares podemos ver a las luces matutinas girando alrededor del horizonte durante períodos de varios días de duración y si el movimiento rotatorio de la aurora, mencionado en III, 61, 3 tiene algún sentido, este debe referirse al esplendoroso girar de la aurora en las regiones árticas. Las expresiones «alcanzando día tras día el punto señalado (*niṣh kṛitam*)» (I, 123, 3) y «dirigiéndose una y otra vez a la misma meta» (III, 61, 3) difícilmente describirían la aurora de latitudes por debajo del círculo ártico, pero si consideramos que se refieren a la aurora polar, no solo resultarían inteligibles, sino incluso particularmente apropiadas, en tanto que una aurora regresa tras su periplo diario al punto del que partió veinticuatro horas antes. Todos estos pasajes considerados en conjunto nos llevan a la conclusión de que tanto el *Ṛig Veda* como el *Taittirîya-Samhitâ* describen una continua y

[46] Véase, *T. B. E. Series*, vol. XXXII, p. 177, 325.
[47] *Ṛig*, VII, 80, 1. Véase de Wallis, *Cosmology of the Ṛig Veda*, p. 116.

prolongada aurora dividida en treinta períodos de veinticuatro horas, característica exclusiva de la aurora polar.

Por otra parte, existe cierto número de pasajes en los que se hace referencia a la aurora en plural, especialmente en el caso de las divinidades matutinas, que siguen, no a una aurora, sino a las auroras, en plural (I, 6, 5; I, 180, 1; V, 76, 1; VII, 9, 1; VII, 63, 3). Estos pasajes han sido interpretados hasta ahora como la descripción de la aparición de las divinidades tras las consecutivas auroras del año, pero ahora podemos arrojar una nueva luz sobre ellos, merced a las conclusiones a las que hemos llegado a partir del examen de los pasajes relativos a la aurora en el *Ṛig Veda*, el *Taittirîya* y el *Atharva Veda Samhitâ*. Debería mencionarse, no obstante, que no pretendemos sostener que en el *Ṛig Veda* no se pueda hallar ninguna referencia a la aurora de las zonas templadas. El *Veda*, que menciona el año de 360 días, menciona igualmente el alba evanescente que acompaña a los días en esas regiones al sur del círculo ártico. La mayor parte de las descripciones de la aurora podrían aplicarse tanto a la aurora polar, como a la corta aurora de los trópicos. Efectivamente, ambas despiertan a todos los seres vivos (I, 92, 9) o revelan los tesoros ocultos por la oscuridad (I, 123, 4). De modo similar, cuando se dice que las auroras de diferentes días llegan y se van, y que una nueva hermana sucede cada día a la desaparecida (I, 124, 9), puede interpretarse como una referencia a las auroras consecutivas de diferentes días o a la aurora polar que brilla durante numerosos días consecutivos. Estos pasajes, no obstante, no afectan para nada a la conclusión a la que hemos llegado anteriormente, al considerar las especiales características de las auroras mencionadas en los himnos. Lo que intentamos probar es que Uṣhas, la diosa de la aurora, a quien están dedicados los más hermosos himnos de la literatura védica, no es el alba evanescente de los trópicos, sino la prolongada y rotatoria aurora del Polo. Si tuviéramos éxito poco importaría que se encontrasen en el *Ṛig Veda* pasajes descriptivos de la aurora ordinaria del trópico. Los *Ṛiṣhis* védicos que han cantado estos himnos, han tenido que estar familiarizados con la aurora tropical en la medida en la que, antes como ahora, añadían un décimo tercer mes para asegurar la concordancia entre los años solar y lunar. Pero la diosa de la aurora era una deidad muy arcaica, cuyos atributos fueron conocidos por los *Ṛiṣhis* en tradiciones preservadas oralmente que se remontan a los orígenes y los himnos a la aurora, tal y como nosotros los poseemos, describen fielmente tales características. Cómo fue posible que esos arcaicos caracteres de la diosa de la aurora se preservasen durante siglos es una cuestión que estudiaremos tras exponer la totalidad de las pruebas relativas a la teoría polar. Por el momento, consideraremos que esas reminiscencias del antiguo hogar se preservaron del mismo modo que se preservaron los himnos, acento a acento y letra a letra, durante los últimos tres o cuatro mil años.

Todo lo expuesto hasta ahora nos permite sostener que, si los cantos del *Ṛig Veda* son leídos y estudiados a la luz de los modernos descubrimientos científicos y con el auxilio de pasajes pertenecientes al *Atharva Veda*, el *Taittirîya Samhitâ* y el *Taittirîya Brâhmaṇa* se podrían presentar los siguientes resultados:

1) La aurora del *Ṛig Veda* era lo suficientemente prolongada como para que transcurrieran varios días entre la primera aparición de la luz sobre el horizonte y el orto solar que la seguía (VII, 76, 3); o bien, como se describe en II, 28, 9, aparecían muchas auroras, una tras otra, antes de transformarse en la verdadera salida del sol.
2) El uso del plural para nombrar a la aurora no es de carácter honorífico, ni representa las auroras consecutivas del año, sino que corresponde a las treinta partes del alba (I, 123, 8; VI, 59, 6; *T. S.* IV, 3, II, 6).
3) Numerosas auroras vivían en el mismo lugar, actuaban en armonía y jamás se querellaban (IV, 51, 7-9; VII, 76, 5; *A. V.* VII, 22, 2).
4) Las «treinta partes» de la aurora eran «continuas» e «inseparables», formando «un grupo estrechamente unido» o «un grupo de auroras» (I, 152, 4; *T. Br.* II, 5, 6, 5; *A. V.* VII, 22, 2).
5) Estas treinta auroras, o treinta partes de una sola aurora «giraban alrededor» como una rueda buscando una misma meta todos los días, siguiendo cada aurora, o parte de aurora, su propio curso prefijado (I, 123, 8, 9; III, 61, 3; *T . S.* IV, 3, II, 6).

No es necesario hacer notar que todas estas características solo son propias de la aurora que aparece en o cerca del Polo. La quinta, especialmente, solo se encuentra en tierras muy cercanas al Polo Norte y no en cualquier lugar de las regiones árticas. Por tanto, debemos concluir que con toda seguridad la diosa védica de la aurora es de origen polar. Podría, no obstante, argumentarse que mientras la aurora polar posee una duración de cuarenta y cinco a sesenta días, la aurora védica, está compuesta de treinta partes de un día de duración y que tal discrepancia debería explicarse antes de poder aceptar su carácter polar. Sea como fuere, dicha discrepancia no es seria. Hemos visto que la duración de la aurora depende de los poderes de refracción y reflexión de la atmósfera; y que varían igualmente en relación con la temperatura del lugar, así como de otras condiciones meteorológicas. No resulta, por tanto, improbable, que la duración de la aurora en el Polo, mientras el clima allí era cálido fuese algo más corta que lo que resulta en la actualidad cuando el clima es extremadamente frío. Es más probable, en cualquier caso, que la aurora descrita en el *Ṛig Veda* no sea exactamente como la que puede ser observada por alguien situado con exactitud en el Polo Norte. Como ya se ha señalado, el Polo Norte es un punto, y si algunos hombres vivieron en períodos arcaicos cerca del Polo, debieron haberlo hecho algo al sur de dicho punto. Esta explicación nos permite entender que dentro de esa región es posible observar auroras de treinta días girando como una rueda, tras la larga noche ártica de cuatro o cinco meses. Por tanto, en lo que concierne a la astronomía no existe nada de carácter improbable en la descripción de la aurora que encontramos en la literatura védica. Por otro lado, deberemos tener presente que la aurora védica a menudo permanecía en el horizonte durante largo tiempo y que los fieles le rogaban que no se demorase para que el sol no la venciera como a un enemigo (V, 79, 9). Esto muestra que, aunque la duración normal de la aurora fuese de treinta días, a veces la excedía y el pueblo se impacientaba por ver la luz del sol. Era en casos como ese en los que Indra, el dios que había creado las auroras y era su amigo, se veía obligado a romper el carro de la aurora y portar al sol sobre el horizonte (*Ṛig* II, 15, 6; X, 73, 6). En otros lugares se hace referencia a la misma leyenda (IV, 30, 8), creyéndose actualmente que el oscurecimiento de la aurora a causa de una tormenta constituye en el origen de este mito. Pero la explicación, como otras de la misma naturaleza, no resulta satisfactoria. Que una tormenta tuviera lugar justo en el momento de la aurora sería un mero accidente y resulta improbable que haya podido resultar el fundamento de una leyenda, además no es el oscurecimiento, sino la demora de la aurora, esto es, su prolongada permanencia sobre el horizonte, lo que se relata en la leyenda y esto refuerza nuestra teoría polar, porque la duración del alba, aunque generalmente de treinta días, ha podido variar en los diferentes lugares dependiendo de la latitud y las condiciones climáticas, siendo, por tanto, preciso el rayo de Indra para controlar esos caprichos de la aurora y abrir el camino al sol naciente. Existen otras leyendas conectadas con la aurora y las divinidades matutinas sobre las que la teoría polar puede arrojar una nueva luz, pero se tratarán en el capítulo referido a los mitos védicos, después de que se haya examinado el total de las evidencias directas que apoyan nuestra teoría.

Si la aurora védica tiene un origen polar los ancestros de los bardos védicos no debieron observarla durante el período postglacial, sino en el preglacial, por lo que podríamos preguntarnos por qué no encontramos en los himnos referencias a esta era. Afortunadamente los himnos han preservado unas pocas indicaciones de la época en la que aquellas auroras existían. En efecto en I, 113, 13 se nos dice que la diosa de la aurora brillaba perpetuamente en los días «antiguos» (*purâ*) y, en este caso, la palabra *purâ* no hace referencia a los días pasados de este *kalpa,* sino más bien a otra época del pasado, o *purâ kalpâ,* al igual que en el pasaje del *Taittirîya Samhitâ* (I, 5, 7, 5) que será citado y estudiado en el capítulo siguiente. El término *prathama,* mencionado en el *Taittirîya Samhitâ,* IV, 3, 11, 1 y en el *Taittirîya Brâhmaṇa,* II, 5, 6, 5 hace referencia a los «tiempos antiguos» del mismo modo que cuando se mencionan las «primeras» o «más antiguas» hazañas de Indra en I, 32, 1 o cuando se afirma de ciertas prácticas que son «primeras» o «antiguas» en X, 90, 16. Es probable que este significado de *prathamâ* sea el que ha llevado a Sâyaṇa a proponer que la primera aurora, mencionada en el *Taittirîya Samhitâ* IV, 3, 11, representaba la aurora en el comienzo de la creación. Los poetas védicos eran conscientes que los mantras que recitaban para colocar las piedras de la aurora eran inaplicables a la aurora que ellos veían, y el *Taittirîya Samhitâ* IV, 3, 7 que explica dichos mantras, afirma que esta descripción de las auroras es una tradición de los tiempos antiguos cuando los dioses percibían las treinta auroras. Por tanto, no sería correcto afirmar que no existen referencias en los himnos védicos de los tiempos en los que eran visibles esas largas auroras. Volveremos a este punto con posterioridad, tras exponer y comentar otras pruebas. El fin del presente capítulo era examinar la duración de aurora védica, diosa de la mañana, a la que se dedican tantos bellos himnos en el *Ṛig Veda,* y mostrar que esta divinidad está revestida de características polares. Las pruebas que sostienen esta teoría se han comentado exhaustivamente y a continuación abordaremos el resto de características polares y circumpolares para comprobar si, efectivamente, podemos encontrar pruebas adicionales en el *Ṛig Veda* que consoliden nuestras conclusiones.

ANEXO AL CAPÍTULO V*

Ofrecemos a continuación la traducción de determinados pasajes que se ha anunciado precedentemente. El versículo 1 aparece con ligeras modificaciones dos veces en el *Atharva Veda Samhitâ* (III, 10, 4. VIII, 9, 11). En cuanto a los versículos 2, 3 y 4 son en el *Atharva Veda* (VIII, 9, 12, 14) igualmente algo diferentes. Lo mismo para el 8 (*A. V.* III, 10, 12) donde el segundo hemistiquio es diferente. El versículo 11 es comparable al de *A. V.* VIII, 9, 15 salvo para *samâna mûrdhîḥ* que aparece como *ta ekamûrdhîḥ.* Finalmente, el versículo 13 presenta dos variaciones en relación con *A. V.* III, 10, 1: *ya prathamâ vyauchchhat* aparece como *prathama ha viuvâsa* y *dhukdva* como *duhâm.* Véase también *Ṛig* IV, 57, 7, cuyo segundo hemistiquio resulta parangonable al del *Atharva Veda.*

***Taittirîya Samhitâ* IV, 3, 11.**

1. *Ella es, en verdad, quien aparece primero; (ella) entra completamente en sí misma (sobre el horizonte). La novia, la madre recién llegada, ha nacido. Los tres grandes la siguen*[1]*.*
2. *Cantando, engalanándose (ellas mismas) y desplazándose juntas en un común hogar, las Dos Auroras, las (dos) esposas del Sol, ina-*

---

* Las notas a pie de página de este anexo van numeradas de la 1 a la 17, intercaladas entre la numeración general del resto de la obra (Nota del traductor).

[1] «Ella que aparece primero»: con toda evidencia se refiere a la primera de toda una serie de treinta auroras mencionadas en los versículos siguientes. En el versículo decimotercero se dice que es la aurora con la que comienza el año. Las treinta auroras son, por tanto, las auroras al comienzo del año y a la primera de ellas está dedicado el primer versículo. No obstante, para Sâyaṇa se trataría de la aurora en el comienzo de la creación, pero tal explicación no concuerda con el contexto. Posteriormente, el propio Sâyaṇa ha planteado explicaciones diferentes.
«Entrando en sí misma»: según Sâyaṇa *asyâm* (dentro de ella) significa «dentro de la tierra»: Cf. *Ṛig* III, 61, 7, donde el Sol, aguijón de las auroras, se dice que «ha entrado dentro de la poderosa tierra y del cielo». De acuerdo con el *Atharva Veda*, el sentido sería «entró dentro de las otras (auroras)» indicando que la primera aurora es un miembro de un grupo más amplio.
«Los tres grandes»: Sûrya, Vayu y Agni según Sâyaṇa. Las tres divinidades principales o devatas citadas por Yaska (VII, 5) son Agni, Vayu o Indra, y Sûrya. En Ṛig VII, 33, 7 los tres Gharmas (fuegos) asisten a la aurora (*trayo Gharmasa uṣhasam sachante*) y en VII, 7, 8, 3 se dice que las auroras han creado a Sûrya, Yajña (el sacrificio) y Agni. Comparar también con *Atharva Veda* IX, 1, 8, y la nota de Bloomfield en los *S. B. E.* Series vol. XLII, p. 590. A pesar de que los tres pueden hacer referencia a diferentes cosas, en este caso lo hacen, sin lugar a duda, a la aparición del sol y al comienzo de los sacrificios o al encendido de los fuegos sacrificales tras la aparición de la primera aurora (cf. *Ṛig* I, 113, 9).

gotable, rico en simiente, se desplazan desplegando su bandera y conociendo bien (su camino)[2].

3. *Las Tres Doncellas han venido por el sendero de Rita; los tres fuegos (Gharmas) han seguido la luz. Una (de esas doncellas) protege el linaje, otra el vigor, otra las ceremonias de los fieles*[3].
4. *Esta, que (era) la cuarta, agitando como los Ṛiṣhis las dos alas del sacrificio, ha devenido la cuádruple Ṣhṭoma (Chatu-Ṣhṭoma), sirviéndose de Gayatr, Trishtup, Jagtî, Anushtup el gran canto, ellas proporcionan la luz*[4].
5. *Con las cinco, el creador dio cinco hermanas a cada una. Sus cinco trayectorias (kratavaḥ), tomando formas diversas, se desplazan en armonía (prayavena)*[5].

---

[2] «Cantando (... poseyendo los cantos...)». Así interpreta Sâyaṇa *chchandas-vati,* pero el *Lexicon* de Petersberg traduce esta expresión por «delicioso». Hemos preferido seguir a Sâyaṇa porque el pasaje del *Atharva Veda chachandas pakshe* «con *chachandas* a guisa de alas» refuerza la opinión de Sâyaṇa. Puede verse, así mismo, en *Ṛig* III, 61, 1 y 6, entre otros pasajes, como resuenan en la mañana las voces recitando o cantando himnos. La expresión *madye chchandasaḥ* del sexto versículo denota la misma idea. Pero, no obstante, la palabra *chchandas* deba quizás interpretarse en el sentido de «brillar» en todos estos lugares. Cf. con *Ṛig* VIII, 7, 36 donde la expresión *chchando na sûro archiṣhâ* es traducida por Max Müller: «como el brillo causado por el esplendor del sol». (Vease *S.B.E.* Series vol. XXXII pp. 393, 399).

«Engalanándose (ellas mismas), desplazándose juntas, esposas del Sol inagotables...» etc.: Todas estas expresiones son los epítetos usuales de la aurora en el *Ṛig Veda*. Cf *Ṛig* I , 92 , 4 ; VII , 76 , 5 ; IV , 5 , 13 ; I , 113 , 13.

«Las dos auroras» *Uṣhasâ* no tiene aquí el significado de *Uṣhâsâ-naktâ* o «día y noche» como supone Griffith, sino dos auroras tal y como la tercera, la cuarta, etc., mencionadas en los versículos siguientes. Sâyaṇa sostiene que: La primera aurora es la que aparece al comienzo de la creación, y la segunda, la aurora diurna que conocemos. No obstante, tuvo que abandonar esta explicación más tarde. Obviamente, la pareja de auroras incluye la primera aurora mencionada en el primer versículo, la cual, forma una pareja junto a su sucesora. El hecho de que se mencionen grupos de dos, tres, cinco, o treinta auroras «desplazándose juntas» impide que puedan considerarse auroras de días consecutivos, es decir, separadas por períodos de luz solar, como en las zonas templadas o tropicales.

[3] «*Las tres doncellas*». El número de auroras se ha incrementado, pero Sâyaṇa no nos proporciona explicación alguna.

[4] «La cuarta» Sâyaṇa sostiene ahora que la divinidad única de la aurora aparece como múltiples auroras. ¡Gracias a sus poderes yóguicos!

«Agitando como los *Ṛiṣhis*... ha devenido la cuádruple *Ṣhṭoma*». El grupo de cuatro auroras se compara aquí con *Chatu-Ṣhṭoma* o el canto dividido en cuatro partes (para una descripción del canto en cuatro partes ver *Ait. Br.* III, 42. Traducción de Haug p. 237). Los versos utilizados siguen el metro de Gayatri, la luz proporcionada por las auroras es la recompensa del *Ṣhṭoma*. Sâyaṇa interpreta *suvas* en el sentido de «cielo», pero comparar con *Ṛig* III, 61, 4, donde el adjetivo, *svar jânanti* creando la luz, se aplica a la aurora.

[5] «Con las cinco»: Después de que el número de auroras se incrementase hasta cinco, la creación procedió por cincos. Véase el verso 11 más abajo.

«Sus cinco trayectorias»: He interpretado como *tâsâm pañcha kratavaḥ prayevena yanti*. Sâyaṇa traduce *kratavaḥ* por ritos sacrificiales realizados durante la aparición de la aurora; pero véase *Ṛig* I, 123, 8 donde se dice que «las inmaculadas auroras (plural) giran durante treinta yoja-

6. *Las treinta hermanas, portando la misma bandera, se dirigen hacia el lugar señalado (nish-kritam). Ellas, las sabias, crean las estaciones resplandecientes, conociendo (su camino), ellas giran (pari yanti) envueltas en cantos (madhye-chchandasaḥ)*[6].
7. *A través del cielo, la iluminada diosa de la noche acata las ceremonias del sol. El ganado, de formas diferentes, (comienza a) elevar los ojos como si treparan por el regazo de la madre*[7].
8. *El Ekâshtakâ, resplandeciendo de sagrado fervor (tapas), da nacimiento a un niño, el gran Indra. Por él, los dioses han vencido a sus enemigos; por sus poderes (él) se ha convertido en el exterminador de los Asuras*[8].

---

nas cada una sobre su propio *kratu* (trayectorias respectivas)», *kratavaḥ* debe interpretarse en el presente versículo de modo similar.

«En armonía»: Tenemos treinta auroras divididas en cinco grupos de seis cada uno. Cf. *Taittirîya Br.* II, 5, 6, 5, citado anteriormente donde se dice: *Tâ devyaḥ kurvate paṇcha rûpâ* «las diosas (auroras) portan cinco formas». Cada grupo de cinco auroras sigue su respectiva trayectoria. Pero como cada grupo está formado por seis auroras, se dice que las cinco trayectorias asumen diferentes formas, en el sentido de que los miembros de cada grupo tienen sus propios cursos en la zona delimitada para cada grupo, dentro de la trayectoria general de los grupos.

[6] «Treinta hermanas». Sâyaṇa, en su comentario del verso precedente, dice que significa que las treinta auroras mencionadas son las treinta auroras de un mes. Pero deja sin explicar por qué se distinguen especialmente las auroras de ese mes entre las 360 del año, ni por qué ese mes entre doce. Esta explicación, como ya hemos señalado, no se aviene con el contexto (véase *T. S. V*, 3, 4, 7, citado más abajo). Las auroras reciben la calificación de hermanas también en el *Ṛig Veda* (Cf. I, 124, 8 y 9).

«Hacia el lugar señalado» *Niṣh-Kṛitam* (*Nir.* XII, 7), utilizado en referencia al curso de las auroras también en *Ṛig* I, 123, 9. Solo resulta apropiado en caso de que las auroras retornen al mismo punto en sus giros diarios.

«Giran envueltas en cantos»: *pari yanti*, (giran) es la expresión utilizada igualmente en *Ṛig Veda* I, 123, 8. *Madye* chchandasaḥ es interpretado por Sâyaṇa como «cerca del sol, que siempre está envuelto en cantos», pero no es necesario ir tan lejos, *madye chachandasaḥ* debería traducirse simplemente por «envuelto en cantos» que habitualmente se cantan durante la aurora (*Ṛig* VII, 80,1).

[7] «A través del cielo»: He interpretado *nabhas* como un acusativo circunstancial de lugar. Sâyaṇa parece haberlo considerado un adjetivo equivalente a *nabashtasya* que califica a *Sûryasya*. Tanto en un caso como en el otro el significado es el mismo: la noche se va transformando gradualmente en día.

«El ganado»: Los rayos o el esplendor de la mañana son representados habitualmente por las vacas. En *Ṛig* 1 92, 12 se describe a la aurora como esparciendo el ganado (*pashûn*) ante ella; y en I, 124, 5 se dice que ella llena el regazo de los dos padres: el cielo y la tierra. He interpretado, con Sâyaṇa, *nâna rûpa pashavaḥ vi pashyanti* con *vi pashvanti* intransitivo y *nânâ-rûpa* como adjetivo. La misma expresión se encuentra referida a los hijos de una madre en el *Atharva-Veda* XIV, 2, 25. Para el uso intransitivo de *vi pashyanti*, véase *Ṛig* X, 125, 4.

[8] «El *Ekâṣhṭakâ*»: El nacimiento de Indra es, evidentemente, el nacimiento del sol tras la desaparición de las treinta auroras. Sâyaṇa citando el *Apasthamba Grihya Sûtra* (VIII, 21, 10), interpreta *Ekâṣhṭaka* como el octavo día de la luna decreciente del mes de *Mâgha* (enero-febrero); y en el *Taittirîya Samhitâ* VII, 4, 8 que citamos y comentamos en el capítulo III de *Orion*, parece tener el mismo significado (véase *Orion* p. 45). *Ekâṣhṭaka* era el primer día, o el consorte del año, cuando el sol vuelve hacia el norte tras el solsticio de invierno, por tanto, el comienzo del

9. *Tú me has proporcionado un compañero (literalmente el prenacido), a mí que no tuve (antes) compañero. Diciendo la verdad (como tú la dices), esto anhelo, tener su benevolencia, tal y como vosotros no os ponéis el uno contra el otro*[9].
10. *El Omnisciente tiene mi benevolencia, ha tenido un sostén (por ella), un lugar seguro (en ella). Pueda yo obtener su benevolencia, tal y como vosotros no os ponéis el uno contra el otro*[10].
11. *Cinco trechos corresponden a las cinco auroras. Las cinco estaciones a las cinco vacas. Las cinco regiones celestes. Creadas por las quince, tienen una única cabeza, orientada hacia un mundo*[11].
12. *La primera aurora (es) el retoño de Rita, una sostiene la grandeza de las aguas, una se mueve en las regiones de Sûrya, una (en aquellas) de Gharma (fuego) y Savitri rige una.*

---

sattra anual se produce en el día de *Ekâṣhṭaka*. No obstante, este significado se fijó cuando el equinoccio había retrocedido desde *Mṛiga* (Orión) hasta las Kṛittikas (Pléyades) sin embargo, *Ekâṣhṭaka* parece haber tenido el significado de la última de las auroras que precedían al orto solar tras el prolongado período de oscuridad, comenzando así el año al mismo tiempo que el período de luz solar. La palabra *eka* en *Ekâṣhṭaka* quizá se refiera al primer mes y la última aurora probablemente se producía el octavo día del primer mes lunar del año.

[9] «Un compañero», es decir, Indra, el sol, cuyo nacimiento se menciona en el versículo precedente; el poeta ruega a su nuevo amigo, el compañero nacido con posterioridad, que le sea favorable. Hay que hacer notar que el nacimiento del sol tiene lugar después de treinta auroras durante las cuales el poeta no ha tenido ningún compañero.

«Diciendo la verdad»: Sâyaṇa parece considerar *satyam vadanti* como un vocativo plural; pero no guarda estricta concordancia con la gramática. En el texto pada se trata de una forma femenina de nominativo singular que hemos traducido, aunque no sin cierta dificultad. En *Ṛig* III, 61, 2 la aurora recibe el calificativo de *sûnṛita irayanti* que expresa la misma idea.

«Tal y como vosotros no os oponéis el uno al otro». Comparar con el *Ṛig Veda* VII, 76, 5 donde se dice que las auroras a pesar de estar juntas en el mismo lugar no combaten las unas contra las otras.

[10] «El Omnisciente» para Sâyaṇa *vishva-vedâḥ* significa la aurora, pero, obviamente, se refiere al compañero (*anujâm*) mencionado en el versículo anterior. El fiel pide que la benevolencia sea recíproca. El Omnisciente (Indra) tiene su benevolencia; ahora, el fiel demanda la del Omnisciente. El adjetivo *vishva-vedâḥ* se aplica a *Agni* numerosas veces a lo largo del *Ṛig Veda* (Cf. *Ṛig* VI, 47, 12; I, 147, 3).

[11] «Cinco trechos»: Sâyaṇa hace mención al *Taittirîya Brâhmaṇa* II, 2, 9 6-9, donde la oscuridad, la luz, los dos crepúsculos y el día son llamados los cinco trechos (*dohâḥ*) de Prajapati. La idea sugerida parece ser que todo lo que está repartido en cinco grupos en la creación procede de los cinco grupos de auroras.

«Las cinco estaciones, cinco vacas»: La tierra, según Sâyaṇa, quien sostiene que la tierra tiene cinco nombres diferentes durante las cinco estaciones: por ejemplo *pushpa-vati* (primaveral) en *Vasanta* (primavera), *tâpa-vati* (ardiente) en *Grishma* (verano), *vṛiṣhṭi-vati* (rociado), en *Varsha* (lluvias), *jala-prasâda-vati* (húmedo), en *Sharad* (otoño) y *shaitya-vati* (frío), en *Hemanta-Shisira* (invierno) las estaciones se consideran cinco unificando *Hemanta* y *Shishira*.

«Las quince»: las quince partes del sacrificio llamado *pañcha-dasha* (ver la traducción de Haug del *Ait. Br.*, p.258).

13. *Aquella, que se eleva la primera, se ha convertido en una vaca en el reino de Yama. Rica en leche, nos proporciona leche todos los años consecutivos*[13].
14. *La principal de las brillantes, la uniforme, moteada, la abanderada de fuego ha llegado, con luz, en el cielo. Dirigiéndose a la misma meta, portando (los signos de) las antiguas edades (ahora) ¡Oh, inagotable! ¡Oh, Aurora! Tú has llegado*[14].
15. *La esposa de las estaciones, la primera ha llegado, la guía de los días, la madre de los niños. Aunque única, ¡oh, Aurora! Brillas con diversos aspectos; aunque inagotable, haces envejecer (pudrirse) todo lo que no eres tú*[15].

Taittirîya Samhitâ V, 3, 4, 7.

Era lo indiferenciado[16], *ni día ni noche. Los dioses percibieron esos ladrillos de la aurora* (para la colocación de los cuales deben recitarse los quince versículos precedentes). *Ellos los colocaron. Entonces la luz se elevó*[17]. *Por esta razón, porque fueron obligados, la luz se eleva y destruye* (su) *oscuridad.*

---

[13] «Todos los años consecutivos»: Nos señala que la aurora descrita es la primera del año. En *Ṛig* I, 33, 10 se dice que la luz (vacas) es extraída de la oscuridad.

[14] «Dirigiéndose a la misma meta»: Comparar con *Ṛig* III, 61, 5 donde la aurora «se dirige hacia la única y misma meta» y donde se le pide que «gire como una rueda».

«Portando (los signos) de las antiguas edades»: Hemos interpretado *jaram bibhrati* y, por otro lado, *ajare*. Sâyaṇa considera *svapasyamana* (trabajando bien) un adjetivo independiente y liga *bibhrati* con *artham* y *jaram* con *agâḥ* entonces el significado podría ser «trabajando bien, teniendo un fin común, ¡oh, inagotable aurora!, tú has alcanzado la edad antigua!». No obstante, esta traducción no supone ningún cambio apreciable en el sentido general del verso.

[15] «Aunque única... brillas con diversos aspectos»: Indica que en ese himno se está describiendo una única y continua aurora, aunque formada por numerosas partes.

«Guía de los días, madre de los niños»: Los epítetos *alnâm netri* y *gavâm mâtâ* se encuentran también en el *Ṛig Veda* VII, 77, 2.

[16] «Era lo indiferenciado»: Este parágrafo, que encontramos posteriormente en el *Samhitâ*, explica cómo las piedras de la aurora debían ser colocados mientras se recitaban los quince versículos anteriores. Las partes del *Taittirîya Samhitâ* que contienen dichas explicaciones reciben el nombre de *Brâhmaṇas*.

[17] «*Entonces la luz se elevó*»: Esto demuestra claramente que la «totalidad» de las treinta auroras habían precedido a la aparición del sol. Ya he citado un pasaje del *Taitirîya Brâhmaṇa* (II, 5, 6, 5) en el que se afirmaba que esas auroras eran continuas y no separadas.

OBSERVACIONES

Se ha mencionado anteriormente que estos quince versículos eran recitados como *mantras* durante la colocación de ciertos ladrillos simbólicos, llamados *vyuṣhtî-ishtakas*, los ladrillos de la aurora, sobre el altar sacrificial. Pero como dichos *mantras*, o versículos, utilizados con fines sacrificiales se extraían de diferentes himnos védicos, se consideraba que no existía ninguna ligazón entre ellos. La alusión a las treinta auroras, muestra, sin embargo, que estas treinta auroras constituyen originalmente un himno homogéneo. Además, si los *mantras* habían sido seleccionados de diferentes himnos, uno para cada ladrillo de la aurora, deberían haber sido dieciséis versículos en total, tantos como ladrillos de la aurora colocados sobre el altar. El hecho de que el *Anuvâka* contenga solo quince versículos (permitiéndose al sacrificador escoger el decimosexto) refuerza la misma interpretación. Es cierto que algunos de esos versículos se hallan en el *Atharva Veda*, tanto aislados como en relación con otros temas. Pero esto no nos impide considerar que este pasaje del *Taittirîya Samhitâ* contiene un conjunto de relaciones de treinta auroras dividido en cinco grupos de seis cada uno. En cualquier caso, esta cuestión no es muy determinante, por cuanto que los versículos cinco y seis, independientemente de que formen parte de un himno más amplio o no, constituyen una prueba suficiente de lo que nos parece importante, a saber, que la divinidad védica de la aurora estaba constituida por un grupo de treinta hermanas. El *Ṛig Veda* habla de «treinta pasos» dados por la aurora (VI, 59, 6) o de las auroras que giran «treinta *yojanas*» (I, 123, 8), permaneciendo ambas citas completamente inexplicadas, tanto por parte de los especialistas indios, como por los occidentales. No obstante, ahora que sabemos que las auroras védicas fueron treinta resultan fácilmente comprensibles. El único punto que es necesario revisar, consistiría en saber si las treinta auroras eran las auroras de treinta días consecutivas o si, por el contrario, formaban un «conjunto estrechamente unido» de treinta auroras continuas. Leyendo los dos pasajes antes citados del *Taittirîya Samhitâ*, el pasaje del *Taittirîya Brâhmaṇa* II, 5, 6, 5 y el resto de las citas mencionadas, creemos que no puede quedar ninguna duda de que la divinidad de la aurora venerada por los bardos védicos constituía originalmente un grupo de treinta auroras continuas. Por otro lado, en ningún caso pretenderíamos sostener que los ancestros de los bardos védicos desconocían las auroras normales, puesto que incluso en las regiones circumpolares se producen durante ciertos períodos del año. Pero en lo que concierne a la diosa de la mañana existen pruebas suficientes para demostrar que no fue otra que la continua y girante aurora que ponía fin a la larga noche ártica, la aurora que duraba treinta períodos de veinticuatro horas cada uno, y que solo es posible a algunos grados de latitud alrededor del Polo Norte.

CAPÍTULO VI

EL LARGO DÍA Y LA LARGA NOCHE

Pruebas adicionales relativas a la larga noche – Vṛita viviendo en medio de una prolongada oscuridad – Las expresiones que evocan oscuridad prolongada o una larga noche – La ansiedad de alcanzar el fin de la oscuridad – Oraciones para alcanzar el fin de la noche – Una noche cuyo fin es desconocido, según el Atharva Veda – El Taittirîya Samhitâ explica que esas oraciones estaban motivadas por el temor que sentían los antiguos sacerdotes de que la noche no acabase nunca – Y no a causa de las largas noches invernales, como ha supuesto Sâyaṇa – Descripción de los días y las noches en el Ṛig Veda – Dos parejas diferentes día-noche – La primera pareja descrita como brillante, oscura y virûpe – Virûpe significa «de diferentes longitudes» y no de «varios colores» – La segunda pareja, Ahanî, diferente de la primera – Análisis de la duración del día y la noche en el planeta – Ahanî solo puede ser una pareja formada por los días y noches árticos – Descritos como los lados derecho e izquierdo, los opuestos, del año en el Taittirîya Araṇyaka – El sol está descrito en el Ṛig Veda como desunciendo su carro en medio del cielo – Devolviendo así mal por mal a Dâsa – Representa el largo día y la larga noche – Resumen de las pruebas relativas al largo día y a la larga noche – Uṣhas y Sûrya como Dakṣhiṇâ y los hijos de Dakṣhiṇâ – Probablemente implica el curso meridional de ambos.

Si la literatura védica hace expresa mención de una larga y continua aurora de treinta días o de un grupo de auroras estrechamente unidas, resultaría lógico esperar que se mencionase igualmente la larga noche que las debería preceder. Y donde se produce una larga noche cabe esperar, de igual modo, un largo día. La restante porción del año, tras descontar tanto los períodos de noche y día continuos como los largos amaneceres y ocasos, se caracterizaría por la sucesión de días y noches normales, no excediendo jamás las veinticuatro horas el conjunto de un día y una noche, aunque dentro de este límite el día puede ir aumentando gradualmente de duración en detrimento de la noche durante un cierto lapso de tiempo y viceversa, dando lugar así a una gran variedad de días y noches normales, en razón de su diversa duración de horas de sol. Todos estos fenómenos mantienen una conexión astronómica entre sí de tal naturaleza, que si se estableciese la existencia de uno de ellos, el resto debería producirse necesariamente. Por tanto, si se ha demostrado la larga duración de la aurora védica no resultaría necesario, en términos astronómicos, buscar pruebas adicionales en el *Ṛig Veda* relativas a la existencia de días y noches prolongados. No obstante, al tratarse de fenómenos ocurridos hace milenios y de pruebas que, a pesar de haber sido transmitidas por la tradición, no han sido interpretadas hasta ahora en el sentido que nosotros lo hacemos. Convendría considerar cada uno de estos fenómenos astronómicos mencionados de modo independiente, para posteriormente aunar las diferentes pruebas, pero sin interrelacionarlas hasta que podamos apreciar el efecto acumulativo de todo el conjunto. Con esto no pretendemos dar a entender que exista la menor incertidumbre en la relación secuencial entre dichos fenómenos astronómicos. Al contrario, nada existe más indudable que tal correlación. No obstante, siempre es aconsejable recabar todas las pruebas posibles que proporcionan todas las fuentes a nuestra disposición. Tanto en este capítulo como en los dos siguientes examinaremos por separado las pruebas que podamos hallar en la literatura védica relativas al largo día, la larga noche, el número de meses de luz solar y de oscuridad y las características del año y comprobaremos que son exclusivas de las regiones polares.

Comenzaremos por la larga noche, una noche de numerosos días de duración, tal y como se produce en unas latitudes nórdicas demasiado frías e inhóspitas para la vida humana en la actualidad, pero que durante el interglacial no han debido presentar más inconvenientes que los provocados por la oscuridad, una oscuridad que se prolongaba durante días y días, algo en absoluto deseable y cuyo fin esperaban con ansiedad aquellas gentes que se veían obligadas a soportarla. Existen numerosos pasajes en el *Ṛig Veda* que nos hablan de una larga y abominable oscuridad, de una forma u otra, en la que los enemigos de Indra encontraban cobijo.

Para poder destruirla, Indra tuvo que luchar con los demonios, o *Dâsas*, cuyas fortalezas se ocultaban en esa oscuridad. Así, en I, 32, 10 se dice que Vṛitra, el tradicional enemigo de Indra es engullido por la gran oscuridad (*dîrgham tamaḥ âshayad Indrashatruḥ*), y en V, 32, 5 se describe cómo Indra envía a Shuṣhṇa, que estaba sediento de lucha, a la «oscuridad de la fosa» (*tamasi harmye*), mientras que el versículo primero habla de *asûrye tamasi* (lit. «oscuridad sin sol») que Max Müller traduce por «oscuridad abominable»[48]. A pesar de estos pasajes, la lucha que enfrenta a Vṛitra e Indra se consideró un combate de carácter diario, no anual, una teoría cuya validez discutiremos cuando nos ocupemos del examen de los mitos védicos. Por el momento, será suficiente hacer notar que las expresiones anteriores no tendrían sentido si la oscuridad en la que se mueven los diferentes enemigos de Indra fuese la oscuridad de doce o, en el mejor de los casos, de veinticuatro horas de duración. En realidad, se trata de una «larga» y «abominable» oscuridad sin sol, durante la cual todos los poderes de Indra y de sus aliados quedaban en suspenso.

Pero, más allá de este combate legendario, existen otros versículos en el *Ṛig Veda* que indican con claridad la existencia de una noche tan larga como la más larga de las noches árticas. En primer lugar, es frecuente que los bardos védicos invoquen a sus dioses para que los liberen de la oscuridad. Efectivamente, en II, 27, 14 el poeta dice: «¡Aditi, Mitra y también Varuṇa, olvidad si hemos cometido pecados contra vosotros! ¡Proporcionadnos la gran luz exenta de miedo! ¡Oh, Indra! ¡Haz que la larga oscuridad no vuelva a caer sobre nosotros!». La expresión utilizada en el original para «larga oscuridad» es *dîrghaḥ tamsisrâḥ* que significa más una «sucesión ininterrumpida de noches oscuras» (*tamisrâḥ*) que simplemente «larga oscuridad». Pero incluso adoptando la lectura de Max Müller[49], la ansiedad que se manifiesta porque finalice la larga oscuridad no tendría sentido si jamás hubiese tenido una duración superior a las veinticuatro horas. En I, 46, 6 se pide a los *Ashvinos* «que concedan al fiel la fuerza sufíciente para que pueda atravesar la oscuridad»; y en VII, 67, 2 el poeta exclama: «el fuego ha comenzado a arder, el fin de la oscuridad ha sido visto y el estandarte de la aurora ha aparecido en el este». La expresión «los fines de la oscuridad» (*tamasaḥ anthâḥ*) es muy peculiar y sería violentar el idioma, pretender que signifiquen lo mismo que otras expresiones que significan «larga oscuridad», meramente largas noches de invierno como las que conocemos en las regiones templadas y tropicales. Como ya hemos dicho anteriormente, la noche invernal más larga de estas regiones puede llegar a tener una duración de algo menos de veinticuatro horas, pero incluso este período de largas noches no dura más de una

[48] Véase, *S. B.E.*, vol. XXXIII, p. 218.

[49] Hibbert *Lectures*, p. 231.

quincena. Resultaría, por tanto, improbable que los bardos védicos hubiesen perpetuado el recuerdo de esas largas noches como calamidades de una naturaleza tal, que requiriesen la ayuda de sus dioses para que les librasen de ellas. Existen otros pasajes en los que se expresa la misma ansiedad de ver el fin de la oscuridad o la aparición de la luz, pasajes que no podrían explicarse por la teoría que sostiene que para los antiguos bardos védicos la noche era semejante a la muerte porque no poseían los medios propios del siglo xx para iluminar la oscuridad de la noche con luz artificial. Los salvajes de nuestra época no muestran una impaciencia por la aparición de la luz matinal como la que denotan las expresiones de los poetas védicos, quienes por lo demás poseían un grado de civilización más avanzado, pues conocían tanto los metales como la rueda. Además, no solamente los hombres, sino también los dioses han vivido dentro de esa larga oscuridad. Así, en X, 124 1 se dice que *Agni* ha permanecido «demasiado» en la «larga oscuridad» traducción de *jyog eva dîrgham tama âshayiṣhṭâh*. Las dos palabras *jyog* (larga) *dirgham* resultarían todavía menos apropiadas si la duración de la oscuridad no hubiera excedido jamás la de la mayor noche de invierno. En II, 2, 2 se dice que la misma divinidad, Agni, brilló durante «noches continuas», traducción según Max Müller, de *kṣhapaḥ*[50]. La traducción es indudablemente correcta, pero Max Müller deja sin explicar cuál sería el sentido de la frase «noches continuas». ¿Significaría una sucesión de noches interrumpida por la luz del sol? ¿O es solamente una forma elegante para mencionar una determinada serie de noches? El erudito traductor parece no haber sido consciente de la verdadera importancia de la expresión que ha utilizado.

No obstante, afortunadamente no dependemos exclusivamente de pasajes aislados como los ya mencionados para probar que la larga noche era conocida en épocas arcaicas. En el décimo libro del *Ṛig Veda* encontramos un himno (127) dedicado a la diosa de la noche, en cuyo sexto versículo se invoca a la noche para que «se haga fácilmente vadeable» para el fiel (*nah sutarâ bhava*). En el *Parishiṣhṭa*, que sigue a este himno en el *Ṛig Veda* y que es conocido como *Râtri-sûkta* o *Durgâ stava*, el fiel pide a la noche que le sea favorable exclamando: «permite que alcancemos el otro lado sanos y salvos»[51]. En el *Atharva Veda*, XIX, 47, que constituye una reproducción, con algunas variaciones, del ya mencionado *Parishiṣhṭa*, el segundo versículo dice así: «Todo lo que se mueve encuentra su reposo en ella (la noche); cuyo fin no ve ni aquello que lo mantiene distante. ¡Oh, vasta y oscura noche! ¡Haz que alcancemos tu fin sin daño!». En el tercer versículo del himno quincuagésimo del mismo libro los fieles solicitan pasar sin heridas corporales «a través de todas las noches sucesivas

[50] Véase, *S. B. E. Series*, vol XLVI, p. 195.

[51] Véase: 4.º versículo del *Ratri-sukta*, *Atharva Veda* 47, 2; XIX, 50, 3.

(*râtrim râtrim*)». Todo esto nos obliga a preguntarnos cuál era la razón de que todo el mundo manifestase tal ansiedad por llegar a ver el fin de la noche libre de todo mal y por qué el poeta exclama «cuyo fin no se ve, ni qué es lo que lo mantiene distante». ¿Porque se trataba de una noche normal de invierno o porque era la larga noche ártica? Afortunadamente el *Taittirîya Samhitâ* ha conservado la respuesta tradicional más antigua para estas preguntas y no necesitamos, por tanto, recurrir a las especulaciones de los modernos comentaristas. En el *Taittirîya Samhitâ* I, 5, 5, 4 encontramos un *mantra*, o una oración análoga dirigida a la noche en estos términos: «¡Oh, Chitrâvasu! Haz que alcance el fin sin daño». Un poco después (I, 5, 7, 5), el mismo *Samhitâ* explica este *mantra* del modo siguiente: «*Chitrâvasu* es (significa) la noche en los tiempos antiguos (pura), los *brâhmanes* (sacerdotes) temían que ella (la noche) no acabara nunca». Tenemos aquí una afirmación védica explícita sobre la aprehensión que sentían tanto los sacerdotes como el pueblo por la finalización de la noche. ¿Qué significa esto? Si la noche no era inusualmente larga, ¿a qué podría deberse las dudas acerca de su fin? Sâyaṇa, comentando este pasaje, vuelve a su explicación habitual de que las noches del invierno eran muy prolongadas, lo que infundía terror en el sacerdote, inquietud por el amanecer. Sin embargo, podemos citar un pasaje de Sâyaṇa en el que se contradice y que muestra que no ha tratado este importante pasaje con el debido interés. Es bien conocido que con frecuencia el *Taittirîya Samhitâ* explica los *mantras*, constituyendo dichas explicaciones del *Samhitâ* el *Brâhmaṇa*, de manera que la suma de *mantras* y de *Brâhmaṇa*, es decir, de las oraciones y de sus comentarios o explicaciones, conforman la totalidad del *Taittirîya Samhitâ*. Por tanto, la oración que refiere la aprehensión de los sacerdotes relativa a la llegada de la aurora pertenece a la parte *Brâhmaṇa* del *Samhitâ*. Ahora bien, por lo general los teólogos indios dividen el contenido de los *Brâhmaṇas* en diez capítulos, a saber: 1) *hetu* o razón, 2) *nirvachana* o explicación etimológica, 3) *nindâ* o censura, 4) *prashamsâ* u oración, 5) *samshaya* o duda, 6) *vithi* o la ley, 7) *parakriyâ* o los «actos de otros», 8) *purâ-kalpa* o rito o tradición antiguos, 9) *vyavadhârana-kalpana* o determinación de los límites y 10) *upamâna* comparación o analogía.

Sâyaṇa, en su introducción al comentario del *Ṛig Veda*, menciona los nueve primero capítulos y, como ilustración del octavo *purâ-kalpa*, cita el pasaje explicativo del *Taittirîya Samhitâ* I, 5, 7, 5, reproducido anteriormente. Según Sâyaṇa, la expresión «antiguamente los sacerdotes tenían miedo de que no amaneciese», por tanto, pertenece al *Pura-kalpa*, es decir, a la historia antigua y tradicional que forma parte de los *Brâhmaṇa*. No se trata de *arhavâda*, esto es, especulación o explicación avanzadas por el *Brâhmaṇa*. Esto lo evidencia el término *purâ* que aparece en el texto del *Samhitâ* y que muestra que se ha conservado una parte de la información tradicional. De ser correcto este planteamiento inmediatamente se plantearía una cuestión: ¿Por qué las noches de invierno normales provocaban tal aprehensión a los sacerdotes solo «antiguamente» y por qué la larga oscuridad ha cesado de inspirar tales miedos en la generación actual? Las largas noches invernales de las zonas tropicales y templadas tienen una duración semejante a la que tenían hace milenios y ninguno de nosotros, ni el más ignorante, siente ningún tipo de inquietud acerca de la aurora que pondrá final a esas largas noches. Se podría quizás, argumentar, que en la Antigüedad los bardos no poseyeron el conocimiento necesario para predecir la aparición del alba tras un lapso de algunas horas. Pero la debilidad de tal argumento se pone de manifiesto cuando comprobamos que el calendario védico era en aquella época tan avanzado que incluso el problema de la ecuación entre el año solar y el lunar se había resuelto con bastante precisión. La explicación de Sâyaṇa de que la duración de las noches invernales provocaba incertidumbre sobre la aurora venidera debe rechazarse por insatisfactoria. No eran las largas noches de invierno lo que temían los bardos de aquellos tiempos arcaicos, era algo más, algo muy prolongado, tan largo que, aunque sabían que no duraba eternamente, ponía a prueba su paciencia y les hacía esperar ávidamente la llegada de la aurora. En resumen, se trataba de la larga noche del ártico y el término *purâ* demuestra que nos hallamos ante un fenómeno de los tiempos antiguos que los bardos védicos conocieron por la tradición. Ya demostré en otro lugar que el *Taittirîya Samhitâ* debe atribuirse al período de las Kṛittikâs. Debemos, por tanto, concluir que con toda seguridad alrededor del 2500 a. C. el pueblo védico poseía una tradición que sostenía que, en los tiempos antiguos, los sacerdotes se impacientaban ante la duración de la noche, de la que no se conocía el fin, por lo que oraban a sus divinidades fervientemente para que les preservasen sanos y salvos hasta el fin de la oscuridad. Esta descripción de la noche resultaría absurda si no hiciera referencia a la larga y continua noche ártica.

Vamos a ver a continuación si el *Ṛig Veda* contiene alguna referencia al largo día, la larga noche o al calendario circumpolar, además de las expresiones referidas a la larga oscuridad y a la dificultad de alcanzar el otro lado de la noche sin fin, mencionadas anteriormente. Ya hemos visto que el calendario rigvédico consta de 360 días, con un mes intercalar, por lo que no puede ser ni polar ni circumpolar. Pero junto a este, el *Ṛig Veda* conserva descripciones de días y noches que no son aplicables a los días y a las noches cisárticos, a menos que propongamos para tales pasajes una explicación artificiosa. Día y noche son considerados una pareja en la literatura védica y se le atribuye un género dual. Así, tenemos *uṣhâsanaktâ*

(1, 122, 2) «aurora y noche», *naktoṣhâsâ* (I, 142, 7) «noche y aurora»; o simplemente *uṣhâsau* (1, 188, 6), las dos auroras. Todas estas parejas representan el conjunto de día y noche. El término *Aho-ratre* también significa día y noche, pero no aparece en el *Ṛig Veda*, aunque el *Aitareya Brâhmaṇa* (II, 4) lo considera sinónimo de *Ushâsa-naktâ*. A veces, esta pareja de día y noche se considera como dos hermanas o dos gemelas; pero más allá de cualquiera de las formas en las que se les denomine la referencia resulta generalmente ambigua. Ahora bien, uno de los versículos que describe la pareja de noche y día es: *Ṛig Veda* III, 55, II. La divinidad a la cual se le dedica este versículo es *Aho-ratre* y es comúnmente admitido que contiene una descripción del día y la noche. Es este:

«Nânâ chakrâte yamyâ vapûmṣhi
tayor anyad rochate kṛiṣhṇam anyat
Shyâvî cha yad aruṣhî cha swasârau
mahad devânâm asuratvam ekam».

Los tres primeros versículos de este cuarteto contienen las afirmaciones principales mientras el cuarto constituye el estribillo del himno. La traducción literal es como sigue: «la pareja de gemelas toma muchas formas; de las dos una brilla, la otra (es) oscura; dos hermanas (son) ellas, la oscura (*shyâvî*) y la brillante (*aruṣhi*); la gran divinidad de los dioses es una (única)». Este verso parece bastante sencillo a simple vista, y lo es, al menos, en lo que concierne a las palabras. Pero ha sido mal interpretado en dos puntos esenciales. Consideraremos en primer lugar la primera parte del verso. Dice así: «la pareja de gemelas toma muchas formas diferentes, de las dos una brilla y la otra es oscura». La pareja de gemelas son el día y la noche, una de ellas es brillante y la otra oscura. Hasta aquí no presenta dificultad, pero la frase «toman muchas formas» no parece haber sido examinada o interpretada correctamente. Los términos utilizados en el verso original son *nânâ chakrâte vapûmnṣhi*, que significan literalmente «toman muchos cuerpos y formas». Tenemos, por tanto, una doble explicación de esta pareja: Por un lado, brillante y oscura; por otro, que toma diferentes aspectos. En I, 123, 7 la pareja de día y noche es *viṣhrûpe*, mientras en otros lugares el adjetivo *virûpe* es utilizado en el mismo sentido. Resulta evidente, por tanto, que los «cuerpos» o las «formas» deben designar algo diferente del aspecto brillante u oscuro de la pareja y, si esto es así, las expresiones *viṣhrûpe virûpe* o *nânâ vapûmṣhi* utilizadas en relación con la pareja noche y día deben significar algo diferente de «brillante y oscuro», a no ser que se consideren expresiones superfluas o tautológicas. Para Sâyaṇa, estas frases designan los diferentes colores (*rûpa*) como negro, blanco, etc., y algunos de los especialistas europeos parecen haber adoptado esta explicación. Por nuestra parte, no vemos el sentido de atribuir diferentes colores al día y la noche. ¿Debemos suponer que tenemos a veces días y noches verdes y violetas o amarillos y azules? Aunque el término *rupâ* permite esta interpretación, *vapûmṣhi* no puede entenderse de ese modo. El problema no parece, no obstante, haber atraído la atención de los comentaristas. Incluso Griffith traduce *viṣhrûpe* por «de diferentes tonos» en I, 125, 5. Los *naktoṣhâsâ* se describen como *virûpe* también en 1, 113, 3, y aquí Sâyaṇa nos proporciona la misma explicación. Parecería que a nadie se le ha ocurrido considerar que este punto merecería una mayor atención. Afortunadamente en el caso del *Ṛig* I, 113, 3 podemos consultar a un comentarista más antiguo que Sâyaṇa. Este verso aparece en el *Uttarârchika* del *Sama-Veda* (XIX, 4, 2, 3) Mâdhava en su *Vivarana*, un comentario del *Sama Veda*, explica *virûpe* así: «Durante el *dakṣhiṇâyana* es la noche la que aumenta, durante *uttarâyaṇa es* el día»[52]. El *Vivrana* de Madhava es un libro raro y he tomado esta cita de un resumen de su comentario ofrecido en una nota de la edición de Calcuta del *Sama-Veda Samhitâ*, con los comentarios de Sâyaṇa, publicada por Satyavrata Sâmashramî, un erudito especialista védico de Calcuta. No se sabe quién es este Madhava, pero el Pandit-Satyavrata afirma que Durga, el comentador de Yâska se refiere a él. Podemos, por tanto, considerar a Madhava como un antiguo comentarista que nos ha indicado el modo de solventar las dificultades de interpretar las expresiones *viṣhurûpe* y *virûpé* que aparecen numerosas veces en el *Ṛig Veda* a propósito de la pareja día-noche. La palabra «forma» (*rûpa*) o cuerpo (*vapus*) puede utilizarse para designar la extensión, duración o longitud de los días y las noches y *virûpe* designaría simplemente las «longitudes» variables de los días y las noches, junto a su color que solo puede ser brillante u oscuro. Gracias a la clave que nos ha proporcionado Madhava podríamos, por tanto, interpretar la primera parte del verso del siguiente modo: «la pareja de gemelas puede tomar varias (*nânâ*) longitudes (*vapûmṣhi*); una de las dos brilla y la otra es oscura».

No obstante, aunque la primera mitad podría interpretarse de esta manera, aparece inmediatamente otra dificultad, tan pronto como nos enfrentamos al tercer versículo. Dice así: «dos hermanas son ellas, la oscura (*shyâvî*) y la brillante (*arushi*)». La cuestión consistiría en determinar si estas dos hermanas (*svasârau*) son las mismas que las dos gemelas (*yamyâ*) mencionadas en los dos primeros versos. Siendo así, el tercer *pâda* (verso) devendría superfluo. Si, por el contrario, las consideramos diferentes, deberemos explicar dónde reside la diferencia. Los comentaristas no han sido capaces de resolver la dificultad, por lo que han adopta-

[52] Véase *Sâma-Veda*, Ed. De Calcuta, XIX, 4, 2, 3.

do la primera solución, a pesar de la tautología. Sea como fuere, resulta evidente que esta explicación deja mucho que desear, por lo que no queda otra alternativa que intentar encontrar otra solución. No es este el único lugar donde se mencionan dos parejas diferentes de día y de noche. Se trata de *Ahanî* que no significa «dos días» sino un día y una noche, puesto que, en VI, 9, 1 leemos que «hay un *ahaḥ* (día) oscuro y un brillante *ahaḥ* (día)». *Ahanî,* por consiguiente, significaría el conjunto del día y de la noche y hemos visto que *Uṣhâsâ-naktâ* posee el mismo significado. ¿Son ambas parejas la misma o diferentes? Si *Ahanâ* fuera sinónimo de *Uṣhâsâ-naktâ* o de *Aho-râtre* entonces las dos parejas serán idénticas, si no, serán diferentes. Afortunadamente *Ṛig* IV, 55, 3 nos permite resolver esta cuestión. Allí, *Uṣhâsâ-naktâ* y *Ahanî* se invocan de modo separado para pedir su protección y lo que demuestra claramente que las dos parejas son dos deidades distintas, aunque cada una de ellas represente una pareja de día y noche[53]. Max Müller ha señalado esta diferencia entre *Uṣhâsâ-naktâ* y *Ahanî,* o los dos *Ahans*, pero no ha extraído todas las consecuencias que derivarían de ella. Si la totalidad de los 360 días y noches del año eran del mismo tipo, como lo son para nosotros, no habría motivo para dividirlos en dos parejas representadas por *Uṣhâsâ-nakta* y *Ahanî*. La descripción general «oscuro, brillante y de varias longitudes» debería haber sido suficiente para caracterizar todos los días y noches del año. Por tanto, la distinción entre *Uṣhâsâ-nakta* y *Ahanî,* efectuada en IV, 55, 3, nos obligaría a encontrar su razón. Al examinar el carácter de los días y las noches de las diferentes regiones de la superficie terrestre desde el Polo al Ecuador, la única explicación posible consistiría en que el año al que se refieren estos pasajes no es otro que el año circumpolar, año compuesto por un largo día y una noche que formarían una pareja, por un lado, y de un cierto número de días y de longitud variable, por otro, de las cuales solo una respondería a la calificación de «brillante, oscura y de diferentes longitudes». No existe otro lugar sobre la superficie de la tierra al que cupiese esta descripción. En el Ecuador solo tenemos días y noches iguales que podrían estar representados por una única pareja «oscura y brillante, pero siempre de la misma longitud», es decir, en vez de *virûpe*, esta pareja debería de ser *sarûpe*. Entre el Ecuador y el círculo ártico un conjunto de un día y una noche no excede jamás de veinticuatro horas, aunque puede darse un día de veintitrés horas y una noche de una y viceversa, a medida que nos acercamos al círculo polar ártico. En este caso, los días del año se representarían por una pareja «oscura, brillante y de longitudes diferentes (*virûpe*)». Pero tan pronto como cruzamos el círculo ártico y entramos en «la tierra de la larga noche», es preciso completar la descripción ante-

[53] *Ṛig*, IV, 55, 3. Véase también Max Müller, *Lectures on the Science of Language*, vol. II, p. 534.

rior añadiendo a la primera pareja una segunda formada por el largo día y la larga noche, cuyas longitudes variarán en relación con la latitud. Esta segunda pareja, también será designada como *virûpe*, con la diferencia, no obstante, de que mientras la longitud de los días y las noches de las zonas templadas puede variar en el mismo punto geográfico, la longitud del largo día y la larga noche no pueden variar en el mismo punto, sino únicamente en diferentes latitudes. Se podrían distinguir, por tanto, tres clases de parejas día-noche en la totalidad del globo.

1) En el Ecuador: una sola pareja; oscura y brillante, pero siempre de la misma forma o longitud (*sarûpe*).
2) Entre el Ecuador y el círculo polar ártico: una sola pareja; oscura y brillante, pero de varias formas o longitudes (*virûpe*).
3) Entre el círculo ártico y el Polo; dos parejas oscuras y claras, pero de varias formas o longitudes (*virûpe*).

En el Polo solo existen un día y una noche de seis meses cada uno. Ahora bien, en tanto que conocemos un pasaje del *Ṛig Veda* (IV, 55,3) en el que se mencionan explícitamente dos parejas diferentes de noche y día, *Uṣhâsânâktâ* y *Ahanî*, es evidente que los *Aho-râtre* representarían exclusivamente los días y las noches de las regiones circumpolares. A la luz de IV, 55, 3, deberemos, por tanto, interpretar III, 55, 11, citado anteriormente, como la descripción de dos parejas, una formada por dos gemelas y otra por dos hermanas. La traducción del verso debería ser la siguiente: «La pareja de gemelas (la primera pareja) toma numerosas formas (longitudes); de las dos una es oscura y la otra brillante. Dos hermanas son ellas, la *shyâvî* u oscura y la *aruṣhi* o la brillante (la segunda pareja)». De este modo, ninguna parte del verso resulta superflua y la totalidad resulta mucho más comprensible que de cualquier otra forma.

Hemos visto que los días y noches están representados por dos parejas diferentes en el *Ṛig Veda*, *Uṣhâsâ-nakta* y *Ahanî*, y que, si esta distinción posee sentido, no puede tratarse más que de la descripción de los días y las noches del interior del círculo ártico. Resulta difícil decir si *Ahanî* designa una pareja de día y noche diferente de *Uṣâshâ-naktâ* en todos los lugares en los que aparece. No obstante, sí podemos afirmar, al menos, que en IV, 55, 3, *Uṣhâsâ-naktâ* designa a una pareja diferente de la representada por *Ahanî*. Ahora bien, si *Ahanî* realmente significa la pareja del largo día y la larga noche, diferente de los días y noches ordinarios, existiría otro modo de distinguir ambas parejas. Los días y noches comunes se siguen los unos a los otros regularmente, el día es seguido por la noche y viceversa, no pudiendo decirse que se encuentren separados. Pero el largo día y la larga noche, aunque de igual duración, no se siguen el uno al otro de forma consecutiva. La larga noche tiene lugar en la época durante la cual el sol se encuentra en el solsticio de invierno, mientras que el largo día lo hace cuando el sol está en el solsticio de verano, estando ambos puntos solsticiales separados por 180 grados y siendo opuestos en la eclíptica. Este carácter de *Ahanî* parece haber sido conocido por la tradición en la época de los *Araṇyakas*. Efectivamente, el *Taittirîya Araṇyaka*, I, 2, 3 al personificar el año, afirma en primer lugar que el año tiene una cabeza con dos bocas diferentes, señalando a continuación que todo esto es una «característica de la estación», que el comentarista explica sosteniendo que el dios-año tiene dos bocas porque tiene dos *Ayanas*, la septentrional y la meridional de donde derivan las estaciones. Pero la afirmación siguiente es la que tiene verdadera importancia para nosotros, el *Araṇyaka* continúa «a la derecha y a la izquierda del dios-año (están) el brillante y el oscuro (días)» y el verso siguiente continúa «una de ellas (forma) es brillante, la otra sacrificial (oscura), dos *Ahans* de diferentes formas, tú eres como Dyau, tú ¡Oh, soberano!, preserva todas las fuerzas mágicas. ¡Oh, Pûṣhan! Que tu generosidad nos sea favorable» (*Tait. Araṇyaka* I, 2, 4). El verso o *mantra* citado es *Rig*, VI, 58, 1. Pûṣhan se compara aquí a *Dyau* y se dice que tiene dos formas, oscura y brillante, como el *Ahanî*. Estas formas brillante y oscura del *Ahanî* constituyen los lados derecho e izquierdo del dios-año, esto es, las dos partes del cuerpo del año personificado. En otras palabras, el pasaje afirma claramente que las partes oscura y luminosa del *Ahanî* no son consecutivas, sino que se sitúan en los lados diametralmente opuestos del año. Esto solo podría producirse en el caso de que la pareja de día y noche representada por *Ahanî* designase la larga noche y el largo día de las regiones árticas. En esta región, la larga noche corresponde al largo día, y mientras una tiene lugar cuando el sol se halla en el solsticio de invierno, el otro se produce cuando está en el de verano. Las dos partes de *Ahanî* están, por tanto, muy bien representadas por los lados derecho e izquierdo del dios año en el *Araṇyaka*. De este modo, este pasaje apoya la teoría sobre la naturaleza del *Ahanî* expuesto con anterioridad.

Por último, disponemos de pasajes del *Ṛig Veda* donde se describe el largo día de modo expreso. En V, 54, 5 se menciona el extenso curso diario del sol (*dîrgham yojanam*) y se dice que los *Maruts* han extendido su poder y su grandeza en consecuencia. Pero la afirmación más explícita sobre el largo día se encuentra en X, 138, 3. Este himno celebra las hazañas de Indra, todas las cuales tienen por escenario las regiones aéreas o celestes. En el primer versículo se menciona la muerte de Vṛitra y la liberación de las auroras y de las aguas. En el segundo se dice que se ha hecho brillar el sol merced al mismo hecho. El tercer versículo reza como sigue:

«Vi sûryo madhye amuchad ratham divo
Vidad dâsâya pratimanam âryaḥ
Dṛîḍhâni pripor asurasya mâyinaḥ
Indro vyâsyach ghakṛivam Ṛijishvanâ».

El cuarto, quinto y sexto versículos se refieren a la destrucción de las fortalezas de Vṛitra, el castigo de Uṣhas y la colocación de las lunas en el cielo. Pero el tercer versículo reviste importancia para nuestro tema. Los términos utilizados son sencillos, de modo que puede traducirse de la siguiente manera: «El sol desunció su carro en medio del cielo; el Ârya encuentra una contramedida (*pratimânam*) para el Dâsa. Indra, actuando con Ṛijishvan, destruyó las sólidas fortalezas de Pipru, el maligno Asura». La primera parte del verso es la que reviste interés para nosotros. Se dice en ella que el sol ha desuncido su carro, no durante el orto, ni sobre el horizonte, sino en medio de los cielos, donde permanece durante algún tiempo. No hay duda alguna acerca del sentido, pues los términos son muy claros, lo que ha provocado que los comentaristas encuentren dificultades para explicar esta extraordinaria conducta del sol en medio del cielo. Griffith sostiene que, quizá, se esté haciendo referencia a un eclipse o a la detención del sol para permitir a los arios derrotar completamente a sus enemigos. No obstante, ninguna de ambas sugerencias resulta satisfactoria. Durante un eclipse solar, el sol permanece temporalmente oculto por la luna, siendo total o parcialmente invisible, pero no permanece estacionario. La descripción de que el sol desunce su carro en medio de los cielos no puede, por tanto, aplicarse a un sol eclipsado. En cuanto a la segunda sugerencia, a saber, que el sol permaneció inmóvil durante un lapso para permitir a su raza favorita, los arios, derrotar a sus enemigos, pareciera tener su origen en el pasaje bíblico de *Josué* X, 12, 13, donde se dice que el Sol permaneció inmóvil por una orden de Josué hasta que el pueblo se hubo vengado de sus enemigos. Pero no hay ninguna razón para trasladar esta idea bíblica al *Ṛig Veda*. Las hazañas de Indra se describen en cierto número de himnos del *Ṛig Veda*, pero en ninguno se dice que haya detenido el sol para los arios. Creemos que, por tanto, hay que rechazar estas explicaciones sugeridas por Griffith. Sâyaṇa, por su parte, salva esta dificultad interpretando la frase *ratham vi amuchat madhye divaḥ* de este modo: «el sol desató (*vi-amuchat*) su carro, esto es, lo liberó de desplazarse hacia el centro (*madhye*) del cielo, (*ratham prâsthanâya vimuktavân*)». La interpretación de Sâyaṇa, así, consiste en que cuando Indra obtiene compensación de Vṛitra, desata el carro del sol para viajar hacia el centro del cielo. Evidentemente, esta construcción resulta muy forzada. El verbo *vi much* se utiliza alrededor de una docena de veces en el *Ṛig Veda* en relación con caballos y en todos ellos significa «quitar los arneses», «desuncir» o «separar los caballos del carro para el descanso», habiendo interpretado el propio Sâyaṇa esta expresión en este mismo sentido. Así, explica: *vi muchya* como *rathât vishliṣhya* en I, 104,1 y *rathât vi muchya* en III, 32, 1 y *rathât visṛijya* en X, 160, 1 (cf. también I, 171, 1; 1, 177, 4; VI, 40, 1). El significado más natural del versículo sería, por tanto, que «el sol desunció su carro». Pero incluso suponiendo que *vi much* pueda traducirse por «desatar para viajar» la expresión solo resultaría apropiada si se hubiese producido una parada o una desaceleración previa del sol. La cuestión de por qué el sol se detuvo o ralentizó su carrera en el centro del cielo quedaría, por tanto, sin resolver. La expresión *divaḥ madhye* significa «en el medio del cielo» y no puede traducirse por «hacia el centro del cielo». Por supuesto, si el sol estuviese bajo el horizonte podríamos decir que ha desuncido los caballos para viajar como en V, 62, 1; pero incluso aquí el significado parece ser que los caballos permanecieron en el mismo lugar. En el presente caso, el sol ya se encuentra en el centro del cielo y no lo podríamos considerar bajo el horizonte sin cometer una palpable distorsión del significado. No podríamos tampoco explicar la acción de venganza (*pratimânam*) si aceptásemos la explicación de Sâyaṇa. Por tanto, deberemos traducir la primera mitad del verso del siguiente modo: «el sol desunció su carro en el centro del cielo». Existe otro pasaje en el *Ṛig Veda* que nos habla del sol en medio del cielo. En VII, 87, 5 se dice que el rey Varuṇaha ha hecho «balancearse en el cielo la roca dorada (el sol)» (*chakre divi prenkhâm hiran mayam*), indicando claramente que el sol ha oscilado hacia delante y hacia atrás en el cielo, permaneciendo constantemente visible (cf. también VII, 88, 3). La idea que se expresa en este verso es exactamente la misma, pues incluso en las regiones árticas el sol parece balancearse durante el largo día continuo, cuando no desciende bajo el horizonte durante las veinticuatro horas. Nada hay, por tanto, de extraño en este versículo que reza así: «el sol desunció su carro por algún tiempo en el centro del cielo», no existiendo ningún motivo para buscar otro significado. Lo que aquí está descrito es una detención prolongada del sol en medio del cielo y este es un fenómeno que solo puede estar aludiendo al largo día de la región ártica. Lo que podemos leer en el segundo versículo corrobora la misma idea. Los especialistas europeos parecen haber sido inducidos a error en este pasaje por los términos *Ârya* y *Dâsa*, que acostumbran a interpretar como razas arias y no arias. Pero, a pesar de que puedan interpretarse en ese sentido en algunos pasajes, no pueden serlo siempre. La palabra *Dâsa* se aplica a los enemigos de Indra en numerosos lugares. Así, Shambara es denominado un *Dâsa* (IV, 30, 14) y el mismo adjetivo se aplica a Pipru en VIII, 52, 2 y a Namuchi en V, 30, 7. En X, 120, 2 se dice que Indra inspira terror a los *Dâsa* y en II, 11, 2 se describe cómo destroza al *Dâsa* que se creía inmortal. En el verso en cuestión se celebra la victoria de Indra sobre Pipru y sabemos que este recibe la denominación de *Dâsa* en otros pasajes. Por tanto, resultaría normal suponer que en el versículo mencionado los términos *Ârya* y *Dâsa* están referidos a Indra y Pipru y no a las razas arias y no arias. Todas las hazañas descritas son de carácter celeste y estaría en contradicción con el contexto si considerásemos una única frase en el sentido de una victoria de las arias sobre las no-arias. Nos encontramos aquí de nuevo con el término *pratimâna* (literalmente contra medida) que indica que aquello que se ha realizado ha sido por venganza, una suerte de contrapeso o contragolpe, llevado a cabo con el fin de vengar los daños provocados por *Dâsa.* Así, no podría describirse una batalla entre arios y no arios sin hacer alusión previa a una derrota anterior de los arios. Por tanto, el significado de este versículo no es otro que el sol fue detenido en medio del cielo, dando lugar a un largo día, de modo que Indra obtuvo un contrapeso frente a *Dâsa*, su enemigo. Sabemos que la oscuridad es producida por *Dâsa* y que es él quien trae la larga noche e Indra se vengó, o lo contraatacó, creando un día tan largo como la noche de *Dâsa*. La prolongada noche de las regiones árticas es, como ya hemos visto, de la misma duración que el día, expresando lo que expresa este verso al equiparar ambos. No aparece ninguna referencia a una victoria de la raza aria sobre sus enemigos ni nada semejante, como han supuesto los especialistas occidentales. Sâyaṇa, que no estaba influenciado por teorías de carácter historicista, interpretó correctamente *Ârya* y *Dâsa* en este caso como denominaciones de Indra y su enemigo, pero, por su parte, interpretó erróneamente, como vimos más arriba, la primera parte del verso que se refiere a la prolongada parada del sol en medio del cielo. La interpretación incorrecta del segundo hemistiquio proviene a su vez de los especialistas occidentales como Muir, quien interpreta *Ârya* en el sentido de arios, y *Dâsa* en el de no-arios. Esto pone en evidencia cómo en ausencia de una clave correcta para interpretar el verso nos podemos dejar influir por teorías de moda incluso cuando las palabras resultan claras y sencillas.

En resumen, hemos visto cómo el *Ṛig Veda* nos habla de dos parejas diferentes de día-noche, una de las cuales constituye la pareja formada por el día y la noche normales, mientras la otra, el *Ahanî,* es una pareja diferente que representaría, de acuerdo con el *Taittirîya Araṇyaka*, los lados derecho e izquierdo del año, es decir, la pareja formada por un largo día y una larga noche árticos. Por su parte, el *Taittirîya Samhitâ* relata en términos claros una tradición de los tiempos primordiales, según la cual la noche era tan larga que los hombres temían que no volviera a amanecer jamás. Tenemos también cierto número de expresiones en el *Ṛig Veda* que denotan «largas noches» o una «oscuridad larga y espantosa y el largo día». Por otro lado, se elevaron plegarias a los dioses solicitando que permitieran al fiel alcanzar sin daño el fin de la noche «*cuya frontera nos es desconocida*». Finalmente, tenemos un texto explícito en el que se afirma que el sol se detuvo en medio del cielo con lo cual vengaba los daños provocados por *Dâsa* al producir la larga noche. Por tanto, no solo del largo día y la larga noche se encuentran mencionados en el *Ṛig Veda,* sino también la idea de que ambos se contrapesan, mientras que el *Taittirîya Araṇyaka* no dice que conforman los lados opuestos del dios año. Por lo tanto, junto a los pasajes demostrativos de la larga duración de la aurora, poseemos suficientes evidencias independientes para sostener que la larga noche de las regiones árticas y su contraparte el largo día, fueron conocidos por los poetas del *Ṛig Veda* y que el *Taittirîya Samhitâ* nos confirma que este fue un fenómeno de los tiempos primordiales *(purâ*).

Vamos a cerrar este capítulo con una breve exposición acerca de otra característica circumpolar: el curso meridional del sol. Ya se mencionó anteriormente que el sol no puede hacer su aparición en el cenit en ninguna estación en las zonas templadas o árticas y que un observador situado en cualquiera de esas zonas en el hemisferio norte verá el sol dirigirse hacia la derecha o hacia el sur, mientras que en el Polo Norte el sol parecerá que nace por el sur. Ahora bien, la palabra *Dakṣhiṇâ* en sánscrito védico significa tanto «mano derecha» como «sur», coincidencia que encontramos en otros lenguajes indoeuropeos. Como ha señalado Sayle, los arios saludaban la aparición del sol levantando sus manos derechas hacia el sur para dirigirse a sus dioses, el sánscrito *Dakṣhiṇâ,* el galo *dehav* y el antiguo irlandés *des* comparten el doble significado de «mano derecha» y «sur»[54]. Esta explicación nos permite comprender por qué los especialistas occidentales traducen en un cierto número de pasajes *Dakṣhiṇâ* por «lado derecho», mientras que los indios lo hacen por «dirección sur». Existe, también un tercer significado de *Dakṣhiṇâ*, a saber, «largueza» o «generosidad», al cual a veces se le ha concedido bastante importancia. Así cuando se dice que los soles están solo por los *Dakṣhiṇâvats* en I, 125, 6 resulta muy probable que esta expresión haga referencia a la dirección meridional antes que a las ofrendas sacrificiales. En III, 58, 1, se denomina a Sûrya el hijo de *Dakṣhiṇâ* e, incluso, si tradujésemos aquí *Dakṣhiṇâ* por aurora, quedaría por aclarar el motivo por el que la aurora recibe el nombre de *Dakṣhiṇâ,* siendo la única explicación sugerida hasta la fecha que *Dakṣhiṇâ* significa «diestro» o «experto». Un mejor modo de explicar estas frases consistiría en considerar que hacen referencia a la dirección meridional y tras lo expuesto anteriormente, creemos que esta explicación es

[54] *Ṛig*, X, 138, 3.

la más probable. Por supuesto, resulta necesario mantener una postura crítica a la hora de interpretar los himnos védicos, pero creo que llevaríamos excesivamente lejos nuestro espíritu crítico si sostuviésemos que *Dakṣhiṇâ* o alguno de sus derivados no se utilizó en el *Ṛig Veda* para hacer referencia a la dirección sur (I, 95, 6; II, 42, 3). Herodoto (IV, 42) nos informa de que ciertos marineros fenicios recibieron la orden del faraón egipcio Necao de navegar alrededor de Libia (África) y regresar por las columnas de Hércules (Gibraltar). Los marineros realizaron el viaje y regresaron al tercer año. Pero Herodoto no los creyó porque sostuvieron a su vuelta que (algo para él, increíble) al rodear Libia vieron el sol a su derecha. Herodoto no pudo dar crédito al hecho de que el sol pudiese aparecer por el norte. No obstante, el mero hecho de que esto resultase increíble podría considerarse como una evidencia innegable de la autenticidad de periplo. La consecuencia de esta historia no es otra que no se debe interpretar *dakṣhiṇâ* como «lado o mano derecha» ni como «generosidad» en todos los pasajes del *Ṛig Veda*. Puede que no haya pasajes que nos indiquen expresamente que el sol o la aurora provenían del sur, pero lo cierto es que *Uṣhas* recibe el nombre de *Dakṣhiṇâ* (I, 125, 1; X, 107, 1) y el sol, el de hijo de *Dakṣhiṇâ* (III, 58, 1) lo que resulta muy sugerente, tratándose de expresiones que los bardos védicos emplearon porque en sus días estaban consagradas por el uso. Las palabras, al igual que los fósiles, preservan a menudo hechos o ideas arcaicas en la lengua; y a pesar de que los bardos védicos hubiesen podido olvidar el significado original de esas expresiones, esto no es suficiente razón para rechazar las conclusiones lógicas. El hecho de que el norte se designe por el término *ut-tara*, «superior» y el sur por *adha-ra*, «inferior», apunta, igualmente, hacia la misma conclusión, pues el norte no puede estar en el cenit o «superior», excepto para un observador situado en las cercanías del Polo Norte. En la literatura posterior encontramos una tradición según la cual el camino del sol atraviesa regiones que son inferiores (*adhaḥ*) al hogar de los siete *Ṛiṣhis,* la constelación de la Osa Mayor[55]. El hecho de que la eclíptica se encuentra al sur de la constelación es algo evidente, pero no se puede decir que esté bajo la constelación a menos que el cenit del observador estuviese en la constelación o entre ella y el Polo Norte, una posición solo posible en el caso de que el observador se hallase en la región ártica. Ya hemos citado el pasaje del *Ṛig Veda* en el que se habla de los Siete Osos (Ṛ*ikṣhaḥ*) diciendo que están situados en lo alto de los cielos (*uchchâḥ*) pero no hemos podido encontrar en el *Ṛig Veda* huellas de la tradición según la cual el camino del sol se encuentra bajo la constelación de los Siete Osos. También se ha establecido con anterioridad que la dirección

[55] Véase Sayce, *Introducction to the Science of Language*, vol. II, p. 130.

meridional del sol, aunque completamente demostrada, no es una indicación absolutamente segura de que el observador se encuentre en la región circumpolar, puesto que también en la zona templada el sol parecerá moverse siempre al sur del observador. Por tanto, no valdría la pena detenerse en esta cuestión. Ya se ha mostrado cómo el *Ṛig Veda* menciona la larga noche y el largo día y veremos en el próximo capítulo que los meses y las estaciones mencionados en este antiguo libro corroboran la teoría que venimos exponiendo.

CAPÍTULO VII

MESES Y ESTACIONES

Las pruebas de un calendario abandonado han sido preservadas por los sacerdotes en los ritos sacrificiales – Número variable de meses de sol en la región ártica – Su efecto sobre los períodos sacrificiales – Los siete aspectos del sol en los Vedas – La leyenda de Aditi – Presenta sus siete hijos a los dioses y rechaza al octavo – Diferentes explicaciones de esta leyenda en los Brâhmaṇas y el Taittirîya Araṇyaka – Los doce soles considerados como doce dioses de los meses en las literatura tardía – Por analogía siete soles deberían corresponder a siete meses de sol – Se cree que diferentes soles deben producir necesariamente las diferentes estaciones – La leyenda de Aditi pertenece a una época anterior, o pûrvyam-yugam – Pruebas en la literatura sacrificial – Las familias de los sacrificadores de antaño – Llamadas de «nuestros ancestros» en el Ṛig Veda – Atharvan y Angiras se remontan a la época indoeuropea – Los Navagvas y los Dashagvas son los principales Angiras – Ayudan a Indra en su combate contra Vala – Cumplen su período sacrificial en diez meses – El sol habitando en la oscuridad – Un período sacrificial de diez meses indica solamente diez meses de sol, seguido de una larga noche – La etimología de Navagva y Dashagva – Según Sâyaṇa, estos términos corresponden a aquellos que sacrificaban durante nueve o diez meses – La explicación del profesor Lignana es improbable – El adjetivo virûpas aplicado a los Angiras – Indica que hay otra variedad de sacrificadores – Saptagu, o siete hotṛis o vipras – La leyenda de Dîrghatamas – Relatada en el Mahâbhârata – Un protegido de los Ashvinos en el Ṛig Veda – Envejeciendo en el décimo yuga – Mânuṣhâ yugâ no significa siempre «tribus humanas» en el Ṛig Veda, sino «tiempo de los hombres» – Dos pasajes a favor de esta interpretación – Examen y rechazo de las interpretaciones de los especialistas occidentales – Mânuṣhâ yugâ designa los meses que siguen a la larga aurora y preceden a la larga noche – Dirghatamas representa el sol que se acuesta el décimo mes – Mânuṣhâ yugâ y las largas noches continuas – Las cinco estaciones antiguas – Discusión de un pasaje del Ṛig Veda a este respecto – El año de cinco estaciones descrito como residente en las aguas – Indica la oscuridad de la larga noche – No puede hacerse reuniendo dos estaciones consecutivas de las seis que componen el año – La explicación dada en los Brâhamaṇas es improbable – Resumen.

Hemos comenzado estudiando la tradición de la noche de los dioses que dura seis meses, tradición que aparece a lo largo de toda la literatura sánscrita, así como también en el *Avesta*. Hemos encontrado referencias en el *Ṛig Veda* que hablan de una aurora que duraría treinta días, así como del largo día y la larga noche, durante los cuales el sol permanecería un cierto número de unidades de veinticuatro horas por encima y por debajo del horizonte. También hemos visto que los textos del *Ṛig Veda* describen estos acontecimientos como fenómenos que ocurrían en una época muy antigua. Por tanto, la cuestión que se plantearía a continuación sería, ¿encontraríamos en los *Vedas* rastros de las condiciones árticas en lo concerniente a estaciones, meses o años? Ya se ha expuesto anteriormente que el calendario en tiempos de los *Samhitâs* védicos era diferente del calendario ártico. Pero si los ancestros del pueblo védico no hubiesen vivido nunca cerca del Polo Norte «podríamos –como observaba *sir* Norman Lockyer al hacer referencia al antiguo calendario egipcio– tener en cuenta el conservadurismo de los sacerdotes de los templos que han preservado la tradición de un año antiguo ya abandonado». *Sir* Norman Lockyer destaca en particular cómo el antiguo año egipcio de 360 días fue reemplazado por uno de 365, y luego proporciona dos ejemplos de la práctica tradicional en la que se conservaba la memoria del año antiguo. «Así –nos dice– incluso en Filae, en tiempos posteriores, en el templo de Osiris, había 360 cuencos para sacrificios que diferentes grupos de monjes llenaban con leche. En Acanthius había un barril en el que diariamente uno de los 360 monjes vertía agua del Nilo»[56]. Y podemos muy bien suponer que lo que ocurría en Egipto pudo también tener lugar entre los indios védicos. Las características del año ártico son tan diferentes del de la zona templada, que si los ancestros del pueblo védico hubiesen vivido durante algún tiempo en regiones árticas para emigrar hacia el sur debido a la glaciación, la adaptación del calendario a las nuevas condiciones geográficas y astronómicas habría sido una necesidad y, por tanto, hubo de haberse realizado. Pero al hacer estos cambios ciertamente cabría esperar, como señala *sir* Norman Lockyer, que los monjes hubiesen conservado en la medida de lo posible el viejo calendario o, al menos, que hubiesen preservado las tradiciones del año antiguo de una forma u otra, especialmente en sus ritos de sacrificio. Las comparaciones etimológicas indoeuropeas han establecido que los sacrificios, o más bien el sistema de hacer ofrendas a los dioses según distintos propósitos, existían desde los tiempos primordiales[57] y, por lo tanto, el sistema debe haber sufrido grandes modificaciones durante el proceso de migración de las razas arias desde

---

[56] Lockyer, *Dawn of Astronomy*, p. 248.

[57] Schraeder, *Prehistoric Antiques of the Âryan Peoples*, Libro IV, Cap. XIII, traducido por Jevons. Cfr también *Orion*, cap. II.

zonas árticas a otras más templadas. También hemos señalado en otro lugar que calendario y sacrificio, especialmente los *sattras* anuales, están estrechamente relacionados y que en el caso de los *sattras* anuales, las sesiones sacrificiales que duraban un año, los sacerdotes tenían en cuenta, como observó Haug[58], el curso anual del sol. Era una obligación de estos sacerdotes mantener vivo el fuego sacrificial, tal y como los sacerdotes parsis hacen hoy en día, y observar que la ronda anual de sacrificios tenía lugar en los momentos correctos (*ṛitus*). En cualquier caso, el calendario de sacrificios ártico debió haber sido diferente del posterior y afortunadamente aún se pueden encontrar huellas de ese calendario en la literatura sacrificial de los tiempos védicos, lo que prueba que los antiguos practicantes del culto o sacrificadores de nuestra raza debieron haber vivido en regiones circumpolares. Pero antes de exponer estas pruebas es necesario describir brevemente los puntos en los que el calendario védico ha debido cambiar con relación al más antiguo.

En los *Samhitâs* y los *Brâhmaṇas* se dice que los *sattras* anuales, las sesiones de sacrificios anuales se extendían durante doce meses. Pero esto era imposible en las regiones árticas donde el sol desciende por debajo del horizonte durante un cierto número de días o meses al año, produciendo la larga noche. La antigua duración de los *sattras* anuales, si esos *sattras* se ejecutaron en las regiones polares, debieron haber durado menos de doce meses. En otras palabras, unos *sattras* anuales de menos de doce meses constituirían la más importante característica del sistema de sacrificios antiguo, contrastando con los *sattras* anuales de doce meses posteriores. Igualmente, hay que ser consciente de que el número de meses de luz solar y de oscuridad no puede ser el mismo en cualquier parte de las regiones circumpolares. En el Polo el sol está alternativamente por encima y por debajo del horizonte durante seis meses. Para los habitantes de la región ártica, el número de meses de sol variará de siete a once: los que estén más próximos al Polo Norte gozarán de siete meses de sol, mientras que los que estén más alejados verán el sol sobre el horizonte durante ocho, nueve o diez meses según la latitud. Esos períodos de luz solar estaban formados por un largo día ártico y una sucesión de días y noches ordinarios consecutivos. Era durante ese período cuando se celebraban los ritos más importantes y se realizaban los principales negocios y las ceremonias religiosas y sociales. Este sería, por así decir, el período de actividad, en contraste con la larga noche que le seguía. La larga aurora después de la larga noche debía marcar el inicio de este período de actividad y del año sacrificial ártico, que debió estar constituido solo por esos

[58] Véase la Introdución del Dr. Haug a su edición del *Aitareya Brâh.*, vol. I, p. 46.

meses de luz solar. Esto es por lo que el número variable de los meses de luz solar era la característica principal del calendario sacrificial ártico y se ha de tener esto muy presente al examinar los indicios del antiguo calendario en el *Ṛig Veda* o en otros *Samhitâs*.

Una aurora de treinta días implica una posición tan cercana al Polo Norte que el período de luz en dicha zona podría no haber durado siete meses, incluyendo, un largo día de cuatro o cinco meses y una sucesión de días y noches regulares durante el período restante. Y encontramos en el *Ṛig Veda* indicios de estos meses de luz solar. Nos referimos en primer lugar a la leyenda de Aditi, o los siete *Âdityas* (soles), que, obviamente, está basada en un fenómeno natural. Esta leyenda nos dice que el antiguo número de *Âdityas*, o soles, era siete, y la misma idea se vuelve a encontrar en otros lugares del *Ṛig Veda*. Así, en el himno IX, 114, 3, se mencionan juntos siete *Âdityas* y siete sacerdotes, aunque los nombres de los diferentes soles no se dan. En II, 27, 1, Mitra, Aryaman, Bhaga, Varuṇa, Dakṣha y Amsha se mencionan por su nombre en tanto que *Âdityas*, pero el séptimo no es nombrado. Esta omisión, de cualquier modo, no significa demasiado, ya que el carácter septenario del sol resulta evidente, puesto que es llamado *saptâshva* (con siete caballos) en V, 45, 9, y su carro de siete ruedas está tirado por «siete bayos corceles» (I, 50, 8), o por un único caballo «con siete nombres» en I, 164, 2. El *Atharva Veda* también habla de «los siete brillantes rayos del sol» (VII, 107, 1) y el epíteto *Aditya*, aplicado al sol en el *Ṛig Veda*, se explica claramente con *Aditeḥ putraḥ* (hijos de Aditi) en *A. V.* XIII 2, 9. Sâyaṇa, siguiendo a Yâska, hace derivar este carácter séptuple del sol de sus sietes rayos, pero aún no ha explicado por qué los rayos solares son siete, a menos que se admita que los bardos védicos hayan anticipado el descubrimiento de la descomposición de la luz en siete colores, lo que era desconocido incluso para Yâska o Sâyaṇa. Aunque la existencia de siete soles pueda explicarse desde esta hipótesis, todavía faltaría aclarar la muerte del octavo sol, puesto que la leyenda de Aditi (*Ṛig*. X, 72, 8-9) nos cuenta que «De los ocho hijos de Aditi, que nacieron de su cuerpo, se aproximó a los dioses con siete rechazando a Mârtâṇḍa. Aditi se aproximó con siete hijos (a los dioses) en la era precedente (*púrvyam yugam*); ha rechazado a Mârtâṇḍa porque nace y muere enseguida». La historia se narra en varios lugares de la literatura védica y se han hecho muchos otros intentos, desafortunadamente todos insatisfactorios, para explicarla de un modo inteligente y racional. Así, en el *Taittirîya Samhitâ* VI, 5, 6, 1 y ss., se cuenta la historia de Aditi preparando una oblación *Brahmaudana* para los dioses, los *Sâdhyas*. El resto de la oblación le fue devuelto por los dioses, lo que provocó el nacimiento de cuatro de sus hijos, los *Âdityas*. Entonces preparó una segunda oblación, comiendo ella en primer lugar; pero el *Âditya* que nace es un huevo imperfecto. Preparó una tercera y nació el *Âditya Vivasvat*, el progenitor del hombre. Pero el *Samhitâ* no nos proporciona ni el número ni los nombres de los ocho *Âdityas*. Esta omisión se subsana en el *Taittirîya Brâhmaṇa* (I, 1, 9, 1 y ss.), donde se dice que Aditi preparó la oblación cuatro veces, y cada una de ellas los dioses le devolvieron los restos. Cuatro pares de hijos nacieron así: el primer par estuvo formado por Dhâtṛi y Aryaman, el segundo por Mitra y Varuṇa, el tercero por Amsha y Bahga y el cuarto por Indra y Vivasvat. Pero el *Brâhmaṇa* no explica por qué al octavo hijo se le llamó Mârtâṇḍa ni por qué se le rechazó. El *Taittirîya Araṇyaka* I, 13, 2-3, (citado por Sâyaṇa en su comentario del *Ṛig*. II, 27, I, y X, 72, 8) cita los dos versículos del *Ṛig Veda* (X, 72, 8 y 9) que relatan la leyenda de Aditi, pero ofrece una interpretación ligeramente diferente del segundo verso del décimo versículo. Así, en vez de «*tvat punaḥ Mârtâṇḍam â abharat*» («ella rechaza de nuevo a Mârtâṇḍa porque él nace y muere»), el *Araṇyaka* recoge «*tat parâ Mârtâṇḍam â adharat*» («ella aparta a Mârtâṇḍa porque nace y muere»). El *Araṇyaka* continúa citando los nombres de los ocho hijos, como Mitra, Varuṇa, Dhâtṛi, Aryaman, Amsha, Bhaga, Indra y Vivasvat. Pero no añade más explicación, ni tampoco se dice cuál de esos ocho hijos representa Mârtâṇḍa. Hay, sin embargo, otro pasaje en el *Âranyaka* (I, 7, 1-6) que arroja alguna luz sobre la naturaleza de estos *Âdityas*[59]. Los nombres de los soles de este fragmento son diferentes: Aroga, Bhrâja, Patara, Patanga, Svarṇara, Jyotiṣhi, Vibhâsa y Kashyapa, añadiendose que el último de ellos mora permanentemente en el gran monte Meru que ilumina esta región. Los otros siete soles reflejan la luz de *Kashyapa* que solo es visible a los hombres. Se dice, a continuación, que estos siete soles son considerados por algunos *Achâryas* como las siete manifestaciones de los *Prâṇas* o fuerzas vitales del hombre, mientras que otros sostienen que son siete clases de sacerdotes (*ritvijaḥ*). Una tercera explicación consiste en decir que la distinción entre los siete soles proviene de los diferentes efectos de los rayos solares durante los diferentes meses o estaciones, y para corroborarlo se cita un mantra, o versículo védico: *Dig-Bhrâja ṛitrûn karoti* («acudiendo a diferentes regiones» o «brillando en diferentes regiones, crean las estaciones»). No he encontrado este mantra en los *Samhitâs*, y Sâyaṇa no nos ha dado ninguna indicación, observando simplemente que «no se puede tener en cuenta el carácter diferente de las diferentes estaciones, salvo si suponemos que han sido causadas por diferentes soles. Por este motivo, diferentes soles debían existir en diferentes regiones»[60]. Pero esta explicación no responde a la objeción planteada por Vaishampâyana, a saber que, según esta teoría, deberíamos asumir la existencia de millares de soles, dado el

[59] Cf. *Taittirîya Araṇyaka*, I. 7.

[60] Véase la explicación citada en la página anterior.

número de climas diferentes que existen. El *Araṇyaka* admite en cierta medida la validez de esta objeción. Pero en otro lugar sostiene: «*ashṭau tu vyavasitâḥ*», que significa que el número ocho ha sido fijado por las escrituras y que nada tiene que decir al respecto. El *Shatapatha Brâhmaṇa*, III, 1, 3, 3, explica la leyenda de Aditi aproximadamente en los mismos términos. Dice que solo siete de los hijos de Aditi son llamados *Devâḥ Àdityâḥ* (los dioses *Àdityas*) por los hombres, y que el octavo, Mârtâṇḍa, nació atrofiado, y desde entonces los dioses *Âdityas* crearon a partir de él, al hombre y los demás animales. En otros dos pasajes del *Shatapatha Brâhmaṇa*, VI, 1, 2, 8, y XI, 6, 3, 8, el número de *Âdityas*, sin embargo, es de doce. En el primer texto (VI, I, 2, 8) se dice han nacido de doce gotas de esperma de Prajâpati caídas en diferentes regiones (*dikṣhu*); mientras que en el segundo (XI, 6, 3, 8) esos doce *Âdityas* se identifican con los doce meses del año. El número de *Âdityas* también se da como doce en los *Upaniṣhads*, mientras que en la literatura post-védica, siempre aparecen en número de doce, respondiendo a los doce meses del año. Muir, en su obra *Original Sanskrit Texts*, volúmenes IV y V, cita muchos de estos pasajes, pero sin ofrecer ninguna explicación, como en la de la leyenda de Aditi, a excepción de las que aparecen en los pasajes mencionados. Los exégetas occidentales han elaborado muchas explicaciones diferentes acerca de la naturaleza de Aditi, pero en lo que concierne al número de *Âdityas* ninguna de las sugeridas resulta satisfactoria. Por el contrario, como ha observado Max Müller, se tiende a considerar este número, siete u ocho, como independiente de cualquier movimiento solar. Se ha sugerido que los ocho *Âdityas* pueden representar los ocho puntos cardinales, pero la muerte o el abandono del octavo *Âditya* invalidan esta explicación, que parece haberse formulado tan solo para ser rechazada como Mârtâṇḍa, el octavo *Âditya*.

Nos hemos detenido en los textos de la leyenda de Aditi y en la cuestión del número de sus hijos para mostrar cómo se puede divagar sobre el significado de un simple mito cuando se ha perdido su clave interpretativa. Que los doce *Âdityas* representan a los doce dioses de los meses en la literatura védica tardía es evidente en el pasaje del *Shatapatha Brâhmaṇa* (XI, 6, 3, 8 - *Bṛih. Ârṇ. Up.* III, 9, 5) este texto dice: «hay doce meses en el año, son los Âdityas». Ante esta explicación y ante la creencia de que los diferentes cambios estacionales solo pueden explicarse por la existencia de varios soles, no es necesario hacer un gran esfuerzo de imaginación para deducir que, si doce *Âdityas* representaban los doce meses del año, los siete *Âdityas* debían haber representado antaño (*pûrvyam yugam*) los siete meses del año. Pero esta explicación, razonable donde las haya, no se les ha ocurrido a los exégetas de los *Vedas*, para quienes el origen de los arios se encontraba en algún lugar de Asia central. Resulta gratificante comprobar que la idea de diferentes soles que producen distintos meses aparece de un modo tan explícito en el *Taittirîya Araṇyaka*, que cita un texto védico desaparecido en su apoyo, y que esta obra se pronuncia a favor de esta teoría que considera que los siete soles presiden siete regiones celestes, dando lugar a las estaciones, a despecho de la objeción de que este orden de ideas podría llevar a la conclusión de la existencia de miles de soles, objeción a la que el *Araṇyaka* responde sumariamente al señalar que la tradición menciona ocho soles y que no tenemos derecho alguno a modificarla. Esta explicación se ve corroborada por un pasaje del *Ṛig Veda* IX, 114, 3, en el que podemos leer: «Hay siete regiones celestes (*sapta dishaḥ*) con siete soles (*nânâ sûryaḥ*), hay siete hotṛis como sacerdotes, aquellos que son los siete dioses, los Âdityas, con ellos. ¡Oh, Soma, protégenos!». Aquí, *nânâ sûryâḥ* es un adjetivo que califica *dishaḥ* (*sapta*), reconociéndose explícitamente también la correlación entre siete regiones y siete soles. Así pues, la explicación más simple de la leyenda de Aditi es que ella presenta ante los dioses, es decir, lleva a los cielos a sus siete hijos, los *Âdityas*, para formar los siete meses de sol. Tuvo un octavo hijo, pero nació en un estado atrofiado, o prácticamente muerto, lo que significa claramente que el octavo mes no sería un mes de sol, o que el período de oscuridad empezaba en el octavo mes. Todo esto no ocurre en nuestros días, sino en una época anterior, y la expresión *pûrvyam yugam*, en X, 72, 9, es, a este respecto, esencial. La palabra *yuga* es evidentemente utilizada en los dos primeros versículos para denominar un período de tiempo perteneciente al tiempo de los dioses (*devânâm pûrvye yuge*), así como a una época más reciente (*uttare yuge*). Los especialistas occidentales traducen normalmente *yuga* por «generación humana» en todos los lugares donde encuentran esta expresión. Más tarde examinaremos la exactitud de esa interpretación. Por lo que concierne a la leyenda, es suficiente con constatar que la expresión *pûrvyam yugam* aparece dos veces en el himno y que la primera vez (versículo 2) indica manifiestamente «una época anterior» o «un cierto período de tiempo». Naturalmente, debe interpretarse del mismo modo en la segunda ocasión que aparece en el mismo himno, es decir, en el verso que describe la leyenda de los siete hijos de Aditi. El sol, con sus siete rayos o siete caballos, implica también la misma idea, pero expresada de modo diferente. Los siete meses de sol, con sus diferentes temperaturas, se representan por siete soles que producen efectos diferentes según sea su posición, según posean rayos diferentes o según tengan diferentes carros, diferentes caballos o diferentes ruedas para los mismos carros. Es siempre la misma idea expresada de diferentes formas, o bien como se dice en el *Ṛig Veda* I, 164, 2 «un caballo con siete nombres». Una larga aurora de treinta días corresponde a un período de sol de siete meses y podemos comprobar que la leyenda de Aditi no es inteligible si no se interpreta como un vestigio de una época donde siete dioses-meses florecían y un octavo era desechado. Mârtâṇḍa deriva etimológicamente de *mârta* que significa «muerte o atrofia» (de la misma familia que *mṛita*, participio pasado de *mṛi*, morir, con la terminación *âṇḍa*, huevo o pájaro); y se aplica, por lo tanto, a un sol muerto, es decir que ha desaparecido debajo del horizonte, puesto que en el *Ṛig Veda* X, 55, 5 encontramos el nombre *mamâra* (muerte) utilizado en el sentido de sol poniente. El sol se representa a menudo en el *ṚigVeda* como un pájaro (V, 47, 3; X, 55, 6; X, 177, 1; X, 189, 3). Un pájaro rechazado (Mârtâṇḍa) corresponde, por tanto, al sol que se ha puesto o se ha ocultado bajo el horizonte y toda la leyenda constituye manifiestamente una reminiscencia de un lugar donde el sol brillaba por encima del horizonte durante siete meses y desaparecía a comienzos del octavo. Una vez que esta característica del dios-sol ha quedado grabada en la memoria, no puede ser fácilmente olvidada por un pueblo que ha estado obligado a cambiar de territorio; e igualmente el carácter séptuple del dios-sol ha debido transmitirse como una antigua tradición, aunque el pueblo védico haya vivido, más tarde, en lugares donde reinaran los doce *Âdityas*. Es así cómo se preservan en todos los lugares las antiguas tradiciones, como, por ejemplo, las que se refieren el antiguo calendario en la literatura egipcia.

Hemos visto ya, que una característica particular de las regiones árticas es la variación del número de los meses de sol según la latitud. No es, por tanto, suficiente descubrir alusiones a un período de siete meses de sol en el *Ṛig Veda*. Si nuestra teoría es correcta, debemos encontrar referencias, bajo una forma u otra, a períodos de ocho, nueve y diez meses de sol. Afortunadamente, hemos podido encontrar pasajes en este sentido en el *Ṛig Veda*. Como hemos visto, el carro del sol está tirado por siete caballos y este carácter séptuple del sol es la transposición de los siete soles conocidos como los diferentes dioses de los meses. Existen muchas otras leyendas fundadas sobre esta división séptuple, pero como no conciernen directamente a nuestra materia, nos reservamos su examen para otra ocasión. El hecho importante a mencionar aquí es que el número de los caballos del sol no es solamente el de siete (I, 50, 8), sino de diez (IX, 63,9); y si la primera cita se interpreta como siete meses, la segunda debe comprenderse referida a los diez meses. Pero que la extensión de la leyenda de los siete *Âdityas* a nueve o diez pueda probar que los poetas del *Ṛig Veda* conocieran también la existencia de nueve o diez meses constituye un argumento un tanto débil. La prueba que voy a presentar a continuación proviene de otra fuente, la literatura sacrificial, que es completamente independiente de la leyenda de los siete *Âdityas*. El *Ṛig Veda* menciona la existencia de un cierto número de antiguos sacrificadores que son llamados «nuestros padres» (II, 33, 13; VI, 22, 2); ellos instituyeron en los tiempos antiguos el sacrificio y trazaron el camino que el hombre deberá seguir en el futuro. También el sacrificio ofrecido a Manú se considera como arquetípico comparándose con él otros sacrificios en I, 76, 5. Pero Manú no ha sido el único en ofrecer este antiguo sacrificio a los dioses. En X, 63,7, se dice que ha hecho las primeras ofrendas a los dioses en compañía de los siete *hotṛis*; mientras que Angiras y Yayâti se mencionan junto a él como antiguos sacrificadores en I, 31, 17, Bhrigu y Angiras en VIII, 43, 13, Atharvan y Dadhyañch en I, 80, 16 y Dadhyañch, Angiras, Atri y Kaṇva en I, 139, 9. En otros pasajes, Atharvan se describe por sus sacrificios como el primero en trazar los caminos que llevan al sol (1, 83, 5) y los Atharvans, en plural, se denominan «nuestros padres» (*naḥ pîtaraḥ*), lo mismo que los Angiras, los Navagvas y los Bhrigus en X, 14, 6. En II, 34, 12 se dice que Dashagvas fue el primero en ofrecer un sacrificio, mientras que Atharvan sería el que estableció el orden para los sacrificios cuando los Bhrigus se mostraban semejantes a los dioses por sus habilidades. Filológicamente, el nombre de Atharvan aparece como *Athravan* en el *Avesta* con el significado de sacerdote del fuego y el término *Angiras* está etimológicamente ligado con el griego *Aggilos*, mensajero, y con el persa *Angara*, mensajero a caballo. En el *Aitareya Brâhamaṇa* (III, 34), se dice que los Angiras no son otros que los *Angârâḥ* «carbones ardientes de fuego» (cf. *Ṛig*. X, 62,5). Admitamos estas etimologías o no, las semejanzas entre los diferentes nombres es una garantía suficiente para suponer que los Atharvan y los Angiras han debido ser los antiguos sacrificadores de toda la raza aria y no solo del pueblo védico. Por esto, aunque Manú, Atharvan y Angiras no son nombres de individuos particulares, no es imposible que representen las familias de sacerdotes que han dirigido, si no iniciado, los primeros sacrificios antes de la dispersión de los arios y que, por esta razón, parecen haber tenido un carácter casi divino a los ojos de los poetas del *ṚigVeda*. En X, 14, 3-6 todos ellos se encuentran relacionados de una forma u otra con Yama. Pero de esto no deriva que hayan sido todos representantes de Yama o seres de origen no humano, ya que hay numerosos pasajes en los cuales son descritos como los primeros y los más antiguos sacrificadores de la raza, y el que se diga que después de su muerte han ido a reunirse con Yama para convertirse en sus amigos y compañeros, no niega para nada su carácter humano. Es muy importante en la historia de la literatura sacrificial determinar si existen en el *Ṛig Veda* indicios de tradiciones relativos a la duración de los sacrificios realizados por los ancestros del pueblo védico (*naḥ pûrve pitaraḥ*, VI, 22, 2) con anterioridad a la dispersión de los arios y si dichos pasajes pueden aportar elementos a favor de la teoría del origen circumpolar.

En el estado actual de mis investigaciones, no he podido encontrar ninguna evidencia védica relativa a la duración de los sacrificios realizados por Manú, Atharvan, Bhrigu o de otros sacrificadores, a excepción de los Angiras. El *Shrauta Sûtra* describe un *sattra* anual, llamado *Angirasâm-ayanam*, que constituiría una variedad del *Gavâm-ayanam*, arquetipo de todos los *sattras* anuales. Pero no hemos encontrado ninguna mención a la duración del *sattra* de los Angiras. La duración del *Gavâm-ayanam* se establece en el *Taittirîya Samhitâ* y será tratada en el capítulo siguiente. Por el momento, nos limitamos al *sattra* de los Angiras y buscaremos otros medios de determinar su duración. En el *Ṛig Veda*, X, 62, 5 y 6 encontramos dos clases de Angiras (*Angiras-tama*) llamados los Navagvas y los Dashagvas. Estas dos categorías de antiguos sacrificadores se encuentran normalmente asociadas y los hechos atribuidos a los Angiras también lo son a ellos. Así, los Navagvas son llamados «nuestros ancestros» en VI, 22, 2, y «*nuestros padres*», igual que los Angiras y Bhṛigu en X, 14, 6. Como los Angiras, los Navagvas están también relacionados con el mito en el que Indra destruye a Vala, y de Sarmâ y Paṇis (I, 62, 3 y 4; V, 29, 12; V, 45, 7; X, 108, 8). En uno de estos pasajes vemos a Indra obteniendo su ayuda cuando parte la roca y a Vala (I, 62, 4); y en V, 29, 12 se cuenta que los Navagvas han rezado a Indra con canciones y que han derribado la puerta del establo donde se encontraban las vacas. Pero solo hay dos versículos donde se menciona la duración de su sacrificio. Efectivamente en V, 45, 7 se dice: «Aquí, incitado por las manos, ha agitado enérgicamente el mazo en el mortero con el que los Navagvas preparaban (el sacrificio) para diez meses»; y en el undécimo versículo del mismo himno, el poeta continúa: «Yo coloco sobre (ofrezco) las aguas a vuestros sacerdotes, que consiguen la luz, con los cuales los Navagvas han completado sus diez meses». En II, 34, 12 leemos también: «Los Dashagvas son los primeros en haber sacrificado. Que ellos nos inspiren cuando la aurora se eleve», mientras que, en IV, 51, 4 se dice que las auroras «se han elevado ricamente sobre el Navagva Angira y sobre el Dashagva con siete bocas», lo que muestra claramente que sus sacrificios están asociados al comienzo de la aurora y que duraban diez meses. Más adelante en V, 29, 12, se describe con detalle lo que consiguen los Navagvas y los Dashagvas, merced a sus sacrificios «Los Navagvas y los Dashagvas que han ofrecido las libaciones de Soma, alababan a Indra con sus cantos; trabajando, los hombres abren el establo de las vacas, que están sólidamente cerrados»; mientras que en III, 39, 5, leemos: «Allá, como un amigo con otros amigos, Indra acompaña a los Navagvas, ha ido a buscar a las vacas y ha encontrado a diez Dashagvas, el sol se esconde en la oscuridad (*tanmsi kshiyantam*)». En X, 62, 2 y 3, se dice que los Angiras, de los que los Navagvas y las Dasagvas son las principales familias (*Angiras-tama*, X, 62, 6), han vencido a Vala, han liberado las vacas y han vuelto a traer el sol a fin de año (*pari vatsare Valam abhindan*); pero eso significa, claramente, que han ayudado a Indra a cumplir estas tareas al fin del año. Si se combinan todas estas citas, se puede fácilmente deducir que: (a) los Navagvas y los Dashagvas han cumplido sus sacrificios en diez meses; (b) estos sacrificios están asociados con el primer destello de la madrugada; (c) los sacrificadores ayudaban a Indra a liberar a las vacas de la prisión de Vala al final del año; y (d) donde Indra ha encontrado las vacas y ha descubierto el sol «oculto en la oscuridad».

Podemos examinar ahora un poco más atentamente estas cuatro proposiciones concernientes a los Navagvas y a los Dashagvas. La primera cuestión que deberíamos plantear es la siguiente: ¿Qué se entiende por sacrificios realizados durante diez meses y por qué no se ha continuado sacrificando durante un año entero de doce meses? La expresión para diez meses en el texto original es *dasha mâsâḥ* y estos términos son tan claros que no cabe duda de su significado. Hemos visto que los Navagvas ayudan a Indra a liberar a las vacas retenidas por Vala y en X, 62, 2 y 3, los Angiras han infligido una derrota a Vala a finales de año, haciendo que el sol se eleve en el cielo. Estas hazañas de Indra, de los Angiras, de los Navagvas y de los Dashagvas se refieren, por lo tanto, claramente a la liberación del sol, o de las vacas de la mañana, de la sombría prisión en la cual estaban encerradas por Vala; y la expresión «Indra encuentra el sol escondido en la oscuridad» refuerza este punto de vista. En I, 117, 5 se dice que los Ashvinos han venido en ayuda de Vandana, que yace como el oro brillante, sepultado en la tierra donde «adormece en el regazo de Nir-ṛiti (la muerte), o bien como el sol oculto en la oscuridad» (*tamasi kṣhiyantam*). La expresión «oculto de la oscuridad» que se aplica al sol significa que este ha estado por debajo del horizonte y, por tanto, invisible. Debemos también recordar que Indra mata o vence a Vala al fin del año en un lugar de oscuridad y que los Dashagvas le han ayudado con sus cantos. Esto puede inducir a alguien a suponer que las libaciones de Soma, ofrecidas por los Navagvas y los Dashagvas durante los diez meses, lo fueron durante el momento en el que el combate contra Vala tuvo lugar. Pero las ideas védicas son totalmente diferentes. Por ejemplo, las oraciones de la mañana se recitan antes de la salida del sol e, igualmente, los sacrificios realizados para ayudar a Indra en su lucha contra Vala se ejecutan antes del enfrentamiento. Un período de oscuridad de diez meses es astronómicamente imposible en la Tierra y debemos admitir que los Navagvas y los Dashagvas han realizado sus sesiones de sacrificios de diez meses durante el período de sol. Ahora, si este período hubiera durado doce meses, no habría ninguna razón para que los Dashagvas acortaran sus sacrificios y los terminaran en diez meses. Así pues, los sacrificios no han podido tener lugar más que durante los diez meses de sol, después de los cuales este ha desaparecido tras el horizonte; e Indra, tonificado por las libaciones de Soma de los Dashagvas, ha entrado en la caverna de Vala, la ha dejado abierta y ha liberado las vacas de la aurora y devuelto el sol al final del año y el inicio del siguiente, cuando los Dashagvas vuelven a comenzar sus sacrificios después de una larga aurora. Los Dashagvas y los Navagvas, y con ellos todos los antiguos sacrificadores de la raza, vivían en una región donde el sol estaba sobre el horizonte durante diez meses y bajo él durante dos. Estos diez meses constituían el período durante el que se celebraba la sesión sacrificial anual, o el año del calendario, de los más antiguos sacrificadores de la raza aria. Veremos en el capítulo siguiente que, independientemente de la leyenda de los Dashagvas, existen otras claras referencias a un tal calendario en la literatura sacrificial védica.

El análisis etimológico de los nombres Navagva y Dashagva nos lleva a la misma conclusión. Estos nombres están formados por los prefijos *nava* y *dasha* y la raíz *gva*. Hasta aquí todo el mundo está de acuerdo. Pero Yâska (XI, 19) interpreta nava, en *navagva*, como «nuevo» o «amable», y traduce este nombre por «los que tienen un nuevo o un bello camino (*gva*, de *gam*, ir)». Sin embargo, esta explicación no es válida, puesto que los Navagvas y los Dashagvas se mencionan casi siempre juntos en el *Ṛig Veda*, y esta estrecha y frecuente asociación de sus nombres nos obliga a encontrar una explicación etimológica a ambos sustantivos en la que Navagva tenga la misma relación con *nava* que Dashagva pueda tener con *dasha*. Pero *dasha* o, más bien, *dashan* es un numeral que significa «diez» y que no puede tomarse en ningún otro sentido; por lo que, como ha observado Lignana[61], *nava*, o mejor, *navan*, solo puede interpretarse en el sentido de «nueve». El significado de *gva* (*gu+a*) debe, por lo tanto, estar claro. Algunos hacen derivar este término de *go*, la vaca, y otros de *gam*, ir. En el primer caso, el significado sería «nueve vacas» o de «diez vacas», mientras que, en el segundo caso, significaría «yendo por nueve», o «yendo por diez»; y el hecho de que los Dashagvas sean diez, como en III, 39, 5, nos lleva a optar por la segunda explicación. Pero el uso de los nombres de Navagva y Dashagva en singular como adjetivo para calificar un nombre singular, indica que no siempre se entendía como un grupo de nueve o diez hombres. Así en VI, 6, 3, se dice que los rayos de Agni son *navagvas*, mientras que Adhrigu es calificado de *dashagva* en VIII, 12, 2 y que Dadhyañch es llamado *navagva* en IX, 108, 4. Estas frases nos obligan a buscar otro sentido a los prefijos «nueve» o «diez», y la única explicación

[61] Véase el ensayo del profesor Lignana, *The Navagvas and the Dashagvas of the Ṛig Veda*, en las Actas del 7.º Congreso de Orientalistas, 1886, pp. 59-68. El ensayo está en italiano y me ha sido accesible gracias a la gentileza de M. Shrinivâs Iyengar, abogado en la corte de Madrás, que lo ha traducido especialmente para mí.

posible la proporciona Sâyaṇa en su comentario sobre el *Ṛig*. I, 62, 4, que dice: «Los Angiras son de dos clases, los Navagvas o aquellos que se levantan después de haber terminado el sattra en nueve meses, y los Dashagvas o aquellos que se levantan después de haber terminado el sattra en diez meses»[62]. Hemos visto, en el *Ṛig Veda* V, 45, 7 y 11, que los Navagvas y los Dashagvas han terminado sus sacrificios en diez meses. La explicación de Sâyaṇa está, por tanto, perfectamente confirmada por estos textos, y con toda probabilidad esté basada en alguna información tradicional sobre los Dashagvas. Lignana[63] avanzó la hipótesis de que los numerales *navan* y *dashan* debían estar referidos al período de gestación, ya que los nombre *nava-mâhya* y *dasha-mâhya* aparecen en el *Vendidad*, V, 45 (136) con esta acepción. Por ello, interpretó *navagva* como «nacido de nueve meses» y *dashagva* «nacido de diez meses». Pero esta explicación es altamente improbable, ya que no podemos suponer que antaño naciesen prematuramente un gran número de personas y que hayan sido estas personas en concreto las que hayan recibido honores divinos. El período normal de gestación es de 280 días, o de diez meses lunares, (V, 78, 9) y por lo general los que hubieran nacido con un mes de antelación no podían vivir durante mucho tiempo o realizar hazañas que les hicieran merecer honores divinos. La referencia al *Vendidad* no prueba nada, puesto que allí mencionan el caso de un niño nacido muerto después de uno, dos, tres, cuatro, cinco, seis, siete, ocho, nueve o diez meses de gestación, y que Ahura Mazda ordenó que se limpiase y santificase especialmente la casa donde hubiera nacido un niño muerto. La explicación de Lignana entra en conflicto con los pasajes védicos en los que se dice que los Dashagvas eran diez (III, 39, 5) o que los Navagavas realizaban sus sacrificios solamente durante diez meses (V, 47, 5). La explicación dada por Sâyaṇa es, por lo tanto, la única que podemos aceptar. Deberíamos mencionar aquí que el *Ṛig Veda* (V, 47, 7 y 11) relata un sacrificio de diez meses relacionado con los Navagvas, y no menciona en ninguna parte sacrificios de nueve meses. Pero la etimología puede ayudarnos ahora a atribuir diez meses de sacrificios a los Dashagvas y los nueve meses a los Navagvas. Si *navan* en Navagva no es más que una variante numérica de *dashan* en Dashagva, se deduce que lo que los Dashagvas hacían en diez, los Navagvas lo hacían en nueve.

Existe otra circunstancia sobre los Angiras que viene a confirmar todo lo anterior. Estos reciben frecuentemente la calificación de Virûpas. Así, en III, 53, 7, los Angiras son descritos como «Virûpas e hijos del cielo» y el nombre de Virûpa aparece solo una vez, con el nombre de los que cantan

[62] Sâyaṇa en su comentario al *Ṛig*. I, 62, 4.

[63] Véase su ensayo en las Actas del 7.º Congreso de Orientalistas.

las alabanzas de Agni, en el versículo VIII, 75, 6, mientras que en el siguiente se invoca a Angiras, lo que indica que Virûpa está utilizado como sinónimo de Angiras. Pero hemos encontrado un pasaje todavía más explícito en X, 62, 5 y 6. El primero de estos versículos cuenta que los Angiras son Virûpas y que son los hijos de Agni; mientras que el segundo los describe entre los Navagvas y los Dashagvas en los siguientes términos: «Y estos Virûpas han nacido de Agni y del cielo; el Navagva o el Dashagva, en tanto que el mejor de todos los Angiras (Angirastama) prospera en el conjunto de los dioses».

Virûpas significa literalmente «de formas variadas» y en los versículos que acabamos de citar, parece que es un adjetivo que califica a los Angiras para hacer notar que existen diferentes categorías de estos. En el capítulo precedente hemos comentado el sentido del adjetivo Virûpa referido a la pareja día-noche, y hemos demostrado, basándonos en Mâdhava, pudiendo demostrar que en esta expresión dicho término señala la duración de los días y las noches. Este es, según parece, el sentido en que se aplica Virûpas en el ejemplo presente. Los Navagvas y los Dashagvas constituirían dudas las dos categorías más importantes de los primeros sacrificadores, pero serían las únicas categorías. En otros términos, no serían solamente «yendo por nueve» o «yendo por diez», sino «yendo por varios» (*virûpas*), lo que indica la duración de sus sacrificios que es a veces inferior a nueve meses y a veces superior. De hecho, se menciona en X, 47, 6 un Saptagu («yendo siete») en compañía de Bṛihaspati, el hijo de Angiras, y parece utilizarse como adjetivo que califica a Bṛihaspati; el mismo Bṛihaspati es descrito en IV, 50, 4 como *saptâsya* (con siete bocas), mientras que el *Atharva Veda* IV, 6, 1, se dice que es el primero de los brahmanes y *dashâsya*, o con diez bocas. Del mismo modo hemos visto que, en IV, 51, 4, el Dashagva recibe el calificativo de «con siete bocas». Todas estas expresiones solo pueden explicarse de modo satisfactorio si se supone que los Angiras no estaban solamente «yendo por nueve o diez», sino virûpas, es decir «yendo por varios» y que completaban sus sacrificios durante los meses en los que el sol está sobre el horizonte. Se deduce, por lo tanto, que la sesión sacrificial duraba de siete a diez meses, y el número de sacrificadores (*hotṛis*) correspondía al número de meses, de modo que cada uno realizaba su labor por rotación, un poco a la manera de los sacerdotes egipcios de los que hemos hablado precedentemente. Estos sacrificios se terminaban cuando comenzaba la noche durante la cual Indra combatía a Vala, consiguiendo la victoria al final del año (*parisvatsare*, X, 62, 2). La palabra *parivatsare* (a finales del año) indica que el año se terminaba con una larga noche.

Otra referencia a un período de diez meses de sol se encuentra en la leyenda de Dirghatamas, a quien los Ashvinos rescataron de una fosa a la que había sido arrojado tras haber sido cegado y convertido en una masa informe. Hemos consagrado un largo capítulo a las discusiones de las leyendas védicas. No obstante, quisiéramos comentar ahora la leyenda de Dîrghatamas, puesto que confirma la conclusión alcanzada con la historia de los Dashagvas. La historia de Dîrghatamas se cuenta en el *Mahâbhârata* (*Adiparvan*, capítulo 104). Se dice que era hijo de Mamatâ y de Utathya y que había nacido ciego por culpa de la maldición de su tío Bṛihaspati. Sin embargo, se casó con Pradveṣhî y tuvo muchos hijos con ella. Pero ella y sus hijos se cansaron de alimentar al ciego Dîrghatamas (así llamado precisamente por haber nacido ciego) y sus hijos lo abandonaron en una barca en el Ganges. Después de un largo recorrido, fue recogido por el rey Bali. Dîrghatamas tuvo entonces varios hijos con una sirvienta (*dâsî*) y también con la mujer de Bali. Estos últimos se convirtieron en reyes de diferentes provincias. En el *Ṛig Veda*, Dîrghatamas es uno de los protegidos de los Ashvinos, y se le dedican cerca de veinticinco himnos del primer libro. Se le llama Mâmateya o el hijo de Mamatâ en I, 152, 6 y el descendiente de Uchathya en I, 158, 4. En este himno, invoca los Ashvinos para que vengan en su ayuda con ocasión de una ordalía de agua y fuego a la cual le había sometido el Dâsa Traitana. En I, 147,3 y IV, 4, 13, se dice que Agni le ha devuelto la vista. Ello no nos debe sorprender ya que en el *Ṛig Veda*, los actos de una divinidad a menudo son atribuidos a otra. Dîrghatamas no es el único en beneficiarse del favor de los Ashvinos. Chyavâna fue otro de sus protegidos, y estos le devolvieron la juventud. Vandana, junto con otros personajes, han sido salvados, protegidos, curados, rescatados o rejuvenecidos por los Ashvinos. En la actualidad, todos estos hechos se interpretan como símbolos de la restauración de la potencia del Sol, que ha perdido durante el invierno. Pero en presencia de expresiones tales como «el sol morando en la oscuridad» en la leyenda de Vandana (I, 117, 5), creemos que estos mitos hacen alusión no solo a la disminución de la potencia del sol durante el invierno, sino a su descenso real por debajo del horizonte durante un cierto tiempo. Teniendo esto presente, vamos a estudiar la leyenda de Dîrghatamas a fin de ver lo que podemos deducir a este respecto.

La cita más importante de esta leyenda para nosotros se encuentra en I, 158, 6. El verso puede traducirse literalmente como sigue: «Dîrghatamas, hijo de Mamatâ, habiendo envejecido en el curso del décimo yuga, se convierte en un Brahmán que conduce su barca sobre las aguas que se dirigen hacia su meta». Las únicas expresiones que necesitan aclaración son «a lo largo del décimo yuga» y «las aguas que se dirigen hacia su meta». Aparte de esto, la historia es simple. Dîrghatamas envejece en el transcurso del décimo *yuga* y, flotando sobre las aguas, como cuenta la historia del Mahâbhârata, sigue su curso hasta el lugar que es la meta de dichas aguas. Pero los exégetas no están de acuerdo sobre qué sentido atribuir a la palabra *yuga*. Algunos piensan que significa un cierto número de años, cinco según el *Vedânga-Jyostiṣha*, y atribuyen, por lo tanto, la enfermedad de Dîrghatamas a su edad que sería de una cincuentena de años. El diccionario de Pertersberg interpreta *yuga*, donde quiera que aparezca en el *Ṛig Veda*, en el sentido de «generación» o «relación de descendencia a partir de un tronco común»; y Grassman acepta esta interpretación. Según estos exégetas, la expresión «en el curso del décimo yuga» significaría «durante la décima generación», sea lo que fuere lo que esto signifique. De hecho, parece que existía un cierto prejuicio al interpretar yuga en el sentido de «período de tiempo», en el *Ṛig Veda* y, por lo tanto, es necesario detenerse para examinarlo. Que la palabra *yuga* signifique «período de tiempo» o al menos que ese sea uno de los sentidos está claro. Incluso, el diccionario de Petersburg atribuye este significado a *yuga* en el *Atharva Veda*, VIII, 2, 21; pero rechaza interpretar yuga en el mismo sentido cada vez que aparece en el *Ṛig Veda*, donde puede ser interpretado como «descendencia», «generación» o alguna expresión parecida, pero, en ningún caso, como «período de tiempo». Este es el caso, en particular, de la expresión *mânuṣha yuga* o *mânuṣhyâ yugânî*, que aparece numerosas veces en el *Ṛig Veda*. Los especialistas occidentales la tradujeron automáticamente como «generaciones de hombres», mientras que los exégetas indios, como Sâyaṇa o Mahîdhara lo hicieron «tiempo de los mortales» la mayoría de las veces. En ciertos casos, sin embargo, (I, 124, 2; I, 144, 4), Sâyaṇa sugiere otra posibilidad en la que la expresión podría entenderse como «conjunción» o «pareja (*yuga*) de hombres»; y es esta la que ha dado probablemente lugar a interpretaciones que fue defendida por los exégetas occidentales. Etimológicamente, *yuga* podría tener el sentido de «conjunción» o «pareja», podía designar bien «una pareja día-noche» bien «un conjunto de meses», es decir, «una estación» bien «una pareja de quincenas» bien «el período de conjunción entre la luna y el sol», es decir, «un mes». Así, se dice que al comienzo del *kali yuga* el sol y los planetas se hallaban en conjunción, siendo esta la razón por la cual se llama este período *yuga*. Se puede, igualmente, haber utilizado este nombre en el sentido de «unión, pareja o generación de hombres». La etimología no nos permite, por lo tanto, determinar de modo satisfactorio el sentido de *Mânuṣhâ yugâ* en el *Ṛig Veda*, y por lo que encontrar otros medios. El prejuicio al cual hemos hecho alusión se debe al hecho de que la teoría de los *yugas* es posterior a la época védica, y que los especialistas occidentales no han querido introducirla en el *Ṛig Veda*. Pero me parece que esta prudencia ha resultado tan exagerada que se ha convertido en un prejuicio.

Como ha señalado Muir, encontramos en los himnos del *Ṛig Veda* la expresión *yuge yuge* al menos una media docena de veces (III, 26, 3; VI, 15, 8; X, 94, 12, etc.), y Sâyaṇa la traduce por «período de tiempo». En III, 33, 8 y X, 10, 10, tenemos *uttara yugâni* (reciente), y en X, 72, 1 *uttare yuge* (en una época reciente); mientras que en los dos últimos versículos nos encontramos la expresión *Devânam pûrve yuge* y *Devânam prathame yuge*, que claramente hacen referencia a la más reciente y la más antigua época de los dioses. El nombre *Devânam* es plural y *yuga* singular, por lo que es posible traducir la expresión por «generaciones de dioses». El contexto confirma esta idea de tiempo, puesto que el himno habla de creación y de nacimiento de los dioses al inicio de los tiempos. Si, por lo tanto, interpretamos *Devânam yugam* por «Edad de los dioses», no veo por qué no se interpreta *mânuṣhyâ yugâni* o *mânuṣhâ yugâ* por «tiempo de los hombres». Encontramos todavía otros pasajes del *Ṛig Veda* donde *mânuṣha yugâ* no puede tener el sentido de «generaciones de hombres». Así, en V, 52, 4, que es un himno a los Maruts, tenemos: *Vishve ye Mânuṣhâ yugâ pânti martyam riṣhaḥ*. Aquí, el verbo es *panti* (proteger), el sujeto *vishve ye* (todos aquellos) y el complemento de objeto *matyam* (el hombre mortal), mientras que *riṣhaḥ* (las heridas), en ablativo, designa el objeto del cual pide ser protegido. Hasta aquí la frase significa, por tanto: «Todos aquellos que protegen a los hombres de las heridas»; pero queda la cuestión de saber lo que significa *Mânuṣhâ yugâ*. Si la interpretamos por «generaciones de hombres» en acusativo, deviene superfluo, ya que *matyam* (el hombre) es el complemento de objeto de *pânti* (proteger). Por consiguiente, es necesario dar a *Mânuṣhâ yugâ* la única otra interpretación conocida, es decir «edad de los hombres», y considerar la expresión como un acusativo temporal. Interpretada de este modo, la frase se convierte en: «todos aquellos que protegen a los hombres de la edad durante el tiempo de los hombres». Ninguna otra construcción resulta más natural o razonable que esta; no obstante, Max Müller traduce este versículo así: «Todos aquellos que protegen a las generaciones de hombres, quienes protegen al mortal de las heridas»[64], a pesar de que esta expresión sea tautológica y que no haya una conjunción de coordinación (como *cha*) para unir lo que conforman, según él, los dos complementos de objeto del verbo «proteger». Griffith parece haber percibido esta dificultad y ha traducido: «todos aquellos que, a lo largo de las épocas de la humanidad, protegen al hombre mortal de las heridas». En X, 140, 6 nos encontramos otro pasaje también decisivo en este punto. Se trata de un verso dirigido a Agni, y en el que se dice que el pueblo lo ha situado al inicio del himno para obtener la bendición de Agni:

[64] Cf. *S.B.E. Series*, vol. XXXII, p. 312.

«Ṛitâvânam mahisham vishva-darshatam
agnim sumnâya dadhire puro janâḥ
Shrut-karṇam saprasthas-taman
tvâ girâ daivyam Mânuṣhâ yugâ».

Aquí, *ritâvânam* (recto), *mahiṣham* (fuerte), *vishvadarshatam* (visible por todos), *agnim* (Agni, el fuego), *shrut-karṇam* (que se escucha con atención), *saprasthas-taman* (que se extiende por grandes espacios), *tvâ* (*toi*) y *daivyam* (divino) están todos en acusativo, regidos por *dadhire* (colocar), describiendo las cualidades de Agni. *Janâḥ* (el pueblo) está en nominativo y *dadhire* (colocar) es el único verbo del texto. *Sumnâya* (por el bien-estar) denota el propósito por el cual el pueblo ha puesto a Agni al principio (puro), y *girâ* (por las alabanzas) designa el medio por el cual se pueden obtener los favores de Agni. Si obviamos los diferentes calificativos de Agni, el verso se convierte en: «el pueblo ha colocado a Agni (como se ha descrito) al principio por su bien-estar, por medio de alabanzas». La única expresión no traducida es *mànuṣhâ-yugâ*, que no puede concordar con el contexto más que si es un acusativo de tiempo. El verso significaría entonces: «la gente ha colocado a Agni (así descrito) al principio por su bien-estar, con alabanzas, durante la edad de los hombres». Pero Griffith interpreta *yugâ* en el sentido de «generaciones» y añade un verbo producto de su imaginación, traduciendo la última la parte del verso así: «Las generaciones de hombres han cantado las alabanzas de Agni (*girâ*)». Esto muestra a qué nos lleva por no interpretar *mânuṣhâ yugâ* en el sentido de «período de tiempo»; en efecto, las palabras «cantar las alabanzas» no se encuentran en el texto original. Este verso vuelve a aparecer en el *Vâjasaneyî Samhitâ* (XII, 111) y Mahîdhara explica la expresión *Mânuṣhâ yugâ* como «edad de los hombres» y «período de tiempo» como quincenas. Tenemos, por lo tanto, dos pasajes donde *Mânuṣhâ yugâ* debe traducirse en el sentido de «período de tiempo» y no como «generaciones de hombres», según las reglas comúnmente de interpretación, a menos que no respetemos la construcción natural de la frase. No hemos encontrado más pasajes del *Ṛig Veda* donde *Mânuṣhâ yugâ* aparezca en yuxtaposición con nombres como *janâḥ* o *martyam*, de modo que quedase abierta otra posibilidad de interpretación del sentido de *yuga*. Pero si se ha determinado el significado de una expresión, no es solo para un pasaje, sino que entonces podremos interpretarla en el mismo sentido en otros pasajes en los que esta expresión no entre en contradicción con el contexto. De esta manera, numerosos términos védicos pueden ser descifrados por exégetas como Yâska. Nosotros, por nuestra parte, pretendemos abrir nuevos caminos, puesto que nos limitamos a seguir su mismo método.

Pero si *Mânușhâ yugâ* significa «edad de los hombres» y no «generaciones humanas», nos quedaría todavía determinar la duración exacta de estos períodos. En el *Atharva Véda*, VIII, 2, 21 se dice: «Nosotros te concedemos cien, diez mil años, dos, tres o cuatro yugas». El término *yuga* parece designar un período de tiempo no inferior a diez mil años. Pero tenemos razones para pensar que en la primera época del *Ṛig Veda*, *yuga* debía designar un período de tiempo más corto o, al menos que ese era uno de sus sentidos. El *Ṛig Veda* habla a menudo de la «primera» (*prathamâ*) aurora, o de la «primera de las (auroras) que vienen» (*âyatinâm prathamâ*), Rig, I, 113, 8; 123, 2; VII, 76, 6; X, 35, 4); mientras que «la última» (*avamâ*) aurora se menciona en VII, 71, 3, diciéndose que esta aurora «tiene el conocimiento del primer día» en I, 1, 123, 9. Ahora bien, independientemente de lo que ya he expuesto en relación con las auroras védicas, el ordinal «primero» aplicado a la aurora no es comprensible a menos que supongamos que se refiere a la primera aurora del año, o a la aurora del primer día del año, un poco como la expresión «primera noche» (*prathamâ râtriṭḥ*) utilizada en los *Brâhmaṇas* (cf. *Orion*, p. 67) La «primera» (*prathamâ*) y la última (*avamâ*) auroras deberían, por lo tanto, interpretarse en el sentido del principio y el final del año. A la luz de lo que ya hemos comentado sobre las auroras védicas en el capítulo quinto, podemos concluir que la «primera» de las auroras era la primera de una serie de auroras que aparecerían al final de la larga noche y que inauguraba el año. Esta «primera madrugada» se describe «llevando hasta el fin (la meta) los yugas humanos» (*praminatî mânușhyâ yugâni*) en I, 124, 2 y I, 92, 11; mientras que, en I, 115, 2, se dice que «los hombres piadosos prolongan los yugas», cuando aparece la aurora (*yâtra naro devayanto yugâni vitanvate*). Los especialistas europeos interpretan *yugâ* en los pasajes arriba referidos como «generaciones de hombres». Pero, aparte del hecho de que la expresión *Mânușhâ yugâ* debe interpretarse como «edad de los hombres» en, al menos, dos pasajes analizados precedentemente, el contexto, en I, 124, 2 y I, 92, 11, exige que interpretamos el término *yugâ* en el sentido de un período de tiempo. En estos pasajes se describe a la aurora dando comienzo a un nuevo ciclo de ritos celestes y de sacrificios (*daivyani vratâni*), e inaugurando los *mânușhyâ yugâni*, lo que implica, evidentemente, que con la primera aurora comenzaban los sacrificios, así como el ciclo de tiempo conocido bajo el nombre de «edad de los hombres», o que esos *mânușhayâ yugâni* están calculados a partir de esa primera aurora. Esta asociación de *Mânușhâ yugâ*, o «edad de los hombres» con la «primera aurora» nos permite inmediatamente determinar la duración de este período de tiempo, ya que si estos yugas comenzaban con la primera aurora del año, debían terminar con la última (*avamâ*). En otros términos, *mânușha yugâ* designaba todo el período de tiempo comprendido entre la primera y la última de las auroras del año, mientras que un yuga individual denota una división más corta de este período.

Creemos que todo lo anterior permite afirmar que disponemos de pruebas suficientes en el *Ṛig Veda* para sostener que el término *yugâ* se utilizaba para designar un período de tiempo inferior a un año y que la expresión *Mânuṣhâ yugâ* significaba «edad de los hombres» o «período de tiempo comprendido entra la primera y la última aurora del año», y no «generaciones humanas». La afirmación de que «Dîrghatamas envejecía durante el décimo yuga» no es solo en el presente fácil de entender, sino que nos permite determinar con mayor certitud el sentido de *yuga* en la época el *Ṛig Veda*. Si yuga era una parte de *Mânuṣhâ yugâ*, es decir del período comprendido entre la primera y la última aurora del año y la leyenda de Dîrghatamas una leyenda solar, la afirmación de que «Dîrghatamas envejecía durante el décimo yuga» puede significar únicamente que «el sol declinaba durante el décimo mes». En otras palabras, se suponía que pasaban diez *yugas* entre la primera y la última aurora del año, los dos extremos del año. La expresión *dashame yuge* solo puede, por tanto, traducirse por «diez meses», ya que diez días o diez quincenas sería un lapso demasiado corto y diez estaciones demasiado largo. En resumen, Dîrghatamas era el sol que declinaba durante el décimo mes, y era llevado por la corriente de aguas celestes hacia su destino, al océano (VII, 49, 2), por debajo del horizonte. Las aguas de las que se habla aquí no son otras que aquellas sobre las que reina el rey Varuṇa, que fluyen según sus órdenes, o para las que ha cavado un canal (VII, 49, 1-4; II, 28, 4; VII, 87, 1) y trazando así un camino a Sûrya, quien, habiendo sido puesto fuera del alcance de Vṛitra por Indra, trae el sol (I, 51, 4). En su obra *Contributions to the Science of Mitology* (vol. II, p. 583-598), Max Müller ha mostrado que la mayor parte de las hazañas de las Ashvinos pueden explicarse si asumimos que están haciendo referencia al sol en su ocaso. La leyenda de Dîrghatamas no es, así, más que una representación mítica del sol ártico, que emerge por encima del «océano brillante» (VII, 60, 4), permanece visible durante *Mânuṣhâ yugâ* o diez meses, después volver a caer en las aguas inferiores. Durante mucho tiempo no se ha comprendido la naturaleza de esta agua, pero trataremos de explicarla en un capítulo ulterior, en el contexto de los mitos védicos. Por el momento es suficiente decir que la leyenda de los Dîrghatamas, tal como la hemos interpretado, concuerda en todo con la leyenda de los Dashagvas que celebran su sesión sacrificial durante diez meses solamente.

Nos hemos extendido sobre el significado de *yugâ* y de *mânuṣhà yugâ* porque estas expresiones han estado mal interpretadas, a pesar de los pasajes que muestran claramente que estos nombres designan un «período de tiempo». Los versos V, 52, 4 y X, 140, 6 establecen el hecho de que

Mânuṣhâ yugâ designaba las «edades de los hombres»; y la concordancia de esas edades con la «primera madrugada» (I, 124, 2; I, 115, 2) señala, por otro lado, que la duración de un *yuga* era inferior a un año. Gracias a la alusión al décimo yuga hemos llegado a la conclusión de que un yuga es igual a un mes. Este ha sido el camino que hemos seguido para interpretar estas expresiones y nos sentimos profundamente satisfechos de poder constatar que el profesor Rangâchârya de Madrás nos ha precedido en nuestras conclusiones sobre diferentes cuestiones. En su ensayo sobre los *yugas*[65], ha determinado el sentido primigenio de yuga que considera «conjunción», y observa: «siendo las fases de la luna tan directamente observables, es probable que, como ha sugerido el profesor Weber, la idea de un período de tiempo, conocido bajo el nombre de yuga y dependiente de una conjunción de ciertos cuerpos celestes, derivase originalmente de la observación de estas fases. El profesor ilustra su teoría con una referencia a un pasaje citado en el *Shadvismsha Brâhmaṇa* (IV, 6) donde los cuatro yugas reciben todavía sus viejos nombres y están relacionados con las cuatro fases de la luna a las cuales, evidentemente deben su origen». Rangâchârya se refiere entonces a *darsha*, el antiguo nombre que designaba la conjunción del sol y de la luna, y concluye diciendo: «otras pruebas, mitológicas o no, nos llevan a pensar que nuestros ancestros habían observado otra clase de conjunciones celestes interesantes, y que, según toda probabilidad, la primera idea de yuga correspondía al período entre dos nuevas lunas sucesivas», es decir, el mes lunar. Ya se ha citado el pasaje en el que se afirma que la primera aurora era la que inauguraba el ciclo del *Mânuṣhâ yugâ* y si comparamos este pasaje con el *Ṛig*. X, 138, 6 donde se dice que Indra, después de haber matado a Vṛitra y haber producido la aurora y el sol «ha establecido el orden de los meses *en el cielo*», resulta evidente que el ciclo que empieza de este modo era un ciclo de meses. Sin temor a equivocarnos, podemos concluir que *Mânuṣhâ yugâ* representó antaño un ciclo de meses durante el cual el sol permanecía sobre el horizonte o, más bien ese período del sol y de actividad en el que nuestros ancestros de la raza aria celebraban tanto sus sesiones de sacrificios como otras ceremonias religiosas y sociales.

Existen numerosos pasajes del *Ṛig Veda* que corroborarían nuestras conclusiones, pero la traducción de *Mânuṣhâ yugâ* por «generaciones o tribus humanas» por parte de los especialistas occidentales ha convertido estos textos en oscuros e ininteligibles. Así, en VIII, 46, 12, encontramos la frase: «todos los sacrificadores, elevando su copa, invocan al poderoso Indra por Mânuṣhâ yuga»; lo que significa, evidentemente, que las libacio-

[65] *The yugas, or a Question of Hindu Chronology and History*, p. 19.

nes de soma se ofrecían a Indra durante el período de *Mânuṣhâ yugâ*. Pero, al considerar que *Mânuṣhâ yugâ* designa a «tribus humanas», Griffith traduce: «Todas las razas de la humanidad invocan, etc.», traducción que, aunque comprensible, no se ajusta al espíritu del texto original. Del mismo modo, se dice que Agni brilla durante los *mânuṣha yugâ* en VII, 9, 4. Pero aquí tampoco el sentido de «tribus humanas» resulta apropiado. La ilustración más evidente de la mala interpretación de yuga en el sentído de «generación» no la ofrece el *Ṛig*. II, 2, 2. En este pasaje se dice que Agni brilla durante *Mânuṣhâ yugâ* y *kshapaḥ*. Ahora, *kshapaḥ* significa «noches», por lo que la interpretación más natural sería considerar *Mânuṣhâ yugâ* y *kṣhapaḥ* como dos expresiones complementarias para designar un período de tiempo. El versículo se traduciría de la manera siguiente: «¡Oh, Agni! Tú brillas durante las edades de los hombres y las noches». Es necesario mencionar «noches» porque, aunque *Mânuṣhâ yugâ* sea un período de sol que comprende un largo día y una sucesión de días y noches ordinarios, la larga noche continua que sigue al *Mânuṣhâ yugâ* no puede estar incluida en esta última expresión. Por lo tanto, cuando se quería designar todo el período del año solar era necesario emplear una expresión como «*Mânuṣhâ yugâ* y las noches continuas», este es el significado del versículo II, 2, 2. Pero Oldenberg[66], siguiendo a Max Müller, traduce como sigue: «¡Oh, Agni! Tú brillas sobre las tribus humanas, durante las noches continuas». Aquí, en primer lugar, es difícil comprender lo que significa «brillar sobre las tribus humanas» y, en segundo, si *kṣhapaḥ* quiere decir «noches continuas», su único sentido posible es «la larga noche continua» y si es así, ¿por qué no admitir que *mânuṣhâ yugâ* representa el período del año solar que resta después de sustraerle lo que dura la larga noche? Como hemos mencionado con anterioridad, Max Müller ha traducido correctamente *kṣhapaḥ* por «noches continuas», pero no lo ha hecho con *Mânuṣhâ yugâ* en este lugar. Otro error análogo se ha cometido en IV, 16, 19, donde se vuelve a encontrar la expresión *kṣhapaḥ madema shardas cha purvih*. Aquí, a pesar del acento, Max Müller, al igual que Sâyaṇa, considera *kṣhapaḥ* como un acusativo. Pero Sâyaṇa interpreta correctamente la expresión del modo siguiente: «Que volvamos a disfrutar durante numerosos otoños (estaciones) y noches», «estaciones y noches» es una expresión compuesta, y la partícula cha retoma todo su sentido si concertamos noches (*kṣhapaḥ*) con un verbo y estaciones (*sharadaḥ*) con otro. Evidentemente, en tanto que la teoría ártica era desconocida, la expresión «estaciones y noches» o «*Mânuṣhâ yugâ* y noches» era ininteligible, puesto que las noches estaban incluidas en las estaciones de los yugas. Pero Max Müller ha sugerido resolver la dificultad de inter-

[66] *S.B.E. Series*, vol. XLVI, pp. 193,195.

pretar *kṣhapaḥ* como «noches continuas» en II, 2, 2; y si aceptamos esta traducción, podemos considerar juntas estaciones y noches, como indicaría el artículo cha, e interpretar la expresión en el sentido de un año solar completo que incluye la larga noche. La unión *kṣhapaḥ* y *Mânuṣhâ yugâ* refuerza así la conclusión que esta última expresión designaba un período de sol. Hay muchos otros pasajes donde la traducción es confusa porque se ha traducido *Mânuṣhâ yugâ* en el sentido de «tribus humanas»; pero su comentario no resultaría relevante para el tema que estamos estudiando.

Independientemente de la conclusión que hemos extraído de las leyendas de los Dashagvas y de Dîrgatamas, nuestra teoría se vería corroborada por el número de estaciones mencionadas en ciertos textos védicos. Un período de sol de diez meses, seguido de una larga noche de dos meses podría describirse perfectamente por medio de cinco estaciones de dos meses cada una, seguidas de la desaparición del sol en las aguas bajo el horizonte; y, de hecho, encontramos esta descripción del año en I, 164, 12, verso que se encuentra en el *Atharva Veda* (IX, 9, 12) con ligeras modificaciones y en el *Praṣhnopanishad* (I, 11). Este verso puede traducirse literalmente como sigue: «el Padre con cinco pies (*pañcha-padâm*) de doce formas, dicen ellos, está lleno de vapores de agua (*purṣîhiṇam*) en la lejana mitad (*para ardhe*) del cielo. Estos otros dicen todavía que Él, el que ve a lo lejos (*vichakshanam*) está situado sobre el carro de siete ruedas y seis rayos (*shad-are*) en la mitad la más cercana (*upare ardhe*) del cielo»[67]. El adjetivo «que ve a lo lejos» califica a «carro con siete ruedas», y no a «Él», en el *Atharva Véda*, puesto que *vichakshae* está en locativo, mientras que Shankarâchârya, en su comentario sobre la *Praṣhnopanishad*, separa *upare* en dos palabras, *u* y *pare*, tomando *u* como un expletivo. Pero esta interpretación no modifica excesivamente el sentido del verso. El contexto indica claramente que se está describiendo al dios-año de doce meses (*âkriti*, X, 85, 5). El verso precedente del himno (*Ṛig*. I, 164) menciona «la rueda de doce rayos en la cual residen 720 hijos de Agni», haciendo referencia claramente a un año de doce meses que comprendería 720 días y noches. Por lo tanto, es indudable que este pasaje contiene la descripción de un año con días y noches. No hay por tanto duda de que el pase contiene la descripción del año y las dos mitades del verso, que se introducen por las expresiones «ellos dicen» y «los otros dicen», nos ofrecen dos opiniones sobre la naturaleza de dios-año de doce formas. Vamos a ver cuáles serían estas opiniones. Algunos dicen que el dios-año tiene cin-

[67] *Ṛig*. I. 164, 12. Shankâcharyâ en su comentario sobre *Praṣhnopanishad,* toma *u* y *par* como dos palabras diferentes. Vale la pena citar su explicación de *upare ardhe*: La traduce por *tritìyasyam divi* «en el tercer cielo», el asiento del tercer paso de Viṣhṇu, el que implica que el dios-año con cinco pies se hallaría oculto en la parte más remota.

co pies (*pañcha-pâdam*), es decir, que el año está dividido en cincos estaciones; y otros sostienen que posee un carro con seis rayos, que se corresponderían con las seis estaciones. Es evidente que en los tiempos antiguos algunos mantenían que el número de estaciones era cinco y otros seis. ¿Por qué esta divergencia de opiniones? El *Aitareya Brâhmaṇa* I, 1 (así como el *Taittirîya Samhitâ*, I, 6, 2, 3) explica que las dos estaciones de Hemanta y Shishir forman juntas una sola estación, lo que reduciría su número de seis a cinco. Pero esta parece ser una explicación *a posteriori*, puesto que en el *Shatapatha Brâhmaṇa*, XIII, 6, 10, encontramos reunidos con este fin Varṣhâ y Sharad, en vez de Hemanta y Shishir. Esto muestra que en la época de *Taittirîya Samhitâ* y de los *Brâhmaṇas* no se sabía exactamente cómo operar para reducir el número de estaciones de seis a cinco; pero como en los *Vedas* se mencionan a veces cinco estaciones, era necesario encontrar una explicación por lo que se reunían dos estaciones cualquiera consecutivas para formar una estación de cuatro meses. Pero esta explicación es demasiado vaga para ser verdadera, y no podemos creer que se haya seguido un sistema así de aleatorio. Por consiguiente, no podemos aceptar esta explicación y deberemos comprobar si el verso del *Ṛig Veda* citado anteriormente nos permite encontrar otra explicación más plausible del hecho de que en otra época se considerase que existían cinco estaciones. En la primera parte de este verso se dice que el padre con cinco pies está lleno de vapores acuosos en la región más lejana del cielo, mientras que en la segunda se dice que el año del carro de seis carros es el que ve a lo lejos. Resumiendo, *purîṣhiṇam* (lleno de agua o flotando en las aguas), en el primer versículo, parece ser a imagen de *vichakṣhaṇam* (que ve lejos) en el segundo. La explicación viene en el versículo siguiente. En efecto, el versículo decimotercero dice que «*la rueda tiene cinco rayos*» permanece intacta y entera, a pesar de su vejez, y el versículo decimocuarto dice que «la rueda gira eternamente; los diez la tiran, unidos por encima del espacio. El ojo del sol avanza, cubierto por rajas (vapores de la atmósfera); todos los mundos dependen de él» (*Ṛig*. I, 164, 13-14). Comparando este versículo con el decimoprimero citado más arriba, se puede ver fácilmente que *purîshinam* (lleno de vapores de agua) y *rajasâ âvritam* (cubierto por *rajas*) son casi sinónimos y la única conclusión posible es que el dios-año de cinco pies, el sol, va a morar entre vapores del agua, es decir, se hace invisible o se oculta en la oscuridad (*rajas*) durante un cierto tiempo; en la región más lejana de los cielos. La frase «los diez, uncidos, tiraban de su carro» (ver también *Ṛig*. IX, 63, 9) muestra con más fuerza que las cinco estaciones no pueden formarse a partir de la combinación de dos estaciones consecutivas de las seis, tal y como lo explicaban los *Brâhmaṇas* (ya que, en este caso, el número de caballos no podría ser diez), sino que se está haciendo referencia a un verdadero año de cinco estaciones o diez meses. Cuando el número de estaciones aumenta a seis, el dios-año cesa de ser *purîṣhin* (lleno de agua) y se convierte en *vichakṣhaṇam* (que ve lejos). Hemos visto que el sol, representado por Dîrghatamas, envejecía en el curso del décimo mes y, transportado por las aguas aéreas, se ocultaba en el océano. La misma idea se expresa en el primer verso, que describe dos puntos de vista diferentes acerca de la naturaleza del año, uno de cinco y el otro de seis estaciones, y que contrapone las características principales de esos dos años. Así, pare *ardhe* es opuesto a *upare ardhe* en el segundo verso, *pañcha-pâdam* (comparar con *pañchâre* en el versículo siguiente, I, 164-13) con *shad-are*, y *purîṣham con vichaṣkhaṇam.* En resumen, el verso en cuestión describe el año (a) teniendo cinco pies y habitando en las aguas de la región más lejana de los cielos, (b) montando sobre un carro con seis rayos y viendo lejos en la región más próxima de los cielos. Evidentemente estas dos descripciones no pueden aplicarse a las estaciones de un mismo lugar, y el artificio consistente en combinar dos estaciones consecutivas es inaceptable. Cinco estaciones, o diez meses, seguidos por la estancia del sol en las aguas o noches oscuras son precisamente descritas en la primera mitad de este pasaje (I, 164,1 2) y, tras todo lo comentado hasta ahora, comprobaremos fácilmente que lo que se está describiendo no es sino el año ártico de diez meses. Este verso, y particularmente toda la oposición entre *purîṣhinam* y *vichakṣhaṇam*, no haber recabado al parecer la atención que merece. Pero a la luz de la teoría ártica, esta descripción resulta tan inteligible como cualquier otra. Los bardos védicos han preservado el recuerdo de un año de cinco estaciones o de diez meses, aunque su calendario haya sido después de largo tiempo transformado en un año de doce meses. Las explicaciones ofrecidas por los *Brâhmaṇas* se han elaborado evidentemente *a posteriori* que no podemos tener en cuenta las menciones de cinco estaciones en el *Ṛig Veda*, y creemos que no debemos aceptarlas, mientras exista una solución más satisfactoria a este problema. Hemos señalado anteriormente que, al buscar pruebas de las antiguas tradiciones, podemos esperar encontrar tradiciones más tardías relacionadas con aquellas, y el verso I, 164, 12, discutido más arriba, constituye una excelente ilustración al respecto. Aunque menciona cinco estaciones, el primer versículo sostiene que el año está formado por doce partes, mientras que el segundo, donde aparece la cuestión del año de seis estaciones o de doce meses, habla de un año de «siete ruedas», es decir, compuesto por siete meses, siete soles o siete rayos de sol. Esto pudiera parecer contradictorio a primera vista; pero la evolución de las palabras en cualquier idioma muestra que las antiguas expresiones se conservan en el lenguaje, largo tiempo después de haber perdido su sentido propio. Esto podemos comprobarlo, por ejemplo, en el uso del término «pecuniario», derivado de *pecus* (ganado), referido a la moneda. De igual forma, decimos todos los días que el Sol se levanta, sabiendo que no es el astro el que se eleva, sino que la Tierra, girando alrededor de su eje, nos permite ver el Sol. De la misma manera, expresiones como *saptâsha* (de siete caballos) o *saptâchakra* (con siete ruedas), aplicadas al año o al sol, han devenido en expresiones de uso corriente antes de que los himnos hubieran tomado su forma actual y los bardos védicos no las han podido evitar, incluso aunque supieran que no eran aplicables al estado de cosas por ellos conocido. Por el contrario, volvemos a encontrar en los *Brâhmaṇas* toda clase de artificios inventados para intentar armonizar estas antiguas expresiones con la realidad cotidiana, siendo desde el punto de vista religioso o sacrificial muy necesario hacerlo así. Pero si quisiéramos examinar la cuestión desde un punto de vista histórico, deberíamos distinguir entre los vestigios de un período más antiguo y los hechos o incidentes de un período más tardío que se encuentran inevitablemente unidos; y si analizamos de esta forma el verso I, 164, 12 vemos claramente las huellas de un año de diez meses y cinco estaciones. El mismo principio se aplica a otros casos, como por ejemplo el de los Navagvas mencionados junto a los siete *vîpras* en VI, 22, 2. Los bardos, que nos han legado la actual versión de los himnos no conocieron el mundo antiguo más que por las tradiciones y podemos preguntarnos si esas tradiciones no se han visto ocasionalmente mezcladas con eventos más tardíos. Por el contrario, resulta notable que se hayan podido conservar tantas alusiones al origen geográfico y es este hecho el que concede al primero de los *Vedas* una importancia particular, tanto desde el punto de vista religioso como desde el histórico.

En resumen, encontramos en el *Ṛig Veda* testimonios de que antaño un año que constaba de siete meses o siete soles, como lo muestra la leyenda de los hijos de Aditi, o bien testimonios de un año de diez meses en la leyenda de los Dashagvas o de Dîrghatamas, que no se pueden explicar más que a través de la teoría ártica. Estos diez meses formarían el período de sacrificios de los arios, que recibirá el nombre de *Mânuṣhâ yugâ* o Edad de los Hombres, expresión muy mal interpretada por los occidentales. El sol desaparecía tras el horizonte a lo largo del décimo de estos *yugas*, e Indra combatía a Vala durante el período de oscuridad siguiente, para, al final del año, volver a traer al sol que estaba «escondido en la oscuridad». El año entero se componía así de *Mânuṣhâ yugâ* junto noches continuas, y, aunque los bardos védicos hayan vivido más tarde en los lugares donde el sol estaba por encima del horizonte durante doce meses, la expresión «*Mânuṣhâ yugâ y kṣhapaḥ* (noches)» vuelve a aparecer en el *Ṛig Veda*. Es cierto que los hechos comentados en este capítulo son esencialmente legendarios, pero esto no disminuye en absoluto su importancia, puesto que como veremos más adelante, algunas de esas tradiciones son de carácter indoeuropeo. La tradición que nos habla de un año compuesto por cinco estaciones o que eran diez los caballos uncidos al carro del sol concuerda plenamente con el sentido de estas leyendas; y mostraremos en el capítulo siguiente que en la literatura védica hay alusiones directas a un período de sacrificios de diez meses, independientes de dicha tradición, y que, por lo tanto, prueban y refuerzan las conclusiones deducidas de las leyendas analizadas en este capítulo.

CAPÍTULO VIII

LA MARCHA DE LAS VACAS

La ceremonia de Pravargya – Simboliza la renovación del sacrificio anual – La leche representa la semilla caliente en Grharma o Mahavira – Los mantras utilizados al verter la leche – La creación de los cinco y los diez de Vivasvat a partir de los dos – Indica la muerte del año tras cinco estaciones o diez meses – La tradición acerca del sol caído más allá del cielo – sattras anuales – Su tipo – El Gavâm Ayanam o la marcha de las vacas – Su duración de diez a doce meses según el Aitareya Brâhmaṇa – Dos pasajes del Taittirîya Samhitâ que describen el Gavâm Ayanam – Alusión a la duración de diez meses del Sattra – Pero sin aportar ninguna razón a excepción de que era una práctica arcaica – Indica claramente un ritual anual de diez meses – Comparación con el antiguo año romano de diez meses o 304 días – No se sabe cómo ajustaban los romanos el calendario a los 360 días – El resto representaban un largo período de oscuridad, de acuerdo con la leyenda de los Dashagvas – Esto nos conduce a la teoría ártica – Opinión de Max Müller sobre la triple naturaleza de las vacas en los Vedas – Las vacas como animales, lluvia y auroras o días en el Ṛig Veda – La marcha de diez meses de las vacas tiene el significado, pues, del período de diez meses de duración de días y noches ordinarios – Los 350 bueyes de Helios – Implica una noche de diez días – El robo de los bueyes de Apolo por Hermes – Vacas robadas por Vṛitra en los Vedas – Representan el robo de las vacas, días con lo cual se provoca la larga noche – Adicionales evidencias sacrificiales de los Vedas – Clasificación de los sacrificios del soma – Diferencias entre Ekâha y Ahîna – Un centenar de sacrificios nocturnos – sattras anuales como el Gâvam Ayanam – Esquema de base de estas ceremonias y modificación de este esquema – Otras modificaciones del mismo – Todas basadas en el año civil, pero tenían una duración de diez meses en los tiempos arcaicos – Sacrificios nocturnos incluidos actualmente entre los sacrificios diurnos – La razón por la cual estos sacrificios nocturnos duraban solamente cien noches permanece inexplicada – La teoría ártica puede dotarlo de sentido – El jugo de Soma se extrae por la noche durante el Atirâtra – Este sacrificio se mantiene hasta nuestro días – La analogía se puede aplicar a otros sacrificios nocturnos – Ratrî sattras fueron sacrificios de la larga noche en los tiempos arcaicos – Su objeto – Libaciones de soma ofrecidas exclusivamente a Indra para ayudarle en su lucha contra Vala – Shata Râtra representaba la máxima duración de la larga noche – Corroborado por la leyenda de Aditi de los siete meses de sol – Explica por qué Indra es llamado Shata-Kratu en los Purâṇas – El epíteto es interpretado erróneamente por los especialistas occidentales – Semejanzas entre los sacrificios de soma y Ashvamedha – El epíteto Shata kratu contrariamente a los demás no es jamás parafraseando en los Vedas – Implica que es propio o particular de Indra – La opinión de Haug de que kratu significa un sacrificio en los Vedas - Las cien fortalezas o puraḥ (ciudades) de Vṛitra - Interpretadas como los lugares de oscuridad o noches - La lucha de Tishtrya tiene una duración de cien noches en el Avesta - Constituye una corroboración del sacrificio de Soma durante cien noches - La expresión satokarahe se encuentra en el Avesta - Comentario acerca del significado de la naturaleza del Ati-Râtra - Corresponde a un sacrificio de soma transnocturno al comienzo y al final de la larga noche - Producción de un ciclo de días y noches a partir de aquella - De donde la introducción del Sattra anual que señala el fin de la larga noche y el comienzo del período de sol - Los sacrificios nocturnos de Sattra Ati Râtra y Ati Râtra constituían las principales fases sacrificiales anuales - Indican con toda claridad la existencia de un largo período de oscuridad de cien noches en el año arcaico - El sistema sacrificial antiguo se corresponde así con el año arcaico - La adaptación de ambos a las nuevas condiciones geográficas se efectuó en los Brâhmaṇas de forma similar a la reforma de Numa en el antiguo calendario romano - La importancia de los resultados de las pruebas sacrificiales.

La leyenda de los Dashagvas, quienes cumplimentaban sus sacrificios durante un período de diez meses, no es la única reliquia preservada del año arcaico en la literatura sacrificial. La ceremonia del Pravargya, que se describe en el *Aitareya Brâhmaṇa* (1, 8-12) nos proporciona otro ejemplo donde se menciona el año arcaico. Haug, en su traducción del *Aitareya Brâhmaṇa*, describe esta ceremonia en su totalidad en una nota al versículo 1, 18. Tiene una duración de tres días y precede a los sacrificios del animal y del Soma, de tal manera que no está permitido tomar parte en el festival de Soma sin haber asistido previamente a esta ceremonia, la cual simboliza la renovación del sol o sacrificio (*Yajna*), por el cual el sol se mantiene en estado de simiente para renacer en los tiempos venideros (*Aitareya Brâhmaṇa* 1, 18). Así pues, uno de los principales utensilios empleados en dicha ceremonia es un cuenco de tierra denominada *Gharma* o *Mahâvira*. Colocándolo sobre el altar védico, el Adhvaryu traza un círculo de arcilla llamado *Khara,* porque está formado con la tierra traída a lomos de un asno hasta el lugar del sacrificio. Coloca el cuenco en el círculo y lo calienta (*Gharma*). Entonces se retira por medio de dos *Shaphas* (dos piezas de madera) y, tras ordeñar una vaca, se vierte la leche en el cuenco caliente mezclándola con la de una cabra cuya cría haya muerto. Una vez se ha realizado lo anterior, el contenido del *Mahavira* se derrama sobre el fuego de *ahavanîya*. Pero no se vierte el contenido completo del recipiente, puesto que el *hotṛi* bebe los restos del contenido del *Gharma*, de los que se dice que están llenos de miel, llenos de savia, llenos de alimento y que está caliente. El *Aitareya Brâhmaṇa* (1, 22) nos explica la razón de esta ceremonia del siguiente modo: «La leche en el recipiente es la semilla. Esta semilla (en forma de leche) es vertida sobre Agni (el fuego), en tanto que es matriz de los dioses, para producir, puesto que Agni es la matriz de los dioses». Esta explicación prueba la naturaleza simbólica de la ceremonia y nos muestra que el sol es preservado en forma de semilla hasta su renacimiento la próxima estación. El *mantra* que se recita al procederse al vertido de la leche en el *mahavira* está tomado del *Ṛig Veda* VIII, 72 (61), 8 y resulta muy probable que este verso no fuera seleccionado por una mera correspondencia verbal. El himno donde aparece este verso es bastante oscuro, pero el verso en concreto, así como los dos precedentes (VIII, 72 (61), 6-7-8) no presentan ninguna dificultad y pueden ser traducidos como sigue:

> «*6. Y ahora que es visto el grande y poderoso carro de sus caballos* (así como) *los rastros de su carro*».
> «*7. Los siete traen el uno y los dos crean el cinco sobre la sonora ribera de los océanos*».

«8. Con los diez de Vivasvat, Indra con su triple martillo ha hecho caer el jarro del cielo».

Aquí, en primer lugar, se dice que el carro (del sol), el gran carro del sol con caballos se ha hecho visible, en el sentido evidente de que la aurora ha hecho su aparición en el horizonte. Entonces, los siete, probablemente los siete *hotṛis*, o siete ríos, ordenan esta aurora y producen los dos. Este ordeño es un proceso familiar en el *Ṛig Veda* y, en cierto lugar, se dice que la oscuridad ordeñada para extraer las vacas de la mañana (1, 33,10). Los dos designan manifiestamente el día y la noche que, tan pronto como son producidos, dan origen a las cinco estaciones. Se dice que el día y la noche con las dos madres de Sûrya en III, 55, 6, aquí son madres de las cinco estaciones. Lo que sucede tras las cinco estaciones se describe en el versículo octavo. En este se dice que con los diez de Vivasvat, durante el período de diez meses, Indra derriba el jarro del cielo con su triple martillo, lo que significa que los tres depósitos celestes son vaciados de sus aguas (VII, 101, 4), que se vierten sobre el océano, llevándose con ellas el sol al mundo inferior. Se dice igualmente que la luz del sol tiene tres formas (VII, 101, 7), y Sâyaṇa cita aquí el *Taittirîya Samhitâ* (II, 1, 25) donde leemos que el sol tiene tres luces: la de la mañana (*Vasanta*), la del mediodía (*Grishma*), y la de la tarde (*Sharad*). El verso, por consiguiente, hace evidente referencia a las tres formas de cursos de agua en los cielos y a los tres aspectos de la luz del sol, llegando todo a su fin el décimo de Vivasvat. El sol y el sacrificio se preservan entonces en forma de semilla que será regenerada más tarde, proceso que será simbolizado por la ceremonia de Pravargya. La idea de que el sol cae del cielo es muy común en la literatura sacrificial. En efecto, en el *Aitareya Brâhmaṇa* (IV, 18) podemos leer: «Los dioses, temiendo ver el sol al revés, tras su caída, más allá de ellos mismos, lo sostuvieron colocando bajo él los mundos más elevados»[68] y encontramos la misma idea en el *Tâṇḍya Brâhmaṇa* (IV, 5, 9, 11). Las palabras «caer más allá» (*parachas atipâtât*) revisten una importancia especial, por cuanto que muestran que el sol caía en regiones situadas en un más allá. Uno de los protegidos de los Ashvinos es también llamado Chyavâna, término que Max Müller hace derivar de *chyu*, caer. Se dice que los Ashvinos han recuperado la juventud, lo que, despojado de su ropaje legendario simboliza la restauración del sol que había caído en el mundo inferior. La ceremonia de Pravargya, que preserva la semilla del sacrificio, constituye, por tanto, solamente una fase de la historia de la caída del sol en la literatura sacrificial y los versos empleados en esta ceremonia, si se

---

[68] Véase también *Tâṇḍya Brâh.*, IV, 5, 9, 11.

interpretan siguiendo el espíritu de dicha ceremonia, indican, como ya se ha dicho, un año arcaico de cinco estaciones y diez meses.

No obstante, los *mantras* utilizados en la ceremonia del Pravargya no son tan explícitos como cabría esperar de las pruebas de este tipo, por tanto, en lugar de acumular más pruebas de esta naturaleza –y hay numerosos casos en la literatura sacrificial– procederemos a ofrecer los pasajes concernientes a la duración de los *sattras* anuales pertenecientes a los textos védicos mejor conocidos. Estos pasajes no poseen en absoluto carácter legendario y, por tanto, pueden considerarse verídicos. Ya se dijo que la institución del sacrificio es muy arcaica y se encuentra tanto en la rama europea como en la asiática de la raza aria. De hecho, constituía el principal ritual de las religiones de esos pueblos y todos sus detalles han sido cuidadosamente conservados por los sacerdotes que han estado a cargo de esas ceremonias. Es cierto, no obstante, que con motivo de buscar razones de preeminencia de este o aquel ritual, los sacerdotes cayeron a veces en divagaciones, no obstante, los detalles del sacrificio fueron objeto de una preservación en estricta concordancia con la costumbre y la tradición, fueran cuales fueran las explicaciones que pudieran darse acerca de su origen. Pero, a veces, los ritos resultaban tan oscuros que desafiaban cualquier explicación y los sacerdotes se contentaban con repetirlos, añadiendo: «esta es la práctica desde tiempos inmemoriales». Por tanto, con este tipo de evidencias podemos investigar la duración de los *sattras* anuales en los tiempos arcaicos.

Existen numerosos *sattras* anuales, tales como *Adityânâm-Ayanam*, *Angirasâm-Ayanam*, *Gavâm-Ayanam*, etc., mencionados en los *Brâhmaṇas* y el *Shrauta Sutras*, y como ha observado Haug, parecen haberse establecido originariamente a imitación del curso solar anual. Constituyen los más antiguos de los sacrificios védicos y tanto su duración como otros detalles han sido minuciosamente consignados en la literatura sacrificial. Todos estos *sattras* anuales no son esencialmente diferentes entre ellos, apareciendo según las circunstancias, variedades diferentes de un tipo común que se ha considerado el *Gavâm-Ayanam* (cfr. *Ashv.* SS 11, 7, 1). Así, en el *Aitareya Brâhmaṇa* (IV, 17), se nos dice que «ellos celebran el *Gavâm-Ayanam,* esto es, la sesión sacrificial denominada la marcha de las vacas. Las vacas son los Âdityas (dioses de los meses). Al celebrar la sesión llamada la marcha de las vacas celebran también el *Adityânâm-Ayanam* (la marcha de los Âdityas)»[69]. Si tomamos, por tanto, el *Gavâm-Ayanam* como modelo deberemos aplicar la misma duración al resto de *sattras* lo que nos evitará el tener que estudiarlos por separado. Este *Gavâm-Ayanam*, la marcha de las vacas, es descrito en su totalidad en tres

[69] Véase *Ait. Brâh*, vol. II, p. 287 por el Dr. Haug.

lugares. Uno en el *Aitareya Brâhmaṇa* y dos en el *Taittirîya Samhitâ*. Comenzaremos por el *Aitareya Brâhmaṇa* (IV, 17) que describe el origen y la duración del *sattra* como sigue:

«Las vacas, deseosas de obtener pezuñas y cuernos, celebraron un sacrificio. En el décimo mes (de su sacrificio) obtuvieron sus pezuñas y cuernos. Dijeron: "hemos obtenido aquello que deseábamos y por lo que habíamos iniciado los ritos sacrificiales, levantémonos (el sacrificio ha sido terminado)". Aquellas que se levantaron son las que tienen cuernos. Aquellos que, sin embargo, permanecieron sentadas (continuaron la sesión) y dijeron: "finalicemos el año", los cuernos se les cayeron por su falta de confianza. Estas son las que no tienen cuernos (*tûparâḥ*), ellas (continuando el sacrificio) produjeron energía (*ûrjam*). Después de lo cual (tras sacrificar durante doce meses), habiendo asegurado todas las estaciones, se levantaron al fin. Porque ellas habían producido el vigor (para reproducir cuernos, pezuñas, etc., cuando estuviesen desgastadas). Así, las vacas se hicieron amar por todos (el mundo entero) y son embellecidas (decoradas) por todos»[70].

Estamos ante una alusión evidente al hecho de que las vacas obtuvieron la satisfacción de sus deseos en diez meses y que cierto número de ellas dejaron de realizar el sacrificio. Aquellas que, por el contrario, continuaron sacrificando durante dos meses más reciben el calificativo de «descreídas», debiendo sufrir las consecuencias de su desconfianza perdiendo los cuernos que habían obtenido con anterioridad. Queda claro, por tanto, que este *sattra* anual, que en los *Samhitâs* y *Brâhmaṇas* es un *sattra* de doce meses a imitación del curso anual del sol, fue alguna vez completado en diez meses. ¿Por qué pudo ser así?, ¿por qué el *sattra*, que es de naturaleza anual y que en la actualidad tiene una duración de doce meses, pudo ser terminado en cierta época en diez meses?, ¿cómo pudieron obtener los sacrificadores el resultado de un sacrificio de doce meses, sacrificando durante diez únicamente? Son preguntas que revisten una gran importancia, pero el *Aitareya Brâhmaṇa* ni plantea, ni proporciona ninguna clave para su solución. Sin embargo, si nos volvemos hacia el *Taittirîya Samhitâ*, la obra más antigua y de mayor autoridad relativa a ceremonias sacrificiales, encontramos estas preguntas planteadas explícitamente. El *Samhitâ* afirma expresamente que el *Gavâm-Ayanam* puede realizarse en diez o doce meses, de acuerdo con el parecer del sacrificador, pero reconoce su incapacidad para dar una razón del porqué un *sattra* de doce meses puede ser completado en diez, a excepción de que se tratase de «una práctica antigua sancionada por la costumbre inmemo-

[70] Véase la traducción del *Ait. Brâh.* por el Dr. Haug, vol. II, p. 287.

rial». Estos pasajes son de una importancia especial para nuestra hipótesis, por lo que ofrecemos más abajo su traducción literal. El primero aparece en el *Taittirîya Samhitâ* (VII, 5, 1, 1-2) y puede traducirse como sigue:

«Las vacas celebraron este sacrificio, deseando que "no teniendo cuernos, nos crecieran". El sacrificio duró diez meses. Entonces, cuando los cuernos crecieron, se levantaron diciendo "hemos ganado". Pero aquellas cuyos (cuernos) no habían crecido no se levantaron hasta haber finalizado el año, diciendo "hemos ganado". Tanto las que habían obtenido cuernos como las que no, se habían levantado diciendo "hemos ganado", por tanto, el sacrificio de las vacas es el de un año (sacrificio anual). Aquellos que saben esto cumplen el año y prosperan. Por consiguiente, las sin cuernos (vacas) pacen plácidamente durante los dos meses lluviosos. Esto es lo que el Sattra les ha proporcionado. Por tanto, todo lo que se lleve a cabo en la casa de aquel que haya realizado el Sattra anual está bien hecho, en el tiempo y con el resultado querido».

Esta versión difiere ligeramente de la que nos proporciona el *Aitareya Brâhmaṇa*. En el *Samhitâ* se dice que las vacas cuyo sacrificio duró doce meses seguían sin tener cuernos, pero en vez de obtener vigor (*ûrjam*) se dice que obtuvieron como recompensa por su perseverancia el placer de pacer confortablemente durante los dos meses lluviosos, durante los cuales, como observa el comentarista, las vacas cornudas ven cómo sus cuernos resultan un impedimento para pastar cómodamente en el campo, donde había crecido hierba nueva. Pero el pasaje relativo a la duración del *sattra*, es decir, que su duración fue de *diez* o *doce* meses, es el mismo tanto en el *Samhitâ* como en el *Brâhmaṇa*, el *Samhitâ* vuelve sobre la cuestión en el siguiente *Anuvâka* (VII, 5, 2, 1-2) describiendo como sigue la sesión de las vacas:

«Las vacas celebraron este sacrificio. No poseían cuernos (y) deseaban obtenerlos. Su sacrifico duró diez meses. Entonces, cuando los cuernos habían crecido, dijeron: "hemos ganado, levantémonos, hemos obtenido aquello por lo que nos habíamos sentado (habíamos comenzado el sacrificio)". La mitad de ellas dijeron "permaneceremos sentadas durante los dos duodécimos (los dos últimos) meses y nos levantaremos cuando hayamos completado el año". (Algunas) de ellas obtuvieron los cuernos en el mes décimo gracias a su confianza, (mientras que) por su desconfianza aquellas que no poseían cuernos permanecieron así. Todas, esto es, las que obtuvieron cuernos y aquellas que obtuvieron vigor (*urjam*) obtuvieron, así, su objetivo. Quien esto conozca, prosperará, tanto si se levanta (del sacrificio) en el décimo mes como si lo hace en el decimosegundo. Ellas siguieron el camino (*padena*). El que sigue el camino alcanza (su fin), este es el éxito del (*ayanam*) sacrificio. Por tanto, es *go-sani* (benéfico para las vacas)».

Este pasaje repite en su primera parte, la historia que se ofrece en el *Anuvâka* previo del *Samhitâ* y en el *Aitareya Brâhmaṇa* con ligeras variaciones. Pero la última parte ofrece dos temas importantes: en primer lugar, tanto si completamos el sacrificio tanto en diez como en doce meses el mérito religioso o el resultado obtenido, resulta el mismo. En segundo lugar, se dice que esto es así porque es el «camino» o, como explica Sâyaṇa «una costumbre inmemorial», el *Samhitâ* guarda silencio, acerca de la razón por la cual un *sattra* anual, que debería, y como en la actualidad durar doce meses, puede completarse solo en diez. Este silencio resulta notable en tanto que el *Samhitâ* se lanza a menudo a especular sobre el origen de los ritos sacrificiales. En cualquier caso, podemos establecer dos hechos: por un lado, en los tiempos del *Taittirîya Samhitâ* el *Gavâm-Ayanam*, el modelo de *sattra* anual, podía completarse en diez meses. Por otra parte, no se conoce ninguna razón, en esta época, que explique por qué un *sattra* de doce meses puede completarse en diez, excepto porque se trata de una «costumbre inmemorial». El *Tânṇḍya Brâhmaṇa* IV, 1, nos ofrece una descripción similar del *Gavâm-Ayanam*, reconociendo, sin dejar lugar a dudas, la doble duración del sacrificio. No se puede, por tanto, afirmar que Sâyaṇa y Bhaṭṭa Bhâskara se hayan inventado una nueva teoría sobre la doble duración del *sattra* anual. Con posterioridad analizaremos qué significan en realidad las «vacas» de los pasajes citados. Por el momento, seguiremos centrados en la duración del *sattra*. Si comparamos los hechos relatados en el *Samhitâ* relativos a la doble duración del *sattra* anual, con la leyenda sacrificio de los *Dashagvas* de diez meses, la conclusión de que en los tiempos arcaicos los ancestros de los arios védicos realizaban su sacrifico anual en diez meses, resulta incuestionable. Esta duración debió ampliarse a doce meses cuando el pueblo védico se asentó en regiones donde un sacrifico anual tal, resultaba inconcebible. Pero el conservadurismo en materia religiosa es tan fuerte que la antigua práctica sobrevivió al cambio de calendario y tuvo que reconocerse como un período alternativo de duración en los *Samhitâs*. El *Taittirîya Samhitâ* conserva de esta manera el período alternativo, afirmando que se trata de una práctica antigua. Por nuestra parte, creemos que soluciona la cuestión de la duración de los *sattras* en los tiempos arcaicos. Sean cuales fueren las razones que queramos señalar, lo cierto es que, más allá de toda duda razonable, los *sattras* anuales más antiguos duraron diez meses.

Pero el *Taittirîya Samhitâ* no es el único en que resulta incapaz de proporcionarnos ningún tipo de explicación de este vestigio del antiguo calendario ni de la duración del *sattra* anual. En Europa, el duodécimo mes del año solar es diciembre, cuyo origen etimológico indica el mes décimo latín: *decem*, sánscrito: *dashan*, diez; y *bre* del sánscrito: *vâra*, tiempo o período) y todos sabemos que Numa añadió dos meses al antiguo año romano para conformar uno de doce meses. Plutarco, en su vida de Numa, nos ofrece otra versión de la historia: según algunos, Numa no habría añadido dos meses al año, sino que simplemente los habría trasladado desde el final al principio del año. Pero los nombres de los años nos muestran claramente que esto no pudo haberse producido, puesto que la enumeración de los meses, reflejada en sus nombres, que nos señala su orden: *quintilis* (el quinto), antiguo nombre de julio; *sextilis* (el sexto), antiguo nombre de agosto, septiembre (el séptimo) etc., orden que no pudo detenerse abruptamente tras diciembre, permitiendo que los dos últimos meses recibieran una denominación de carácter diferente. Por tanto, Plutarco tenía razón al observar que «tenemos una prueba en el nombre del último (mes) de que el año romano constó al principio de diez meses y no de doce»[71]. No obstante, si aún cupiese alguna duda la analogía del *Gavâm-Ayanam* y las leyendas de los *Dashagvas* y de *Dîrghatamas,* las desvanece Macrobio (*Saturnales* 1, cap. 12). Confirma la historia de la adición de los dos meses al antiguo año de diez por Numa y no su mero traslado. En cuanto a lo que el *Avesta* nos aporta sobre esta cuestión lo analizaremos más adelante cuando consideremos las tradiciones relativas al año arcaico de otras razas arias. Por el momento, será suficiente decir que, según la tradición, el antiguo año romano constaba de diez meses y que, al igual que la duración del *Gavâm-Ayanam*, fue transformado con posterioridad en un año de doce meses. Hasta este momento, por lo que nos consta, no se conoce la razón que explique el porqué de la mayor brevedad, dos meses, del año romano arcaico. Por el contrario, se suele obviar esta tradición o considerarla simplemente como increíble. Pero desde el mismo momento que existe el mes *december* y conocemos el origen de este étimo, estamos obligados a resolver el problema. La *Encyclopaedia Brittannica* (en la entrada «calendario») recoge la antigua tradición según la cual el más antiguo año romano, el de Rómulo, constaba de diez meses y 304 días y observa que «no se sabe cómo se disponían el resto de los días». Por tanto, si con todos los medios de la ciencia moderna a nuestra disposición no hemos sido capaces de explicar el porqué de que el año romano arcaico constase solamente de diez meses y la disposición del resto de los días. No deberíamos sorprendernos que el *Taittirîya Samhitâ* se abstenga de toda especulación sobre este punto, contentándose con decir que este era el «camino», la antigua costumbre o prácticas transmitidas de generación en generación desde tiempos inmemoriales. La teoría

[71] Plutarco, *Vidas Paralelas*, traducción inglesa de John y William Langhorne (Ward, Lock & Con) p. 54 y ss.

ártica, sin embargo, proyecta una luz nueva sobre estas antiguas tradiciones, tanto védicas como romanas si consideramos el *Gavâm-Ayanam* de diez meses y el año romano arcaico de, igualmente diez meses, reliquias del período en el cual los ancestros de ambos pueblos habitaban juntos en las regiones circumpolares, no existiría ninguna dificultad para explicar la disposición de los restantes días. No se trata sino el período de la larga noche, período durante el que Indra combatía con Vala para recuperar las vacas encerradas por este o durante el cual Hêracles mató al gigante Caco, un monstruo de tres cabezas que vomitaba fuego, quien había llevado las vacas de Hêracles a una caverna donde las había ocultado, tras hacerlas caminar hacia atrás para que no se pudiese seguir sus huellas. Cuando el pueblo ario emigró hacia el sur desde su antiguo territorio se vio obligado a transformar este calendario añadiendo dos meses más al antiguo año para adaptarse a las nuevas condiciones. Pero las huellas del antiguo calendario no se difuminaron del todo y tenemos suficientes pruebas, tradicionales o sacrificiales, para sostener que durante el período indoeuropeo se conoció un año de diez meses seguido de una larga noche de dos meses, conclusión que es confirmada por los mitos y leyendas germánicos, tal y como lo explica el profesor Rhys, cuyas opiniones serán expuestas en un capítulo posterior.

Tanto el *Taittirîya Samhitâ* como el *Aitareya Brâhmaṇa* hablan del *Gavâm-Ayanam* como si este verdaderamente hubiese sido llevado a cabo por las vacas. ¿Fue realizado por estos animales realmente?, ¿o fue algo diferente? El *Aitareya Brâhmaṇa* (IV, 17), como ya hemos visto, sugiere que «*las vacas son los Âdityas*», es decir, los dioses solares de los meses. La mitología comparada corrobora completamente esta sugerencia propuesta por el *Brâhmaṇa*. Las vacas, tal y como las conocemos en las leyendas mitológicas, representan los días y las noches del año, no solo en la mitología védica, sino también en la griega. Por nuestra parte, creemos estar en condiciones de proporcionar una explicación de este sacrificio más satisfactoria que el de un mero sacrificio ejecutado por bovinos para obtener cuernos. A propósito de las vacas en la mitología aria Max Müller, en sus *Contributions to the Science of Mythology* (vol II, p. 61) escribe lo siguiente:

«Existen, por tanto, tres tipos de vacas, las vacas reales, las vacas que se encuentran en las nubes negras (lluvia = leche) y las vacas que salen del oscuro establo de la noche (los rayos de la mañana). No resulta sencillo distinguir siempre estas tres acepciones en los Vedas, es más, mientras que nosotros tratamos de distinguirlas, pareciera que los mismos poetas se deleitasen en mezclarlas. En el pasaje citado previamente (1, 32,11) vimos cómo las aguas cautivas eran comparadas con las vacas robadas por Paṇi *(niruddhâḥ âpaḥ Pâninâ iva gâvaḥ)*, pero toda comparación en los *Vedas* se transforma rápidamente en una identificación. Este es el caso de la aurora, quien no solo es comparada con una vaca, sino llamada vaca. Efectivamente, cuando leemos (*Ṛig*. 1, 92, 1) "estas auroras iluminaron la mitad oriental del cielo, brillaron con todo su esplendor, las brillantes vacas se aproximaron, las madres vacas" las vacas, *gavaḥ*, solo pueden ser las mismas auroras, el plural de la aurora se utiliza constantemente en el *Veda* donde nosotros emplearíamos el singular. En el *Ṛig Veda* 1, 93,4 leemos que "Agnîshomau privó a Paṇi de sus vacas y encontró luz en gran cantidad", de nuevo aquí las vacas son las auroras guardadas por Paṇi en el establo oscuro o en la cueva de la noche descubiertas por Saramâ y liberadas todas las mañanas por los dioses de la luz».

«Leemos en *Ṛig Veda* 1, 62, 3 que Bṛihaspati hendió la roca y encontró las vacas».

«En II, 19, 3 dice de Indra que produjo el sol y encontró las vacas de Bṛihaspati; en II, 24, 5 que hizo salir las vacas y destruyó la cueva por medio de su palabra, que ocultó la oscuridad e iluminó el cielo. ¿Podría estar más claro? Igualmente se dice en II, 34, 1 que los Maruts han descubierto las vacas y en V, 14, 4 se loa a Agni por haber matado a los demonios, por haber derrotado a la oscuridad con la luz y por haber encontrado las vacas, el agua y el sol».

«En todos estos pasajes no encontramos los términos *iva* o *na* que indicarían que la palabra vaca habría sido utilizada metafóricamente. Las auroras o los días son las vacas, en tanto que proceden del establo oscuro o han sido rescatadas de los espíritus malignos. Si se habla de ellas en plural, lo mismo puede decirse de la aurora *(Uṣhas)* que a menudo es considerada como múltiple, por ejemplo, en II, 28, 2, *upâyane Uṣhasâm gomatînâm* (en la aproximación de las auroras con sus vacas). De aquí a considerar a la aurora como la madre de las vacas, *matnâ gavam,* IV, 52, 2, solo hay un paso».

«Kuhn opina que esas vacas deben interpretarse como las nubes rojas de la mañana. Pero las nubes no siempre están presentes en el amanecer y no resulta difícil afirmar que sean recogidas y encerradas durante la noche por los poderes de la oscuridad».

«Pero lo que resulta definitivo y pone fin a cualquier duda es que estas vacas o bueyes de la aurora o del sol naciente aparecen en otras mitologías con el evidente significado de días. Se considera que su número de 12 x 30, es decir, los treinta días de los doce meses lunares. Si Helios posee 350 bueyes y 350 ovejas, solo puede significar los días y las noches de un año, lo que probaría el conocimiento de un año de 350 días con anterioridad a la separación de los arios».

Por tanto, mitológicamente las vacas son los días y las noches, o las auroras, que han sido aprisionadas por Paṇi, y no vacas con cuernos de carne y hueso. Siguiendo esta explicación y sustituyendo estas vacas metafóricas por *Gâvaḥ* en el *Gavâm Ayanam*, no resulta difícil descubrir qué se esconde tras esta extraña historia sobre vacas que realizan un sacrificio para obtener cuernos, un extraño fenómeno en el que las vacas, los días y las noches, una vez liberadas de la prisión de Paṇi, marcharon durante diez meses, la más antigua duración del sacrificio conocido como la marcha de las vacas. Si esto ha de tener algún significado, este no puede ser otro que el año arcaico ario constaba de diez meses seguidos por una larga noche, durante la cual las vacas eran encerradas de nuevo por los poderes de la oscuridad. Ya vimos cómo el más antiguo año romano constaba de diez meses y el *Avesta*, como tendremos oportunidad de ver más adelante, también habla de un verano de diez meses en el Airyana Vaêjo, antes de que este hogar primordial fuese invadido por los espíritus demoníacos que trajeron el hielo y provocaron un crudo invierno. Un año de diez meses con una larga noche de dos meses fue, por tanto, algo conocido antes de la separación de los arios, no siendo imaginarias ni aisladas las referencias a este fenómeno en la literatura védica. Existen vestigios en la historia antigua que han sido preservados en la literatura sacrificial india que si han estado hasta el momento mal interpretadas ha sido únicamente a causa de que la clave requerida para su interpretación no había sido hallada hasta ahora.

Como ya se dijo en el capítulo anterior, un año en las regiones circumpolares siempre tendrá un número variable de meses de sol en relación con la latitud. No obstante, aunque existen evidencias suficientes para establecer la existencia de un año de diez meses, no podría afirmarse que este fuese el único año conocido en tiempos arcaicos. De hecho, ya hemos visto cómo la leyenda de Aditi indica la existencia de siete meses de luz solar, conclusión reforzada por la existencia de una serie de treinta auroras continuas. No obstante, parece que el año de diez meses fuese más común o se considerase el principal de los diferentes tipos de año. Esta opinión parece más probable desde el momento que los Angiras de varias formas (*virûpas*), los Navagvas y los Dashagvas eran los principales personajes del *Ṛig Veda* (X, 62, 6). Pero sea cual sea la duración que consideremos, la existencia de un año de siete, ocho, nueve, diez u once meses de luz solar nos transporta directamente al interior del círculo ártico. En el pasaje citado precedentemente, Max Müller señala que, con probabilidad, el antiguo año griego contaría con 350 días, estando representados los días por los 350 bueyes de Helios y las noches por las 350 ovejas. Por otro lado, alude a la cuestión de los 700 anillos de Wieland, el herrero, en la mitología germánica, cuyo número confronta con los 720 hijos de Agni mencionados en I, 164, 11, llegando a la conclusión de que los germanos conocieron un año de 350 días. Este año es de diez días más corto que el año civil y quince que el año solar. Por tanto, resulta evidente que si existía un año de 350 días antes de la dispersión de los arios, este debería haber estado seguido por una noche de diez días continuos, mientras que donde el año era de 300 días la larga noche debería haberse extendido durante 60 días de 24 horas cada uno. Por tanto, es necesario comprobar si podemos reunir pruebas que avalen la mayor duración de la noche antes de la dispersión aria. A propósito de las vacas o los bueyes de Helios, Max Müller observa:

«Las vacas o los bueyes de Helios se llenan de sentido gracias al contexto védico, pero lo que dice Homero es oscuro. Cuando leemos que los compañeros de Ulises han consumido los bueyes de Helios por lo que han perdido la posibilidad de retornar a su hogar, difícilmente podríamos entenderlo en el sentido moderno de consumir o gastar los días, aunque sería difícil darle otro significado. Igualmente confusa es la fábula a la que se alude en el himno homérico referida al robo de los bueyes de Apolo por Hermes y a la muerte de dos de ellos a manos de este. El número de los bueyes de Apolo que se nos proporciona es de cincuenta (otros hablan de cien vacas, doce vacas y un toro), que corresponde al número de semanas del año lunar, pero resulta difícil de adivinar por qué Hermes se llevó la manada entera y posteriormente mató a dos, a menos que hagamos referencia a los dos meses adicionales en un ciclo de cuatro años».

La teoría ártica nos permite resolver este enigma sin dificultad. No es necesario imaginar que el robo de las vacas signifique la simple pérdida de días en el sentido moderno de dicha expresión, ni atribuir estas historias a la «fantasía de los antiguos bardos y de los narradores de cuentos». La leyenda, o la tradición del robo, o del consumo de las vacas o los bueyes, no es sino una manera de decir que se perdieron numerosos días, absorbidos por la larga noche que se producía al final del año y cuya duración difería en función de la latitud. Al interpretarse a la luz de la teoría del combate diario entre la luz y la oscuridad estas leyendas resultaban completamente ininteligibles. No obstante, desde los presupuestos de la teoría ártica desaparece toda dificultad, deviniendo claro y comprensible todo lo que anteriormente resultaba oscuro y confuso. En la mitología védica se narra también el robo de las vacas por Vṛita o Vala, pero no se menciona su número en ningún lugar, salvo en la historia de Ṛijrâshva (el caballo rojo), quien mata a 100 o 101 ovejas para ofrecerlas como alimento a una loba (1, 116, 16; 117, 18). De cualquier modo, la literatura sacrificial védica ha preservado un importante vestigio del antiguo calendario y de la larga noche, además de la citada anteriormente.

Pero en este caso el recuerdo está tan sepultado bajo el peso de las explicaciones, adaptaciones o enmiendas posteriores que nos veremos obligados a examinar con cierto detenimiento la historia de los sacrificios de Soma para poder descubrir el significado originario de los ritos incluidos bajo esa denominación general. Los ritos paralelos de las escrituras parsis prueban que el rito de Soma es una institución muy arcaica y toda objeción de que no pudiera retrotraerse al período indoeuropeo, dado que la palabra «*soma*» no aparece en las lenguas de Europa, queda disipada por el hecho de que el sistema de los sacrificios puede rastrearse claramente hasta el período primigenio. El sacrificio de Soma podría considerarse, sin lugar a duda, como el más arcaico de todo el sistema sacrificial, ya que constituye el ritual principal en el *Ṛig Veda*, donde se le consagra un *maṇḍala* completo de 114 himnos. A partir de un análisis detallado del sacrificio de Soma se podrá descubrir, al menos parcialmente, la naturaleza del más antiguo sistema sacrificial de la raza aria. Por tanto, procederémos a estudiarlo.

La principal característica del sacrifico de Soma, que lo distingue del resto de sacrificios, consiste, como su propio nombre indica, en la extracción del jugo de Soma y su ofrenda a los dioses antes de beberlo. Son tres las libaciones diarias de Soma, una por la mañana, otra al mediodía y la última por la tarde, acompañándose las tres con cantos litúrgicos. Estos sacrificios de Soma pueden ser clasificados en tres categorías, según el tiempo que requieren para ser realizados: 1 *Ekâhas*: son aquellos cuyo cumplimiento requiere un solo día. 2 *Ahînas*: son aquellos cuyo cumplimiento requiere un lapso entre uno y doce días. 3 *Sattras*: son aquellos cuyo cumplimiento requiere trece días o más y que puede llegar a tener una duración de mil años. Entre los de la primera categoría tenemos el *Agniṣhṭoma*, minuciosamente descrito en el *Aitareya Brâhmaṇa* (III, 39, 44) y que constituye el sacrificio-tipo. Existen seis variantes del *Agnishtoma*, a saber, *Ati-agniṣhṭoma*, *Ukthya*, *Shoḍashî*, *Vâjapeya*, *Atirâtra* y *Aptoryâma*, los cuales, junto al *Agniṣhṭoma* forman las siete partes, modos o modificaciones del sacrificio de *Jyotishṭoma* (*Ashv. Ss*, VI, II, 1). La variación consiste principalmente en el número de himnos que deben recitarse durante las libaciones, en el modo de recitarlos o en el número de los *Grahvas* o copas de Soma utilizadas en el rito. No obstante, este sacrificio no está relacionado con nuestro tema. Dentro de la segunda categoría tenemos el sacrificio de los doce días, *Dvâdashâḥa,* que se celebra a la vez como *Ahîna* y como *sattra* y está considerado como un sacrificio de gran importancia. Está compuesto por tres *tryahas* (o tres grupos de tres días denominados respectivamente *Jyotis*, *Go* y *Ayus*), el décimo día y los dos *Atirâtras* (*Ait. Br*. IV, 23-4). El rito celebrado durante los nueve días o tres *tryahas* recibe el nombre de *Nava Râtra*. Paralelamente a este existen en esta categoría cierto número de sacrificios de Soma que se prolongan durante dos, tres, cuatro, y, así hasta doce noches, denominados *Dvi-Râtra, Tri-Râtra* etc. (*Taittirîya Samhitâ* VII, 1, 4; VII, 3, 2 *Ashv. Ssr.* X y XI; *Tan. Bra.* 20, 11, 24-19). En la tercera categoría tenemos el *sattra* anual del cual el *Gavâm ayanam* constituye el prototipo. Algunos *sattras* de esta categoría se prolongan durante mil años siendo materia de discusión en la literatura sacrificial, si la frase mil años debe entenderse de modo literal o hace referencia a un período de mil días. Pero nos abstendremos de abordar esta cuestión que rebasa los límites de nuestra investigación. El *sattra* anual es el único realmente importante de esta categoría y resulta necesario para comprender su naturaleza entender el significado del término *ṣhaḷaha*. Esta palabra literalmente significa un grupo de seis días (*ṣhaṭ-ahan*) y se utiliza para referirse a una celebración de seis días en la literatura sacrificial. Se emplea como una unidad de división mensual en el mismo sentido que nosotros utilizamos la semana, de modo que un mes constaría de cinco *ṣhaḷahas*. El *Ṣhaḷaha*, a su vez, consiste en sacrificios diarios denominados *Jyotis*, *Go*, y *Ayus*, y los mismos en sentido inverso *Ayus*, *Go*, y *Jyotis*. Cada *ṣhaḷaha*, por tanto, comienza y termina con un *Jyotiṣhtoma* (*Ait. Br.* IV, 15). Los *ṣhaḷahas* se reparten en *abhiplava* y *pṛishṭhya*, según el orden de los *ṣtomas* o cantos entonados durante las libaciones de Soma. Un *sattra* anual se compone generalmente de cierto número de *ṣhaḷahas* reunidos por los ritos particulares del principio, de la mitad y del fin del *sattra*. Un día denominado *Vihuvân*, divide el *sattra* en dos partes iguales como las alas de una mansión (*Ait. Br.* 1, 2, 3, 1) y los ritos correspondientes a la segunda mitad de la sesión, es decir, después del *Vihuvân* se realizan siguiendo un orden inverso al seguido durante la celebración de las ceremonias en la primera parte del sacrificio. El *sattra* anual tipo (el *Gavâm-ayanam*) consta, por tanto, de las siguientes partes:

1. Atirâtra introductorio --1 día.
2. El Chaturvimsha o Arambhanîya (*Ait. Br.* IV, 2)
   o Prâyanîya (*Tand. Br.* IV, 2),
   verdadero comienzo del *Suttra* -----------------------------------1 día.
3. Cuatro Abhiplava,
   seguidos de un Pṛiṣhṭya Ṣhaḷaha cada mes.
   Esto durante cinco meses-------------------------------------150 días.
4. Tres Abhiplava, seguidos de un Pṛishṭya Ṣhaḷaha------------24 días.
5. El Abhijit---1 día.
6. Los tres Svara-Sânam--3 días.
7. Vishuvân o día central,
   que no se contabiliza en el total de los días del *Sattra*.
8. Los tres Svara-Sâman--3 días.

9. El Vishwajit--1 día.
10. Un Pṛiṣhtya y tres Abhiplava Ṣhaḷahas----------------------24 días.
11. Un Pṛiṣhtya y cuatro Abhiplava Ṣhaḷahas
cada mes durante cuatro meses-------------------------------120 días.
12. Tres Abhiplava Ṣhaḷahas, un Go-Ṣhṭoma,
un Ayu-ṣhṭoma y un Dasharâtra
(los diez días de Dvadashaha) formando un mes----------------30 días.
13. El Mahâvrata,
que corresponde al Chaturvimsma del comienzo------------------1 día.
14. Arirâtra final--1 día.

Total---360 días.

El esquema precedente muestra que son pocos los ritos sacrificiales que son absolutamente invariables y no intercambiables en el *sattra* anual. Los dos *Atirâtras*, el introductorio y el final, el *Chaturvisma* y el *Mahâvrata*, el *Abhijit* y el *Vishwasit*, los tres *Svara-Sâman*, el *Viṣhuvân* mismo, y los diez días de *Dvâdashâna*, que suman un total de veintidós días excluyendo el *Vishûan*, son las únicas partes que presentan correspondencias entre ellas. El resto de los días son o *Abhiplava* o *Prishthya* ṣhaḷahas, conformando lo que podríamos denominar partes elásticas o variables del *sattra* anual. Por tanto, si quisiésemos celebrar un *Gavâm Ayanam* de diez meses, bastaría con suprimir cinco *ṣhaḷahas* de las partes números tres y once del esquema. El *adityânam-ayanam* es otra variante del esquema en la cual, entre otros cambios, los *ṣhaḷahas* son todos *Abhiplava*, en vez de ser una combinación de *Abhiplava* y *Pṛishṭiya*: Por el contrario, si todos los *ṣhaḷahas* fuesen *Pṛishṭiya*, junto con otras variantes, se trataría del *Angirasâm ayanam*. No obstante, todas estas variaciones no afectan para nada al número total de días de 360. Por otro lado, algunos sacrificadores adoptan el año lunar de 354 días y, por consiguiente, omiten seis días del esquema anterior, recibiendo su *Sattra* el nombre de *Utsarginâm-Ayanam* (*Tait.Sam.*VII, 5, 71; *Taṇḍya Brâhmaṇa* V,10). En resumen, se trataba de hacer coincidir el *sattra* con el año adoptado, civil o lunar, del modo más exacto que fuese posible. Pero esta cuestión tampoco es relevante para nuestro propósito. Los *Brâhmaṇas* y los *Shrauta Sûtras* nos proporcionan amplios detalles relativos a los diferentes ritos que deben realizarse durante el *Viṣhuvân*, el *Abbhijit* y el *Vishwajit* o el *Svara-Sâman*. El *Aitrareya Araṇyaka* describe, a su vez, la ceremonia del *Mahâvrata*, mientras que el *Atirâtra* y el *Chaturvimsha* se describen en el cuarto libro de *Aitareya Brâhmaṇa*. El *Chaturvimsha* recibe este nombre a causa de que el *ṣtoma* que debe ser cantado en tal ocasión consta de veinticuatro partes. Este es el comienzo propiamente dicho del *sattra*, del mismo modo que el *Mahâvrata* es su final. El *Aitareya Brâhmaṇa* (IV, 14) dice: «El *hotṛi* vierte la semilla. Así él hace que la semilla (que ha sido vertida) el día de *Mahâvrata* produzca una descendencia. Porque la semilla, si se esparce todos los años, es productiva». Esta explicación nos muestra que al igual que la ceremonia de *Pravarcya*, el *Mahâvrata* estaba destinado a preservar la semilla del sacrificio para que pudiese germinar y crecer en el momento debido. Era una especie de ligadura entre el año que acababa y el que nacía y de este modo terminaba de manera conveniente el *sattra* anual. Posteriormente veremos que todo *sattra* anual constaba de un *Atirâtra* al principio y otro al final y que el *Dvâdashâha*, o, mejor, los diez días que lo componían, constituían una parte determinante final del *sattra*.

Nos hemos limitado a realizar una breve descripción, un pequeño bosquejo de los *sattras* anuales mencionados en la literatura sacrificial, pero que resulta suficiente para nuestros objetivos. A partir de este esquema podemos comprobar que está basado en un año civil de 360 días y que la posición de *Viṣhuvân* poseía una gran importancia, puesto que las ceremonias que se celebraban tras este día seguían un orden inverso. Ya vimos en otro lugar las importantes inferencias que podían deducirse de la posición de *Viṣhuvân* en relación con el calendario en uso durante la época en la que se fijó el esquema. Sin embargo, debemos considerar una época anterior al establecimiento de este esquema, por lo que tenemos que describir otro conjunto de sacrificios incluidos también bajo la clasificación general de *sattras*. Como se dijo anteriormente, paralelamente al *Dvâdashâha*, existen los sacrificios *Ahina* de dos noches, tres noches, y hasta doce noches. Pero estos sacrificios no se agotan en los de doce noches. Existen los de trece noches, catorce noches, quince noches... hasta las cien noches, sacrificios llamados *Trayodasharâtra*, *Chaturdasharâtra*, etc., hasta *Shatarâtra*. Por tanto, al haber incluido en la categoría *Ahina* los sacrificios cuya duración no rebasaba los doce días, todos los sacrificios nocturnos que sobrepasaban un período de doce noches se incluyeron en la categoría de *sattras*. Sin embargo, si prescindimos de esta división artificial, comprobaremos que, junto con el *Ekâha*, el *Dvadashâha* y los *sattras* anuales existen una serie de sacrificios nocturnos o *sattras*, que pueden tener una duración entre dos y cien noches, pero no más. Estos sacrificios nocturnos o *Ratri-sattras* se mencionan en el *Taittirîya Samhitâ*, los *Brâhmaṇas* y el *Shrauta Sûtras* en términos muy explícitos en lo relativo a su naturaleza, número y duración. Al describirlos, el *Taittirîya Samhitâ* a menudo utiliza el término *Râtriḥ* (noches) en plural, diciendo que este o aquel fue el primero en instituir un número dado de noches, es decir, un número dado de sacrificios (*Vimshatim Râtriḥ*, VII, 3, 9, 1; *Dvâtrimshatam Râtriḥ*, VII, 44,1). Según el principio de división adoptado anteriormente todos los sacrificios nocturnos de duración inferior a trece noches se denominarán *Ahina*, mientras que aquellos que requieren un mayor lapso temporal, hasta un límite de cien noches entrarán bajo la categoría de *sattras*; Sin embargo, ya se ha comentado que esta división es puramente arbitraria y quien lea atentamente la descripción de estos sacrificios no se sorprenderá por el hecho de que nos encontramos ante una serie de sacrificios nocturnos, de dos a cien noches, o, si incluimos el *Atirâtra* en esta serie, de que estemos prácticamente ante un grupo de cien sacrificios nocturnos de soma, aunque, siguiendo el principio de división adoptado, algunos de ellos puedan considerarse *Ahîna* y otros *sattras.*

La cuestión que reviste mayor importancia en relación con estos *sattras* es saber por qué solo estos últimos pueden recibir el nombre de «sacrificios nocturnos» (*râtri-kratus*) o «sesiones nocturnas» (*ratri-sattras*) y por qué su número se limita a cien. Los *Mîmâmsakas* responden a la primera cuestión pidiendo que entendamos la palabra «noche» (*râtriḥ*) en el sentido de «día» para estos sacrificios (*Shabara* en Jaimini VIII, 1, 17). El término *dvi-ratra* según esta teoría significaría «sacrifico de cien días». Esta explicación aparece satisfactoria a primera vista y ha sido admitida por todos los comentaristas de las ceremonias sacrificiales. Para apoyar esta interpretación, podríamos incluso mencionar que al ser la luna el marcador temporal de la Antigüedad, la noche se consideraba más importante que el día y en vez de referirse a «tantos días» se hacía a «tantas noches»; en el mismo sentido en el que los hablantes de lengua inglesa utilizan el término «*fortnight*»*. Podemos, por tanto, aceptar esta explicación. Pero el problema reside en saber por qué no puede haber sacrificios de Soma de una duración mayor a cien noches y por qué existe una interrupción, una gran laguna entre los *sattras* de cien noches y el *sattra* anual de 360 días. Admitiendo que «noche» significa «día» tenemos sacrificios de Soma de una duración de uno a cien días, entonces, ¿por qué no se puede completar la serie hasta cumplimentar un *sattra* anual de trescientos sesenta días? En la medida de mis conocimientos ningún comentarista de las ceremonias sacrificales ha intentado responder a esta cuestión. Por supuesto, si adoptamos los métodos especulativos de los *Brâhmaṇas* podríamos decir que no existen sacrificios de Soma de una duración mayor a cien noches porque la vida de un hombre no puede extenderse más allá de cien años (*Tait. Br.* III, 8, 6,12). Pero esta explicación dista de satisfacernos y los *Mîmânsakas*, que habían resuelto la dificultad

* «Quincena». [Nota del traductor].

interpretando «noches» por «días» no se han planteado esta cuestión. En resumen, los hechos son los siguientes: la literatura sacrificial menciona una serie de noventa y nueve o, prácticamente, cien sacrificios de Soma, denominados «sacrificios nocturnos». Estos sacrificios no forman parte de los *sattras* anuales como el *Gavâm Ayanam*, no habiéndose proporcionado ninguna razón para explicar ni su existencia por separado, ni su duración, que jamás excede de cien noches. Ni los autores de los *Brâhmaṇas*, ni los autores de los *Shranta Sutras* ni mucho menos Sâyaṇa o Yâska nos proporcionan ninguna clave para solucionar esta cuestión. Los *Mîmânsakas*, por su parte, tras explicar el término «noches», que aparece en el nombre de esos sacrificios, como «días», consideran estos sacrificios nocturnos como un grupo aislado en el organizado sistema de los sacrificios de Soma. Bajo estas circunstancias, sin duda, resultaría presuntuoso sugerir una explicación después de transcurridos tantos siglos desde la época que podríamos llamar «Edad de los *sattras*». Pero creo que la teoría ártica que, como ya hemos comprobado, está avalada por numerosas pruebas de diferente naturaleza, explica la original existencia de esta aislada serie de cien sacrificios de Soma. Por tanto, vamos a ofrecer nuestra opinión sobre este tema.

En primer lugar, si la palabra *râtri* en *Atirâtra* siempre ha significado «noche» y *Atirâtra* todavía hoy se celebra durante la noche, no hay motivo para que no se interprete del mismo modo en *Dvirâtra*, *Trirâtra*... hasta *Shatarâtra*. La objeción de que el jugo del Soma no se extrae durante la noche carece de fundamento, puesto que las libaciones de Soma no se realizan de modo especial durante el sacrificio del *Atirâtra,* que se celebraba tanto al comienzo como al final de cada *sattra*, ofreciéndose las tres libaciones de Soma durante las tres partes, *paryâyas*, de la noche. El *Aitareya Brâhmaṇa* (IV, 5) a propósito del origen de este sacrificio, nos dice que los Asuras habían encontrado refugio en la noche y que los Devas, que se habían refugiado en el día, los quisieron expulsar de la región oscura. Pero solo Indra entre todos los Devas estuvo dispuesto a emprender esa tarea, y entrando en la oscuridad, liberó, con ayuda de los Maruts, la primera parte de la noche de los Asuras por medio de la primera libación de Soma; por medio de la segunda (*paryâya*) libación de Soma, los Asuras fueron expulsados de la parte central de la noche y mediante la tercera libación se los expulsó de la tercera. Las tres libaciones de Soma de las que estamos tratando se celebran durante la noche y el *Brâhmaṇa* señala, además, que solo se ofrecen a Indra y los Maruts y a ninguna otra deidad (cf. *Apas. Ss. Su*. XIV, 3, 12). La siguiente sección del *Brâhmaṇa* (IV, 6) plantea esta pregunta: *«¿Cómo se pueden ofrecer los Pavamâna Stotras* (dirigidos a la purificación del Soma) por la noche si tales *Stotras* se refieren al día y no a la noche?». La respuesta consistiría en que los *Stotras* son los mismos tanto por el día como por la noche. De esto se desprende que el jugo de soma se extraía y purificaba durante la noche en el *Atirâtra* y que Indra era la única divinidad a quien se le ofrecían libaciones con el fin de ayudarle en su combate contra los Asuras, que se habían refugiado en la oscuridad de la noche. La antigüedad del sacrificio del *Atirâtra* está atestiguada por la existencia de una ceremonia similar en las escrituras parsis. El término *Atirâtras* no aparece en *Avesta*, pero en el *Vendidad*, XVIII, 18 (43), 22 (48) se dice que la noche consta de tres partes y que la primera de ellas (*Trishvai*), el Fuego, el hijo de Ahura Mazda, llama al señor de la casa, le ordena que se levante, que ciña su cordón, y vaya en busca de leña seca para que él pueda arder vivamente, puesto que, dice el Fuego: «Aquí llega Azi (sánscrito *ahi*), criatura de los *Daêvas* (los Asuras védicos) que vienen a combatirme y a matarme». El fuego reitera la misma petición durante la segunda y la tercera parte de la noche. Hasta ahora no se ha hecho hincapié en la fuerte semejanza de este pasaje con los tres *partâyas* del sacrifico del *Atiratra*, pasaje que, creemos, demuestra que el *Atirâtra* es un antiguo rito celebrado durante la noche para ayudar a Indra, la divinidad que lucha contra los poderes de la noche, y que los ritos sacrificiales tales como ceñir el cordón (*kosti*) o la extracción del Soma, se celebraron durante el período de oscuridad.

Ahora bien, todo lo aplicable a un sacrificio de una sola noche, podría serlo a los casos en los que el sacrifico debiera realizarse en dos, tres o más noches continuas. Ya vimos que los antiguos sacrificadores llevaban a cabo sus sesiones sacrificiales en diez meses y que una larga noche seguía a dicho cumplimento, pero ¿qué hacían los sacrificadores durante esta larga noche? Evidentemente no podrían dormir todo el tiempo. Sabemos que los pueblos del más extremo norte eurasiático no duermen durante todo el tiempo que dura la larga noche que acaece en dicha parte del globo. Paul du Chaillu, que ha publicado recientemente (en 1900) una descripción de sus viajes en *The land of the long night* nos informa (p. 75) que aunque el sol se pusiera bajo el horizonte durante días en las regiones árticas, durante ese período «los lapones podían saber a través de las estrellas si era de día o de noche, puesto que estaban acostumbrados a medir el tiempo según la altura de las estrellas sobre el horizonte, tal y como nosotros con el sol». Por tanto, creemos que los antiguos habitantes de las regiones circumpolares debieron hacer lo mismo que los lapones de hoy. Por tanto, es evidente que los antiguos sacrificadores de la raza aria no se iban a dormir tras realizar sus ritos durante diez meses. Entonces, ¿permanecería de brazos cruzados mientras Indra luchaba contra las potencias de la oscuridad? Los sacrificadores celebraban sus ritos durante diez meses para ayudar a Indra en su combate contra Vala, ¿deberíamos suponer que justo en el preciso instante en el que el dios se hallaba más necesitado de la ayuda de cantos y libaciones, los sacrificadores permanecerían cruzados de brazos? Esta actitud estaría en completa contradicción con toda la teoría de los sacrificios. Por tanto, si la teoría ártica es verdadera, y si los ancestros de los *Ṛiṣhis* védicos vivieron alguna vez en una región donde la oscuridad de la noche se prolongaba durante varios días (entendiendo día en el sentido de una fracción temporal de veinticuatro horas) sería lógico encontrar una serie de sacrificios de Soma, de carácter nocturno que se celebraban durante este período, dirigidos a ayudar a los dioses en su combate contra los demonios de la oscuridad. Efectivamente existe en la literatura sacrificial cierto número de sacrificios que, si incluimos el *Atirâtra* entre ellos, se extienden de una a cien noches. Los *Mîmâmsakas* y los autores de los *Brâhmaṇas*, quienes ciertamente, sabían poco acerca del antiguo hogar ártico, transformaron estos sacrificios nocturnos en diurnos; pero, evidentemente, esta explicación ha sido inventada en una época en la que la verdadera naturaleza de los *Râtri-Kratus* o *Râtri-sattras* se había olvidado, lo cual, por tanto, no nos impide interpretar estos hechos de modo diferente. Ya sostuve con anterioridad que si aceptamos la explicación de los *Mîmâmsakas* no podríamos comprender por qué la serie de los sacrificios nocturnos finaliza bruscamente con el *Shatarâtra* o sacrificio de las cien noches. Pero la teoría ártica nos permite explicarlo con suma facilidad suponiendo que la duración de la larga noche variaba de una noche (de veinticuatro horas) a un centenar de noches continuas (de dos mil cuatrocientas horas) dependiendo de la latitud y que el centenar de sacrificios nocturnos de Soma correspondía a la diferente duración de la noche según la diferente latitud en el interior del círculo ártico. Así, donde la oscuridad se prolongara solo durante diez noches (doscientas cuarenta horas) se celebraría un *Dasharâtra*, mientras que donde se prolongase durante cien noches (dos mil cuatrocientas horas) sería necesario un *Shatarâtra*. No hay sacrificios que duren más que un *Shatarâtra* porque cien noches continuas era el máximo de la duración de la oscuridad conocida por los antiguos sacrificadores de la raza. Hemos visto también que la leyenda de Aditi indica un período de siete meses de luz solar; si le añadimos una aurora y un crepúsculo de treinta días cada uno, quedarían tres meses (si consideramos el año de trescientos sesenta y cinco días, serían noventa y cinco días) para la duración de la larga noche, lo que coincide de modo extraordinario con la duración de los sacrificios nocturnos conocidos en la literatura védica. La aurora señalaba el fin de la larga noche y, por lo tanto, no podía ser incluida, en esta última, al menos en lo concerniente a los sacrificios. De hecho, se tenían previstos diferentes sacrificios dedicados a la aurora en la literatura sacrificial, por lo que debemos excluir la larga aurora del conjunto de sacrificios nocturnos, al igual que el período de ocaso. De este modo, un sacrificio nocturno de cien noches indicaba la duración máxima del período de oscuridad durante el que Indra combatía contra Vala, durante el cual el dios se fortalecía con las libaciones de Soma ofrecidas en este sacrificio. En tanto que no existe otra teoría que explique la existencia de esos sacrificios nocturnos, y especialmente su número, debemos considerarlos como pruebas de la existencia de un año arcaico dividido, aproximadamente en siete meses de luz solar, un mes de aurora, un mes de ocaso y tres meses de una larga noche continua.

Otras consideraciones conducen a la misma conclusión. En la literatura post-védica existe la firme tradición de que, de todos los dioses, Indra es el único señor de los cien sacrificios (*Shata-Kratu*), y como esta característica conformaba, por así decir, la esencia del culto de Indra, este siempre se mostró celosamente vigilante ante cualquier intento de usurparlos. Pero los especialistas europeos, confiando en el hecho de que Sâyaṇa prefiere, salvo en unos pocos pasajes (III, 51, 2), interpretar *Shata-Kratu*, no en el sentido del «señor de los cien sacrificios», sino en el del «señor de las cien potencias o cien poderes», no solo obvian la tradición puránica, sino que renuncian a interpretar la palabra *Kratu* en el *Ṛig Veda* si no es en el sentido de «poder, energía, destreza, sabiduría, o en términos más generales, de poderes del cuerpo o de la mente». Pero si la explicación sobre el origen de los sacrificios nocturnos es correcta, deberemos reconocer que la tradición puránica no se ha construido a partir de una interpretación incorrecta del sentido original del término *Shata-Kratu* aplicado a Indra en la literatura védica. Somos conscientes de que las tradiciones post-védicas, a menudo, no poseen apenas fundamento en los *Vedas*, pero en este caso contamos con algo más consistente: tenemos un grupo, un conjunto aislado de cien sacrificios nocturnos de soma que, en tanto que permanecen inexplicados, podríamos relacionar con la tradición puránica relativa al monopolio de Indra de los cien sacrificios, especialmente cuando ambos pueden ser relacionados a la luz de la teoría ártica. Los cien sacrificios constituyen la esencia del culto a Indra en los *Purâṇas* y se denominan sacrificios *Ashvamedha*, pero es preciso señalar que el sacrificio *Shatarâtra* mencionado en la literatura sacrificial no es un sacrificio *Ashvamedha*, aunque la diferencia no reviste importancia. El *Ashvamedha* es un sacrificio de Soma descrito en la literatura sacrificial junto con los sacrificios nocturnos, en el *Taittirîya Samhitâ* (VII, 2, II) se mencionan un centenar de ofrendas de alimento durante el sacrificio *Ashvamedha* y el *Taittirîya Brâhmaṇa* (III, 8, 15, 1) dice que Prajâpati obtuvo dichas ofrendas «durante la noche» y que, consecuentemente, se denominan *Râtri-homas*. La duración del *Ashvamedha* tampoco es fija, puesto que depende del retorno del caballo y en el *Ṛig Veda* (1, 163, 1) el caballo sacrificial se identifica con el sol sumergiéndose en las aguas. El retorno del caballo podría considerarse, por tanto, símbolo del retorno de sol tras la larga noche, estableciéndose una estrecha relación entre el *Ashvamedha* y los sacrificios nocturnos celebrados para ayudar a Indra en su lucha contra Vala para liberar la aurora y al sol de sus garras. En todo caso, no debería sorprendernos si el sacrificio de Soma *Shatarâtra* apareciese en forma de cien *Ashvamedha* en los *Purâṇas*. La tradición es esencialmente la misma en ambos casos y resulta muy fácil de explicar a la luz de la teoría ártica, por lo que no está justificado sostener que los autores de los *Purâṇas* la inventaron a partir de una mala interpretación del término *shata-kratu* de los *Vedas*.

Ya se ha dicho que el *shata-kratu* aplicado a Indra ha sido interpretado por los especialistas occidentales y por el mismo Sâyaṇa en numerosos pasajes en el sentido de «señor de los cien poderes». De vez en cuando (III, 51, 2; X, 103, 7), Sâyaṇa propone otra explicación y convierte a Indra en el «señor de los cien sacrificios», pero los especialistas occidentales han ido más lejos, descartando cualquier posible interpretación alternativa a la primera. Resulta necesario, por tanto, examinar el significado de este epíteto, de un modo más detallado. Si la palabra *kratu* en *Shata-kratu* se interpreta como «potencia» o «poder» el numeral *shata*, que significa estrictamente «cien», debería entenderse como «muchos» o «numerosos», puesto que no existe un grupo de cien poderes que pertenezca a Indra. Que la voz *Shata* ha sido empleada en este sentido es evidente en adjetivos como *shata nîtha* (1, 100, 12) y *shatam-ûti* (1, 102, 6; 130, 8), aplicados a Indra en el *Ṛig Veda*, aparecen en otros lugares bajo la forma de *sahasra-nîtha* (III, 60, 7) y *sahasram-ûti* (1, 52,2). Además, la flecha de Indra recibe el nombre de *Shata-bradhna* y *Sahabra-parna* en el mismo verso (VIII, 77, 7), mientras que en IX, 86, 16, se dice que Soma sigue cien caminos (*shata-yâman*) y, pocos himnos después, que viaja por mil caminos (*sahasta-yaman*). También el adjetivo *shata-manyu* que Sâyaṇa interpreta como «señor de los cien sacrificios» en X, 105, 7, tiene su contrapartida en el *Sama Veda*, donde leemos *sahasra-manyu* en lugar de *sahasra-mushka* (*Ṛig Veda* VI, 46, 5). Todo esto demuestra que los bardos védicos consideraban *shata* (cien) y *samasra* (mil) como numerales intercambiables en algunos lugares y si el numeral *shata* en *shata-krayu* hubieran tenido el mismo carácter habríamos encontrado en algún lugar de la literatura védica el término *sahasra-kratu*, pero aunque *shata-kratu*, aplicado a Indra, aparece alrededor de sesenta veces en el *Ṛig Veda* y en numerosas ocasiones en otras obras védicas, no lo encontramos nunca sustituido por *sahasra-kratu,* lo que demuestra que los bardos védicos no se consideraron autorizados para alterar o parafrasear este término a su arbitrio. Por otro lado, el adjetivo *amita-kratu* se aplica a Indra en 1, 102, 6, pero como *amita* no significa necesariamente más de «cien» no hay ninguna razón que nos obligue a renunciar al significado normal de *shata* en *shatakratu*. Si el término *kratu* no se ha utilizado en ningún pasaje del *Ṛig Veda* en el sentido de sacrificio, estaría justificada la interpretación propuesta por los autores occidentales. Pero como ha señalado Haug, cuando Vasishta dirige su oración a Indra (VII, 32, 26) «dirige ¡Oh, Indra!, nuestro sacrificio (*kratum*), como un padre lo hace con sus hijos (ayudándolos). Enséñanos ¡Oh, Tú! Que eres invocado por la multitud, para que podamos en esta ronda (de la noche) alcanzar con vida (la esfera) de la luz (*Jyotis*)»[72], el fiel se refiere, sin duda, al sacrificio (*kratu*) celebrado para permitir a los sacrificadores alcanzar sanos y salvos el final de la noche. De hecho, se refiere al *Atirâtra*, que el *Aitareya Brâhmaṇa* cita y comenta en el mismo sentido. Sâyaṇa, en su comentario del *Aitareya Brâhmaṇa*, aunque no del *Ṛig Veda Bâshya*, sigue también la misma interpretación; y como el *Ṛig Veda* (VII, 103, 7) hace mención expresa del *Atirâtra*, no es improbable que se encuentre en otros himnos algún verso que haga alusión a este sacrificio de Soma. Consecuentemente, si hay pasajes en los que *kratu* puede ser interpretado como «sacrificio» no hay razón para no interpretar *shata kratu* en el sentido de «el señor de los cien sacrificios» como sugiere la tradición puránica. Otro hecho en favor de esta interpretación es que el *Ṛig Veda* se describe a Indra destruyendo noventa, noventa y nueve, o cien fortalezas o ciudades (*Puraḥ*) de sus enemigos (1, 130, 7; 11, 19, 6; VI, 31, 4; III, 14, 6). Ahora bien, *deva purâḥ* significa «la fortaleza de los dioses», y ha sido traducido[73] por «días» en la descripción del *Dasharâtra* en el *Taittirîya Samhitâ* VII, 2,5 3-4; y si *deva-purâḥ* significa días, las *purâḥ* (ciudades o fortalezas) de Shambara podrían perfectamente interpretarse como «noches». Esto encuentra su confirmación en el pasaje del *Aitareya Brâhmaṇa* citado anteriormente, donde se dice que los Asuras encontraron refugio en la noche o, en otras palabras, que la oscuridad de la noche era su fortaleza. La destrucción de las cien fortalezas de Shambara a manos de Indra es, por tanto, el equivalente de su lucha contra su enemigo durante cien noches continuas, un período durante el cual los sacrificadores le ofrecían sus libaciones de Soma para que estuviese mejor preparado en su combate contra Vala. La destrucción de noventa y nueve o cien fortalezas del enemigo, el conjunto de cien sacrificios nocturnos, los noventa y nueve ríos (Sravantih) que Indra atraviesa durante la lucha contra Ahi (1, 32, 14) y las cien correas de cuero con las que Kutsa ha atado a Indra en el *Tâṇḍya Brâhmaṇa* IX, 2, 22 de las que se le implora

[72] *Aitareya Brâh.*, IV, 10. Traducción del Dr. Haug, Vol II, p. 274 y la nota del traductor sobre esta cuestión. Opina que este versículo (*Ṛig*, VII, 32, 36) se refiere a la fiesta de Atirâtra, para la que fue compuesto con toda verosimilitud por Vasishtha.

[73] Cf. Comentario de Bhaṭṭa Bhâskara.

que se libere en *Ṛig* X, 38, 5, constituyen diferentes enfoques de una misma idea que hace a Indra, y solamente a él «señor de los cien sacrificios»; enfoques que tomados en su conjunto señalan, sin lugar a duda, que los ancestros del pueblo védico conocieron un período de cien noches continuas en su país de origen. En V, 48, 3 se dice que «un centenar» se mueven en la morada de Indra, haciendo ir y venir el curso de los días ordinarios, cuando Indra golpea a Vṛitra con su rayo; creemos que aquí estamos ante una clara alusión a la celebración de cien sacrificios o a las cien noches continuas requeridas para asegurar la completa victoria sobre las potencias de la oscuridad en el mundo inferior, noches (o incluso una larga noche de cien días) que podrían muy bien describirse como «llevando y trayendo» la sucesión de los días y las noches ordinarios, en tanto que la larga noche sigue y precede al período de luz solar en las regiones árticas.

Por otro lado, el *Avesta* nos proporciona una corroboración de peso al describir el combate entre Tishtrya y el demonio de la sequía, Apaosha, llamado el «incendiario» en las escrituras parsis. En el *Ṛig Veda* la lucha de Indra contra Vṛitra (*Vṛitra-Tûrya*) se representa a menudo como un «combate por las aguas» (*Up-Tûrya*), «la lucha por las vacas» (*Go-Ishti*) o como «la lucha por el día» (*Div-Ishti*), diciéndose también que Indra ha liberado las vacas o las aguas y ha traído la aurora o el sol al matar a Vṛitra (1, 51 ,4; II, 19, 3). Ahora bien, Indra, en tanto que Vṛitrahan aparece como Verethraghna en el *Avesta*, aunque este texto adscribe la lucha por las aguas a Tishtrya, la estrella de la lluvia. Es Tishtrya quien vence a Apaosha y libera las aguas en beneficio del hombre «con la ayuda de los vientos y la luz que mora en las aguas». Resumiendo: la victoria de Tishtrya sobre Apaosha es el paralelo exacto de la obtenida por Indra ante Vṛitra en el *Ṛig Veda*. En la actualidad, ambas leyendas se interpretan como el romper de las nubes y la llegada de las lluvias. Tishtrya se concibe como la estrella de la lluvia. Pero, esta teoría es incapaz de explicar el retorno de la aurora y la salida del sol o la aparición de la luz. Como veremos en el próximo capítulo la lucha por las aguas tiene muy poco que ver con la lluvia, y tanto la lucha por las aguas como por la luz son dos combates simultáneos y, en realidad, dos versiones diferentes de la misma historia. En resumen, ambas leyendas son representaciones de la victoria de las potencias de la luz sobre la oscuridad. Shuṣhṇa «el hechicero» es uno de los nombres que recibe el enemigo de Indra en el *Ṛig Veda* (1, 51, II). El resultado del conflicto entre Indra y Shuṣhṇa es tanto la liberación de las aguas como el descubrimiento de las vacas de la mañana (VIII, 96, 17) y la victoria del sol (VI, 20, 5). Apaosha no es otro que Shuṣhṇa bajo otro nombre y la única diferencia entre ambas leyendas reside en que mientras Indra es el principal actor en una, en la otra Tishtrya es héroe. Diferencia apenas perceptible en tanto en cuanto que, a menudo, se transfieren los atributos de una divinidad a la otra. Por tanto, la leyenda de Tishtrya ha sido correctamente interpretada por los especialistas avésticos como una reproducción de la leyenda védica de Indra y Vṛitra[74]. Ahora, en el *Tir Yasht*, vemos a Tishtrya venciendo finalmente a Apaosha con la ayuda del sacrificio de Ahoma que ha ofrecido a Ahura Mazda (*Yt. X,* VIII, 15,25). El combate tiene lugar en la región de las aguas, el mar de Vouru Rasha, del cual Tishtrya emerge victorioso tras derrotar a Apaosha (*Yt .X.* VIII, 32). Se narra igualmente que el Daêva Apaosha ha asumido la forma de un caballo negro mientras que Tishtrya se representa a su vez en forma de un caballo luminoso (*Yt. Y.* VIII, 28) que sale de las aguas victorioso, de igual forma que lo hace el caballo sacrificial de las aguas en el *Ṛig Veda* (1, 163, 1). Pero el pasaje que reviste mayor importancia para nosotros es el que narra como Tishtrya informa a Ahura Mazda de lo que debe hacerse para permitir a Tishtrya vencer a su enemigo y aparecer ante sus fieles en el momento señalado. «Si los hombres me rinden culto», dice Tishtrya a Ahura Mazda «con un sacrificio en el que sea invocado con mi propio nombre, tal y como lo hacen con el resto de Yazatas, con sacrificios donde son invocados con sus propios nombres, entonces apareceré ante mis fieles en el momento señalado. Yo vendré en el momento deseado de bella vida inmortal, ya sea una noche, dos noches, cincuenta o cien noches». (*Yt. Y.* VIII, 11). Como Tishtrya aparece ante los hombres tras su combate con Apaosha, la frase «momento señalado» hace referencia al momento durante el que se libra la batalla, tras cuyo fin Tishtrya aparece ante sus fieles, por tanto, el pasaje significa que, en primer lugar, el «momento señalado» en el que Tishtrya tenía que aparecer ante el hombre tras luchar con Apaosha y que variaba de una a cien noches y, en segundo lugar, que Tishtrya necesitaba ser fortalecido durante el período de lucha por medio de sacrificios de Ahoma en los que debía ser invocado bajo su verdadero nombre. Ya vimos anteriormente que los antiguos sacrificadores védicos ofrecían a Indra un sacrificio nocturno de Soma durante cien noches para permitirle asegurar la victoria sobre Vṛitra y que Indra era la única divinidad a la que se le ofrecían las libaciones de este sacrificio. La leyenda de Tishtrya y Apaosha, por consiguiente, no es sino una exacta reproducción de la lucha de Indra contra Vṛitra o Vala, cuya total correspondencia nos permite aceptar la explicación que proporcionamos arriba acerca del origen del *Shatarâtra*. Ni Darmesteter ni Spiegel explican por qué el «momento señalado» para la aparición de Tishtrya se describe como «una noche, dos noches, cincuenta o cien noches», aunque ambos traducen el original en el mismo sentido. Esta leyenda forma parte tam-

[74] Véase la traducción del *Zend Avesta* de Darmesteter, 2.ª parte (vol. XXIII, *S.B.E. Series*) p. 92. Darmesteter señala que la leyenda de Tishtrya es un refacimento de antiguos mitos de la tormenta.

bién del capítulo VII del *Bundadish*, pero aquí tampoco encontramos ninguna explicación de por qué el «momento señalado» varía entre una y cien noches. No obstante, se ha sugerido que este momento quizás haga referencia a la estación de las lluvias. Pero no puede decirse de las lluvias que vendrán tras «una noche, dos noches, cincuenta o cien noches» siendo esta última expresión absolutamente inapropiada en este caso. Por tanto, el combate de Tishtrya contra Apaosha no representaría únicamente un combate por la lluvia, puesto que sabemos también que es una lucha por la luz. Vimos igualmente que la existencia de sacrificios nocturnos en la literatura védica durante una, dos, tres, diez o un centenar de noches señala la larga noche durante la que Indra se enfrenta a Vala, y la coincidencia entre este pasaje y «el momento señalado» de Tishtrya no puede considerarse fortuita. Estas leyendas poseen, sin lugar a duda, un idéntico carácter y de su comparación se deduce que la única conclusión posible es que la duración máxima de la lucha entre Indra y Vala o entre Tistrya y Apaosha era de un centenar de noches, al menos en lo que concierne a los indoiranios y que el mar de Vouru-Kasha, u «océano circundado de oscuridad» del *Ṛig Veda* (II, 23, 18) es el escenario de esta batalla entre las potencias de la luz y de la oscuridad. Estas leyendas nos enseñan también que el héroe, Indra o Tishtrya, depende de la ayuda de los sacrificios que les eran «especialmente ofrendados» durante el período de lucha, y que esos sacrificios ya se celebraban en tiempos arcaicos. Por otra parte, el término *shata-kratu* no aparece en el *Avesta* pero el *Ashi Yasht* menciona (*Yt X*. XVIII 56) «un carnero con la energía de cien rebaños» (*Maeshahe Saoukarahe*) y considerando que en *Bahram Yasht* (*Yt X*, XIV, 23) se dice que «un hermoso carnero de cuernos retorcidos» es una de las encarnaciones de Verethraghna y que también Indra aparece bajo la forma de un carnero en el *Ṛig Veda (*VIII, 2, 40), es muy probable que la frase *Sato-Karahe Maeshase* haga referencia a Verethraghna en el *Ashi Yasht* y que, al igual que el epíteto *shata-kratu*, el adjetivo *satokarame* no significaría «el poseedor de cien poderes» sino «el señor de las cien proezas o de los cien sacrificios». Queda patente la estrecha correspondencia entre las ideas védicas y avésticas sobre esta cuestión lo que fortalece la conclusión de que los sacrificios nocturnos en la literatura védica tienen su origen en la existencia de una larga noche continua en el país de origen del pueblo védico. Por consiguiente, podemos explicar por qué Tishtrya es descrito (*Yt. X*. VIII, 36. Traducción de Spiegel) como «haciendo retornar los años de los hombres». Es el paralelo avéstico de la historia védica de la aurora inaugurando «las edades de los hombres o *mânuṣhâ yugâ*», que comentamos en el capítulo anterior, donde vimos que al finalizar el combate entre Tishtrya y Apaosha o entre Indra y Vala, comenzaba el nuevo año con la gran aurora, seguida por los meses de luz solar, que variaban de siete a once meses debido a la latitud[75].

A la luz de lo que se ha dicho hasta ahora podemos entender mucho mejor la naturaleza y el significado del sacrificio *Atirâtra*. Es un sacrificio nocturno, celebrado durante la noche, incluso en la actualidad, no habiendo logrado los *Mîmamsakas* transformarlo en un sacrificio diurno. Hasta aquí todo está claro, pero ¿por qué este sacrificio recibe el nombre de *Atirâtra*? El prefijo *ati* (que corresponde al latín *trans*) denota generalmente «algo más allá», «algo en el otro lado», «en el otro extremo» y no «algo esparcido, extendido o que ocupa la totalidad de la extensión de otra cosa». Incluso Sâyaṇa en su comentario de VII, 103, 7, el único pasaje del *Ṛig Veda* donde aparece la palabra *Atirâtra*, nos dice que significa «lo que está más allá de la noche» (*râtrim atitya vartate iti atirâtraḥ*) y Rudradatta en su comentario del *Apasthamba Shauta Sûtra* (XIV, 1, 1) nos ofrece la misma explicación. Por tanto, el Atirâtra nos indica un sacrificio «trans-nocturno» esto es, celebrado en los dos extremos de la noche. Ahora bien, según el *Aitareya Brâhmaṇa* (IV, 5) el *Atmirâtra* se celebraba con el propósito de expulsar a los Asuras de las tinieblas nocturnas y el *Tândya Brâhmaṇa*, en IV, 1, 4-5, nos dice que Prajâpati, quien inauguró el sacrificio, creó, por medio de este la pareja del día y la noche (*aho-râtre*), de esto se deduce que el *Atirâtra* era celebrado al final de la noche para

[75] El pasaje en el que Tishtrya se pone en relación con el año está indicado por Meherjibhai Nosherwanji Kuka, en su ensayo *On the Order of Parsi Months*, publicado en el *Câma Memorial Volume* (p. 58). Este pasaje se encuentra en *Tir Yasht*, # 36: «*Tistrîm strârem raevantem kharenanghuantem yazamaide, yim, yâre-charegno mashyehe Ahurachakhratu-guto aurunacha gairishâcho sizdaracha ravascharâto uziyoirentem hisposentem huyâiryaîcha danghve uzjasentem duzyâiryâicha, kata airyâo danghâvo huyâiryâo havâonti*». Spiegel traduce así: «Loamos a la estrella Tishtrya, la brillante, la majestuosa, que trae aquí los años circulares de los hombres». Darsteter, por su parte, relee «*yârecharesho manshyehe... harsdj uziyoirentem hisposendem*» y traduce: «Loamos a Tishtrya, etc. Cuyo aparecer es observado por los hombres que viven de los frutos del año». Según Erachji Meherjirana (véase su libro *Yasht Bâ Maeni*) el sentido de esta frase sería: Loamos a Tishtrya, etc. Por el cual los años según el saber de montañeses y nómadas, se eleva y es visible en regiones donde no se calcula correctamente el año.
No obstante, más allá de las dificultades de interpretación de este pasaje, una cosa parece clara: Tishtrya es la estrella por la que se reconoce el año. En el *Tir Yasht* # 5 se dice que las fuentes fluyen cuando Tishtrya se eleva, y en # 16 es descrito «mezclando su forma con la luz» o «moviéndose en la luz» en # 46. Todos estos pasajes pueden explicarse si consideramos que las aguas celestes (véase *Farvardin Yasht* 53 – 58) y que han permanecido inmóviles, tras el combate entre Tishtrya y Apaosha, que ha durado cien noches como máximo, se ha liberado y fluyen por los canales trazados por Mazda, llevando con ellas la luz del sol, dando comienzo al nuevo año tras la larga noche invernal del ártico. El carácter simultáneo del movimiento de las aguas, el comienzo del nuevo año y la victoria de la luz tras la lucha entre Tishtrya y Apaosha solo puede explicarse de este modo y en modo alguno por medio de la estación de las lluvias (véase en el capítulo siguiente la discusión sobre las aguas). La *Pairika Duzyairya*, el mal año, destrozado por Tishtrya, sería, por lo tanto, la prolongada y enojosa noche ártica.

dar comienzo a la serie de noches y días ordinarios o, en otras palabras, el *Atirâtra* era seguido por la sucesión regular de días y noches, y esto solo resulta posible si suponemos que este sacrificio se celebraba al final de una prolongada noche continua en una región donde, efectivamente, dicho fenómeno tenía lugar. En las zonas templadas o tropicales, los días y las noches ordinarios se siguen los unos a los otros durante todo el año sin interrupción, por lo que carecería de sentido decir que el ciclo de días y noches se produce a partir de una noche particular al año. En la teoría de un combate diario entre la luz y la oscuridad, los Asuras deben ser expulsados de las tinieblas todas las noches y sería estrictamente necesaria la celebración del *Atirâtra* cada una de las trescientas sesenta noches del *sattra*. Pero, de hecho, el *Atirâttra* solo se realiza al comienzo y al final del *sattra*, e incluso, entonces se dice que el *sattra* regular comienza con el *Chaturvimsha* y finaliza con el *Mahavrata* y no con el *Atirâtra*. Parece, por tanto, que la celebración del *Atirâtra* no estaba destinada en su origen a expulsar a los Asuras solo de la primera de las trescientas sesenta noches sobre las que se extendía el *Sattra*, puesto que en tal caso no hay razón para que los Asuras no necesitaran ser expulsados cada una de las trescientas sesenta noches. De eso se desprende que el *Atirâtra* o sacrificio transnocturno, se refiere a cierta noche no incluida en el ciclo regular de *Gavâm-ayavam*. Es cierto que el *Atirâtra* se celebra al comienzo y al final de cada *Sattra* por lo que, podemos decir que se trata de un sacrificio *trans-sattra* o *Ati-sattra*. Pero esto no explica el nombre de *Atirâtra,* puesto que el *sattra* no se celebra durante la noche, por lo que deberemos admitir que los dos *Atirâtras* se celebraban originalmente, no al comienzo y al final de un *Sattra,* sino al comienzo y al final de una noche que acaece entre el último y el primer día del *sattra*. Cuando esta noche finalizaba con un *Atirâtra*, el *sattra* normal comenzaba, no siendo necesario ningún *Atirâtra* durante este período porque el sol, al estar sobre el horizonte, producía la sucesión regular de días y noches, por lo que, como afirma el *Tandya Brâhmaṇa*, se había alcanzado el objetivo del *sattra*. Pero el *sattra* acababa con la larga noche debiendo ejecutarse el *Atirâtra* de nuevo al final del *sattra* para expulsar a los Asuras de la noche. Hemos visto ya que el *Taittirîya Samhitâ* nos proporciona un testimonio explícito de la posibilidad de completar un *Gavâm-ayanam* en diez meses, o trescientos días, y que se abría y se clausuraba por medio de un *Atirâtra*. El término *Atirâtra* queda, de este modo, explicado racionalmente, puesto que se celebraba al principio y al final de la larga noche, resultando, así, adecuado el adjetivo de sacrificio transnocturno. Entre ambos *Atirâtras* se llevaban a cabo todos los sacrificios nocturnos dedicados a Indra anteriormente mencionados. El antiguo *Gavâm-ayanam* de diez o menos meses, el *Atirâtra* o transnocturno, los *Râtri-kratus* y los *Râtri-sattras* o sacrificios nocturnos de Soma de dos, tres... hasta cien noches de duración y finalmente el *Atirâtra*, seguido nuevamente por el *Gâvam-ayanam*, formaban el ciclo completo de sacrificios celebrados por los ancestros del pueblo védico; y cada uno de esos sacrificios se celebró en el mismo momento del ciclo anual, indicado por el significado de la raíz de su nombre[76]. Cuando el año de diez meses se convierte en uno de doce para adaptarse a las nuevas condiciones geográficas, el *Gâvam-ayanam* aumentó su duración hasta los trescientos sesenta días, transformación permitida por la naturaleza elástica de la mayor parte de las celebraciones que ya se comentó con anterioridad. No obstante, aunque el *sattra* anual se alargó, ocupando el período correspondiente a los sacrificios nocturnos, que ya no eran necesarios, se mantuvo el *Atirâtra* como un sacrificio introductorio, incorporándolo a las ceremonias del *sattra*. De esta manera, los dos *Atirâtra* que en principio se celebraban, como indica la etimología, en los dos extremos de la larga noche, se convirtieron en los sacrificios introductorio y final del *sattra* anual, de modo que si el nombre *Atirâtra* no se hubiera conservado no habríamos dispuesto de la clave que nos ha permitido descubrir la historia de su transformación. Por su parte, los sacrificios nocturnos, los *Ratri-kratus* o *Ratri-sattras*, que se celebraban durante la larga noche entre los dos *Atirâtras*, dejaron de ser necesarios y pronto se olvidó su verdadera naturaleza hasta que los *Mîmasakas* finalmente los incluyeron en la categoría de los sacrificios diarios de Soma, en parte considerados como *Ahinas* y en parte *sattras*, al establecer que *râtri* (noche) equivalía a *aho-râtre* (día y noche) en la literatura sacrificial. Cómo se produjo esta transformación es algo que excede de los cometidos de esta obra, pero si se me permite exponer mi opinión, fueron los autores de los *Brâhmaṇas* o los *Brahmavâdins* que los precedieron, los que llevaron a término la difícil labor de adaptar el antiguo calendario sacrificial a las nuevas condiciones astronómicas, de modo semejante a la reforma de Numa del calendario romano. El sacrificio era el rito esencial de la religión védica, por lo que es natural que los sacerdotes intentasen preservar todo lo que pudieran del antiguo sistema sacrificial en dicho proceso de adaptación. La tarea no fue sencilla en absoluto, no debían olvidar todos aquellos que acusan a los *Brâhmaṇas* de especulaciones fantásticas que un sistema de sacrificios antiguo y sagrado debía ser adoptado a unas condiciones completamente nuevas. Proporcionando, a la vez, explicaciones plausibles en una época en la que el verdadero origen del sistema se había olvidado. Los *Brâhmaṇas* no habrían caído en especulaciones gratuitas sobre la creación de

---

[76] El momento fijado para los *Râtri-sattras* parece haber sido conocido en los *Shrauta Sûtras*, puesto que en el *Lâyâyana Shrauta Sûtra* VIII, 2, 16, leemos: «Después de que el año (la sesión sacrificial anual) haya concluido, el soma debe obtenerse durante los *Râtri-sattras*», lo que demuestra que los *Râtri-sattras* se celebraban tras los *sattras* anuales.

ritos y ceremonias si estos se hubieran originado en su misma época o en un tiempo lo suficientemente cercano que hubiese permitido que se preservasen intactas las tradiciones relativas a su verdadero origen. Pero, mientras estas tradiciones se mantuvieron vivas es evidente que no hacía falta ninguna explicación y cuando se perdieron no hubo más remedio que reemplazarlas con razones plausibles fundamentadas en los usos de la época. Todo esto arroja una nueva luz sobre la naturaleza y la composición de los *Brâhmaṇas,* aunque esto tampoco concierne a nuestro tema por lo que no profundizaremos en su comentario.

Hasta aquí hemos comentado las principales características del sistema de sacrificios de Soma tal y como se describe en la literatura védica, constatando que mediante la teoría ártica numerosos hechos que resultaban incomprensibles hasta ahora, pueden ser explicados de forma natural y sencilla. Una historia del sistema sacrificial en su totalidad realizada desde el punto de vista que hemos seguido sería una tarea que sobrepasaría en gran medida el límite. No obstante, creemos que el examen que hemos llevado a cabo de esta cuestión, pero en la medida en la que hemos examinado el tema y en especial la cuestión referida al aislado grupo del centenar de sacrificios nocturnos de Soma, nos ha proporcionado la suficiente cantidad de pruebas que nos permita sostener que tales sacrificios son un vestigio de una época arcaica en la que los ancestros de los *Ṛiṣhis* védicos los realizaron para ayudar a Indra en su lucha contra las potencias de la oscuridad. Ya se vio en la primera parte de este capítulo que el *Gavâm-ayanam*, o la «marcha de las vacas», al igual que el año romano en cierta época tuvo una duración de diez meses y que una serie de sacrificios nocturnos completaban esta sesión. Ambos son vestigios de tiempos pretéritos que, junto a las evidencias relativas a una larga aurora de treinta días y al largo día y a la larga noche, expuestas en capítulos precedentes, establecen de manera concluyente la existencia de un país de origen de los ancestros del pueblo védico en la región circumpolar. El sacrificio de los *Navagvas* y los *Dashagvas,* la leyenda de Dirghatamas, que envejece el décimo mes, la tradición que habla del antiguo año de cinco estaciones o el atalaje de siete o diez caballos al carro del sol son hechos que refuerzan la misma idea. Por otro lado, los pasajes avésticos referentes a la duración de la lucha entre Tishtrya y Apaosha, la tradición puránica sobre Indra como señor de los cien sacrificios o el destructor de las cien ciudades, la existencia de series de uno a cien sacrificios nocturnos de Soma que, aunque caducos desde mucho tiempo antes, no habrían encontrado lugar en las literaturas sacrificiales como *Râtri-sattras*, si no hubieran sido antiguos sacrificios celebrados, como su nombre indica, durante la noche, junto con otras pruebas de menor entidad mencionadas más arriba corroboran, si es que fuese precisa una corroboración, nuestra teoría concerniente al origen de los arios en regiones próximas al Polo Norte. No obstante, quisiera dejar claro que no pretendemos en absoluto, que todos los detalles sacrificiales de la literatura védica posterior fueron conocidos durante esos arcaicos tiempos. Por el contrario, creemos que con toda probabilidad dichos sacrificios debieron ser de carácter muy simple. Los antiguos sacerdotes debían celebrar sus sacrificios día tras día y noche tras noche sin tener idea de que esas prácticas eran susceptibles de formar un rígido sistema de *sattras* anuales. El sacrificio era el único rito de su religión, y por muy simples que fueran, era un deber de los oficiantes realizarlos cada día. Como ya hemos señalado, resultaba igualmente un medio de conservar el calendario arcaico, dado que el ciclo anual de sacrificios seguía el periplo del sol. Desde este último enfoque, el sistema sacrificial antiguo resulta importante para historiadores o prehistoriadores, y con este mismo espíritu lo he estudiado. Este examen me ha llevado al descubrimiento de un cierto número de hechos que apuntan hacia la teoría ártica. Nuestras conclusiones están apoyadas, por lo tanto, por el *Ṛig Veda* como por la literatura sacrificial, por lo que creemos que no puede quedar ninguna duda acerca de su exactitud.

CAPÍTULO IX

MITOS VÉDICOS: LAS AGUAS CAUTIVAS

Resumen de las pruebas de la teoría ártica – Especificidad de las pruebas mitológicas – Las escuelas de interpretación mitológica – La escuela naturalista o Nairukta – Sus teorías – La teoría de la aurora y su modelo explicativo – La teoría de la tormenta, Indra y Vṛitra – La teoría de la primavera y las hazañas de los Ashvinos – La leyenda de Vṛitra se explica, por lo general, según la teoría de la tormenta – Efectos simultáneos de la victoria de Indra sobre Vṛitra – La liberación de las aguas, la liberación de las vacas, el descubrimiento de la aurora y la aparición del sol – Citas védicas que testimonian su simultaneidad – Pasajes relativos al lugar y al momento del conflicto – El carácter simultaneo permanece inexplicado por las teorías de la aurora y de la tormenta – El combate no tuvo lugar en la atmósfera como implica la teoría de la tormenta – Ni en la estación lluviosa – Interpretación errónea de los términos parvata, giri, adri, etc. – La teoría de la tormenta resulta completamente inadecuada – Es necesaria una nueva explicación – La verdadera naturaleza de las aguas – Son aguas aéreas o celestes, en ningún caso agua de lluvia – Los bardos védicos conocieron una región situada «bajo las tres tierras» – Refutación de la teoría contraria de Wallis – Significado verdadero de rajas, nir-riti, ardhau y samudrau – Circulación cósmica de las aguas celestes – Ningún mundo es el hogar de las aguas celestes – Pasajes avésticos que describen la circulación de las aguas – Sarasvati y Arvi Sûra Anâhita son ríos celestes – La fuente de toda vegetación y de la lluvia – La verdadera naturaleza del combate de Vṛitra – La liberación simultánea de las aguas y la luz resulta inteligible si ambas provienen de la misma fuente – Ambas son detenidas por Vṛitra, quien las retiene en el mundo inferior – El cierre de las aberturas de las montañas (parvatas) del horizonte – El movimiento de las aguas y del sol están relacionados – Pasajes explícitos del Avesta – Detención del sol durante largo tiempo en las aguas – Citas avésticas que lo prueban – Su efecto sobre la disposición de los cadáveres – Sincronicidad de la oscuridad y de la inmovilización de las aguas durante el invierno – Su larga duración – Circulación cósmica de las aguas en otras mitologías – Textos explícitos sobre el carácter anual e invernal del combate contra Vṛitra – Esto resulta inexplicable a no ser a través de la teoría ártica – La fecha exacta del combate de Indra y Vṛitra se ha preservado en el Ṛig Veda – El significado real de chatvârimshyâm sharadi – Shambara descubre el cuadragésimo día de Sharad – Significa el comienzo de la larga noche – Pasajes védicos muestran que Sharad es la última estación de luz solar – Pruebas paleográficas para determinar el tiempo por medio de las estaciones – Cuestiones análogas en el Avesta – Explicación de las cien fortalezas otoñales de Vṛitra y de la muerte del demonio de las aguas por el hielo – Los siete ríos liberados no pueden ser ni ríos terrestres ni los ríos del Punjab – La interpretación de los especialistas occidentales examinada y rechazada – La conexión entre los siete ríos y los siete hijos – El origen de la frase Hapta-hindu en el Avesta – Probable transferencia de un nombre mitológico a un lugar en la nueva patria – El origen ártico de la leyenda de Vṛitra – Las aguas cautivas representan la lucha anual entre la luz y la oscuridad en el antiguo hogar ártico.

Ya se ha comentado la mayor parte de los pasajes védicos que señalan, sin ningún género de duda, que las condiciones polares o circumpolares descritas en el capítulo tercero fueron conocidas por los bardos védicos. Comenzamos con la tradición referida a la noche de los dioses, es decir, a un día y a una noche de seis meses de duración respectiva, y comprobamos que podemos retrotraerla al período indoiranio, e incluso al indoeuropeo. Un atento examen de los himnos dedicados a la aurora en el *Ṛig Veda* evidenció el hecho de que, a menudo, se invocaba a esta divinidad, Uṣhas, en plural, y que esto solo puede explicarse asumiendo que las auroras védicas conformaban un numeroso grupo de auroras continuas, una suposición corroborada por pasajes explícitos de la literatura védica, en los que se afirma sin ningún tipo de ambigüedad que las auroras védicas eran treinta y que en los tiempos arcaicos transcurría un período de numerosos días entre la primera aparición de la luz sobre el horizonte y el subsiguiente orto solar. Comprobamos igualmente que en el *Ṛig Veda* se describe claramente a la aurora girando como una rueda, una característica exclusiva de la aurora polar. Todos estos hechos prueban de modo suficiente que los bardos védicos se hallaban familiarizados con fenómenos físicos exclusivos de las regiones árticas. No obstante, con el objeto de confirmar de modo aún más fehaciente nuestra hipótesis hemos comentado diversos pasajes en los tres últimos capítulos que prueban que los poetas védicos conocieron tanto las grandes noches árticas, con sus correspondientes grandes días, como un año de diez meses y cinco estaciones. Nuestro examen del sistema sacrificial arcaico, y especialmente de los *sattras* anuales y de los sacrificios nocturnos, puso de manifiesto que en los tiempos antiguos los sacrificios de carácter anual no se realizaban durante doce meses como en la actualidad, sino que se completaban tan solo en nueve o diez meses, así como que los cien sacrificios nocturnos se celebraban en aquella época, como su mismo nombre indica, durante el período de oscuridad de la larga noche. Las leyendas de Dîrghatamas y de los hijos de Aditi, y la tradición referida a las ceremonias sacrificiales de los Navagvas y de los Dashagvas, apuntan de modo semejante hacia la misma conclusión. Por tanto, nuestra hipótesis no se sustenta exclusivamente sobre un caso aislado aquí y otro allá. Hemos podido ver que los días y las noches de medio año de duración, que la aurora que gira esplendorosamente, que la larga noche continua junto a su largo día correspondiente, asociados ambos a una serie de días y noches de carácter ordinario de duración variable, y que un período anual de luz solar inferior a doce meses constituyen las principales características privativas del calendario polar o circumpolar. Por lo tanto, encontrar en los *Vedas* explícitos pasajes, en los que aparecen reflejados los más antiguos pensamientos y sentimientos arios, que demuestran que los bardos védicos, quienes vivieron en una región cuyo año se componía de trescientos sesenta y cinco días, conocían dichos fenómenos, nos obliga a concluir que los poetas del *Ṛig Veda* han conocido todos estos hechos por medio de la tradición y que sus antepasados han debido vivir necesariamente en regiones donde tales fenómenos son posibles. Por otro lado, no podemos esperar que las evidencias referidas a todos y cada uno de estos temas posean un mismo valor probatorio, especialmente en este caso en el que nos enfrentamos a cuestiones relativas a hechos acaecidos milenios atrás. Pero si tenemos presente que tales hechos están relacionados astronómicamente, de modo que si la existencia de uno de ellos queda establecida de modo irrefutable, el resto debe producirse necesariamente, el efecto acumulativo de todas las pruebas presentadas en los capítulos previos no puede dejar de resultar absolutamente convincente. Es cierto que muchos de los pasajes citados en apoyo de la teoría ártica se han interpretado por vez primera en el sentido en el cual nosotros lo hacemos, pero ya se ha señalado que esto es sencillamente debido al hecho de que la verdadera clave interpretativa ha sido descubierta en los últimos treinta o cuarenta años. Yâska y Sâyaṇa no supieron nada preciso acerca de las regiones árticas y cuando algún pasaje védico les resultaba ininteligible se limitaban a explicar meramente la estructura lingüística o lo distorsionaban ajustándolo a sus propias ideas. Los especialistas occidentales han corregido algunos de esos errores, pero al no admitirse con anterioridad a los últimos treinta o cuarenta años la posibilidad de la existencia de un hogar ártico en tiempos preglaciales, las referencias más explícitas a dicho hogar primordial en el extremo norte, tanto del *Avesta* como del *Ṛig Veda*, han sido ignoradas o, de un modo u otro, eliminadas por los mencionados exégetas occidentales. Muchos de los pasajes que hemos citado pertenecen a esta categoría, pero confiamos en que, si nuestras interpretaciones se examinan sin prejuicios y a la luz de los más recientes descubrimientos científicos, se comprobará que resultan mucho más sencillas y naturales que las hasta hoy en boga. En algunos casos, no obstante, no resultaron necesarias interpretaciones novedosas; pero la falta de la clave de interpretación adecuada hacía que permaneciesen completamente incomprendidas o, en todo caso, interpretadas de modo parcial. En tal situación nos hemos visto obligados a mostrar los pasajes en su verdadera naturaleza, aportando siempre nuestra argumentación. Esto nos ha obligado a desarrollar ciertas cuestiones que no están directamente relacionados con el tema bajo estudio, pero en conjunto creemos que nos hemos ceñido, siempre en la medida de lo posible, al análisis de las pruebas directamente relacionadas con los puntos en cuestión, examinándolas según estrictos métodos de investigación histórica o científica. Al comenzar nuestro trabajo lo hicimos sin ningún tipo de idea preconcebida favorable a la teoría ártica. En absoluto. Incluso en un primer momento la considerábamos altamente improbable, pero finalmente nos vimos obligados a aceptarla merced a la acumulación de evidencias que, estamos seguros, producirá un efecto semejante en los lectores.

Los argumentos que vamos a presentar a continuación en apoyo de nuestra tesis revisten, no obstante, un carácter diferente. Si los bardos védicos vivieron alguna vez cerca del Polo Norte, las condiciones cósmicas o meteorológicas de dicho lugar no habrían podido dejar de ejercer algún tipo de influencia sobre su mitología. Si nuestra teoría resulta correcta, un examen cuidadoso de los mitos de los *Vedas* permitirá evidenciar una serie de hechos imposibles de explicar a través de ninguna otra teoría. El valor de prueba de estas evidencias resultará claramente inferior al de las que hemos aportado previamente, puesto que los mitos y las leyendas pueden ser interpretados de modos muy diferentes. Efectivamente, Yâska menciona tres o cuatro escuelas interpretativas diferentes, cada una de las cuales explica el carácter y la naturaleza de las divinidades védicas de modo muy distinto. Una de estas escuelas pretendería hacernos creer que muchos de estos dioses no fueron sino personajes históricos que sufrieron un proceso de apoteosis a causa de sus grandes virtudes o hazañas. Otros teólogos dividen las deidades en *Karma devatâs*, aquellas que han alcanzado la divinidad por sus propios actos, y *Ajâna devatâs*, aquellas que han sido divinidades desde su mismo origen. Por su parte, los Nairuktas (etimologistas) mantienen que los dioses védicos representan ciertos fenómenos físicos y cósmicos, tales como la aparición de la aurora o la aparición de la luz del sol entre la tormenta. Los Adhyâtmikâs, por otro lado, pretenden explicar numerosos pasajes védicos según su particular punto de vista filosófico, y existen aún otras diferentes escuelas con sus propios sistemas de interpretación. Pero no es este el lugar más apropiado para exponer y examinar los méritos de todas y cada una de estas escuelas. Solo quisiéramos hacer notar que todos aquellos que ven en los mitos védicos representaciones, directas o alegóricas, de hechos de naturaleza étnica, histórica o filosófica no están dispuestos a aceptar explicaciones basadas en fenómenos físicos o cósmicos. Esta es la razón por la que hemos reservado la exposición de las pruebas de carácter mitológico a un capítulo especial. La prueba de la existencia de una prolongada aurora o de unos grandes días y noches continuos no resulta afectada por las diferentes hipótesis interpretativas, de modo que podríamos calificarlas, en términos jurídicos, de «pruebas directas». Pero en el caso de las pruebas mitológicas solo los que acepten el método Nairukta admitirán la validez de mis interpretaciones. Es cierto que esta escuela data de hace mucho tiempo y que los especialistas actuales han aceptado su metodología prácticamente sin reservas, aunque pueden disentir de los autores antiguos como Yâska en detalles concretos. No obstante, creemos que cuando se establece una nueva teoría lo más correcto consiste en separar la mitología de las pruebas directas, incluso en el caso de que ambas líneas de investigación parecieran converger hacia la misma conclusión.

Yâska había señalado ya que los Nairuktas interpretan numerosas leyendas védicas como representaciones del triunfo diario de la luz sobre la oscuridad o de la victoria del dios de la tormenta sobre las nubes que retienen las aguas fertilizantes y la luz del sol. Así cuando se dice que los Ashvinos han salvado una codorniz (*Vartikâ)* de las fauces de un lobo, Yâska ve en ello la liberación de la aurora o de la luz de las tinieblas nocturnas (*Nir.* V, 21). La explicación que nos ofrece del carácter de Vṛitra constituye otro ejemplo. Al referirse a la naturaleza de este demonio, hace referencia a las opiniones del resto de escuelas (*Nir.* II, 16): «¿Quién fue Vṛitra? "Una nube" responden los Nairuktas. "Un Asura, hijo de Tvaṣhtri" dicen los Aitihâsikas. La caída de la lluvia proviene de la mezcla de las aguas y la luz. Esto está representado bajo la forma de un conflicto. Los himnos y los Brâhmaṇas describen a Vṛitra como una serpiente. Engrosando su cuerpo bloqueó los ríos. Cuando fue destruido, las aguas manaron»[77]. Las teorías de la tormenta y de la aurora constituyen, por tanto, los fundamentos de la escuela Nairukta y a pesar de que hayan sido perfeccionadas por los especialistas occidentales, el mérito de haber sugerido este sistema de interpretación recaerá por siempre en los antiguos Nairuktas, quienes, tal y como comenta Max Müller, habían percibido claramente el verdadero carácter de los dioses védicos muchos siglos antes de la era cristiana. De esta forma, la leyenda que narra el amor de Prajâpati por su propia hija se explica en el *Aitareya Brâhmaṇa* como una transposición de la persecución de la aurora o de los cielos superiores por el sol (*Ait. Br.* III, 33). Por su parte, Kumârila aplica esta teoría a la historia de Indra y Ahalyâ, que según este autor representarían la noche y el día. No obstante, aunque los Nairuktas aceptaban en su totalidad la teoría que explica los mitos védicos como representaciones de fenómenos físicos y cósmicos, lo limitado de su conocimiento de dichos fenómenos en aquellos tiempos no les permitió explicar todas y cada una de las leyendas por medio de dicho método. Por ejemplo, de entre todas las leyendas referentes a los Ashvinos, Yâska solo es capaz de interpretar una de ellas por medio de la teoría de la aurora, a saber, la leyenda de la codorniz salvada de las fauces del lobo. Estas lagunas han sido colmadas en parte por los especialistas occidentales, quienes, por vivir en regiones más septentrionales, se encuentran más familiarizados con el declive de la fuerza del sol duran-

[77] Véase *Nir.*, II, 16. Cf. Muir: *O. S. T.*, vol. II, p. 175.

te la estación fría, con el triunfo de la primavera sobre el invierno o con el restablecimiento de la potencia solar durante el verano. Los eruditos occidentales han utilizado estos fenómenos para tratar de comprender el origen de ciertos mitos de los *Vedas* que no habían sido aclarados por la teoría de la tormenta ni por la del alba. Por tanto, según la escuela Nairukta tendríamos tres teorías interpretativas, por lo que resulta necesario describirlas brevemente antes de comprobar en qué medida son susceptibles de explicar todos y cada uno de los mitos y leyendas a los que se apliquen.

Según la teoría de la aurora «toda la teogonía y toda la filosofía del mundo antiguo están basadas en la aurora, la madre de los dioses luminosos, del sol en sus diferentes aspectos, de la mañana, del día, de la primavera, ella misma brillante imagen y rostro de la inmortalidad». Max Müller en sus *Lectures on the Science of Language*, añade que[78]: «La aurora, que para nosotros no es sino un bello espectáculo, constituyó para aquellos que la contemplaban y meditaban sobre su naturaleza, el problema de todos los problemas. Representaba la tierra desconocida desde donde todos los días se alzaban las luminosas enseñas de las potencias divinas que imprimían en el espíritu del hombre los primeros símbolos de otro mundo, de un poder superior, de orden y sabiduría. Lo que nosotros denominamos simplemente el orto solar se mostraba ante ellos "día tras día" como el enigma de todos los enigmas, el enigma de la existencia. Los días de su existencia surgían de ese abismo de sombra que desaparecía cada mañana con la luz y la vida». Y continúa: «Una nueva vida brillaba ante sus ojos cada amanecer, alcanzándoles la fresca brisa de la mañana como saludos que flotan a través del dorado suelo del cielo desde lejanas tierras, allende las montañas, allende las nubes, allende la aurora, allende el inmortal mar que aquí nos ha traído. Sentían que la aurora les abría las doradas puertas por las que el sol atravesaba triunfante y que mientras permaneciesen abiertas su mirada y su espíritu se esforzarían, como los niños, en penetrar más allá del mundo finito. Este espectáculo impresionante despierta en la mente humana la concepción de lo infinito, de lo inmortal, de lo divino y los nombres de la aurora devienen sinónimos de las potencias superiores».

Evidentemente, esta cita es más poética que real. Pero Max Müller elucida numerosos mitos utilizando la hipótesis de que no son sino la historia de la aurora en sus diferentes aspectos. Así, si Saraṇyu, quien tuvo gemelos de Vivasvat, huye de él en forma de yegua, siendo perseguida por aquel en forma de caballo, se trata de la aurora que desaparece con la llegada del sol, quien crea la pareja del día y la noche. La leyenda del matrimonio de Suryâ y de Soma, así como la de Vṛiṣhâka-

[78] Max Muller, *Lectures on the Science of Language*, vol. II, pp. 545 y ss.

pâyî, cuyos bueyes (las brumas de la mañana) devoró Indra o la de Aditi, quien da nacimiento a los Âdityas, no son sino la historia de la aurora bajo distintas formas. Igualmente, Saramâ, quien cruza las aguas para encontrar las vacas que han sido robadas por Paṇi, es la aurora trayendo consigo las luces de la mañana y cuando Urvashi dice que se ha ido y Pururavas se denomina a sí mismo Vasishta, el más brillante, es la misma aurora escapando del sol naciente. En resumen, pareciera que la aurora lo haya sido todo para el antiguo pueblo védico y ante lo monótono de interpretar tantas leyendas del mismo modo, Max Müller se plantea la siguiente pregunta: «¿Es todo aurora? ¿Es todo sol?», cuestión a la que responde afirmando que sus investigaciones sobre la aurora y el sol le han llevado a concluir que ambos constituyen el tema principal de los mitos de la raza aria. La aurora a la que el profesor está haciendo referencia es la aurora cotidiana que contemplamos en las regiones templadas y tropicales, en otras palabras, la victoria «diaria» de la luz sobre la oscuridad, oscuridad que se representa anegando el espíritu de los antiguos bardos con un terror tal, que provocó la creación de una gran diversidad de mitos. Se comprenderá fácilmente cómo afecta a esta teoría el descubrimiento de que Uṣhas, la diosa de la aurora del *Ṛig Veda*, no representa la evanescente aurora tropical, sino la larga aurora continua de las regiones polares o circumpolares. Si la hipótesis ártica quedase demostrada, muchas de esas explicaciones deberían reescribirse totalmente. No obstante, esta es una tarea que no puede realizarse en una obra dedicada al análisis de las pruebas que sustentan la mencionada teoría.

Los Nairuktas plantearon originalmente la teoría de la tormenta como un complemento de la teoría de la aurora con el fin de encontrar explicación a las leyendas que se resistían a esta última. El principal mito al que se aplica esta teoría es el de Indra y Vṛitra, cuya interpretación ha sido aceptada casi sin reservas por la totalidad de los especialistas occidentales. Se considera que la palabra *Indra* deriva de la misma raíz que el término *indu*, esto es, gota de lluvia y se dice que Vṛitra es quien cubre o cerca (*vṛi*, cubrir) las aguas de las nubes cargadas de lluvia. Ambos nombres quedarían así explicados una vez que se ha hecho todo lo posible por armonizarlos con la teoría de la tormenta, aunque se haya tenido que deformar frases si estas se resisten a ser interpretadas conforme a dicha teoría. Por ejemplo, cuando Indra hiere a *parvata* (la montaña) y libera los ríos, los Nairuktas interpretan *parvata* como nubes de tormenta y los ríos como torrentes de lluvia. El gesto de Indra de blandir el rayo se ha interpretado de un modo similar, considerando a esta deidad como el dios del rayo, al implicar el rayo, de modo evidente, la lluvia. Por otro lado, si los Maruts auxilian a Indra en la lucha, la teoría de la tormenta afirma que es lógico, puesto que el rayo y la lluvia siempre van acompañados por el desencadenamiento de los elementos. Pero un punto mucho más oscuro de la leyenda y que requiere explicación es el cercado o la retención de las aguas por Vṛitra o Ahi. En el caso de las aguas de las nubes resulta sencillo imaginar que se encontraban cautivas del demonio de la sequía. Pero el *Ṛig Veda* nos repite a menudo que *sindhus*, los ríos, han sido liberados merced a la derrota de Vṛitra. Si estos ríos representan en verdad, como sostienen los defensores de esta teoría, los ríos del Punjab, resultaría realmente difícil entender por qué se los describe cercados o cautivos por Vṛitra. No obstante, los comentadores védicos hallaron una solución ingeniosa que consistía en que los ríos de la India a menudo se secan completamente durante el verano y que el dios de la estación lluviosa que los revivifica puede describirse perfectamente como aquel que los libera de las garras de Vṛitra. No parece que los Nairuktas hayan ido más lejos con esta hipótesis. Pero en manos de los mitólogos alemanes la teoría de la tormenta se ha convertido en un verdadero rival de la teoría de la aurora. Estos han explicado historias como la de Saraṇyu por medio de los movimientos de las oscuras nubes de tormenta que se ciernen sobre los cielos. «Nubes, tormentas, lluvias, relámpagos y truenos» observa Kuhn «constituían los espectáculos que más impresionaron la imaginación de los antiguos arios, haciéndoles muy difícil incluir estos fenómenos entre los puramente terrestres. Los espectadores se encontraban en la tierra como en su hogar, siéndoles familiar todo lo que ocurría en este ámbito; incluso el discurrir de los cuerpos celestes era contemplado con tranquilidad a causa de su naturaleza regular. Pero jamás pudieron impedir sentir el más vivo interés por estos extraños fenómenos meteorológicos, aparentemente misteriosos e imprevisibles, que producían efectos inmediatos y tangibles, tanto para bien como para mal, sobre la vida y las fortunas de aquellos que los contemplaban»[79].

Por esta razón, Kuhn cree que estos fenómenos meteorológicos constituyen la materia principal de todas las mitologías y supersticiones indoeuropeas. De esta forma, en perfecta concordancia con lo anterior, Roth explica que Saraṇyu se identifica con las sombrías nubes de tormenta que se cernieron por el espacio al comienzo de todas las cosas y Vivasvat, a su vez, con la luz de los cielos.

La tercera teoría, al igual que la primera, es de origen solar. Intenta explicar ciertos mitos védicos como representaciones del triunfo de la primavera sobre la nieve y el invierno. Tanto Yâska como el resto de Nairuktas vivieron en regiones en las cuales el contraste entre la primavera y el invierno no resultaba tan marcado como en los países más septentriona-

[79] Max Muller, *ibid.*, p. 566.

les, siendo probablemente esta la razón por la que no se planteó la teoría vernal como modelo explicativo de los mitos védicos. Max Müller ha tratado de explicar, a su vez, muchas de las hazañas de los Ashvinos según esta teoría[80]. Si los Ashvinos restauran la juventud de Chyavana, si protegen a Atri tanto del calor como de la oscuridad, si rescatan a Vandana de una fosa en la que había sido enterrado vivo, si reemplazan la pierna que Vishpalâ había perdido en una batalla o si devuelven la vista a Ṛijrâshva no es más que el dios sol restaurado en su gloria universal después de haber padecido el debilitamiento de su energía durante el invierno. En resumen, el nacimiento del sol vernal, su lucha contra el ejército del invierno y su victoria final al comienzo de la primavera serían, según esta teoría, la verdadera clave para interpretar muchos de los mitos en los que se representa al dios sol en plena decadencia o sufriendo diferentes males. En contraste con la teoría de la aurora los fenómenos físicos en los que se fundamenta esta otra hipótesis revisten carácter anual. No obstante, ambas son teorías solares y como tales podríamos contraponerlas a la de la tormenta que es de origen meteorológico.

Además de estas tres teorías, de la aurora, de la tormenta y la vernal, Nârâyana Aiyangâr de Bangalore ha lanzado recientemente la hipótesis de que ciertos mitos védicos estarían haciendo referencia a las constelaciones de Orión y Aldebarán. Podríamos denominar esta hipótesis como la teoría astral con el fin de distinguirla del resto. Pero no podemos comentar todas estas teorías ahora, puesto que esta tarea sobrepasaría con mucho los objetivos de nuestro trabajo. Solo quisiera señalar que, a pesar de las diferentes teorías planteadas, todavía permanecen inexplicados cierta cantidad de detalles de varias leyendas importantes, detalles que han sido ignorados o cuya importancia ha sido negligida por los mitólogos. Si hubiera sido posible interpretar por medio de las teorías de la aurora y de la tormenta todos y cada uno de los puntos oscuros de todas las leyendas védicas, estaríamos absolutamente remisos a aceptar una nueva teoría que, evidentemente, no tendría ninguna razón de ser. Pero si, como es el caso, cierto número de hechos que no han podido ser interpretados hasta ahora han quedado plenamente elucidados por la teoría ártica, resultará perfectamente justificado presentar tales leyendas como pruebas de esta nueva teoría. Este es el punto de vista que vamos a adoptar para analizar los mitos védicos, tanto en el capítulo presente como en el próximo, comenzando por la leyenda de Indra y Vṛitra, la leyenda de las aguas cautivas, mito que se pretende ha sido completamente explicado por la teoría de la tormenta.

---

[80] Max Muller, *Contributions to the Science of Mythology*, vol. II, pp. 579, 605.

El combate entre Indra y Vṛitra reviste cuatro aspectos en los *Vedas*. En primer lugar, se trata de una lucha entre Indra y Vṛitra, pudiendo aparecer este último bajo las denominaciones de Namuchi, Shuṣhṇa, Shambara, Vala, Pipru, Kuyava, etc. Este enfrentamiento constituye la *Vṛitra-tûrya*, el combate contra Vṛitra. En segundo lugar, es una lucha por las aguas, que aparecen bajo la forma de *sindhus* (ríos) o de *âpaḥ* (olas) que son liberadas gracias a la muerte de Vṛitra. Esto conforma la *ap-tûrya*, el combate por las aguas, siendo Indra denominado *apsu-jit*, el conquistador de las aguas, mientras que Vṛitra es quien las retiene (*âpaḥ pari-shayânam*). En tercer lugar, es una lucha por recuperar las vacas (*go-ishti*); en numerosos pasajes del *Ṛig Veda* se narra que las vacas han sido liberadas por Indra tras su victoria sobre Vṛitra. Y en cuarto y último lugar, se trataría del combate por recobrar la luz del día (*div-iṣhṭi)* o el combate por el día mismo; en muchos pasajes se nos cuenta que Indra trajo el sol y la aurora tras matar a Vṛitra[81]. Los siguientes extractos de la obra de Macdonell *Vedic Mythology* ilustran mediante citas del *Ṛig Veda* el carácter cuádruple del enfrentamiento entre Indra y Vṛitra. Macdonell resume las incidencias del terrible combate de la manera siguiente:

«Cielo y tierra tiemblan de terror cuando Indra hiere con su rayo a Vṛitra (I, 80, 11; II, 11, 9-10; VI, 17, 9); incluso Tvaṣhtri, quien forjó el rayo, tiembla ante la cólera de Indra (I, 80, 14). Indra destruye a Vṛitra con el rayo (I, 32, 5); y golpea en su rostro con su afilada arma (I, 52,15). Él hirió a Vṛitra, quien retenía las aguas (VI, 20, 2), o al dragón que rodeaba (*pari-shayânam*; IV, 19, 2); Él ha vencido al dragón que se hallaba tendido sobre el mar y que obstruía las aguas y el cielo (II, 11, 5), e hirió con su rayo a Vṛitra, quien encerraba las aguas, como un árbol (II, 14, 2). "Conquistador de las aguas (*apsu-jit*)" es su atributo exclusivo (VIII, 36, 1)»[82].

Sobre la cuestión de la morada de Vṛitra tenemos (68, A):

«Vṛitra posee una morada oculta (*niṇya*) de la cual fluyeron las aguas cuando Indra las liberó sumergiendo al demonio (I, 32, 10). Vṛitra está tendido sobre las aguas (I, 121, 11; II, 11, 9) o envuelto en las aguas, en el fondo (*budhna*) del rajas o espacio aéreo (I, 52, 6). Se le describe, igualmente, extendido sobre una cumbre (*sânu*), cuando Indra hizo manar las aguas (I, 80, 5). Vṛitra posee fortalezas que son destruidas por Indra cuan-

[81] Las hazañas de Indra se encuentran resumidas de manera muy concisa en los *Nivids*, es decir en sutras cortos (frases cortas) utilizadas durante las ofrendas a los dioses. Se han reunido en un capítulo aparte de los Parishiṣhṭas o complementos al texto del *Ṛig Veda Samhita* publicado en Bombay (Tatvavivechaka Press). Según el Dr. Haug estos *Nivids* son los originales de los *Suktas* o himnos védicos. En lo que se refiere al sentido de *Div-ishti*, véase los *Hymnes Védiques* (I, 45, 7) en la traducción de Oldenberg de las *S. B. E. Series*, vol. XLVI, p. 44.

[82] Macdonell, *Vedic Mithology, en Grundriss der Indo-Arischen Philologie und Altertumskunde*, 22 (Indra) pp. 58-61.

do este le da muerte (X, 89, 7) y que son en número de noventa y nueve (VIII, 93, 2; VII, 19, 5). Recibe el nombre de *nadîvrit*, o aquel que retiene los ríos (I, 52, 2), y en cierto pasaje *parvata* (nube) se describe estando en el interior de su vientre (I, 54, 10)».

Existen otros diferentes pasajes (V, 32, 5-6) en los que se narra que Indra ha llevado a Shuṣhṇa, que estaba ansioso por combatir «a la oscuridad de la fosa» y que lo ha matado «en la oscuridad sin sol» (*asûrye tamasi*). En I, 54, 10 se afirma que la oscuridad reina en el espacio de Vṛitra y en II, 23, 18 Bṛihaspati junto con Indra han dejado manar el océano que estaba «retenido en la oscuridad» y han abierto el establo de las vacas. Por último, en I, 32, 10, el cuerpo de Vṛitra ha sido arrojado a la «gran oscuridad», quedando rodeado por las aguas. Todo esto muestra que las aguas del océano no estuvieron iluminadas por los rayos del sol mientras permanecieron retenidas por Vṛitra. En otras palabras, el océano (*arṇaḥ*) que Vṛitra ha rodeado era distinto del «océano brillante» (*shukram arṇaḥ*) sobre el cual se dice que se levanta el sol en V, 45, 10. El océano de Vṛitra (*arnava*) se encuentra envuelto en tinieblas (*tamasâ parivṛitam*, II, 23, 18), mientras que el océano desde el que asciende el sol es claro y brillante (*shukram*). A continuación, se describe a Indra viajando a una región muy lejana (*parâvat*) con el fin de dar muerte a Vṛitra o Namuchi (I, 53, 7; VIII, 12, 17; VIII, 45, 25). Si combinásemos todos estos elementos relativos a la escena del combate entre Indra y Vṛitra, llegaríamos a la conclusión de que tuvo lugar en una región oscura, lejana y acuosa. En VIII, 32, 26 leemos que Indra ha dado muerte a Arbuda por medio del hielo (*hima*); y en X, 62, 2 los Angiras, quienes ayudaron a Indra a recuperar las vacas, han herido a Vala al final del año (*parivatsare*). Conocemos otra cita del *Ṛig Veda* que nos proporciona la fecha del combate entre Indra y Shambara, pero la comentaremos posteriormente. Ya se mencionó con anterioridad que el número de fortalezas pertenecientes a Vṛitra y destruidas por Indra era noventa y nueve; no obstante, en otros pasajes se sostiene que son noventa o cien (I, 130, 7; IV, 30, 20). Estas fortalezas o ciudades (*puraḥ*) se dice que fueron construidas con piedra o con hierro (IV, 30, 20; IV, 27, 1) y en diversos lugares se dice de ellas que son otoñales (*shâradiḥ*, I, 130, 7; 131, 4; IV, 20, 10). La importancia de estos hechos a la hora de interpretar la leyenda se comentará más adelante.

Ya hemos visto que tanto la liberación de las vacas como la llegada de la aurora y del sol son efectos simultáneos de la victoria de Indra sobre Vṛitra. El siguiente extracto de la citada obra de Macdonell (*Vedic Mythology*, p. 61) nos ilustra convenientemente sobre esta cuestión:

«La liberación de las aguas entraña la victoria de la luz, del sol y de la aurora. Indra ha conquistado la luz y las aguas divinas (III, 34, 8), el dios ha sido invocado para matar a Vṛitra y conseguir la luz (VIII, 89, 4). Al destruir al dragón Vṛitra con su rayo de metal libera las aguas para el hombre y hace visible el sol en los cielos (I, 51, 4; 52, 8). Indra, el que mata al dragón, pone en movimiento las aguas del mar, engendra el sol y encuentra las vacas (II, 19, 3). Consiguió el sol y las aguas tras matar al demonio (III, 33, 8-9). Cuando Indra abatió al rey de los dragones y liberó las aguas de la montaña engendró el sol, el cielo y la aurora (I, 32, 4; VI, 30, 5). Igualmente, el descubrimiento, la liberación o la conquista de las vacas por Indra se menciona al mismo tiempo que los del sol y la aurora (I, 62, 5; II, 12, 7; VI, 17, 5) o exclusivamente que los del sol (I, 7, 3; II, 19, 3; X, 138, 2)».

Junto a lo anterior, en otros pasajes podemos leer que Indra ha liberado las aguas retenidas por el dragón (II, 11, 2), ha conquistado las vacas y ha hecho fluir los siete ríos (I, 32, 12; II, 12, 12). En II, 15, 6 se describe como las corrientes liberadas fluyendo hacia arriba (*udañcham*). Nos gustaría hacer notar que en ninguno de estos pasajes se hace referencia a las nubes bajo su denominación corriente, *abhra*, sino que se emplean los términos *parvata*, *giri* o *adri* cuyo significado original es montaña, o *ûdhas* (ubre), *utsa* (fuente), *kabandha* (tonel) o *kosha* (balde). Los Nairuktas han interpretado todas estas palabras en el sentido de nube, habiéndose aceptado esto por los especialistas occidentales. La palabra *go,* que comúnmente significa vaca, se interpreta también en algunos casos como las aguas liberadas por Indra. Así, cuando se dice que Indra ha liberado las vacas que estaban cautivas dentro de la piedra (VI, 43, 3) o cuando se cuenta que ha removido la piedra que las encerraba (VI, 17, 5) se interpreta como una nube-roca que aprisiona las aguas de lluvia. Los Maruts son los habituales compañeros de Indra en esta lucha, pero también se cuenta que Viṣhṇu, Agni y Bṛihaspati le prestan su ayuda durante el rescate de las vacas de las garras de Vala. La victoria de Bṛihaspati sobre Vala, que se ha refugiado en una roca, se considera una paráfrasis de la victoria de Indra sobre Vṛitra. En X, 62, 2 y 3 los Angiras hacen salir las vacas traspasando a Vala y permitiendo que el sol alcance la cima del cielo, hazaña que generalmente se atribuye a Indra. Existen otras versiones de la misma historia en el *Ṛig Veda,* pero para nuestro propósito resulta suficiente con lo comentado hasta ahora.

Quien quiera que lea esta descripción de la lucha entre Indra y Vṛitra no dejará de notar que son cuatro las consecuencias simultáneas que produce (*Sâkam*, en VI, 30, 5): En primer lugar, la liberación de las vacas;

en segundo, la liberación de las aguas; en tercero, la creación de la aurora; y en cuarto, la creación del sol. Veamos a continuación si la teoría de la tormenta puede explicar de modo satisfactorio el carácter simultáneo de estos efectos de la destrucción de Vṛitra. Vṛitra es una nube, una nube de tormenta o una nube de lluvia suspendida en los cielos y resulta perfectamente legítimo interpretar que Indra libera las aguas que permanecen cautivas en su seno cuando la golpea con su rayo. Pero ¿dónde están las vacas liberadas junto a las aguas? Los Nairuktas identifican las vacas con las aguas, pero esto hace imposible considerar ambos efectos como resultados diferentes. El retorno de la aurora y del sol simultáneo a la liberación de las aguas resulta mucho más difícil todavía de explicar según la teoría de la tormenta, e incluso cabría afirmar que en realidad resulta imposible hacerlo. Las nubes de lluvia pueden ocultar el sol temporalmente, pero no se trata de un fenómeno que se produzca con regularidad, por lo que resulta difícil describir el nacimiento de la luz solar, merced al deshacerse de unas nubes que solo ocultan el sol durante cierto tiempo. La recuperación de la aurora como consecuencia del combate entre Indra y Vṛitra, sincrónicamente a la liberación de las aguas, es, de igual manera, completamente inexplicable para la teoría de la tormenta. Las nubes de lluvia se encuentran en el cielo y aunque podamos verlas en alguna ocasión sobre el horizonte es absurdo pretender que Indra provoca la aurora al rasgar las nubes. Por mi parte, no conozco a ningún especialista que haya sido capaz de explicar estos cuatro efectos simultáneos mediante cualquier otra hipótesis. Parece ser que la teoría de la tormenta fue concebida por los Nairuktas debido a que la liberación de las aguas se consideraba la principal consecuencia de la victoria y las aguas del texto se consideraban las aguas que vemos todos los días. No obstante, a pesar de los esfuerzos de los Nairuktas y de los autores occidentales la liberación de las aguas y de la luz resta todavía sin explicar. Macdonell (*Ved. Mith.* p. 61) hace mención a esta dificultad observando que «pareciese que estamos ante una confusión entre las naciones de restauración del sol tras la oscuridad de la tormenta y el retorno del sol durante el amanecer tras la oscuridad de la noche. Esta última noción en el mito de Indra es, con toda probabilidad, una extensión de la primera». Esto en realidad no es, sino una confesión de la incapacidad de los especialistas védicos para explicar estos cuatro efectos simultáneos por medio de la teoría de la tormenta. Curiosamente parecen atribuirlo no a su propia ignorancia o incapacidad, sino a una confusión de ideas de los bardos védicos.

No son estos los únicos puntos de la leyenda de Indra y Vṛitra que la teoría de la tormenta es incapaz de aclarar. Ya se dijo que Vṛitra fue muerto en una lejana región en la que reinaba una terrible oscuridad y en la cual abundaba el agua. En X, 73, 7 se dice que Indra ha abierto las puertas del *devayâna* al matar a Namuchi (Vṛitra), lo que significa a todas luces que Vṛitra murió en las puertas del camino que conduce a la región de los dioses. También en el *Avesta* la lucha entre Apaosha y Tishtrya tuvo lugar en el mar de Vouru-Kasha y se describe a Tishtrya recorriendo el camino trazado por Mazda tras su combate con Apaosha. La morada de Vṛitra se describe de igual modo como oculta y cubierta de agua en el fondo de *rajas* (I, 52, 6). La propuesta que presenta las nubes de tormenta como escenario de la lucha no satisface ninguna de estas condiciones, puesto que no se puede sostener que una nube sea el océano ni que se encuentre en una región lejana (*parâvat*) o en el umbral del *devayâna*, el camino de los dioses. En el *Ṛig Veda parâvat* se contrapone a *arâvat*, siendo la primera una región lejana, mientras que la segunda es una región cercana. De igual forma el *devayâna*, que sería el hemisferio celeste septentrional, se contrapone al *pitṛiyâna*. No puede decirse de las nubes que se encuentran sobre la cabeza del observador que están en una región lejana ni que están a las puertas del *devayâna* ni podemos referirnos a ellas diciendo que se encuentran rodeadas por una oscuridad sin sol. Resulta, por tanto, altamente improbable que las nubes de lluvia puedan haber constituido el escenario de la batalla entre Indra y Vṛitra. Fue el mar del otro lado, el océano oscuro que se contrapone al océano brillante (*shukram arnaḥ*) que el sol remonta cada mañana, donde se libró la batalla según el pasaje al que hemos hecho referencia anteriormente. Esta descripción solo es apropiada en el caso del mundo inferior, el hemisferio celeste que está abajo y no en el caso de las nubes que se desplazan en el cielo. No quisiera dar la sensación de que estoy negando a Indra el carácter de dios de la lluvia y de la tormenta, pero en tanto que Vṛitrahan, el que mata a Vṛitra, es imposible identificarlo con el dios de la lluvia si pretendemos no ignorar la descripción del combate que encontramos en los pasajes védicos.

La tercera objeción que plantearíamos a la interpretación habitual del mito de Vṛitra consiste en que no explica de un modo convincente los pasajes que nos indican el momento de la lucha del dios contra el demonio. Según la teoría de la tormenta el enfrentamiento debió tener lugar durante la estación de la lluvia o *Varshâ*, pero las fortalezas de Vṛitra que Indra destruye, adquiriendo por ello el epíteto de *purabhid* o *purandara*, se describen en el *Ṛig Veda* como otoñales o *shâradiḥ*, es decir, pertenecientes a *Sharad*, la estación que sigue a *Varṣhâ*. Esta discrepancia podría resolverse suponiendo que *Varṣhâ* y *Sharad* formaron en un tiempo una sola estación cuyo nombre no fue *Varṣhâ* sino *Sharad*. No obstante, esta explicación se contradice con otro pasaje del *Ṛig Veda* (X, 62, 2) en el que se dice que Vala murió al final del año (*parivatsare*) a menos que presupongamos que en aquella época el año comenzaba en *Sharad*. Esta explicación no nos permite tampoco entender por qué Indra mata a Arbuda con *hima* (hielo). De nuevo, como ya dijimos anteriormente, no podríamos considerar la aurora como una consecuencia del conflicto ni podríamos afirmar que el combate se libró en medio de la oscuridad si pretendiésemos que tuvo lugar durante la estación lluviosa. Queda así, pues, de manifiesto la incapacidad de la teoría de la tormenta para explicar de manera convincente los pasajes relativos al momento de la lucha entre Indra y Vṛitra.

La cuarta objeción consistiría en que numerosas palabras como *parâvat*, *giri* o *adri*, cuyo significado no es el de nube ni en sentido propio ni en sentido figurado, se han interpretado como alegorías a las nubes de lluvia. Esto llama la atención especialmente en los pasajes en los que Indra o Bṛihaspati horadan montañas en las que abren cavernas permitiendo la liberación de las aguas o de las vacas que se hallaban cautivas en su interior. A falta de otra teoría nos vimos obligados a interpretar estos pasajes por medio de la teoría de la tormenta, tal y como los Nairuktas la habían planteado, asumiendo que todas y cada una de las palabras utilizadas en referencia a un lugar de cautiverio de las vacas o de las aguas debían interpretarse como nubes de lluvia. Pero, a pesar de que pudiéramos obviar momentáneamente los problemas que presenta esta interpretación, el hecho de que nos viésemos obligados a forzar el significado de las palabras fue siempre un inconveniente que menguaba la solidez de nuestra interpretación. Probablemente sea esta la razón por la que Oldenberg se vio obligado a sugerir que la horadación de la montaña y la consiguiente liberación de las aguas no está haciendo referencia a las nubes, sino que debe entenderse en su estricto sentido, es decir, la apertura de boquetes en la montaña por los rayos y el subsiguiente manar del agua desde el interior de aquella. Pero como muy bien ha observado Max Müller «los ríos no manan de las rocas, aunque estas hayan sido resquebrajadas por el rayo». Por tanto, la sugerencia de Oldenberg, aunque nos resolviese un problema, nos plantearía otro de igual calado. En conclusión, si no somos capaces de presentar otra explicación alternativa deberemos considerar correcta la propuesta por los Nairuktas e interpretar *parvata*, o cualquier otro término que podamos encontrar en los textos utilizado para nombrar el lugar de cautiverio de las aguas, en el sentido de nube y elucidar lo mejor que podamos la leyenda de Vṛitra, según las premisas de la teoría de la tormenta.

Como ha quedado evidenciado por los comentarios anteriores, la teoría de la tormenta no puede explicar satisfactoriamente ni el carácter simultáneo de los efectos de la victoria de Indra sobre Vṛitra ni las afirmaciones acerca del escenario de la lucha ni las relativas al momento en que tuvo lugar ni tampoco nos permite leer las palabras usadas en diferentes pasajes védicos en su sentido natural. Aun así, podemos comprobar que esta hipótesis ha sido aceptada como método interpretativo de la leyenda desde los tiempos de los Nairuktas hasta la actualidad. ¿Por qué ha sido así? Esta pregunta se plantea de modo inmediato a todo aquel que se interesa por estas cuestiones. Es cierto que la teoría de la tormenta explica, sin lugar a duda, la liberación de las aguas. Pero esta liberación, repetimos, no es el único resultado de la lucha. Cuatro son las consecuencias simultáneas que hemos visto, a saber, la liberación de las aguas, la liberación de las vacas, la recuperación de la aurora y la recuperación del sol. La teoría de la tormenta puede explicar las dos primeras, mientras que la teoría de la aurora daría cuenta de las dos últimas. Pero ninguna de las dos puede dar cuenta de las cuatro por sí sola ni podemos combinar ambas hipótesis para explicar estos cuatro efectos, a menos que supongamos, siguiendo a Macdonell, que los bardos védicos hubiesen confundido dos nociones completamente diferentes, por un lado, el restablecimiento de la luz solar tras la tormenta y, por otro, el renacimiento de la luz diurna tras la oscuridad de la noche. Por tanto, los antiguos Nairuktas adoptaron lo que mejor se adaptaba de ambas teorías a la liberación de las aguas y a su concepto de Indra como dios del rayo, siguiendo el conocido principio de que la mitad es mejor que nada y obviando el resto de las incidencias de la leyenda, al considerarlas inexplicables o intrascendentes. Esta teoría, como ya se ha mencionado, fue adoptada por los especialistas occidentales, constituyendo por el momento la única hipótesis manejada. Por tanto, creemos que nadie dudará en abandonar este modelo interpretativo si se puede avanzar otro mucho más completo que nos permita dar cuenta de todos los detalles de la leyenda.

En mi opinión, constituye un error pretender que la lucha entre Indra y Vṛitra representó originariamente el conflicto entre el dios del rayo y las nubes de lluvia. Se trata en realidad del combate entre las potencias de la luz y las de la oscuridad y podemos encontrar huellas de esto en el *Aitareya Brâhmaṇa* (IV, 5) donde se describe a Indra como el único de los dioses en haber emprendido la tarea de hacer salir a los Asuras de la oscuridad de la noche. Que Indra es el dios de la luz resulta evidente en otros muchos pasajes del *Ṛig Veda* en los que, sin hacerse mención a su enfrentamiento con Vṛitra, se cuenta que Indra ha encontrado la luz (III, 34, 4; VIII, 15, 5; X, 43, 3) en la oscuridad (I, 100, 8; IV, 16, 4) o ha creado tanto la aurora como el sol (II, 12, 7; 21, 4; III, 31, 5) o ha abierto la oscuridad con la aurora y el sol (I, 62, 5). Él fue quien hizo brillar el sol (VIII, 3, 6), lo ha hecho ascender al cielo (I, 7, 3), ha preparado el sendero del sol (X, 3, 3) o ha encontrado el sol «en la oscuridad en la que moraba» (III, 39, 5). Estos pasajes ponen de manifiesto de forma muy clara que Indra es el campeón de la luz y del sol, algo que los especialistas han comprendido perfectamente como demuestra que Max Müller haya comparado a Indra con el Apolo de la mitología griega. Pero estos mismos especialistas se han encontrado con muchas dificultades a la hora de explicar por qué este carácter solar del dios aparece ligado a otras hazañas como son la victoria sobre Vṛitra y la liberación de las aguas. En realidad, esta es la verdadera dificultad a la que se enfrentan tanto la teoría de la tormenta como la de la aurora. Indra, al acabar con Vṛitra, ha liberado las aguas y ha creado la aurora. Este es, sin duda, el *leitmotiv* de esta historia. Pero seguimos sin disponer de una explicación global. Como hemos comprobado, la teoría de la tormenta nos permite comprender la liberación de las aguas, pero no la recuperación de la aurora, mientras que si consideramos el mito como una metáfora de la lucha entre la luz y la oscuridad, como implica la teoría de la aurora, podemos entender la recuperación de la aurora, pero no la liberación de las aguas. En las presentes circunstancias creemos que resulta imprescindible analizar la naturaleza de las aguas descritas en los *Vedas* antes de aceptar o rechazar ambas teorías.

Ya se vio que los pasajes en los que se narra la liberación de las aguas por Indra tras la muerte de Vṛitra no hacen mención expresa de las nubes. Los términos *parvata*, *giri* y otros del mismo tenor, se utilizan para hacer referencia al lugar donde las aguas estuvieron confinadas, mientras que *âpaḥ* o *sindhus* son las aguas mismas. Ahora bien, *âpaḥ* vuelve a aparecer cierto número de veces en el *Ṛig Veda*, a menudo con el sentido de aguas aéreas o celestes. En efecto, en algunos pasajes se dice que las aguas siguieron el camino de los dioses y que acompañan todos los días al sol (I, 23, 17). En VII, 49, 2 encontramos una mención explícita a la existencia de aguas celestes (*divyâḥ âpaḥ*) junto a otras que discurren por los ríos terrestres (*khamitrimaḥ*). En el mismo verso se dice que el mar o el océano es su meta. En VIII, 69,12 los siete ríos discurren a través de la boca de Varuṇacomo a través de un profundo abismo. En otra ocasión, Varuṇa es descrito como el dios que, al igual que Indra, hace fluir los ríos (II, 28, 4) y ya vimos que las aguas conducen a Dîrghatamas hasta su destino (I, 158, 6). Creemos que no resulta necesario citar más ejemplos, puesto que todos los especialistas están de acuerdo en que ambos tipos de aguas aparecen en el *Ṛig Veda*. No obstante, no parecen haber sido completamente comprendidos ni la naturaleza ni el carácter ni los movimientos de las aguas celestes. Esta es la única razón por la que los mencionados especialistas no han sido capaces de relacionar la liberación de las aguas con la recuperación de la aurora en la leyenda de Vṛitra. Pareciese que cuando el *Ṛig Veda* habla de aguas celestes (*divyâḥ âpaḥ*) solo se está refiriendo al agua de lluvia. Esto no es más que un error. En los textos védicos en los que se habla de la creación del mundo (X, 82, 6; 129, 3) se dice que al principio este se componía únicamente de agua indiferenciada. Resumiendo, el *Ṛig Veda*, al igual que el *Testamento* hebreo, afirma claramente que en su origen el mundo estaba lleno de agua y que existían aguas arriba, en el firmamento, y aguas abajo. El *Shatapatha Brâhmaṇa* (XI, 1, 6, 1), el *Aitareya Upaniṣhad* (I, 1) y *Manú* (I, 9) afirman que el mundo fue creado a partir de un vapor húmedo. No cabe, por tanto, la menor duda de que la idea de las aguas celestes fue perfectamente conocida por los ancestros de los bardos védicos en los tiempos arcaicos y al ser las aguas celestes la materia a partir de la cual se creó el universo, resulta altamente probable que dichos bardos entendiesen este concepto en el mismo sentido en el que los científicos modernos conciben el éter o la nebulosa de materia que llena el espacio del universo. No obstante, no es preciso ir más lejos. Nos conformamos con saber que las aguas celestes (*divyâḥ âpaḥ*) o el vapor húmedo (*purisham*) se mencionan en el *Ṛig Veda* y que los bardos consideraban que el espacio, es decir, las regiones situadas por encima, por debajo y a su alrededor, estaban repletas de dicho vapor celeste, del cual se dice en X, 30, 10 que es coetáneo al mundo.

En su obra *Cosmology of the Ṛig Veda* (p. 115), Wallis sostiene que los bardos védicos no estaban familiarizados con las regiones situadas debajo de la tierra y que todo lo que según los *Vedas* se produce en la atmósfera, incluyendo el movimiento del sol durante la noche y el día, debe localzarse en las regiones celestes situadas sobre aquellos bardos. Esta es la opinión que ha adoptado Macdonell en su *Vedic Mythology* y, de ser correcta no tendríamos más remedio que situar todas las aguas en los cielos superiores. No obstante, no creemos que Wallis haya interpretado correctamente los pasajes citados por Zimmer en apoyo de su teoría, según la cual existiría un *rajas* (región) bajo la tierra; por tanto, no podemos aceptar las conclusiones de Wallis que están basadas en presupuestos derivados a todas luces de la controversia homérica. Zimmer hace referencia a tres pasajes (VI, 9, 1; VII, 80, 1; V, 81, 4) para probar que el pueblo védico conoció un *rajas* situado bajo la tierra. El primero de estos pasajes es el conocido verso relativo al día luminoso y al día oscuro. Reza así: «El día luminoso y el día oscuro hacen rodar los dos rajas por los caminos bien conocidos». En este caso, los dos caminos son evidentemente los hemisferios celestes superior e inferior. Wallis nos pide que comparemos este verso con I, 185, 1, donde se dice que el día y la noche «giran como dos ruedas», esto es, rodando de este a oeste, apareciendo uno cuando el otro se oculta y añade que «no estamos obligados en ningún modo a considerar que el desplazamiento tanto del uno como del otro continúa bajo la tierra». Por nuestra parte somos incapaces de comprender cómo estos pasajes pueden autorizar una tal conclusión. En VI, 9, 1, citado por Zimmer, se mencionan dos *rajas* o atmósferas y se dice que tanto el día luminoso como el oscuro ruedan a lo largo de ambos *rajas* o regiones. Pero si aceptamos, siguiendo a Wallis, que la progresión de los dos comienza en el este y se detiene en el oeste sin continuar bajo la tierra, el movimiento completo quedaría restringido a un *rajas* o región y no a los dos. La interpretación de Zimmer es, por tanto, no solo más probable, sino la única que puede explicar el uso del dual *rajasî*, las dos regiones, en el verso. El siguiente pasaje ha sido de la misma manera interpretado de forma errónea por Wallis. En él se describe la aurora «desplegándose en las dos regiones (*rajasî*) colindantes (*samante*), revelándolo todo». Ahora bien, la aurora siempre aparece sobre el horizonte y, por tanto, los dos *rajas* en los que se despliega y que son colindantes, deberían estar sobre ese horizonte, por lo que representarían los hemisferios superior e inferior. Pero Wallis pretende hacernos creer que ambos *rajas* se encuentran por encima de la tierra y que, estrechándose de este a oeste, aparecen sobre el horizonte formando dos arcos sobre el observador. El carácter artificial de esta explicación resulta patente y no vemos razón alguna por la que debamos preferirla frente a la más sencilla y lógica de Zimmer, a menos que partamos de la idea preconcebida de que ni se han hallado ni se podrán hallar referencias a regiones situadas bajo la tierra en el *Ṛig Veda*. El tercer pasaje presentado por Zimmer es V, 81, 4: «¡Oh, Savitri! Tú contorneas (*parîyase*) la noche, a ambos lados (*ubhayataḥ*)». Aquí, Wallis propone traducir *parîyase* por «rodear»; pero *parîyase* significa comúnmente «contornear» y no hay razón para obviar en este caso la idea de movimiento que este término implica. Se verá así que las conclusiones de Wallis están fundamentadas sobre la distorsión de pasajes que Zimmer interpreta, como ya hemos dicho de una forma más sencilla y lógica. Pero si se precisase un pasaje explícito que probara de modo concluyente que los bardos védicos conocieron la existencia de un mundo inferior, podríamos referirnos a VII, 104, 11, donde el bardo ora por la destrucción de sus enemigos diciendo: «Que sean enviados bajo las tres tierras (*tisraḥ pṛithivîḥ adhaḥ*)». En este verso se menciona expresamente una región situada bajo las tres tierras y en tanto que se condena a ella al enemigo, debe tratarse de una región de pena y tormento como el Hades griego. En X, 152, 4 leemos: «Que aquel que nos injurie sea arrojado a las tinieblas inferiores (*adharam tamaḥ*)» y si comparamos este pasaje con el anterior parece evidente que la región localizada bajo la tierra se concebía como un lugar oscuro. En III, 53, 21 nos encontramos con la siguiente expresión: «Haz caer abajo (*adharaḥ*) al que nos odia» y en II, 12, 4 se dice que la descendencia de Dasyu, quien fue muerto por Indra, es «enviada al mundo inferior desconocido (*adharam guhâkaḥ*)». Todos estos pasajes nos muestran claramente que la región situada bajo la tierra no solo fue conocida por los bardos védicos, sino que fue concebida como un territorio completamente oscuro y se consideró el escenario de la lucha entre Indra y Vṛitra. No obstante, se podría argumentar que «bajo las tres tierras» significaría simplemente: bajo la superficie de la tierra. Pero en tal caso, no sería necesario referirse a las *tres* tierras, por lo que, en tanto se nos habla de *todas las tres tierras*, solamente puede estar designándose al mundo inferior. Esto será posteriormente corroborado por el pasaje que nos describe lo que se encuentra por encima de las tres tierras. La expresión que se correspondería a *tisraḥ pṛithivîḥ adhaḥ* o «la región bajo las tres tierras» sería *tisraḥ pṛithivîḥ upari* o «la región sobre las tres tierras» y, efectivamente, esta expresión se encuentra en el *Ṛig Veda*. En I, 34, 8 se nos dice que «los Ashvinos, que se desplazan sobre las tres tierras (*tisraḥ pṛithivîḥ upari*), protegen la bóveda celeste (*divo nâkam*) a través de los días y las noches». Y en el verso precedente del mismo himno se dice que los Ashvinos han venido sobre su carro desde lejanas regiones (*parâvat*). La frase *divo nâkam* aparece en numerosas ocasiones en el *Ṛig Veda* y significa la cima de la bóveda celeste. En IV, 13, 5 se dice que el sol custodia (*pâti*) la bóveda celeste (*divo nâkam*). En lo referente a la división ternaria de la tierra, esta se menciona en numerosos lugares del *Ṛig Veda* (I, 102, 8; IV, 53, 5; VII, 87, 5), así como en el *Avesta* (*Yt.* XIII, 3; *Yasna* XI, 7). En IV, 53, 5 esta división ternaria se extiende también a *antarikṣha*, *rajas*, *rochana* y *dyu* (cielo). Esto nos indica lo que debemos entender por «las tres tierras»: Se trata de una y la misma tierra considerada como triple, y cuando se describe a los Ashvinos protegiendo la bóveda celeste al «desplazarse por encima de las tres tierras» está claro que en contraposición a dicha bóveda superior existe una región inferior, tan debajo de las tres tierras como alto se encuentra el cielo sobre ellas y que esta región es descrita por la frase «bajo las tres tierras», expresión con la que no se quiere designar en absoluto una región meramente subterránea. Desde el momento en que encontramos ambas expresiones, el cielo «sobre las tres tierras» y la región «bajo las tres tierras», en el *Ṛig Veda*, frases que no dejan lugar a dudas sobre su sentido, la hipótesis de que los bardos védicos no conociesen un mundo inferior no puede sostenerse.

Según Wallis, dado que *rajas* se encuentra dividido, al igual que la tierra en tres partes, y que el *rajas* superior se denomina el asiento de las aguas, no habría lugar en la clasificación védica de *rajas* para una región debajo de la tierra. En efecto, todo el espacio se hallaría ocupado por el *rajas* de la tierra (*pârthivam*), el *rajas* del cielo (*divo rajaḥ*) y el *rajas* superior (*paramam*), el asiento de las aguas. No obstante, este punto de vista resulta insostenible, puesto que en el *Ṛig Veda* se mencionan hasta seis *rajas* diferentes (I, 164, 6). Por tanto, podemos legítimamente suponer que existieron tres *rajas* sobre la tierra y tres bajo ella, lo que resolvería la contradicción señalada por Wallis. En algunos lugares se podría igualmente interpretar los tres diferentes *rajas* como los *rajas* terrestres, uno sobre la tierra y otro bajo ella (X, 82, 4). En I, 35, 2 se describe a Savitri desplazándose a través del *rajas* oscuro (*kṛishṇena rajasâ*), mientras que en el verso siguiente se nos dice que viene de una lejana (*parâvat*) región, lo que demuestra que el *rajas* oscuro y la región *parâvat* son sinónimos y que el sol se eleva en el cielo tras atravesar el *rajas* oscuro. De nuevo, el uso del término «elevarse» (*ud-yan* o *ud-âcharat*, I, 163, 1; VII, 55, 7) para describir el orto solar durante el amanecer desde el océano nos demuestra, por el contrario, que el océano en el que se pone el sol (X, 114, 4) es, en realidad, un océano situado bajo la tierra. En I, 117, 5 se dice que el sol está durmiendo en «el regazo de *Nir-ṛiti*» y que «mora en la oscuridad», mientras que en I, 164, 32 y 33 podemos leer que el sol ha viajado por el interior del cielo y de la tierra, llegando finalmente a *Nir-ṛiti* o, como traduce Max Müller «el éxodo al oeste». En X, 114, 2 se mencionan tres *Nir-ritis* que corresponden claramente a las tres tierras y los tres cielos y en X, 161,2 se identifica el regazo de *Nir-riti* con la región de la muerte. Se dice también que Pururavas (X, 95, 14) ha viajado a la región lejana (*param parâvatam*) y que preparó su lecho sobre el regazo de *Nir-ṛiti*. Por otro lado, en VII, 58, 1 se describe a los Maruts ascendiendo al firmamento desde el insondable *Nir-ṛiti*. El conjunto de estos pasajes nos indica que *Nir-ṛiti*, la tierra de la disolución y de la muerte, comenzaba en el oeste, que el sol se hundía en la oscuridad para atravesar la región lejana (*parâvat*), para resurgir en el este desde el regazo de *Nir-ṛiti,* y que todo este proceso no se producía en el cielo superior, sino al otro lado de la bóveda que el sol atravesaba antes de entrar en *Nir-ṛiti*. En otras palabras, los *Nir-ṛitis* se extendían bajo la tierra desde el oeste al este y dado que la región situada bajo las tres tierras está mencionada expresamente en el *Ṛig Veda*, debemos en los *Nir-ṛitis* las tres regiones existentes bajo la tierra, regiones que se corresponden con las tres terrestres y con las tres celestes. En consecuencia, Zimmer está en lo cierto cuando sostiene que el sol se desplaza a través del *rajas* situado bajo la tierra durante la noche y que los poetas védicos debieron conocer necesariamente dichos *rajas* inferiores.

Estas conclusiones están plenamente corroboradas por otra serie de pasajes del *Ṛig Veda*. Así, correspondiendo a los *rajasî*, o dos *rajas*, nos encontramos con otra expresión en dual, *ubhau ardhau*, que significa literalmente «las dos mitades» y aplicado al cielo «los dos hemisferios celestes». La expresión *ardhau* aparece en II, 27, 15, donde se pide a las dos mitades que sean propicias al sacrificador. Wallis, no obstante, interpreta *ubhau ardhau* como «cielo y tierra». Pero creemos que se equivoca, puesto que en cierto pasaje del *Ṛig Veda* encontramos las frases *pare ardhe* (en la mitad más alejada) y *upare ardhe* (en la mitad más cercana) del cielo (*divaḥ*), lo que demuestra que el cielo (no el cielo y la tierra) se concebía dividido en dos mitades (I, 164, 12). Pocos versos después (I, 164, 17) se describe a la vaca junto con su ternero (la aurora con el sol) apareciendo bajo el reino superior y sobre el reino inferior, es decir, entre el cielo y la tierra, pudiéndose plantear, entonces, la siguiente cuestión: «¿Desde qué mitad (*ardham*) ella ha partido?», lo que nos confirma que el *ardham* aquí mencionado es algo muy diferente tanto de la tierra como del cielo. En el *Atharva Veda* X, 8, 7 y 13 se mencionan las «dos mitades» y el poeta inquiere: «Prajâpati con una mitad (*ardham*) ha engendrado toda la creación. ¿Qué signo nos habla de la otra mitad?». En este contexto la otra mitad no puede ser la tierra y Griffith, en consecuencia, la interpreta como el sol durante la noche. Otra expresión diferente para denominar tanto el mundo superior como el inferior es *samudrau* o los océanos (X, 136, 5). Se cuenta que estos dos océanos están uno en este lado (*avara*) y uno en el otro (*para*) lado en VII, 6, 7. Y en VIII, 12, 17 se menciona un océano de allende (*parâvati samudre*). Hemos citado con anterioridad pasajes que hablan del océano luminoso (*arnaḥ*, V, 45, 10) y de *arnava*, el océano sumido en la oscuridad (II, 23, 18). Los dos términos *parastât* y *avastât* se emplean en el mismo sentido. Ambos designan una región en el lado más próximo y una región en el lado más distante. En VIII, 8, 14 la región *parâvat* se contrapone a *ambara*, el cielo superior, y en III, 55, 6 se describe al sol durmiendo en la región de *parâvat*, de donde aparece Savitri para ascender al cielo. Las dos palabras *parâvat* y *arvâvat* designan por separado las mismas regiones que denominan conjuntamente los términos duales *rajasî*, *ardhau* o *samadrau*, mientras que cuando se hace referencia a los hemisferios superior e inferior el término empleado es *ubhayataḥ*. Así, en III, 53, 5 podemos leer «¡Oh, Maghavan! ¡Oh, hermano Indra! Ve allende (*para*) y regresa aquí (*â*), se te requiere en ambos lugares (*abhayatra*)». En cuanto a los pasajes en los que Savitri recorre la noche atravesando ambos lados ya han sido citados previamente.

A la vista de todos estos textos no se puede sostener que los bardos védicos desconociesen el hemisferio celeste inferior, tal y como Wallis, junto con otros especialistas supone. Esta hipótesis tampoco debería considerarse como probable *a priori,* en tanto que ha quedado evidenciado que los bardos védicos están lo suficientemente versados en astronomía como para calcular los movimientos del sol y la luna con una precisión apreciable y que las gentes capaces de esto no podrían ser tan ignorantes como para creer que el cielo estaba clavado a la tierra en el horizonte celeste y que el sol, al ocultarse durante la noche, desaparecía en alguna de las regiones celestes superiores. El pasaje del *Aitareya Brâhmaṇa* (III, 44), citado por Wallis, en el que dice que el sol, tras haber alcanzado el final del día, se vuelve, por así decir, provocando la noche donde antes había creado el día y viceversa, es demasiado vago y no prueba en absoluto que el sol retornaba por la noche a una región situada en los cielos superiores. Las palabras utilizadas en el original son *avâstat* y *parastât*. Haug ha traducido correctamente *parastât* por «lo que se encuentra en el otro lado», mientras que Muir, junto con otros especialistas, interpreta este término en el sentido de «superior», propuesta que da origen a la hipótesis según la cual el sol regresa atravesando la región superior del cielo durante la noche. No obstante, no podemos aceptar una hipótesis basada en la dudosa traducción de una sola palabra si tenemos enfrente explícitos pasajes en los que se mencionan de modo incontestable las regiones situadas tanto arriba como debajo de las tres tierras. Dicha hipótesis tiene su origen tanto en una noción preconcebida del hombre primitivo como en el deseo de trasladar a los *Vedas* las especulaciones de la cosmografía homérica. El conocimiento de los bardos védicos del mundo inferior no podría haber sido jamás tan exacto como el de los astrónomos actuales y, por tanto, nos encontramos en el *Ṛig Veda* con preguntas como la siguiente: ¿Dónde se encuentra Sûrya ahora (tras el ocaso) y qué regiones celestes son iluminadas por sus rayos en estos momentos? Pero existen las suficientes evidencias explícitas para probar que el pueblo védico conoció la existencia de una región bajo la tierra y si la idea que se hacían de esta era relativamente vaga, el valor de estas pruebas no se ve afectado en absoluto.

Si, por consiguiente, descartamos la idea de que el mundo inferior no fue conocido por el pueblo védico, suposición que es absolutamente gratuita, el carácter y el movimiento de las aguas celestes deviene perfectamente inteligible. Los antiguos arios, al igual que los hebreos, creían que la materia sutil que llena el espacio del universo no era sino vapor de agua y, por otro lado, que los movimientos del sol, la luna y del resto de cuerpos celestes estaban provocados por tales vapores que circulaban constantemente desde el hemisferio inferior hacia el superior y desde el superior hacia el inferior. Esta es la verdadera clave de interpretación de numerosos mitos védicos y no podremos entender numerosas expresiones propias de los poetas védicos a menos que la comprendamos en profundidad. A menudo, este agua se concebía bajo la forma de ríos que discurrían por los cielos para caer finalmente en la boca de Varuṇa, el océano inferior (VII, 49, 2; VIII, 69, 12). El mundo inferior, por tanto, constituía, por así decir, el asiento o la morada de estas aguas, denominado *yavatîḥ*, el eterno (XI, 13, 8), que conformaba tanto el reino de Varuṇay de Yama como el oculto (*niṇya*) dominio de Vṛitra. Por su parte, las escrituras parsis nos ofrecen expresiones muy claras referidas a estos movimientos de las aguas. En el *Vendidad* XXI, 4-5 (15-23) se describen las aguas del siguiente modo: «Como el mar de Vouru-Kasha es la confluencia de las aguas, elévate, remonta el camino aéreo y desciende sobre la tierra. Desciende sobre la tierra y remonta el camino aéreo. ¡Elévate y continúa girando! Tú, por cuyo movimiento ha hecho Ahura Mazda el camino aéreo. Comienza ¡Elévate! ¡Comienza a girar! Tú, sol de veloces corceles, sobre el Hara Berezaiti, y crea la luz para el mundo, y hazte elevar allá, si debes morar en Garo-nmânem, a lo largo del camino trazado por Mazda, a lo largo de la ruta trazada por los dioses, el acuoso camino que ellos han trazado». Este texto afirma que las aguas aéreas parten desde su confluencia, el mar de Vouru-Kasha, suben hacia el cielo y retornan hasta el mar para ser purificadas antes de comenzar un segundo recorrido. Darmesteter, en una nota al pie sobre este pasaje observa que «se creía que las aguas y la luz surgían de la misma fuente y corrían por el mismo lecho» y cita el *Bundadish* (XX, 4) que dice: «Como la luz nos viene a través del Albûrz (Hara Berezaiti, la montaña que rodea la tierra) e irradia a partir del Albûrz, el agua también viene a través del Albûrz e irradia a partir del Albûrz». En el *Ṛig Veda* se describen las aguas siguiendo el camino de los dioses (VII, 47, 3), de la misma manera que en el *Avesta* siguen el camino creado por Mazda o el sendero de los dioses. Al igual que las aguas avésticas, las aguas del *Ṛig Veda* tienen el mar como meta y tras seguir el camino aéreo, caen en la boca de Varuṇa. No obstante, el *Avesta* nos proporciona una clave para establecer la relación entre las aguas y la luz, puesto que, como ha señalado Darmesteter, afirma que ambas surgen de la misma fuente y en el pasaje citado anteriormente se solicita al sol de veloces corceles seguir el acuoso camino de los cielos. Según el *Aban Yasht* (V, 3), el río Ardvi Sura Anâhita fluye torrencialmente desde las alturas del Hukairya hacia el mar de Vouru-Kasha, de la misma forma que el río Sarasvati descrito en el *Ṛig Veda* precipitándose desde las cimas y al que se invoca para que descienda desde la gran montaña celeste hacia el sacrificio (V, 43, 11). Ambos son ríos aéreos que precipitándose sobre la tierra no solamente llenan todos los cursos terrestres, sino que son también el origen de todos los fluidos de la tierra, tales como la savia de las plantas, la sangre, etc., por lo que se suponía que todos estos dependían de las aguas aéreas por mediación de las nubes y de la lluvia. Las escrituras parsis añaden que entre la tierra y la región de la luz infinita (*parame uyoman* en el *Ṛig Veda*) existen tres regiones intermedias: La región de las estrellas, que posee la semilla de las aguas y las plantas, la región de la luna, y la del sol, que es la más elevada (*Yt.* XII, 29-32). Cuando el *Ṛig Veda* habla del *rajas* más elevado como el asiento de las aguas, no debe entenderse, como ha hecho Wallis, que no existían aguas inferiores, puesto que son estas últimas las que remontan desde el mundo inferior y se dirigen hacia la región superior de los cielos para producir las aguas terrestres que dan origen a la lluvia y a las nubes. De este modo, Ardvi Sura Anâhita recorre la región de las estrellas (*Yt.* VII, 47), y se le deben dedicar sacrificios para que sus aguas no retornen a la región del sol, lo que produciría la sequía sobre la superficie de la tierra (*Yt.* V, 85 y 90). En el *Ṛig Veda* se dice igualmente que Sarasvati llena la región terrestre y el espacio atmosférico (VI, 61, 11), solicitándosele que llene las corrientes y con ellas las aguas terrestres. Pero la similitud más estrechas entre el Ardvi Sura Anâhita y el Sarasvati consiste en que mientras este último es descrito como el que da muerte a Vṛitra, Vṛitraghnî (VI, 61, 7), Ardvi Sura Anâhita, según el *Aban Yasht* (V, 33-34), se alía con Thrâetaona, el heredero del valeroso clan de los Athwya (que corresponde al Trita Aptya védico), quien le había ofrecido un sacrificio, con el objeto de poder ser capaz de dar muerte a Azi Dahâk, el monstruo de tres bocas, tres cabezas y seis ojos. Esta historia es, de hecho, la misma que encontramos en el *Ṛig Veda* X, 8, 8, donde se narra que Trîta Âptya, orgulloso de los valerosos hechos de armas de sus ancestros e instado por Indra, luchó contra el hijo de Tvashtri que poseía tres cabezas, matándolo y, de este modo, liberó las vacas. Aquí queda establecida claramente la conexión entre las aguas, representadas por Ardvi Sura Anâhita o Sarasvati, y la muerte de Vṛitra. Numerosos especialistas védicos han intentado identificar Sarasvati con el río del mismo nombre que riega el Punjab, no obstante, dado que este río es muy pequeño, tal identificación no ha tenido excesivo éxito. La anterior comparación deja patente que el poderoso Sarasvati, al igual que Ardvi Sura Anâhita, es un río aéreo que se eleva desde el reservorio inferior de las aguas, atraviesa el cielo y vuelve a caer al océano inferior. Cierta porción de esas aguas cae sobre la tierra en forma de lluvia gracias a los sacrificios ofrecidos al río, derramándose junto a ella las semillas de todas las plantas que crecen sobre la tierra. Así, en el *Vendidad* V, 19, (56), el árbol de todas las semillas crece en medio del mar de Vouru-Kasha, diciéndose que las semillas han sido aportadas por los ríos aéreos y han caído sobre la tierra merced a la lluvia. Podemos encontrar esta misma idea en el *Ṛig Veda* (I, 23, 20), donde el sacrificador nos informa de que Soma le ha dicho que todas las medicinas (las hierbas medicinales) están contenidas en las aguas. De este modo, disponemos de una completa descripción de la circulación cósmica de las aguas aéreas y de la producción de las aguas y de las plantas terrestres. El mundo inferior, que es la morada de las aguas, se encuentra rodeado por todos lados por una cadena de montañas semejante a la de Hara Berezaiti. Cuando las aguas aéreas pueden elevarse sobre estas montañas, recorren el hemisferio superior, para volver a caer en el mar de Vouru-Kasha, el océano inferior, produciendo de este modo las lluvias que fertilizan la tierra y permiten que la vegetación cubra la superficie de la tierra. Pero, en lugar de descender bajo la forma de lluvia, estas aguas podían también, como ya hemos visto, regresar hacia la región del sol y privar a la tierra de la lluvia. Este es el motivo por el que resultaba necesario ofrecerles sacrificios e invocar su benevolencia.

Resulta imposible comprender el significado profundo de la leyenda de Vṛitra sin haber entendido la verdadera naturaleza e importancia de los movimientos de las aguas aéreas, tal y como fueron concebidos por los ancestros del pueblo indoiranio. Como ha hecho notar Darmesteter, se pensaba que las aguas celestes y la luz surgían de la misma fuente y seguían cursos paralelos. Habían sido estas aguas aéreas las que harían moverse a través de los cielos a los cuerpos celestes, como un barco o cualquier otro objeto son arrastrados por la corriente de un río. Por tanto, si las aguas cesaban de fluir, las consecuencias podían ser muy graves, puesto que el sol, la luna o las estrellas no volverían a salir y el mundo se vería envuelto en la oscuridad. Podemos comprender, en consecuencia, la magnitud del daño provocado por Vṛitra al detener el curso de esas aguas. En su oculta morada, en el fondo de *rajas*, esto es, en el hemisferio inferior, había aprisionado las aguas de tal modo que había detenido su curso *sobre* las montañas, y la victoria de Indra sobre Vṛitra supuso la liberación de las aguas de las garras del monstruo y que estas volvieran a fluir *hacia arriba*. Cuando las aguas fueron liberadas trajeron consigo la aurora, el sol y las vacas, esto es, el día o los rayos de la mañana. Por tanto, la victoria se describió como cuádruple. Y ahora podemos también comprender el papel jugado por *parvatas*, las montañas, en la leyenda. Estas eran el Albûrz o el Hara Berezaiti. Vṛitra, al extender su cuerpo, había taponado todas las aberturas de la cadena montañosa a través de las cuales venían el sol y las aguas, siendo misión de Indra abrir esos pasajes matando a Vṛitra. Así, el *Bundahish* (V, 5) menciona ciento ochenta aberturas al este y otras tantas al oeste del Albûrz, diciéndose a continuación que el sol pasa a través de ellas todos los días y que los movimientos de la luna, las constelaciones y los planetas están estrechamente conectados con dichas aberturas. La misma idea aparece en la literatura sánscrita tardía, en la que el sol se eleva sobre las montañas orientales y se pone bajo las montañas occidentales. La montaña en la que Indra encontró a Shambara (II, 12, 11), y la roca de Vala, donde las vacas fueron encerradas por este demonio (IV, 3, 11; I, 71, 2) y que fue abierta por los Angiras, representaría igualmente la misma cadena montañosa que separaría los hemisferios celestes superior e inferior o el océano brillante del oscuro. Esta explicación de la leyenda de Vṛitra podría parecer extraña a muchos especialistas, pero debemos tener presente que la correlación entre el curso de las aguas y la aparición de la aurora y del sol, aquí descritos, no tiene carácter especulativo. La ambigüedad de los textos védicos queda completamente eliminada por los textos parsis. Efectivamente, en el *Yasht de Khorshed* (VI; 2 y 3) se dice que «cuando el sol se eleva, la tierra deviene limpia, las aguas que fluyen devienen limpias (...) y si el sol no se eleva, los *daêvas* destruirían todo lo que se encuentra en los siete *Karshvares* (imperios)». El *Farvardin Yasht* es, incluso, más explícito. Este *Yasht* está dedicado a los Fravashis, que se corresponderían con los *pitṛis* del *Ṛig Veda*. En él se describe a estos ancestros, al igual que en el *Ṛig Veda*, tomando parte junto a los dioses en la producción de los fenómenos cósmicos. En efecto, han decorado el cielo con las estrellas, han colocado la oscuridad en la noche y la luz en el día (X, 68, 11) o han encontrado la luz oculta y han engendrado la aurora (VII, 76, 4; X, 107, 1). Los Fravashis en las escrituras parsis han realizado hazañas similares. En el *Yasht* XIII, 53 y 54 son descritos «mostrando los hermosos senderos a las aguas que han permanecido durante mucho tiempo en el mismo lugar sin fluir», diciéndose a continuación que las aguas comenzaron a fluir «por el camino creado por Mazda, por el camino creado por los dioses, por el camino acuoso señalado por ellos». Inmediatamente después (*Yt.* XIII, 57), podemos leer que también han mostrado «el camino a las estrellas, a la luna, al sol y a las luces eternas que habían permanecido durante mucho tiempo en el mismo lugar sin moverse, bajo la opresión de los *Daêvas* y sus asaltos». En este pasaje la correlación entre el fluir de las aguas y el movimiento del sol aparece explícitamente enunciada. Fueron los Fravashis los que provocaron el movimiento de las aguas y del sol, los cuales «habían permanecido durante mucho tiempo en el mismo lugar». Darmesteter añade una nota diciendo que esta detención del movimiento se produjo «en invierno» (Cf. *Vendidad* V, 10-12; VIII, 4-10). Posteriormente los Fravashis son descritos (*Yt.* XIII, 78) «destruyendo la maldad de Angra Mainyu (el equivalente avéstico de Vṛitra), de modo que las aguas no pararon de fluir ni las plantas de crecer». En el *Yasna* LXV (*Sp.* LXIV, 6), el fiel solicita a los Fravashis, que habían «traído las aguas que fluyen más cercanas», que vengan. Un poco más tarde se pide a las aguas que «permanezcan tranquilas hasta que el *zaota* (sánscrito *hotâ*) sacrifique», lo que significa, evidentemente, que el sacrificio realizado por el oficiante asegurará la liberación de las aguas. Las escrituras parsis hablan en otros pasajes (*Yt.* X, 61) del fluir de las aguas, pero los pasajes que ya hemos citado, creemos serán suficientes para probar nuestra tesis. La principal dificultad de una explicación racional de la leyenda de Vṛitra consiste en conectar el fluir de las aguas y el nacimiento de la aurora y pensamos que los pasajes que hemos extraído del *Farvardin Yasht* nos han permitido solventarla de modo completamente satisfactorio.

El *Vendidad* habla en dos lugares del período durante el cual las aguas celestes permanecían inmóviles y creemos necesario el citarlos, puesto que nos proporcionan indicaciones adicionales sobre la circulación de las aguas. Ya dijimos anteriormente que según Darmesteter estas aguas habrían cesado de correr durante el invierno, pero los *Fargard* V y VIII del *Vendidad* nos ofrecen una respuesta más precisa: Ahura Mazda explica lo que debe hacerse con el cadáver de una persona muerta durante el invierno, hasta que se puedan realizar los ritos habituales tras el fin de la estación. Así, en el *Fargard* V, 10 (34) se inquiere a Ahura Mazda: «Si el verano ha finalizado y ha llegado el invierno, ¿qué hará el fiel de Mazda?», a lo que Ahura Mazda responde: «En toda morada, en cada clan se harán tres Katas para el muerto, lo suficientemente profundos como para que no sobresalgan el cráneo, los pies o las manos del hombre (...) y se dejará allí el cuerpo sin vida durante dos noches, tres noches, o un mes completo, hasta que las aves vuelvan a volar, las plantas a crecer, los ríos a correr y el viento vuelva a secar las aguas de la tierra. Y tan pronto como las aves comiencen a volar, las plantas a crecer, las corrientes a fluir y el viento seque las aguas de la tierra, el fiel de Mazda deberá depositar el cadáver (sobre el *Dakhma*), con sus ojos dirigidos hacia el sol». Ya habíamos hecho referencia a este pasaje previamente, sin embargo, al no haber explicado todavía la teoría de la circulación de las aguas aéreas, habíamos pospuesto su análisis. Ahora podremos ver con toda claridad qué se quería decir con expresiones como «los ríos fluyen» o «las plantas crecen». Son las mismas expresiones que se utilizan en el *Farvardin Yasht*, donde están relacionadas con el movimiento del sol y de la luna, que habían permanecido inmóviles en el mismo lugar durante mucho tiempo. En otras palabras, las aguas, al igual que el sol, cesaban de moverse durante el invierno, y el fiel de Mazda no podía disponer del cadáver hasta que los ríos volvieran a fluir y el sol a desplazarse, debiendo esperar para ello durante *dos noches, tres noches o un mes completo*. Los fieles de Mazda creían que los cadáveres eran purificados por el sol, por lo que, por tanto, no podían disponer de los cuerpos de los muertos durante la noche. En el pasaje del *Vendidad* citado se hace mención explícita a que antiguamente el invierno se caracterizó por prolongados períodos de oscuridad de dos o tres noches e, incluso de un mes, y que durante este período las aguas cesaban de correr y las plantas de crecer. En este período, por consiguiente, se planteaba el problema del tratamiento de los cadáveres, razón por la cual se interrogó a Ahura Mazda. Toda esta cuestión carecería de sentido si el sol saliera todos los días del invierno en el país de origen de los mazdeos, como lo hace en las regiones tropicales, donde no existiría ninguna dificultad para preparar el cadáver tras exponerlo al sol la mañana siguiente. Por tanto, resultaría absurdo pedir a los fieles que mantuviesen el cadáver impuro en sus casas durante dos noches, tres noches o un mes completo, hasta que hubiese transcurrido el invierno. El pasaje del *Fargard* V citado anteriormente no menciona la oscuridad, aunque esta pueda inferirse del hecho de que el cuerpo era al final depositado en el *Dakhma* con sus ojos dirigidos hacia el sol, lo que a todas luces implica que era imposible celebrar esta ceremonia durante el período en el que el cuerpo permanecía en la casa. No obstante, el *Fargard* VII, 4 (11), donde se trata la misma cuestión, menciona explícitamente la oscuridad. Efectivamente, en este pasaje se pregunta a Ahura Mazda: «Si en la casa del fiel de Mazda mueren, y llueve o nieva o sopla el viento o la oscuridad sobreviene, cuando los rebaños y los hombres han extraviado su camino, ¿qué debe hacer el fiel de Mazda?». A esta pregunta, Mazda ofrece la misma respuesta que en el *Fargard* V. Se indica al fiel, VIII, 9 (21), cavar una tumba en la casa y «depositar el cuerpo sin vida en ella durante dos noches, tres noches o un mes completo, hasta que las aves comiencen a volar, las plantas a crecer, los ríos a correr y el viento seque las aguas de la tierra». En este texto la oscuridad está asociada a la nieve y al viento y ya vimos que en el *Farvardin Yasht* las aguas y el sol se movían al mismo tiempo. Pediríamos al lector que recordase también el pasaje del *Tîr Yasht*, donde el tiempo fijado para el retorno de Tishtrya, tras su victoria sobre Apaosha en las regiones acuosas, es de una noche, dos noches, cincuenta o cien noches. De todos estos pasajes en conjunto se deriva inevitablemente que las aguas cesaron de fluir y el sol de desplazarse durante el invierno y que el período de inmovilidad se prolongaba de una a cien noches. Era este un período de oscuridad prolongada durante el cual el sol no aparecía sobre el horizonte. En consecuencia, si un hombre moría durante esta época, su cadáver debía permanecer en la casa hasta que las aguas celestes reemprendían su movimiento y el sol volvía a aparecer sobre el horizonte. Ya señalamos previamente que la creencia entre los indios de que resultaba de mal augurio morir durante el *dakṣhiṇâyana* debía remontarse a esta práctica más antigua que consistía en conservar el cadáver sin purificar durante la larga noche ártica. El término *Kâta*, que se emplea en las escrituras parsis en el sentido de «tumba», aparece en el *Ṛig Veda* (I, 106, 6), donde el sabio Kutsa, que yace en el *Kâta*, invoca a Indra, el matador de Vṛitra, para que lo proteja. En nuestra opinión, estamos ante una referencia indirecta a la práctica de depositar los cuerpos en el *Kâta*, práctica que se efectuaba hasta que Vṛitra fue muerto y tanto las aguas como el sol volvieron a seguir su curso normal. No obstante, en este caso se trata solamente de las aguas celestes. Como se deduce de los pasajes avésticos comentados anteriormente, las aguas aéreas cesaron de fluir durante numerosos días y noches en invierno y, en tanto que la luz nacía de la misma fuente que las aguas, el sol también detuvo su movimiento durante ese período, permaneciendo quieto en las regiones acuosas, hasta que los Fravashis, quienes auxiliaron a los dioses en su combate por las aguas contra las potencias de la oscuridad, hicieron que las aguas y el sol se moviesen para retomar su curso en el hemisferio celeste superior. Podemos entender, en consecuencia, por qué se describe a Indra poniendo las aguas en movimiento hacia arriba (*udañcha*) en II, 15, 6, por qué se dice que la muerte de Vṛitra permitió a los ríos correr libremente (*sartave*) en I, 32, 12 y por qué en I, 85, 5 Indra ha permitido brillar a las luces del cielo sin que nada las obstruya y ha permitido que las aguas (*apaḥ*) fluyan libremente. Existen muchos más pasajes en el *Ṛig Veda* en los que se mencionan el fluir de las aguas y la aparición del sol o de la aurora como efectos simultáneos, tal y como se puede comprobar consultando la obra de Macdonell ya citada. Todos estos pasajes resultan fácilmente comprensibles si se interpretan a la luz de la teoría de la circulación cósmica de las aguas aéreas a través de los hemisferios superior e inferior. El que no se haya hecho hasta ahora explica que tanto los exégetas antiguos como modernos hayan fracasado a la hora de interpretar de modo racional la leyenda de Vṛitra y especialmente la cuestión de los cuatro efectos simultáneos de la victoria de Indra.

La circulación cósmica de las aguas aéreas que hemos descrito en este capítulo no es exclusiva de la mitología indoirania. Warren, en su *Paradise Found*, menciona una circulación análoga de las aguas aéreas en las obras de Homero. Según la descripción proporcionada por este último, el sol retorna al océano, se hunde y emerge de nuevo para remontarse hacia el cielo. Todos los ríos, todos los mares, todas las fuentes, así como los pozos más profundos, nacen del insondable océano, según se creía, circundaba la Tierra[83]. Helios, el sol, navega de oeste a este en un barco de oro, lo que implica que el mundo inferior debía estar lleno de agua. Sin embargo, para los especialistas en Homero esta dificultad resulta superflua, puesto que suponen que, para Homero, la Tierra era plana y que al ser el Hades una región completamente oscura, resultaba absurdo decir que el sol la atravesaba tras ponerse bajo el horizonte. No obstante, Warren ha señalado que esta suposición carece completamente de fundamento, ya que Homero concebía la Tierra, en realidad, como una esfera y creía que el mundo inferior se encontraba lleno de aguas aéreas. Ya vimos cómo algunos especialistas védicos se encontraban con dificultades análogas al suponer

[83] Véase: Warren, *Paradise Found*, 10.ª edición (1893), Libro V, Cap. V. pp. 250-60.

que los bardos védicos desconocieron el hemisferio celeste inferior. Probablemente, estamos ante un reflejo de la controversia homérica y, como ha subrayado Warren[84], tales infundadas suposiciones son debidas al prejuicio con el que muchos especialistas afrontan la cuestión de la interpretación de los mitos antiguos. En nuestros días está muy extendida la creencia de que los hombres prehistóricos no poseían mayores conocimientos que los que tienen las tribus más salvajes que conocemos en la actualidad, por lo que textos claros, simples y explícitos se dejan de lado o se alteran por especialistas, que de no haber estado cegados por tales prejuicios los habrían interpretado de un modo completamente diferente. Pese a todo, nos es imposible extendernos aquí sobre esta cuestión, pero nos permitiríamos recomendar al lector la instructiva obra de Warren para un más detallado conocimiento de este problema. Warren cita también a Eurípides quien, al igual que Homero, creía que todas las aguas del mundo provenían de una fuente única. Por su parte, Hesíodo compartía la misma concepción. Efectivamente, en la *Teogonía* podemos leer que todos los ríos, arroyos y fuentes son los hijos y las hijas de *Okeanos*. En consecuencia, nos encontramos ante un movimiento constante de descenso de las aguas hacia el río-océano inferior que rodea la Tierra por el ecuador y más allá del cual se extiende el mundo inferior, movimiento que es similar al de las aguas aéreas descrito en el *Avesta*. Por otro lado, se dice que Aristóteles mencionaba en sus *Meteoros* «un río aéreo que fluye constantemente entre los cielos y la Tierra, producido por los vapores ascendentes y descendentes»[85].

Por su parte, Grill ha señalado que los antiguos germanos concebían un río semejante y que la mitología finlandesa habla de un río descendente, el Ukko, y otro ascendente, el Amma, que parecen vestigios de una antigua circulación cósmica de las aguas. En la mitología letona encontramos igualmente un barco de oro, a propósito del cual Max Müller escribe: «Lo que representa el barco de oro que se sumerge en el mar y es llorado por la hija del cielo, por muy dudoso que pueda resultar en otros contextos, en la mitología letona es inconfundible. Es el sol en su ocaso que es salvado por los Ashvinos, el barco dorado en el que Helios y Heracles navegan de este a oeste. A veces es la misma hija del sol que se ha ahogado como Chyavâna en el *Veda* y, al igual que Chyavâna y otros héroes análogos deben ser salvados por los Ashvinos, los letones deben invocar a los hijos de los dioses para salvar a la hija del sol»[86].

Debemos señalar, en relación con lo anterior, que en el *Ṛig Veda* los Ashvinos salvan a sus protegidos con barcos (I, 116, 3; I, 182, 6) y que, a

[84] *Ibid.*, pp. 333 y siguientes.
[85] *Ibid.*, pp. 51 y 256, notas.
[86] Max Muller, *Contributions of the Science of Mythology*, vol. II, p. 433.

pesar de que no se diga explícitamente que tales barcos son de oro, sí que leemos que sus carros son *hiraṇyayí*, es decir, dorados, en VIII, 5, 29, mientras que los barcos de Pûṣhan, mediante los que cruza el océano aéreo (*samudra*), son descritos como dorados en VI, 58, 3. Por otro lado, en I, 46, 7, se cuenta que los Ashvinos poseen una suerte de doble equipamiento formado por un barco y un carro, siendo este último *samâna yojana*, lo que quiere decir que atraviesa sin distinción tanto los cielos como las aguas (I, 30,18). El término *samâna* carecería de sentido a no ser que se admitiese que existían ciertas dificultades para franquear el límite entre las dos esferas celestes. Los dioses védicos utilizaban estos barcos para atravesar el mundo inferior, donde se encontraban las aguas aéreas, mientras que, tras aparecer sobre el horizonte, cruzaban la esfera superior con sus carros. Sin embargo, a veces se dice que las aguas los transportan a través de la bóveda celeste o que viajan a través del mundo inferior mediante sus carros. Por ejemplo, en la leyenda de Dîrghatamas se cuenta que este es arrastrado por las aguas durante seis meses tras los cuales, habiendo envejecido hasta casi morir, llega al océano del que nacen todas las aguas. En otras palabras, el sol, que ha sido llevado por las aguas durante seis meses, había atravesado las aguas inferiores, tal y como lo explicamos en el capítulo VI. Pero la idea de la circulación cósmica de las aguas aéreas no es privativa de las mitologías india, irania y griega. En la mitología egipcia, Nut, la diosa del cielo, es a veces «representada por una figura en la que una banda de estrellas está acompañada de otra de agua». En opinión de Norman Lockyer: «Se creía que no solo los dioses-sol viajaban por el firmamento en barcos desde un horizonte a otro, sino que las estrellas lo hacían de igual manera»[87]. En cuanto a la idea judía de un firmamento creado por la separación de las aguas superiores de las inferiores, ya ha sido mencionada más arriba. No hay, por tanto, nada de extraño en encontrar tanto en el *Avesta* como en los *Vedas* referencias más o menos claras de la circulación de las aguas aéreas a través de los hemisferios superior e inferior del universo. Esta concepción está presente en las mitologías de otros muchos pueblos, por lo que nada, a excepción de falsos prejuicios, nos puede impedir el interpretar el movimiento y la liberación simultáneos de las aguas y la luz, que encontramos en los himnos védicos, mediante la teoría de la circulación cósmica de las aguas aéreas.

No obstante, aunque aceptemos la teoría de la circulación cósmica de las aguas celestes y la liberación simultánea de las aguas y de la aurora, podríamos preguntarnos qué papel jugaría la teoría ártica en la explicación de la leyenda de Vṛitra. Podríamos admitir que las aguas aprisiona-

[87] Véase Lockyer, *Down of Astronomy*, p. 35.

das por Vṛitra al obstruir los orificios de la cadena montañosa que las rodeaban, se identificasen con las aguas celestes que se encuentran bajo las tres tierras. Sin embargo, en función de lo que sabemos, el combate entre Vṛitra e Indra podría representar el enfrentamiento diario entre las potencias de la luz y las de la oscuridad y que, en consecuencia, no fuese necesario recurrir a la teoría ártica para explicarla. Pero unas breves reflexiones nos mostrarán que la teoría del combate diario resulta incapaz de hacer comprensibles todos los detalles de la leyenda. En X, 62, 2, los Angiras, compañeros de Indra en su lucha por la liberación de las vacas, han dado muerte a Vala al final del año (*parivatsare*). Esto bastaría para demostrar que el combate era anual y no diario. Existe, además, un pasaje (VIII, 32, 26), donde Arbuda, el demonio de las aguas, ha sido muerto por Indra por medio del hielo (*hima*), como suele ser lo habitual. Además de que el combate poseía carácter anual, se desarrolló en invierno, la estación de la nieve y el hielo, lo que está corroborado por el *Avesta* en el que se dice que fue en invierno cuando las aguas, y con ellas el sol, se detuvieron. De igual forma, las fortalezas de Vṛitra son descritas como otoñales (*shâradiḥ*), indicando que el enfrentamiento dio comienzo al final de *Sharad*, el otoño, para prolongarse durante todo el invierno. Hemos visto anteriormente que existía un centenar de sacrificios nocturnos y que la duración de la lucha entre Tishtrya y Apaosha variaba de una a cien noches en el Tir Yasht. Todos estos detalles solo pueden explicarse por la teoría ártica o por la de una larga noche otoñal, pero en ningún caso por la del combate diario entre la luz y la oscuridad.

Hemos llegado a la conclusión de que el combate entre Indra y Vṛitra debió haber comenzado en *Sharad* y se prolongó hasta *Shishira* en las regiones acuosas del mundo inferior. Afortunadamente para nosotros, esta conclusión cuenta con el respaldo de una importante cita del *Ṛig Veda*, que nos proporciona lo que debería considerarse la fecha real del comienzo del combate entre Indra y Vṛitra, a pesar de que el verdadero sentido del pasaje ha permanecido oculto hasta ahora. En II, 12, 11, podemos leer: «Indra ha encontrado a Shambara morando en las montañas (en) *chatvârimshyâm sharadi*». Ahora bien, *chatvârimshyâm* es un numeral ordinal en género femenino y en caso locativo, al igual que *sharadi* es el locativo de *Sharad* (otoño), que también es un femenino en sánscrito. Por tanto, la expresión *chatvârimshyâm sharadi* es susceptible de dos interpretaciones o de dos construcciones, aunque los términos que la componen son bastante sencillos. *Chatvârimshyâm* significa literalmente «en el cuadragésimo» y *sharadi* «en otoño». Si consideramos *chatvârimshyâm* como un adjetivo que está determinando a *sharadi*, el significado de la expresión deviene: «durante el cuadragésimo otoño». Pero si disociásemos ambos términos, significaría: «en el cuadragésimo, en otoño». Sâyaṇa y los especialistas occidentales han adoptado la primera construcción, traduciendo el pasaje del siguiente modo: «Indra ha encontrado a Shambara morando en las montañas en el cuadragésimo otoño, es decir, en el curso del cuadragésimo año», puesto que los términos que designan a las estaciones, como *Vasant* (primavera), *Sharad* (otoño) o *Hemanta* (invierno), se entienden en el sentido de un año, en particular cuando se encuentran acompañados de un adjetivo numeral que indique más de uno. Esta construcción es gramaticalmente correcta, ya que *chatvârimshyâm* y *sharadi* están en femenino y en locativo, y ambos pueden asociarse e interpretarse en el sentido de «en el cuadragésimo otoño o en el cuadragésimo año». No obstante, ¿qué quiere decir que Shambara fue encontrado en el cuadragésimo año por Indra? ¿Debemos suponer que Indra ha estado buscando al dragón durante cuarenta años y que no lo encontró hasta el final de este largo período en las montañas? Si esto hubiera sido así, el combate entre Indra y Shambara no podía haber sido diario, sino que debió haber tenido lugar una vez cada cuarenta años, conclusión que resulta imposible conciliar con el versículo X, 62, 2, que dice que: «Vala fue muerto al final del año (*parivatsare*)». Algunos especialistas han intentado superar esta dificultad sugiriendo que el pasaje está haciendo referencia a una hambruna o a una sequía que se habrían producido tras cuarenta años o a una guerra entre los arios, protegidos de Indra, y Shambara, el jefe de las razas aborígenes que moraban en las montañas. Es evidente que ambas explicaciones son demasiado fantásticas, demasiado traídas por los pelos, como para que valga la pena el menor intento de refutación. La historia de Shambara aparece en diferentes lugares del *Ṛig Veda* y en todos ellos representa el enfrentamiento entre Indra y Vṛitra[88]. Por tanto, resultaría absurdo sostener que este pasaje está haciendo referencia a una guerra de cuarenta años contra los aborígenes, cuando puede ser interpretado de forma distinta sin necesidad de modificar el sentido de las palabras. En sánscrito resulta lo más normal emplear el locativo en el mes, el día, la estación o el año, cuando se dice que cualquier hecho particular ha tenido lugar. Efectivamente, incluso en la actualidad, decimos «*Kârttike, shukla-pakṣhe, trayodashyâm*» en el sentido de: «en el mes de *Kârttika*, en la mitad brillante (la luna creciente), en el decimotercero (*tithi* o día)». Los numerales ordinales femeninos, como *chaturthi, ekâdashi, trayodashi*, se utilizan siempre para indicar el *tithi*, el día del mes o de la quincena, según el caso. Así, en el *Taittirîya Brâhmaṇa* (I, 1, 9, 10) encontramos la expresión: «*yadi samvatsare na âdadhyât dvâdashyâm purastât âdadhyât*», que significa que «si el fuego sacrificial no es consagrado al final del año (*samvatsare*), deberá ser consagrado el

[88] Véase los *Nivids* citados *supra* (p. 246). *Shambrya-hatya*, el combate contra Shambara, y *go-ishti*, el combate por las vacas, son idénticos según estos *Nivids*.

decimosegundo (*dvâdashyâm*) después». En este caso, *dvâdashyâm* es un ordinal femenino en caso locativo empleado solo, con el significado de: «el decimosegundo día» después del fin del año mencionado en la frase precedente. En el pasaje védico que estamos comentando, *chatvârimshyâm* podría designar el cuadragésimo día, *tithi*, y *sharadi,* la estación, al mismo tiempo, ya que los dos términos vienen considerados como dos locativos independientes. En consecuencia, la traducción del pasaje sería: «Indra ha encontrado a Shambara morando en las montañas el cuadragésimo (se sobreentiende día) en otoño».

Ahora bien, *Sharad* es la cuarta estación del año, por lo que el cuadragésimo día de *Sharad* podría indicar siete meses y días o, lo que es lo mismo, 220 días tras el primer día de *Vasanta*, la primavera, con el que comenzaba el año en los tiempos antiguos. Resumiendo, el pasaje quiere decir que el combate entre Indra y Shambara, esto es, la lucha entre la luz y la oscuridad, comenzaba el décimo día del octavo mes del año, es decir, el diez de octubre, si consideramos que entonces el año daba comienzo en marzo, el primer mes del antiguo calendario romano. En I, 165, 6 Viṣhṇu, como una rueda, ha puesto en movimiento sus noventa veloces corceles al mismo tiempo que los cuatro, expresiones que, evidentemente, están haciendo referencia a un año compuesto por cuatro estaciones de noventa días cada una. Si aceptamos esta división, cada estación tendría una duración de tres meses, y siendo *Sharad* la tercera (cf. X, 90, 60), el cuadragésimo día de *Sharad* sería el décimo día del octavo mes del año. Por tanto, el pasaje nos está proporcionando la fecha real del comienzo del combate anual entre Indra y Vṛitra. Si lo hemos interpretado correctamente, se habrán evitado especulaciones inútiles sobre la naturaleza de la leyenda de Vṛitra. Hemos visto también con anterioridad que los siete Âdityas, los dioses-meses, hijos de Aditi, fueron presentados por su madre en el transcurso de un *yuga* precedente, y que ella rechazó al octavo, Mârtânda, porque había nacido atrofiado. En otras palabras, el dios-sol del octavo mes ha muerto poco después de su nacimiento, lo que significa a todas luces que el sol ha descendido bajo el horizonte al comienzo del octavo mes. Al determinar la fecha del comienzo del combate entre Indra y Vṛitra en el cuadragésimo día de *Sharad* o en el décimo día del octavo mes, hemos llegado a la misma conclusión. La leyenda de Aditi y la fecha del comienzo del combate entre Indra y Shambara, que nos proporciona II, 12, 11, concuerdan, por tanto, de manera extraordinaria. Ante la evidencia de que la interpretación usual de este pasaje no nos ha permitido ninguna versión inteligible, creemos que no queda más opción que adoptar la interpretación que proponemos.

Según nuestra interpretación, *Sharad* constituiría la última estación de luz solar, y debemos hacer notar que el sentido etimológico del término lo confirmaría. En efecto, *Sharad* deriva de *shṛi*, marchitar o consumir (*Uṇâdi* 127), y en origen significaba «la estación del declinar o del marchitar», siendo este «declinar», el declinar del poder del sol y no el marchitarse de la vegetación, como había sugerido Sâyaṇa en su comentario a III, 32, 9. En este sentido, encontramos en el *Taittirîya Samhitâ* II, 1, 2, 5 que: «Tres son los brillos o los poderes del sol: uno en *Vasant*, la mañana; otro en *Grîṣhma*, al mediodía; y otro en *Sharad*, en la tarde»[89]. En este pasaje resulta imposible interpretar las palabras mañana, mediodía y tarde en su sentido primario. Por el contrario, estas tres etapas hacen referencia al ciclo anual del sol, diciéndose que *Sharad* constituye la tarde, es decir, el período de declive del sol durante su curso anual. De esto se sigue que tras *Sharad* no existía ningún período de luz solar en aquella época. En un pasaje[90], citado por Shabara en sus comentarios a los *Jaimini Sutras* VI, 7, 40, podemos leer: «El sol es todas las estaciones; cuando es la mañana (*uditi*), esto es *Vasant*; cuando es el momento del ordeño (*saṇgava*), esto es *Grîṣhma*; cuando el mediodía (*madhyan-dina*), esto es *Varṣhâ*; cuando la tarde (*aparâhṇa*), esto es *Sharad*; cuando se pone (*astam eti*), esto es la estación dual de *Hemanta y Shishira*». El único sentido que podemos encontrar a este pasaje es que la potencia solar declina en *Sharad* y que el final de este (el otoño) representa la derrota anual del sol ante las potencias de la oscuridad. En otras palabras, la estación dual de *Hemanta* y *Shishira* representa la larga noche durante la que el sol se hundía bajo el horizonte. Igualmente, deberíamos señalar que la palabra *himyâ* (literalmente «invernal») se emplea en el *Ṛig Veda* para designar la noche (I, 34, 1), lo que implica, a todas luces, que la estación invernal fue una estación de oscuridad.

Sin embargo, se podría objetar que no disponemos de ningún texto explícito que nos permita sostener que en aquella época se computase el tiempo a partir de los días y las estaciones, y que, en consecuencia, *chatvârimshyâm sharadi* no puede ser interpretado en el sentido de: «el cuadragésimo (día) en *Sharad*». Esta objeción, no obstante, resulta infundada en tanto que podemos encontrar en las inscripciones antiguas numerosos ejemplos donde las fechas de los sucesos estaban registradas únicamente mediante las estaciones. Así, en la obra del Dr. Burgess y Pandit Bhagwânlâl Indrâji, publicada por el Gobierno de Bombay en 1881, la fecha de la inscripción n.º 14 aparece del modo siguiente: «Del rey

89 Véase también *Taitt. Sam.*, II, 1, 4, 2.

90 Comentarios de Shabara sobre *Jaimini* VI, 7, 40. Desafortunadamente no nos ha sido posible encontrar este pasaje, no obstante, en él se afirma claramente que las dos últimas estaciones equivalían a la ausencia del sol anual.

(*rano*) Vâsiṭhîputa, el ilustre señor (*sâmi-siri*) (Pulumâyi) en el séptimo año de *Grîṣhma*, la quinta quincena, el primer día». En este sentido, Burgess hace notar que «la indicación de una quinta quincena de *Grîṣhma* muestra que el año no estaba dividido en seis estaciones (*ritu*), sino en tres: *Grîṣhma, Varṣhâ* y *Hemanta*». Pero lo que realmente importa es este método de datación mediante las estaciones, quincenas y días, en el que no se hace referencia a los meses. En la misma obra se citan diferentes inscripciones, de las que una, la 20.ª, se fecha como sigue: «En el vigésimo cuarto año del rey Vâsithîputa, el ilustre Pulumâyi, la tercera quincena del invierno (*Hemanta*) en el segundo día». Y otra fecha la encontramos así inscrita: «En el décimo día, en la sexta quincena de Grîṣhma, en el séptimo año del rey Mâḍhariputa, señor de Sîrisena»[91].

Bhâṇḍârkar, en su *Early History of the Deccan*, ha determinado que Mâdhariputa reinó sobre el Mahârâṣhtra del 190 al 197, y que Pulumâyi lo hizo unos sesenta años antes, esto es, del 130 al 154. Todas las inscripciones citadas pertenecen, por tanto, al siglo segundo de la era cristiana, mucho tiempo antes de la época de Ârya Bhatta o de Varâhmihira, cuyas obras parece que han sido las que han establecido, si no introducido, el sistema actual de medida del tiempo mediante las estaciones, meses, quincenas y días. En consecuencia, queda claro que hace 1800 años los acontecimientos se databan únicamente mediante la estación, la quincena y el día de la quincena, sin hacer ninguna mención al mes del año, y sería legítimo suponer por nuestra parte que muchos siglos antes de esa época las fechas se proporcionaran por medio de un método todavía más sencillo, por ejemplo, mencionando únicamente la estación y el día de dicha estación. Y, efectivamente, podemos encontrar este sistema de medición temporal, por medio de estaciones y días, empleado en el *Avesta*. En el *Afrigân Gâhanbâr* (I, 7-12) según Westergaard en sus notas a esta obra, aparece una relación de las diferentes recompensas que recibirá el fiel de Mazda en la vida futura por las ofrendas que ha ofrecido a Ratu (el jefe religioso), y encontramos expresiones como las siguientes: «En el 45º (día) de Maidhyô-Zaremya, es decir, en (el día) Dae de (el mes) Ardibehest» o «en el 60º (día) de Maidhyôshma, es decir, en (el día) Dae de (el mes) Tîr» y así repetidamente. Aquí cada fecha se ofrece de dos modos diferentes: primero, mencionando el Gâhanbâr, la estación, (el año está dividido en seis Gâhanbârs) y día de tal estación; y segundo, mencionando el mes y el día correspondiente de dicho mes. En términos estrictos no habría necesidad de adoptar este doble método de datación, puesto que cualquiera de ambos es suficiente para precisar el día en cuestión. Por consiguiente, resulta altamente probable, como ha señalado Ervad

[91] Cf. también la inscripción de la gruta de Kânheri, p. 60.

Jamshedji Dadabhai Nadershah, que el método de datación mediante estaciones y días sea el más antiguo de los dos y que las frases que contienen los nombres de los meses y días constituyen interpolaciones tardías, llevadas a cabo en la época en la que el método antiguo fue sustituido por el otro[92]. Pero incluso, aunque supusiéramos que las dos expresiones fueron utilizadas a la vez, podemos inferir de estos pasajes que el sistema de datación mediante la estación y el día estuvo en uso en la época durante la cual se escribió el *Afrigân*, y si este método es tan arcaico, confirmaría nuestra interpretación de *chatvârimshyâm sharadi* en el sentido de: «El cuadragésimo (día) en *Sharad* (otoño)». No puede existir la menor duda de que los bardos védicos han recordado con este pasaje la fecha exacta del comienzo del combate entre Indra y Shambara, pero que al no disponer de la verdadera clave de interpretación, este pasaje ha sido desafortunadamente durante demasiado tiempo mal entendido e interpretado por los especialistas tanto occidentales como orientales. La posibilidad gramatical de conectar *chatvârimshyâm*, como adjetivo, con *sharadi* contribuyó a este error. A pesar de que los especialistas védicos eran incapaces de explicar por qué podía decirse que Shambara había sido encontrado en el 40º año, parece que se habían resignado a aceptar esta interpretación, a causa de que ningún otro significado les podía parecer posible. En vez de considerar *chatvârimshyâm* como un adjetivo que califica a *sharadi*, vemos ambas palabras como locativos independientes. El cambio de significado que esto provoca trae consigo consecuencias muy importantes, y en tanto que la teoría ártica era entonces desconocida, los comentaristas optaron por ignorar esta posible construcción[93]. Tras toda la exposición anterior, en nuestra opinión, estamos en condiciones de comprender por qué se dice que Indra ha encontrado a Shambara en el 40º (día) de *Sharad*, por qué las fortalezas en las que había encontrado refugio el

[92] Véase su ensayo *The Zoroastrian months and years with their divisions in the Avestic age*, en el *Cama Memorial Volume*, pp. 251-54.

[93] Una expresión similar se encuentra en el *Atharva Veda* (XII, 3, 34 y 41). El himno describe la preparación del Brahmaudana, es decir, el pastel de cereales que se ofrece a guisa de salario a los Brahmanes, y en el 34.º versículo se dice que: «El tesorero irá a buscarlo en sesenta otoños (*Shashtyâm sharatsu nidhipâ abhichhât*)». Pero, como señala Bloomfield (en su traducción del Ath. Veda, en las *S. B. E. Series*, vol. XLII, p. 651) el sentido de la expresión «sesenta otoños» es oscuro, y la única alternativa es considerar *shashtyâm* como el locativo de *shashtî* (forma femenina en î larga de *shashta*) que significaría «el sexagésimo», con lo que la expresión deviene: «en el 60.º (*tithi*) en otoño». Shashta, según Pânini (V, 2, 58), no puede ser empleada como un adjetivo ordinal, sin embargo, esta regla no puede aplicarse al sánscrito védico (véase la Gramática de Whitney, 487. En la literatura post-védica encontramos formas ordinales como *shashta*, *ashîta*, etc. Así, al final del 60.º capítulo del *Sabhâ*, así como del *Udyoga-parvan* del *Mahâbhârata* (ed. Roy) encontramos: «*Iti... shashtah adhyâyah*», lo que demuestra que *shashta* se empleaba en esta época como un adjetivo numeral ordinal (véase: *Lexicon de Petersberg* en la entrada «*shashta*»). Según la interpretación propuesta, el Brahmaudana debe prepararse el 60.º día de otoño, es decir, cada año al final de *Sharad*.

dragón se calificaron como *sharadi* y por qué Arbuda, el demonio de las aguas, fue muerto por medio del hielo (*hima*). Ya dijimos anteriormente que las fortalezas (*puraḥ*) de Shambara podían interpretarse en el sentido de «día», y que el adjetivo *sharadi* refuerza la misma idea. La desaparición del sol bajo el horizonte al comienzo del octavo mes, en otoño, seguida en primer lugar por un largo crepúsculo y después por una noche continua de alrededor de cien días de duración y de una larga aurora de treinta días en las regiones árticas constituye la base de la leyenda, y la teoría ártica es la única que permite explicar todos y cada uno de los detalles de dicha leyenda.

Existe en la leyenda de Vṛitra otro punto que deberemos examinar antes de dar por finalizado nuestro análisis. Ya hemos visto que las aguas y la luz fueron liberadas simultáneamente por Indra tras dar muerte a Vṛitra. A veces se dice que estas aguas eran corrientes o ríos (II, 15, 3; 11, 2) que discurrían hacia arriba (*udañcha*) (II, 15, 6) y que son siete (I, 32, 12; II, 12, 12). La teoría de la circulación cósmica de las aguas aéreas nos permite entender por qué se describen fluyendo hacia arriba simultáneamente a la aurora, puesto que como se creía que el sol era transportado a través del cielo por las corrientes aéreas, la luz solar aparecía sobre el horizonte cuando los ríos aéreos comenzaban a fluir desde el mundo inferior donde habían estado retenidos por Vṛitra. Si la descripción de los ríos corriendo hacia arriba es, en consecuencia, correcta, aún nos quedaría por explicar por qué su número es el de siete. Generalmente se sostiene que la teoría de la tormenta ofrece una respuesta satisfactoria a esta cuestión. En efecto, los especialistas occidentales han sugerido que los siete ríos no son sino los siete ríos del Punjab que se alimentan durante la estación de las lluvias de las aguas liberadas por Indra de las garras del dragón que las retenía en las nubes de tormenta. Esta explicación se fundamenta en *Ṛig Veda* X, 75 y en la expresión *hapta hindu* que aparece en el *Fargard* I del *Vendidad*, que es el nombre que se da al Punjab o la India. Sin embargo, esta hipótesis, a pesar de lo sugestiva que pueda parecer a primera vista, en realidad no es capaz de explicar de manera satisfactoria la séptuple de las aguas. Como se ha subrayado precedentemente, la liberación simultánea de las aguas y de la luz solo puede explicarse mediante la teoría de la circulación cósmica de las aguas aéreas, por lo tanto, resulta imposible identificar los siete ríos liberados por Indra con ningún río terrestre, ya sea del Punjab o de cualquier otro lugar. El Punjab, como su mismo nombre indica que es el país de los cinco ríos, no de los siete, y así es descrito en el *Vâjasaneyi Samhitâ*[94]. El término *pañchanada* resulta, por

[94] Véase: *Vâj. Sam.*, XXX y V, 11. Aquí *so* es igual a *sa* y *u*.

tanto, más apropiado al caso del Punjab que *sapta sindhavaḥ* o que el *hapta hindu* del *Avesta*. Pero podría obviarse esta dificultad suponiendo que Kubhâ y Sarasvati, o cualesquiera otros dos tributarios del Indo que fuesen incluidos en el grupo por los bardos védicos, cuando hablaban de los siete ríos. En el *Ṛig Veda* (X, 75), se mencionan alrededor de quince ríos diferentes, entre los que se incluyen el Gangâ, el Yamunâ, el Kubhâ, el Krumu, el Gomatî, el Rasâ y los cinco ríos del Punjab, pero en ningún lugar encontramos qué ríos fueron incluidos en el grupo de los siete ríos. Esta cuestión ha dado lugar a diferentes opiniones entre los especialistas. Así Sâyaṇa incluye el Ganges y el Yamunâ en grupo, el cual, según Max Müller se conformaría añadiendo el Indo y el Sarasvati a los cinco ríos del Punjab. Por otro lado, Lassen y Ludwig sostienen que el Kubhâ debe incluirse en el grupo junto al Sarasvati. Esto muestra que no nos movemos sobre terreno seguro al suponer que la expresión «siete ríos» designó alguna vez lo que por naturaleza es «la tierra de los cinco ríos». La expresión *sapta sindhavaḥ* aparece alrededor de una docena de veces en el *Ṛig Veda* y en cinco de ellas significa claramente los siete ríos liberados por Indra, al mismo tiempo que las vacas o que el retorno de la aurora (I, 32, 12; II, 12, 3 y 12; IV, 28, 1, etc.). Las razones que hemos enumerado más arriba nos impiden aceptar que estos ríos representen a ningún río terrestre en estos pasajes. En el resto de los casos no existe un solo ejemplo del que se pueda afirmar que la expresión designe solamente a los ríos terrestres, siendo lo más probable que la expresión *sapta sindhavaḥ* designe siempre a los ríos celestes. No obstante, no queremos decir que *sapta sindhavaḥ, sapta pravataḥ* o *sapta sravataḥ* en ningún caso pueda hacer referencia a ríos terrestres. En efecto, en el *Ṛig Veda* se menciona tres grupos de siete ríos: los celestes, los terrestres y los infernales. Así, en X, 64, 8, se mencionan «tres veces tres ríos errantes», mientras que se dice de las aguas que «fluyen triplemente, siete por siete» en X, 75, 1. Esto prueba que, al igual que el Ganges en los *Purâṇas*, los bardos védicos concebían un grupo de siete ríos en los cielos, otro en la tierra y un tercero en el mundo inferior, de modo semejante a los once dioses de los cielos, los once de la tierra y los once de las aguas (I, 139, 11; I, 34, 11; X, 65, 9). Si esto es así, resulta imposible que los bardos védicos no hubiesen conocido la división en siete de los ríos terrestres, sin embargo, por las razones dadas anteriormente no se puede sostener que esta división estuviera basada en los ríos del Punjab, puesto que se extendía igualmente a los hemisferios celestes superior e inferior. El Punjab, como ya se ha señalado, es el país de los cinco ríos y no el de los sietes, y aunque pudiéramos alcanzar el número de siete añadiendo a este grupo dos afluentes cualesquiera, según nuestra fantasía, el carácter artificial de este proceder es demasiado flagrante para justificar que la expresión *sapta sindhavaḥ* fue sugerida originalmente por los ríos de Punjab. No debemos olvidar que la división séptuple no es privativa de las aguas en el *Ṛig Veda*, sino que se trata de un sistema de clasificación más general. De este modo, encontramos los siete dominios terrestres (I, 22, 16), las siete montañas (VIII, 96, 2), los siete rayos o los siete caballos del sol (I, 164, 3), los siete *hotṛis* (VIII, 60, 16), las siete regiones (*dishaḥ*) y los siete Âdityas (IX, 114, 3), las siete *dhitis*, devociones, (IX, 8, 4), las siete hermanas, *maryâdâḥ*, (X, 5, 5-6) y posiblemente los siete y siete dioses en el *Ṛig Veda*, mientras que en la literatura sánscrita posterior nos encontramos con los siete cielos, las siete tierras, las siete montañas, los siete océanos y los siete mundos inferiores. Esta división séptuple aparece también en otras mitologías arias, como por ejemplo en el *Avesta*, donde se dice que la tierra está dividida en siete *Karshavares* (*Yt.* X, 16 y 64) y en mitología griega que habla de los siete lechos superpuestos de los cielos. Se deduce, por tanto, que la división séptuple puede retrotraerse casi al período indoeuropeo, y si esto es así, es imposible sostener que la división en siete de las aguas, que constituye únicamente un caso particular dentro del principio general, fue sugerida por los ríos del Punjab, puesto que, en ese caso, nos veríamos obligados a ver en el Punjab el país de origen de los arios anterior a su dispersión. Pero si los ríos liberados por Indra no son terrestres y si la expresión *sapta sindhavaḥ* no fue sugerida por los ríos del Punjab, cabe preguntarse cómo podríamos explicar el número de ríos y el origen de la frase *hapta hindu* que aparece en el *Avesta*. La respuesta a esta cuestión se encuentra en la liberación simultánea de las aguas y de la luz efectuada por Indra tras su victoria sobre Vṛitra. En II, 12, 12, Indra, que ha permitido fluir a los siete ríos, es calificado de *saptarashmiḥ* (con siete rayos), lo que sugiere que debía existir algún tipo de relación entre los siete rayos y los siete ríos. Hemos visto también que las aguas y el sol se desplazaban al mismo tiempo en las escrituras parsis. Siendo esto así, ¿hay algo más lógico que suponer que los siete soles requerían de los siete caballos o de los siete ríos aéreos para viajar a través del cielo, del mismo modo que Dîrghatamas había sido transportado sobre las aguas (I, 158, 6)? Además, según la leyenda de Aditi existían siete soles o dioses meses situados en siete diferentes regiones que producían siete meses de sol de diferentes temperaturas. Pero ¿cómo podían desplazarse los siete soles hasta siete diferentes partes del cielo si no era por medio de siete ríos aéreos diferentes que se elevaban desde el mundo inferior, portando cada uno a su propio sol? En resumen, una vez que se ha establecido una estrecha relación entre las aguas y la luz, no resulta difícil entender por qué se dice que ambas poseen una división séptuple. Los siete ríos celestes aparecen explícitamente mencionados en el *Ṛig Veda* (IX, 54, 2), donde se describe el comienzo del fluir de los ríos y la aparición de la aurora en el horizonte como simultáneos en numerosos pasajes, algunos de los cuales han sido citados. Ni la teoría de la tormenta, ni la geografía del Punjab permiten explicar la simultaneidad de estos fenómenos y, en tanto que esta dificultad no ha sido solucionada, salvo por la teoría ártica y la circulación cósmica de las aguas aéreas, no podemos aceptar la hipótesis de los especialistas occidentales mencionada anteriormente, por muy elocuentemente que pueda ser expuesta. En cuanto al origen de la expresión *hapta hindu*, que se considera que hace referencia a la India en el *Avesta*, creemos que estamos en condiciones de explicarla si consideramos que la frase *sapta sindhavaḥ* fue una antigua designación traída por los arios a sus nuevas tierras y que se aplicó a un nuevo país, del mismo modo que los colonos británicos emplean a menúdo los antiguos nombres de su patria en los nuevos países donde se instalan. *Hapta hindu* no constituye la única expresión que aparece en el *Avesta* en la enumeración de los países arios. Junto a ella encontramos Vârena, Haêtumat, Rangha y Harahvaiti en la lista, que son los equivalentes avésticos de Varuṇa, Setumat, Rasâ y Sarasvati[95]. Sin embargo, nadie ha pretendido que Varuṇa, la deidad védica, recibió su nombre del país denominado Varena por los fieles de Mazda, y lo mismo puede decirse en los casos de Rasâ y Sarasvati. Estos últimos a veces designan ríos terrestres, incluso en el *Ṛig Veda*, pero existen numerosas evidencias que demuestran que ambos fueron originariamente ríos aéreos. Por consiguiente, resulta más lógico sostener que todos ellos fueron antiguos nombres mitológicos que los arios trajeron consigo y aplicaron a nuevos lugares o a nuevos objetos. Existen lugares en Birmania llamados Ayodhya, Mithila, etc., lo que se explica por haber recibido tales nombres de los indios allí instalados, que bautizaron dichos lugares con nombres de su antiguo país de origen. No existen razones por las que no podamos aplicar la misma teoría al caso de *Hapta-hindu*, especialmente cuando hemos comprobado que los ríos que han sido liberados por Indra tras dar muerte a Vṛitra solo pueden ser celestes.

En nuestra opinión, todo lo expuesto hasta aquí muestra que la verdadera naturaleza del movimiento de las aguas liberadas por Indra de las garras de Vṛitra no ha sido comprendida desde la época de los primeros Nairuktas e, incluso, cabría decir que desde la de los *Brâhmaṇas*. En el *Ṛig Veda* podemos encontrar pasajes en los que Pûṣhan atraviesa el hemisfe-

[95] Darmesteter, en su introducción al *Fargard* I de la *Vendidad*, observa que: «Los nombres originalmente atribuidos a países míticos, a menudo se utilizan en épocas posteriores para designar países reales». Si esto es verdadero en el caso de Varena, de Rangha (Rasâ) y de otros, no existe ninguna razón por la que *Hapta-hindu* no pueda explicarse de la misma manera, especialmente cuando ahora sabemos que la expresión *sapta sindhavah* designa a los ríos celestes en los *Vedas*.

rio celeste superior por medio de barcos, pero, por lo general, son los Ashvinos y Sûrya los que cruzan el cielo en sus carros. Esto último llevó a los antiguos Nairuktas a suponer que el hemisferio celeste superior no estuvo ocupado por las aguas aéreas y que cuando se decía que Indra había liberado las aguas al matar a Vṛitra, se estaba haciendo referencia al agua de lluvia retenida por las nubes. Los siete ríos que quedaron liberados merced a la muerte de Vṛitra se consideraron, de igual forma, los ríos de la India, el Ganges, el Yamuna, etc., mientras que la horadación de las montañas se explicaba forzando el sentido de palabras tales como *parvata*, *giri*, etc., como hemos podido comprobar más arriba. Es en este momento cuando intervienen los especialistas occidentales, quienes apoyándose en el *hapta hindu* del *Avesta*, avanzaron muy elocuentemente la teoría de que los siete ríos que habían vuelto a correr gracias a Indra, no eran otros que los ríos del Punjab. Cuando esta teoría se presentó, fue considerada como un gran descubrimiento histórico y, efectivamente lo habría sido si hubiese sido acertada. No obstante, como hemos tenido ocasión de comprobar, el Punjab es el país de los cinco ríos y no de los siete, y así se lo describe en el *Vâjasaneyî Samhitâ*. Resulta también evidente que los siete ríos liberados por Indra lo fueron de modo simultáneo a la aurora, por lo que no es posible que se tratase de los ríos del Punjab. Queremos dejar claro que no pretendemos que el Punjab no estuviese habitado por los arios en la época en la que fueron cantados los himnos védicos, puesto que los ríos del Punjab se mencionan explícitamente en el *Ṛig Veda*. Pero, puesto que los ríos del Punjab no son los siete mencionados en los *Vedas*, se precisa una nueva explicación de la leyenda de Vṛitra, teoría que solo puede estar fundamentada en el concepto de la circulación cósmica de las aguas aéreas o de los ríos a través de los mundos inferior y superior, que transporta al sol, la luna y el resto de los cuerpos celestes. Así, resultaría sencillo entender cómo Vṛitra ha podido obstruir con su cuerpo los orificios de la cadena montañosa (*parvatas*), que constituían, por analogía con las montañas que podían verse en el horizonte, la barrera que separaba el mundo superior del inferior, impidiendo que tanto las aguas como el sol y la aurora se elevasen desde el mundo inferior durante mucho tiempo en las regiones árticas que constituyeron el país de origen de los ancestros de los bardos védicos. Otro punto que quedaría elucidado por nuestra teoría es el carácter cuádruple de los efectos de la victoria de Indra sobre Vṛitra, punto absolutamente ignorado por los Nairuktas, tanto antiguos como modernos, y no a causa de su desconocimiento sino por su incapacidad de explicarlo satisfactoriamente, excepción hecha de la hipótesis de que los diferentes efectos habían sido confundidos por los poetas del *Ṛig Veda*. No obstante, la teoría de la circulación cósmica de las aguas aéreas, que está presente en las mitologías de otros muchos pueblos, nos permite aclarar el misterio. Si Indra es descrito como el jefe o el liberador de las aguas (*apâm neta* o *apâm srashtâ*), estas no representarían las aguas de las nubes, sino las de los vapores acuosos que llenan el universo y constituyen la materia a partir de la cual se ha creado el mundo. En otros términos, la conquista de las aguas consistió en algo más importante, mucho más maravilloso y que revestía carácter cósmico que la mera descarga de las nubes durante la época de las lluvias. En consecuencia, es normal que se considerase la mayor de las hazañas de Indra cuando, sostenido por cien sacrificios de Soma, abatió por medio del hielo al demonio de las aguas oscuras, destruyendo sus fortalezas otoñales, liberó las aguas o los siete ríos para permitirles proseguir su curso aéreo e hizo salir el sol y la aurora, o las vacas, de su prisión rocosa, donde se habían mantenidos inmóviles desde el comienzo del combate que, según un pasaje védico mal traducido hasta ahora, empezaba en las latitudes altas cada año el cuadragésimo día de *Sharad*, el otoño, y que se prolongaba hasta el fin del invierno. Existen unos pocos pasajes en el *Ṛig Veda* (IV, 26, 2; VII, 6, 1), en los que se describe a Indra enviando la lluvia de forma explícita o se lo compara con un dios de la lluvia. Pero, en tanto que Vṛitrahan, el que da muerte a Vṛitra, y el liberador de las aguas y de la aurora, resulta imposible considerarlo el dios de la lluvia. La historia de la liberación de las aguas cautivas es muy antigua, puesto que Vṛitra aparece como Orthros en la mitología griega y Vṛitrahan, como Verethraghna, es el dios de la victoria en las escrituras parsis. Ahora bien, Vṛitrahan no ha podido ser originalmente idéntico a Indra, puesto que el término *Indra* no aparece en las lenguas arias de Europa, siendo este el motivo por el que los mitólogos, empleando el método comparativo, han sugerido que la conquista de las aguas, que al principio constituyó una hazaña de otra divinidad aria, fue atribuida a Indra en la mitología védica probablemente cuando este devino la principal divinidad del panteón védico. Esta teoría se ve avalada por el hecho de que en el *Avesta* es Tishtrya, y no Verethraghna, el liberador de las aguas y de la luz. No obstante, sea cual sea el punto de vista que adoptemos, no afectará a la conclusión a la que hemos llegado en relación con el significado real de la leyenda de Vṛitra. Las nubes y la lluvia no podrían constituir nunca la base material de la leyenda, que está basada evidentemente en el sencillo fenómeno de la aparición de la luz, que se espera con ansiedad durante la oscuridad de la larga noche ártica. Ha sido una verdadera pena que un malentendido sobre la cosmología védica, o sobre la naturaleza de las aguas y de su movimiento, haya impedido la correcta interpretación de esta importante leyenda. Indra se ha podido convertir en un dios de la tormenta posteriormente o bien se ha podido adjudicar la hazaña de la muerte de Vṛitra, en principio, obra de otra divinidad, a Indra, el dios de la lluvia, en una época posterior. Pero, tanto si las hazañas de Vṛitrahan se adscribieron con posterioridad a Indra, como si Indra, el liberador de las aguas cautivas, fue confundido con el dios de la lluvia, como Tishtrya en el *Avesta*, un hecho permanece inalterado: las aguas cautivas eran las aguas aéreas del mundo inferior y su cautiverio representaba al enfrentamiento anual entre la luz y la oscuridad en el país de origen de los arios en la región ártica. Si este hecho no había sido descubierto hasta el presente, se ha debido a que nuestro conocimiento del hombre prehistórico era demasiado reducido como para permitirnos concebirlo.

CAPÍTULO X

MITOS VÉDICOS: LAS DEIDADES MATUTINAS

La teoría de la primavera y las leyendas de los Ashvinos – El papel que jugaron los Ashvinos en la lucha por las aguas y la luz – Inteligible únicamente a través de la teoría ártica – Sus hazañas y leyendas – Salvando o rejuveneciendo, rescatando del océano, o restaurando la visión o la luz, a Chyavanâ, Rebha, Bhujyu, Atri, Vandana, etc. – Todos se interpretan en la actualidad como la liberación diaria de la aurora o la restauración vernal de los poderes del sol invernal – Pero esta teoría no puede explicar las referencias a la ceguera ni a la oscuridad en diversas leyendas – Ni la duración del sufrimiento de los protegidos de los Ashvinos – Ni sobre el carácter del lugar del que son liberados los protegidos – El océano oscuro y sin fondo simboliza el mundo inferior – Una copa boca abajo simboliza el hemisferio invertido del Hades – Leyenda de Ṛijrâshva – El sacrificio de cien ovejas representa la conversión de cien días en otras tantas noches – La historia de Saptavadhri o los siete eunucos, rezan por un parto feliz tras diez meses de gestación – Inexplicada hasta el día de hoy – El interior del cielo y la tierra se concibe en el Veda como el útero en el que el sol se mueve cuando está sobre el horizonte – Diez meses de gestación que representan los diez meses en los que el sol está sobre el horizonte – Orar por el parto feliz simboliza los peligros de la larga noche – El enigma o paradoja del niño que se vuelve invisible en cuanto nace – La historia del Agni oculto hace referencia al mismo fenómeno – Origen probable de la historia puránica de Kumâra o Kârttikeya – Superioridad de la teoría ártica sobre la vernal para explicar las leyendas de los Ashvinos – La leyenda del robo de la rueda de Sûrya por Indra – El significado de Dasha-Prapitve – Indica la oscuridad como complemento de los diez meses – Los pasos de Viṣhṇu – Diferentes opiniones citadas sobre su naturaleza – Los pasos de Viṣhṇu representan el curso anual del sol – Su tercer paso invisible representa el inframundo – El nombre verduzco de Viṣhṇu, Shipivishta – Representa el sol oscuro o herido durante la larga noche ártica – Las tres moradas de Savitri, Agni y los Ashvinos comparadas con el tercer paso de Viṣhṇu – La leyenda de Trita Aptya – Trita, el tercero, representa la tercera parte del año – El origen indoeuropeo de la leyenda – Los Âpas – Sus caracteres y naturaleza – La división en siete y diez en la literatura védica – Varios ejemplos de división en siete y diez – Esta división en dos categorías se debe con toda probabilidad a los períodos de siete y diez meses de sol en la región ártica – La luz solar en la región Ártica – La lucha de Dâsharâjna – Representa la lucha con la división en diez de la oscuridad – Bṛihaspati y su esposa perdida, en el Ṛig Veda – Los diez dioses a los que no se sacrifica y Râvaṇa, comparados – Elemento mítico en el Râmâyaṇa derivado probablemente de la mitología védica – Hanûmân y Vṛiṣhâkapi – ¿Fue el Râmâyaṇa una imitación de Homero? – Ambos deben tener un origen común – Conclusión.

La inadecuación de la teoría de la tormenta para explicar la leyenda de Indra y Vṛitra ha sido suficientemente tratada en el capítulo anterior, en la que hemos comprobado cómo un gran número de puntos que quedaban oscuros, ininteligibles, pueden explicarse a través de la teoría ártica, combinada con una correcta concepción de la circulación de las aguas aéreas en los mundos superior e inferior. Consideramos ahora leyendas que se explican mediante la teoría vernal, y mostraremos cómo, del mismo modo que la teoría de la tormenta, fracasan al tratar de explicar diversos aspectos de estas leyendas. Estas hablan de los Ashvinos, los médicos de los dioses. Las hazañas de estos dioses gemelos se narran en diversos himnos del *Ṛig Veda*. (I, 112; 116; 117; 118), como en el caso de Vṛitra, el carácter de los Ashvinos y sus hazañas se explican de modo diferente según las diferentes escuelas. Así, Yâska (*Nir.* XII, I) nos informa de que algunos consideran que los dos Ashvinos representan el cielo y la tierra, para otros serían el día y la noche o sol y luna, mientras que los *Aitihâsikas* los convierten en dos antiguos reyes, que habían realizado actos sagrados. Pero, como hicimos anteriormente, nos proponemos examinar las leyendas relacionadas con los Ashvinos, de acuerdo con la escuela de interpretación naturalista o Nairukta. No obstante, en esta escuela hay diferentes opiniones de vista relativas a la naturaleza y el carácter de estos dos dioses. Algunos creen que la base natural de los Ashvinos debe ser la estrella de la mañana, que es la única luz visible ante el fuego durante la madrugada, la aurora y el sol; mientras otros opinan que las dos estrellas en la constelación de Géminis fueron las representaciones originales de los dioses gemelos. Las proezas de estos dioses, sin embargo, se explican generalmente como imágenes de la restauración de los poderes del sol, decaídos durante el invierno; una exposición elaborada de las hazañas de los Ashvinos se puede encontrar en *Contributions to the Science of the Mythology* (vol. II, pp. 583-605) de Max Müller, publicada hace pocos años. Pero el examen de cada una de estas leyendas, tal y como Max Müller lo ha realizado, sobrepasaría el marco de nuestra investigación. Nos hemos concentrado, por tanto, en aquellos puntos que la teoría de la primavera o de la aurora son incapaces de explicar y que solo pueden interpretarse correctamente por medio de la teoría ártica.

En primer lugar, debemos referirnos al papel jugado por los Ashvinos en la gran lucha por las aguas y la luz, que ya se trató en el capítulo anterior. La literatura sacrificial considera a los Ashvinos como unas deidades relacionadas con las auroras (*Ait- Br.* II, 15), y hemos visto que se les dedica un largo canto de alabanza que el *hotṛi* recitó antes de la salida del sol está especialmente dedicada a ellos. La hija de Sûrya es descrita también haciendo ascender su carro (I, 116, 17; 119, 5), y el *Aitareya Brâhmaṇa* ,

(IV, 7-9), describe una carrera en la que compiten los dioses por obtener el Ashvinashastra como premio; y se dice que los Ashvinos, guiando un carruaje tirado por asnos, vencen seguidos muy de cerca por Agni, Uṣhas e Indra, quienes son representados abriendo paso a los Ashvinos, sobre la base de un acuerdo según el cual tras vencer en la carrera, los Ashvinos compartían con ellos el premio. El encendido del fuego sacrificial, el comienzo de la aurora y la salida del sol se mencionan de nuevo como fenómenos simultáneos a la aparición de los Ashvinos (I, 157, 1; VII, 72, 4), mientras que, en X, 61, 4, se dice que el momento de su aparición coincidió con la primera aurora cuando «la oscuridad aún envuelve las rojizas vacas». Creemos que están firmemente establecidos su conexión con la aurora y su aparición en el intervalo entre la aurora y la salida del sol; e independientemente la teoría naturalista que adoptemos para explicar el carácter de los Ashvinos, no podemos obviar el hecho de que son deidades matutinas, que traen consigo la aurora o la luz de la mañana. Los dos epítetos que corresponden a Indra, *Vṛitrâhan* y *Shata-kratû*, se les aplican (*Vṛitrahantamâ*, VIII. 8.22; *Shata-Kratû* I.112.123) y en I, 182, 2, se dice expresamente que poseen en gran medida las cualidades de Indra (*Indra-tamâ*), y de los Maruts (*Marut-tamâ*) los aliados de Indra en las luchas frente a Vṛitra. Más aún, se dice que han protegido a Indra en sus hazañas contra Namuchi en X, 131, 4. Esto no deja ninguna duda acerca de su participación en el combate de Vṛitra. Igualmente clara es su conexión con las aguas del océano. En I, 46, 2, son llamados *sindhu-mâtarâ*, o las que tienen al océano por madre, y su vehículo es descrito surgiendo del océano en IV, 43, 5, mientras que en I, 112, 13, se dice que rodean el sol en la región distante (*parâvati*). También leemos que los Ashvinos pusieron en movimiento el tranquilo dulce *sindhu*, el océano, lo que significa, evidentemente, que hicieron fluir las aguas del océano (I, 112, 9), y se dice que crearon Rasâ, cuyas aguas poseían una fuerte corriente que llevó a la victoria al carro sin caballo (I, 112, 12). Son también los protectores del gran Atthigva y Divodâsa contra Shambara; y Kutsa, el favorito de Indra, también recibió su ayuda por ellos (I, 112, 14 y 23). En el verso dieciocho del mismo himno, los Ashvinos son denominados Angiras, y se dice que han triunfado en sus corazones y se han lanzado a evitar la inundación de leche; mientras que en VIII, 26,17, leemos que habitan en el mar del cielo (*divo arṇave*). Relacionando todos estos hechos, podemos comprobar fácilmente que los Ashvinos fueron los ayudantes de Indra en su lucha por las aguas y la luz, ya sabemos lo que esa lucha significa. Es la lucha entre las potencias de la luz y de las tinieblas, y los Ashvinos, tanto que médicos divinos, fueron naturalmente los primeros en ayudar a los dioses en este trance de peligro. Es verdad que Indra fue el principal actor o héroe de esta lucha; pero los Ashvinos permanecieron con él, ayudándole en todo lo necesario y guiando el carro en la marcha de las deidades matutinas tras la victoria. Este carácter de los Ashvinos apenas sí recibe explicación por parte de la teoría de la primavera; y tampoco puede ser explicado a la luz de la teoría de un combate diario entre la luz y la oscuridad, pues hemos visto que la aurora, durante la que se recita el Âshvina-Shastra, no es el evanescente amanecer de los trópicos. Solo la teoría ártica puede interpretar satisfactoriamente los hechos arriba descritos y resulta sencillo entender por qué los Ashvinos pueden ser los regeneradores, los médicos o los salvadores de un gran número de sus antiguos protegidos ancianos, ciegos o amenazados, en las numerosas leyendas que relatan sus hechos y gestas.

Las principales hazañas de los Ashvinos han sido resumidas por Macdonell en su *Vedic Mythology* como sigue:

«Ellos liberaron al sabio Chayavâna, viejo y abandonado de su cuerpo decrépito, prolongaron su vida, le devolvieron la juventud, le hicieron de nuevo deseable para su esposa y le hicieron el marido de jóvenes doncellas (I, 116, 10 y ss.). Ellos también renovaron la juventud del anciano Kali, y le protegieron cuando tomó una esposa (X, 39, 8; I, 112, 15). Ellos llevaron, sobre un carro, al joven Vimada esposas, o una esposa llamada Kamadyû (I, 117, 20), quien parece haber sido la bella esposa de Purumitra (I, 117, 20). Devolvieron a Vishnâpû, como a un animal perdido, ante los ojos de su fiel Vishvaka, hijo de Kṛiṣhṇa (I, 116, 23; X, 65,12). Pero la historia que se refiere más a menudo es la del rescate de Bhujyu, hijo de Tugra, que fue abandonado en medio del océano (*samudre*), o en las nubes cargadas de agua (*udameghe*), y quien, arrojado a las tinieblas, invocó la ayuda de los jóvenes héroes. En el océano sin soporte (*anârambhaṇe*) lo llevaron a casa en un barco de cien remos (*shatâritrâm*) (I, 116, 5). Lo salvaron en naves estancas que atravesaron el aire (*antarikṣha*), con cuatro naves, en un animado barco alado con tres carros volantes de cien pies y seis caballos. En un pasaje se describe a Bhujyu agarrándose a un tronco en medio del agua (*arṇaso madhye* I, 182, 7). El sabio Rebha, roto, atado, oculto por el maligno, sumergido por las aguas durante diez noches y nueve días, y dado por muerto, fue revivido por los Ashvinos y sacado del agua como el jugo del Soma es extraído con un cucharón (I, 116, 24; I, 112, 5). Ellos liberaron a Vandana de su calamidad y le devolvieron a la luz del sol. En I, 117, 5 se dice también de ellos que ha exhumado para Vandana el brillante oro de un nuevo esplendor "como alguien que duerme en el regazo de *Nir-ṛiti*" o "como el sol que mora en la oscuridad".

Socorrieron al sabio Atri Sapta-Vadhri, que fue arrojado en un pozo ardiente por los engaños de un demonio rescatándolo de la oscuridad (I,

116, 8. VI, 50, 10). Salvaron de las fauces de un lobo a una codorniz (*vartikà*) que invocó su ayuda (I, 112, 8). A Ṛijrâshva, que había sido cegado por su cruel padre por haber matado ciento una ovejas y habérselas dado a una loba para que las devorara, le devolvieron la vista atendiendo a los rezos de la loba (I, 116, 16; 117, 17), y curaron a Parâvrij de su ceguera y de su cojera (I, 112, 8). Cuando la pierna de Vishpalâ fue amputada en la batalla como el ala de un pájaro, los Ashvinos le proporcionaron una de hierro (I, 116, 15). Ayudaron a Ghoṣhâ cuando envejecía en la casa de su padre concediéndole un marido (I, 117, 7. X, 39, 3). A la esposa de un eunuco (*Vadhrimatî*) le dieron un hijo llamado Hiraṇya-hasta (I, 116, 13; VI, 62, 7). Hicieron que la vaca de Shayu, tras haber quedado estéril, volviese a dar leche (I, 116, 22); y a Pedu le regalaron un fuerte y veloz corcel para matar al dragón, conducido, que le proporcionó un ilimitado botín (I, 116, 6)».

Junto a otras proezas mencionadas en (I, 112, 116-119), se dice que los Ashvinos han salvado, ayudado o curado a muchas otras personas. Pero el resumen anterior es suficiente para nuestro propósito. En él, podemos comprobar que la función de los Ashvinos es la de ayudar al cojo, al ciego, al herido, o al afligido y en muchos temas de estas leyendas son discernibles referencias a la decadencia de la potencia solar. A partir de esta indicación, muchos estudiosos, entre ellos Max Müller, han visto en todas las anteriores referencias al sol invernal y el incremento de su poder en primavera o verano. Así, Max Müller nos dice que Chyavâna no es sino cosa del sol poniente (*chyu*, caer), del que bien se podría decir que ha caído en el fondo de un oscuro abismo de donde los Ashvinos lo rescatan en III, 39, 3.

Los *Ṛiṣhis* védicos habrían revelado, traicionando el secreto del mito de Vandana al comparar el tesoro exhumado para él por los Ashvinos con el sol «hundiéndose en la oscuridad». Kali es de forma similar a la luna menguante y la pierna de hierro de Vishpalâ sería el primer cuarto o *pâda* de la luna nueva, llamada «de hierro» en referencia a su oscuridad en contraste con el color dorado de la luna llena. Según esta teoría, la ceguera de Rijrâshva se explica como metáfora la ceguera de la noche en invierno; y el ciego y cojo Parâvrij, representaría al sol tras el ocaso o cerca del solsticio de invierno. El sol poniente arrojado desde un barco a las aguas conformaría la base de la leyenda Bhujyu o Rebha. Vadhrimati, la esposa del eunuco, a quien ha sido concedido Hiraṇya-hasta (la mano de oro), es, ya lo hemos dicho, la aurora bajo un nombre diferente. Recibiría la denominación de la esposa del eunuco porque fue separada del sol durante la noche. La vaca de Shayu (de *shi*, yacer), sería la luz del sol de la mañana, que podría describirse perfectamente como durmiendo en la oscuridad de la que fue sacado por los Ashvinos para gloria de Vandana. Resumiendo, todas y cada una de las leyendas serían la historia del sol o de la luna en decadencia. Los Ashvinos fueron los salvadores de la luz matinal o del sol anual en su exilio y decadencia durante la época del solsticio invernal; y cuando el sol aparece brillante y vivo cada día por la mañana, o vigoroso y triunfante en la primavera el milagro se atribuía, naturalmente, a los médicos de los dioses.

Esta explicación de las diferentes leyendas de los Ashvinos constituye, sin duda, un avance sobre aquella de Yâska, quien ha explicado solo una de estas leyendas, la de la codorniz, según la teoría de la aurora. Sin embargo, no creo que todos los hechos e incidentes en estas leyendas puedan ser explicados por la teoría de la primavera tal y como dicha teoría hoy en día se entiende. Así no podemos explicar por qué los protegidos de los Ashvinos son descritos como liberados de las sombras por medio de una teoría que sostiene que toda desgracia o enfermedad mencionadas en la leyenda se refiere al mero decrecimiento de la potencia del sol en invierno. La oscuridad se menciona de forma clara cuando el tesoro extraído para Vandana se compara al «sol hundiéndose en la oscuridad» (I, 117, 5), o cuando se dice que Bhujyu es sumergido en las aguas y hundido en la oscuridad sin fin (*anârambhaṇe tamasi*) o cuando se cuenta que Atri ha sido liberado de la oscuridad (*tamas*) en VI, 50, 10. Es indudable que el poder del sol decae en invierno, y podemos fácilmente entender por qué el sol en invierno podría ser llamado cojo, viejo o enfermo. Pero la ceguera significa naturalmente oscuridad (*tamás*) (I, 117, 17); y cuando en tantos pasajes se encuentran referencias expresas a la oscuridad (*tamás*) no podemos legítimamente sostener que la historia de la curación de la ceguera esté haciendo referencia a la restauración de los decaídos poderes disminuidos del sol invernal. La oscuridad de la que aquí se trata es, obviamente, la verdadera oscuridad de la noche, y según la teoría de la lucha diaria entre la luz y la oscuridad deberíamos suponer que estos milagros eran diarios. Pero, de hecho, no se afirma que tuvieran carácter diario, y los especialistas han intentado explicar estos mitos a partir de la teoría del exilio anual del sol durante el invierno. Pero podemos constatar que en este último caso las referencias tanto a la ceguera como a la oscuridad permanecen ininteligibles y al repetirse constantemente que la oscuridad dura muchos días, nos vemos obligados a inferir que las leyendas se refieren a la larga oscuridad anual o, en otras palabras, que tienen su fundamento físico en la desaparición del sol bajo el horizonte durante la larga noche ártica.

La teoría de la primavera no puede explicar tampoco los diferentes períodos de tiempo que duran los infortunios padecidos por los protegidos de los Ashvinos. Así, se dice que Rebha, quien fue sumergido en las aguas, permaneció allí durante diez noches y nueve días (I, 116, 24), mientras que Bhujyu, otro de sus fieles, fue salvado del océano sin fondo o de la oscuridad después de tres días y tres noches (I, 116, 4). En VIII, 5, 8, de nuevo se dice que los Ashvinos han permanecido en el Paravat, la región distante, durante tres días y tres noches. Max Müller, de acuerdo con Benfey, considera este período, tanto de diez como de tres días, una representación del tiempo en el que el sol invernal parece herido y permanece inmóvil (de donde proviene el término solsticio), hasta que comienza a remontar. Pero diez días es un período demasiado largo para que el sol permanezca inmóvil en el solsticio de invierno, e incluso Max Müller parece haber visto la dificultad, puesto que inmediatamente después de la precedente explicación dice que «determinar un período de diez o doce días de inmovilidad habría resultado difícil incluso para astrónomos más experimentados que los *Ṛiṣhis* védicos». Pero incluso obviando el período de diez días, la explicación no serviría en el caso de la leyenda de Dirghatamâs, quien envejece en el décimo *yuga* y es liberado por los Ashvinos del tormento al que le sometían sus enemigos. Hemos visto anteriormente que *yugâ* aquí significa «un mes» y si esto es correcto habremos de suponer que Dirghatamâs, que representaría el curso anual del sol, permaneció inmóvil en el solsticio de invierno ¡durante dos meses! Toda la dificultad, sin embargo, se desvanece cuando explicamos las leyendas a la luz de la teoría ártica, según la cual el sol estuvo bajo el horizonte por un período de tiempo variable desde una a cien noches o incluso durante seis meses.

El tercer punto inexplicado por la teoría de la primavera es el lugar de sufrimiento del que los protegidos son rescatados por los Ashvinos. Bhujyu no fue salvado no de la tierra, sino de la región acuática (*apsu*) sin ayuda (*anârambhaṇe*) y sin ser iluminado (*tamâsi*) por los rayos del sol (I, 182, 6). Si comparamos esta descripción con la del océano rodeado por Vṛitra o la del océano oscuro a cuyo interior fue arrojado Bṛihaspati en II, 23, 18, podemos deducir que son idénticas. Ambas describen el mundo inferior que como hemos visto, es el lugar donde se encuentran las aguas aéreas y que debe ser cruzado en barcos tanto por el sol sumergido en el *Ṛig Veda* como por Helios en la mitología griega. Por tanto, este no puede ser el lugar donde viaja el sol en invierno, por lo que, a menos que adoptemos la teoría ártica, no podremos explicar por qué se dice que los protegidos de los Ashvinos han sido salvados de ahogarse en el oscuro océano sin fondo. En VIII, 40, 5, se dice que Indra descubre que el océano con siete fondos tiene un lado abierto (*jimha-bâram*), lo que, evidentemente, hace referencia a la lucha por las aguas en el mundo inferior. La misma expresión (*jimha-bâram*) se utiliza de nuevo en I, 116, 9, donde los Ashvinos han levantado un pozo «con el fondo hacia arriba y abierto hacia abajo» y en I, 85, 11, han enderezado un pozo oblicuo (*jimha*) para saciar la sed de Gotama. Los comentaristas no han explicado correctamente estas expresiones, la mayoría de los cuales consideran referidas a las nubes. Pero, por nuestra parte, creemos que estas frases describen más bien la región de las antípodas, donde se cree que todo está cabeza abajo en relación con nuestro mundo. Warren sostiene que los griegos y los egipcios concibieron su Hades, o lo que en él se hallase, vueltas boca abajo y ha intentado demostrar que la concepción védica del inframundo corresponde exactamente con la de los griegos y los egipcios[96]. La misma idea subyace también en la concepción del Hades que tienen otras razas, y creemos que Warren ha representado correctamente la antigua concepción de la inversión del mundo inferior. Se concebía como un recipiente invertido o hemisferio de oscuridad, lleno de aguas, en el que los Ashvinos tuvieron que hacer una entrada en este lado y extraer las aguas de modo que, tras ascender al cielo, volvieron a caer sobre la tierra en forma de lluvia para saciar la sed de Gotama. El mismo hecho es atribuido a los Maruts en I, 85, 10 y 11 y debemos interpretar a ambos en el mismo sentido. Los epítetos *uchchâ-budhna* (con el fondo hacia arriba) y *jimha-bâra* (con la boca hacia abajo), aplicados a un pozo (*avata*), implican que se trata de algo extraordinario, lo inverso a lo que normalmente vemos, y no podemos considerar que esté referido a las nubes, porque el pozo es empujado hacia arriba (*ûrdhvam nunudre*) para que el agua fluya hacia nosotros. También debe observarse que, en I, 24, 7, el todopoderoso rey Varuṇa sostiene «erectos los tallos de los árboles en la región inferior (*abudhna*)» y sus rayos que permanecen ocultos a nosotros tienen, se nos dice «su parte inferior arriba y fluyen hacia abajo (*nîchinâḥ*)». Esta descripción de la región de Varuṇa exactamente corresponde con la concepción del Hades en la que todo está boca abajo. Siendo concebida como un hemisferio invertido, su descripción, desde el punto de vista de nuestro mundo, como una región sin soporte, cabeza abajo es perfectamente correcta, y esta era la oscuridad sin fondo (I, 182, 6), o el océano sin soporte ni fondo, en el que Bhujyu se hundió, y pudo cruzar ileso gracias a las naves que le proporcionaron los Ashvinos. En el *Atharva-Veda* X, 8, 9, se dice de un recipiente boca abajo (*tiryag-bilaḥ*) y con el fondo arriba (*ûrdhava-budhnaḥ*) contiene toda forma de gloria, y que allí siete *Ṛiṣhis*, que han sido los protectores del poderoso, se sientan junto a él. El verso se repite también en el *Brih. Arn. Up.* 3,3, con la variante *arvâg-bilaḥ* (con su boca inclinada) por *tiryag-bilaḥ* (con su boca inclinada) del *Atharva Veda*. Yâska (*Nir.* XII, 38) cita este verso y da dos interpretaciones del mismo: Por un lado, los siete *Ṛiṣhis* repre-

[96] *Paradise Found*, pp. 48-82.

sentarían los siete rayos del sol y el recipiente, la bóveda celeste; mientras que, por otro, el recipiente constituiría una metáfora de la cabeza humana con su paladar cóncavo en la boca. Pero a mí me resulta más probable que la descripción se refiera al mundo inferior más que a la cúpula celeste o al paladar humano. La gloria a la que se refiere es la misma que el *Hvarenô* de las escrituras parsis. En el *Zamyâd Yasth*, se dice que *Hvarenô*, la gloria, abandonó a Yima por tres veces y le fue devuelto una vez por Mithra, otra vez por Thraêtaona y finalmente por Keresâspa y Atar, quien había matado a Azi Dhaka. La lucha tuvo lugar en el mar Vouru-Kasha en el fondo del río profundo y ya hemos visto que este puede identificarse con Okeanos que rodea el mundo. El *Hvarenô* (sánscrito: *swar*) o gloria, es en realidad la luz, y quien la poseía reinaba, sobre todo, mientras que quien la perdía era derrotado. Así: «cuando Yima perdió su gloria pereció y Azi Dahâka reinó; y cuando la luz desaparece, el demonio medra»[97]. Igualmente deberíamos hacer notar que entre aquellos que poseían la gloria antiguamente se menciona a los siete Amesha Spentas, quienes compartían un único pensamiento, un discurso y una acción. Tenemos aquí una remembranza muy próxima entre la gloria ubicada en un recipiente cabeza abajo y guardada por los siete *Ṛiṣhis* en los *Vedas* y el *Hvareno* o la gloria mencionada en el *Avesta*, que una vez perteneció a los siete Amesha Spentas y que por tres veces se alejó de Yima, y a quien tuvo que ser restituida mediante la lucha con Azi Dahâka, el representante avéstico del Ahi Vṛitra, en el mar Vouru-Kasha. Estos hechos refuerzan nuestra opinión de que el recipiente colocado abajo es el hemisferio invertido del mundo inferior, el asiento de la oscuridad y el hogar de las aguas aéreas. Fue en esta región donde Bhujyu fue sumergido y tuvo que ser salvado por la intervención de los Ashvinos.

Tanto si Bhujyu se hundió en este océano oscuro y sin fondo durante tres días y tres noches (I, 116, 4) como si Rebha estuvo allí durante diez noches y nueve días (I, 116, 24), parece evidente que ambas historias representa un período de continua oscuridad de igual duración. Creemos que la historia de Ṛijrâshva, el caballo rojo, se refiere al mismo hecho, la continua oscuridad de la región ártica. Ṛijrâshva, es decir, el caballo rojo, sacrifica cien o ciento una ovejas y las regala al Vṛiki, la loba. Su propio padre, enojado por este hecho, le priva de su vista. Pero los Ashvinos, atendiendo a una oración de la loba, se la devuelven. Max Müller piensa que las ovejas pueden aquí significar las estrellas, de las que podría decirse que son sacrificadas por el sol naciente. Pero hemos visto que las 350 ovejas de Helios representan 350 noches, mientras que los 350 días se representan con sus 350 bueyes. En resumen, la leyenda griega hace refe-

[97] Véase *S. B.E Series*, X, 8, 9, vol. IV, introd. p. LXIII.

rencia a un año de 350 días y una larga noche de diez días y el período de diez noches mencionado en la leyenda de Rebha encaja bien con esta concepción del antiguo año ario, que se infiere de la leyenda de Helios. Esta semejanza entre las dos historias naturalmente nos llevaría a preguntarnos si no podríamos extraer algún medio para interpretar la leyenda de Ṛijrashva de la historia de Helios. Efectivamente, cuando examinamos la cuestión desde este punto de vista, no nos resulta difícil descubrir la similitud entre el sacrificio de las ovejas realizado por Ṛijrashva y la consumición de los bueyes de Helios por los compañeros de Odiseo. El lobo, como Max Müller observó, suele considerarse en los textos védicos como representante de la oscuridad y del mal antes que de la luz y, por tanto, el sacrificio de cien ovejas significa para él la conversión de cien días en noches, lo que produce en consecuencia, una oscuridad de cien noches de veinticuatro horas cada una. De Ṛijrashva o el sol rojo se podría decir que se ha quedado ciego durante esas cien noches y que luego ha sido curado por los Ashvinos, quienes traen la luz y el amanecer. La única objeción que se podría plantear a esta teoría sería que los cien días deberían haber sido representados por bueyes o vacas, pero no por ovejas. Creemos que no hace falta distinciones tan sutiles en las leyendas y que, si cien días se convierten en noches, bien pueden ser simbolizados por «ovejas». El sacrificio de cien o ciento una ovejas puede, pues, ser fácilmente explicado por la teoría de una larga y continua oscuridad, cuya duración máxima, como se dijo en el capítulo anterior, era de cien días, o cien períodos de veinticuatro horas. En pocas palabras, la leyenda de los Ashvinos corroboran la existencia de tres, diez, o cien noches continuas en los tiempos antiguos y los indicios que nos llevan a esta conclusión solo son, en el mejor de los casos, superficialmente explicados por la teoría de la primavera o la teoría de la aurora, tal y como se han entendido hasta ahora.

Pero la leyenda de los Ashvinos que reviste mayor importancia para nosotros es la historia de Atri Saptavadhri. Fue arrojado a un abismo ardiente y liberado de esta situación crítica por los Ashvinos, que, igualmente lo liberaron de la oscuridad (*tamasaḥ*) (VI, 50, 10). En I, 117, 24, los Ashvinos conceden un hijo llamado Hiraṇya-hasta, la mano de oro, a Vadhrimati, la esposa de un eunuco; mientras que, en V, 78, Saptavadhri, quien ha «visto» este himno, ha sido encerrado en una caja de madera de la que fue liberado por los Ashvinos. Acerca de este punto, Max Müller observa «si este árbol o esta caja de madera significa la noche, entonces, Saptavadhri, en tanto que encerrado en ella, fue separado de su esposa y, por tanto, era para ella como un *Vadhri* (eunuco) y solo al ser liberado por los Ashvinos al amanecer volvió a ser el esposo de la aurora». Pero el distinguido profesor no puede explicar por qué Atri, en su aspecto de sol nocturno, recibe el nombre no solo de Vadhri, sino de Saptavadhri, es decir, siete-eunuco. *Vadhri*, en femenino significa «correa de piel» y como apuntó Max Müller, Sâyaṇa es de la opinión de que la palabra puede usarse también en género masculino (X, 102, 12). La palabra «*Saptavadhri*» podría, entonces, denotar el sol cogido en una red de siete tiras de piel. Pero los diferentes incidentes en la leyenda claramente indican que se trata de un «siete veces eunuco» y no una persona capturada con una red de siete correas de piel.

Se ha mencionado más arriba que un himno completo (78) de nueve versos en el quinto *maṇḍala* del *Ṛig Veda* se atribuye a Atri-Saptavadhri. Las divinidades a las que se dirige este himno son los Ashvinos a quienes el poeta invoca pidiendo ayuda en su triste estado. Los seis primeros versos del himno son sencillos y comprensibles. En los tres primeros, se pide a los Ashvinos que vengan al sacrificio bajo la forma de dos cisnes y en el cuarto, se dice que Atri, arrojando a una fosa, les ayuda, lamentándose como una mujer. Los versos quinto y sexto narran la historia de Saptavadhri, quien ha sido encerrado en un árbol o en una caja de madera, que les pide que la rompan y la abran como el vientre de una mujer que ha dado a luz un hijo. Finalmente, los tres últimos (el himno contiene solo nueve versos), describen el nacimiento de un niño que permaneció en el útero durante diez meses. Los comentaristas de los *Vedas* aún no han sido capaces de explicar qué conexión racional existe entre estos tres versos y los seis precedentes. Según Sâyaṇa, estos tres versos constituirían lo que se llama el *Garbhasrâvṇî-Upaniṣhad* o la liturgia del nacimiento del niño; mientras que Ludwig intenta explicar la estrofa final en relación con el alumbramiento de un niño, un tema sugerido por la analogía con una mujer que se lamenta en el cuarto verso o por la comparación del flanco de un árbol con el vientre de una mujer parturienta. No obstante, resultaría extraordinario, que una cuestión secundaria se desarrolle de un modo tan extenso al final del himno. Deberíamos, por tanto, encontrar otra explicación o admitir con Sâyaṇa que una cuestión irrelevante, la liturgia de nacimiento del niño, se inserta sin otra intención que redondear el número de versos del himno. Estos versos pueden traducirse de la siguiente forma:

7. *Como el viento agita un estandarte de lotos por todos lados, así lo haría tu embrión (garbha) (en tu seno) y sale tras haberse desarrollado durante diez meses (dasha-mâsyaḥ).*
8. *Como el viento, como el bosque, como el mar se agita. ¡Oh, embrión de diez meses!, sal con lo oculto (jarâyu).*
9. *Que el niño (kumâra), que ha permanecido durante seis meses en el seno de su madre, salga vivo e indemne, vivo por su madre viva.*

Estos tres versos, como se han hecho notar más arriba, siguen a los versos dedicados a la caja de madera de Saptavadhri y sería natural que se refiriesen, o, mejor, que formasen formar parte de la misma leyenda. Pero ni la teoría de la primavera ni la teoría de la aurora nos permiten interpretar estos versos. Los términos utilizados no presentan dificultad. Un niño ha crecido completamente en el útero durante diez meses es evidentemente deseado y se reza por su feliz nacimiento. Pero ¿qué podría significar este niño? La esposa del eunuco, Vadhrimati, tenía ya un niño llamado Hiraṇya-hasta, merced a los Ashvinos. Por tanto, podemos suponer ni que ella rezara por el feliz parto de un niño, ni que Saptavadhri lo haya hecho por el feliz parto de su esposa, quien nunca le había dado un hijo. Estos versos o, mejor, su conexión con la historia de Saptavadhri que se narra en los primeros seis versos del himno, han permanecido sin explicación hasta el día de hoy, puesto que las únicas explicaciones ofrecidas han sido, o insuficientes o simplemente inexistentes.

No obstante, el misterio se aclara a la luz de la teoría ártica. En el *Ṛig Veda*, se dice a veces que es la aurora la causa del sol (I, 113, 1; VII, 78, 3). Pero no puede decirse que esta aurora haya gestado al niño durante diez meses; ni se puede aceptar que la palabra *daha-másyaḥ* (de diez meses), que encontramos en los versículos séptimo y octavo y la expresión *dasha-mâsân* del noveno estuviesen desprovistas de sentido. Es preciso buscar otra explicación, y esta viene dada por el hecho de que el sol es llamado el hijo de Dyâvâ prithivi, o simplemente Dyu, en el *Ṛig Veda*. Así en X, 37, I, el sol es llamado *divas-putra* o el hijo de Dyu y en I, 164, 33, leemos «Dyu es el padre, que nos alumbró, nuestro origen está en él, esta gran Tierra es nuestra madre. El padre ha depositado el embrión de su hija (*garbham*) en el interior del útero de las dos vastas copas (*uttanayoḥ chamvoḥ*)». En el verso precedente tenemos «Él (el sol) todavía en el útero de su madre que, teniendo una progenie, se ha ido a (la región de) *Nir-ṛiti*» y más adelante que «él, que lo ha hecho a él, no lo conoce, probablemente está oculto a aquellos que lo vieron». En I, 160, 1, igualmente encontramos «este cielo y esta tierra dispensadores de prosperidad y todo, los vastos sostenedores de las regiones, las dos copas de noble nacimiento, las sagradas; entre estas dos diosas, el sol resplandeciente viaja según las leyes fijadas». Este pasaje muestra claramente que (1) que el sol era concebido como un niño de las dos copas, cielo y tierra (2) el sol se movía como un embrión en el útero materno, es decir, en el interior del cielo y la tierra, y (3) después de moverse de ese modo en el útero de la madre un cierto tiempo, y haber engendrado una numerosa progenie, el sol se hundió en la región de la desolación (*Nir-ṛiti*), y quedó oculto a aquellos que lo habían visto antes. En tanto que el curso anual del sol se concebía de este modo, no requería ningún gran esfuerzo de imaginación representar la caída del sol en *Nir-ṛiti* como la salida del útero de su madre. Pero ¿qué debería entenderse por la frase «se movía en el útero de su madre durante diez meses»? La teoría ártica explicaría este punto satisfactoriamente. Hemos visto que Dîrghatamâs permaneció en las aguas durante diez meses y que los Dashagvas completaron su sesión sacrificial durante el mismo período. En estas condiciones se podría describir el sol, mientras permanece sobre el horizonte, como moviéndose en el vientre de su madre entre el cielo y la tierra durante diez meses. Después de este período el sol se perdió, o salió del útero para caer en la región de la desolación, o se vio encerrado en una caja de madera durante dos meses. Por tanto, el sabio Atri invoca con razón a los Ashvinos para que lo liberen de la caja y también para que el parto del niño, es decir él mismo, sea venturoso tras diez meses en el seno materno. En el *Atharva Veda* XI, 5, 1 el sol, en tanto que discípulo, se mueve entre el cielo y la tierra y en el duodécimo versículo del mismo himno leemos que «gritando, tronando, rojo, blanco, él porta un gran miembro viril (*bṛîhach-chhepas*) *por toda la tierra*». Si el sol que se desplaza entre el cielo y la tierra es llamado *bṛîhach-chhepas* bien puede ser llamado Vadri (eunuco), cuando está sumergido en la tierra de *Nir-ṛiti*. Pero Max Müller plantea la cuestión de por qué debe ser llamado Saptavadhri o un «siete veces eunuco». La respuesta es muy sencilla. El cielo, la tierra y las regiones inferiores se concebían divididas en siete partes en el *Ṛig Veda* y cuando el océano o las aguas se describen como séptuples (*sapta-budhnam aṛnavam*, VIII, 40, 5; *sapta apaḥ* X, 104, 8), o cuando hemos visto siete Dânus o demonios, mencionados en X, 120, 6, o cuando Indra es llamado Sapta-han o el mata a los siete (X, 49, 8), o Vṛitra posee siete fortalezas (I, 63, 7) o cuando el establo (*vraja*), que los dos Ashvinos han abierto en (X, 40, 8) se describe como *saptâsya,* el sol que es *bṛîhach-chhepas,* y posee siete rayos o siete caballos (V, 45, 9), mientras se mueve entre el cielo y la tierra, podría describirse perfectamente como Saptavadhri o el «siete veces eunuco» cuando está sumergido en la región de *Nir-ṛiti,* el mundo inferior de la oscuridad sin fondo de donde es rescatado por los Ashvinos. Por consiguiente, los últimos tres versos de V, 78, pueden conectarse de modo coherente con la historia de Saptavadhri mencionada en los versos inmediatamente precedentes si el período de diez meses, durante el cual el niño se mueve en el vientre de su madre se considera una imagen del período de diez meses de sol a los que sigue la larga noche de dos meses, cuya existencia hemos establecido por medio de otros elementos de los *Vedas* de modo independiente. Este punto ha permanecido mucho tiempo sin explicación, y solo la teoría ártica puede elucidarlo completamente.

Sin embargo, esta representación encierra un enigma o una paradoja: el sol se movía en el vientre de su madre durante diez meses y salía para caer al mundo inferior. En otras palabras, tan pronto como aflora del vientre de su madre, se vuelve invisible; mientras que en los casos ordinarios un niño se vuelve visible en el mismo momento del alumbramiento tras diez meses de gestación. Estamos ante una aparente contradicción entre dos ideas que los poetas védicos no tardaron en comprender y explotar. Como hemos visto más arriba (I, 164, 32) el sol resulta invisible para quien lo hizo, evidentemente su madre. En V, 2, 1, nos encontramos de nuevo con la misma: «Una joven madre lleva en secreto al hijo encerrado; ella no lo muestra al padre. Nadie puede ver su pálido rostro, que ha caído con el Arâti»[98]. En I, 72, 2, también leemos «ninguno de los sabios inmortales encontraron al cachorro, puesto que permanecía entre nosotros. Los atentos (dioses) continuaron siguiendo sus huellas, llegaron al bello lugar culminante donde se encuentra Agni» y la misma idea se expresa en I, 95, 4 «¿Quién entre vosotros ha entendido este secreto? El hijo ha dado por sí mismo nacimiento a su madre. El germen de muchos, el gran vidente moviéndose por su propia fuerza viene de la falda del activo (*apasâm*)». Es la historia del Agni oculto quien es descrito en X, 124, I, residiendo durante largo (*jyok*) tiempo en la prolongada oscuridad (*dirgham tamaḥ*), y a veces aparece como el hijo de las aguas (*apam napat*, I, 143, I). El epíteto *apâm napât* que se aplica a Agni se interpreta habitualmente como la luminosidad producida por las nubes, pero esto no explica su larga permanencia en la oscuridad. No obstante, la teoría ártica, junto a la circulación cósmica de las aguas aéreas, permitiría resolver este rompecabezas. El sol, que se mueve en el interior del cielo y de la tierra durante diez meses como en el vientre de su madre, surgió de modo natural a los poetas védicos una analogía con el período de diez meses de gestación, pero lo asombroso consistía en que mientras un niño se hace visible al nacer, el sol se volvió invisible justo en el momento de salir del seno materno. ¿Dónde fue? ¿Fue encerrado en un arcón de madera o quizás atado con tiras de piel en la región de las aguas? ¿Por qué la madre no lo mostró al padre después de que naciera sin problemas? ¿Nació sin problemas? Estas son preguntas que plantea la historia, y pareciera que los poetas védicos encontrasen placer en volver una y otra vez a la misma paradoja. Y lo que se aplica a Sûrya, el sol, concierne también a Agni, en numerosos pasajes del *Ṛig Veda* Agni es identificado con el sol. Así, Agni es la luz del paraíso en el cielo brillante, elevándose durante la aurora, la cabeza del paraíso (III, 2, 14) y se dice que ha nacido en la otra cara del aire en X, 187, 5. En el *Aitareya Brâhmaṇa* (VIII, 28), se nos cuenta que el sol, al ocultarse, entra en Agni y se reproduce a partir de este. La misma identificación aparece ser aludida en los pasajes del *Ṛig Veda*, en los que Agni se

[98] Véase *Vedic Hyms* de Oldenberg, *S.B.E. Series*, vol. XLVI, pp. 366-68.

une con la luz del sol o brilla en el cielo (VIII, 44, 29). La historia de dar a luz al niño después de diez meses de gestación aplicada tanto a Agni como a Sûrya solo constituye, por tanto, una versión diferente de la historia de la desaparición del sol del hemisferio superior después de diez meses de brillar. Pero ¿qué fue del niño (*kumâra*) que desapareció de ese modo? ¿Se perdió para siempre o volvió junto a sus padres? ¿Cómo el padre o la madre pudieron recuperar al niño así perdido? Alguien ha debido devolverles el niño, y esta tarea se ha confiado a Ribhus o los Ashvinos en el *Ṛig Veda*. Así en I, 116, 13 los Ashvinos conceden a Vadhrimati un niño llamado Hiraṇyâ-hasta. La historia de la devolución de Viṣhṇapu a Vishavaka (I, 117, 7) y la de la leche de la vaca de Shayu probablemente se refieren al mismo fenómeno del retorno matinal junto a sus padres. De ahí a la historia de Kûmara (lit. un niño), hay solo un pequeño paso. Uno de los nombres de Karttikeya en los *Purâṇas* fue este Kumâra, o el oculto (*guha*), el caído (*skanda*) o el que remonta los siete ríos o madres (VIII, 96, 1) en la mañana, que encabezó el ejército de dioses o la luz y avanzó victorioso por el sendero del *Devayâna*. Fue el jefe de los días o del ejército de los dioses y, al igual que los maruts fueron los aliados de Indra en su combate contra Vṛitra, Kumâra, el niño que representa al sol matinal, pudo, Rudra, quien fue, a su vez, representante de los Maruts. Se podría decir, igualmente, que nació de Agni, quien mora en las aguas, o bien que fue hijo de las siete o seis Kṛittikâs. Al igual que el sol de la mañana, debe penetrar a través de las aperturas de Albûrz, temporalmente cerradas por Vṛitra, por lo que Kumâra puede ser llamado Krauñcha-dâraṇa, el perforador de la montaña Krauncha, epíteto que se le aplica en los *Purâṇas*[99]. Pero no es este el lugar para comentar el ulterior desarrollo del que fue objeto la figura de Kumâra, el niño de la mañana en la mitología posterior. Hemos elegido las leyendas de los Ashvinos con el fin de aclarar los detalles que solo podrían explicarse por medio de la teoría ártica, y creemos que la precedente exposición probaría que nuestra labor no ha sido en vano. La expresión *dasha-mâsya* en la leyenda de Sapta-vadhri y *dashame yuge* en la de Dirgahatamâs señalan directamente un período de diez meses de sol, y hemos visto que en ciertas leyendas también se hace referencia a tres, diez o cien noches continuas, explícita o metafóricamente. Encontramos, así, expresiones del tipo de «el sol durmiendo en la oscuridad o en el regazo de Nir-ṛiti» que muestran que la oscuridad se menciona de forma explícita y no metafóricamente. En resumen, el sol que se hunde en el mundo inferior de las aguas y la oscuridad, y no meramente el sol inver-

---

99 Para un posterior desarrollo de esta idea véase el ensayo de Mr. Narayan Aiyangar sobre la mitología indoaria, parte I pp. 57-80. A la luz de la teoría ártica hemos de modificar algunos de los puntos de vista de Mr. Aiyangar. Así acerca de los siete ríos o madres, que traen la luz del sol, uno debe referirse a su verdadera madre y los otros siete como madrastras.

nal, es el tema principal de todas estas leyendas, y la misión de los Ashvinos consiste en rescatar el sol de la oscura fosa del mundo inferior o del oscuro océano sin fondo.

Tanto la teoría de la primavera como la ártica son de carácter solar. En ambos casos, los mitos se interpretan a partir de la hipótesis de que representan algún fenómeno solar. Pero la teoría ártica no se limita a considerar la decadencia del poder del sol en invierno, sino que va un paso más allá al hacer de la larga noche del círculo polar el fundamento de carácter físico de muchas e importantes leyendas védicas. La precedente exposición acerca de los mitos de los Ashvinos ha mostrado claramente que resultaba necesaria una base más amplia, para la correcta explicación de estas leyendas, hecho que, a su vez, corrobora la nueva teoría.

La rueda de Sûrya

Ya examinamos con anterioridad las leyendas de los siete Âdityas y de su hermano nacido-muerto, y creemos haber demostrado que representan siete meses de sol en el antiguo país de los arios. Pero el período de sol en la región ártica, puede variar de acuerdo con la latitud, de seis a doce meses. Así, la sesión sacrificial de los Navagvas y los Dashagvas duraron nueve o diez meses, y entre las leyendas de los Ashvinos, la de Saptavadhri hace alusión a un período de diez meses de luz solar. ¿Existiría alguna leyenda de Sûrya en el *Ṛig Veda*, que haga referencia a este fenómeno? Esta es la pregunta a la que vamos a intentar dar una respuesta a continuación. Hemos demostrado que los diez caballos uncidos al carro del sol señalan hacia un período de diez meses de sol; pero la leyenda del robo de la rueda del sol por parte de Indra es más explícita. Sin embargo, para entender esta leyenda en su verdadero sentido debemos examinar primero qué relación une a Indra con Sûrya. Vimos en el capítulo anterior que Indra es el principal héroe en la lucha entre las potencias de la luz y las tinieblas. Es él quien hace que el sol se levante con el alba, o hace que el sol brille (VIII, 3, 6; VIII, 98, 2) y ascienda al cielo (I, 7, 3). Se dice también en (III, 39, 5), que el sol, moraba en la oscuridad, donde Indra, acompañado por los Dashagvas, lo descubrió y lo elevó para los hombres. Es Indra de nuevo quien abre un camino para el sol (X, III, 3), y lucha contra los demonios de la oscuridad para reconquistar la luz de la mañana. Indra es siempre el amigo y el compañero de Sûrya. En el *Ṛig Veda* se narra una leyenda en la que Indra ha robado la rueda de Sûrya y así le vence (I, 175, 4; IV, 30, 4; V, 31, 11; X, 43, 5). Se ha querido ver en esta leyenda tanto el oscurecimiento del sol por una nube de tormenta, como su ocaso cotidiano; pero el primero es un hecho demasiado aleatorio para que pueda constituir el fundamento de una leyenda como la presente, ni puede sostenerse que Indra haya traído una nube, en cuanto a la segunda opción, no hay nada que nos permita pensar que la leyenda se refiere a la puesta diaria del sol. Debemos, en consecuencia, examinar la leyenda más de cerca e intentar explicarla de un modo más inteligible. En el *Ṛig Veda* (I, 164, 2), se dice que el carro de Sûrya posee una sola rueda, pero esta es séptuple; y en la mitología más tardía se afirma, por otra parte, que el carro del sol es un *eka-chakra* o una rueda. Si esta rueda se quitase el sol no podría avanzar y toda vida se detendría. Parece, sin embargo, que la rueda del sol es el sol en sí mismo en la presente leyenda. Así, en I, 175, 4, y IV, 30, 4, la frase empleada es *Sûryam chakram*, lo que, evidentemente significa que la órbita solar se concibe como una rueda. Cuando se dice que esta rueda ha sido robada, debemos suponer que el sol mismo fue robado, y no una de las dos ruedas de su carro. ¿Qué hace Indra con esta rueda solar, es decir el propio sol, que robó de este modo? Se nos dice que usó los rayos solares como arma para matar o quemar a los demonios (VIII, 12, 9). Está claro que el robo de la rueda solar y la victoria sobre los demonios son acontecimientos simultáneos. La lucha de Indra contra los demonios tiene principalmente el propósito de recobrar la luz, y habría que preguntar cómo se puede describir a Indra usando el disco solar como arma para atacar con el propósito de rescatar a Sûrya que estaba perdido en la oscuridad. Porque esto vendría a decir que el disco solar se utilizó como arma para recuperar al sol mismo, que se creía perdido en la oscuridad. Pero la dificultad es solo aparente y es debida a las nociones modernas de luz y oscuridad. Sûrya y oscuridad, de acuerdo con las nociones modernas, no podrían coexistir. Pero el *Ṛig Veda* dice explícitamente «El sol hundiéndose en la oscuridad» al menos en dos lugares (III, 39, 5; I, 117, 5), y esto solo puede explicarse suponiendo que los bardos védicos creyeron que el sol estaba privado de su resplandor cuando se hundía bajo el horizonte, o que su resplandor se apagaba temporalmente durante su lucha con los demonios de la oscuridad. Es imposible explicar la expresión *tamási kshiyatam* (hundiéndose en la oscuridad) de otro modo; y si se aceptara esta explicación, no sería difícil entender por qué se dice que Indra utilizó el disco solar para vencer a los demonios y reconquistar la luz de la mañana. En otras palabras, Indra ayuda al sol a destruir lo que oscurecía su resplandor, y cuando este obstáculo es eliminado, el sol recupera su luz y se eleva desde el océano oscuro. En consecuencia, la descripción en IV, 17, 14, de Indra deteniendo la rueda del sol y hundiéndola en la oscuridad en el fondo de *rajas* o en el oscuro mundo inferior tras haberla hecho girar sobre sí misma. Puede considerarse absolutamente correcta. Pero el pasaje más importante para nosotros es VI, 31, 3 que dice así:

«Tvam Kutesena abhi Shuṣhṇam Indra
ashusham yudhya Kuyavam gaviṣhṭau
Dasha prapitve adha Sûryasya
muṣhâyas chakram avive rapamsi».

La primera mitad del verso no presenta ninguna dificultad: «¡Oh, Indra! En la lucha por las vacas, tú has combatido junto a Kutsa contra Shuṣhṇa, el Ashuṣha y el Kuyava». Aquí, Ashuṣha y Kuyava se emplean como adjetivos para calificar a Shuṣhṇa y significan «el voraz Shuṣhṇa, el azote de las calamidades». El segundo hemistiquio, sin embargo, no resulta tan sencillo. La última frase, *avive-rapâmsi* está dividida en el texto *Pada* en dos palabras, *aviveḥ* y *rapâmsi*, que significa «destruir calamidades o daños (*rapâmsi*)». Pero Oldenberg propone dividir la frase en *aviveḥ* y *apâmsi*, en conformidad con IV, 19, 10, y la traduce así: «Tú te has manifestado con tus obras viriles (*apâmsi*)»[100]. No es, sin embargo, necesario para nuestro propósito examinar estas dos interpretaciones, por lo que nos limitaremos a adoptar la más antigua, que traduce la frase así: «Tú has destruido calamidades o daños (*rapâmsi*)». Omitiendo las dos primeras palabras *dasha* y *prapitve*, el segundo hemistiquio quedaría del siguiente modo: «Tú has robado la rueda de Sûrya y has destruido las calamidades». Nos queda todavía determinar el significado de *dasha prapitve.* Sâyaṇa considera que *daha* es equivalente a *adashaḥ* (lit. «el más mordído», de *damsh*, «morder»), y *prapitve* como «en la batalla» por lo que traduce: «Tú le mordiste en la batalla». Pero, no obstante, esto resulta, a todas luces, un significado excesivamente forzado, que no armoniza con otros pasajes en los que se describe la misma leyenda. Así, en IV, 16, 12, se dice que Shuṣhṇa fue muerto en *ahnaḥ praptive*, y la última frase designa manifiestamente el momento en el que Shuṣhṇa fue muerto, mientras que, en V, 31, 7 se dice que Indra ha descubierto los engaños de Shuṣhṇa al alcanzar *Praptivam*. En cuanto a la expresión *daha praptive*, existen dos pasajes más en el *Ṛig Veda* que se refieren a la misma leyenda. En uno de ellos, Shuṣhṇa es muerto en el *prapitva* del día (*anaḥ prapitve*), mientras que en el otro, Indra descubre los ardides del demonio al alcanzar *prapitvam*. Las tres expresiones, *dasha prapitve*, *ahnaḥ prapitve* y *prapitvam*, deben considerarse sinónimos y sea cual fuere el significado que asignemos a *prapitve*, debemos aplicarlo a los tres términos. La palabra *prapitve* aparece en numerosos pasajes del *Ṛig Veda*, pero los especialistas han llegado

[100] Véase *Vedic Hyms* de Oldenberg, *S. B. E. Series*, vol. XLVI, p. 69.

a un acuerdo sobre su significado. Así, Grassman proporciona dos significados: por un lado, denotaría «avance», por otro «el principio del día». Según él *ahnaḥ prapitve* significaría «por la mañana» (IV, 16, 12), pero él traduciría *praptivam yan* simplemente como «avanzando». En VI, 31, 3, también interpreta *prapitve* como «por la mañana». La palabra *prapitve* también aparece en I, 189, 7, y Oldenberg la traduce como «al tiempo del avance del día», citando a Geldner en apoyo de su traducción. Sâyaṇa, en VIII, 4, 3 traduce *apitve* por «amistad» y *prapitve* como «habiendo adquirido» (*Nir.* III, 20). En estas circunstancias creemos que lo más seguro sería inferir el significado del término *prapitve* directamente de los pasajes védicos en los que aparece en oposición a otros. Por ejemplo, en VII, 41, 4, (*Vâj. Sam.* XXXIV, 37) y VIII, 1, 29, encontramos *praptive* en claro contraste con *mahye* (el medio) y *udita* (el comienzo) del día; y en ambos lugares *prapitive* no puede significar nada más que «el declive o el final del día»[101]. Mahidhara en *Vaj. Sam.* XXXIV, 37 considera *prative* como equivale a *prapatane* o *astamaye*, que significan «el ocaso, caída o fin del día». Adoptando este significado, la frase *ahnaḥ prapitve ni barhîḥ* en IV, 16, 12, significaría que Shuṣhṇa fue muerto «cuando el día había declinado». Por tanto, si Shuṣhṇa murió cuando el día declinó la frase *daha prapitve* debería interpretarse, por analogía, del mismo modo. Pero resultaría difícil hacerlo así, si *dasha* estuviese separado de *prapitve*, como, efectivamente, lo está en el texto *Pada*. Por nuestra parte, propondríamos que *dasha-prapitve* se considerase como una palabra, y se interpretase como «al declinar de los diez», lo que significaría que Shuṣhṇa murió al final, o completando, los diez (meses). En I, 141, 2 la frase *dasha-pramatim* se considera una palabra compuesta en el texto *Pada*, pero Oldenberg, siguiendo el diccionario de Petersberg, la divide en *dasha* y *pramatim*. Nosotros plantearíamos operar en sentido inverso con la frase *dasha prapitve* en el pasaje en consideración y traducir el verso como: «¡Oh, Indra!, en la lucha por las vacas tú combatiste junto a Kutsa contra Shuṣhṇa, el Ashuṣha y Kuyava... Al declinar (o "la culminación") de los diez (meses), tú robaste la rueda de Sûrya y destruiste las calamidades (o de acuerdo con Oldenberg: "manifestaste las obras viriles")». El pasaje, por tanto, se vuelve inteligible, y no necesitamos inventar un nuevo significado para *dasha* ni hacer que Indra muerda a su enemigo en el campo de batalla. Si comparamos la frase *dasha prapitve* con *ahnaḥ prapitve* que aparece en IV, 16, 12, y tenemos en cuenta el hecho de que ambas se emplean en relación con la lucha legendaria contra Shuṣhṇa, lo más natural resulta suponer que *dasha prapitve* está señalando el tiempo de la lucha, al igual que *anaḥ prapitve* lo hace en el otro pasaje. *Dasha prapitve* debe considerarse equivalente a

[101] *Ṛig Veda* VII, 41-4. Estos dos pasajes demuestran que *prapitve*, usado en referencia al día, denota el declinar o finalización del mismo.

dasham prapitve y, por tanto, debe ser traducido como «en complemento de los diez», lo que puede hacerse si aceptamos ver en *dasha-prapitve* una palabra compuesta. La construcción gramatical quedaría, por tanto, establecida y la única cuestión que quedaría por resolverse sería saber si *dasha* (diez) significa diez días o diez meses. La comparación con *ahnaḥ prapitve* sugeriría «días», pero la lucha con Shuṣhṇa no se puede reproducir cada diez días. Ha de ser diaria o anual. Por consiguiente, deberemos interpretar *dasha* en la palabra compuesta *dasha-prapitve* (o *dashânâm* cuando la composición se disuelva en dos) como equivalente a diez meses, del mismo modo que el numeral *dvâdashasya* se interpreta como «del decimosegundo mes», o *dvâdashaya mâsasya* en VII, 103, 9. Así, esta expresión denotaría el momento exacto en el que la rueda del sol, o disco solar, fue robada por Indra y usada como arma de combate para destruir a los demonios de la oscuridad. Esto tuvo lugar al final de los diez meses, es decir, al fin del año romano, o al fin de la sesión sacrificial del Dashagvas, quienes encontraron junto a Indra el sol hundido en la oscuridad. La construcción del pasaje propuesta no solo es natural y sencilla, sino que su sentido está en armonía con el significado de otros pasajes análogos que relatan la lucha contra Shuṣhṇa, y es más lógico que hacer que Indra muerda a su enemigo. Es el texto *Pada* una traducción sin sentido; puesto que si no hubiese dividido en dos la expresión *dasha prapitve* su verdadero significado no habría podido devenir tan oscuro hasta hoy. Pero el texto *Pada* no es infalible e incluso Yâska y Sâyaṇa lo han corregido en ciertos casos (I, 105,1 8; X, 29, 1; y *Nir.* V, 21; VI, 28), y lo mismo ha hecho más a menudo los especialistas occidentales. Por lo tanto, no estamos innovando al renunciar al texto *Pada*, especialmente si es más natural e inteligible considerar *dasha-prapitve* en este verso como una palabra compuesta. Cuando el verso se ha interpretado así, obtenemos la historia completa del periplo anual del sol en el antiguo país de los arios. Fue Indra, quien elevó al sol tras haber combatido durante largo tiempo contra Vṛitra; y cuando el sol se hunde en las tinieblas tras haber brillado durante diez meses, Indra roba el disco solar y porta al sol consigo a la oscuridad para luchar contra los demonios. Este es el sentido de toda esta leyenda. En consecuencia, creemos que hemos establecido la necesidad de la teoría ártica en tanto que es la única hipótesis que ha permitido explicar esta leyenda de una forma tan clara y sencilla.

Las tres zancadas de Vișhṇu

Existen todavía algunas otras leyendas védicas que indican o sugieren un clima o un calendario árticos, que vamos a examinar brevemente en este capítulo. Una de estas leyendas habla de Vișhṇu y sus tres grandes zancadas, que se narran en muchos lugares del *Ṛig Veda* (I, 22, 17, 18; I, 154, 2). Yâska (*Nir.* XII, 19) recoge la opinión de dos antiguos comentaristas acerca del carácter de estas tres zancadas. Uno de estos, Shâkapûni, sostenía que estos tres pasos se dieron primero en la tierra, el segundo en la atmósfera y el tercero en el cielo; mientras que Aurnavâbha pensaba que los tres pasos deben localizarse uno en la colina por donde sale el sol (*samârohaṇa*), otro en medio del meridiano (*Vișhṇu-pada*), y el tercero en la colina donde el sol se pone (*gaya-shiras*). Por su parte, Max Müller piensa que estos tres pasos de Vișhṇu representarían el ascenso, el cenit y el ocaso del sol. Por otro lado, Muir aporta un pasaje del *Râmâyaṇa* (IV, 40, 64), que menciona *udaya parvata*, la montaña del sol naciente, y añade que en la cima de ella está el pico Saumanasa, el lugar donde Vișhṇu dio su primer paso. Se nos dice entonces que el segundo paso tuvo lugar en la cima del monte Meru; y que «cuando el sol había rodeado Jambudvîpa por el norte, él es más visible desde esta elevada cima». Parecería, por tanto, que de acuerdo con el *Râmâyaṇa*, Vișhṇu realizaría su tercer paso alrededor del Jambudvîpa, después del ocaso, sea lo que sea lo que esto signifique. En la literatura puránica, los tres pasos de Vișhṇu se identifican con los tres pasos de Vâmana, la quinta encarnación de Vișhṇu. Bali, el poderoso enemigo de los dioses, había celebrado un sacrificio, cuando Vișhṇu se aproximó bajo la forma de un enano y le rogó que le concediese la tierra que abarcase con tres de sus pasos. En cuanto la petición fue satisfecha, Vișhṇu adoptó una forma milagrosa y ocupó toda la tierra con su primer paso y la atmósfera y todo lo que hay sobre ella con el segundo. Bali, que había sido el señor del universo anteriormente, se sorprendió con la metamorfosis del enano; pero tuvo que cumplir su palabra y ofrecer su cabeza como apoyo para el tercer paso de Vâmana. El ofrecimiento fue aceptado y como resultado Bali fue arrojado al mundo inferior por el tercer paso, y el imperio de la tierra y los cielos fue recobrado por Indra a quien se lo había robado Bali. Entre las varias interpretaciones existe una firme coincidencia: de una forma u otra Vișhṇu representa el sol. Pero los especialistas védicos no se ponen de acuerdo sobre lo que representarían las zancadas de Vișhṇu: el curso diario del sol o su periplo anual. Deberemos, pues, examinar cuidadosamente los pasajes védicos que mencionan a Vișhṇu, determinar si existen indicaciones que nos permitan resolver esta cuestión. En I, 155, 6, se describe a Vișhṇu poniendo en movimiento, como una rueda que gira sobre sí misma, sus noventa corceles con sus cuatro nombres, lo que, evidentemente, es una alusión al año de 360 días, dividido en cuatro grupos, o cuatro estaciones, de noventa días cada una. Creemos que esta constituiría una prueba suficiente para sostener que el curso anual del sol es el fundamento físico de las zancadas de Viṣhṇu. El *Ṛig Veda* además nos dice que Viṣhṇu fue íntimo amigo de Indra (*yujyaḥ sakhâ*, I, 22, 19), a quien ayudó en su lucha contra Vṛitra. Así en IV, 18, 11, leemos que «Indra, en el instante de matar a Vṛitra, dijo: ¡Oh, amigo Viṣhṇu! Da una gran zancada» (también cf. VIII, 12, 27); y en I, 156, 4, se dice que Viṣhṇu ha abierto el establo de las vacas con la ayuda de su amigo, mientras que ambos (Indra y Viṣhṇu) juntos vencen a Shambara, vencen al ejército de Varchins y producen la aurora, el sol y el fuego en VII, 99, 4 y 5. Estos pasajes evidencian que Viṣhṇu fue aliado de Indra en su lucha con Vṛitra (cf. VIII, 100, 12); y si esto es cierto, uno de los tres pasos debería haberse dado en las regiones donde esa lucha se llevó a cabo, es decir, en el mundo inferior. Resulta difícil entender por qué en I, 155, 5 se dice que dos de los tres pasos de Viṣhṇu son visibles a los hombres, mientras que el tercero está fuera del alcance de los pájaros o los mortales (cf. también VII, 99, 1). Si el tercer paso de Viṣhṇu se produjo en el mundo inferior, es perfectamente comprensible que fuese invisible o estuviese fuera del alcance de los mortales. Hemos visto que la morada de Vṛitra está oculta y llena de oscuridad y aguas. Si Viṣhṇú ayudó a Indra en su lucha contra Vṛitra su tercer paso debe haberse realizado en la morada de Vṛitra; en otras palabras, los pasos de Viṣhṇu representan el curso anual del sol dividido en tres partes. Durante dos de estas partes el sol estaba sobre el horizonte y, por tanto, dos de los pasos de Viṣhṇu son visibles. Pero como en la tercera parte del año el sol se encuentra bajo el horizonte, produciendo una continua oscuridad, se dice que el tercer paso de Viṣhṇu es invisible. Fue entonces cuando ayudó a Indra a vencer a Vṛitra y a traer de nuevo el amanecer, el sol y el sacrificio. Se ha mostrado en el último capítulo precedente que la lucha entre Indra y Shambara comenzó el cuadragésimo día de *Sharad,* es decir, o en el octavo mes tras el inicio del año con *Vasanta*. Estos ocho meses de luz y cuatro de oscuridad se pueden representar perfectamente por dos pasos visibles y uno invisible de Viṣhṇu. Por otro lado, la historia puránica de Viṣhṇu durmiendo durante cuatro meses al año ilustra la misma idea. También debe señalarse que Viṣhṇu duerme sobre un dragón en medio del océano, y que tal dragón es evidentemente las aguas (*apaḥ*) y Ahi o Vṛitra mencionados en la leyenda de Vṛitra. Se dice que el sueño de Viṣhṇu representa la estación de lluvias de cuatro meses; no obstante, esto constituye otro error semejante a los que hemos encontrado en el capítulo anterior acerca de las aguas. Cuando las hazañas de Indra se trasladaron desde la última estación del año, *Hemanta*, a *Varshâ*, la estación de las lluvias, el período durante el cual

Vịshṇu permanece dormido debe haber sufrido una transposición semejante y haber sido identificado con la estación de las lluvias. El sueño de Vịshṇu y su tercer paso debieron ser idénticos en origen lo que implica que al ser este último invisible, lo que se menciona de modo explícito, resulta imposible deducir que el tercer paso se efectuase durante la estación de las lluvias, período de gran visibilidad. La larga oscuridad de la noche invernal en la región ártica es la única que podría representar adecuadamente este tercer paso o el período de su sueño; y la leyenda del dios frigio, quien según Plutarco dormía durante el invierno y volvía a la actividad en el verano, ha sido interpretado por el profesor Rhys en el mismo sentido. La *couvade* irlandesa de los héroes ultonios también apunta hacia la misma conclusión[102].

Pero aparte del sueño de Vịshṇu, que es de origen puránico, tenemos una leyenda védica que posee el mismo significado. En el *Ṛig Veda* (VII, 100, 6), Vịshṇu se representa bajo un aspecto peyorativo: *shipivịshṭa*. Así, el poeta dice «¡Oh, Vịshṇu! ¿Qué hay en ti de vituperante cuando declaras que: "yo soy *shipivịshṭa*?"». Yâska recoge (*Nir*. V, 7-9), una antigua tradición según la cual, y de acuerdo con Aupamanyava, Vịshṇu tiene dos nombres *shipivịshṭa* y *Vịshṇu*, de los cuales el primero posee un significado negativo (*kutsitarthîyam*), citando el verso anterior que explica de dos formas. La primera de estas dos interpretaciones coincide con la de Aupamanyava: *shipivịshṭa*, significaría *shepah iva niveshiṭaḥ*, o «envuelto como los testículos» o «con rayos oscurecidos» (*apratipanna-rashmiḥ*). Yâska, sin embargo, sugiere una interpretación alternativa y observa que *shipivịshṭa* puede considerarse como un apelativo laudatorio con el significado de «aquel cuyos rayos (*shipayaḥ*) han sido desplegados (*âvịshṭaḥ*)». Varios estudiosos infieren de este pasaje que el significado que la palabra *shipivịshṭa* se había vuelto incierto en los días de Yâska; pero no creo que esto fuera probable, porque en la más antigua literatura, *shipivịshṭa* es un insulto que significa tanto «uno cuyos cabellos se han caído» como «uno que está afectado de una enfermedad cutánea incurable». La naturaleza exacta de la enfermedad puede ser incierta; pero no puede haber duda de que *shipivịshṭa* tiene un significado peyorativo incluso en la más antigua literatura sánscrita. Pero en los días en que el origen de esta expresión, tal y como se aplica a Vịshṇu, se olvidó, los teólogos y estudiosos intentaron eliminar el sentido oprobioso proponiendo significados alternativos. Yâska fue probablemente el primer Nairukta que formuló un significado bueno para *shipivịshṭa* al sugerir que *shipi* debía interpretarse por «*rayos*». De ahí que el pasaje del *Mahâbhârata* (Shânti-Parvan, cap. 342, vv. 69-71), citado por Muir nos diga que Yâska fue el primero en aplicar el epíteto a

[102] Véase *Hibber Lectures*, traducido por Rhys p. 632. El pasaje es traducido completamente en el capítulo XII, infra.

Vişhṇu, no sea razonable inferir de él, como lo hizo Muir, que el escritor del *Mahâbhârata* «no fuera un buen estudiante de los *Vedas*». En el *Taittirîya Samhitâ*, se nos dice que Vişhṇu fue venerado como *shipivishta* (II, 2, 12, 4 y 5), y que *shipi* significa ganado o *pashavaḥ* (II, 5, 5, 2; *Tan Br.* XVIII, 6, 26) *shipivişhṭa* se explica como una apelación laudatoria considerando *shipi* como «ganado», «sacrificio» o «rayos». Pero estos procedimientos etimológicos no han podido conceder a esta palabra un significado positivo en la literatura sánscrita, y este hecho por sí mismo es suficiente para mostrar que la palabra *shipivişhṭa* originariamente fue, y siempre ha sido, un término insultante que indica alguna enfermedad física, cuya naturaleza exacta no se conoce. Los teólogos, es cierto, han intentado explicar la palabra en un sentido diferente; pero esto ha sido debido más a su voluntad de no dar nombres oprobiosos a sus dioses, que a alguna duda acerca del verdadero significado de la palabra. De este modo, la palabra *shipivişhṭa*, que es originalmente un término peyorativo (*kutsitarthiyam*) de acuerdo con Aupamanyava, fue transformado en un nombre misterioso (*guhya*) para la deidad. Pero esta transición de significado solo afecta a la literatura teológica y no se produjo en los trabajos no teológicos por la razón obvia de que en la lengua ordinaria el significado peyorativo de la palabra era suficientemente familiar para todo el mundo. Podría existir, sin embargo, alguna duda, de que en VII, 100, 5 y 6, *shipivişhṭa* se use su sentido insultante como afirmó Aupamanyava. Estos versos han sido traducidos por Muir como sigue: «Yo, un devoto fiel, que conoce los ritos sagrados, hoy celebro tu nombre de *shipivishta*, yo, que soy débil, alabo a aquel que es fuerte y habita más allá de este mundo inferior (*kshayantam asya rajasaḥ parâke*) ¿Qué, Vişhṇu, tienes que reprocharme cuando declaras que "yo soy *shipivişhṭa*"? No nos escondas esta forma (*varpas*), ya que has asumido otra forma en la batalla». La frase «morando en el mundo inferior» (*rajasaḥ parake*), o «bajo este mundo», nos proporciona una pista del significado real del pasaje. Fue en el mundo inferior donde Vişhṇu recibe este nombre peyorativo. ¿Y en qué consistía este nombre después de todo? *Shipivişhṭa* o «envuelto como *shepa*», significaba que sus rayos estaban oscurecidos, o bien que estaba temporalmente bajo una cubierta oscura. El aspecto indicado por el epíteto peyorativo tiene carácter temporal, puesto que le había resultado indispensable, como una armadura oscura, para luchar con los Asuras, al no ser ya necesario, se invoca a Vişhṇu para que revele su verdadera forma (*varpas*) al devoto. Este es el verdadero significado de los versos citados más arriba y, a pesar del intento de Yâska y otros estudiosos de convertir el nombre peyorativo de Vişhṇu en uno elogioso con la ayuda de especulaciones etimológicas, está claro que *shipivişhṭa* era un insulto, y que denomina el aspecto oscuro de Vişhṇu en su lucha con los demonios en el mundo inferior. Si el sol es llamado *bṛihach-chhepas* cuando se encuentra sobre el horizonte, puede en correspondencia ser denominado *shipivishṭa* o envuelto como un *shepa*, cuando se encuentra en el mundo inferior; y no hay nada en ello por lo que la deidad o sus adoradores pudieran sentir vergüenza. Las más antiguas tradiciones puránicas representan a Vishṇu durmiendo durante este período; pero tanto si lo consideramos como un sueño o una enfermedad significaría lo mismo. Se trate la historia de Vishṇu bajando al mundo inferior, oscuro o enfermo, a efectuar su tercer paso sobre la cabeza de los Asuras, o provisto de una oscura armadura para ayudar a Indra en su lucha por las aguas y la luz, una lucha que, como hemos visto, duró largo tiempo y terminó con el fluir de las aguas, la recuperación de la aurora y el nacimiento del sol recubierto por una brillante armadura después de una larga y continua oscuridad.

Una comparación con los dominios de otras deidades védicas de las que se dice que atraviesan todo el universo como Vishṇu confirmaría el mismo punto de vista. Una de estas deidades es Savitri, quien, en V, 81, 3, se describe midiendo el mundo (*rajâmsi*) y en I, 35, 6 se dice que «hay tres cielos (*dyâvaḥ*) de Savitri, dos de ellos están próximos y el tercero, sosteniendo al héroe, está en el mundo de Yama». Esto significa que dos de los cielos de Savitri están en el paraíso superior y uno en el mundo inferior, el reino de Yama. La segunda deidad que atraviesa o mide el universo es Agni (VI, 7, 7). Él se detiene tres veces, una en *samudra* o el océano, otra en el cielo (*divi*) y otra en las aguas o *apsu* (I, 95, 3). Su luz está dividida en tres (III, 26, 7), tiene tres cabezas (I, 146, 1) y tres tronos, poderes o lenguas (III, 20, 2; VIII, 39, 8). A pesar de que estas tres paradas no siempre pueden ser concebidas así, sí podríamos identificar una de ellas con certeza con el tercer paso de Vishṇu, porque en X, 1, 3, se dice que la tercera parada de Agni solo es conocida por Vishṇu, mientras que, en V, 3, 3, Agni, con el *upama* (el último o el más alto) paso de Vishṇu, guarda las vacas sagradas. Esta descripción encaja bien con I, 154, 5 y 6, donde leemos que el rápido movimiento de las vacas y su manantial de miel existen en el lugar en el que Vishṇu ha dado su paso más alto. Se ha dicho anteriormente que Agni a veces representa el sol en el *Ṛig Veda* que cuando se oculta en las aguas y surge de ellas como *apâm napat*, el niño de las aguas, se trata del sol hundiéndose bajo el horizonte por largo tiempo y emergiendo después del océano al final de la noche ártica. Vishṇu es también el mismo sol bajo otro nombre, y tanto el tercer paso de Vishṇu como la tercera u oculta morada de Agni pueden, por tanto, ser fácilmente reconocidos como idénticos. La tercera deidad que atraviesa el universo son los Ashvinos a quienes se aplica el epíteto *parijman* o «los que dan vueltas» numerosas veces en el *Ṛig Veda* (I, 46, 14; I, 117, 6). Los Ashvinos realizan tres paradas (VIII, 8, 23), y su carro, del que se dice que va sobre los dos mundos por igual (I, 30, 18) tiene tres ruedas, una de las cuales se representa depositada en una cueva o lugar secreto, que, como el tercer paso de Vishṇu, queda fuera del alcance de los mortales (cf. X, 85, 14-16). Esta coincidencia entre las tres paradas de tres dioses diferentes que atraviesan el mundo no puede ser considerada como accidental, y, por tanto, la consideración conjunta de los pasajes mencionados nos lleva a la conclusión de que la tercera parada o el oculto lugar o morada, en cada caso, debe ser situado en el mundo inferior, el mundo de los *pitṛis*, de Yama, de las aguas y de la oscuridad.

Trita Aptya

Ya hemos visto que el año dividido en tres partes de cuatro meses cada una está representa por los tres pasos de Vishṇu y también que las dos primeras partes eran visibles en contraste con la tercera que se hallaba oculta, porque en el país de origen de los pueblos arios el sol estaba sobre el horizonte solo durante ocho meses. Si personificásemos estas tres partes de año, obtendríamos una leyenda de tres hermanos, en la que los dos primeros arrojaron al otro a un pozo oscuro. Esta es exactamente la historia de Trita Aptya en el *Ṛig Veda* o de Thrâetaona en el *Avesta*. Así, Sâyaṇa, en su comentario en I, 105 cita un pasaje del *Taittirîya Brâhmaṇa* (III, 2, 8, 10-11) y también una historia de los Shâṭyâyanins que relata la leyenda de los tres hermanos llamados Ekata, Dvita y Trita, el primero, el segundo y el tercero, los dos primeros de los cuales arrojaron al tercero, Trita, a un pozo del que fue rescatado por Bṛihaspati. Pero en el *Ṛig Veda,* Ekata no se menciona en ninguna parte, mientras que Dvita, quien gramaticalmente significa «el segundo», se encuentra en dos lugares (V, 18, 2; VIII, 47, 16). Dvita es el que ha «visto» el decimoctavo himno del quinto *maṇḍala* diciéndose en el segundo verso del himno que recibe ofrendas imperfectas; mientras que en VIII, 47, 16, se pide a la aurora que aleje la pesadilla o el mal sueño de Dvita y Trita. La analogía gramatical apunta que Trita debe significar el tercero, y en VI, 44, 23, la palabra *triteṣhu* se usa como un objetivo numeral para *rochaneṣhu* en el sentido de «en la tercera región». Como deidad védica, Trita es llamado Aptya, lo que significa «nacido o residente en las aguas» (Sâyaṇa en VIII, 47, 15). Trita aparece en diferentes lugares, estando asociado con los Maruts e Indra al matar al demonio o el poder de la oscuridad como Vṛitra. Así en X, 8,8, se dice que Trita, animado por Indra, lucha y mata al hijo de tres cabezas (*tri-shiras*) de Tvashtri y libera a las vacas; mientras que, en X, 99, 6, leemos que Indra subyugó al rugiente demonio de seis ojos y Trita, fortalecido por este mismo hecho, mató al jabalí (*varâha*) con su saeta de punta de hierro. Pero el incidente más importante en la historia de Trita se menciona en I, 105. En este himno, Trita ha caído en una *kûpa* o pozo, que es también llamado *vavra,* sima, en X, 8, 7. Trita entonces invoca a los dioses pidiendo ayuda y Bṛihaspati, oyendo sus oraciones, lo rescata de su infortunio (I, 105, 17). Algunos de los versos del himno son muy sugestivos: por ejemplo, en el verso noveno, Trita nos habla de su «parentesco con los siete rayos del cielo. Trita Aptya lo sabe y habla a favor de sus parientes». El rojo Vṛika, el lobo de la oscuridad, es descrito de nuevo en el verso dieciocho encontrándose con Trita yendo en su camino. Estas referencias muestran que Trita estaba relacionado con las potencias de la luz, pero tuvo la mala fortuna de verse arrojado a la oscuridad. En IX, 102, 2, se cuenta que la morada de Trita está oculta o que es secreta, una descripción similar a la del tercer paso de Viṣhṇu. La misma historia se encuentra en el *Avesta*. Allí, Thrâetaona, quien posee el epíteto patronímico de Athwya (sánscrito Aptya), da muerte a la serpiente demoníaca Azi Dahâka, de quien se dice que tenía tres bocas y seis ojos (*Yt.* XIX, 36-37; V, 33-34). Pero lo que resulta aún más notable en la leyenda avéstica es que Thrâetaona en su expedición contra el demonio ha sido acompañado por sus dos hermanos, quienes intentaron matarlo por el camino[103]. La leyenda avéstica corrobora completamente la historia de los Shâṭyâyanins citada por Sâyaṇa y si ambos relatos coinciden no podemos obviar la historia en los *Brâhmaṇas* o sostener que fue urdida con referencias erróneas del *Ṛig Veda*. Pero en ausencia de la teoría ártica, la teoría de la larga oscuridad que se extiende cerca de cuatro meses o una tercera parte del año, los especialistas europeos no podían entender por qué la deidad debía ser llamada «el tercero» por lo que han aparecido varias ingeniosas teorías para explicar por qué Trita, que normalmente significa «el tercero» llegó a ser el apelativo de una deidad que había sido arrojada a una tierra lejana. Max Müller piensa que el nombre de la divinidad fue originalmente Tṛita y no Trita, haciendo derivar el primer término de la raíz *tṛi* (atravesar) Tṛita, que no es una forma gramatical regular, aunque se encuentra en el *Atharva Veda* VI, 113, 1 y 3, significaría tanto «el sol cruzando el océano» siendo a este respecto comparable a *taraṇi* que significa «el sol» en la literatura sánscrita tardía. En resumen, según Max Müller, Tṛita significa el ocaso; y la historia de Trita constituiría una versión diferente de la lucha diaria entre el sol y las tinieblas. Pero la teoría de Max Müller requiere que asumamos que esta interpretación errónea o corrupción de Tṛita en Trita tuvo lugar antes de la separación de los pueblos arios, ya que en antiguo irlandés encontramos la palabra *triath* que significa el mar y que es fonéticamente equiva-

[103] Véase de Spiegel, *Die Arische Periode*, p. 271, citado por Mc Donell en su *Vedic Mithology*. Cf. también *S.B.E. Series*, vol. XXXIII, p. 222 nota 2.

lente al griego *tritón*, al sánscrito *trita* y al zendo *thrita*. Max Müller admite la validez de esta objeción, y apunta que el antiguo nórdico *thridi*, un nombre de Odín, el esposo de Har y Jasnhar, solo puede ser explicado suponiendo que *ṭrita* se transformó por una errónea comprensión en *trita* mucho antes de la dispersión de los arios. Esto muestra a qué callejón nos conducen los especialistas cuando intentan explicar algunos mitos sin la verdadera clave interpretativa. Asumimos, sin la más mínima prueba, que antes de la dispersión de los pueblos arios se produjo una mala comprensión, una equivocación porque no podemos explicar el motivo por el que una deidad fue denominada «el Tercero», y por qué *triath* en antiguo irlandés se usó para designar el mar. Pero ahora la teoría ártica nos permite explicar clara y sencillamente toda la leyenda al completo. La personificada tercera parte del año, llamada Trita, el tercero, es descrita cayendo en la oscuridad, en un pozo o en las aguas del mundo inferior porque el sol se hundía bajo el horizonte durante ese período en el hogar de los ancestros del pueblo védico. Esta conexión entre Trita, oscuridad y aguas, su participación en la lucha contra Vṛitra o el uso de la palabra *triath* para designar el océano en antiguo irlandés devienen perfectamente claras e inteligibles. El mundo inferior es el hogar de las aguas aéreas y donde Bṛihaspati, quien ha liberado a las vacas de su encierro en una cueva en el mundo inferior, ha rescatado a Trita cuando estaba hundido en el pozo de las aguas. Hablando de la morada de Trita, Max Müller observa que «el lugar donde se oculta Trita, el *vavra*, es realmente el mismo *anârambhanam tamás*, la oscuridad sin fin, de la cual la luz y algunos de sus legendarios representantes, como Atri o Vandana emergen todos los días». Por nuestra parte, suscribiríamos cada palabra de esta frase a excepción de las dos últimas. Muestra cómo el sabio profesor comprendió la verdad, pero falló por poco al no tener otros elementos de referencia que las teorías del amanecer y la vernal. Había percibido que el lugar donde se ocultaba Trita era la oscuridad sin fin y que el sol salía de la misma región oscura. Desde aquí a la teoría ártica había solo un pequeño paso. Pero por algún motivo el profesor no se aventuró a ir más allá y el resultado ha sido que una concepción de las incidencias de la leyenda de Trita que podría haber sido exacta no lo ha sido a causa de términos aciagos: «todos los días», al final de la frase arriba citada. Elimínense las últimas dos palabras, póngase un punto final después de «emergieron» y a la luz de la teoría ártica obtendremos una correcta explicación de la leyenda de Trita, así como del origen del nombre Trita, o «el Tercero».

Apaḥ

La naturaleza y el movimiento de las aguas aéreas o celestes han sido largamente detallados en el capítulo anterior y prácticamente hay muy poco que pueda añadirse acerca de este punto. También hemos visto cómo el mundo inferior, o mundo de las aguas, fue concebido como una copa o un hemisferio invertido de modo que se decía que cualquiera que fuera allí iba a la región de la oscuridad sin fin o de las aguas sin fondo. Se creía también que en los bordes de este océano se extendía una cadena montañosa, formando un muro de rocas que separaba los mundos superior e inferior; y cuando estas aguas se liberaban deberían fluir por los agujeros de la cadena montañosa que habían sido atorados por el cuerpo extendido de Vṛitra. En un lugar se dice que el pozo, *avata*, que *Brâhmaṇa spati* abrió, fue cerrado con rocas (*ashmâsyam*, II, 24, 4), y en X, 67, 3 las barreras de piedra (*ashmanmahâni nahanâ*) de la prisión en la que las vacas fueron confinadas son expresamente mencionadas. Se dice también que existe una montaña, *parvata*, en el vientre de Vṛitra (I, 54, 10) y Shambara es descrito morando en las montañas. Hemos visto ya cómo la palabra *parvata* en este contexto se ha entendido mal, ya que, desde los días de los Nairuktas, quienes, si bien hicieron una preciosa contribución a la causa de la interpretación védica, parece haber llevado a veces su método etimológico demasiado lejos. La conexión del mundo inferior de las aguas con las montañas y la oscuridad puede considerarse establecida y las leyendas de Vṛitra, Bhujyu, Saptavadhri, Tṛita, etc., nos muestran que las aguas inferiores formaron no solo el hogar de los espíritus del mal y el escenario de las luchas contra ellos, sino que también eran el lugar que Sûrya, Agni, Viṣhṇu, los Ashvinos y Trita tuvieron que visitar durante una parte del año. Era el lugar en el que Viṣhṇu durmió, o se hundió, donde se vio afectado por algún tipo de enfermedad cutánea y donde el caballo sacrificial, que representaba al sol, era embridado por Trita y montado por Indra (I, 163, 2). Era el lugar del que los siete ríos celestes se elevaban junto con los siete soles para iluminar el antiguo hogar de la raza aria durante siete meses y en el que ellos se hundía de nuevo con el sol tras este período. Fueron las mismas aguas las que conformaron la fuente de las aguas de la tierra produciendo lluvia mediante su circulación a través de las regiones superiores del cielo. Se creía que estas aguas se movían de oeste a este debajo de las tres tierras, formando así el lugar de desolación y el lugar del nacimiento del sol y de otras deidades del alba mencionadas en el *Ṛig Veda*. Fue dicho lugar en el que Vṛitra encerró a las vacas en un establo de piedra y donde Varuṇa y Yama reinaron y los padres (*pitṛis*) vivían. Sobre la división de esta región acuática, deberíamos decir que los bardos védicos concebían el mundo inferior dividido del mismo modo que la tierra y el cielo. Así, existían tres, siete o diez mundos inferiores que se corresponden con las tres o diez divisiones del cielo y de la tierra. Se verá entonces que es necesaria una correcta concepción de las aguas inferiores y su movimiento para entender el significado real de muchas de las leyendas védicas e, incluso, nos atreveríamos a decir que de muchas de las puránicas, pues estas últimas están generalmente basadas en las leyendas védicas o en algún incidente mencionado en ellas. Sin este carácter universal de las aguas, claramente comprendido, muchas de las leyendas resultan oscuras, confusas o misteriosas. Hemos recopilado en este lugar las principales características de las diosas de las aguas tal y como las concibieron los poetas védicos y las expondremos en las próximas páginas. En la literatura post-védica muchas de estas características pertenecen al mar de agua salada de la superficie terrestre, en el mismo sentido que el *okeanos* griego, fonéticamente idéntico a la palabra sánscrita *âshayâna,* envolviendo, llegó a designar el océano o el mar en las lenguas europeas. Así, Bhartrihari en su *Vairâgya-Shataka* (V. 76) dice: «¡Oh! ¡Qué extenso, grande y paciente es el cuerpo del océano! Pues aquí duerme Keshava (Vişhņu). Aquí el clan de sus enemigos (Vŗitra y otros demonios de la oscuridad); aquí yace incluso el huésped de las montañas (el parvata de los *Vedas*) en busca de refugio; y aquí también (yace) el fuego de Mare (fuego submarino) con todos los *samvartakas* (nubes)». Esto pretende ser una suerte de resumen de las leyendas puránicas concernientes al océano, pero se puede ver fácilmente que todas y cada una de ellas están basadas en la concepción védica de la naturaleza y los movimientos de las aguas celestes, que formaron la verdadera materia prima de la que se creía que había sido creado el mundo. Después de esto no hace falta explicar por qué *Apaḥ* ocupó un lugar tan importante en el panteón védico.

Siete partes, nueve partes y diez partes

Ya dijimos que las aguas inferiores están divididas de igual manera que el cielo y que la tierra, ya sea en tres, siete o diez partes. También hemos visto que los antiguos sacrificadores completaban su sesión sacrificial en siete, nueve o diez meses y que los Navagvas y los Dashagvas se mencionan, a veces juntos, a veces por separado y a veces a continuación de los siete sabios o *vipras*. Nos hemos referido brevemente a la división en siete partes que generalmente aparece no solo en los *Vedas,* sino también en otras mitologías arias. Pero el tema merece un tratamiento más amplio, y nos proponemos exponer ciertos hechos a él referidos, que parecen haber atraído poca atención a los especialistas. Todo lo que Yâska y Sâyaṇa nos dicen acerca de la división en siete partes es que hay siete caballos del sol y siete lenguas o llamas de Agni porque los rayos del sol son siete en número. Por su parte, Pandit va más lejos al afirmar que los siete rayos se refieren a los colores del espectro que estamos acostumbrados a ver en la ciencia de la óptica o en el arcoíris. Todo esto parecería muy satisfactorio a primera vista, pero nuestro optimismo se ve empañado tan pronto como comprobamos que, junto con los siete rayos y caballos del sol, el *Ṛig Veda* habla de diez caballos o diez rayos del mismo astro. Yâska y Sâyaṇa evitan la dificultad, bien ignorando, bien explicando de forma retorcida todas las referencias a la división en diez. No obstante, los lugares donde se menciona son demasiados para permitirnos obviar la división en diez, que aparece junto con la de siete partes por todo el *Ṛig Veda*. Deberemos, en consecuencia, averiguar por qué el *Ṛig Veda* recoge esta doble división. Pero antes de comenzar, vamos a recoger todos los elementos y ver cuánto se extiende esta doble división en la literatura védica.

Empezaremos por el sol. En V, 45, 9 se dice que posee siete caballos (*saptâshva*) y que su carro de siete ruedas está uncido con siete caballos o con un caballo de siete nombres (I, 164, 3). Los siete corceles bayos (*haritaḥ*) se mencionan igualmente arrastrando el carruaje del sol en I, 50, 8. Pero en IX, 63, 9, se dice que el sol ha uncido diez caballos a su carruaje y que la rueda del dios año es llevada por diez caballos en I, 164, 14. En el *Atharva Veda* XI, 4, 22 el carro del sol, sin embargo, tiene ocho ruedas (*ashta-chakra*).

Indra es calificado de *sapta-rashmi* en II, 12, 12, y se dice que su carro también tiene siete rayos en VI, 44, 24. Pero en V, 33, 8, leemos que diez caballos blancos tiran de él, mientras que en VIII, 24, 23 Indra es «la décima nueva» (*dashamam navam*). En el *Taittirîya Araṇyaka* III, II, I, se dice que el mismo Indra comprende diez partes (Indrasya, Âtmânam, Dhahadha, Charantam) y en referencia a esto deberemos hacer notar que tenemos en el *Bahrâm Yasht*, en el *Avesta*, diez encarnaciones de Verethraghna (sans. Vṛitrahan) explícitamente mencionadas. Entre los protegidos de Indra encontramos uno llamado Dasha-dyu, aquel que brilla diez veces (I, 33, 14; VI, 26, 4), mientras Dashoni, un ser con diez brazos o diez ayudantes y Dasha-maya, un ser con diez personalidades, están entre aquellos que Indra forzó a someterse a Dyotana en VI, 20, 8. Por otra parte, Dashonya y Dashashipra acompañaron a Indra cuando bebió el soma con Syûmarashmi (VIII, 52, 2). En II, 40, 3 se describe el carro de Soma y Pûṣhan con cinco rayos y siete ruedas. Pero se añade que Soma posee diez rayos (*rashmayah*) en IX, 97, 23.

Agni es descrito como *sapta-rashmi* o con siete rayos en I, 146, 1, y esto a rayos se dice expresamente que son siete en II, 5, 2. Sus caballos se describen de forma similar, con siete lenguas en III, 6, 2. Pero en I, 141, 2

Agni es calificado de *dasha-pramati*, y en X, 51, 3 se mencionan sus diez moradas secretas. El adjetivo *navamam,* el noveno se aplica también al joven (*naviṣhṭhâya*) Agni en V, 27, 3 y del mismo modo que *Dashamam* se aplica al nuevo (*nava*) Indra en VIII, 24, 23.

Siete *dhîtis*, oradores o devotos de los sacerdotes sacrificiales, se mencionan en IX, 8, 4. Pero en I, 144, 5 su número es de diez.

En III, 4, 7, leemos que hay siete comidas. Pero en I, 122, 13, se distinguen diez partes en ella. En el *Shatapatha Brâhmaṇa* I, 8, 1, 34, *haviḥ*, la oblación sacrificial se prepara de este último modo.

En muchos lugares se mencionan siete *vipras* (III, 7, 7) o siete sacrificadores (*hotâraḥ* 10 IV, 2, 15; X, 63, 7, 4;). Pero en III, 39, 5, el número de los Dashagvas es expresamente señalado como diez. Los sacrificadores (*hotâraḥ*) también se mencionan en el *Taittirîya Brahmaṇa* II, 2, 1, 1 y II, 2, 4, 1.

Bṛihaspati, el primer sacrificador, es descrito con siete bocas, *saptasya* en IV, 50, 4 y el mismo verso aparece en el *Atharva Veda* (XX, 8, 4) Pero en el *Atharva Veda* IV, 6, 1 el primer *Brahamaṇa* Bṛihaspati se califica de *dashâsya*, con diez bocas, y *dasha-shirsha,* con diez cabezas. En el *Ṛig Veda* no se mencionan expresamente las siete cabezas del Brahamana, pero en X, 67, 1, «nuestro padre», el padre de los Angiras, ha adquirido una devoción o inteligencia (*dhî*) de siete cabezas (*saptashîrṣhṇî*).

Siete divisiones de la tierra se mencionan en I, 22, 16. Pero en X, 94, 7 se dice que las tierras son diez (*deshavani*) (también cf. I, 52, 11).

El establo de las vacas que los Ashvinos abrieron era *saptasya*, con siete bocas, en X, 40, 8. Pero un establo de vacas con diez partes (*dashavraja*) en VIII, 8, 20; 49,10; 50, 9.

En X, 93, 4 Âryaman, Mitra, Varuṇa, Rudra, Maruts, Pûṣhan y Bhaga son citados como siete reyes. Pero diez reyes dorados (*hiraṇyasaṇḍrisha*) son mencionados en VIII, 5, 38 y diez reyes no sacrificadores (*ayajyavaḥ*) lo son en VIII, 83, 7. El *Atharva Veda*, XI, 8, 10, nos dice que solo había diez antiguos dioses.

Estas referencias muestran de modo claro que si los caballos del sol se mencionan como siete en un sitio, también se dice que son diez en otro, y del mismo modo nos encontramos con que hay siete devotos y diez devotos; siete tierras y diez tierras; siete corrales de vacas y diez corrales de vacas y así sucesivamente. Esta doble división puede que no sea igualmente explícita en todos los casos, pero, globalmente, no puede haber ninguna duda de que muchos elementos mencionados en los pasajes anteriores se concebían divididos de dos formas: unas veces en siete y otras en diez. A esta doble división se debe añadir la división en tres partes del cielo, la tierra y el mundo inferior o *Nir-ṛiti* y la división en once partes de los dioses en el cielo, la tierra y las aguas, previamente mencionada. En

Atharva Veda XI, 7, 14 se mencionan nueve tierras, nueve océanos y nueve cielos y la misma división aparece en el *Atharvashiras Upaniṣhad*, 6. Ahora bien, es evidente que la teoría comenzada por Yâska no puede explicar todos estos diferentes métodos de división. Podríamos sostener que la división en tres partes fue sugerida por el cielo, la tierra y el mundo inferior, pero ¿cómo vamos a justificar los demás sistemas de división desde siete a once? Hasta el momento nadie ha intentado explicar los principios de división que subyacen en estas clasificaciones. Pero la analogía con los siete sacerdotes, los Navagvas y los Dashagvas, nos sugeriría la razón probable de los diferentes métodos de división que hemos señalado más arriba. Que a veces los caballos del sol sean siete y diez parece hacer referencia a los períodos de siete meses y diez meses de sol previamente descritos; y si es así, esto nos ayudaría a entender el verdadero significado de estas diferentes divisiones. La división en siete, nueve o diez sería, por tanto, meramente una variante de la repartición de los sacrificadores en grupos de siete *hotṛis*, en Navagvas y en Dashagvas. Por estos hechos parecen ser efectos de una misma causa. La patria de la raza aria que en tiempos antiguos se situaba entre el Polo Norte y el círculo polar ártico, probablemente estaba dividida en diferentes zonas de acuerdo con el número de meses que el sol era visible sobre el horizonte en cada una; y el hecho de que los Navagvas y los Dashagvas se considerasen la cabeza o lo más eminentes de las Angirasas, que *saptashva* fuera la principal designación de Sûrya y que los hijos de Aditi que fueron presentados a los dioses fueron solo siete, también indica que en el antiguo hogar ártico se concedió mayor importancia a un año de siete, nueve o diez meses que a uno de ocho u once meses. Debe notarse, sin embargo, que así como de los Angiras se dice que son *virupas*, Âryaman es descrito en X, 64, 5, en posesión de un gran carro y entre sus nacimientos bajo varias formas (*viṣhurûpeṣhu*) se dice que es un sacrificador séptuple (*sapta-hotṛi*), lo que demuestra que aunque este carácter séptuple de Âryaman fuera el principal, la divinidad podía adoptar otras diferentes. En X, 27, 15, se dice que siete, ocho, nueve y diez *vîras* o guerreros surgen de debajo, detrás, delante o a la espalda, en otras palabras, por todas partes. Cada especialista interpreta este verso de forma diferente. Por nuestra parte creemos que se refiere a la división en siete, ocho o nueve de los sacrificadores, los Angirasas, quienes se describen en III, 53, 7 como «los *vîras* o guerreros del Asura». Por lo tanto, resulta bastante probable que se haga alusión a los mismos *vîras* en X, 27, 15. En VIII, 4, 1 se dice que Indra es adorado por la gente al frente (este), detrás (oeste), arriba (norte) y abajo (sur), en el sentido de que sus adoradores se encontraban por todas partes; y si los adverbios «abajo, detrás, etc.» (X, 27, 15) se interpretan de forma similar, el verso significaría que encontraríamos una repartición variable de los sacrificadores, según el lugar en donde se encontrasen, en siete, nueve o diez. En otras palabras, los diferentes lugares en la región ártica tenían cada uno un grupo de sacrificadores propio, cuyo número correspondía a los meses de sol en cada lugar. Ninguna otra teoría puede explicar satisfactoriamente las diferentes divisiones como la teoría ártica. En ausencia de una mejor alternativa deberíamos, creemos, aceptar esta última.

Los diez reyes y Ṛâvaṇa

Se ha señalado anteriormente que en el *Ṛig Veda* se mencionan diez reyes como el oro (VIII, 5, 38), y diez reyes que no sacrifican (VII, 83, 7). Pero hay un hecho importante relacionado con los diez reyes que no sacrifican que merecería un estudio pormenorizado de este capítulo. Sudâs, el hijo de Divodâsa Atithigva, es descrito enzarzado en una lucha con los diez reyes impíos (*ayajyavaḥ*), en la que recibe ayuda de Indra y Varuṇa (VII, 33, 3-5; 83, 6-8), se la conoce como la lucha de Dâsharâjna, y Vasiṣhṭha, en tanto que sacerdote de Sudâs, ha procurado la ayuda de Indra. Sobre esta débil base algunos especialistas han erigido un majestuoso edificio de la lucha de las razas arias con los diez reyes no arios o impíos. Pero me parece que la lucha de Dâsharâjna puede explicarse de forma más simple y natural como una versión diferente de la lucha de Indra con los siete Dânus o demonios (X, 120, 6). En X, 49, 8 Indra es llamado asesino de siete (*sapta-han*) en referencia bien a los siete Dânus o demonios (X, 120, 6), bien a las siete ciudades de Vṛitra (I, 174, 2), en el océano de siete fondos (VIII, 40, 5). Ahora, si Indra es *sapta-han* en la división en siete, debería ser concebido como *dasha-han*, el asesino de diez, en el método de división en diez. La palabra *dasha-han* no aparece en el *Ṛig Veda*, pero la lucha contra los diez reyes (*ayajyavaḥ dasha râjânaḥ*) prácticamente apunta a lo mismo. Se ha dicho anteriormente que entre los enemigos de Indra encontramos personajes como Dasha-mâya y Dashoni, manifiestamente relacionados de algún modo con el número diez. Los diez reyes como el oro mencionados anteriormente parecen representar los diez dioses-sol mensuales, y el que se diga que son concedidos a los sacrificadores refuerza este punto de vista. Uno de los protegidos de Indra, como ya sabemos, es descrito como *Dashadyu*, o diez veces brillante. Si reunimos todos estos elementos llegaremos a la conclusión de que al igual que los siete Dânus o demonios, los poderes de la oscuridad se concibieron alguna vez divididos en diez partes, y que la ayuda de Indra a Sudâs en su lucha contra los diez reyes impíos no es más que la vieja historia de la lucha anual entre la luz y las tinieblas tal y como fue concebida por los habitantes de un lugar en el que al verano de diez meses seguía una larga noche de invierno de dos meses, en otras palabras, la tierra de los Dashagvas.

Pero nuestro interés en esta lucha no se agota en estas deducciones. Cuando recordamos que la palabra «rey» no estaba circunscrita a la casta guerrera en el *Ṛig Veda* y que en otro lugar (I, 139, 7) se aplica a los Angiras, las expresiones «diez reyes como el oro» y «diez sacrificadores» o «diez Angiras», o «los diez Dashagvas sacrificando durante diez meses» devienen sinónimos. Bṛihaspati era el jefe de los Angirasas, y como tal podría ser considerado como el representante de todos ellos. Hemos visto que ha sido descrito una vez con siete bocas y siete cabezas y otra con diez bocas y diez cabezas (*Ṛig*. IV, 50, 4; *A. V*. IV, 6, 1). Este mismo Bṛihaspati está relacionado con la historia de Saramâ y Paṇis, y se dice que ha ayudado a Indra a rescatar a las vacas o que incluso ha realizado la hazaña él mismo (I, 83, 4; X, 108, 6-11). En X, 109, se le representa habiendo perdido a su esposa, que le fue devuelta por los dioses. Esto es, obviamente, la historia de la devolución del amanecer a la humanidad, la cual está representada por el jefe de los sacrificadores Bṛihaspati. En el *Taittirîya Araṇyaka* I, 12, 3-4 Indra es descrito como el amante de Ahalyâ (*Ahalyayai jaraḥ*). Este ha sido explicado en referencia al amanecer y al sol, por un estudioso ortodoxo como Kumârila. Ahalya, en la más tardía literatura, es la esposa del Ṛiṣhi Gotama (lit. rico en vacas); pero no es difícil percibir que la historia de Ahalya (palabra que según Max Müller derivaría de *ahan*, un día), era originalmente una historia de amanecer o una variante de la leyenda de Brahmajaya, narrada en X, 109.

Estos hechos resultan muy sugestivos y recuerdan ciertos detalles en la historia del *Râmâyaṇa*. No obstante, queda fuera de los objetivos de este libro la cuestión del fundamento histórico de esta conocida epopeya hindú. Nuestro trabajo se centra en los mitos y la mitología védica, y si nos referimos al *Râmâyaṇa* lo hacemos simplemente para señalar aquellas semejanzas demasiado evidentes como para pasar desapercibidas. La historia principal en el *Râmâyaṇa* se narra con tanto detalle que, parecería la huella de un hecho histórico. Pero en este caso deberíamos explicar por qué el adversario de Rama se concibió como un monstruo de diez cabezas o un ser antinatural y por qué el padre de Rama fue llamado Dasharatha o el de los diez carros. Un monstruo de diez cabezas no puede considerarse un hecho histórico y no parece improbable que algunos de los incidentes de los mitos védicos hayan sido hábilmente insertados en la historia principal de la epopeya por su autor. Hemos visto antes que algunos de los enemigos de Indra son descritos como Dashoni o Dashamâya y que en la lucha de *Dâsharâjna* había diez reyes impíos o demoníacos opuestos a Sudas. Estos diez reyes impíos podrían concebirse perfectamente como un solo rey con diez cabezas y calificarse como un monstruo de diez cabezas, del mismo modo que se decía que Bṛihaspati, el jefe de las diez Angirasas, poseía diez cabezas o diez bocas. El hecho de que el hermano de este monstruo de diez cabezas duerma continuadamente durante seis meses al año también indica su origen ártico. El profesor Rhys, en su *Hibbert Lectures*, cita un pasaje de Plutarco en el que los paflagonios consideraban que sus dioses estaban encerrados en una prisión durante el invierno y se liberan en verano, e interpreta la leyenda como indicativa de la victoria temporal de las potencias de la oscuridad sobre las de la luz durante la continua noche en la región ártica. Si adoptáramos este punto de vista, podríamos explicar fácilmente por qué se decía que todos los dioses eran encerrados en prisión por Ṛavâṇa hasta que eran liberados por Rama. Otro hecho, en el *Râmâyaṇa* lo que requiere explicación es la concepción del dios-mono Hanûmân. El *Ṛig Veda* menciona un mono (*kapi*), que como Vṛiṣhâkapi, representa al sol en el equinoccio otoñal, o de acuerdo con la teoría ártica, el momento en el que se hunde bajo el horizonte en la larga oscuridad del mundo inferior. Ha sido el doctor Pischel, el primero en señalar que este Vrishâkapi pudiera ser probablemente el antecesor del Hanûmân puránico y el hecho de que Hanûmân naciera en una época durante la que el sol había desaparecido corroboraría este punto de vista. Narayan Aiyangar, en sus *Essays on Indo-Arian Mithology*, señala que Sîtâ, la esposa de Rama, podría identificarse con la Sîtâ del *Ṛig Veda*, cuyo nombre significa «surco arado» a quien se invoca para otorgar riqueza al fiel en IV, 57, 6 y 7: el hecho de que Sîtâ haya nacido de la tierra y que desaparezca en ella finalmente hace esta explicación muy plausible. Parece así, muy posible, que el elemento mítico en el *Râmâyaṇa* derivase de la historia del retorno de la aurora, o Bramajâya, los hombres, representados por el primer sacrificador Bṛihaspati, o la lucha de Indra con Vṛitra por recuperar la luz. Para ir más lejos en estas deducciones deberíamos emprender una investigación más detallada. Max Müller, en sus *Lectures on the Science of Language*, ha mostrado que muchos nombres en *La Ilíada* pueden relacionarse con nombres de los *Vedas*. Por ejemplo, él hace derivar Helena de Saramâ, Paris de Paṇis, y Briseida de Brisaya. Pero no todos los personajes mencionados en *La Ilíada* pueden ser explicados de este modo. Una cosa, sin embargo, parece cierta: la historia del retorno de la esposa-aurora a su marido era una antigua herencia, tanto de los griegos como de los hindúes, y no deberíamos sorprendernos si descubrimos algunas coincidencias llamativas entre *La Ilíada* y el *Râmâyaṇa,* puesto que un elemento mítico común parece haber formado la trama de la historia principal, que aparece bajo formas diferentes debido a las circunstancias polares. La cuestión de si el *Râmâyaṇa* es un plagio de Homero no tiene ningún sentido. El hecho parece ser que tanto Homero como Valmiki han utilizado un fondo mitológico común y cualquier parecido entre las dos obras solo sirve para probar su origen común. Weber ha apuntado que en el Dasharatha Jâtaka budista, Sîtâ budista, Sîtâ es representada como la hermana y no como la esposa de Râma, sosteniendo el autor que esta constituiría una versión más antigua de la historia, en tanto que el matrimonio con la propia hermana debía considerarse tan primitivo como Adán mismo. Telang, por su parte, opinaba que los budistas deben haber transformado deliberadamente la historia de la epopeya brahmánica, y semejante perversión no es improbable. Pero en la teoría de que ciertas características de los mitos védicos del amanecer eran probablemente entretejidos con el hecho histórico principal, debemos explicar la modificación budista suponiendo que esta era el resultado de un intento fracasado hecho en los tiempos pre-budistas, de identificar a Rama con Sûrya en el *Ṛig Veda*, el último de los cuales es descrito tanto como hermano como amante de la aurora (VII, 75, 5; VI, 55, 4 y 5; X, 3, 3). Ya hemos señalado que el tema es demasiado vasto para ser tratado aquí en profundidad. Mi objetivo era subrayar algunas semejanzas entre la historia de *Râmâyaṇa* y los mitos védicos tal y como los concibo. Pero la cuestión, aunque interesante, no es relevante para lo nuestro, y, por tanto, hay que resistir la tentación de entrar más a fondo aquí. El problema de las diez encarnaciones está igualmente relacionado con los diez reyes como el oro, o los diez dioses mencionados en el *Atharva Veda* o las diez encarnaciones de Verethraghna en el *Avesta*. Estas diez encarnaciones (*Yt.* XIV), son un viento, un toro, un caballo, un camello, un jabalí, un joven, un cuervo, un carnero, un gamo y un hombre; y cuatro de ellas: un caballo, un oso, un joven y un hombre parecen corresponder con Kalki, Varâha, Vâmana y Râma entre los diez Avataras mencionados en la literatura puránica. Esto demuestra que la concepción de diez Avataras era de origen indoiranio y resultará, sin duda, muy interesante seguir su desarrollo sobre suelo indio. Los Avataras, Matsya, Kûrma, Varâha, Nârasimha, Vâmana y, como hemos visto, Râma, pueden ser más o menos encontrados/trasladados al *Ṛig Veda*. Pero requeriría una investigación muy paciente el estudiar completamente estos asuntos y no podemos hacer más que presentar las ideas que nos han sugerido y pedir al lector que las tenga en lo que valen. Si la teoría ártica queda demostrada, arrojará una nueva luz no solo sobre la mitología védica, sino también en la puránica y será necesario entonces revisar, en algunos casos rehacer enteramente, sus interpretaciones actuales. Pero este trabajo no puede realizarse en un libro cuyo fin principal es examinar las pruebas que apoyan la nueva teoría.

Llegados a este punto, puede afirmarse que hemos analizado la mayor parte de las leyendas védicas que pudieran arrojar alguna luz sobre el objeto de nuestra investigación. Existen otros muchos incidentes que podrían interpretarse mejor a través de la teoría ártica de lo que lo han sido hasta el presente. Por ejemplo, ahora podemos entender por qué Mitra y Varuṇase concibieron en origen como dos deidades asociadas, puesto que de acuerdo con nuestra teoría representarían las mitades luminosa y oscura del año en el paraíso de la raza aria, pudiendo describirse a Varuṇa «conteniendo las noches» (*kṣhapaḥpari ṣhasvaje*, VIII, 41, 3). Pero no podemos desarrollar todos estos temas aquí. Lo que hemos expuesto es, creo, suficiente para convencer a cualquiera de que numerosos elementos de los mitos védicos resultan inexplicables para la teoría de la lucha diurna entre la luz y la oscuridad o de la victoria de la primavera sobre el invierno o la del dios de la tormenta sobre las nubes. Así, no hemos podido hasta ahora explicar por qué Vṛitra moría una vez cada año, por qué las aguas y la luz fueron liberadas simultáneamente al morir Vṛitra, por qué la lucha de Indra con Shambara había comenzado en el cuadragésimo día de *Sharad*, por qué este enfrentamiento tuvo lugar en las regiones montañosas del Paravat, por qué Dîrghatamas ha envejecido en el décimo yuga, por qué Martaṇḍa fue abandonado como un nacido muerto, por qué Trita, el tercero, fue arrojada a una fosa, por qué el tercer paso de Viṣhṇu era invisible. Estamos en condiciones de responder a todos estos interrogantes y a muchos otros planteados por la exégesis védica, cuya interpretación nos remite directamente a la teoría ártica. Las leyendas de Indra y Vṛitra, de Saptavadhri, de Aditi y de sus siete hijos sanos y un nacido-muerto, de la rueda de Sûrya y de Dîrghatamas contienen pasajes que explícitamente indican períodos de siete o diez meses de sol en el lugar del que estas leyendas son originarias; y a menos que veamos en todo esto coincidencias fortuitas, creo que legítimamente no podemos rechazar una teoría que explica tantos hechos y elementos hasta ahora ignorados o mal entendidos de una forma tan fácil, natural e inteligible. No pretendemos decir que la teoría ártica nos dispense completamente de la necesidad de recurrir a la teoría de la aurora, la de la tormenta, o a la de la primavera. Todo lo que afirmamos es que la teoría ártica explica una cantidad de hechos legendarios o tradicionales que hasta ahora se habían dado por inexplicables y que nos proporciona un arma mucho más poderosa y efectiva a la hora de interpretar los mitos védicos que la teoría de la aurora, de la tormenta o la teoría de la primavera. Brevemente, desde un punto de vista exclusivamente mitológico, hay multitud de razones para aceptarla junto a las teorías mencionadas e, incluso, en algunos casos para sustituirlas. Además, ya se ha demostrado en capítulos previos que la nueva teoría está fundamentada en afirmaciones o hechos directos e independientes contenidos en el *Ṛig Veda* acerca de la duración y naturaleza de la aurora, días y noches, estaciones, meses y el año en el hogar de los antiguos ancestros de los *Ṛiṣhis* védicos; y que las tradiciones avéstica y romana corroboran completamente nuestras conclusiones. Ya hemos visto que la teoría es perfectamente concordante con los últimos resultados de las investigaciones geológicas y arqueológicas. ¿Debemos, entonces, rechazar la única teoría que explica tantos hechos, leyendas e incidentes de forma inteligible y que arroja tanta luz sobre la historia antigua de la raza aria, simplemente porque parece extraña a primera vista? Las reglas de la lógica y la investigación científica no nos justificarían si así lo hiciéramos, y nos remitimos a ellas exclusivamente para el eventual éxito o fracaso de la teoría que hemos intentado demostrar en estas páginas.

CAPÍTULO XI

EVIDENCIAS AVÉSTICAS

La naturaleza de las evidencias citadas – Diferentes puntos de vista de los especialistas acerca de su carácter – Necesidad de reexaminar el tema – Resumen del primer Fargard del Vendidad – Las dieciséis tierras creadas por Ahura Mazda con sus equivalentes modernos – Airyana Vaêjo, la primera tierra creada representa el paraíso de los iranios – Diferentes teorías relativas a su situación – Darmesteter, Spiegel y otros la localizan en el este; Haug y Bunsen en el norte – El argumento de Darmesteter – Airyana Vaêjo no puede ser determinada por la posición de Vanguhi – Discutible identificación de Rangha con el mar Caspio o el río occidental – Rangha probablemente no es otro que el Rasâ del Ṛig Veda X, 75, 6. – Defecto del razonamiento de Darmesteter – La posición de Airyana Vaêjo debe ser determinada por sus características enumeradas en el Avesta – Diez meses de invierno son una característica citada – Diez meses de invierno son propiciados en la tierra feliz por Angra Mainyu –Indica que antes de la invasión de los demonios debió haber diez meses de verano y dos de invierno – Repentino cambio en el clima polar completamente confirmado por las últimas investigaciones geológicas – Dos meses de invierno corresponden necesariamente a la larga noche ártica – La tradición acerca de siete meses de verano y cinco de invierno también se refiere al clima original en el Airyana Vaêjo mencionado en el Bundahish – No es incompatible con la tradición de diez meses de verano recogida en el pasaje original – Ambas son posibles en las regiones árticas – Afirmaciones similares en el Ṛig Veda – Coincidencia entre siete meses de verano, la leyenda de Aditi, y la fecha de la lucha de Indra con Shambara – Resumen del segundo Fargard – La Vara de Yima en el Airyana Vaêjo – El amanecer anual y el largo día anual – Muestra que el Airyana Vaêjo debe localizarse cerca del Polo Norte y no al este de Irán – Detalles demasiado precisos para ser imaginarios o míticos – Representa el advenimiento de la época glacial en la tierra – Es el testimonio humano más antiguo del advenimiento de la era glacial, que destruye el hogar ártico – Especial importancia de las evidencias avésticas – Completamente corroborado por las evidencias científicas – La migración desde Airyana Vaêjo se vuelve necesaria por la glaciación – Dieciséis tierras en el primer Fargard representan sucesivas etapas de la migración hacia Asia central – Establece el carácter histórico del primer Fargard – La leyenda del diluvio en el Shatapatha Brâhmaṇa – Probablemente se refiere al mismo evento que las leyendas avésticas – Otros pasajes védicos indican el origen septentrional de los arios de la India – Conclusiones que deben extraerse de las evidencias védica y avéstica.

Al trabajar con los textos védicos, nos hemos visto obligados a referirnos en los capítulos precedentes a algunos mitos o leyendas avésticas para confrontarlo. Pero el *Avesta* contiene algunos pasajes importantes que tratan directamente la cuestión del hogar original ario en el Lejano Norte y las migraciones que desde allí partieron para llegar a las regiones bañadas por el Oxus, el Jaxartes o el Indo; es necesario analizar estos pasajes en un capítulo distinto, porque no solo confirman y apoyan las conclusiones a las que previamente hemos llegado examinando los textos védicos, sino que constituyen lo que deberíamos llamar una prueba independiente que apunta hacia conclusiones semejantes. En relación con la antigüedad del *Avesta*, sería superfluo aducir pruebas de lugar; porque se admite por los especialistas que los *Vedas* y el *Avesta* son dos ramas del mismo tronco, aunque es posible que este último no esté tan bien preservado como el primero. Para usar una frase védica, los libros sagrados de los brahmanes y de los parsis son los libros gemelos de la raza aria, por tanto, podrían considerarse como complementarios el uno del otro siempre que sea necesario y posible. Este es el caso en el tema objeto de nuestro estudio. Ya se ha visto que mientras tenemos un cierto número de pasajes en la literatura védica que hablan de largas auroras, de continua oscuridad o de sesiones sacrificiales de diez meses, no tenemos ningún texto que se refiera explícitamente al origen nórdico o a la causa o causas que forzaron a los antiguos arios a abandonar su hogar primitivo y migrar hacia el sur. Pero afortunadamente, el *Avesta*, aunque se considere por lo general que no está tan bien preservado como los *Vedas*, contiene un pasaje que suple esta omisión de un modo admirable, proponiéndonos discutir este pasaje con cierta profundidad en este capítulo. Las leyendas avésticas y las tradiciones que se mencionan en los capítulos precedentes muestran que los ancestros de los iranios conocieron días y noches de seis meses de duración y que el momento señalado para la aparición de Tishtrya ante los fieles, tras su lucha con Apaosha, varió de una a cien noches, indicando así que una larga oscuridad que se prolongaba durante cien noches fue igualmente conocida por los antepasados de los fieles de Mazda. También se ha hecho mención a la detención del flujo de las aguas y del movimiento del sol en invierno, tal y como se describe en el *Farvardin Yasht,* y se ha señalado que la costumbre de mantener un cadáver en la casa durante dos o tres noches o incluso un mes en invierno, hasta que los torrentes comenzasen a fluir, debe atribuirse a la ausencia de luz solar durante el período en el que tanto los torrentes como la luz fueron encerrados en el mundo inferior por los demonios de la oscuridad. Todas estas tradiciones tienen sus contrapartidas en la literatura védica, salvo la tradición avéstica relativa al país de origen nórdico y a su destrucción por la nieve y el hielo, aunque a la luz de los textos védicos analizados en los capítulos precedentes, podemos sostener firmemente que esta tradición tiene un fundamento histórico y que nos ha transmitido una reminiscencia clara, aunque fragmentaria, del antiguo hogar de los arios. Esta tradición está contenida en los dos primeros *Fargards,* o capítulos, del *Vendidad*, el libro de las leyes de los mazdeos. Ambos capítulos no tienen ninguna relación con los subsiguientes capítulos del libro y parece que fueron incorporados simplemente como una reliquia de la antigua literatura histórica o tradicional. Estos dos *Fargards* atrajeron la atención de los especialistas en avéstico desde el descubrimiento del *Avesta* por Anquetil, y han sido muchos los intentos que se han llevado a cabo no solo de identificar los lugares mencionados ambos *Fargards,* sino de sacar conclusiones históricas de los mismos. Así Heeren, Rhode, Lassen, Pictel, Bunsen, Haug y otros han reconocido en estos capítulos del *Vendidad* reminiscencias mitad históricas mitad míticas del hogar primordial y de los países atravesados por los del *Avesta*, cuando estos *Fargards* fueron compuestos. Spiegel compartió el punto de vista que Rhode, pero en los últimos tiempos ha cambiado de opinión. Por otro lado, Kiepert, Breal, Darmesteter y otros han mostrado que no se puede sacar ninguna conclusión histórica de la descripción contenida en los dos primeros capítulos del *Vendidad,* y este punto de vista es el que hoy goza de mayor aceptación. Pero se debe tener en cuenta que esta opinión fue formulada en un tiempo en el que las evidencias védicas que fundamentan la teoría ártica expuestas en los capítulos anteriores eran completamente desconocidas cuando la existencia de un hogar ártico en los tiempos arcaicos no se consideraba posible según los conocimientos de la Geología, se creía que el hombre era postglacial y que las regiones árticas siempre fueron inadecuadas para ser habitadas por el hombre. Sin embargo, los últimos descubrimientos en Geología y Arqueología han aportado una nueva luz al tema y si la interpretación de las tradiciones védicas analizadas en los capítulos anteriores es correcta, se admitirá la necesidad de una reconsideración de la tradición avéstica desde el nuevo punto de vista y no deberíamos dejarnos influenciar por el reciente juicio de los especialistas en avéstico en contra de los puntos de vista de Bunsen y Haug acerca del carácter histórico de los dos primeros *Fargards* del *Vendidad*.

El primer *Fargard* del *Vendidad* está dedicado a la enumeración de dieciséis tierras creadas por Ahura Mazda, el supremo dios de los iranios. Tan pronto como cada tierra fue creada, Angra Mainyu, el espíritu diabólico del *Avesta*, creó diferentes demonios y plagas para invadir la tierra y hacerla inhabitable para los humanos. Por tanto, dieciséis fueron creaciones de Ahura Mazda y dieciséis las contra-creaciones de Angra Mainyu; el primer *Fargard* del *Vendidad* contiene una descripción de todas estas creaciones y contra-creaciones, señalando con detalle cómo cada tierra fue creada por Aura Mazda y cómo Angra Mainyu la hizo inhabitable para el hombre por medio de demonios o plagas. El *Fargard* es demasiado largo para transcribirlo aquí completo, por consiguiente, utilizaremos un resumen del mismo realizado por Muir a partir de las versiones de Spiegel y Haug, insertando en algunos lugares notas de Darmesteter con la ayuda de su traducción del *Vendidad* publicada en la colección *Sacred Books of the East.* Los párrafos numerados primero según Darmesteter y después según Spiegel, entre paréntesis.

1, 2, (I-4): «*Ahura Mazda dice al santo Zoroastro: "He convertido en agradable a una región que antes era inhabitable". Si no lo hubiera hecho, todos los seres vivientes habrían regresado al Airyana Vaêjo*».

3, 4 (5-9) «*Yo, Ahura Mazda, he creado como primera región excelente, Airyana Vaêjo, o la buena creación* (o, según Darmesteter, bañada por el río Dâitya). *Después Angra Mainyu, el destructor, para oponerse creó una gran serpiente y el invierno* (o la nieve), *creación de los Daêvas. Habiendo ahí diez meses de invierno, y dos de verano*».

5, (13,14) «*Yo, Ahura Mazda, he creado como la segunda región excelente, Gaû* (las llanuras), *donde está situado Sughdha. Allí, para oponerse, Angra Mainyu, el portador de la muerte, creó una avispa que es mortal para los rebaños y los campos*».

6, (17,18) «*Yo, etc., he creado como la tercera región, Moûru, la poderosa, la santa*».
(Aquí, y en la mayor parte de los casos siguientes, las contra-creaciones de Angra Mainyu se omiten).

7, (21,22) «*Yo he creado como la cuarta región excelente la afortunada Bhâkhdhi, con el excelso estandarte*».

8, (25,26) «*Yo, etc., he creado como la cuarta región excelente, Nisaya* (situada entre Môuru y Bhâkhdhi)».

9, (29,30) «*Yo, etc., he creado como la sexta región excelente Haroyu, donde abundan las casas* (o las aguas)».

10, (33-36) «*Yo, etc., he creado como la séptima región excelente, Vaékeretea donde está situado Dujak* (o, según Darmesteter, las sombras malignas). *En oposición a ello, Angra Mainyu, el destructor, ha creado la Pairika Khnathati, que se vincula a Keresâpa*».

11, (37, 38) «*Yo, etc., he creado como la octava región excelente, Urva, llena de pastos*».

12, (41,42) «*Yo, etc, he creado como la novena región excelente. Khnenta* (un río) *en Vehrkâna*».

13, (45-46) «*Yo, etc., he creado como la décima región excelente, la afortunada Harahvaiti*».
14, (49, 50) «*Yo, etc., he creado como la undécima región excelente, Haêtumant, la rica y luminosa*».
16, (59,60) «*Yo, etc., he creado como la duodécima región excelente, Ragha, con tres fortalezas* (o razas)».
17, (63,64) «*Yo, etc., he creado como la trigésima región excelente, Chakhra, la fuerte*».
18, (67,68) «*Yo, etc., he creado como la decimocuarta región excelente, Varena, con cuatro esquinas; en la cual nació Thraêtaona, quien mató a Azi Dahâka*».
19, (72,73) «*Yo, etc., he creado como decimoquinta región excelente, Hapta Hendu* (que se extiende el Hendu del este al Hendu del oeste). *En oposición, Angra Mainyu ha creado intempestivos males y perniciosos calores* (o fiebres)».
20, (76,77) «*Yo, etc., he creado como la decimosexta región excelente, donde la gente vive sin jefe sobre las olas del Rangha* (o según Haug, a la orilla del mar)».
21, (81) «*Existen además otras regiones afortunadas, renombradas, nobles, prósperas y espléndidas*».

Spiegel, Haug y algunos otros especialistas han intentado identificar las dieciséis tierras mencionadas en esta descripción y la siguiente tabla reúne los resultados de las investigaciones de estos especialistas en esta dirección. Las letras S, H y D, significan Spiegel, Haug y Darmesteter.

Nombre avéstico (sánscrito)	Antiguo persa	Griego	Actualidad	Plagas de Angra Mainyu
Airyana Vaêjo	IranVêjo			Invierno riguroso, nieve.
Sughdha	Suguda	Sogdiana	Samarcanda	Avispa del ganado
Môuru	Margu	Margiana	Merv	Desbordante lujuria
Bhâkhdhi	Bâkhtri	Bactria	Balhk	Hormigas devoradoras
Nisâya		Nisaea		Duda.
Harôyu (sanscrito *Sharayu*)	Haraiva	Areia	Herat (cuenca del río Hari)	Mosquitos, pobreza
Vaêkereta			Kabul (S) Segeston (H)	Pairikâs (Paris) (idolatría extranjera)
Urva			Kabul (H) Ispahan (D)	Profanación diabólica orgullo o tiranía
Khnenta, en Vehrkâna	Varkâna	Hyrcania	Gurjân (S) Kandahar (H)	Pecados contranatura
Harahvati (sáns. *Sarasvati*)	Harauvati	Arakhosia	Harût	Inhumación de los muertos
Haêtumant (sánsc. *Setumat*)		Etumandros	Helmend	Hechizos. Plagas de langostas
Ragha	Raga	Ragai	Rai	Incredulidad,
Chakhra (sáns. *Chakhra*)			Ciudad en Khorasan	Cremación de los muertos
Varena (sáns. Varuṇa)			Ghilan (H)	Dominio despótico extranjero
Hapta Hendu (sáns. *Sapta Sindhu*)	Hindavas	Indoi	Punjab	Calor excesivo.
Rangha (sáns. *Rasâ*)			Mar Caspio (H) Arvast-ân-i Rûm/ Mesopotamia(D)	Invierno Terremotos.

Los antiguos nombres persas y griegos de la tabla anterior se han recogido de las inscripciones de los reyes aqueménidas y de las obras de escritores griegos posteriores a la derrota de la dinastía aqueménida por Alejandro el Grande. Parece que al menos diez de las dieciséis tierras pueden ser identificadas con certeza. Si así fuera, podríamos afirmar que lo narrado en el primer *Fargard* es real y no mítico. Pero en lo que respecta a la primera tierra mencionada en la lista, existen diferentes opiniones entre los especialistas avésticos. El Airyana Vaêjo es el primer paraíso creado, cuyo nombre significa la tierra natal (*Vaêjo* = semilla, sánscrito *bîja*) de los arios (iranios), o el paraíso de la raza irania. ¿Se trató de una región mítica o un país real, el antiguo hogar de los arios? Y si fue un país real, ¿dónde estaba situado? Esta es la primera pregunta que tenemos que contestar a partir de las evidencias contenidas en los dos primeros *Fargards* del *Vendidad.* En segundo lugar, tendremos que decidir si las dieciséis tierras mencionadas más arriba fueron los sucesivos países ocupados por los ancestros de los iranios en sus migraciones desde el antiguo hogar nórdico. El *Fargard* no dice nada acerca de una migración. Simplemente cuenta que numerosas tierras fueron creadas por Ahura Mazda y que, en oposición a él, Angra Mainyu, el espíritu maligno del *Avesta*, creó tantas calamidades y plagas diferentes que hicieron las tierras inhabitables para el hombre. Se infiere de ello que el *Fargard* no contiene una lista de países atravesados sucesivamente por un pueblo en migración, sino que simplemente procura una descripción de los países conocidos por los ancestros de los iranios en el tiempo en que los *Fargard* fueron escritos. En otras palabras, el capítulo es geográfico y no histórico, conteniendo simplemente una especificación de los países conocidos por los iranios en una época determinada, pretendiéndose convertir la geografía en historia para tomar los diferentes países como las sucesivas etapas de migraciones desde el primer hogar, cuando ni una palabra acerca de la migración se encuentra en el texto original. Darmesteter observa que dado que la enumeración de dieciséis tierras comienza con el Airyana Vaêjo a orillas del río Vanguhi Dâitya y termina con Rangha, que corresponde con el védico Rasa, un río mítico que separa a los dioses de los fieles y que como el Vanguhi y el Rangha eran originalmente los ríos celestiales que bajaron del paraíso (como los dos Ganges celestiales) para rodear la tierra, uno por el este y otro por el oeste (*Bundahish* XX), el Airyana Vaêjo y el Rangha serían las fronteras este y oeste de los países conocidos por los antiguos iranios en los tiempos en los que se compuso el *Fargard.* Spiegel también sostiene el mismo punto de vista, y situando a Airyana Vaêjo «*en el lejano este de la meseta irania, en la región en la que Oxus y Jaxartes tienen sus fuentes*» y parece que Darmesteter aprueba la identificación de Rangha, la decimosexta tierra, en el comentario sobre el *Vendidad*, con

Arvastân-i-Rum o la Mesopotamia romana. El *Fargard* al completo se consideraría, por tanto, una descripción geográfica del antiguo Irán, observando Darmesteter al final de su introducción al *Fargard*: «De aquí se deriva que no se puede sacar ninguna conclusión histórica de esta descripción: sería necesario que esta comenzara con el Vanguhi y finalizara con el Rangha. Considerarlo como una prueba de migraciones geográficas sería convertir la cosmología en historia». Bunsen y Haug, por otro lado, mantienen que el Airyana Vaêjo representaría el hogar original de los iranios en el Lejano Norte, y que los países mencionados en el *Fargard* deberían interpretarse como las tierras que los arios cruzaron después de dejar su hogar primitivo. La primera cuestión que se nos plantea, así, sería decidir si el Airyana Vaêjo era simplemente la frontera este del antiguo Irán o si era el primitivo hogar de los iranios en el Lejano Norte. En el primer caso debemos tomar el *Fargard* como un mero capítulo de geografía antigua; pero si es imposible localizar el Airyana Vaêjo, excepto en el Lejano Norte, los países de Samarcanda y Sughdha, Hapta Hendu o Punjab mencionados en el *Fargard* representarían la ruta seguida por los antiguos iranios en sus migraciones desde su país de origen. En consecuencia, todo dependería del punto de vista que tomemos en relación con la situación del Airyana Vaêjo, por lo que deberemos comprobar en primer lugar si la descripción avéstica de la tierra nos permitiría determinar su localzación con certeza.

En primer lugar, debe observarse que el río Vanguhi no es mencionado en los *Fargards* a la vez que Airyana Vaêjo. El verso original habla solo de «el buen *dâitya* de Airyana Vaêjo», pero es dudoso si *Dâitya* designa aquí un río. La expresión avéstica *Airyanem Vaejô vanghuyâô Dâityayô*, que Darmesteter traduce como «el Airyana Vaêjo, a orillas del buen (*vanghuhi*) río Dâytia», Spiegel la lee como «el Airyana Vaêjo de la buena creación», mientras que Haug la interpreta como «el Airyana Vaêjo de buena capacidad». Resulta así, dudoso, que el río Dâitya se mencione con el Airyana Vaêjo en este pasaje[104]. Pero incluso suponiendo que la deducción de Darmesteter sea correcta, no nos aporta prueba alguna para identificar Dâitya con Vanguhi. El *Bundahish* (XX, 7 y 13) menciona Vêh (Vanguhi) y Dâitîk (Dâitya) como dos ríos distintos, aunque ambos parecen localizarse en el Airân-vêj (Airyana Vaêjo). No podemos volver a perder de vista el hecho de que no es solo el Vanguhi (Vêh) el que fluye a través del Airyana Vaêjo, sino que el Rangha (Arag) tiene su nacimiento en el mismo lugar y fluye por la misma tierra, es decir, el Airyana Vaêjo.

[104] Véase la nota del Dr. West en el *Bundashish* XX, 13. El pasaje original menciona el río Daitik viniendo del Airân Vêj; pero el Dr. West observa que esto no puede ser un río, pues la frase (en el *Avesta*), sin duda, ha localizado el río Daitik en Airân Vej.

Así, al principio del capítulo XX del *Bundahish*, leemos que el Arag y el Veh son los principales de los dieciocho ríos, y que «fluyen desde el norte, parte desde Albûrz y parte desde el Albûrz de Ahura-Mazda; uno hacia el oeste, el Arag; y otro hacia el este, el Veh». El *Bundahish* (VII, 15) nos informa de que el río Veh fluye por el mismo cauce que el Arag y el Dr. West, en una nota al pie, nos informa de que ambos ríos fluyen desde «el norte del Arêdvîvsûr (Ardvi Sûra Anâhita), fuente del mar, que está en el elevado Hugar (Hukairya), que forma parte del Albûrz». De acuerdo con el *Bundahish*, el Vanguhi sería, por lo tanto, el río del este y el Rangha el del oeste, al norte de Albûrz. En otras palabras, representarían dos ríos en un país, situado al norte, uno fluyendo hacia el este y otro hacia el oeste. Consiguientemente sería cuanto menos aventurado inferir de esto que el Airyana Vaêjo representaría el país más oriental, porque el nombre Veh o Vanguhi se utilizó en cierta época para designar el río más al este del Irán. Por el mismo razonamiento, podríamos también localizar el Airyana Vaêjo en el oeste, ya que el nombre Arag o Rangha se dio, según el mismo Darmesteter, más tardíamente al río más al oeste.

La cuestión que se plantea a continuación es saber por qué Rangha debe identificarse con el mar Caspio o con algún río occidental de Irán. El *Fargard* no dice nada de la situación de Rangha. Simplemente dice que la decimoquinta tierra creada por Ahura Mazda fue Hapta Hendu y la decimosexta fue a orillas del Rangha. Bien, si Hapta Hendu, se identifica con Sapta Sindhu, o el Punjab, ¿por qué dar un gran y repentino salto desde el Punjab al mar Caspio, para descubrir el río Rangha? Rangha corresponde al sánscrito Rasa y en el *Ṛig Veda* (X, 75, 6) se menciona un río llamado Rasa, junto al Kubha, el Krumu y el Gomati, que se sabe que son afluentes del Indo, ¿no sería, por tanto, mucho más probable que Rangha fuese el Rasâ védico, un afluente del Indo? Si el contexto es una guía para la determinación del sentido de palabras ambiguas, la mención de Hapta Hendu, como la decimoquinta tierra, muestra que Rasa (la decimosexta) debería estar en algún lugar cercano, lo que se ve confirmado cuando encontramos Rasa mencionado en el *Ṛig Veda* junto con otros afluentes del Indo. La identificación de Rangha con el río más occidental, es así, como mínimo dudosa, y lo mismo se puede decir de Vanguhi, que ni siquiera se menciona en el *Fargard*. Pero el razonamiento de Darmesteter no se detiene aquí. Para reforzar su dudosa identificación quiere hacernos creer que la antigua tierra de Airyana Vaêjo estaba situada en la misma región que el río Vanguhi o Vêh. Pero el razonamiento es obviamente erróneo. Los nombres de los dos ríos Vanguhi y Rangha que regaban el país de origen han debido de ser transferidos a ríos existentes en los nuevos asentamientos; pero no podemos inferir de esto que el país por el que esos nuevos ríos fluían fuera de la tierra original de Airyana Vaêjo. Es un hecho bien conocido que las personas que migran de su tierra original a nuevos países a menudo denominan los lugares que se van encontrando con nombres familiares de su lugar de origen. Pero por ese hecho a nadie se le ha ocurrido situar Inglaterra en América o Australia; y es extraño cómo semejante error pudo haber sido cometido por los especialistas en avéstico en este caso. Efectivamente, incluso si una provincia o país de Asia central ha sido llamada Airyana Vaêjo, no implicaría que se tratase de la tierra original, del mismo modo que la morada de Varuṇa no puede situarse en la tierra llamada Varena, que es el equivalente avéstico de Varuṇa. Así pues, todo el razonamiento de Darmesteter debe ser rechazado como ilógico, y si no hubiese sido por la noción preconcebida de que el país original de los iranios no puede situarse en el Lejano Norte, creemos que ningún especialista se habría preocupado de realizar estas conjeturas. Hay pasajes explícitos en el *Avesta* que describen en términos inequívocos las características climáticas de Airyana Vaêjo, y hasta donde yo sé, no hay ninguna razón válida que explique por qué deberíamos considerar esa descripción como mítica y no utilizarla para determinar la posición del hogar original. Así, al principio del primer *Fargard*, se nos dice que el Airyana Vaêjo fue la primera creación buena y feliz de Ahura Mazda, pero que Angra Mainyu la convirtió en una tierra de diez meses de invierno y dos de verano, lo que significa, evidentemente, que en el tiempo en el que se escribió el *Fargard* era una tierra cubierta por el hielo. El invierno de diez meses, apunta hacia una localización en el Lejano Norte, a gran distancia del Jaxartes. Sería poco razonable ignorar esta descripción que es característica únicamente de las regiones árticas para, basándose en dudosas suposiciones, sostener que el Airyana Vaêjo era la frontera oriental del antiguo Irán. Como el pasaje en el que se dice que la principal característica climática del Airyana Vaêjo son los diez meses de invierno, resulta fundamental para nuestro objeto, damos a continuación las traducciones del mismo propuestas por Darmesteter, Spiegel y Haug:

Vendidad, Fargard I

Darmesteter	*Speigel*	*Haug y Bunsen*
3. El primero de los lugares y de las regiones que yo, Ahura Mazda, he creado, fue Airyana Vaêjo que baña el buen río Datiya. Angra Mainyu, lleno de muerte, respondió creando esta plaga, la serpiente del río y el invierno, obra de los Devas. 4. Hay allí diez meses de invierno y dos de verano*, y esos meses son fríos para las aguas, fríos para las tierras, fríos para los árboles. Allí está el centro del invierno con la peor de las plagas. N.B: Damester indica en una nota que el *Vendidad Sâdah,* tras «verano» añade: «Se sabe que (en el curso ordinario de la naturaleza) hay siete meses de verano y cinco de invierno».	5. La primera y la mejor de las regiones y lugares que yo he creado, que soy Ahura Mazda, 6. Airyana Vâejo, de la buena creación. 7. Entonces, Angra Mainyu, lleno de muerte, se opuso. 8. Los Daêvas crearon una gran serpiente. 9. Hay en este país diez meses de invierno y dos de verano. 10. Y estos son fríos para el agua, fríos para la tierra, fríos para los animales. 11. Tras esto está el centro de la tierra; detrás, el corazón de la tierra. 12. Llega el invierno, entonces viene la peor de las plagas.	3. La primera y mejor región que yo, Ahura Mazda, he creado, Airyana Vaêjo, de gran capacidad; para oponerse, Angra Mainyu, el que esparce la muerte, crea la poderosa serpiente, y la nieve, obra de los Daêvas. 4. Hay allí diez meses de invierno y dos de verano. (Hay allí siete meses de verano; cinco de invierno, los últimos son fríos tanto para las aguas, como para las tierras, como para los árboles. Es pleno invierno, el corazón del invierno, todo cae alrededor de la gruesa nieve, es la peor de las plagas). N.B: Según Haug todo el párrafo entre paréntesis es una interpolación tardía.

Se comprobará que todas estas traducciones coinciden en los puntos esenciales: (1) que el Airyana Vaêjo fue la primera tierra creada por Ahura Mazda, (2) que el invierno severo y la nieve fueron provocados en ella por Angra Mainyu, y (3) que tras la invasión de Angra Mainyu hubo diez meses de invierno y dos de verano en esas tierras. La única diferencia entre las tres versiones es que mientras Darmesteter y Spiegel incluyen la última oración «y estos son fríos para las aguas, etc.», como parte del texto original, Haug la considera como una adición posterior. Todos estos traductores están de acuerdo también en afirmar que la frase «siete meses de verano hay allí y cinco de invierno» es una interpolación posterior. Pero trataremos esta cuestión más adelante. De momento nos ocuparemos de la expresión «diez meses de invierno hay allí y dos de verano» y se verá que no hay diferencias sobre ella entre las tres traducciones. Otra cuestión importante mencionada en el pasaje es que la larga duración del invierno fue el resultado de la contra-creación de Angra Mainyu, lo que implica que antes de la invasión de Angra Mainyu existían en la región condiciones climáticas diferentes. Este punto de vista se ve reforzado por el hecho de que los iranios jamás hubieran situado su paraíso en una tierra donde reinara un invierno severo. Bunsen ha observado correctamente que el Airyana Vaêjo fue originariamente un país perfecto con un clima muy suave, hasta que una deidad hostil creó una poderosa serpiente y nieve, de forma que solo quedaron dos meses de verano mientras que el invierno durara diez. Después, el pasaje en cuestión habla de un repentino cambio climático en el hogar original, un cambio que convirtió el paraíso en algo así como una tierra cubierta de hielo con largos y severos inviernos. Por lo tanto, si queremos saber cómo era la tierra antes de la invasión de Angra Mainyu, debemos imaginar atrás las condiciones climáticas contrarias a las existentes después de la invasión y suponer que la cuna de la raza irania estaba situada en el extremo norte donde se gozaba de largos y templados veranos de diez meses, cortos y suaves inviernos de dos meses. Fue Angra Mainyu quien alteró este clima por medio de la glaciación y lo transformó en inhóspito para el hombre. La descripción de los dos meses de verano después de la invasión, que «eran fríos para las aguas, para la tierra, y para los árboles» muestra que después de la glaciación incluso el clima del verano era inapropiado para la vida humana.

Hemos señalado más arriba que el pasaje en cuestión indica un repentino cambio en el clima de Airyana Vaêjo, convirtiendo diez meses de verano y dos de invierno en diez meses de severo invierno y dos meses de frío verano. Hace treinta o cuarenta años esta afirmación hubiera sido calificada no solo de improbable, sino de absurda, pues los conocimientos geológicos de la época no estaban lo suficientemente desarrollados como para poder postular la existencia de un clima suave en la zona polar en el pasado. Fue probablemente esta dificultad la que condujo a los especialistas en avéstico a no situar Airyana Vaêjo en el Lejano Norte, a pesar de que la descripción indica claramente su posición septentrional. Afortunadamente, los últimos descubrimientos en Geología y Arqueología no solo han eliminado esta dificultad al establecer la existencia de un clima templado en las regiones cercanas al Polo Norte en el período interglacial, sino que han demostrado que las regiones polares fueron invadidas al menos dos veces por una glaciación que destruyó su clima templado. Así se considera hoy un hecho establecido que las regiones árticas gozaron de tiempos templados y cortos inviernos, y cálidos y largos veranos, una especie de perpetua primavera, y que este clima cambió totalmente con el advenimiento del período glacial que provocó inviernos largos y severos y veranos cortos y fríos. La descripción de los cambios climáticos introducidos por Angra Mainyu en el Airyana Vaêjo se corresponde con lo que un geólogo moderno adscribiría a la época glacial. En nuestra opinión, cuando esta descripción se ve corroborada de forma evidente por las últimas investigaciones científicas, no existe razón para considerarla mitológica e imaginaria. Si algunos especialistas en avéstico lo han hecho así en el pasado, fue debido a la insuficiencia de los conocimientos sobre las regiones polares, que no permiten considerar verosímiles las descripciones contenidas en el *Avesta*. Pero los nuevos materiales a nuestra disposición confirman la descripción avéstica del Airyana Vaêjo en detalle, por lo que se deben revisar las conclusiones a las que los especialistas llegaron hace años a partir de materiales insuficientes. Si consideramos la cuestión desde este punto de vista, deberemos situar el Airyana Vaêjo en las regiones árticas, las únicas donde reina un invierno de diez meses en la actualidad. Únicamente podríamos escapar de esta conclusión si negásemos la posibilidad de que el pasaje en cuestión contenga algún dato tradicional sobre el origen de los iranios. Esta es la postura adoptada por algunos especialistas de hoy en día. Pero las pruebas védicas, presentadas y analizadas en los capítulos previos, nos permiten obviar las aprehensiones de estos especialistas, excesivamente cautos y moderados. Hemos visto que hay poderosas razones para sostener que el antiguo año indoeuropeo constaba de diez meses seguidos de una larga noche de dos meses. En otras palabras, había un año de diez meses de verano y dos de invierno, exactamente el tipo de año propio del Airyana Vaêjo antes de que el paraíso fuera invadido por el espíritu maligno. La palabra verano en zendo es *hama*, del mismo modo que en sánscrito es *samâ*, que significa «un año» en el *Ṛig Veda*. El período de diez meses de verano mencionado en el *Avesta* sería, por tanto, un año de diez meses de luz o de diez *mânuṣhâ yugâ*, seguido por una larga noche invernal de dos meses tal y como ha descrito en los capítulos precedentes. Se podría objetar que el *Vendidad* no precisa que los dos meses de invierno fueran oscuros y no tenemos, por lo tanto, autoridad para convertir dos meses de invierno en dos meses de continua oscuridad. Una breve reflexión, sin embargo, nos mostrará que tal objeción carece de fundamento. Para contar con un invierno de diez meses hoy en día, debemos situar el Airyana Vaêjo en las regiones árticas; si así lo hacemos, seguirá siendo necesario, una vez hecho esto, una larga noche de uno, dos o tres meses. Esta larga noche daría lugar en mitad del invierno de diez meses. Pero antes de la última era glacial, o de la invasión de Angra Mainyu, cuando había un verano de diez meses en las regiones árticas, la duración de la larga noche y del invierno de dos meses deberían haber coincidido. Esto constituye una diferencia importante en la descripción del paraíso de los arios, tal como es hoy en día y tal como fue antes de la última era glacial. La larga noche caracterizó estas regiones antes de la época glacial, así como lo hace hoy en día. Pero cuando los inviernos eran cortos se correspondían, y se limitaban a la larga noche, mientras que hoy en día, dado que el invierno en el ártico dura diez meses, la larga noche se produce en mitad de ese invierno. La descripción del Airyana Vaêjo en el *Vendidad*, por tanto, nos permite inferir que diez meses de sol o verano seguidos por dos meses de oscuridad e invierno constituyeron las condiciones climáticas antes de la invasión de Angra Mainyu, quien transformó el verano en invierno y viceversa, provocando el hielo y la nieve. Ya hemos hecho alusión a la duración máxima de cien noches del período durante el que Tishtrya luchó con Apaosha y a la costumbre de mantener los cuerpos muertos en la casa durante dos o tres noches o un mes entero en invierno, hasta que las aguas, tras un período de inmovilidad, volvían a correr y la luz volvía a elevarse demostrando la existencia de un período de continua oscuridad. Estos pasajes considerados en conjunto con la descripción del Airyana Vaêjo establecen que el paraíso de los iranios estaba situado en el extremo norte o cerca del Polo Norte y que estaba caracterizado por largos y cálidos veranos, cortos y templados, pero oscuros inviernos, hasta que quedó inhabitable para el hombre por la invasión de Angra Mainyu, o el advenimiento de la época glacial, que provocó severos inviernos, causando que la tierra quedara cubierta por una capa de hielo de varias decenas de metros de grosor.

Existe otro punto importante que merece nuestra atención. Hemos visto que a la descripción del Airyana Vaêjo citada anteriormente, los antiguos comentaristas avésticos habían añadido lo que se cree que fue una interpolación por los especialistas actuales «hay siete meses de verano y cinco de invierno allí». Haug piensa que el párrafo «los últimos eran demasiado fríos para el agua, etc.» es también una adición posterior y debe entonces ligarse a la cita precedentemente referida a los cinco meses de invierno. Pero tanto Spiegel como Darmesteter, al igual que el antiguo comentarista, son de la opinión de que las expresiones «y estos son demasiado fríos para el agua, etc.» forman parte del texto original y deben considerarse referidas a los dos meses de verano. Este punto de vista parece ser más lógico, pues si se tratase de una interpolación posterior habría sido más corta. La única adición al texto original, consecuentemente parece ser la frase «es sabido que hay siete meses de verano y cinco de invierno», debiendo entenderse en relación con las condiciones climáticas que existían en el Airyana Vaêjo antes de la invasión de Angra Mainyu, puesto que este último redujo la duración del verano a solo dos meses, que igualmente eran fríos para el agua, la tierra y los árboles. Hemos visto anteriormente que, ya que el Airyana Vaêjo era originalmente un paraíso, las condiciones climáticas originales allí eran exactamente las contrarias de las que introdujo Angra Mainyu. En otras palabras, un verano de diez meses y un invierno de dos meses habían sido las condiciones propias de este paraíso. Pero los comentaristas avésticos han señalado que habían siete meses de verano y cinco de invierno, siendo esta tradición igualmente antigua, pues leemos en el *Bundahish* (XXV, 10-14) que «en el día Ahura Mazda (primer día) de Âvan, el invierno, fuerza y penetra en el mundo..., y en el día auspicioso de Atarô del mes Dîn (el noveno día del décimo mes) el invierno llega, con mucho frío, a Airân-Vêj, y hasta el final, en el auspicioso mes Spendarmad, el invierno progresa por todo el mundo. Esta es la razón por la que encienden fuegos por todas partes en el día de Atarô del mes Dîn, y esto es una indicación de que el invierno ha llegado». Aquí los cinco meses de invierno en el Airyana Vaêjo son mencionados expresamente como Avân, Atarô, Dîn, Vohûman y Spendarmad y se nos dice que Rapîtvin Gâh no se celebra durante este período porque Rapîtvîn se va bajo tierra durante el invierno para retornar en verano. Los siete meses de verano son descritos de forma similar en el libro, extendiéndose «desde el auspicioso día Ahura Mazda (primero) del mes Farvardin al día auspicioso Anirân (último) del mes Mitro» (XXV, 7). Parece por este párrafo que la tradición de siete meses de verano y cinco de invierno en el Airyana Vaêjo era una tradición antigua, y el *Bundahish*, al recogerla, nos propicia las condiciones climáticas del antiguo hogar y no, como algunos han supuesto, las que el escritor vio en sus días, puesto que en el vigésimo párrafo del mismo capítulo se enumeran doce meses y cuatro estaciones, y se dice que la estación del invierno comprende solo los últimos tres meses del año: Dîn, Bohuman y Spendarmad. Hemos señalado en otra parte que el orden de los meses en el calendario del antiguo Irán era diferente del que aparece en el *Bundahish*. Pero cualquiera que sea el orden, la existencia de siete meses de verano y cinco de invierno en el Airyana Vaêjo ha sido tradicionalmente preservada en estos pasajes; y parece que los antiguos comentaristas avésticos del *Vendidad* lo han incorporado en el texto original por medio de lo que podríamos llamar una nota al pie, en su cuidado por preservar las viejas tradiciones. Tenemos así, dos afirmaciones diferentes acerca de las condiciones climáticas del Airyana Vaêjo antes de que fuera invadido por Angra Mainyu: una dice que existían diez meses de verano y dos de invierno, lo contrario a las condiciones introducidas por Angra Mainyu, y la otra, conservada tradicionalmente por los comentaristas, sostienen que existieron siete meses de verano y cinco de invierno. Se supone que las dos afirmaciones son contradictorias, y contradictorias son, sin duda, porque no poseemos la verdadera clave para su interpretación. Resultarían incompatibles si viéramos en el Airyana Vaêjo el límite oriental del antiguo Irán; pero si el paraíso está situado en las regiones circumpolares en el Lejano Norte dicha incompatibilidad desaparece, pues podemos constar siete y diez meses de verano al mismo tiempo en diferentes regiones del antiguo hogar de los iranios. Hemos visto en el análisis de las pruebas védicas que la leyenda de Aditi indica siete meses de verano o de luz y que la leyenda de los Dashagvas una sesión sacrificial, o período de luz, de diez meses. También se ha señalado que entre el Polo Norte y el círculo polar ártico el sol está sobre el horizonte durante un período comprendido entre los siete y los doce meses en función de la latitud. No hay, por tanto, nada extraño o incompatible en la dualidad de afirmaciones del *Avesta* acerca de la duración del verano en el país de origen. En consecuencia, no necesitamos asumir que los comentaristas hayan añadido la existencia de siete meses de verano simplemente porque la descripción de dos meses de verano y diez meses de invierno no encajaba con el antiguo paraíso. No resulta concebible que comprendieran tan mal el texto original de modo que supusieran que las condiciones climáticas introducidas por Angra Mainyu eran las condiciones que había originalmente en el Airyana Vaêjo. Debemos, por consiguiente, rechazar la explicación que aboga por esta posterior inserción realizada por personas que consideraron la descripción original inadecuada para el paraíso original. Si el texto original se lee e interpreta correctamente, nos presenta un verano de diez meses en el Airyana Vaêjo antes de la invasión de Angra Mainyu refiriéndose al mismo tiempo y lugar la afirmación relativa a un verano de siete meses. Lo mismo encontramos en el *Ṛig Veda,* donde el sol se representa con siete o diez rayos, en el sentido de siete o diez meses de luz, fenómenos solo posibles en las regiones árticas. Por lo tanto, las dos tradiciones avésticas señaladas más arriba deben considerarse descripciones del clima ártico que reinaba en el antiguo hogar del Lejano Norte. Que esta explicación es la correcta lo hemos demostrado en los capítulos anteriores. En cuanto a la cuestión de encender un fuego en el noveno día de Dîn, el décimo mes, citada en el *Bundahish*, creemos que en lugar de considerarla una indicación de que el invierno «ha llegado», sería mejor situar su origen en el comienzo del invierno en aquella época tiempo en ciertas partes del país original, puesto que si se va a encender un fuego es más adecuado encenderlo para señalar el comienzo del invierno más que el final de dos de los cinco meses de invierno. Si la costumbre se interpreta de este modo, implicará que en cierta época en una región del antiguo país ario existió un año de nueve meses y diez días, una conclusión que concuerda bien con el antiguo año romano de diez meses. Pero aparte de esta cuestión, existe una sorprendente coincidencia entre las tradiciones védica y avéstica. De acuerdo con el *Bundahish* (XXV, 20), el año está dividido en cuatro estaciones de tres meses cada una, Farvardîn, Ardavahisht y Horvadad constituyen la estación de la primavera; Tîr, Amerôdad y Shatvaîrô el verano; Mitrô, Avân y Atarô el otoño; y Dîn, Vohûman y Spendarmad el invierno. El cuadragésimo día de Sharad o el otoño representaría así el décimo día (Abân) de Avân y la afirmación védica analizada en el capítulo noveno, de que la lucha de Indra con Shambara comenzó «en el cuadragésimo día de *Sharad*» concordaría (solo con una diferencia de diez días) con la afirmación en el *Bundahish* de que el invierno en el Airyana Vaêjo comenzaba con el mes de Avân el segundo mes del otoño. Tenemos, así, una concordancia muy estrecha entre las tradiciones védica y avéstica acerca del final del verano en el antiguo hogar ártico, habiéndose citado previamente las coincidencias correspondientes entre las tradiciones romana y griega. Ya que un año de siete o diez meses de sol puede ser rastreado en el período indoeuropeo, y su carácter doble solo puede explicarse situando el antiguo país en las regiones circumpolares, nos vemos inducidos inevitablemente a la conclusión de que el Airyana Vaêjo debía estar localizado en la misma región. El relato avéstico es, por sí mismo, claro e inteligible y las aparentes contradicciones se hubieran explicado de forma natural si los especialistas avésticos no hubieran creado dificultades innecesarias transfiriendo la localización del paraíso al este del antiguo Irán. En estas circunstancias no hace falta decir cuál de las dos teorías acerca de la posición del Airyana Vaêjo sería la correcta, pues nadie aceptaría una hipótesis que solo aporta confusión, en vez de la que explica todo de forma natural y satisfactoria.

Hasta ahora nos hemos limitado a analizar el pasaje del primer *Fargard* que describe el clima del Airyana Vaêjo. El pasaje, incluso fuera de contexto, resulta absolutamente inteligible a la luz de la teoría ártica, pero al descubrir el clima original del Airyana Vaêjo hemos supuesto que era el contrario del provocado por la invasión de Angra Mainyu. El segundo *Fargard* del *Vendidad*, que es similar al primero, contiene, sin embargo, un pasaje que evita la necesidad de esa suposición, propiciando una descripción gráfica del advenimiento del hielo y la nieve que arruinaron el antiguo paraíso de los iranios. Este *Fargard* es, en realidad, un apéndice del primero y contiene una descripción más detallada del Airyana Vaêjo y de la vida paradisíaca disfrutada antes de que Angra Mainyu la destruyera con la plaga del invierno y la nieve. Esto es evidente en tanto que la llegada de un invierno severo es anunciada en este *Fargard* y Yima es avisado para que se prepare contra él; mientras que en el primer *Fargard* el paraíso ya ha sido destruido por la invasión de Angra Mainyu. Darmesteter divide este *Fargard* en dos partes: la primera comprende los primeros veinte párrafos (o de acuerdo con Spiegel cuarenta y uno) y la segunda, el resto. En la primera parte se dice que Ahura Mazda pidió al rey Yima, el gobernante del Airyana Vaêjo, quien es llamado *Sruto Airyênê Vaêhjaje*, «famoso en Airyana Vaêjo», que recibiese la ley de Mazda, pero Yima rechazó convertirse en el guardián de la ley y, entonces, Ahura Mazda le ordenó procurar la felicidad y la prosperidad a su pueblo. Yima hace a su pueblo prosperar, alejando la muerte y la enfermedad y ensanchando por tres veces las fronteras del país que se había quedado pequeño para sus habitantes. No nos detendremos en la cuestión de saber si se está haciendo referencia a una gradual expansión de los antiguos territorios arios en el Ártico. La segunda parte del *Fargard* comienza con un encuentro de los dioses celestiales llamados por Ahura Mazda, a la que asiste «el justo Yima, el buen pastor de gran renombre en el Airyana Vaêjo» junto con los mejores de los mortales. Fue en este encuentro cuando Yima fue claramente advertido por Ahura Mazda de que vientos fatales caerían en el paraíso y destruirían todo en él. Para evitar esta calamidad el más santo recomendó a Yima que construyese una Vara o cercado, y que depositara en él las semillas de toda clase de animales y plantas para preservarlos. Yima construyó el Vara de acuerdo con las instrucciones y el *Fargard* nos informa de que en este Vara, el sol, la luna y las estrellas «aparecieron una vez al año» y que «un año parecía solo como un día» para los habitantes de allí. El *Fargard* entonces termina con la descripción de la vida feliz disfrutada por los habitantes de este Vara del cual Zoroastro y su hijo Urvatadnara se dice que fueron los dueños o custodios.

El Vara de Yima es algo semejante al Arca de Noé, pero existe una diferencia entre ambos: mientras el diluvio bíblico es de agua y lluvia, el diluvio avéstico es de nieve y hielo, siendo este último corroborado por la Geología. En segundo lugar, las afirmaciones de que «un año parecía solo un día» para los habitantes de este Vara y de que el sol y las estrellas «aparecían solo una vez al año allí», sirven, de forma inequívoca, para fijar la posición geográfica de este Vara en la región que rodea el Polo Norte, puesto que en ninguna parte en la superficie de la tierra puede haber un día y una noche que duren un año, excepto en el Polo. Una vez que la posición del Vara de Yima se ha fijado, la posición del Airyana Vaêjo está determinada, puesto que el Vara de Yima, situado en el Mainyo-i-khard, debe estar obviamente localizado en el Airyana Vaêjo. Esto supone, entonces, otro argumento para localizar el Airyana Vaêjo en el extremo norte y no al este del antiguo Irán, como Spiegel, Darmesteter y otros han hecho. Con respecto a si el Vara de Yima es real o mítico, resulta difícil suponer que el conocimiento de un día de un año de duración y del orto anual único fuera adquirido simplemente mediante un esfuerzo de imaginación y que por un mero accidente concuerden con la descripción del día y la noche polares. Los autores del *Fargard* no pueden haber sido testigos por sí mismos de este fenómeno, pero no hay duda de que conocían estos hechos por tradición. Si esto es así, debemos suponer que sus ancestros más remotos han debido adquirir este conocimiento por experiencia directa en su antiguo país del Polo Norte. Aquellos que localizan el Airyana Vaêjo en el extremo oriental de la llanura irania intentan explicar los diez meses de invierno suponiendo que el autor del *Fargard* estaba relatando una tradición relativa a un descenso en la temperatura, o que la altitud de la meseta en la que el Oxus y el Jaxartes tienen sus fuentes, era mayor en tiempos antiguos que en el presente, lo que implicaría un clima mucho más frío. Ambas explicaciones resultan, no obstante, artificiales. Es cierto que una altitud elevada produce un clima frío, pero en el presente caso el clima del Airyana Vaêjo era templado antes de la invasión de Angra Mainyu, por lo que deberíamos concluir que la meseta irania tuvo una baja altitud antes de que Angra Mainyu la elevase, provocando la aparición de un clima mucho más frío. Pero la altitud actual de la meseta no es tan grande como para producir un invierno de diez meses, lo que nos obligaría a suponer un descenso en altitud de esta tierra después de la invasión de Angra Mainyu. Desafortunadamente no hay ninguna prueba geológica que apoye la elevación y el descenso de esta tierra. Pero incluso si tal prueba apareciera esta hipótesis seguiría siendo incapaz de aclarar por qué los habitantes del Vara de Yima en el Airyana Vaêjo consideraban un año como un único día, una descripción que solo se da en el Polo Norte. Así pues, todos los intentos de situar el antiguo Ariyana Vaêjo en una región distinta del círculo polar, deben considerase fracasados. Los nombres de ríos míticos y países deben haber sido transferidos en tiempos posteriores a verdaderas tierras y provincias; pero si debiéramos localizar los primitivos ríos o países según estos nuevos nombres, deberíamos situar el Airyana Vaêjo entre el Himalaya y las montañas Vindhya en la India, puesto que en la literatura sánscrita tardía la tierra comprendida entre estas dos montañas es llamada el Aryâvarta o la morada de los arios. El error cometido por Darmesteter y Spiegel es similar. En lugar de determinar la posición del Airyana Vaêjo a partir de que un invierno de diez meses fue introducido en él por Angra Mainyu y que un año parecía solo un día para sus habitantes, han intentado descubrirlo por datos extraídos de los nombres de ríos en Irán, a pesar de que sabían que estos nombres eran originalmente los nombres de ríos míticos y que solo se dieron a los ríos verdaderos de Irán en los últimos tiempos, cuando una rama de la raza aria ocupó la tierra y se instaló en aquel país. Naturalmente esto introdujo gran confusión en el tema del Airyana Vaêjo, y los especialistas intentaron solventar este problema suponiendo que se trataba de un mito o, en el mejor caso, de confusas reminiscencias del antiguo hogar iranio. Sin embargo, los recientes descubrimientos científicos han probado que las tradiciones avésticas son correctas y a la luz de las nuevas pruebas nos resta sino rechazar las erróneas especulaciones de aquellos especialistas avésticos que hicieron del Airyana Vaêjo la frontera oriental del antiguo Irán.

Pero la parte más importante del segundo *Fargard* es la advertencia que hace Ahura Mazda a Yima de que inviernos fatales iban a caer en la tierra gobernada por este, junto con la descripción de la glaciación por la que la tierra feliz iba a ser destruida. La advertencia se hace en forma de profecía, pero cualquiera que lea los dos *Fargards* cuidadosamente verá que el pasaje nos proporciona en realidad una descripción de la época glacial padecida por los ancestros de los iranios. Damos ahora las traducciones del pasaje propuestas por Darmesteter y Spiegel.

Vendidad, Fargard II

Darmesteter	*Spiegel*
22. Y Ahura Mazda dice a Yima: «¡Hermoso Yima, hijo de Vivanghat! He aquí que sobre el mundo material van a caer fatales inviernos, trayendo frío duro y destructor, he aquí que sobre el mundo material van a caer los fatales que harán caer la nieve en grandes copos, con el espesor de una *arevî*, sobre las altas montañas. 23. Y todos los animales que hay en los lugares más desolados, y en las cumbres de las montañas, y en las profundidades de los campos se refugiarán de estos tres lugares en los abrigos subterráneos. 24. Antes del invierno, la región tenía pastos, antes de que las aguas los inundasen; pero después de que se derritan las nieves, se considerará como una maravilla. Oh, Yima, en el mundo material un lugar donde solamente pueda percibirse la huella de la pata de un cordero. 25. Constituye, pues, un Vara, largo como una carrera de caballos, en cada lado; lleva allí el germen de las pequeñas y grandes bestias, de los hombres, de los perros y de los pájaros y de los fuegos rojos ardientes».	46. Entonces habla Ahura Mazda a Yima: «Yima el hermoso, el hijo de Vivanhaô. 47. Sobre el mundo material vendrán los males del invierno. 48. De donde saldrá un frío duro y destructor. 49. Sobre el mundo material vendrán los males del invierno. 50. Por los cuales caerá la nieve en abundancia. 51. Sobre las cumbres de las montañas, sobre las elevadas pendientes. 52. De estos tres lugares, ¡oh, Yima!, haz partir a las bestias. 53. Si están en los lugares más temibles. 54. Si están en las cumbres montañosas. 55. Si están en las profundidades de los valles. 56. Condúcelos a los lugares habitables. 57. Antes de este invierno, la región ha dado pastos. 58. Antes fluía el agua, después se funde la nieve. 59. Las nubes, ¡oh, Yima!, vendrán a cubrir las regiones habitadas. 60. Las cuales ven ahora las patas de las bestias grandes y pequeñas. 61. Por esto, traza un recinto de longitud de una carrera de caballo, por un lado. 62. Lleva allí la simiente del ganado, de los animales, de los hombres, de los perros, de los pájaros y del fuego rojo y ardiente».

¿Podríamos imaginar una mejor descripción del advenimiento de la época glacial en el paraíso sobre el cual gobernó Yima, en el que un año equivalía a un día? No hay ninguna referencia a Angra Mainyu en este pasaje que describe en forma de profecía los males de la glaciación, del mismo modo en que un moderno geólogo describiría el progreso de la capa de hielo durante la época glacial. Ahura Mazda previene a Yima de que un abominable y glacial hielo caerá sobre el mundo material y de que incluso las cimas de las más altas montañas serán cubiertas o prácticamente enterradas por la nieve, que destruirá toda la vida, tanto en las montañas como en los valles. La nieve, se dice, caería con la profundidad de un *aredvî*, que Spiegel traduce por la expresión «en gran abundancia», mientras que Darmesteter explica en una nota al pie que «incluso donde ella (la nieve) es más baja, será de un *vîtasti* y dos dedos, es decir, catorce dedos de profundidad». Una manta de nieve que cubre las más altas montañas y los más profundos valles no puede sino destruir toda vida animal. No creemos que el comienzo de la era glacial pueda describirse más vivamente. Con este pasaje que atribuye la ruina del paraíso a la invasión del hielo y el invierno, no debemos tener dificultad de ningún tipo en interpretar correctamente el significado de la invasión de Angra Mainyu, descrita al principio del primer *Fargard*. Ya no es por un razonamiento por lo que sabemos que el clima templado original del Airyana Vaêjo se volvió inclemente por la invasión del invierno y la nieve. El pasaje precedente lo expresa en términos explícitos, y la descripción es tan gráfica que no se puede calificar de mítica o imaginaria. Añádase a esto que los recientes descubrimientos geológicos han establecido la existencia de al menos dos períodos glaciales, el último de los cuales acabó, dando comienzo al período postglacial, de acuerdo con los geólogos americanos hacia el 8000 a. C. Cuando las tradiciones avésticas relativas a la destrucción del primitivo hogar ártico por la glaciación se encuentran en perfecta armonía con las últimas investigaciones geológicas, no vemos razón, excepto los prejuicios, por la que no debamos conceder al relato avéstico la categoría de una reminiscencia fiel de un antiguo fenómeno histórico. No cabe suponer que el autor de los *Fargards* deba a su imaginación tan gráfica descripción de un fenómeno que ha sido descubierto por los científicos en el curso de los últimos cuarenta o cincuenta años. Darmesteter, en su traducción de los *Fargards,* observa en una nota al pie que la glaciación es el resultado de una errónea interpretación de un mito según el cual el invierno se concebía como una contra-creación del Irân-Vêj. Esto podría aceptarse hace veinte años, pero el fenómeno de la glaciación se comprende actualmente mucho mejor, por lo que no podemos aceptar las conjeturas de los especialistas acerca de un pasaje del *Avesta* que describe el proceso de glaciación del paraíso de los iranios. Solo prueba cómo los antiguos testimonios, por muy claros y explícitos que sean, pueden ser mal entendidos y peor interpretados debido a nuestro imperfecto conocimiento de las condiciones climáticas o medioambientales que acompañaron a los antecesores de nuestra raza en tiempos remotos. Pero en este caso no había dificultad para percibir que el Airyana Vaêjo, o el país de origen de la raza aria, se situaba cerca del Polo Norte y que los ancestros de nuestra raza la abandonaron, no debido a «un impulso irresistible» o «a un exceso de población», sino simplemente porque fue destruido por la invasión de hielo y nieve provocados por la época glacial. La tradición avéstica, como se recoge en este *Fargard*, es la prueba documental más antigua de la gran convulsión climática que tuvo lugar hace muchos miles de años y cuyas evidencias científicas se han descubierto en el curso de los últimos cuarenta o cincuenta años. No obstante, hay que lamentar que la importancia de esta tradición haya sido minusvalorada durante tanto tiempo.

El análisis anterior pone de manifiesto que los dos primeros *Fargards* del *Vendidad* son especialmente importantes para nuestro estudio. Los himnos de la aurora en el *Ṛig Veda* nos proporcionan evidencias de una continua oscuridad de treinta días en el antiguo país, y ciertos pasajes de los *Vedas* nos hablan de una continua noche de seis meses como mínimo y de un año de siete o diez meses. También resulta patente que muchas divinidades y mitos védicos poseen el sello inequívoco de su origen ártico. Pero, como ya se ha dicho, en toda la literatura védica no encontramos un solo pasaje que nos permita determinar la época en el que las regiones polares fueron habitadas o averiguar la razón por la que fueron abandonadas. Con este objeto nos volvimos hacia la Geología que recientemente ha establecido que el clima de las regiones polares, que en la actualidad es tan frío que no permite la vida humana, fue templado y cálido antes del último período glacial. Se sigue, así, que si las evidencias védicas apuntaban hacia un hogar ártico, los ancestros de la raza aria deben haber vivido allí no después, sino antes de la última época glacial. No obstante, las tradiciones preservadas en el *Avesta* hacen innecesario recurrir a la Geología. Contamos ahora con pruebas tradicionales para demostrar (1) que el Airyana Vaêjo gozó originalmente de clima agradable, pero que Angra Mainyu lo transformó en un invierno de diez meses y un verano de dos, (2) que el Airyana Vaêjo estaba situado en un lugar tal, que los habitantes del Vara de Yima tenían un año de un solo día y veían salir el sol una vez al año y (3) que el paraíso se volvió inhabitable por el advenimiento de la época glacial que destruyó toda la vida en él. Es cierto, que sin los recientes descubrimientos geológicos estas afirmaciones, ahora claras y evidentes, hubieran permanecido ininteligibles o desechadas como imposibles por los especialistas, quienes hubieran intentado, como Darmesteter, reconstruir artificiosamente en estos pasajes para dotarlos de coherencia. No podemos, en consecuencia, negar que estamos en deuda con estos descubrimientos científicos que nos permiten determinar el verdadero significado de las tradiciones avésticas y disipar las brumas que la envolvían. Pero, sin embargo, el valor de este testimonio tradicional no se ve disminuido en absoluto. Este es el último registro tradicional, preservado por la memoria humana, de la gran catástrofe que asoló el norte de Europa y Asia en tiempos antiguos y que obligó a los habitantes arios de las regiones árticas a emigrar hacia el sur. Ha sido preservada durante miles de años simplemente por la tradición, aunque su significado devino ininteligible, hasta que ha resultado corroborado completamente por las últimas investigaciones científicas. Conocemos muy pocos casos en los que la ciencia haya probado la veracidad de antiguos relatos semi-religiosos de este modo. Cuando la posición del Airyana Vaêjo y la causa de su destrucción quedan definitivamente establecidas, tanto por las pruebas tradicionales como por las científicas, cabría inferir que las dieciséis tierras mencionadas en el primer *Fargard* del *Vendidad* señalaban la gradual migración de los iranios desde su antiguo país de origen hasta el país de Rasâ y los siete ríos. En otras palabras, el *Fargard* debe considerarse como un texto histórico y no geográfico, como mantuvieron Spiegel y Darmesteter. Es cierto que el primer *Fargard* no dice nada acerca de migración. Pero cuando el Airyana Vaêjo se localiza en el extremo norte y cuando se nos dice en el segundo *Fargard* que la tierra fue destruida por el hielo, resulta innecesaria una mención explícita a una emigración. Por otro lado, que las dieciséis tierras se mencionen en un cierto orden específico se debería a que están indicando las sucesivas etapas de la migración del pueblo indoiranio. No se puede asegurar que todos y cada uno de los términos de estos dos *Fargards* sean históricamente exactos. Nadie esperaría tanta precisión en reminiscencias arcaicas preservadas por la tradición. E igualmente es cierto que el Airyana Vaêjo se ha convertido en una especie de tierra mítica en la literatura parsi, de la misma manera que el monte Meru, la morada de los dioses hindúes, en los *Purâṇas*. No obstante, a pesar de todo, es innegable que en lo que al Airyana Vaêjo respecta, en los dos primeros *Fargards* del *Vendidad* se encuentra una reminiscencia histórica de la cuna ártica de los iranios o de los arios, y que el primer *Fargard* nos proporciona una descripción de los países que los indoiranios tuvieron que atravesar antes de asentarse en el Hapta Hendu o en las orillas del Rangha, al comienzo de la época postglacial.

Esta historia de la destrucción del país original por el hielo puede ser confrontada con la historia del diluvio que se encuentra en la literatura hindú. La más antigua de estas citas está contenida en el *Shatapatha Brâh-*

maṇa (I, 8, 1, 1-10), y la misma historia se encuentra con modificaciones y añadidos, en el *Mahâbhârata* (*Vana-Parván*, Cap. 187), y en el *Matsya*, el *Bhâgavata* y otros *Purâṇas.* Todos estos pasajes han sido recopilados y analizados por Muir en el primer volumen de sus *Original Sanskrit Texts,* (3.ª ed. pp. 181-220) y no es necesario examinarlos en profundidad aquí. A nosotros solo nos concerniría la versión védica de la historia y esta aparece en el pasaje arriba mencionado en el *Shatapatha Brâhmaṇa.* En ella, se cuentan que un pez cayó en las manos de Manú junto con el agua con la que este se lavaba por la mañana. El pez rogó a Manú que lo salvara, y a cambio le prometió salvarlo de una inundación (*aughaḥ*) que anegaría (*nirvoḍhâ*) a todas las criaturas de la tierra. El *Brâhmaṇa* no dice cuándo y dónde tuvo lugar esta conversación, ni describe la naturaleza del cataclismo más allá de decir que era una inundación. Manú conservó al pez, primero en una jarra, después en un estanque, y finalmente, lo llevó al océano. El pez advirtió entonces a Manú que en aproximadamente un año (sin concretar más) sobrevendría la inundación destructora, recomendándole que construyese un barco (*nâvam*) y se embarcara en él cuando se produjera la inundación. Manú construyó el barco y cuando el agua comenzó a subir embarcó atando un cable (*pasham*) al cuerno del pez y fue conducido (*ati-dudrâva*) a «la montaña del norte» (*etam uttaram girim*) frase en la que el comentarista entiende el Himavat o el Himalaya al norte de la India. El pez solicitó a Manú que atase el barco a un árbol para que descendiese poco a poco, sin que se extraviase con las aguas en descenso y Manú así lo hizo. Esta es la razón, según se dice, de que la montaña del norte ha recibido la apelación de *Manor-avasarpaṇam* o «el descenso de Manú». Manú fue, así, la única persona que se salvó del diluvio. Ansioso por tener descendencia sacrificó con el *pâka-yajña*, y vertió mantequilla, leche y cuajada en libación a las aguas. Al cabo de un año apareció una mujer llamada *Iḍâ,* quien le proporcionó descendencia anhelada que fue llamada el linaje de Manú (*prâjatiḥ*) Esta es la historia tal y como se encuentra en el *Shatapatha Brâhmaṇa.* Parece ser que se hace referencia a la misma leyenda en el *Atharva Veda Samhitâ* (XIX, 39, 7-8), en el que la planta *kuṣhṭha* crecía en la misma cumbre del Himavat, el lugar donde «descendió el barco» (*nâva-prabhramshanan*), el barco dorado con dorados aparejos que navegó por el cielo. En la versión del *Mahâbhârata* de la leyenda, este pico del Himalaya es conocido como *Naubandhanam*, pero no se dan más detalles acerca del lugar o el momento. El *Mâtsya Purâṇa,* sin embargo, menciona el Malaya o el Malabar, como la escena de los sacrificios de Manú, mientras que en el *Bhâgavata,* Satyavrata, rey de Dravida, es el héroe de la historia. Muir ha comparado estos hechos, subrayando las diferencias entre las versiones más antiguas y las más recientes de la historia, mostrando como esta se fue ampliando con el curso del tiempo. A nosotros, sin embargo, nos interesa la más antigua, pero esta no nos ofrece ninguna pista para determinar el lugar en el que Manú se embarcó. Por otro lado, el diluvio parece ser de agua y no de nieve y hielo como se describe en el *Avesta*. A pesar de todo, es probable que la historia hindú del diluvio se refiera a la misma catástrofe que la descrita en el *Avesta* y no a un diluvio local de agua de lluvia. El *Shatapatha Brâhmaṇa* menciona solo una inundación (*aughaḥ*), debido a que el término *prâleya*, que Panini (VII, 3, 2) hace derivar de *pralaya* (un diluvio), significa «nieve», o «hielo» en la literatura sánscrita tardía. Esto indica que la conexión del hielo con el diluvio no fue desconocida antiguamente por los hindúes, aunque posteriormente parece haber sido completamente olvidada. La Geología nos informa de que cada época glacial se caracteriza por una inundación extensiva de la tierra con aguas provenientes de ríos que manan de los grandes glaciares y que acarrean gran cantidad de aluviones. La palabra *aughaḥ*, inundación, en el *Shatapatha Brâhmaṇa*, pudiera referirse a estas avenidas procedentes de los glaciares y cabría suponer que Manú fue llevado por uno de estos ríos en su barco guiado por el pez a las estribaciones del Himalaya. No es necesario sostener que el relato del *Shatapatha Brâhmaṇa* se refiera pura y simplemente a un diluvio de agua, a pesar de lo que afirmen los *Purâṇas* tardíos, por tanto, podría afirmarse que el relato brahmánico del diluvio no es sino una versión diferente del diluvio avéstico de hielo. Alguna vez se ha sugerido que la idea del diluvio pudo haber sido introducida en la India a partir de una fuente semítica; pero esta teoría hace tiempo que ha sido abandonada por los especialistas, ya que la historia del diluvio se encuentra en un libro tan antiguo como el *Shatapatha Brâhmaṇa* que no puede ser posterior al 2500 a. C., en tanto que esta obra sirva explícitamente a las Kṛittikas, o las Pléyades, completamente al este. Es evidente, por tanto, que la historia del diluvio es de origen ario y que tanto el relato avéstico como el védico del diluvio proceden de la misma fuente. También se debe señalar que Yima, el constructor avéstico del Vara en el *Avesta*, se describe allí como el «hijo de *Vîvanghat*»; y Manú, el héroe en la historia hindú, que no recibe ningún epíteto en el relato del diluvio en el *Shatapatha Brâhmaṇa,* recibe numerosas veces en la literatura védica el calificativo de «hijo de *Vivasvat*» (*Vaivasvata*), el iranio Vivanghat (*Shat. Brah*. XIII, 4, 3, 3; *Rig.* VIII, 52, 1) Yama igualmente denominado explícitamente *Vaivasvata* en el *Ṛig Veda* (X, 14, 1). Esto muestra que, a pesar de que Yima sea el héroe en un relato y Manú el del otro, y que un diluvio sea de hielo y el otro de agua, ambos relatos se refieren al mismo fenómeno geológico[105]. El relato

[105] La historia del diluvio se encuentra también en otras mitologías arias. El siguiente extracto de la *Historia de Grecia* de Grote (vol. I, cap. 5) da una versión griega del diluvio y ciertos detalles son de una extrema semejanza con la historia de Manú: «La enorme iniquidad con que

avéstico es, sin embargo, más específico que el *Shatapatha Brâhmaṇa* y dado que ha sido corroborado, casi en cada detalle, por las investigaciones científicas relativas a la época glacial, se deduce que la tradición preservada en los dos *Fargards* del *Vendidad* es más antigua que el *Shatapatha Brâhmaṇa*. Haug ha llegado a una conclusión similar en el campo lingüístico. A propósito del pasaje del *Vendidad* dice «el documento original es ciertamente de gran antigüedad e indudablemente uno de los pasajes más antiguos que componen la versión actual del *Vendidad*». La mención de Hapta Hendu, un nombre que no se ha conservado en la literatura védica tardía reforzaría esta conclusión.

A continuación, vamos a referirnos a ciertos pasajes citados por Muir en sus *Original Sanskirt Texts* (3.ª ed. vol. II. pp. 322-29) para intentar demostrar que también en la literatura hindú se han preservado reminiscencias de origen septentrional. En primer lugar, menciona la expresión *shatam himâḥ*, o «cien inviernos» que aparece en muchos lugares en el *Ṛig Veda* (I, 64, 14; II, 33, 2; V, 54, 15; VI, 48, 8), y señala que dado que la expresión *sharadâḥ shatam*, o «cien otoños» también aparece en el *Ṛig Veda* (II, 27, 10; VII, 66, 16), *shatam himâḥ* podría considerarse como una reliquia del período en el que los recuerdos de las regiones más frías de las que los arios védicos emigraron no habían sido completamente olvidados. El segundo pasaje es del *Aitareya Brâhmaṇa* (VIII, 14) que explica «por qué en esta región del norte toda la gente que mora más allá del Himavat (llamados) Uttara Kurus y el Uttara Madras están consagrados a la ley gloriosa (*Vairajyam*)». El Uttara Kurus se describe en el mismo *Brâhmaṇa* (VIII, 23) como la tierra de los dioses que ningún mortal puede conquistar, lo que demuestra su consideración mitológica. El Uttara Kurus también se menciona en el *Râmâyaṇa* (IV, 43, 38) como la morada de

la tierra fue contaminada, causada por lo que Apolodoro llama el predominio de una raza descarada, o como otros afirman, por los cincuenta hijos monstruosos de Licaón, obligaron a Zeus a ahogarlo todo en un diluvio total. Una lluvia terrible e ininterrumpida se abatió sobre toda Grecia y cubrió el país de agua, salvo algunas cumbres de montaña particularmente elevadas sobre las cuales algunos fugitivos tomaban refugio. Deucalión fue salvado en un bote o arca que su padre, Prometo, le había dicho que construyera. Después de haber estado a la deriva durante nueve días, por fin se acerca a la cumbre del monte Parnaso. Zeus le había enviado a Hermes, quien le promete que podrá obtener todo lo que desee. Entonces pide que los hombres y los compañeros le sean enviados para romper su soledad. Zeus le dice entonces que tire al aire las piedras, lo que hace, al igual que su mujer, Pirra. Las piedras lanzadas por Pirra se convierten en mujeres, las lanzadas por Deucalión en hombres. Es así que la dura raza de los hombres (etimológicamente "de piedra") (etimología retomada por Hesíodo, Píndaro, Epicarmo, Virgilio, etc.) se establece en suelo griego. Deucalión hace sacrificios en agradecimiento hacia Zeus Fixios, dios salvador. También erigirá altares a los doce grandes dioses del Olimpo en Tesalia». Grote subraya en su comentario que la realidad de un diluvio no ha sido nunca puesta en duda en ninguna época y que el mismo Aristóteles la admite como un hecho indiscutible.

aquellos que realizaron los actos meritorios y en el *Mahâbhârata* (*Sabhâ-Parvan*, ch. 28) se dice a Arjuna «Aquí está el Uttara Kurus a quien nadie se atreve a combatir». Que el Uttara Kurus no era un país fabuloso lo demuestra que Ptolomeo menciona una montaña, un pueblo y una ciudad llamados Ottorocorra y Lassen opina que Megastenes pensaba en Uttara Kurus cuando se refirió a los hiperbóreos. Muir concluye esta sección con un pasaje del *Sânkhyâyana* o el *Kauṣhitakî Brâhmaṇa* (VII, 6) donde se dice a Pathyâ Svasti, la diosa de la palabra, que conoce la región del norte (*udichim disham*), y este es el motivo por el que «en la región del norte la lengua es mejor conocida y mejor hablada y es al norte donde los hombres van a aprender el hablar». Muir piensa que podría encontrarse en estos pasajes alguna vaga reminiscencia de alguna antigua conexión con el norte. Pero ninguno de ellos es concluyente, pues no tenemos ninguna indicación en ellos de que el hogar original haya estado en las regiones árticas, como en el caso de los pasajes védicos discutidos anteriormente y que hablan de auroras y noches largas y continuas o de un año de diez meses. Debemos, sin embargo, considerar todos estos pasajes citados por Muir como pruebas suplementarias de la misma idea. Es en los pasajes y leyendas védicos examinados en capítulos previos y en pruebas avésticas analizadas anteriormente en los que nos basamos fundamentalmente para establecer el origen ártico del pueblo ario, y su conformación nos ofrece un testimonio tradicional para afirmar que el país original de las razas arias se situaba en el Polo Norte y no en Asia central, que este país fue destruido por el desencadenamiento de una época glacial y que los indoiranios, que se vieron obligados a abandonar el país, emigraron hacia el sur, atravesando numerosas regiones del Asia central, y asentándose finalmente en los valles del Oxus, del Indo, el Kubhâ, y el Rasâ, de cuya región los vemos de nuevo emigrar, los hindúes hacia el este y los persas hacia el oeste al comienzo de los tiempos históricos.

CAPÍTULO XII

MITOLOGÍA COMPARADA

El valor de la mitología comparada como prueba corroborativa – Su uso en el presente caso – Los calendarios arcaicos de las razas arias europeas – La pluralidad de auroras en las mitologías letona, griega y céltica – El año antiguo romano de diez meses y la reforma de Numa – La opinión de Plutarco – Improbabilidad de la teoría de Lignana – El año arcaico celta – Su fin el último día de octubre, y comienzo del invierno y la oscuridad – La fiesta central del verano, Lugnassad, el primero de agosto – El comienzo del verano el primero de mayo – La fecha de la batalla de Moytura – Similar duración del año nórdico arcaico – Comparación con el calendario griego antiguo – Todo indica seis meses de luz y seis meses de oscuridad – Corroboración derivada de la filología comparada – Dos divisiones del año en la época primaveral – La virgen de nueve formas en la mitología céltica – Los nueve pasos de Thor en la leyenda nórdica – Comparación con los Navagvas védicos y el Vifra Navaza del Avesta – El hogar de Baldur en los cielos – Indica el largo día ártico – La historia eslava de Iván y sus dos hermanos y la noche continua en casa de Iván – Comparación con la leyenda védica de Trita – El demonio eslavo del invierno – La historia del ocaso y el ocaso en la mitología finlandesa – Señala un largo día de cuatro semanas – Leyendas célticas y germanas relativas a la lucha anual de dioses del Sol contra la oscuridad – Baldur y Hodur, Cuchulain y fomores – Ceguera y enfermedad temporal de dioses y héroes – La opinión de Rhys – La aflicción significativa a la oscuridad del invierno – Mitos célticos y germanos que hablan de días y noches prolongadas – Todo señala hacia un lugar primaveral en la región ártica – Recientes investigaciones etnológicas remiten a un hogar europeo – Señalan el norte de Alemania o Escandinavia – La necesidad de ir más al norte – Rhys sugiere Finlandia o el mar Blanco – La compatibilidad con la teoría que ve en el Polo Norte el lugar de origen de toda la raza humana – Método y conclusión de Rhys – Tanto las tradiciones occidentales como las orientales se refieren a un origen ártico – Explicación de la relación de esta teoría con la tesis general acerca de la cuna de la raza humana en el Polo Norte.

En este capítulo nos proponemos examinar hasta qué punto las conclusiones que hemos deducido a partir de los textos védicos y avésticos se ven confirmadas por los mitos y tradiciones de las ramas europeas de la raza aria. Es un hecho que la argumentación presentada en los capítulos anteriores es tan consistente que deberá ser tomada en consideración incluso en el caso de que entrase en conflicto con las tradiciones de otros pueblos. Las tradiciones de los pueblos indoiranios no tienen nada específicamente asiático e, independientemente de que en el futuro se pueda corroborar esta suposición, podemos afirmar que el origen de los indoiranios anterior a la glaciación fue el mismo que el del resto de pueblos arios. En todo caso, debemos examinar las tradiciones de otras razas arias para comprobar la existencia de reminiscencias de su origen, ya fuere en los calendarios arcaicos o en mitos y leyendas. Por supuesto, podemos esperar que las pruebas aparezcan tan evidentes como en los *Vedas* y el *Avesta,* pero su valor radica en su función corroborativa. La historia de la mitología y la filología comparadas nos enseña que cuando la literatura y la lengua védica fueron accesibles a los estudiosos europeos arrojaron una nueva luz sobre las mitologías griega y romanas; del mismo modo, el descubrimiento de las pruebas védicas y avésticas en favor del hogar ártico debería servir de igual manera para esclarecer algunos puntos de la literatura legendaria de las razas arias de Europa. Sea como fuere, el tema resulta demasiado vasto para ser tratado en un capítulo de este libro, ni tampoco poseo los conocimientos necesarios para abordar esa tarea. No obstante, me consideraré satisfecho con aportar una serie de hechos que indiquen claramente el recuerdo de un origen ártico, en la literatura tradicional de las ramas griega, romana, céltica, germánica y eslava de la raza aria; en este punto debo manifestar mi gran deuda con la obra *The Hibbert Lectures on the Origin and Growth of Religion as illustrated by Celtic Heathendom* de Rhys.

Siguiendo el orden que hemos adoptado al exponer las pruebas védicas, debemos referirnos en primer lugar a la cuestión del antiguo calendario y comprobar si las tradiciones preservadas por las razas arias occidentales sobre el año arcaico señalan algunas características árticas, como las largas auroras, el largo día, la larga noche o un período anual de luz diurna o de duración inferior a doce meses. Hemos visto que, muy a menudo, se habla de la aurora en plural en el *Ṛig Veda* y que se describe a un grupo de treinta auroras hermanas girando en el mismo sentido y en el mismo círculo sin alejarse las unas de las otras; esto es un fenómeno que es característico de las regiones árticas, la aurora recibe el nombre de *Diewo dukte*, la hija del cielo o hija de Dios, en el mismo sentido que Uṣhas es llamada *Divo Duhita* en el *Ṛig Veda*. Y los poetas letones hablan de igual manera de numerosas bellas hijas del cielo, o hijas del dios *Diewo Durruzeles*[106]. Max Müller nos informa, además, que en la mitología griega podemos «hallar fácilmente entre las esposas de Heracles nombres evocadores como Auge (luz del sol) *Jantis* (de cabellos dorados), Criseida (dorada), *Iole* (violeta), Aglaia (resplandeciente) o Eone, que no pueden separarse de Eos, aurora»[107].

El mismo tema aparece en la mitología céltica donde Cuchulainn, el héroe solar, tiene una esposa que recibe varios nombres como Emer o Ethne Ingubai. Sobre esto, Rhys observa que el mito describe a la aurora no como una sola, sino como muchas, a todas las cuales el dios Sol hace el amor a lo largo de los más de trescientos días del año[108], ya se ha dicho anteriormente que la descripción de las auroras védicas como un cuerpo unido y cerrado nos hace descartar la hipótesis de que se trate de las más de trescientas auroras del año; y que la única conclusión a la que podemos llegar es que este grupo cerrado de auroras representa la larga y continua aurora del ártico dividida por conveniencia en un número de partes de veinticuatro horas cada una. La descripción de la aurora en la mitología letona no parece ser tan completa como en el *Veda* y resulta insuficiente por sí misma para indicar la aurora polar; pero considerando el hecho de que tanto los poetas letones como los del *Ṛig Veda* consideran a la aurora como la hija del cielo y se refieren a ella en plural, podemos extender con seguridad a la mitología letona la conclusión a la que habíamos llegado gracias a la más detallada descripción de la aurora en el *Ṛig Veda*, de las historias griega y céltica sobre la aurora mencionada anteriormente.

Al tratar del *Gavâm-Ayanam* y la correspondiente leyenda de los *Dashagvas,* ya se hizo una referencia a la leyenda griega de Helios, quien es descrito como el dueño de trescientos cincuenta bueyes y de otras tantas ovejas, lo que obviamente representa un año de trescientos cincuenta días con sus noches correspondientes y a la tradición romana referida a *december* como mes décimo y último como su misma etimología determina. El profesor Lignana en su ensayo *The Navaguas and the Dashagvas of the Ṛig Veda* publicado en las actas del séptimo congreso internacional de orientalistas en 1886, hace notar que el pasaje de Plutarco de la vida de Numa donde se menciona esta tradición, no apoya la tesis de que los romanos contaran originalmente con solo diez meses. Es cierto que Plutarco menciona otra historia de la alteración de los meses de Numa: «Haciendo a marzo el tercero siendo antes el primero, enero el primero siendo antes el undécimo de Rómulo, y febrero el segundo habiendo sido

---

106 Max Muller, *Contributions to the Science of Mythology*, p. 452.

107 *Ibid*, p. 722.

108 Rhys, *Hibbert Lectures*, p. 458.

el duodécimo y último». Pero inmediatamente después Plutarco afirma: «Muchos indican que los dos meses de enero y febrero fueron añadidos por Numa aquí antes, ellos habían computado diez meses en un año» y en el siguiente parágrafo da su propia opinión «que el año romano contara en un principio con diez meses solamente y no doce lo prueba el nombre del último; por ello, todavía se llama december o mes décimo; y que marzo fue el primero es evidente, pues el quinto a partir de él fue llamado *quintilis*, el sexto *sextilis* y así el resto»[109], ya hicimos referencia a este pasaje previamente y sostuvimos que el razonamiento de Plutarco sobre el orden de los meses tal y como lo indican sus nombres numéricos no puede obviarse. Si enero y febrero fueron los dos últimos meses en el antiguo calendario romano, deberíamos asumir que el orden numérico *quintilis* y *december* se quebrantó tras *december* lo cual no parece probable. Sería más razonable sostener que Numa añadió dos meses al año antiguo y que la historia de la transposición de los dos meses de enero y febrero desde el final al principio del año fue una suposición posterior de los comentaristas que no concebían computar un año de diez meses o trescientos cuatro días solamente. Pero, además de Plutarco tenemos también el testimonio de Macrobio, quien, como ya se dijo, nos cuenta que Rómulo conoció un año de diez meses solamente. Por consiguiente, son pocas las dudas que pueden quedar sobre la existencia de una tradición del año arcaico romano de diez meses y podemos comprobar que es completamente comprensible al compararse con los *sattras* sacrificiales de diez meses mencionados en la literatura védica. Los nombres de los meses romanos desde *quintilis* a *december,* muestran, además, que los meses del año no tenían un nombre especial en los tiempos antiguos, pues fueron denominados simplemente por su orden numérico, hecho que se ve corroborado por la falta de nombres comunes para los meses del año en los diferentes lenguajes arios.

Es cierto que las pruebas relativas al año arcaico de celtas, germanos y griegos no tienen carácter definitivo, sin embargo, señalan de forma bastante clara que en todos los casos el año estuvo marcado por un cierto período de frío y oscuridad, que apunta hacia el origen ártico del calendario arcaico. Hablando acerca del antiguo año celta Rhys, observa que «la costumbre de los celtas de contar por inviernos y conceder precedencia en sus cómputos al invierno y la noche sobre el día y el verano nos permitirá pensar que el último día del año en la leyenda irlandesa de la muerte de Diarmait, simboliza el uno de noviembre de todos los santos, la noche anterior al *Samhain* irlandés, conocido en Gales como *Nos Galan-gaeaf*, o

---

[109] Véase la traducción de las *Vidas Paralelas* de Plutarco, Ed. Ward, Lock and co, Londres, pp. 53-4.

la noche de las calendas de invierno. Pero hay más, el glosario de Cormac nos dice que el mes anterior al comienzo del invierno era el último mes, de modo que el primer día del primer mes del invierno era también el primer día del año»[110]. Varias creencias supersticiosas aludían a esto, mostrando que el uno de noviembre se consideraba un período propicio para la profecía y para la aparición de duendes. Rhys cerrará su exposición sobre el mencionado último día del calendario celta afirmando que «se estableció como el tiempo de referencia de todos los demás, cuando el dios Sol, cuyo poder menguaba gradualmente desde la gran fiesta a él dedicada del primero de agosto, sucumbe ante sus enemigos, los poderes del invierno y la oscuridad. Este es su primer momento de triunfo tras un período de sometimiento, y la imaginación popular las dibujó rebosantes de violencia y agresividad; y, así se llegó a dar a la oscuridad informe de una individualidad y una apariencia, la de una jabalina negra y espantosa, sin orejas ni cola, que atestigua una remarcable imaginación popular»[111]. Las pruebas indican que el año arcaico céltico finaliza con el otoño y el comienzo del invierno, que correspondía con el último día de octubre o el primero de noviembre y venía acompañado por fiestas que señalaban la victoria de la oscuridad sobre la luz. Igualmente, en relación con el momento central del año durante el verano el mismo autor sostiene que: «los festivales de *lammas* y las fiestas que conforman el *Lugnassad* en la antigua Irlanda celebraban el fin victorioso de la guerra del sol contra las potencias de la oscuridad y la muerte, cuando el calor y la luz de sus rayos, tras derrotar el frío y las lluvias, anunciaban la maduración de las cosechas. Esto, expresado de forma más mitológica, fue simbolizado por la derrota final de los *fomores* y *fir bolg*, la muerte de su rey y la neutralización de sus malignos hechizos, y por el retorno triunfante de Lug instaurador de una era de Paz y Abundancia, para casarse con la virgen Erinn y celebrar un bien merecido banquete con el cual, sin duda, no serían olvidados los espíritus de los ancestros. El hecho de que las bodas se celebrasen en ese momento pleno de buenos auspicios las solemnizó y ningún príncipe que no hubiera estado presente el último día de la fiesta podía esperar que el año siguiente le trajera prosperidad. El *Lugnassad* fue el gran evento de la mitad veraniega del año que se extendía desde las calendas de mayo a las calendas de invierno. Así, el año céltico fue más termométrico que astronómico, y el *Lugnassad* fue lo que podríamos llamar su solsticio de verano, día que es el más largo del año y que, hasta el punto de que yo he podido comprobar no goza de una consideración especial»[112].

---

[110] Rhys, *Hibbert Lectures* p. 314.

[111] *Ibid*, pp. 516-17.

[112] *Ibid*, pp. 418-19.

La gran fiesta de *Lugnassad* señalaba, pues, la mitad del año o del verano y coincidía con el primero de agosto. Hasta entonces «el primero de mayo debió haber sido, de acuerdo con las ideas célticas, el momento justo para el nacimiento del dios sol del verano»[113], todo esto encuentra su confirmación en la historia de Gwin y Gwythur, quienes lucharon por una dama y que solo acordaron la paz a condición de continuar la lucha por ella. «Desde las calendas de mayo, hasta el día de *doom* y aquel que consiguiera la victoria, el día de *doom* tomaría a la mujer por esposa»[114]. Rhys interpreta este texto en el sentido de que «el dios-sol recobraría su prometida a comienzos del verano, después de que su antagonista la hubiera poseído desde comienzos del invierno»[115], y compara esta leyenda con la historia de Perséfone, hija de Zeus, que llevada por Plutón a su reino y a quien se le permitía regresar a su hogar durante seis meses al año. Deberíamos citar aquí también la leyenda de Deméter, la madre tierra, de quien se decía que disfrutaba durante seis meses de la presencia de su hija Proserpina, la hierba verde, y durante otros seis meses lamentaba su ausencia, mientras esta se hallaba en su oscura morada en el interior de la tierra. El año arcaico céltico parece estar dividido en dos mitades, una representando los meses de verano, y la otra, que comenzaba el primero de noviembre, los seis meses de oscuridad invernal. Pero lo que es todavía más destacable es el hecho de que la fecha exacta que nos proporciona el *Ṛig Veda* para el comienzo de la batalla entre Indra y Shambara coincide con la fecha que los mitos célticos dan a la primera batalla de Moytura y la lucha entre Lebraid, el que blande la espada con ágil mano, rey del Hades irlandés, a quien Cuchulainn presta ayuda, y sus enemigos llamados los hombres de Fidga. El enfrentamiento tuvo lugar el primero de noviembre «cuando el año céltico comienza con el predominio de las potencias de la oscuridad»[116]. Señala además Rhys que el antiguo año nórdico tuvo carácter análogo. La gran fiesta de los hombres del norte duraba tres días denominados «las Noches de Invierno» y comenzaba el sábado que caía entre el once y el dieciocho de octubre y según Vigfusson esta fiesta señalaba el comienzo del año arcaico entre los pueblos del norte. El año arcaico nórdico parece haber sido, por tanto, algo más corto que el año céltico, pero Rhys señala en relación con esta diferencia que el «invierno y, por tanto, el año, comienza antes en Escandinavia que en la Europa central desde la que los celtas comenzaron sus migraciones»[117].

---

[113] *Ibid*, p. 546.
[114] *Ibid*, p. 460.
[115] *Ibid*, p. 562.
[116] *Ibid*, p. 562.
[117] *Ibid*, p. 676.

En lo que concierne al antiguo calendario griego, el profesor Rhys ha demostrado que el año arcaico finalizaba con las fiestas de las *Apaturias* y que el nuevo comenzaba con las *Calceas*, una antigua celebración en honor de Hefestos y Atenea, siendo su fecha exacta el *ènu kai nea* del mes de *pyanepsion,* esto es, aproximadamente el último día de octubre. Rhys compara la fiesta céltica de *Lugnassad* con el festival griego llamado las *Panateneas*, y las fiestas de las calendas de mayo con las *Targelias* atenienses, y concluye diciendo que «no es improbable que un año común a griegos y celtas lo hubiera sido igualmente al resto de ramas de la familia aria»[118].

Esto muestra que los antiguos pueblos de Europa conocieron un día y una noche de seis meses, y sus calendarios no fueron sino las modificaciones de esta división ártica del año. La filología comparada de acuerdo con Schraeder, nos lleva a la misma conclusión. Él mismo hablando de la antigua división del año sostiene que «prácticamente en todas las cronologías de cada uno de estos pueblos puede trazarse la división del año en dos partes. Estos hallazgos lingüísticos muestran que los términos que designan el verano, la primavera y el invierno sufrieron formaciones de sufijos simultáneamente. En el período originario[119] existieron juntos *jhi-m* y *sem*, produciendo en el zendo *zima* y *hama* e igualmente *amarn* y *jhern* en armenio, *sum-ar* y *wint-ar* en germánico, *cam* y *sam* en céltico y *vasanta* y *hemanta* en indio. No hay absolutamente ningún ejemplo en el que una lengua muestre identidad de sufijos en los nombres de las "tres" estaciones del año. En eslavo, del mismo modo, el año se divide en dos partes principales, verano (*leto*) e invierno (*zima*); y, por último, subsisten pruebas sobre ese antiguo estado de cosas en griego y en latín»[120].

Schraeder señala, además, que en los tiempos primitivos se combinaron ambos conceptos de verano y de invierno en uno solo, pero no existe una palabra para denominar al año completo común a todos o, al menos, a la mayoría de las lenguas indoeuropeas, y no es improbable que los nombres de verano e invierno fuesen utilizados para denominar el retorno de las estaciones con mayor frecuencia que la concepción global del «año». Como la duración del verano, o del período de luz solar, en contraste con el de oscuridad variaba de seis a doce meses en las regiones árticas, el concepto de un año de doce meses fue, quizá, menos práctico en el país de origen que una concepción de tantos meses de verano y tantos de invierno considerados independientemente, y esto explicaría por qué en el *Ṛig Veda* encontramos la expresión «*mânushâ yugâ* y *kṣhapa*» para denominar al año completo.

---

118 *Ibid*, p. 521.

119 *Ibid*, p. 676.

120 Schrader, *Prehistoric Antiquities of Âryan Peoples*, traducción inglesa de Jevons, IV cap. VI, p. 502.

Al hablar sobre la leyenda de los Navagvas y los Dashagvas demostramos que los numerales incorporados a sus nombres debían ser interpretados en relación con el número de meses durante los cuales se realizaban sus sacrificios anuales y que la opinión del profesor Lignana de que hacen referencia a los meses de embarazo no solamente es improbable, sino que se contradice expresamente con los textos védicos que nos dicen que Navagvas y Dashagvas realizaban sus sacrificios en diez meses. Vamos a ver seguidamente si hay personajes correspondientes en el resto de las mitologías arias.

El profesor Lignana ha señalado las semejanzas entre los Navagvas y los *novemsides* de los romanos. La comparación es, sin duda, acertada, pero no hay nada, aparte del hecho que los *novemsides* (también llamados *novemsiles*) fueran ciertos dioses latinos, que de acuerdo con la doble etimología (*novam*, nueve o *novus*, nuevo) fueron tomados por nueve musas o por dioses de reciente introducción tras la conquista de un territorio en oposición a los antiguos dioses del propio país. Pero la leyenda céltica de la Virgen de nueve formas es mucho más explícita, por cuanto que está inequívocamente conexa con el héroe solar Cuchulainn. La historia es narrada de la siguiente manera por Rhys: Conchobar tenía una hermosa hija llamada Fedelm, la de nueve formas, pues poseía muchos bellos aspectos a cual más hermoso. «Al tener noticia del avance del enemigo del oeste, Cuchulainn avanzó junto a su padre hacia la frontera del reino. Pero al anochecer se dirigió a un lugar para tener un encuentro secreto, pues sabía que Fedelm le había preparado un baño para que pudiera estar en condiciones de enfrentarse por la mañana al ejército invasor»[121]. Esto nos recuerda la ayuda prestada por los *Navagvas* y los *Dashagvas* a Indra por medio de sacrificios de Soma, sacrificios que fortalecieron a Indra y lo prepararon para su combate contra las fuerzas de la oscuridad representadas por Vṛitra, Vala, Shambara y el resto de los demonios. La Virgen de Nueve Formas es, por tanto, una paráfrasis céltica de los nueve sacrificios repetidos del *Ṛig Veda*. Rhys considera a Fedelm una suerte de Atenea con nueve formas de belleza y recuerda la historia de Atenea tejiendo un *peplos* para Hêracles, su favorito, o haciendo surgir un chorro de agua caliente de la tierra para proporcionarle un baño refrescante al final del día. Pero esta comparación no explica por qué son nueve las formas de belleza en ambos casos. El misterio se aclara, sin embargo, si comprobamos que esas leyendas se refieren a la recuperación de la conciencia o del vigor del dios sol por medio de los nueve sacrificios o los cuidados de la doncella de nueve formas, los nueve meses de luz solar. En la literatura nórdica dijimos que Thor, el hijo de la Tierra, mata al dragón, camina

[121] Rhys, *Hibbert Lectures*, pp. 630-31.

durante nueve pasos y muere por el veneno de la serpiente. Si la muerte del dragón debe entenderse, como señala Rhys, como la victoria del héroe solar sobre las potencias de la oscuridad y, a su vez, la muerte de Thor como la representación de la puesta del sol del verano en el horizonte, tenemos aquí la prueba de que Thor, el Sol-Héroe caminó nueve pasos durante el tiempo que corre entre el fin del invierno y el fin del verano. Esos nueve pasos no pueden ser ni nueve días ni nueve años, y no existe otra opción que considerar que la leyenda hace referencia a los nueve meses de la vida del Dios-Sol antes de sucumbir ante los poderes de la oscuridad. La historia avéstica de Vafra, o, siguiendo a Spiegel, Vifra Navâza (*YT*, V, GI) pertenece, según creemos al mismo esquema. Se cuenta que fue lanzado al cielo en forma de ave por Thraêtaona y voló durante tres días y tres noches hacia su hogar, pero no pudo regresar. Al final de la tercera noche cuando la benéfica aurora iba haciendo su aparición, rezó a Ardvi Sûra Anâhita en petición de ayuda, con la promesa de ofrecer *haomas* y alimentarse mediante la bebida de agua del río Rangha. Ardvi Sûra Anâhita escuchó sus oraciones y se cuenta que lo llevó sano y salvo a su hogar. Vifra Navâza en esta leyenda es muy semejante al Vipra Navagua del *Ṛig Veda*. Hemos visto que los Navaguas y siete *vipras* se mencionan juntos en el *Ṛig Veda* (VI, 22, 2) y que los Ashvinos, que son llamados Vipra-Vâhasâ (V, 74, 7) se dice que moraron en una lejana región durante tres días. No es improbable, por consiguiente, que la historia de los Navaguas, que acuden en ayuda de Indra en el mundo de la oscuridad tras completar su sesión sacrificial de nueve meses, podrían haber sido mezclados con la historia de los Ashvinos en la leyenda avéstica de Vipra Navâza, transformando el sánscrito Vipra en el avéstico Vifra y Navagua en Navâza.

Estas leyendas de griegos, celtas y nórdicos demuestran que los pueblos arios de Europa, que conservaron precisos recuerdos de un año con seis a diez meses de sol, conocieron una prolongada oscuridad invernal y que los Navagvas y Dashagvas del *Ṛig Veda* encuentran paralelos en las mitologías del resto de pueblos arios, si bien las semejanzas no son tan evidentes en unos casos como en otros. Un año de seis o diez meses de luz solar implica necesariamente días y noches largos y continuos, y encontramos diferentes referencias a esas características árticas del día y la noche en leyendas nórdicas y eslavas. Efectivamente, el dios sol nórdico Baldur tiene su morada en un lugar del cielo llamado Breidablik o Broadgleam, la tierra más sagrada de todas, donde nada sucio o perverso podía tener cabida. Acerca de esto, Rhys observa que «es reseñable que Baldur tenía un lugar de residencia en el cielo y esto parece hacer referencia al verano ártico cuando el sol prolonga su estancia sobre el horizonte. La contrapartida consistiría lógicamente su estancia durante el mismo tiempo en el mundo inferior». Esto corresponde exactamente con la descripción védica del desuncimiento del carro del sol y su parada en medio del cielo, tratada en el capítulo sexto. La historia de tres hermanos en la literatura eslava apunta también hacia la misma conclusión. Se cuenta que «una vez vivió un matrimonio anciano que tenía tres hijos, dos de ellos eran inteligentes, pero el tercero, Iván, era algo simple. En el país que Iván vivía no había días, sino que siempre era de noche. Esto sucedía a causa de la serpiente. Entonces, Iván se comprometió a matar a esa serpiente. Se dirigió donde estaba la serpiente que poseía doce cabezas, la mató, destrozó las cabezas e inmediatamente la luz brilló en la tierra entera». Esta historia recuerda una de las historias de Trita en el *Ṛig Veda* anteriormente narradas. Se dice que la morada de Trita estaba en una región muy distante y esto podemos interpretarlo como el oscuro mundo inferior, interpretación que está corroborada en particular por la historia de Iván y sus dos hermanos. Pero las potencias de la oscuridad toman una apariencia diferente en Rusia en la atroz figura de Koshcei, el inmortal, un esqueleto descarnado que estrujaba hasta la muerte a los héroes con sus brazos de hueso. Este ser secuestró a una princesa; después de siete años, el héroe alcanzó su palacio subterráneo y se ocultó, pero fue descubierto por Koshcei, que en este caso simboliza el invierno. Todas estas leyendas señalan claramente un crudo invierno de varios meses de duración o la larga noche invernal de las regiones árticas. Existen, además, otras leyendas en las que el héroe-solar ha sido retenida en un lugar de oscuridad, pero no consideramos necesario reseñarlas aquí. Solo nos referiremos brevemente a una leyenda de la mitología finlandesa, la cual, a pesar de que no sea de origen ario, puede servirnos para arrojar algo de luz sobre nuestro tema. La aurora recibe el nombre de *Koi* «Koi, la aurora (de género masculino), y Ammarik, el crepúsculo (de género femenino), fueron encargados por Vanna Issa, el abuelo o padre antiguo, de encender y apagar todas las mañanas y todas las noches la antorcha del día. Como recompensa por sus leales servicios, Vanna Issa permitiría que contrajesen matrimonio. Pero ellos prefirieron permanecer solteros y novios, y Vanna Issa no tuvo más que decir. Les permitió, de todas formas, verse a medianoche durante cuatro semanas en el verano. En este período, Ammarik daba la moribunda antorcha a Koi quien le hacía revivir con su aliento». Si esta leyenda tiene algún significado, no es otro que el cese del proceso de extinción de la antorcha durante cuatro semanas en verano. Koi y Ammarik dejan sus moradas y se citan a medianoche, pero sin apagar la antorcha. Esto significa un largo día de cuatro semanas y como debe tener en contrapartida una larga noche de cuatro semanas, la historia implica un período de once meses de luz solar y una noche ártica de cuatro semanas.

Todas estas leyendas muestran que resulta muy sencillo reencontrar los rastros de un calendario ártico en las mitologías de los pueblos arios occidentales, celtas, germanos, letones, eslavos, griegos y romanos. Auroras prolongadas junto a numerosos grandes días, grandes noches o inviernos oscuros, se hallan más o menos explícitamente presentes en esos mitos, aunque ninguno de ellos alude directamente a la situación de la tierra de origen ni a la causa de su destrucción. No obstante, esta omisión queda compensada por las pruebas contenidas en los *Vedas* y en el *Avesta*. Cuando las leyendas europeas son interpretadas a la luz de las tradiciones indoiranias señalan hacia un lugar de origen próximo al Polo Norte. Existe cierto número de leyendas que no hemos mencionado aquí en las que se describe la victoria del héroe solar sobre los demonios de la oscuridad, victoria análoga a la de Indra sobre Vṛitra o a las hazañas de los Ashvinos, los médicos de los dioses. Así, por ejemplo, en la mitología nórdica, Hodur, el ciego dios del invierno mata a Baldur, el dios del verano, y Vali, hijo de Odín y Rind, venga posteriormente la muerte de su hermano. Los enfrentamientos de Cuchulainn, el héroe solar celta, con sus enemigos, los *fomores* o *fir bolg*, los representantes irlandeses de las potencias de la oscuridad tienen el mismo carácter. Debería señalarse también, siguiendo a Rhys, que el mundo de las aguas y el mundo de la oscuridad y el de la muerte son el mismo en los mitos célticos del mismo modo que el mundo de las aguas, la morada de Vṛitra y el mundo de la oscuridad se corresponden en la mitología védica. La extraña costumbre de la *couvade*, por la cual toda la población de Irlanda se vio imposibilitada de defender su tierra frente a la invasión protagonizada por Ail Ill y Medle con sus Fir Bolg, a excepción de Cuchulainn y su padre, señala, además, según Rhys, una especie de ocaso del poder de los dioses tal y como se observa en el caso del sol de invierno. En otras palabras, se produjo una indisposición o inactividad de la misma naturaleza que la padecida en el *Edda* nórdico por los Ases y que provoca su muerte a manos de las potencias demoníacas. Esta desgracia o indisposición temporal de los dioses constituye el tema de otras muchas leyendas, pero no tenemos espacio para comentarlas todas y, por consiguiente, solo citaremos la conclusión a la que ha llegado Rhys acerca del significado de estos mitos después de un examen crítico de las diferentes célticas y germánicas. Hablando de los dioses, demonios y héroes, en el último capítulo de su obra, resume así sus opiniones sobre los mitos que describen los encuentros entre dioses o héroes y los poderes de la oscuridad.

«Todo lo que hemos descubierto concerniente al enfrentamiento entre los dioses y sus aliados y las fuerzas del mal y los suyos, parecería que originariamente se consideraron luchas anuales. Esta parece ser la razón de que se conozca de antemano el final de la batalla de Moytura y la fecha exacta del juramento de la llanura de Fidga en el que Cuchulainn presta ayuda a Lebraid, el que blande la espada con mano ágil, una especie de Zeus céltico o Júpiter-Marte, como el señor del más allá. Y por una razón semejante la sibila del norte puede predecir que después de que los Ases hayan sido muertos por Swart, ayudado por los traidores, Baldur regresaría para reinar cuanto todo fuera restaurado y que los Ases volverían a encontrarse en la tierra de Ith. Tampoco es diferente el tema entre los dioses griegos, tal y como mostramos al comentar la profecía referida al tema de la guerra contra los gigantes. Pero esto no es todo; ya dijimos que, para los cretenses, Zeus nació, creció y fue sepultado en su isla, afirmación que a menudo no ha valido para otra cosa que para confirmar el carácter de mentirosos con que se les caracterizaba. No obstante, esta acusación es injusta, puesto que lo más probable es que los cretenses no representaran anualmente en sus misterios las diferentes etapas de la vida del dios. Un poco más allá de los límites del mundo griego una idea similar asume una forma aún más destacable. Nos referimos a Frigia, donde Plutarco reseña la creencia de que su dios (al modo de Viṣhṇu puránico) duerme durante el invierno y retoma su actividad durante el verano. El mismo autor escribe que los patagonios sostenían que los dioses eran encarcelados durante el invierno. Parece haber quedado establecido que los frigios fueron arios, y fuertemente relacionados con los griegos; pero nada puede parecerse más a la inmovilidad invernal de los héroes irlandeses que la noción de hibernación del dios Frigio. Este dios se encuentra muy relacionado con el Zeus griego, aunque no resulta castigado de una forma tan brutal como la divinidad helénica, reducida por Tifón a un amasijo inerte arrojado al fondo de una caverna, en la que permanecerá durante cierto tiempo en estado de absoluta impotencia. De este modo, se nos señala el norte como el lugar de origen de los pueblos arios, existen otras indicaciones en el mismo sentido, tales como el anillo de oro de Wotan, Draupnir, que hemos considerado un símbolo de la antigua semana de ocho días: Wotan lo coloca sobre la pira de Baldur, desaparecido con él por un momento en el mundo inferior, lo que parece significar el fin de una era de sucesión del día y la noche, tal y como sucede en pleno invierno en el interior del círculo ártico. Podría creerse que es un tema exclusivamente islandés, si no fuese porque podemos encontrar huellas del mismo mito en Irlanda. Además, tenemos una prueba adicional en el hecho de que Cuchulainn, lucha durante días y noches sin dormir, lo cual aun cuando en este caso se desarrolle durante la estación mala del año, probablemente estuviese haciendo referencia originariamente a la permanencia del sol sobre el horizonte sin interrupción durante muchos días en verano. Huella de la misma idea se puede descubrir en un pasaje de la antigua literatura nórdica en la que se narra la historia del hijo de Baldur, Forseti, el juez, quien permanece durante largas horas sentado en su corte, juzgando todas las causas en Glitnir, su palacio de los cielos. Estos hechos atestiguan la hipótesis que me he visto obligado a formular para la interpretación de algunos aspectos de la mitología aria. Esta hipótesis es lo menos que se puede decir, no se podrá considerar tan descabellada ahora como lo habría sido hace unos años porque las recientes investigaciones en lingüística y etnología han modificado profundamente sus puntos de vista de modo que deben dedicarse algunas palabras al cambio de escenario que se ha producido».

A continuación, Rhys pasa a describir brevemente cómo se han modificado los planteamientos de mitólogos y filólogos referentes al origen de la raza aria, a causa de los recientes descubrimientos en Geología, Arqueología, y craneología, cómo la localización de dicho origen se ha trasladado desde las llanuras del Asia central al norte de Alemania o, incluso, a Escandinavia con argumentos tanto etnológicos como filológicos.

Omitiremos todo lo referente a esta cuestión, puesto que ya fue tratado previamente, de modo que nos limitaremos a reproducir el párrafo con que Rhys concluye su obra: «De igual modo que los recientes descubrimientos señalan de forma decidida hacia Europa, no existe una completa unanimidad sobre qué territorio concreto de Europa podría considerarse el hogar primordial de los arios, aunque el mayor número de opiniones parece decidirse por el norte de Alemania o Escandinavia, especialmente el sur de Suecia. Esta última corresponderá al país en el que los arios se consolidaron y organizaron antes de empezar a enviar excedentes de población a la conquista de otras tierras actualmente ocupadas por pueblos que hablan lenguas indoeuropeas. No podemos olvidar que todos los grandes Estados de la Europa moderna, excepto el *hombre enfermo*[*], hacen remontar su historia a la conquista de los nórdicos que salieron de Escandinavia, a la cual Jordanes denominó bellamente *Officina gentium et vagina nationum*. Pero dudo de que las enseñanzas de la evolución no nos lleven todavía más hacia el norte: en todo caso, las indicaciones mitológicas sobre las que hemos llamado la atención señalan, si no estoy equivocado, hacia algún lugar en el interior del círculo polar ártico como, por ejemplo, la región donde las leyendas nórdicas sitúan la tierra de la inmortalidad, en algún lugar en el norte de Finlandia en las cercanías del mar Blanco. No habría demasiada dificultad en suponer que en cierto momento descendieran hacia Escandinavia, estableciéndose entre otros lugares, en Upsala, que parece ser un lugar extremadamente antiguo, en el

[*] El Imperio otomano. [Nota del traductor].

que se encuentran numerosos túmulos funerarios de inmensa antigüedad. No obstante, no debemos olvidar que todo lo que hemos expuesto concierne al origen de los arios y no al del conjunto de la humanidad, aunque no creo que exista ninguna objeción de peso que impida remontar las mitologías de los pueblos no arios, tales como los patagonios, igualmente al norte. Efectivamente, no hace demasiado tiempo un distinguido autor francés ha propuesto la teoría de que todas las razas humanas se habrían originado en las costas del océano ártico, en una época en la que el resto del hemisferio norte, debido al exceso de calor impedía que el hombre lo habitara. M. De Saporia, tal es su nombre, lo sostiene clara y categóricamente, aunque no sé hasta qué punto su hipótesis puede satisfacer al conjunto de los especialistas. No obstante, cabría observar que estas afirmaciones no deberían sorprender ni siquiera a aquellos de entre nosotros que posean ideas más ortodoxas, puesto que presuponen que todas las razas humanas descienden de un mismo y único origen no-simio, y la Biblia deja abierta la cuestión de dónde y cuándo existió el jardín del Edén».

No tengo apenas nada que añadir a las opiniones expresadas en los párrafos anteriores por Rhys sobre los mitos célticos y germánicos. El sistema que utiliza para analizar las leyendas y mostrar que hacen alusión a un origen ártico es, a la vez, interesante e instructivo. Primeramente, prepara su demostración exponiendo que las diferentes profecías que se narran en las leyendas no son premoniciones del poeta, sino el simple hecho de que los acontecimientos de los que se está hablando se reproducían anualmente, permitía adoptar el lenguaje de la profecía y predecir la existencia de esos fenómenos en el futuro. Seguidamente, recoge un número de hechos que indican que dioses y héroes son víctimas de algunas incapacidades durante ciertos períodos, durante los cuales se ven incapaces de continuar el combate anual contra potencias del mal y la oscuridad. El único fenómeno físico que se corresponde con este infortunio del héroe solar es su diario ocultamiento, el decaimiento de su poder durante el invierno, y su desaparición tras el horizonte durante algunos meses en las regiones polares. El combate entre el dios Sol y sus enemigos, no puede interpretarse a partir de la desaparición diaria del sol, esto es, la incapacidad temporal del dios Sol, puesto que es una lucha de carácter anual. La decadencia de los poderes del Sol durante el invierno podría explicar esta incapacidad si no existiesen leyendas y mitos que nos hablan de la desaparición de la alternancia del día y de la noche durante cierto tiempo. Hemos señalado anteriormente cómo Max Müller, que ha seguido el mismo método de interpretación en su exposición acerca de las hazañas de los Ashvinos, no ha llegado a comprender el significado real de las citas de los Ashvinos al ignorar los textos que afirman claramente que los protegidos de los Ashvinos viven y trabajan en la oscuridad. Rhys, por su parte, es más cauto al procurar tener en cuenta todos los aspectos y particulardades de las leyendas. El resultado ha sido que, paso a paso, ha llegado, o quizá deberíamos decir, se ha visto obligado a adoptar la teoría del origen ártico de los pueblos arios, considerando que todos los diferentes avatares de las leyendas que está tratando solo pueden explicarse a la luz de dicha teoría. En suma, Rhys ha llegado, en lo referente a los mitos célticos y germánicos, a la misma conclusión que nosotros al estudiar las tradiciones avésticas y védicas. Como consecuencia ha facilitado considerablemente nuestra tarea al abordar el examen de los textos célticos y germánicos, por lo que quisiéramos dejar aquí constancia de nuestra gratitud. Estamos seguros de que el erudito profesor hubiera conocido las pruebas y los hechos expuestos en los capítulos anteriores, antes de escribir su obra se habría expresado de modo más rotundo acerca de las evidencias referentes al origen ártico existentes en los mitos germánicos; pero, incluso no siendo así, su trabajo es de un valor esencial para el tema que nos ocupa. Es el testimonio de un experto basado en un examen cuidadoso y exhaustivo de los mitos célticos y germánicos y de su comparación con las tradiciones griegas similares; por lo que, al concordar sus conclusiones, coinciden completamente con las nuestras, a las que hemos llegado a través del estudio de los mitos védicos y avésticos y podemos afirmar que estas han resultado doblemente probadas. Ya se dijo anteriormente que los resultados de la filología comparada confirman o, al menos, no desmienten nuestras conclusiones. Puede afirmarse así, que la teoría del origen asiático ha sido descartada en el campo de la lingüística y la etimología, pero no está probado todavía que las razas arias que ocuparon Europa durante el Neolítico fueran autóctonas, de modo que la cuestión del origen del pueblo ario es todavía una cuestión abierta, por lo que tenemos derecho a sacar las conclusiones que se imponen a partir de los testimonios tradicionales analizados. Rhys ha descrito correctamente la situación al observar que las enseñanzas de la evolución nos obligarían a buscar más hacia el norte, hacia las regiones árticas la tierra de origen. De hecho, debemos llegar hasta una latitud que nos proporcione siete meses de luz diurna, cien noches de oscuridad continua o treinta días de continuo amanecer. La cuestión referente a la ubicación del origen del resto de las naciones en el Polo junto a los arios, ha sido expuesta con inteligencia por el Dr. Warren en su *Paradise Found or the Cradle of the Human Race at the North Pole*. Es un tema esencial desde el punto de vista antropológico, pero que por su misma amplitud implicaría la investigación de las tradiciones de los pueblos que habitan sobre la Tierra, labor que sobrepasa los fines de esta obra. Es cierto que en algún momento hemos obtenido ayuda de la investigación sobre cuestiones más generales, pero para cualquier propósito práctico resulta siempre deseable dividir la investigación en diferentes secciones y cuando todas y cada una se encuentren lo suficientemente estudiadas, combinar los resultados alcanzados para llegar a conclusiones comunes. Nuestras investigaciones acerca del origen geográfico ario son no independientes, sino necesariamente complementarias de la teoría general sobre la cuna de la raza humana en el Polo Norte, no siendo demasiado importante que se la considere como una investigación particular, tal y como nosotros la hemos hecho, o como parte integrante de una investigación más vasta. En cualquier caso, la nuestra es una tarea limitada, a saber, probar que el origen geográfico del pueblo ario estuvo situado en regiones árticas antes de la última época glacial y que los más antiguos ancestros de la raza aria tuvieron que abandonarlo debido a su destrucción por el hielo durante el período glacial. Los pasajes védicos y avésticos citados en los capítulos precedentes hablan inequívocamente de un lugar semejante, y hemos podido comprobar que las opiniones de los especialistas, como Rhys, que han examinado de forma independiente los textos célticos, germánicos y de otras ramas de la raza aria europea llegan a las mismas conclusiones que nosotros para la tradición indoirania. Hemos comprobado también que nuestras opiniones están avaladas por las investigaciones científicas más recientes y no se hallan en contradicción con los resultados de la filología comparada. Por tanto, creemos que ha quedado firmemente establecido que el origen del ario se encontraba en el más lejano norte, en regiones colindantes con el Polo Norte y que hemos interpretado correctamente las tradiciones védicas y avésticas por largo tiempo mal comprendidas.

CAPÍTULO XIII

CONSECUENCIAS DE LA TEORÍA SOBRE LA HISTORIA DE LA CULTURA Y DE LA RELIGIÓN DE LOS PRIMEROS ARIOS

Resumen de las pruebas de la teoría ártica – Señalan hacia un origen polar, pero resulta imposible determinar el lugar exacto, sea en el norte de Europa o en el de Asia – Las regiones árticas solo han sido habitables durante el período interglacial – Examen de la antigua cronología y del antiguo calendario védicos – Según ambos, el tiempo transcurrido entre el comienzo del postglacial y el período de Orión no ha podido ser de 80.000 años – Estimaciones de los geólogos americanos – Cronología puránica de los yugas, manvantaras y kalpas – Las opiniones de Rangâchârya y de Aiyer – El sistema puránico más reciente parte de un ciclo original de cuatro yugas de 10.000 años tras el último diluvio – La teoría del año divino era desconocida por Manú y Vyâsa – Fue adoptada por autores tardíos que no podían creer que estuviesen viviendo en la edad de Kṛita – La tradición original de 10.000 años después del último diluvio está en consonancia con la cronología védica – Igualmente con las estimaciones norteamericanas del comienzo del postglacial sobre el 8000 a. C. – Todo avala un origen polar de los arios anterior al 8000 a. C. – La credibilidad de las tradiciones antiguas y los medios de su transmisión – La teoría del origen polar del conjunto de la humanidad no es incompatible con la del origen ártico de los arios – Generalidades sobre la cultura y la religión de los arios primitivos – El hombre ario primitivo y su civilización no pueden considerarse postglaciales – Parcial destrucción de la civilización y la cultura primitivas por la glaciación – Los defectos o imperfecciones de la civilización neolítica de Europa deben achacarse a una recaída postdiluviana en la barbarie – La vida y la medida del tiempo durante la época interglacial en las regiones árticas – El devayâna, el pitṛiyâna y las divinidades adoradas durante este período – Los antiguos sacrificios de los arios – El grado de civilización alcanzado por el tronco común de los arios en su país ártico – Resultados de la filología comparada – Los resultados obtenidos por estos métodos deben considerarse como indicadores del nivel mínimo de civilización que ha podido alcanzarse por los arios antes de la dispersión – La cultura de los antiguos arios es de un nivel superior a la de la época de la piedra o de los metales – Probablemente se conocía la moneda – El origen de la lengua de los arios primitivos o la diferenciación de las razas humanas según el color de la piel o según la lengua es imposible de determinar – El origen del hombre ario y de la religión arias se pierde en la noche de los tiempos – Opiniones de los teólogos sobre el carácter y el origen de los Vedas – Las diferentes escuelas de filosofía aportan argumentaciones distintas – Pantanjali y Vyâsa consideraban que los Vedas se habían perdido durante el último diluvio y que fueron reformulados en substancia, aunque no en forma, al comienzo de la nueva edad – Las cuatro eras astronómicas en las que puede dividirse el período postglacial – Comparadas con las características de los cuatro yugas que nos ofrece el Aitareya Brâhmaṇa – Comparación entre las diferentes interpretaciones teológicas e históricas referidas al origen de los Vedas – Citas de textos védicos que demuestran que la substancia de los himnos es antigua, aunque su forma pueda ser nueva – Antigüedad de las divinidades védicas y de sus hazañas – Verosimilitud de los ajustes de Muir – Los Vedas, en realidad la religión védica, son interglaciales en substancia y postglaciales en forma – Consideraciones finales.

Llegados a este punto, podemos considerar que hemos concluido nuestro análisis de las diferentes cuestiones relativas al origen de los ancestros de los arios védicos. Nuestros argumentos, como se ha podido ver, no se fundamentan sobre la historia de la cultura ni sobre hechos puestos de relieve por las investigaciones lingüísticas. Por el contrario, las pruebas que hemos ido presentando en los capítulos precedentes han consistido en citas de primera mano de los *Vedas* y del *Avesta*, que demuestran sin posibilidad de error que los poetas del *Ṛig Veda* conocieron condiciones climáticas que solo son observables en las regiones árticas y que las principales divinidades védicas, tales como la Aurora que gira, las Aguas cautivas, los Ashvinos, salvadores de dioses afligidos y de Sûrya, Indra, la divinidad de los cien sacrificios, Vishṇu, el de los grandes pasos, Varuṇa, el señor de la noche y del océano, los Âdityas, los siete meses de sol, Tṛita, el tercero y muchos otros poseen atributos que evidencian su origen ártico. Dicho de otra forma, todas las características polares que habíamos enumerado en el capítulo tercero se encuentran en el *Ṛig Veda*, de modo que resulta imposible no deducir las consecuencias que se imponen. Un largo día o una larga noche de seis meses, una larga aurora continua que gira durante numerosos días, un año de menos de doce meses de sol... todo esto fue conocido por los bardos védicos y por ellos fue descrito, no mediante alegorías ni metáforas, sino con alusiones directas que durante demasiado tiempo han resultado incomprensibles o han sido mal interpretadas, pero que a la luz de los recientes descubrimientos científicos pueden comprenderse en su verdadero significado. La tarea que nos habíamos impuesto consistía, por tanto, en recopilar esos pasajes y mostrar que, en ausencia de una explicación verdadera, habían sido ignorados, descuidados o cuyo significado primitivo había sido mal interpretado por los comentaristas, ya fueran estos indios o extranjeros, antiguos o modernos. Sin embargo, nada más lejos de mi intención que el minusvalorar los trabajos de Nairuktas indios como Yâska o de comentaristas como Sâyaṇa. Sin su preciosa contribución, la exégesis de los *Vedas* permanecería todavía a un nivel extremadamente primario y somos muy conscientes del servicio que han rendido a esta causa. No cabe la menor duda de que han dado lo mejor para elucidar el sentido de nuestros libros sagrados y que las generaciones de sabios del futuro jamás podrán saldar la deuda con ellos contraída. No obstante, si los *Vedas* constituyen en verdad los testimonios más antiguos de nuestra raza, quién podrá negar que, a la luz del progreso de las ciencias relativas a la humanidad primitiva, no podamos descubrir todavía en estos antiguos libros hechos que hayan escapado a la atención de los especialistas que nos han precedido a causa de la imperfección de las ciencias de su época. En consecuencia, nada hay de extraño que en ciertos pasajes del *Ṛig Veda* y del *Avesta* descubramos ideas que los antiguos comentaristas no podían percibir, por lo que quisiéramos solicitar al lector que tenga esto presente a la hora de comparar nuestras interpretaciones y conclusiones con las propuestas para los mismos pasajes por los comentaristas indios y occidentales.

Sin embargo, nuestras conclusiones no descansan únicamente sobre un análisis correcto de ciertos pasajes que denotan las características climáticas propias de las regiones árticas, aunque estas son suficientes para probar nuestras tesis. Ya vimos que la literatura sacrificial, así como la mitología védica, nos proporcionaban una gran cantidad de indicaciones que conducían a las mismas conclusiones, conclusiones que se encuentran corroboradas igualmente por las antiguas tradiciones y leyendas que encontramos en el *Avesta* y las de las ramas europeas de la raza aria. La comparación entre el sacrificio de diez meses realizado por los Dashagvas o el *sattra* anual de la misma duración con el año romano arcaico, que finalizaba en diciembre, nos proporciona un ejemplo característico. También hemos señalado que el conocimiento de un día y una noche de seis meses de duración no es exclusivo de los arios orientales, sino que es propia de todos los pueblos arios de Europa. La tradición que se ha preservado en el *Vendidad* sobre el antiguo paraíso iranio en el más lejano norte, la que hace referencia a que un año es semejante a un día para los habitantes de ese país o la que narra la destrucción de ese paraíso por la nieve y el hielo, que lo engulleron bajo un espeso casquete, confirman de la forma más extraordinaria la teoría que nos hemos esforzado en probar en esta obra. Pero, si las tradiciones de los pueblos europeos señalan hacia Finlandia o hacia las costas del mar Blanco, las tradiciones védicas y avésticas trasladan el país de origen todavía más al norte, puesto que una aurora continua de más de treinta días solo se produce a algunos grados al sur del Polo Norte. No obstante, aunque la latitud pudiese ser determinada con cierta precisión, la longitud, por el contrario, resulta imposible de conocer. En consecuencia, no se puede determinar si el origen de los arios debe situarse en el norte de Europa o en el de Asia. Sin embargo, teniendo presente que las tradiciones sobre el origen polar se han conservado mejor en los libros sagrados de los brahmanes y los parsis, no parece inverosímil que el país original se encontrase al norte de Siberia y no al norte de Escandinavia o de Rusia. No obstante, resulta una tarea inútil especular sobre esta cuestión sin disponer de pruebas suplementarias. Por tanto, debemos contentarnos con las indicaciones de los *Vedas* y del *Avesta* sobre la existencia de una primitiva morada polar, en la que el clima fue suave y agradable y que resultó invadida por los hielos.

Comenzamos este trabajo resumiendo los resultados obtenidos por las investigaciones geológicas y arqueológicas más recientes concernientes a la historia de la humanidad primitiva y a la invasión de Europa y del norte de Asia por una serie de épocas glaciales durante el cuaternario. Hemos creído necesarias estas digresiones en la medida que nos permiten esclarecer ciertas falsas concepciones históricas, derivadas de consideraciones no científicas o de investigaciones geológicas anteriores, cuando se consideraba que el hombre era postglacial. En este momento podemos constatar que nuestra teoría sobre el origen ártico de las razas arias concuerda perfectamente con los datos geológicos más recientes. La teoría ártica habría sido considerada como imposible si la ciencia no hubiera establecido que el hombre se remonta al Terciario y que el clima de las regiones polares fue suave y cálido durante los períodos interglaciales. Podemos comprender también por qué en el pasado todas las tentativas realizadas en el mismo sentido, analizando los pasajes en los que se trata de un crudo invierno, han fracasado. El invierno, durante las épocas de las que trata este libro, no fue demasiado riguroso y si nos encontramos con expresiones del estilo de «cien inviernos» (*shatam himâḥ*) en la literatura védica, no pueden considerarse reminiscencias de inviernos extremadamente rigurosos, puesto que esta expresión tuvo su origen, sin duda, debido a que el año finalizaba por un invierno caracterizado por la larga noche ártica. El clima suave y cálido desapareció a causa de la última glaciación y esta región se transformó en una tierra helada y completamente inhabitable. Todo esto se dice explícitamente en el *Avesta*, que describe el Airyana Vaêjo como un país feliz que fue transformado por la invasión de Angra Mainyu en una tierra con un clima frío y riguroso. La comparación de la descripción avéstica y los últimos resultados de las investigaciones geológicas nos permite determinar la época del poblamiento ártico, puesto que en la actualidad se ha establecido, sin ningún género de dudas, que las regiones polares solo gozaron de un clima templado en los períodos interglaciales.

Sin embargo, según algunos geólogos, han transcurrido 20.000 años, o incluso 80.000, desde el fin de la última glaciación y si la datación más antigua atribuida a los himnos védicos no se remonta más allá de los 4500 a. C., resulta difícil creer que las tradiciones de la época preglacial se hubiesen conservado por transmisión oral durante los millares de años que separan el comienzo del postglacial y el 4500 a. C., por tanto, deberemos estudiar esta cuestión más detenidamente. En nuestro trabajo *Orion or Researches into the Antiquity of the Veda*, ya señalamos que mientras el *Taittirîya Samhitâ* y los *Brâhmaṇas* hacen comenzar las Nakṣhatras (constelaciones) por las Kṛittikas, las Pléyades, lo que significa que entonces el equinoccio vernal coincidía con esta constelación (2500 a. C.), la literatura védica más tardía contiene indicaciones de que Mṛiga, Orión, fue en otro tiempo la primera de las Nakshatras y bastantes himnos del *Ṛig Veda*, que son, sin lugar a duda, mucho más antiguos que el *Taittirîya Samhitâ*, contienen referencias a este período datado sobre el 4500 a. C. Del mismo modo, se ha indicado que existen alusiones a que el mismo equinoccio se encontraba entonces en la constelación de Punarvasu, sobre la que reina Aditi, lo que solo fue posible en el 6000 a. C. En investigaciones posteriores intentamos hacer retroceder este límite buscando rastros de las posiciones zodiacales más antiguas del equinoccio de primavera en la literatura védica, pero no fuimos capaces de encontrarlos. Sin embargo, mi atención se fue centrando progresivamente sobre los pasajes que contenían rastros de un calendario y un origen árticos y poco a poco fui llegando a la conclusión de que los arios védicos se habían asentado entre el 5000 y el 6000 a. C., en las llanuras del Asia central y que los bardos de ese pueblo se acordaban todavía de la existencia de un país ártico y de su destrucción por la nieve y el hielo, así como del origen ártico de las divinidades védicas. Resumiendo, las investigaciones sobre la cronología y el calendario védicos no nos permiten determinar con certeza la época de la última glaciación que destruyó el antiguo país de los arios algunos millares de años antes del período de Orión. Como hemos visto en los primeros capítulos de esta obra, esta estimación concuerda con las conclusiones de los geólogos norteamericanos quienes, a partir del estudio de la erosión de los valles y de otra serie de factores, sitúan el final del último período glacial en unas fechas no anteriores al 8000 a. C. Podríamos, incluso ir más lejos y sostener que la cronología y el calendario de los primeros arios proporcionarían una prueba independiente de las conclusiones de los geólogos norteamericanos y, dado que ambas líneas de investigación independientes nos llevan a un mismo resultado, creemos que estamos en condiciones de rechazar, al menos en el actual estado de la investigación, las extravagantes especulaciones de Croll y de algunos otros autores, para adoptar la idea más práctica de que la última glaciación finalizó, dando comienzo al postglacial, hacia el 8000 a. C. Desde esta fecha hasta el período de Orión solo transcurrió un lapso de unos 3.000 años, no siendo improbable que las tradiciones originales hayan podido ser preservadas y se hayan incorporado a los himnos que, manifiestamente, datan de este período. Así, las tradiciones védicas, lejos de resultar contradictorias con los hechos científicos, solo confirman de modo sorprendente las estimaciones del último período glacial y si se aceptan las moderadas estimaciones de los geólogos norteamericanos, la Geología y las tradiciones conservadas en los antiguos libros de los arios coinciden en que el comienzo de la era postglacial y la consiguiente emigración de los arios de su país ártico se remontan a un período no anterior al 8000 a. C.

Por su parte, la cronología puránica nos conduce a la misma conclusión que los *Vedas*. Según los *Purâṇas*, tanto la Tierra como todo el Universo sufren periódicamente destrucciones: la Tierra, un pequeño diluvio y el Universo, uno inmenso. Por esto se dice que mientras el dios Brahma permanece despierto durante su día, la creación existe, pero cuando al finalizar el día se duerme, el mundo es destruido por un diluvio, volviéndose a recrear cuando Brahma vuelve a despertar y reinicia su actividad a la mañana siguiente. La tarde y la mañana de Brahma son, así, sinónimos de la destrucción y la recreación de la Tierra. Un día y una noche de Brahma corresponden cada uno a un *kalpa*, y la duración de un *kalpa* sirve de unidad de medida para períodos de tiempo mayores. Dos *kalpas* constituyen un día completo (noche y día) de Brahma, por lo que 360 x 2 = 720 *kalpas* forman un año de Brahma, mientras que cien años de Brahma constituyen una vida de Brahma, al final de la cual un gran diluvio sumerge el universo entero, incluyendo al propio Brahma. Según las leyes de Manú y el *Mahâbhârata* los cuatro *yugas*, *kṛita*, *tretâ*, *dvâpara* y *kali* forman un *yuga* de los dioses, y cien *yugas* de los dioses conforman un *kalpa*, un día de Brahma, de doce millones de años, tras los cuales un diluvio destruye el mundo. Sin embargo, los *Purâṇas* han adoptado otro método de cálculo. Los cuatro *yugas*, *kṛita*, *tretâ*, *dvâpara* y *kali* constituyen un *mahâyuga*; 71 *mahâyugas* forman un *manvantara* y 14 *manvantaras* serían un *kalpa*, que según este sistema de cálculo constaría de 4.320.000.000 años. Las diferencias en la duración de un *kalpa* entre estos dos métodos de cálculo son debidas a que los años que constituyen los cuatro *yugas*, *kṛita*, *tretâ*, *dvâpara* y *kali*, se consideran como años de los dioses en el segundo caso, mientras que en las leyes de Manú y en el *Mahâbhârata* se trata, evidentemente, de años humanos. Para más detalles sobre esta cuestión remitimos a la obra de S. B. Dixit, *History of Indian Astronomy*, a los ensayos sobre los *yugas* del profesor Rangâchârya y a *Cronology of Ancient India* de Aiyer, obra en la que la cuestión de los *yugas*, y en particular el comienzo del *kali yuga*, es objeto de un profundo examen. Los astrónomos indios parecen haber adoptado el mismo sistema, a excepción de Âryabhatta, quien sostiene son 72, y no 71, los *mahâyugas* que forman un *manvantara*, y que un *mahâyuga* se encuentra dividido en cuatro partes iguales que se denominan *krita*, *tretâ*, *dvâpara* y *kali*. Según este sistema cronológico, nos encontraríamos en el año 5003 del *kali yuga* del vigésimo octavo *mahâyuga* del séptimo *manvantara* del *kalpa* actual, es decir, han transcurrido 1.792.949.003 años desde el diluvio con el que dio comienzo el *kalpa* actual (*shveta-vârâha kalpa*). Esta estimación, como ha observado Rangâchârya, sobrepasa con mucho el límite admitido por la Geología moderna, por lo que no sería imposible que los astrónomos indios, quienes sostenían la idea de que el Sol la Luna y los planetas se encontraban en conjunción al comienzo del *kalpa*, hayan llegado a esta estimación calculando el período durante el cual el Sol, la Luna y los planetas realizan un número completo de revoluciones alrededor de la Tierra. Pero no nos vamos a detener más en estos detalles que, aunque interesantes, se salen del marco de nuestra investigación. Por tanto, tenemos un ciclo de cuatro *yugas*, *kṛita*, *tretâ*, *dvâpara* y *kali* en la base de este sistema cronológico, por lo que deberemos examinar más críticamente lo que significa en realidad este conjunto de *yugas*, denominado también *mahâyuga*, y si el período de tiempo que designaba originalmente es el mismo que en la actualidad.

Rangâchârya y, sobre todo, Aiyer, han tratado esta cuestión de modo muy competente en sus ensayos y, en conjunto, estamos de acuerdo con sus conclusiones. Empleamos la expresión «en conjunto» intencionadamente, puesto que, aunque nuestras propias investigaciones nos han llevado a rechazar la hipótesis de los «años de los dioses», sin embargo, existen ciertos puntos que no pueden establecerse definitivamente sin una investigación más detenida. Ya vimos anteriormente que el término *yuga* se utiliza en *Ṛig Veda* para designar un «período de tiempo» y que en la expresión *mânuṣhâ yugâ* no puede designar «un mes». Con todo, *yuga* se emplea claramente para indicar un período de tiempo más largo en expresiones tales como *Devânâm prathame yuge* (*Ṛig Veda* X, 72, 3); mientras que en el *Atharva Veda* (VIII, 2, 21), que dice: «Nosotros te concedemos cien años, diez mil años, dos, tres o cuatro yugas», un *yuga* representa, a todas luces, un período de tiempo superior a diez mil años. Aiyer señala, con razón, que la omisión de la palabra «uno» en el versículo precedente no es algo en absoluto fortuito. Según este enfoque, un *yuga* podría representar en todo caso un período de tiempo de diez mil años en la época del *Atharva Veda Samhitâ*. Ahora bien, en las leyes de Manú y el *Mahâbhârata* atribuyen respectivamente 1.000, 2.000, 3.000 y 4.000 años a los *yugas kali*, *dvâpara*, *tretâ* y *kṛita*. En otros términos, la duración de *dvâpara*, *tretâ* y de *kṛita* se obtienen doblando, triplicando y cuadruplicando la duración del *kali yuga* y si consideramos que *kṛita* (que Aiyer relaciona con el latino *quatuor*) significa «*cuatro*» en la literatura sánscrita, los nombres de los *yugas* podrían derivarse de este hecho. Pero lo que nos interesa principalmente es la duración de los *yugas*. Si sumamos las cantidades anteriores, obtendremos diez mil años para un ciclo de cuatro *yugas*, o *mahâyuga*, según la terminología que hemos visto anteriormente. Manú y Vyâsa añaden a este período de diez mil años otro de la misma duración, que constituyen los períodos Sandhyâ o Sandhyâmsha, los períodos de transición entre dos *yugas* sucesivos. Por lo tanto, no se pasa inmediatamente del *kṛita yuga* al *tretâ yuga*, sino que se intercala un período de 400 años a cada uno de los extremos, mientras que el *tretâ* está separado de los *yugas* precedente y siguiente por dos períodos de

300 años, el *dvâpara* por dos períodos de 200 años y el *kali* por dos de 100. El término *sandhya* está relacionado con la aurora en la literatura, y Aiyer señala que, como tanto la aurora como el crepúsculo se prolongan durante tres o treinta *ghatis* de un día, una décima parte de cada *yuga* se atribuye a su *sandhya*, el período de transición hacia otro *yuga*. Igualmente, añade que estos períodos complementarios constituyen una modificación posterior. El período de diez mil años correspondiente a un ciclo de *yugas* se eleva a doce mil años si se incluyen en él los períodos transicionales, que hacen que *kṛita* comprenda 4.800 años, *tretâ* 3.600, *dvâpara* 2.400 y *kali* 1.200. En la época del *Mahâbhârata* o en la de las leyes de Manú, el *kali yuga* ya había dado comienzo, y si el yuga no duraba más de 1.000 años normales, 1.200 si se incluyen los *Sandhyâs*, habría finalizado alrededor del comienzo de la era cristiana[122]. Los autores de los *Purâṇas*, muchos de los cuales parece que han sido escritos en el curso de los primeros años de la Era cristiana, no se encontraban muy inclinados a creer que el *kali yuga* hubiese terminado y que estuviesen viviendo en el *kṛita yuga* de un nuevo *mahâyuga*, puesto que para ellos el *kṛita yuga* constituía una edad de oro y la época que les había tocado en suerte vivir mostraba signos de decadencia por todas partes. Esto llevó a intentar alargar el *kali yuga* mediante la conversión de 1.000 o 1.200 años humanos normales en otros tantos años divinos, durando cada uno de estos 360 años de los hombres. El *Taittirîya Brâhmaṇa* nos proporciona una referencia védica a esta interpretación: «Lo que es un año es un día de los dioses» (cf. supra). Manú y Vyâsa se contentaron con atribuir mil años al *kali yuga*. Sin embargo, Manú, inmediatamente después de haber indicado la duración de los *yugas* y sus correspondientes *Sandhyâs*, observa que: «Este período de 12000 años es denominado *yuga* de los dioses», por lo que el procedimiento que consiste en convertir los años normales de los diferentes *yugas* en años de los dioses se consideró plausible. A esto colaboró el que no se estuviese muy inclinado a creer que el *yuga* en curso fuese otro que el de *kali*, esta solución fue universalmente adoptada, y de la noche a la mañana se transformó un *kali yuga* de 1200 años normales en un gran ciclo de años divinos, es decir, 360 x 1.200 = 432.000 años normales. El mismo procedimiento se aplicó al mismo tiempo a los 12.000 años normales de un *mahâyuga* que pasó a tener: 360 x 12.000 = 4.320.000 años normales. Este proceso se repitió con los períodos de tiempo más largos como los *manvantaras* y los *kalpas*. El problema de cómo se llegó a fijar el comienzo de *kali yuga* por medio de cálculos astro-

[122] Compárese con *Manú*, I, 69-71. Esta cuestión se trata en dos lugares en el Mahâbhârata, primero en el *Shânti-Parvan*, cap. 231, posteriormente en el *Vana-Parvan*, cap. 188, V, 21-28 (ed. de Calcuta). En el primer versículo del pasaje del *Vana-Parvan* se indica con toda claridad que el *kṛita yuga* comienza tras el diluvio. Cf. también Muir, *O. S. T.*, vol. I, 45-48.

nómicos en el 3102 a. C., cuando se admitió la hipótesis de «los años de los dioses», es una cuestión secundaria, con relación a nuestro tema por lo que no nos detendremos en comentarla más detalladamente. En todo caso, nos limitaremos a señalar que, a pesar de que la cronología posee un carácter semi-religioso, los procedimientos como el mencionado con anterioridad se emplean a menudo para satisfacer exigencias propias de la época, por lo que los investigadores que se ven en la necesidad de operar con los datos que nos proporcionan estas cronologías deben analizarlos críticamente, como han hecho en este caso Rangâchârya y Aiyer en los ensayos que hemos citado precedentemente.

De las consideraciones anteriores se desprende que tanto el *Código de Manú* como el *Mahâbhârata*, nos proporcionan indicios de un ciclo de 10.000 años, que comprende los cuatro *yugas*, *kṛita*, *tretâ*, *dvâpara* y *kali*, y que el *kali yuga*, de 1.000 años de duración, ya ha comenzado. En otros términos, Manú y Vyâsa hablan explícitamente de un período de 10000 años o, si se incluyen los períodos transicionales, de 12000 años normales o años de los hombres, desde el comienzo del *kṛita yuga* hasta el fin del *kali yuga*. No resulta imposible, por tanto, que el *Atharva Veda* haya reagrupado el *kṛita*, el *tretâ*, el *dvâpara* y el *kali yugas* para formar lo que en esa obra se denomina un solo *yuga* en el pasaje que mencionamos más arriba. Ahora bien, si se considera el hecho de que el *kṛita yuga* dio comienzo tras un *pralaya*, un diluvio, debería entenderse en esto que tanto Manú como Vyâsa han preservado una tradición antigua según la cual alrededor de 10.000 años antes de su época (si se acepta que vivieron la comienzo de un *kali yuga* de 1.200 años) comenzó un nuevo orden de cosas con el *kṛita yuga*. Dicho de otra forma, el diluvio que destruyó el orden antiguo tuvo lugar unos 10.000 años antes de su época. La tradición resultó alterada a causa de los posteriores procedimientos realizados para hacer coincidir la cronología tradicional con las circunstancias particulares de la época. No obstante, no resulta demasiado difícil comprobar la autenticidad de la tradición y, al hacerlo, llegar a la conclusión de que el comienzo del nuevo orden o, en términos científicos, el comienzo de la era postglacial tuvo lugar en un momento en ningún caso anterior al 10000 a. C. Ya vimos que las investigaciones sobre cronología védica no nos permiten retrotraer la datación del postglacial más allá de esta estimación, puesto que las tradiciones referentes al origen ártico parecen haber sido perfectamente comprendidas por los bardos védicos que vivieron en la época de Orión. En consecuencia, es prácticamente seguro que la invasión por la última glaciación de las regiones árticas habitadas por los arios no tuvo lugar antes del 10000 a. C. Los geólogos norteamericanos, como ya se dijo, han llegado a la misma conclusión partiendo desde presupuestos científicos independientes y, en tanto que las cronologías védica y puránica coinciden con un margen de uno o dos milenios a lo sumo, lo que en sí es obviable, podemos rechazar sin temor las exageradas estimaciones de 20.000 o 80.000 años y considerar que la última glaciación finalizó, dando origen al período postglacial, alrededor del 8000 a. C. o, mejor, del 10000 a. C.

A continuación, vamos a comentar cómo se preservaron, tras ser incorporadas a las leyes de los mazdeos y a los himnos del *Ṛig Veda*, tanto la existencia de un país de origen polar y su destrucción a causa de la nieve y el hielo como el resto de las reminiscencias de aquel período. Que estas obras hablen de acontecimientos reales lo confirma el que las tradiciones europeas de los arios nos lleven a las mismas conclusiones, como ha quedado demostrado por Rhys. Huelga decir, que todos aquellos que conocen la historia de la preservación de nuestros libros sagrados no verán en ello nada de imposible ni de improbable. En nuestros días, en la era de Gutenberg, no nos resulta necesario depender de la memoria, lo que nos impide ser conscientes de lo que la memoria es capaz de realizar cuando se la ejercita con disciplina. El conjunto del *Ṛig Veda*, es más, la totalidad de los *Vedas* junto a sus nueve libros complementarios que ha sido escrupulosamente preservada por los brahmanes de la India durante los últimos tres o cuatro milenios y solo cabe rendir homenaje a estos sacerdotes que han mantenido la tradición ininterrumpida desde sus orígenes hasta que fue consignada en los libros sagrados. Esta verdadera hazaña de disciplinadas memorias en la actualidad nos puede parecer asombrosa, pero, como ya dijimos antes, se consideraba algo normal en una época en la que se concedía mayor credibilidad a la memoria que a los libros, memoria que fue entrenada y cultivada con especial cuidado para que se convirtiese en un instrumento fiel de transmisión de una generación a otra de todo aquello que se deseaba preservar. Ha sido un lugar común desprestigiar la casta sacerdotal que se había impuesto el deber de cultivar la tradición y de conservarla de generación en generación, por medio de la memoria y de una férrea disciplina, sin olvidar una sola letra ni un solo acento de nuestras escrituras sagradas. Muchos los han descrito, el propio Yâska entre ellos, como porteadores de carga, otros como papagayos que repiten las palabras sin entender el sentido. Pero los servicios que ha prestado esta casta a la historia y a la religión antiguas, al conservar las más antiguas tradiciones de la raza, son inestimables. Si tenemos presente que resulta necesaria una memoria especialmente entrenada para asegurar esta transmisión, no podemos menos que estar reconocidos a aquellos a quienes la devoción al trabajo, al trabajo sagrado podríamos decir, ha permitido conservar tantas tradiciones durante milenios. Los Pandits podrán analizar y explicar los himnos védicos de manera más o menos exhaustiva, sin embargo, no debemos olvidar que la base propiamente dicha de sus obras se habría perdido si la institución de los sacerdotes, cuya tarea exclusiva consistió en disciplinar la memoria, no hubiese existido. Si esta institución ha sobrevivido a su razón de ser, lo que sería extraño, puesto que el arte de la escritura o de la imprenta no puede reemplazar por completo a una memoria disciplinada en estos dominios, debemos recordar que las instituciones religiosas son las últimas en desaparecer en no importa qué país del mundo.

Por tanto, podemos afirmar con toda certeza que las tradiciones védicas y avésticas, fielmente preservadas por la memoria y cuya autenticidad han demostrado tanto la mitología comparada como las más recientes investigaciones geológicas y arqueológicas, establecen la existencia de un país de origen ártico del pueblo ario durante la época interglacial. Tras su destrucción a causa de la última glaciación, el pueblo ario tuvo que emigrar hacia el sur e instalarse primeramente en el norte de Europa o en las llanuras de Asia central a comienzos del postglacial, alrededor del 8000 a. C. La antigüedad de la raza aria se remonta, por tanto, hasta el período interglacial, constituyendo su cuna las regiones próximas al Polo Norte, las únicas en las que pueden observarse auroras de treinta días continuos. En cuanto a la cuestión de si junto a los arios cohabitaron otras razas en las regiones circumpolares, queda fuera del objeto de nuestro trabajo. En su obra *Pardise Found*, Warren cita tradiciones egipcias, acadias, asirias, babilonias, chinas y japonesas que señalan el origen ártico de cada uno de esos pueblos, de lo que deduce que la totalidad de la humanidad debió encontrarse en las regiones circumpolares, opinión que comparten otros especialistas. Como muy bien ha indicado Rhys, el que otros pueblos señalen el norte como su origen no está en contradicción con el origen ártico de los arios, ya que no hay motivo para sostener que hayan sido el único pueblo de dicho origen. Por el contrario, existen motivos que nos llevan a pensar que las cinco razas humanas (*pañcha janâḥ*) mencionadas frecuentemente en el *Ṛig Veda* hayan podido ser las que coexistieron con los arios, puesto que resulta bastante difícil creer que los arios védicos encontrasen cinco razas diferentes en el curso de sus migraciones o que se hubiesen dividido en cinco ramas. No obstante, esta cuestión solo podrá resolverse tras una investigación exhaustiva y no la abordaremos por el momento, en tanto que no es necesario tratarla a la vez que la cuestión del origen de los arios. En consecuencia, si se llega a demostrar que el Polo Norte constituyó la cuna de la humanidad, las conclusiones que a las que hemos llegado en este trabajo, a partir de las tradiciones védicas y avésticas, no se verán afectadas en absoluto. Sin embargo, si se prueba el origen polar de los arios, tal y como lo hemos intentado hacer a lo largo de estas páginas, mediante testimonios independientes, quedará reforzada la idea de un origen nórdico de toda la humanidad. El hecho de que las tradiciones de los arios preservadas en los *Vedas* y en el *Avesta* se hayan conservado mejor que las de cualquier otra raza, resulta más seguro e, incluso, deseable tratar la cuestión del origen ario de modo independiente de la cuestión general planteada tanto por Warren como por otros especialistas. Nadie niega que los *Vedas* y el *Avesta* son los libros más antiguos de la raza aria y hemos comprobado que no resulta especialmente complicado determinar, a partir de las tradiciones que contienen, la situación del paraíso ario, siempre que se tengan presentes las modernas investigaciones científicas.

Pero si al quedar establecida la realidad de la patria aria en el más lejano norte mediante irrefutables pruebas de carácter tradicional, resulta indudable que esto revolucionará las ideas actuales sobre la prehistoria o la religión arcaica de las razas arias. Los filólogos y los sanscritistas, que han buscado el origen de los arios en diferentes regiones del Asia central, han propuesto la teoría de que todo el desarrollo de la raza aria, intelectual, social y moral, desde un estado salvaje primitivo hasta el nivel alcanzado en los himnos védicos, se realizó en las llanuras centrales de Asia. Fue allí donde, nos dicen, los ancestros habían podido observar las maravillas de la aurora o el nacimiento del sol con asombro y temor o escrutar con respeto las nubes cargadas de agua de lluvia que se arremolinaban en el cielo antes de ser atravesadas por el dios de la lluvia y de la tormenta, lo que dio origen al culto de los elementos y proporcionó los fundamentos de la mitología aria ulterior. Sería allí también donde aprendieron a tejer, donde las prendas elaboradas sustituyeron a las pieles, donde aprendieron a construir sus carros, a domar sus caballos y donde descubrieron el uso de metales como el oro y la plata. En resumen, toda la civilización y la cultura comunes a los deferentes pueblos arios antes de su dispersión, que la filología comparada ha puesto de manifiesto a partir de los datos lingüísticos, se considera que fueron creadas en las planicies del Asia central durante el postglacial. En su *Prehistoric Antiquities of the Âryan Peoples*, Schraeder nos ha proporcionado una completa relación de los hechos y argumentos relativos a la cultura y a la civilización arias primitivas, que pueden deducirse de la lingüística, pudiendo decirse que esta obra no ha sido igualada hasta la fecha. Sin embargo, esto no puede hacernos olvidar que los resultados de la filología comparada, por muy interesantes e instructivos que pudieran ser desde los puntos de vista lingüístico e histórico, podrían llevarnos a conclusiones erróneas si no disponemos de otros datos precisos sobre el origen geográfico o la cronología de los hechos en cuestión. La filología puede enseñarnos, por ejemplo, que el ganado bovino había sido domesticado antes de la dispersión aria o también que el tejido era conocido porque los términos «vaca» y «tejer» se encuentran en todas las lenguas indoeuropeas. Pero estas deducciones no nos dicen nada acerca del lugar donde vivían los arios en la época en la que se separaron. Las recientes investigaciones arqueológicas y antropológicas han demostrado la improbabilidad de un origen centroasiático, así como de las migraciones sucesivas hacia Europa. La teoría asiática ha sido, en consecuencia, más o menos abandonada, mientras que la teoría europea ha cobrado una mayor importancia, aunque puede parecer extraño que los defensores de esta última posición no estén en condiciones de contestar a la pregunta de si los actuales habitantes de Europa descienden de las poblaciones neolíticas europeas. Así, Canon Taylor, en su libro *Origin of the Âryans*, nos advierte que no resulta necesario aceptar los argumentos de aquellos que sostienen que Europa estuvo habitada por los antepasados de las razas actuales desde el Paleolítico, puesto que: «... los filólogos ciertamente admitirán que el Neolítico fue lo suficientemente prolongado como para permitir la evolución y la diferenciación de las lenguas indoeuropeas»[123]. En el último capítulo de esta obra, se sostiene que las mitologías de los diferentes pueblos arios debieron haberse desarrollado tras la dispersión y que semejanzas tales como las de Dyaus-pitar y Júpiter o Varuṇa y Urano se reducen al nivel verbal y no al mitológico. Resumiendo, tanto los partidarios del origen asiático como los del origen nordeuropeo no se remontan más allá del período postglacial y sostienen que la mitología y la religión arias no pueden pretender poseer una antigüedad mayor.

Todas estas conjeturas y especulaciones relativas al origen de la raza aria deben ser revisadas a la luz de la nueva teoría ártica. No puede sostenerse que los primeros arios fueron un pueblo postglacial que evolucionó desde la barbarie a la civilización durante el Neolítico, ya fuera en Asia central o en el norte de Europa. Y no puede pretenderse que, en tanto que las mitologías de las diferentes ramas de la raza aria no revelen la existencia de divinidades comunes, estas mitologías debieron desarrollarse con posterioridad a la dispersión de los arios. Se afirma, por ejemplo, que, aunque el término «*Uṣhas*» aparece en avéstico bajo la forma *Uṣhangh*, y puede relacionarse con el término griego *Eos*, con el latino *Aurora*, con el lituano *Auszra*, con el germánico *Austrô* y con el sajón *Eostra*, solo en la mitología védica encontramos a Uṣhas elevada al rango de diosa de la mañana, de lo que se derivaría que el culto a la aurora solo se habría desarrollado en suelo indio. La teoría ártica viene a desmentir esta tesis. Si las divinidades védicas presentan atributos que, sin lugar a duda, son de ori-

[123] Taylor, *Origin of the Âryans*, p. 57.

gen polar, y en el caso de Uṣhas este carácter polar resulta indiscutible, es imposible aceptar que las leyendas relativas a estas divinidades se hayan desarrollado en las llanuras del Asia central. Habría sido completamente imposible a los sacerdotes indios concebir o imaginar los esplendores de la aurora, tal y como se describen en el *Ṛig Veda*. Como vimos, nada tiene que ver la evanescente aurora que hubieran conocido con la aurora ártica a la que están dedicados los himnos védicos. Este razonamiento puede aplicarse a otras divinidades y mitos, como, por ejemplo, los de Indra y Vṛitra, el de las aguas cautivas, el de la hibernación durante cuatro meses al año de Viṣhṇu, el de Trita, el tercero, o el de los Ashvinos, quienes salvan a los dioses de la impotencia temporal en la que se habían sumido. Es muy probable que no se encuentren nombres correspondientes en las mitologías célticas y germánica, pero un estudio de estas últimas podría revelar que poseen las mismas características polares que las divinidades y los mitos védicos. Existiendo esta coincidencia fundamental, no hay razón para objetar que las mitologías de las diferentes ramas de la raza aria no comparten un origen común, o que las semejanzas entre las distintas divinidades son más lingüísticas que mitológicas. La destrucción del antiguo país ario por la glaciación y el diluvio introduce un factor nuevo en la historia de la civilización aria y todas las lagunas o defectos que puedan encontrarse en la civilización de los arios de la Europa del norte a comienzos del neolítico, en relación con la civilización de los arios de Asia, deben atribuirse a una recaída en la barbarie, tras el gran cataclismo. Es cierto que no resulta fácilmente concebible que un pueblo, que en tiempos estuvo en el origen del progreso y de la civilización, recaiga bruscamente en la barbarie. Sin embargo, nada es lo mismo cuando una civilización tiene que sobrevivir a una catástrofe como un diluvio. Por un lado, fueron pocos los hombres que pudieron sobrevivir a un cataclismo tan impresionante como un diluvio de nieve y hielo, por otro, aquellos que lo hicieron, difícilmente pudieron llevar consigo todos los conocimientos de su antigua civilización para poder restablecerla en su nueva tierra, bajo condiciones muy duras, entre las tribus no arias que poblaban el norte de Europa o las llanuras del Asia central. No hay que olvidar que el clima del norte de Europa y Asia, aunque hoy sea moderado, tuvo que ser mucho más riguroso tras el gran diluvio y que los descendientes de aquellos que se vieron obligados a emigrar hacia estos territorios desde las regiones polares, viviendo de forma nómada y salvaje, solo pudieron, en el mejor de los casos, conservar reminiscencias fragmentarias de la cultura y la civilización antediluvianas de sus ancestros que vivieron felices en otro tiempo en su morada ártica. En estas condiciones no cabe asombrarse de encontrar a los arios de Europa en un estado de civilización inferior a comienzos del Neolítico. Por el contrario, lo verdaderamente maravilloso consiste en que una gran parte de la religión o la cultura antediluvianas haya podido salvarse tras el naufragio general causado por la última glaciación, gracias al celo y a la disciplina religiosa de los bardos y los sacerdotes iranios e indios. Es verdad que estos consideraban estos vestigios de una antigua civilización como un tesoro sagrado, cuya salvaguarda les había sido confiada y que debían transmitir a las generaciones futuras. Si tenemos en cuenta las dificultades a las que tuvieron que enfrentarse, solo podemos maravillarnos de que una parte tan importante de la civilzación y religión antediluvianas se haya preservado en los *Vedas* y en el *Avesta*. Si el resto los pueblos arios no han conservado de una forma tan completa las antiguas tradiciones, de ello no cabría inferir que la civilización o la cultura de estos pueblos se hayan desarrollado con posterioridad a su separación del tronco común.

Ya comentamos que el clima de las regiones árticas durante la época interglacial era tan suave y benigno que podía describirse como una primavera perpetua y que existió un continente alrededor del Polo que resultó sumergido durante la época glacial. Los primeros arios que habitaron dichas regiones debieron gozar, en consecuencia, de una vida agradable. El único inconveniente que padecieron fue la larga noche ártica, y hemos tenido ocasión de comprobar cómo este fenómeno dio origen a diferentes mitos y leyendas que describían el combate entre las potencias de la luz y las de la oscuridad. La llegada de la noche ártica con regularidad, su interminable duración y la larga espera de la aparición de la luz matinal sobre el horizonte durante varios meses constituían los hechos más importantes que concentraban la atención de nuestros ancestros, no siendo nada extraño que creyesen que la mayor hazaña de sus dioses consistía en hacer surgir la aurora, tras los meses de oscuridad, desde el mundo inferior de las aguas aéreas, inaugurando un nuevo ciclo anual de sacrificios, fiestas y demás ceremonias religiosas y sociales. Daba comienzo en ese momento el *devayâna*, cuando las potencias de la luz celebraban su victoria sobre los demonios de las tinieblas y el hijo de la mañana, Kumara, jefe del ejército de los dioses, avanzaba victorioso por el *devayâna*, dando comienzo al «tiempo de los hombres» o *Mânuṣhâ yugâ*, mencionado en el *Ṛig Veda*. El *pitṛiyâna*, el camino de los manes, correspondía al oscuro invierno, cuya duración se prolongaba entre dos y seis meses. Se trataba del período de reposo durante el cual, como ya vimos, las gentes se abstenían incluso de disponer de los cuerpos de los muertos debido a la ausencia de sol. Todas las ceremonias religiosas y sociales, así como las fiestas, se suspendían durante este período que, se creía, estaba dominado por las potencias de la oscuridad. En pocas palabras, el calendario ario original, como ha señalado Schraeder, se encontraba dividido en dos partes: un verano de siete a diez meses y un invierno de cinco a dos. Sin embargo, parece que fue una práctica antigua el medir el tiempo por veranos o inviernos en vez de por años completos, combinando ambas estaciones. De ser esto así, se explicaría por qué se habla de años de siete o diez meses o de *sattras* anuales de la misma duración. Este calendario, evidentemente, no corresponde a las regiones situadas al sur del círculo ártico, por lo que los arios debieron modificarlo, labor realizada por Numa en tiempos postglaciales, cuando, lejos de su patria, tuvieron que establecerse en el norte de Europa y de Asia central. Pero el recuerdo del *devayâna* como un período especialmente adecuado para sacrificios y ceremonias se preservó tenazmente y todavía hoy se considera esta estación como particularmente auspiciosa. Esta teoría nos permite explicar también por qué los *Gṛihya Sûtras* concedían una importancia especial al *uttarâyaṇa* desde el punto de vista ceremonial y por qué se consideraba la muerte durante el *dakṣhiṇâyana* como del mal augurio. De qué forma se produjo la transformación del año interglacial, de una duración entre siete y diez meses, en uno postglacial de doce y cómo se sustituyó la división equinoccial, fundada sobre la oposición entre el *devayâna* y el *pitṛiyâna*, por la oposición de los solsticios, resultando modificado el sentido del término *uttarâyaṇa* en consecuencia (cf. *Orion*, p. 25), son cuestiones que, aunque importantes para la historia del calendario indoeuropeo, no podemos desarrollar en este lugar. Ciertos autores sostienen que, si bien se encuentra la adoración de los elementos en numerosas religiones antiguas indoeuropeas, no podemos hacer remontar su origen a la época en la que todos estos pueblos vivieron en común. Schraeder ha refutado estas opiniones con gran maestría en la última parte de su libro sobre la prehistoria de los pueblos arios, lo que viene a apoyar la teoría ártica: «Si logramos separar lo verdadero de lo falso de todo lo que nos han aportado la mitología comparada y la historia de las religiones sobre este tema, llegaremos, basándonos únicamente en los datos seguros, a la conclusión de que la base común de las antiguas religiones europeas fue la adoración de las potencias de la naturaleza, tal y como se practicaba en la época indoeuropea»[124]. Los atributos polares de las divinidades védicas como Uṣhas, los Âdityas, los Ashvinos o Vṛitrahan, confirman las conclusiones del análisis lingüístico, que ha proporcionado las ecuaciones etimológicas para el cielo, la aurora, el fuego, la luz y otras potencias de la naturaleza. En resumen, sea cual fuere el enfoque desde el cual abordemos la cuestión, llegamos siempre a la misma conclusión, a saber, que el cielo brillante (*Dyaus-pitar*), el sol (*Sûrya*), el fuego (*Agni*), la aurora (*Uṣhas*) y la tempestad o la tormenta (*Tanyatu*) habían alcanzado el nivel y la dignidad de los dioses en la época anterior a la dispersión. A esto hay que añadir que etimologías

[124] Schrader, *Prehistoric Antiquities of the Âryan Peoples*, traducción inglesa de Jevons, p. 418.

como el sánscrito *yaj*, que corresponde al avéstico *yaz* y al griego *azomai*, muestran que estos dioses fueron adorados y que se les ofrecían sacrificios con el fin de obtener su bendición y su favor desde tiempos muy antiguos. No podemos, sin embargo, tener certeza sobre el período en el que dio comienzo este culto de las potencias de la naturaleza, ya que pudo ser durante la época postglacial o en épocas anteriores. No obstante, no hay duda de que el culto a estos elementos, en tanto que manifestaciones del poder de los dioses, había comenzado ya antes de la dispersión en las regiones árticas ni de que las religiones arias postdiluvianas se desarrollaron a partir de este antiguo sistema cultual y sacrificial. Ya hemos visto que el *Ṛig Veda* menciona antiguos sacrificadores de nuestra raza, tales como Manú, los Angiras, los Bhrigus y algunos otros, y que realizarán sus ceremonias sacrificiales en siete, nueve o diez meses, prueba que ellos fueron los sacrificadores mientras el pueblo ario vivió en los territorios árticos. Fueron, por tanto, quienes realizaron los sacrificios durante el verano que duraba entre siete y diez meses y quienes rindieron culto a las divinidades matutinas mediante sus ofrendas. Pero cuando el sol desaparecía bajo el horizonte, estos sacrificios llegaban a su fin, realizándose ofrendas exclusivamente a Vṛitrahan, principal héroe de la lucha contra los demonios de la oscuridad, a fin de proporcionarle la fuerza suficiente para devolver la luz y la aurora a los ojos de sus fieles. No creemos, sin embargo, que existiese durante la época interglacial un sistema tan elaborado de sacrificios, pero sí que sostenemos que el sacrificio ya constituía entonces el principal ritual de esta primitiva religión y que es erróneo considerarlo de origen postglacial. Hemos tratado esta cuestión del ritual antiguo con algo de detalle porque creemos que la teoría ártica evidencia el carácter falaz de numerosas opiniones muy en boga sobre esta cuestión.

Podría esperarse que un pueblo que consideraba las fuerzas de la naturaleza como manifestaciones de la voluntad divina, que había desarrollado una lengua particular y que, a partir de las condiciones árticas, había elaborado una vasta literatura legendaria, debió haber realizado también grandes progresos en su civilización. Sin embargo, hasta el momento tenemos muy pocos elementos que nos permitan determinar el grado exacto de civilización alcanzado por los arios antes de su dispersión. La filología comparada nos enseña que los primeros arios se encontraban familiarizados con el arte del hilado y del tejido, el trabajo de los metales, que construían carros y barcos, que fundaban pueblos en los que habitaban, que comerciaban y que habían realizado considerables progresos en la agricultura. Sabemos también que disponían de instituciones sociales y políticas muy elaboradas, como, por ejemplo, el matrimonio o las leyes de propiedad, y la paleontología lingüística nos proporciona una larga lista de la fauna y la flora conocidas por este pueblo. Estos son descubrimientos lingüísticos importantes, que muestran a las claras un estado de civilización mucho más avanzado que el de los salvajes del Neolítico. Pero la teoría ártica nos lleva a plantear la cuestión de saber si la cultura de los primeros arios no se limitó al nivel que revelan los datos de la filología comparada o si estuvo mucho más avanzada de lo que podemos determinar a partir de bases lingüísticas. Hemos comprobado anteriormente que en el caso de las divinidades mitológicas y de su culto, el carácter polar de la mayor parte de ellas nos permite hacerlas remontar hasta el período primitivo, incluso en el caso de que sus nombres no se encuentren en todos los lenguajes indoeuropeos. De la misma manera, debemos revisar todos los resultados de la filología comparada concernientes a la cultura aria primitiva. El mismo hecho de que, tras su obligada dispersión, los arios supervivientes, a pesar del estado fragmentario de su civilización, pudieran imponerse sobre las razas que encontraron en el curso de sus migraciones, al comienzo del período postglacial, y que lograran, por conquista o asimilación, arianizar a estas últimas en los campos de la lengua, el pensamiento y la religión, bajo condiciones que les eran completamente desfavorables, constituye prueba suficiente de que la civilización aria original debió haber estado mucho más avanzada que la de las razas no arias o de aquellos arios que habían emigrado hacia el sur con anterioridad a la destrucción de su país por la glaciación. En tanto que se acepte que los pueblos arios que habitaban el norte de Europa a comienzos del Neolítico eran autóctonos, no resulta necesario ir más allá de los resultados obtenidos por la filología comparada, para conocer el nivel de civilización alcanzado por los arios antes de su dispersión. Sin embargo, en la actualidad podemos comprobar que la cultura de los arios neolíticos solo constituye un vestigio, un imperfecto fragmento de aquella cultura alcanzada por los arios primitivos, por lo que no sería razonable objetar que esta o aquella cultura o civilización no podría ser atribuida a los arios anteriores a la dispersión, únicamente porque el vocabulario a ella referido no se encuentra en todos los lenguajes indoeuropeos. En otros términos, aunque adoptásemos el punto de vista de la filología comparada, debemos ser muy prudentes al deducir que algún aspecto fue desconocido por los primeros arios porque las ecuaciones etimológicas están incompletas. No tenemos, es cierto, ningún medio de asegurarnos del grado de civilización que se perdió a causa del diluvio, pero no podemos negar que mucho se perdió definitivamente en el cataclismo que destruyó el país original. Todo lo que podemos deducir es que el grado de cultura puesto de manifiesto por la filología comparada es el mínimo que podemos atribuir a los arios antes de la dispersión. Es esencial tener esto presente debido a la importancia que a veces se ha atribuido a la filología comparada, mientras no se le plantee la cuestión del origen geográfico de esta civilización. Pero, ahora que sabemos que tanto el pueblo como la civilización aria son interglaciales, y que su origen se pierde en la noche de los tiempos geológicos, resulta imposible suponer que los arios interglaciales fueron un pueblo de salvajes. Los arqueólogos han establecido una sucesión de edades, piedra, bronce y hierro, y según esta teoría la raza aria debió haber pasado por la Edad de Piedra. Sin embargo, nada hay en la Arqueología que nos obligue a situar la Edad de Piedra de los pueblos arios en la época postglacial, y una vez que la filología comparada ha establecido que los arios antes de su dispersión conocían el uso de los metales, resulta evidente que el nivel de civilización alcanzado por los arios en su país ártico fue más elevado que la cultura de la edad de piedra o que la de la edad de bronce. Ya hicimos referencia en el primer capítulo a ciertos arqueólogos que opinan que el uso de los metales fue introducido en Europa desde fuera del continente, ya sea por el comercio o por las migraciones indoeuropeas, y que la teoría ártica, con su corolario de una civilización interglacial proporciona una confirmación a esta tesis. Quisiéramos dar aquí un ejemplo que ilustrara el peligro de apoyarse exclusivamente sobre la filología comparada. Schraeder ha señalado que, indiscutiblemente, los primeros arios conocieron el cobre y admite la posibilidad de que este metal haya sido empleado, en casos aislados, en la producción de armas tales como puñales o puntas de lanza. Por el contrario, la lingüística no nos proporciona argumentos decisivos para sostener que el oro y la plata se conocieron primitivamente. El examen de este problema nos muestra, sin embargo, que en casos como este los filólogos se apoyan demasiado sobre su método o lo siguen de una manera demasiado rígida. El griego *khalkos* (cobre o bronce) mencionado por Homero como medio de intercambio (II, VII, 4, 7, 2) está relacionado por la filología comparada con dos raíces: *mei* (sánscrito *me*) que significa «cambio» y otra derivada del sánscrito *kri*, en griego *priamai*, que significa «adquirir». El *Ṛig Veda* (VIII, 1, 5) menciona igualmente una medida de valor denominada *shulka*, y esta palabra se utiliza en la literatura sánscrita posterior en el sentido de un derecho de peaje. No resulta, por tanto, improbable que *shulka* haya significado originalmente una pequeña pieza de cobre o de bronce de carácter análogo al *khalkos* mencionado por Homero. Es cierto que la *kh* griega se corresponde con la *hr* en sánscrito, y que, si esta regla debiera aplicarse escrupulosamente, en el caso presente no sería posible establecer una correspondencia entre *khalkos* y *shulka*. Los filólogos, en consecuencia, han intentado comparar *khalkos* a los sánscritos *hrîku* o *hiku*. No obstante, como ha señalado Schraeder, esta relación parece muy improbable, puesto que *hrîku* no es ni un término védico ni significa cobre ni bronce. Esta dificultad, sin embargo, no es insalvable, en tanto que parece a primera vista que el sánscrito *sh* corresponda a la *k* en griego y esta *k* sustituye algunas veces a una *kh* aspirada. Por lo tanto, nosotros nos inclinaríamos a identificar *khalkos* con *shulka*. Si esto fuese así, deberíamos concluir que antes de su dispersión, los arios debieron estar familiarizados con el uso del metal, cobre o bronce, como medio de intercambio. Existen otras analogías del mismo género, pero no es posible comentarlas aquí. Nos limitaremos a subrayar la reserva con la que se deben aceptar los resultados de la filología comparada a la hora de estimar el nivel de cultura alcanzado por los primeros arios y a sostener que, si se hace remontar esta cultura a la época interglacial, la hipótesis de que estos primeros arios permanecían a un nivel semejante al de los salvajes actuales debería ser abandonada. Si la civilización de algunos pueblos arios del Neolítico parece ser inferior o poco desarrollada, hay que atribuir esta regresión a la destrucción de su civilización anterior debido a la glaciación y a la dura vida de nómadas que tuvieron que llevar los pueblos que sobrevivieron al cataclismo. Los arios de Asia, es cierto, han preservado mejor una mayor parte de la religión y la cultura originales, pero esto parece haberse debido esencialmente a que han incorporado las antiguas tradiciones a sus himnos o a sus cantos religiosos, y que se encargó a una corporación particular su conservación y su escrupulosa transmisión, de generación en generación, mediante una memoria especialmente entrenada y cultivada para este fin. Pero también en este caso, podemos comprender la dificultad de esta tarea por el hecho de que la mayor parte de los himnos y los cantos que estaban contenidos originalmente en el *Avesta* se ha perdido, y aunque los *Vedas* se hayan conservado mejor, lo que conocemos en la actualidad solo constituye una porción de la literatura que existió en otro tiempo. Podría parecer muy extraño que estos libros nos revelasen un origen ártico tantos siglos después de que estas tradiciones se hubieran incorporado. Pero los elementos que hemos estado recogiendo muestran que esto ha sido así y, en consecuencia, debemos sostener que los pueblos arios de Europa, durante el Neolítico, no siguieron una evolución progresiva, tal y como opina Max Müller, sino que por el contrario habían sufrido una regresión cultural, puesto que solo disponían de los vestigios que se habían podido salvar de la civilización antediluviana[125].

Aunque se pudiera hacer remontar los orígenes del pueblo védico o ario a la última época interglacial y que el grado de cultura que habían alcanzado fuese más elevado que aquel que le han querido atribuir ciertos especialistas, son numerosos los puntos que continúan sin resolverse. Por ejemplo, dónde y cuándo los arios se han ramificado en diferentes pue-

[125] Max Muller, *Last Essays*, pp. 172 y ss.

blos o de qué modo y en qué lugar se ha desarrollado la lengua indoeuropea. Estas constituyen cuestiones importantes desde el punto de vista de la Antropología humana, pero no disponemos en la actualidad de ningún medio que nos permita responder de modo satisfactorio. Es muy posible que otras razas humanas hayan vivido en compañía de los arios en el país de origen, pero los *Vedas* permanecen mudos sobre esta cuestión. La existencia del hombre se remonta a la era terciaria y, en consecuencia, los gigantescos cambios climáticos producidos en el globo durante las épocas glaciales han tenido a los hombres por testigos. Sin embargo, la cuestión de la poligénesis o de la monogénesis de las razas humanas no ha sido resuelta todavía por la Antropología. Por el contrario, en la actualidad es algo probado que los vestigios más arcaicos de hombres indican ya una diferenciación en diferentes tipos raciales, morfológicamente distintos. Esto, como observa Laing, deja abierta completamente la cuestión del origen del hombre. Se han presentado argumentos plausibles por ambos lados sin que hayan podido ser refutados por los datos que se conocen[126]. Los elementos que hemos recopilado en las páginas anteriores no nos proporcionan indicaciones sobre lo que concierne a la cuestión del origen de los humanos, ni tampoco sobre el origen del pueblo ario, de su lengua o de su religión. No hay nada que nos permita seguir con precisión las huellas de los indoeuropeos durante las épocas glaciales e interglaciales. Nada nos permite determinar si los arios descendían de una sola pareja (monogénesis) o de una pluralidad de parejas (poligénesis). Las indicaciones tradicionales que hemos reunido solamente nos permiten afirmar que los arios y su civilización han surgido de las regiones árticas y que se establecieron durante la era postglacial en las regiones templadas. Es cierto, que su cultura o su religión no pudieron haberse desarrollado súbitamente al final de la época interglacial y que debemos situar su origen en un momento bastante anterior. Sin embargo, resulta inútil especular sobre esta cuestión sin disponer de pruebas. Todo lo que podemos decir, en el estado actual de nuestros conocimientos, es que los arios se remontan a la época interglacial y que su origen se pierde en la noche de los tiempos.

No puedo concluir este capítulo sin considerar la cuestión de las concepciones teológicas indias sobre el origen, el carácter y la autoridad de los *Vedas*, cuestión que ha sido discutida con una mayor o menor exactitud, agudeza y sabiduría tras la época de los *Brâhmaṇas*. Desde el punto de vista teológico, creemos que no hay mucho más que añadir. Para los objetivos científicos que nos hemos fijado, resulta necesario dejar clara la

---

[126] Laing, *Human Origins*, pp. 404-405.

diferencia entre el aspecto teológico y los hechos históricos. Deberemos, en consecuencia, una vez finalizado nuestro análisis científico, comparar nuestras conclusiones con las opiniones de los teólogos y comparar hasta qué punto armonizan o se contradicen. En efecto, sin duda todo lector indio no dejará de realizar esta comparación y nos gustaría poder facilitar su tarea ofreciendo aquí algunos comentarios sobre este tema. Según los teólogos indios, los *Vedas* son eternos (*nityâ*), sin comienzo (*anâdi*) y no han sido creados por los hombres (*a-paurușheya*). Estos dogmas han sido mantenidos desde las épocas más arcaicas por nuestros sacerdotes o nuestros filósofos. La totalidad del tercer volumen de la obra de Muir, *Original Sanskrit Texts*, está consagrada a exponer este tema, y en ella se recoge cierto número de citas originales y de comentarios, entre los que se encuentra el excelente resumen de Sâyaṇa que sirve de introducción a su comentario sobre el *Ṛig Veda*, y más recientemente Mahâmahopâdhyâya Râjârama Shâstri Bodas, editor del *Ṛig Veda* de Bombay, ha hecho lo mismo en un ensayo en sánscrito cuya segunda edición ha sido publicada por su hijo, M. R. Bodas, de Bombay High Court Bar. Por nuestra parte, nos limitaremos a resumir los diferentes puntos de vista de los teólogos indios, sin entrar en los detalles controvertidos, que pueden estudiarse en las obras citadas. La cuestión que nos interesa consiste en saber si los himnos védicos, es decir, no solamente los términos, sino también el sistema religioso al que hacen referencia, han sido compuestos por los *Ṛișhis* a los que son atribuidos en los *Anukramaṇikas*, los antiguos repertorios de los *Vedas*, de la misma manera que se dice que el *Shâkuntala* ha sido compuesto por Kâlidasa, o si, por el contrario, existen desde tiempos inmemoriales o en otros términos, si son eternos. Los propios himnos constituyen la mejor prueba. Sin embargo, como ha señalado Muir en el segundo capítulo (p. 218-286) del volumen mencionado más arriba, los pareceres de los *Ṛișhis* védicos divergen sobre este punto. De esta forma, encontramos pasajes en los que los bardos védicos expresan sus emociones, esperanzas, temores o sus oraciones por la obtención de bienes materiales o la victoria sobre sus enemigos, la condena de prácticas execrables como los juegos de dados, descripciones de sucesos que parecen haber tenido lugar durante su época, así como pasajes donde el poeta dice que ha hecho (*kṛî*), engendrado (*jan*) o fabricado (*takșh*) un nuevo (*navyasî* o *apûrvya*) himno, de forma semejante a como un constructor de carros construye uno (I, 47, 2; 62, 13; II, 19, 8; IV, 16, 20; VIII, 95, 5; X, 23, 6; 39, 14; 54, 6; 160, 5; etc.). En algunos pasajes se proporciona el nombre del autor o de aquel que lo ha compuesto (I, 60, 5; X, 63, 17; 67, 1; etc.). No obstante, podemos encontrar también en el *Ṛig Veda*, y en gran abundancia, himnos en los que los *Ṛișhis* afirman que los cantan gracias a la inspiración de Indra, de Varuṇa, de Soma, de Aditi o de cualquier otra divinidad, que los versos (*ṛichaḥ*) emanan directamente del Puruṣha supremo o de alguna otra fuente divina, o bien que estos himnos les han sido concedidos por los dioses (*devatta*), han sido creados por estos y únicamente vistos o percibidos (*pashyât*) por los poetas con posterioridad (I, 37, 4; II, 32, 2; VII, 66, 11; VIII, 59, 6; X, 72, 1; 88, 8; 90, 9; etc.). Se afirma, igualmente, que *Vâch* (el Verbo) es eterno (*nityâ*; VIII; 75, 6; cf. también X, 125) o que los dioses han creado el divino Verbo (*Vâch*) así como los himnos (VIII, 100, 11; 101, 16; X, 88, 8). Los himnos védicos no nos permiten solucionar esta cuestión, pero si la composición de ciertos himnos es atribuida a los hombres, mientras que otros lo son a los dioses, no cabe duda de que al menos ciertos *Ṛiṣhis* creían que los himnos habían sido cantados por la inspiración o engendrados directamente por la diosa de la palabra o alguna otra divinidad. Por nuestra parte, podemos conciliar ambos puntos de vista suponiendo que los poetas que recitaban los himnos estaban convencidos de ser objeto de una inspiración de carácter divino. Sin embargo, esta explicación no concuerda con la idea que el *Ṛig*, el *Yajus* y el *Sâman* constituyen emanaciones del Puruṣha supremo o de los dioses, en consecuencia, debemos concluir que el dogma de la autoridad de los *Vedas* o de su origen divino es tan antiguo como los mismos *Veda*. De la misma forma, cuando consultamos tanto los *Brâhmaṇas* como los *Upaniṣhads*, nos encontramos con el mismo punto de vista. Estos textos sostienen que el *Ṛig Veda* ha surgido de Agni (el fuego), que el *Yajur-Veda* ha surgido de Vâyu (el viento) y que el *Sâma-Veda* lo ha hecho de Sûrya (el sol), y que estas tres divinidades han recibido su calor de Prajâpati, quien ha practicado los *tapas* con este objeto (*Shat. Br.* XI, 5, 8, 1; *Ait. Br.* V, 32-34; *Chhând. Up.* IV, 17, 1), podemos encontrar también la idea de que los *Vedas* son inspirados por el Ser supremo (*Brih. Up.* II, 4, 10), o que Prajâpati creó, con la ayuda del Verbo eterno, los *Vedas* y todo este mundo. Esta opinión se encuentra igualmente en los *Smritis*, en las *Leyes de Manú* (I, 21-23) y en otros lugares, como, por ejemplo, en los *Purâṇas*, de los que Muir ofrece muchos extractos en el volumen citado precedentemente. Sin embargo, los textos admiten que los *Vedas*, al igual que el resto del mundo, son destruidos al finalizar un *kalpa* por el diluvio (*pralaya*) que engulle el universo entero. Pero se considera que esto no afecta a la eternidad de un nuevo *kalpa* que Brahma inaugura tras el gran diluvio, o de los *Ṛiṣhis* que han sobrevivido a diluvios menores. Esta opinión se apoya sobre un verso del *Mahâbhârata* (*Shânti-Parvan*, cap. 210, v. 19): «Los grandes *Ṛiṣhis*, a quienes Svayambhû (aquel que ha nacido de sí-mismo) ha concedido el poder, han obtenido gracias a los tapas (austeridad religiosa) los *Vedas* y los Itihasas que habían desaparecido al final del (precedente) *yuga*»[127]. Los *Ṛiṣhis*, por tan-

[127] Bhavabhûti, *Utt.*, I, 15. Véase también *Ṛig*, VIII, 59, 6.

to, son denominados los «videntes» y no los «autores» de los himnos védicos y el hecho de que ciertos *shâkhâs*, ramas o recensiones de los *Vedas*, tales como los *Taittirîya*, *Kâṭhaka*, etc., así como las citas que se encuentran en los himnos védicos, afirmen que alguien sea el artífice de tal o cual himno, debe ser entendido en el sentido de que dicho *Shâkhâ* o himno particular fue percibido, y solamente percibido, por tal *Ṛishi* o poeta en tanto que individuo. La doctrina de la eternidad de los *Vedas* no data de la época en la que las escuelas de filosofía indias (*darshana*) vieron la luz. Muir hace hincapié en que, al leer las exposiciones de estos autores, no podemos menos que asombrarnos por «la perspicacia de sus razonamientos, la precisión de la lógica con la que presentan su argumentación y la vivacidad y claridad de sus ejemplos»[128]. Todos ellos testimonian que, por mucho que se remonte la tradición (tradición ininterrumpida de una gran antigüedad) no encontramos ninguna mención de que los *Vedas* fuesen compuestos por autores humanos y no hay nada que nos permita poner en duda la existencia de dicha tradición, atestiguada por sabios cuya piedad y cuyos conocimientos no pueden negarse, y que se consideraba muy antigua muchos siglos antes de la era cristiana. Aunque una tradición, cuya enorme antigüedad se ha establecido de modo tan claro, merece ser considerada en nuestras investigaciones sobre la naturaleza de los *Vedas*, sin embargo, se trataría solamente de una prueba negativa, que demostraría que jamás se ha conocido ningún autor de los *Vedas* desde tiempos más lejanos de los que alcanza la memoria de aquellos antiguos sabios. Jaimini, el autor de los *Mîmâmsa Sûtras*, deduce la eternidad de los *Vedas* a partir de las palabras y su significado, que considera eterno (*autpattika*) y no convencional. Define una palabra como un conjunto de letras que poseen un orden particular y cuyo sentido es revelado por estas letras que siguen una sucesión definida. No obstante, los gramáticos no comparten este punto de vista, sosteniendo por su parte que el sentido de un término no está expresado por el conjunto de las letras que lo componen, conjunto de carácter efímero, sino de una cierta entidad suprasensible, denominada *sphoṭa* (de *sphuṭ*), que se superpone a un conjunto de letras en el momento de su pronunciación, para revelar su sentido. Jaimini no acepta que existan en los *Vedas* palabras de naturaleza efímera para designar objetos. Este carácter eterno de las palabras védicas y de sus sentidos particulares, implica, según él, que son suficientes en sí mismas y que, al igual que el sol, brillan con su propio resplandor y, en consecuencia, son perfectas e infalibles. Si ciertas partes de los *Vedas* son denominadas con el nombre de algunos *Ṛishis*, esto no constituye una prueba, nos dice, de que estos sabios hayan sido sus autores, sino que simplemente

[128] Muir, *O. S. T.*, vol. III, p, 58.

fueron los maestros que los habían estudiado y transmitido. Bâdarâyana, según la interpretación de Shankarâchârya (I, 3, 26-33), el máximo exponente de la escuela vedanta, acepta la doctrina de la eternidad, del sonido y de la palabra, pero añade que es la categoría a la que pertenece la palabra, y no la palabra en sí misma, la que es eterna e indestructible y, por tanto, aunque los nombres de las divinidades como Indra, que son creadas y en consecuencia están sujetos a la destrucción, sean mencionados en el *Veda*, no afecta para nada a la eternidad de la categoría a la que pertenecen Indra y el resto de divinidades, categoría que es siempre eterna. En resumen, los nombres y las categorías védicas son eternos, y Brahma crea el mundo al comienzo de cada *kalpa* por medio de la evocación de tales categorías (*Maitr. Up.* VI, 22). El *Veda* es, por tanto, el Verbo original, la fuente de la cual emanan todas las cosas del mundo y en tanto que esto es así solo puede ser eterno. Es interesante, como ha subrayado Max Müller en sus *Lectures on Vedânta Philosophy*, comparar esta doctrina con la del *logos* divino de las escuelas alejandrinas de Occidente. Por otra parte, los *Naiyyâyikas* no aceptan la doctrina de la eternidad del sonido o de la palabra, sino que sostienen que la autoridad de los *Vedas* se fundamenta en que estos textos emanan de personas competentes (*âpta*), que poseían una percepción intuitiva del deber (*sâkṣhatkṛita dharmâṇaḥ*), como afirma Yâska, y cuya competencia está plenamente corroborada por la eficacia de ciertos mandamientos védicos relativos a cuestiones mundanas y, por tanto, puede ser probado por la experiencia. Por el contrario, el autor de los *Vaisheshika Sûtras* atribuye explícitamente (I, 1, 3) el *Veda* a Ishvara o Dios. Los *Sânkhyas* (*Sânkhyas Sûtras* V, 40-51) están de acuerdo con los *Naiyyâyikas* en rechazar la doctrina de la eternidad de la relación de una palabra con su significado y, aunque consideran el *Veda* como *pauruṣheya*, en el sentido de que emana del Puruṣha primordial, sostienen, sin embargo, que esto no es el resultado de un esfuerzo consciente de una parte de este Puruṣha, sino únicamente una emanación inconsciente de este último, de carácter análogo a su aliento. Según esta doctrina, el *Veda* no puede calificarse de eterno en el sentido en el que lo conciben los *Mîmâmsakas*, por lo que afirma que los textos que sostienen la eternidad de los *Vedas* solo hacen referencia a la «continuidad ininterrumpida de una corriente de sucesión homogénea» (*Veda-nityatâ-vâkyâni che sajâtîyânipûrvîpravâhâ-nuchcheda-parâṇi*)[129]. Patanjali, el gran gramático, en su ensayo sobre Pânini (IV, 3, 101), soluciona el problema al distinguir entre el lenguaje (la sucesión de palabras o de letras, *varṇânupûrvi*, tal y como la encontramos en los textos actuales) de los *Vedas* y su contenido (*artha*), y al observar que la cuestión de la eternidad de los *Vedas* concier-

[129] *Vedântaparibhâṣhâ Âgama-parichcheda*, p. 55, citado en el *Mahâmahopâdhyâya* de Nyâya-Kosha de Jhalkikar. 2.ª ed., p. 736.

ne a su sentido, que es eterno o permanente (*artho nityaḥ*), y no al orden de sus letras que no siempre ha permanecido inmutable (*varṇânupûrvi anityâ*). Patanjali añade que esta diferencia es la responsable de que dispongamos de versiones diferentes de los *Kathas, Kalâpâs, Mundakas, Pippalâdas*, etc. Esta opinión se opone a la de los *Mîmâmsakas* que sostienen que el sentido, al igual que el orden de las palabras, sí que es eterno. Sin embargo, Patanjali se ve obligado a rechazar la doctrina de la eternidad del orden de las palabras porque, en dicho caso, nos resultaría imposible explicar las diferentes versiones, *shâkhâs*, del propio *Veda*, a las que se atribuye una misma autoridad, a pesar de que presenten textos diferentes. Patanjali, como han explicado sus comentaristas Kaiyyata y Nâgoji Bhatta, atribuye las diferencias entre las diversas versiones del *Veda* a la pérdida del texto védico original durante los *pralayas*, los diluvios que han anegado periódicamente el mundo, y a su reproducción o su reformulación al comienzo de cada nueva edad por los sabios supervivientes, según sus recuerdos[130]. Cada *manvantara* tiene su propio *Veda*, que solo difiere del *Veda* antediluviano por la expresión y no por el sentido, siendo debidas estas diferencias de expresión a la imperfección de los recuerdos de los *Ṛiṣhis*, cuyos nombres se asocian a los diferentes *shâkhâs*, quienes reproducen al comienzo de cada edad la sabiduría que se ha heredado como una fe sagrada que proviene de sus ancestros del *kalpa* precedente. Esta opinión coincide a grandes rasgos con la de Vyâsa, que se expone en el verso del *Mahâbhârata* citado anteriormente. Los representantes más recientes de las diferentes escuelas de filosofía han desarrollado estas ideas de los autores de los *Sûtras*, criticando o defendiendo la doctrina soberana de las escrituras (*shabda-pramâṇa*) de diferentes maneras. No obstante, no nos demoraremos en los detalles de sus argumentaciones, puesto que no resulta necesario, en tanto que hay que aceptar las ideas de Vyâsa y Patanjali mencionadas más arriba, si se admite la destrucción de los *Vedas* durante cada *Pralaya* y su posterior reformulación al comienzo de la nueva edad.

Estas son, en resumen, las opiniones de teólogos, eruditos y filósofos indios, relativas a los que concierne al origen, el carácter y la autoridad de los *Vedas*. Su comparación con los resultados de nuestras investigaciones nos permite comprobar que las opiniones de Patanjali y de Vyâsa sobre la eternidad de los *Vedas* pueden ser confirmadas por la teoría ártica que hemos intentado demostrar a lo largo de las páginas precedentes, a partir de datos científicos e históricos. Hemos visto que la religión y la cultura védicas son de origen interglacial y que, a pesar de que no nos sea posible

[130] *Rig*, X, 190, 3 no permite asumir que el orden de las palabras sea el mismo en un nuevo *kalpa*. Véase Muir, *O. S. T.*, vol. III, pp. 96-97.

remontarnos hasta este origen, el carácter ártico de las divinidades védicas prueba que las fuerzas de la naturaleza que representan habían sido revestidas con atributos divinos por los primeros arios en su tierra de origen, en las proximidades del Polo Norte, el Monte Meru de los *Purâṇas.* En el momento de la destrucción de su país de origen por la glaciación, los supervivientes del pueblo ario llevaron consigo todo lo posible de la religión y del ritual dadas las circunstancias, constituyendo los vestigios así salvados en la base de la religión aria de la era postglacial. Así, a partir de esta teoría, la totalidad del período que transcurre entre el comienzo de la era postglacial al nacimiento de Buda puede dividirse en cuatro partes:

10000 a. C. – 8000 a. C. Destrucción del país ártico a causa de la última glaciación y comienzo del período postglacial.

8000 a. C. – 5000 a. C. Época de la emigración. Los supervivientes de la raza aria vagan por Europa y por el norte de Asia a la búsqueda de nuevos territorios. El equinoccio de primavera se encuentra en la constelación de Punarvasu y al ser Aditi la divinidad que rige durante Punarvasu, según la terminología que adoptamos en *Orion*, podríamos denominar este período de período de Aditi o preoriónico.

5000 a. C. – 3000 a. C. Período de Orión, durante el que el equinoccio de primavera se encuentra en Orión. Numerosos himnos védicos se remontan a la primera parte de este período y parece que los bardos védicos no hubieran olvidado todavía la importancia o el significado de las tradiciones del país ártico que les habían sido transmitidas. Durante esta época se producen los primeros intentos de reforma del calendario y del sistema sacrificial.

3000 a. C. – 1400 a. C. Período de las Kṛittikâs, durante el cual el equinoccio de primavera se encuentra en las Pléyades. El *Taittirîya Samhitâ* y los *Brâhmaṇas*, que hacen comenzar la serie de las constelaciones por las Kṛittikâs, evidentemente deben ser datados en este período. La compilación de los himnos en los *Samhitâs* parece igualmente pertenecer a este período. Las tradiciones relativas al origen ártico se han ido oscureciendo y son mal comprendidas, lo que hace que los himnos védicos sean cada vez menos inteligibles. El sistema sacrificial y los numerosos detalles que se encuentran en los *Brâhmaṇas* parecen haberse desarrollado durante este período. Al final de este período se compone el *Vedânga-jyotiṣha* o, en todo caso, la posición de los equinoccios que se menciona en esta obra es observada y determinada.

1400 a. C. – 500 a. C. Período pre-búdico, durante el que hacen su aparición los *Sûtras* y los sistemas filosóficos.

Esta cronología difiere sensiblemente de la que ofrecimos en *Orion*. Las modificaciones son debidas a los ajustes requeridos por la teoría ártica que hace remontar el comienzo del período preoriónico o de Aditi al principio de la era postglacial actual. Según la terminología de los *Purâṇas*, el primer período que sigue al fin de la glaciación (8000 a. C. – 5000 a. C.) puede denominarse Krita yuga o, como lo describe el *Aitareya Brâhmaṇa* (VII, 15), la época del errar. Es muy probable que el *Brâhmaṇa* en cuestión esté haciendo referencia a la migración de los arios a través de las regiones septentrionales de Europa y de Asia, a la búsqueda de nuevos territorios, cuando describe Kṛita como la época del errar. Sin embargo, resulta interesante poner de manifiesto esta coincidencia, así como el resto de las características atribuidas a cada uno de los cuatro *yugas* citados en este *Brâhmaṇa*. Así, podemos leer que «*kali* está acostado, *dvâpara* mueve un pie, *tretâ* se levanta y *kṛita* se pone en marcha». Haug interpreta este pasaje como una referencia al juego de los dados, pero otros especialistas han propuesto explicaciones diferentes. A la luz de la teoría ártica, podríamos suponer que las diferentes etapas de la vida de las razas arias después de la época postglacial siguieron una progresión desde la búsqueda de nuevos territorios hasta el establecimiento definitivo en el país de su elección, un poco de la misma manera que en el *Avesta* Angra Mainyu invadió uno por uno los dieciséis países creados por Ahura Mazda. No obstante, no es únicamente por este simple verso por lo que sabemos que los pueblos arios no fueron sedentarios durante este primer período. Debieron descubrir numerosos países para después abandonarlos antes de instalarse en los territorios de su conveniencia. Ya dijimos que la religión y el culto arios son interglaciales y que la religión y el ritual védicos constituyen su prolongación postglacial a partir de lo que pudo ser salvado del diluvio provocado por la glaciación. Esta constituye, a nuestro parecer, una base interesante sobre la que podemos comparar nuestros resultados con las opiniones de los teólogos. No nos es posible, indudablemente, determinar la época a la que pertenece cada uno de los himnos del *Ṛig Veda*, pero sí podemos suponer que los supervivientes del gran cataclismo o, sus descendientes inmediatos, debieron a la primera ocasión, es decir cuando se establecieron permanentemente, incorporar en los himnos los conocimientos religiosos que habían heredado de sus ancestros. En consecuencia, no se puede sostener que los himnos sean reflejo de una nueva religión que se ha desarrollado, consciente o inconscientemente, en las llanuras del Asia central durante el postglacial, y el carácter polar de las divinidades védicas disipa la menor duda sobre este punto. Otro problema lo constituye la correspondencia de la lengua antediluviana con la de los himnos y al igual que Patanjali y Vyâsa, no nos interesan en este momento las palabras ni las sílabas de estos himnos, puesto que no son inmutables. Nuestra atención debe centrarse en el espíritu de estos himnos, y no existe ninguna razón para dudar de la competencia y de la honestidad de los bardos védicos ante lo que para ellos constituía su deber sagrado, es decir, la preservación y la transmisión para el beneficio de las futuras generaciones, de los conocimientos religiosos que habían recibido de sus ancestros antediluvianos. Gracias a sus dignos sucesores, los himnos han sido preservados, acento por acento, durante los tres o cuatro últimos milenios, según las estimaciones más modestas. No existe, tampoco, ninguna razón que nos permita suponer que los padres hayan sido incapaces de hacer lo que fue realizado por los hijos, dado que aquellos todavía recordaban tanto el país como la religión árticos. Podemos, igualmente señalar que los himnos estaban destinados a ser cantados y recitados en público y que el conjunto de la comunidad, deseoso sin duda de preservar los antiguos ritos, ha debido velar la correcta pronunciación de estos himnos por los *Ṛiṣhis*. Por esta razón, podemos afirmar que la religión ártica original ha estado correctamente preservada bajo la forma de tradiciones, por la disciplinada memoria de los *Ṛiṣhis*, hasta que han sido incorporadas, primero bajo una forma algo grosera en relación con los himnos impecables (*su-uktas*) del *Ṛig Veda*, durante el período de Orión, antes de ser incorporados a los Maṇḍalas y, finalmente a los *Samhitâs*. Por nuestra parte, solo quisiéramos añadir que las referencias de estos himnos son interglaciales, aunque su origen se pierde en la noche de los tiempos. Para evitar una confusión entre los enfoques teológico e histórico vamos a establecer sus características en dos columnas paralelas.

Teología	Historia
1. Los *Vedas* son eternos (*nityâ*), sin comienzo (*anadi*) y no son obra del hombre (*a-paurușheya*).	1. La religión védica o aria se remonta a la época interglacial.
2. Los *Vedas* se destruyeron durante el diluvio al final del último *kalpa*.	2. La religión y la cultura arias se destruyeron durante el último período glacial que hizo inhabitables las regiones árticas.
3. A comienzos del *kalpa* actual, los *Ṛișhis* reprodujeron los *Vedas* antediluvianos, en substancia si no en forma, mediante los *tapas* y merced a la gracia de los dioses.	3. Los himnos védicos fueron recitados en la época postglacial por los poetas que habían heredado su conocimiento o su contenido de una tradición ininterrumpida que se remontaba a sus ancestros antediluvianos.

La comparación de las dos columnas muestra que la tradición de la destrucción y reformulación de los *Vedas*, mencionadas por Vyâsa en el verso del *Mahâbhârata* citado precedentemente, debe considerarse como fundamentada sobre un hecho de carácter histórico. Es cierto que según la cronología puránica el comienzo del *kalpa* actual se remonta muchos milenios atrás, pero si el período postglacial, según las estimaciones de ciertos geólogos contemporáneos, dio comienzo hace unos 80.000 años, si no más, la estimación puránica no resulta sorprendente, sobre todo cuando, como ya se ha dicho, esta pone de manifiesto una tradición que atribuye 10.000 años a un ciclo de cuatro *yugas*, el primero de los cuales comenzó a la vez que el nuevo *kalpa* o, en términos de Geología, al mismo tiempo que la época postglacial. Otra cuestión sobre la que divergen los dos puntos de vista es la afirmación de que los *Vedas* no han tenido comienzo (*anâditva*). Resulta imposible demostrar histórica y científicamente que ni la religión ni el culto védico han tenido comienzo. Todo lo que podemos afirmar es que este comienzo se pierde en la noche de los tiempos, o bien que la religión védica es tan antigua como la lengua aria o que el mismo hombre ario. Si los teólogos no se encuentran satisfechos con esta confirmación científica sobre sus afirmaciones acerca de la eternidad de los *Vedas*, deberemos distinguir las opiniones científicas de las teológicas, ya que sus métodos de investigación son esencialmente diferentes. Esta es la razón por la que hemos considerado pertinente resumir cada uno de estos enfoques en columnas paralelas, de modo que pudieran ser comparadas sin posibilidad de confusión. La cuestión de saber si el mundo fue producido a partir del Verbo original o del Logos divino sobrepasa el marco de nuestra investigación histórica, y toda conclusión basada en doctrinas análogas no puede ser considerada en este lugar. No obstante, se puede admitir que la religión védica no ha tenido comienzo incluso si se parte de bases científicas.

Un análisis minucioso de los himnos del *Ṛig Veda* muestra que los *Ṛishis* védicos eran conscientes de que la materia de los himnos que recitaban era antediluviana, aunque ellos mismos la hubiesen reformulados. Ya hemos hecho alusión a la cuestión de los dos tipos de himnos de los que se compone el *Ṛig Veda*, los primeros de los cuales habrían sido hechos, creados o fabricados como un carro por los *Ṛiṣhis* a los que son atribuidos, mientras que los segundos están inspirados o son concedidos o creados por los dioses. Muir ha intentado reconciliar estos dos puntos de vista contradictorios sugiriendo que las opiniones de los *Ṛiṣhis* podían diferir, o bien, que, en el caso de los himnos de carácter diferente que se adjudican a un mismo autor, cabría pensar que aquellos que provenían de los dioses son los que se recordaban mejor, mientras que el resto son los que han sido compuestos en mayor medida por él. Ambas categorías de himnos han podido nacer, por tanto, de la idea de que los *Ṛiṣhis* védicos fueron objeto de inspiración divina. En efecto, si los himnos no hubieran sido interpretados con la ayuda de los dioses, esto mismo habría constituido una prueba de su no autenticidad[131]. Resumiendo, la existencia de un intermediario humano no es incompatible con el origen suprahumano de los himnos. Sin embargo, estos razonamientos resultan a la vez insuficientes y poco convincentes. Una manera más satisfactoria de conciliar las palabras contradictorias de los *Ṛiṣhis* sería hacer una distinción entre la expresión o la forma, por un lado, y el contenido, la materia o la substancia de los himnos, por otra, y sostener que la expresión es humana, pero que la substancia es antigua o suprahumana. El *Ṛig Veda* cuenta con unmerosos pasajes en los que los bardos mencionan los nombres de antiguos poetas (*pûrve ṛiṣhayaḥ*) o de antiguos himnos (I, 1,2; VI, 44, 13; VII, 29, 4; VIII, 40, 12; X, 14,15; etc.). Los exégetas occidentales ven en estas palabras alusiones a las generaciones pasadas de bardos védicos, pero no se remontan más allá de la presente era postglacial. Ahora bien, los propios himnos contienen pruebas que contradicen estas suposiciones. Es cierto que los bardos védicos hablan de himnos antiguos y de otros más recientes, pero nos repiten a menudo que, aunque el himno sea nuevo (*navyasî*), la divinidad a la cual va dirigido es vieja (*pratana*) o antigua (VI, 22, 7; 62, 4; X, 91, 13; etc.). Esto pone de manifiesto que las divinidades a las que estaban dedicados los himnos ya se consideraban antiguas entonces. Existen, además, pasajes en los que se dice que las hazañas de la divinidad son antiguas, lo que demuestra, a su vez, que el tema del que está

[131] Muir, *O. S. T.*, vol. III, pp. 274-75.

hablando el himno constituye un hecho tradicional del que el poeta no ha sido testigo. Así, en I, 32, 1, el poeta abre su canto diciendo que va a recitar las hazañas de Indra de los primeros tiempos (*prathamâni*). Estas hazañas se califican también de *pûrvyâṇi* y de *pûrvîḥ* (I, 11, 3; 61, 13) y también los hechos de los Ashvinos se califican de *pûrvyâṇi* (I, 117, 25). En este himno se nos proporciona, además, una larga lista de las hazañas que indica que el poeta estaba enumerando algo que conocía por la tradición y no que estuviese recitando una epopeya imaginada por él mismo o creada por sus antecesores en un pasado inmediato. Esto se deduce, igualmente, de que se haya atribuido poderes sobrenaturales a los antiguos *Ṛishis*, tales como los Angiras o Vashistha (VII, 33, 7-13), que se pretenda que han vivido o conversado con los dioses (I, 179, 2) o que hayan compartido sus gozos (*Devânâm sadhamâdaḥ*; VIII, 76, 4). Se dice, también, que fueron los primeros guías (*pathikṛit*; X, 14, 15) para las generaciones futuras. Resulta imposible imaginar que los poetas védicos hayan podido atribuir unos poderes sobrenaturales de tal magnitud a sus antepasados recientes, por lo que debemos deducir que tales ancestros fueron sus ancestros antediluvianos (*naḥpûrve pitaraḥ*), quienes realizaban sus sacrificios durante un año ártico que duraba entre siete y diez meses. Esto puede aplicarse, de igual manera, a las divinidades mencionadas en los himnos. Ya hemos hecho hincapié en que la leyenda de Aditi y sus hijos se consideraba perteneciente a la edad precedente (*pûrvyam yugam*), lo que se aplica también a Indra, los Ashvinos o el resto de las deidades cuyas hazañas se califican en el *Ṛig Veda* de *pûrvyâṇi* o de *prathamâni*, es decir, arcaicas o antiguas. En resumen, los himnos, poetas o divinidades del *Ṛig Veda* pertenecen a una edad anterior y no a la época postglacial. Solo merced a esta condición, el carácter polar de tales divinidades deviene inteligible. Podría aceptarse que los bardos védicos hubiesen compuestos nuevos himnos, pero quedaría sin resolver la cuestión de si la materia de la que tratan es creación suya. Que las deidades se califiquen de antiguas, por oposición a los cantos que se les dedican (VI, 62, 2) y que estén revéstidas por atributos polares nos permitiría resolver el problema del modo siguiente: A pesar de que el vocabulario de los himnos sea nuevo, su materia es antigua, lo que quiere decir que ha sido transmitida por la tradición a los poetas desde épocas muy arcaicas. En un himno del décimo *maṇḍala* (X, 72, 1-2), el poeta, que va a celebrar el nacimiento o el origen de los dioses, comienza de este modo: «Mediante el ardor de las alabanzas celebramos el nacimiento de los dioses, recitando los himnos que pueda ver no importa quién de entre nosotros, en esta última época (*yaḥ pashyâd uttare yuge*)». Vemos aquí una oposición clara entre el nacimiento de los dioses, por un lado, y los poetas que esperan ver el himno en su época, por otro, lo que significa evidentemente que la materia el himno es una reminiscencia de una edad precedente (*yuga*) y que el poeta celebra el percibir o el ver el himno en la época en la que vive. El que los himnos védicos o su contenido se considerasen como percibidos, y no creados, por los *Ṛiṣhis* queda evidenciado por esta cita. En VIII, 59,6 se encuentra una expresión análoga: «¡Indra y Varuṇa! Veo (*abhi apashyam*), gracias al tapas, que concedisteis antiguamente a los *Ṛiṣhis* la sabiduría, el conocimiento del lenguaje, el saber sagrado (*shrutam*) y todos los lugares que los sabios han creado realizando los sacrificios». La idea de la percepción de la materia de los himnos védicos se encuentra aquí expresada casi con los mismos términos empleados por Vyâsa en el verso del *Mahâbhârata* citado con anterioridad. La única forma de hacer conciliar las afirmaciones contradictorias sobre el origen humano o suprahumano de los himnos consiste en atribuirles la forma y la materia de los himnos en cuestión respectivamente, como lo sugirieron tanto Patanjali como otros comentaristas. Muir ha puesto de relieve un pasaje (VIII, 95 4-5) en el que se dice que el poeta ha «engendrado (*ajijanat*) para Indra el más nuevo y el más vivificador de los himnos (*navîyasîm mandrâm giram*) que haya salido de un espíritu inteligente, creación mental antigua (*dhiyam pratnâm*), llena de verdad sagrada»[132]. Por tanto, se dice que el himno en cuestión es a la vez nuevo y antiguo y Muir cita a Aufrecht para demostrar que *gir*, es decir, la expresión, se opone aquí a *dhi*, el pensamiento, lo que pone en evidencia que un antiguo pensamiento (*pratnâ dhîḥ*) ha sido expresado en un nuevo lenguaje (*navîyasî gîḥ*) por el bardo al que se ha atribuido el himno. Dicho de otra forma, el himno es antiguo en substancia, aunque su expresión sea reciente conclusión a la que ya habíamos llegado partiendo de premisas diferentes. Cabría añadir, a este propósito, que entre los diferentes encabezamientos de capítulos en los que se han estructurado y clasificado los *Brâhmaṇas*, encontramos uno denominado *purâ-kalpa*, esto es, ritos o tradiciones de la edad pasada, lo que demuestra que se creía que incluso los *Brâhmaṇas* contenían historias o tradiciones antediluvianas. La afirmación del *Taittirîya Samhitâ* de que «los sacerdotes, antiguamente, temían que la aurora no finalizase jamás o que no fuese seguida por la salida del sol» es mencionada por Sâyaṇa como ejemplo de *purâ-kalpa* y ya vimos que este verso solo puede explicarse mediante la aurora ártica, que únicamente pudo ser contemplada por el hombre durante el período interglacial. Si se admite que los *Brâhmaṇas* contienen referencias de hechos acaecidos en una época pasada, con mayor motivo deberá admitirse lo mismo para los *Vedas*. Sea cual sea la forma en la que se aborde la cuestión, llegamos de forma irremediable, tanto por los textos en sí mismos como por los razonamientos que de ellos se derivan, a la

[132] Muir, *O. S. T.*, vol. III, p. 239.

conclusión de que la materia de los himnos védicos es antigua y de origen interglacial, y que fue incorporada a los himnos de los *Vedas* a comienzos del postglacial actual por los *Ṛṣhis*, que los habían recibido bajo la forma de tradición ininterrumpida de sus ancestros del período glacial.

Existen otros muchos aspectos de la mitología védica y puránica que han sido explicados racionalmente por vez primera gracias a la teoría del origen ártico e interglacial. Por ejemplo, ahora estamos en condiciones de contestar fácilmente la decepción de los especialistas occidentales quienes, al conocer los *Vedas*, esperaban encontrar las primeras manifestaciones del espíritu ario, plenas de asombro y temor ante los fenómenos físicos o ante los elementos de la naturaleza que consideraron manifestaciones divinas, y se encontraron ante un sistema cultural elaborado. Nuestra teoría muestra de forma clara que, a pesar de que los *Vedas* contienen los recuerdos más antiguos de la raza aria, la civilización, las características y el culto que se mencionan no son obra de los bardos védicos, sino que han sido recreados a partir de lo que pudo ser preservado del período interglacial para la posteridad. Si quisiéramos remontarnos a los orígenes de la civilización aria deberíamos ir más allá de la época postglacial actual para descubrir cómo los ancestros de la raza aria vivieron en las regiones árticas. Desgraciadamente, poseemos muy pocos elementos que nos permitan inferir el grado de evolución alcanzado por esta civilización. Sin embargo, creemos haber demostrado que la civilización aria interglacial debió haber sido superior a lo que se supone generalmente, y que no hay razón alguna para no situar a los primeros arios al nivel de los habitantes del Egipto antiguo, desde el punto de la cultura y la civilización. La vitalidad y la superioridad de los pueblos arios, como demuestra el exterminio o la aculturación de las razas no arias con las que entraron en contacto en el curso de sus migraciones en busca de nuevas tierras, desde el Polo Norte hasta el Ecuador, sino más allá, no resultan explicables si no admitimos que habían alcanzado un alto grado de civilización en su país de origen. Si se examina más a fondo los *Vedas*, a la luz de la teoría ártica, podemos esperar encontrar hechos que refuercen esta tesis, pero que han permanecido velados debido a la imperfección de nuestros conocimientos relativos al medio ambiente físico y social que conocieron los antiguos *Ṛṣhis* védicos viviendo en la cercanía del Polo Norte antes de la última glaciación. La exploración de las regiones árticas, que ya ha comenzado, podrá ayudarnos en nuestras investigaciones sobre los orígenes de la civilización aria. Esta tarea pertenece a las generaciones futuras, cuando la teoría del origen ártico de los arios sea científicamente reconocida. Nuestro objetivo ha sido simplemente mostrar que hay suficientes pruebas en los *Vedas* y en el *Avesta* para establecer la existencia de un origen ártico de los arios durante la época postglacial. Y el lector que nos ha seguido a lo largo de nuestra exposición habrá constatado que la teoría que hemos intentado demostrar está fundamentada sobre un sólido conjunto de textos y pasajes que han sido preservados por la tradición, pertenecientes a los dos libros más antiguos de la raza aria y que han sido confirmados por las investigaciones en campos como los de la Geología, la Arqueología, la Paleontología lingüística, la Mitología comparada y la Astronomía. En efecto, la idea de investigar el origen ártico en los *Vedas* nos fue inspirada por los recientes progresos realizados por estas ciencias y hemos empleado un método todo lo riguroso que podía ser. Hace ya muchos siglos que la ciencia de la exégesis védica fue fundada por los Nairuktas indios y podría parecer sorprendente que los indicios que señalan hacia una morada ártica hayan sido ignorados durante tanto tiempo. Pero sorpresas de este género no son posibles en estos campos, en los que hay que llegar a resultados fundamentados sobre las más rigurosas leyes de la lógica y de la investigación científica, a la luz del progreso del conocimiento. Estas son las leyes que hemos tomado por guías y si la validez de nuestras conclusiones supera su examen, esperamos haber logrado interpretar de modo verdadero muchas leyendas mal entendidas hasta la fecha. En nuestra época de progreso, cuando se debate sobre la cuestión de las culturas y de las civilizaciones humanas primitivas de diferentes formas, la ciencia de la interpretación de los *Vedas* no podía permanecer aislada ni apoyarse exclusivamente sobre la lingüística o sobre el análisis gramatical. Por nuestra parte, no hemos hecho sino seguir el espíritu de los tiempos al intentar coordinar los últimos resultados de la investigación científica con las tradiciones contenidas en los libros más antiguos de la raza aria, libros que han sido tenidos en alta estima y han sido preservados por nuestros ancestros, a través de grandes dificultades y merced a su entusiasmo religioso, sin solución de continuidad desde el comienzo de la era actual.

Finis